A Responsabilidade Probatória das Partes no Atual Modelo Processual

A Responsabilidade Probatória das Partes no Atual Modelo Processual

2019

Fernando Silva Pereira
Doutor em Direito e Professor Auxiliar Convidado
da Faculdade de Direito da Universidade do Porto

ALMEDINA

A RESPONSABILIDADE PROBATÓRIA DAS PARTES NO ATUAL MODELO PROCESSUAL

AUTOR

Fernando Silva Pereira

EDITOR

EDIÇÕES ALMEDINA, S.A.

Rua Fernandes Tomás, nºs 76-80

3000-167 Coimbra

Tel.: 239 851 904 · Fax: 239 851 901

www.almedina.net · editora@almedina.net

DESIGN DE CAPA

FBA.

PRÉ-IMPRESSÃO

João Jegundo

IMPRESSÃO E ACABAMENTO

ARTIPOL - www.artipol.net

Novembro, 2019

DEPÓSITO LEGAL

463474/19

ALMEDINA | GRUPOALMEDINA

BIBLIOTECA NACIONAL DE PORTUGAL – CATALOGAÇÃO NA PUBLICAÇÃO

PEREIRA, Fernando Silva

A responsabilidade probatória das partes no atual modelo processual.
– (Teses de doutoramento)
ISBN 978-972-40-8136-6

CDU 347

Agradeço ao meu orientador, o Prof. Doutor Luís Miguel Pestana de Vasconcelos, pelo insubstituível apoio prestado ao longo da realização desta tese; ao Dr. José Tavares de Sousa, a quem muito devemos o sempre pouco que sabemos do processo civil; ao Prof. Doutor Manuel Carneiro da Frada e à Profª Doutora Maria Raquel Guimarães, com quem temos tido oportunidade de colaborar e de aprender; à Drª Maria José Parreira, que conduz os serviços de documentação, pela inestimável e inexcedível ajuda; ao Dr. Jorge Cernadas; aos meus amigos, em especial ao Tiago Ramalho; aos meus pais, irmãos e familiares.

Em memória do meu tio João, e da minha avó Alice,
que partiram durante a realização desta tese

RESUMO

Não existem razões, sejam elas de ordem lógica, metodológica, ideológica ou técnica, que demonstrem dever a ciência jurídico-processual civil abdicar de um discurso orientado em termos de verdade (material). Conquanto esta (verdade) não cumpra uma função de legitimação da decisão judicial (o que legitima esta decisão, do ponto de vista do pronunciamento sobre a matéria de facto, é a sua conformidade com o resultado probatório obtido no processo), nem por isso a mesma deixa de desempenhar um papel axiológico, modelador da relação processual (dever de sinceridade, e deveres de colaboração para o apuramento da verdade, por interceção do princípio da boa fé), e implicante sob o ponto de vista do método de apuramento da verdade – o qual, sem prejuízo da necessidade de salvaguarda dos demais princípios fundamentais do processo (em especial o princípio dispositivo material, e o princípio de proibição do recurso à ciência privada) deve garantir a maior aproximação possível à verdade.

Deste último aspeto (princípio da verdade material) não se segue, contudo (como se da mesma e única coisa se tratasse), a abertura do processo civil a um «princípio inquisitório». E isto, não apenas pela necessidade de salvaguarda dos princípios acima referidos (apesar de o método instrutório ser aquisitivo, o processo continua a ser dispositivo; é dizer: a iniciativa instrutória do juiz limita-se, quanto às provas históricas, às fontes de prova existentes nos autos, e os factos instrumentais de que o mesmo pode conhecer oficiosamente são aqueles que resultam da instrução da causa – donde, deva antes falar-se de um princípio da oficialidade), mas também pelo facto de o princípio da responsabilidade das partes (*Verhandlungsmaxime*) representar uma opção válida do ponto de vista epistémico, ao se servir do estímulo das partes, sujeitos da relação material controvertida, para a aportação dos elementos necessários à defesa do próprio direito.

O princípio de responsabilidade probatória das partes encontra-se ligado à existência de um ónus (subjetivo) da prova, cuja subsistência pode ser questionada, não apenas em virtude do amplo poder de produção oficiosa de prova conferido pelo artigo 411º, mas também pelo facto de recair sobre as partes um dever de colaboração em matéria probatória. Ora, e ainda que este último aspeto não se afigure curial para conduzir a uma atenuação daquele ónus (do que se trata é apenas de salvaguardar o direito à prova das partes, nos casos em que a fonte de prova se encontra na exclusiva disponibilidade da parte contrária), o mesmo não se pode dizer do princípio da oficialidade. Assim, e uma vez que (1) este princípio não se afigura menos idóneo do ponto de vista da finalidade de apuramento da verdade do que o princípio da responsabilidade probatória das partes (possivelmente até o sendo mais); e, (2) este último princípio (da responsabilidade probatória das partes) não se encontra expressamente previsto em nenhum preceito do código (sem prejuízo do disposto no artigo 342º CC), o artigo 411º não prevendo nenhuma limitação ao poder de realização oficiosa de prova resultante da necessidade de articulação com as regras do ónus da prova, só mediante um esforço de interpretação sistemática se pode concluir estarmos perante um princípio fundamental do nosso sistema jurídico-processual civil, não se encontrando o mesmo, portanto, superado pelo princípio da oficialidade.

Daqui, *i.e.*, do caráter estruturante do princípio da responsabilidade probatória das partes – é ele, na verdade, uma manifestação do princípio da autonomia da vontade, desempenhando, para além do mais, uma função de aceitação das decisões baseadas na aplicação das regras de distribuição do risco da prova (ónus da prova em sentido objetivo), ou seja, de aceitação das decisões tomadas pelo juiz, sobre o fundo da causa, nos casos em que o mesmo se encontra em dúvida insanável sobre a verdade dos factos – resulta, no entanto, a necessidade de se proceder a uma leitura (quantitativamente) restritiva dos poderes instrutórios do juiz, de acordo com a qual o exercício destes poderes não pode constituir uma forma de suprir a negligência das partes na observância dos respetivos ónus probatórios (assim se salvaguardando alguma completude do sistema de ónus subjetivo da prova).

O método de apuramento da verdade continua assim, no essencial, a caraterizar-se pela sua natureza contraditória-dialógica, recaindo sobre as partes a responsabilidade principal pela aportação dos elementos da causa, e sendo meramente acessória ou complementar a responsabilidade instrutória do juiz. Por conseguinte, e por não se afigurar apta a espelhar este modo de articulação da responsabilidade probatória de cada um dos sujeitos processuais – podendo, aliás, conduzir à errada conclusão de que o processo se baseia numa espécie de *mixtum compositum* de princípio da responsabilidade das partes (princípio dispositivo em sentido amplo) e princípio da oficialidade – entendemos dever evitar-se o uso da expressão «modelo cooperativo ou de colaboração». O processo continua a ser de dispositivo moderado (no sentido de uma atenuação do princípio da responsabilidade das partes pelo princípio da oficialidade), confiando à livre iniciativa das partes, num ambiente de respeito pelo contraditório e de colaboração, a aportação dos elementos necessários à tomada de uma decisão bem informada sobre o fundo da causa.

SIGLAS E ABREVIATURAS

AAFDL – Associação Académica da Faculdade de Lisboa
Ac. – Acórdão
Auf. – edição
Bd. – volume
BMJ – Boletim do Ministério da Justiça
CC – Código Civil
CEDAM – Casa Editrice Dott. Antonio Milani
cfr. – confrontar
cit. – citado
CJ – Coletânea de Jurisprudência
CPC – Código de Processo Civil
CPCfr. – Código de Processo Civil francês
CPCit. – Código de Processo Civil italiano
CPR – Civil Procedure Rules
CRP – Constituição da República Portuguesa
DGSI – Direcção Geral dos Serviços de Informática
Dig. Disc. Priv., sez. Civ. – Digesto Discipline Privatistiche, Sezione Civile
Dis. att. – Disposizioni di attuazione del Codice di Procedura Civile
DStR – Deutsches Steuerrecht
ed. – edição
EJEA – Edições Jurídicas Europa-América
GRUR Int. – Gewerblicher Rechtsschutz und Urheberrecht Internationaler
JR – Juristiche Rundschau
JZ – Juristenzeitung
LEC – Ley de Enjuiciamento Civil
nº/ nºs – número/números
NJW – Neue Juristische Wochenschrift
NZI – Neue Zeitschrift für das Recht der Insolvenz und Sanierung.
ob. – obra
pág./págs – página/páginas

proc. – processo
RDNR – número à margem
RDPC – Rivista di Diritto Processuale Civile
RGLJ – Revista general de legislación y jurisprudência
ROA – Revista da Ordem dos Advogados
RLJ – Revista de Legislação e Jurisprudência
RPD – Rivista di Diritto Processuale
RTDPC – Rivista Trimestrale di Diritto e Procedura Civile
segs. – seguintes
SJZ – Schweizerische Juristen-Zeitung
STJ – Supremo Tribunal de Justiça
T. – Tomo
trad. – tradução
TRC – Tribunal da Relação de Coimbra
TRE – Tribunal da Relação de Évora
TRL – Tribunal da Relação de Lisboa
TRG – Tribunal da Relação de Guimarães
TRP – Tribunal da Relação do Porto
TS – Tribunal Supremo
U. Ill. L. Rev. – University of Illinois Law Review
U. Bost. L. Rev. – University of Boston Law Review
UTET – Unione Tipografico-Editrice Torinese
vol. – volume
ZPO – Zivilprozessordnung
ZZP – Zeitschrift für Zivilprozess
ZZP-int – Zeitschrift für Zivilprozess International

Nota: a indicação de artigos, em texto, desprovida do respetivo diploma legal, entende-se referente ao Código de Processo Civil.

INTRODUÇÃO

Um dos aspetos mais sensíveis com que a ciência jurídico-processual civil se defronta diz respeito à distribuição de poderes entre os sujeitos processuais, podendo observar-se ao longo da história do processo uma oscilação entre tendências mais dispositivas, ou «inquisitórias». O pensamento através destes princípios jurídicos fundamentais (*Maximendenken*) tem lugar, contudo, apenas a partir de GÖNNER. O autor alemão atribui ao «princípio da responsabilidade das partes» (*Verhandlungsmaxime*[1]) um funda-

[1] Não pretendemos fazer uma tradução direta da palavra alemã. Se assim fosse, preferiríamos utilizar a expressão «princípio da contradição» ou «princípio da discussão». Há ainda outras traduções possíveis da mesma, como «princípio de aportação de parte» ou princípio da disponibilidade das partes»; esta última tem, no entanto, a desvantagem de estar associada (ou poder sê-lo) a uma conceção da *Verhandlungsmaxime* segundo a qual a mesma partilha do fundamento material do princípio dispositivo, conceção esta de que não partilhamos, por entendermos que não existe qualquer poder de disposição das partes sobre os elementos do processo. A expressão por nós utilizada é aquela que traduz de um modo mais preciso o modo como encaramos o problema do relacionamento entre os sujeitos processuais, do ponto de vista da articulação dos respetivos poderes processuais: uma vez que o poder de disposição das partes não se dirige ao processo propriamento dito (mas apenas ao seu objeto – *i.e.*, à relação material de que as mesmas são titulares), aquele problema deve ser colocado ao nível da «responsabilidade» dos sujeitos do processo pela aportação dos elementos (fácticos e probatórios) do processo: pode afirmar-se a existência de um princípio, segundo o qual esta responsabilidade pertence (ainda que de um modo não exclusivo) às partes? E é por isso que relacionamos este princípio com a existência de um ónus (subjetivo) da prova, já que é esta a configuração que a responsabilidade das partes pela aportação dos elementos da causa (mais concretamente, dos seus elementos probatórios) assume do ponto de vista processual. Optamos assim por chamar «contraditório» ao método de apuramento da verdade que se baseia na livre iniciativa das partes, e «princípio de responsabilidade das partes» ao princípio que este modelo tem por base. (A ideia de um método contraditório de apuramento da verdade

mento ao mesmo tempo ideológico (natureza privada dos interesses que as partes defendem através do processo) e técnico (posição privilegiada das mesmas para procederem ao esclarecimento da matéria de facto objeto do litígio), construindo, por sua vez, a *Untersuchungsmaxime* em conformidade com aquele fundamento (ideológico), *i.e.*, tendo por base a liberdade de disposição das partes sobre os seus direitos: a petição inicial deve ser interpretada no sentido de que o «autor» pretende obter o resultado mais favorável possível, estando, pois, de acordo com todas as medidas por meio das quais a efetivação do seu direito possa ser alcançada. A convicção do juiz sobre a «verdade dos factos» encontra-se, assim, subordinada à aplicação do Direito privado, o que significa que o princípio da investigação oficiosa não constitui um fim em si mesmo, mas apenas um meio para a obtenção de um fim (no fim do processo só pode estar, em termos gerais, a verdade formal)[2].

A *Untersuchungsmaxime* foi desenvolvida de um modo muito significativo por FRANZ KLEIN, no contexto de um Estado, e de um processo, previdenciais. Ao contrário de GÖNNER, KLEIN atribui ao princípio do inquisitório a finalidade de prossecução da verdade material, estando presente no pensamento do autor austríaco uma conceção da relação jurídica processual como comunidade de trabalho ou *Kooperationsmaxime*[3], *i.e.*, uma ideia do processo como espaço de trabalho conjunto entre o juiz e as partes, com vista ao apuramento da verdade sobre os factos da cuasa.

Entre nós, afirma CASTRO MENDES[4] que, ao considerar-se o processo do ponto de vista da atividade probatória (modo de obter a prova), não res-

não deve, por sua vez, ser entendida como fazendo referência a um sistema com princípio do contraditório. Este aspeto é sublinhado por ADRIAN ZUCKERMAN [ADRIAN ZUCKERMAN, *Civil Procedure*, Lexis Nexis, 2003, págs. 176-177] a propóstio da errada tradução da expressão «adversarial procedure» como «principe du contradictoire»: o princípio do contraditório não impede o juiz de introduzir no processo elementos adicionais de discussão; impede-o – isso sim – de basear a sua decisão em qualquer elemento de facto ou de direito – tenha ele sido introduzido pelas partes ou pelo próprio juiz – sem que primeiro seja dada às partes a oportunidade de sobre o mesmo se pronunciarem).

[2] CLAUDIA M. MORDASINI-ROHNER, *Gerichtliche Fragepflicht und Untersuchungsmaxime nach der Schweizerischen Zivilprozessordnung*, cit., págs. 3 segs.

[3] *«Die Sachverhaltsermittlung läuft unter Geltung der Untersuchungsmaxime also auf eine Zusammenaerbeit von Gericht und Partein hinaus, während der Verhandlungsmaxime eine Zweiteilung der Prozessarbeit zu Grunde liegt»* (ibidem, pág. 135).

[4] JOÃO DE CASTRO MENDES, *Do conceito de prova em processo civil*, Lisboa: Edições Ática, 1961, págs. 156, 157.

tam dúvidas de que o mesmo deve ser designado de inquisitório moderado; a esta forma de princípio inquisitório (em que, sendo atribuídos ao juiz largos poderes de iniciativa probatória, se encorajam, por outro lado, as partes – e até terceiros – a colaborar mediante «sugestões») atribui o autor o nome de princípio da cooperação. A atividade probatória, no nosso Direito, não seria, pois, dispositiva ou estritamente inquisitória, mas cooperativa ou de cooperação[5].

Alguns autores levam ainda mais longe a superação da dicotomia entre os princípios dispositivo e inquisitório, pondo em causa o próprio pensamento através de *Maximen*: não existem modelos puros, devendo questionar-se a própria manutenção de uma construção teórica bipolar, assente em regras ou princípios antitéticos. O princípio da oficialidade (salienta, por ex., Tito Carnacini[6]) não se contrapõe ao princípio de responsabilidade das partes, sendo possível, pelo contrário, uma iniciativa conjunta dos sujeitos processuais.

Ao observarmos a moderna evolução do processo civil, e compararmos os sistemas atuais com aqueles que vigoravam no período oitocentista, podemos verificar que esta possibilidade de iniciativa conjunta dos sujeitos processuais resulta de uma atenuação do princípio dispositivo, através de uma cisão entre o princípio dispositivo em sentido material, ou estrito, e o chamado princípio dispositivo em sentido amplo, ou técnico (princípio de responsabilidade das partes)[7].

[5] João de Castro Mendes, *Do conceito de prova em processo civil*, Lisboa: Edições Ática, 1961, pág. 157, nota 41. Quanto a esta cooperação, refere Micheli a tendência para a excluir do conceito de prova, integrando como elemento deste conceito a disponibilidade (pelas partes). Assim Micheli escreve (L'Onere della Prova, 97): «*Esta actividade probatória pode assumir uma relevância diversa, consoante as partes sejam entendidas como meras colaboradoras do órgão jurisdicional, ou como titulares exclusivas do poder de provar. Em estrito rigor, aliás, só neste último caso se costuma falar de prova, ao passo que na outra hipótese se tende a adoptar sobretudo o termo colaboração*». Não vemos qualquer razão que aprove esta terminologia.

[6] Tito Carnacini, «Tutela giurisdizionale e tecnica del processo», cit., pág. 760.

[7] O princípio de responsabilidade das partes tem uma dupla vertente: a responsabilidade pela aportação dos factos, e a responsabilidade pela aportação das provas. Quanto à primeira, existe um domínio que é coberto pelo princípio do dispositivo em sentido estrito ou material (aquele que diz respeito à alegação dos factos essenciais ou principais da causa), já que é através desta alegação que as partes procedem à delimitação do objeto do processo. Mas o mesmo não se pode dizer quanto à alegação dos factos instrumentais, os quais têm uma função probatória, *i.e.*, servem para a prova de outros factos. É isso que explica que o princípio da oficialidade

Na verdade, imperava no sistema liberal individualístico a conceção de que a parte onerada se encontra sozinha na realização da tarefa probatória, não podendo contar com qualquer colaboração da parte contrária, ou do juiz: *actori incumbit probatio, reus in excepiendo fit actori*; *nemo tenetur edere contra se*; cada parte deve ser capaz de obter o convencimento do juiz sobre a verdade dos «factos controvertidos» com cuja prova se encontra onerada, não podendo a iniciativa dessa prova provir da parte contrária (não vigora um princípio de aquisição processual), nem do juiz (*iudex iudicare debet secundum allegata et probata partibus*). Neste modelo processual (de dispositivo radical) confia-se assim à responsabilidade exclusiva da parte onerada (ónus da prova em sentido subjetivo) a aportação dos elementos necessários para a formação do convencimento do juiz sobre a realidade histórica que serve de base ao litígio.

A afirmação da ideia de que o processo civil deve prosseguir uma justiça substancial (princípio da verdade material) conduziu a um fenómeno de moralização e publicização do processo, através da imposição às partes de deveres de sinceridade e de colaboração para o apuramento da verdade, e da consagração de poderes instrutórios *ex officio iudicis*. Os cultores do chamado processo social não pretenderam, contudo, substituir o princípio dispositivo (em sentido amplo) pelo do «inquisitório»[8]: é mais de uma convivência de princípios que deve falar-se, assente na já referida ideia do processo como «comunidade de trabalho», em que à «iniciativa» das partes se junta a possibilidade de uma «iniciativa» oficiosa do juiz.

Quando refletimos sobre a natureza do modelo de relacionamento entre os sujeitos processuais (em sede instrutória) não cremos, contudo, que o acento tónico deva ser colocado na extensão, e no modo de articulação do «poder de iniciativa» probatória de cada um deles. Na verdade, pode verificar-se que, mesmo num sistema (ideal) de «inquisitório puro», as partes não perdem o seu poder de iniciativa, tendo a possibilidade de dirigir ao juiz sugestões de prova, e sendo mesmo forçadas a introduzir no processo os elementos probatórios de que dispõem, através da imposição às mesmas de um genérico dever de colaboração com a administração da justiça[9].

abarque a possibilidade de o juiz conhecer oficiosamente estes últimos factos, quando os mesmos resultem da instrução da causa.

[8] *Rectius* (como veremos mais à frente), princípio da oficialidade.

[9] Para se servir do conhecimento das partes o sistema torna-as, pois, sujeitos passivos de um dever de colaboração probatória.

Este poder de iniciativa[10] não traduz, portanto, um direito de provar, nem em contrapartida recai sobre as partes o correspondente ónus da prova, a responsabilidade instrutória recaindo exclusivamente sobre o juiz. Não existe, pois, num sistema como este uma «responsabilidade partilhada» dos sujeitos processuais pela aportação das provas, o que permite compreender a afirmação de um autor como EDUARDO GRASSO[11] de que, não menos num sistema de inquisitório puro do que num sistema baseado no princípio dispositivo a ideia de colaboração é anulada.

Para se determinar a natureza daquele modelo de relacionamento (modelo cooperativo?), deve, portanto, olhar-se para o modo como as «responsabilidades» dos sujeitos processuais se articulam, e não para os respetivos "poderes" de «iniciativa» ou «sugestão» probatória. Assim:

Dúvidas não existem (até porque, confessadamente, não foi intenção dos cultores do processo publicístico-social modificar, neste ponto, o modo de ser do processo) de que o nosso sistema processual civil continua a fundar-se no princípio dispositivo (em sentido estrito ou material). Mas, pode continuar a falar-se de um princípio de responsabilidade das partes em sentido amplo[12], e mais concretamente – para o que concerne o nosso objeto de estudo – de um princípio de responsabilidade probatória das partes?

I.e.: existe algum princípio de acordo com o qual a responsabilidade (ainda que não exclusiva) pela aportação das provas pertence às partes[13]?

Ainda que possa parecer simples a resposta a esta questão (existindo uma inclinação da doutrina para afirmar a existência de uma responsabilidade conjunta do juiz e das partes), não é assim, na medida em que (1) não pode falar-se de um princípio de responsabilidade probatória das partes se não existir um ónus (subjetivo) da prova[14], e (2) a amplitude dos poderes conferidos ao juiz pelo artigo 411º põe em dúvida a existência deste ónus[15]. Terá sido intenção do legislador substituir o princípio de respon-

[10] No contexto de um sistema de «base inquisitória».

[11] EDUARDO GRASSO, "La collaborazione nel processo civile", Rivista di Diritto Processuale, 1966, 580-609.

[12] Veja-se, supra, nota nº 7.

[13] Repita-se – uma vez mais – que não se trata de saber se as partes têm um "poder" de iniciativa em matéria probatória, mas de saber se é sua a «responsabilidade» da prova.

[14] Este aspeto será desenvolvido mais adiante.

[15] De acordo com a opinião da doutrina maioritária a questão de saber se pode continuar a falar-se de um princípio de responsabilidade probatória das partes prende-se com o modo como se configuram os poderes do juiz (poderes-deveres ou poderes discricionários?),

sabilidade probatória das partes pelo princípio inquisitório? Ou deve, pelo contrário, proceder-se a uma leitura restritiva dos poderes de produção oficiosa de prova?

E, se puder falar-se na existência de um princípio de responsabilidade probatória das partes (temperado, no entanto, pelo princípio da oficialidade), a expressão «modelo cooperativo ou de colaboração» é aquela que melhor permite descrever o modo de relacionamento dos sujeitos processuais, do ponto de vista do exercício das respetivas atividades probatórias?

É certo – deve ainda notar-se – que as limitações ao sistema de ónus (subjetivo) da prova resultam não apenas do poder de produção oficiosa de prova, mas também do princípio de aquisição processual (artigo 413º), ou seja, da possibilidade de o juiz se servir dos elementos probatórios aportados por uma parte, e que servem para fazer prova dos factos constitutivos do direito alegado pela outra parte (ou de factos impeditivos, modificativos ou extintivos do direito por si próprio alegado[16]). No entanto, não nos parece ser este, atendendo à natureza controvertida das posições jurídicas presentes em litígio, o aspeto central da limitação àquele ónus; este centra-se, no essencial, na existência de um princípio da oficialidade[17].

Segundo Castro Mendes[18], o chamado ónus da prova seria hoje simultaneamente um ónus imperfeito, por força do princípio da livre apreciação das provas – em virtude do qual não fica ligada a uma convicção judicial por laços de necessidade jurídica nem a mais completa e perfeita atividade probatória da parte (a não ser nos casos de prova legal); e um

resultando da presença de um poder meramente discricionário do juiz a possibilidade de se afirmar a existência daquele princípio. Como veremos no momento oportuno, não cremos que resulte da existência de um autêntico poder-dever ou poder funcional em matéria de produção de prova a superação do princípio de responsabilidade probatória das partes.

[16] Não é a hipótese mais comum, atendendo à natureza antagónica dos interesses das partes.

[17] Na segunda parte do nosso trabalho refletiremos, por sua vez, sobre a questão de saber se resulta da existência de um dever de as partes colaborarem uma com a outra em sede instrutória – dever este que era desconhecido do chamado processo liberal-individualístico – uma atenuação do ónus (subjetivo) da prova.

[18] João de Castro Mendes, *Do conceito de prova em processo civil*, Lisboa: Edições Ática, 1961, págs. 439, 440. Segundo o autor, a estrutura do ónus analisa-se em dois direitos ou faculdades jurídicas de objectos contrários (direito a agir de certo modo, e direito a não agir de certo modo), a cujo exercício a ordem jurídica liga consequências diversas. Essencial no conceito de ónus é esta ligação entre o exercício do direito e o seu resultado; aquele deve ser deste condição necessária e suficiente. Quando não é condição suficiente, fala a doutrina de ónus imperfeito; quando não é condição necessária, fala a doutrina de ónus incompleto.

ónus incompleto, por força dos princípios da aquisição processual e da oficialidade, que permitem obter a prova por outros meios que não a atividade do interessado nela, respetivamente mediante a atividade da parte contrária e do juiz[19].

Com efeito, o alargamento da responsabilidade probatória do juiz, ao ponto de o mesmo dever realizar oficiosamente todas as diligências necessárias para o apuramento da verdade independentemente da iniciativa probatória das partes, conduziria, na prática, à anulação daquele ónus.

Um dos argumentos apontados por uma parte da doutrina para defender a necessidade de uma leitura restritiva daqueles poderes diz respeito (pode antecipar-se) à salvaguarda do estímulo das partes na defesa dos seus interesses, o qual seria quebrado no caso de se atribuir ao juiz o poder de se substituir a elas na realização da respetiva tarefa probatória, suprindo qualquer negligência sua, por mais grosseira. Com efeito – afirma-se – as partes possuem um conhecimento privilegiado dos factos da causa, por serem elas os próprios sujeitos da relação material controvertida, conhecimento este de que o processo não pode prescindir. Não cremos, no entanto, que este argumento seja determinante, já que o mesmo, em bom rigor, só tem sentido num sistema (ainda) baseado num modelo de ónus (subjetivo) da prova; a partir do momento em que se atribui ao juiz uma responsabilidade (irrestrita[20]) pela aportação dos elementos de julgamento (com a limitação, já o sabemos, do princípio do dispositivo material[21]), o mesmo deve assegurar-se de que todas as diligências relevantes para o apuramento da verdade são realizadas, recaindo sobre as partes, como reverso da medalha daquele poder, um genérico dever de colaboração probatória.

Devemos assim, e na medida em que são inconclusivos os elementos de Direito positivo (veja-se, em especial, os artigos 342º CC e o artigo 411º), olhar para o conjunto do sistema jurídico, e para os seus princípios estruturantes, para compreender se existe alguma razão que nos permita afirmar

[19] Não estamos totalmente convencidos da bondade do primeiro argumento. Com efeito, pode olhar-se para este ónus como aquele que diz respeito à aportação dos elementos necessários para fundar uma convicção do juiz favorável à verdade dos respetivos enunciados de facto (devendo a parte onerada contar com a possibilidade de realização de uma contraprova). Pode, pois, utilizar-se o argumento de que, se o juiz não ficou convencido daquela veracidade, então a parte não observou o comportamento a que o ónus se dirigia.

[20] No sentido de «não limitada por um princípio de responsabilidade probatória das partes».

[21] É às partes que compete a alegação dos factos essenciais ou principais da causa.

a existência de um princípio de responsabilidade probatória das partes. Assim, porém, nos deparemos com este princípio, decorrerá daí a necessidade de uma leitura restritiva do poder instrutório do juiz, de modo a salvaguardar alguma completude do sistema de ónus (subjetivo) da prova.

Mas não é tudo quanto ao *iter* de problematização relacionado com a existência deste ónus. Com efeito, verifica-se nos atuais sistemas processuais civis a existência de deveres de colaboração probatória das partes, que eram desconhecidos do chamado processo liberal-individualístico, em homenagem a uma ideia (radical) de auto-responsabilidade. Pode perguntar-se: resulta da existência daqueles deveres uma atenuação do ónus (subjetivo) da prova?

O processo (*rectius*, os processos) não constituem, no entanto, uma estrutura monolítica, verificando-se a existência, ao lado do processo dito contencioso (com claro predomínio do princípio dispositivo), de um conjunto de processos especiais (os chamados processos de jurisdição voluntária), cuja natureza graciosa conduz a uma importante acentuação do princípio inquisitório; e, ao lado do processo declarativo comum, a existência de processos contenciosos especiais, com desvios, muitas vezes, não despiciendos face à estrutura processual normal. Deve assim, e por último, delimitar-se o horizonte (adjetivo) do nosso estudo: este, dado o plano de construção dogmática geral em que nos situamos, é-nos fornecido pelo processo contencioso, na sua forma comum.

Estrutura e percurso de investigação

Existe uma tendência dos autores novecentistas, adeptos de uma conceção substancialista da justiça, e da abertura do processo civil a manifestações do «princípio inquisitório», de identificarem o princípio dispositivo (em sentido amplo – ou princípio de responsabilidade das partes) com a prossecução de uma verdade (meramente) formal[22], ao passo que o princípio inquisitório é entrecruzado com uma finalidade de busca da verdade material. Por conseguinte, e uma vez que partem de uma conceção material da justiça, os mesmos retiram daqui, quase como se de uma conclusão axiomática se tratasse, a ideia de que o processo deve abrir-se à existência de poderes oficiosos do juiz em matéria instrutória, libertando-se assim

[22] Existência de um poder de disposição das partes sobre os elementos que constituem o fundamento de facto da decisão judicial.

o processo das amarras do dispositivo. O caminho de construção dogmática seguido para aqui chegarem diz respeito à cisão entre o princípio dispositivo material e o princípio dispositivo em sentido amplo (ou princípio de responsabilidade das partes), o primeiro tendo um fundamento material, e o segundo sendo fruto de uma mera opção legislativa de ordem técnica.

Assim, e uma vez que o fenómeno de publicização e moralização do processo civil a que se assistiu durante o séc. XX teve por base uma conceção substancialista da justiça – de acordo com o qual o processo deve ter por finalidade a descoberta da verdade material –, a primeira pedra do nosso estudo consiste em verificar se existe alguma razão (seja ela de ordem lógica, metodológica, ideológica ou técnica) para que deva a ciência jurídico-processual civil abdicar de um discurso orientado em termos de verdade, ou se, pelo contrário, pode afirmar-se a existência, no processo civil, de um princípio de verdade material.

Mas, e uma vez que se chegue à conclusão de que este constitui um dos princípios fundamentais do processo, abre-se um novo caminho de problematização que diz respeito, agora, ao método de apuramento da verdade – o qual (método), não podendo desconhecer, é certo, a necessidade de harmonização com os demais princípios estruturantes do processo civil (designadamente o princípio do dispositivo material, e o princípio de proibição do recurso à ciência privada), deve saber otimizar as possibilidades de apuramento da verdade, já que esta constitui uma exigência daquele princípio.

Este método pode basear-se na responsabilidade das partes (método contraditório-dialógico), do juiz (método da oficialidade), ou de ambos (método cooperativo?). Quanto ao primeiro, o método contraditório-dialógico, baseia-se o mesmo no estímulo que as partes sentem na prossecução do próprio interesse, radicando-se, assim, no princípio de responsabilidade probatória das partes – a reclamar a existência de um sistema de ónus (subjetivo) da prova[23]. No chamado processo liberal-individualístico, este ónus

[23] Rejeitamos, com efeito, a identificação entre o princípio dispositivo (em sentido amplo, ou princípio de responsabilidade das partes) e a prossecução de uma verdade (meramente) formal, já que partimos do pressuposto de que não resulta do mesmo qualquer poder de disposição das partes sobre os elementos que constituem o fundamento de facto da decisão judicial. Dito de outra forma: o sistema jurídico não admite nenhum «acordo» das partes sobre a «verdade dos factos», a norma que prevê a admissão dos factos por acordo tendo,

era completo, na medida em que a parte estava sozinha na realização da respetiva tarefa probatória, não podendo contar com a colaboração da parte contrária (*nemo teneter edere contra se*), nem do juiz (princípio da imparcialidade judicial): a iniciativa da prova só podia resultar da parte onerada, não existindo um poder de produção oficiosa de prova[24], nem vigorando um princípio de aquisição processual (modelo de dispositivo radical).

Na segunda parte do nosso estudo centraremos a nossa atenção nos deveres de colaboração probatória que recaem sobre as partes. Qual o fundamento destes deveres? O que justifica que uma parte se veja forçada a colaborar com o seu adversário, fornecendo-lhe os elementos necessários para a sua vitória? A partir da resposta a esta pergunta poderemos responder a uma outra: resulta da existência de um genérico dever de colaboração probatória das partes em matéria instrutória uma atenuação do ónus (subjetivo) da prova, ou um desvio ao método contraditório-dialógico de apuramento da verdade?

pelo contrário, a natureza de uma norma de prova legal, baseada numa regra de experiência ou *presunção homnis*.

Segundo GINO ZANI (GINO ZANI, *La mala fede nel processo civile*, Roma: Foro Italiano, 1931, págs. 14 e segs) não deve confundir-se e identificar-se o princípio dispositivo com uma conceção privatístiva do processo, nem o princípio inquisitório com uma tendência publicística do mesmo. É certo que a aceitação de uma rigorosa e plena conceção privatística do processo pressupõe um sistema dispositivo, ao passo que a conceção de um processo inquisitório tem pressuposto o seu caráter publicístico; mas não é verdadeiro o contrário, ou seja, que o princípio dispositivo implique necessariamente uma pura tendência privatística e a existência de uma situação de indiferença absoluta do Estado face à lide, e nem mesmo que uma tendência publicística exclua necessariamente o sistema dispositivo, e toda a autonomia na atividade das partes. Se a correspondência entre os dois conceitos pode parecer natural e lógica, facto é que os mesmos não são absorvidos um pelo outro. Já ANDRIOLI (VIRGILIO ANDRIOLI, «Prova (in genere)», *Nuovo Digesto Italiano*, T.XVII, Torino: UTET, 1939, págs. 813-829, págs. 822-823) salienta o facto de que a possiblidade de fundir num mesmo processo o princípio dispositivo com o princípio inquisitório prova que tanto um como o outro são ditados e aplicados tendo em vista o interesse público na formação da convicção do juiz e, em particular, que o princípio dispositivo não representa a projeção processual da faculdade de dispor, que do direito subjetivo substancial constitui a caraterística imprescindível: se assim não fosse, não seria explicável o porquê de, sem prejuízo dos interesses materiais em conflito, se permitir ao juiz procurar oficiosamente elementos de convicção, independentemente da iniciativa das partes.

[24] Como teremos oportunidade de ver, esta ideia é mais verdadeira no plano teórico do que no plano prático, já que o sistema jurídico positivo contemplava a existência de alguns (ainda que poucos) poderes de iniciativa probatória do juiz.

Torna-se claro resultar dali, *i.e*, da existência de um dever de colaboração com a parte contrária, uma atenuação – se não uma superação – do princípio *nemo tenetur edere contra se*: a parte deixa de estar sozinha na realização da respetiva tarefa probatória, podendo contar com a colaboração (forçada[25]) da parte contrária (e de terceiros), nos casos em que seja destes a exclusiva disponibilidade da prova. Mas decorre da existência deste dever uma atenuação daquele ónus, ou o modo como o mesmo se encontra configurado situa-o apenas no contexto da salvaguarda do direito à prova da parte onerada, permitindo-lhe observar este ónus, nos casos em que a mesma não dispõe de outra forma de obter a prova de que necessita?

Por outro lado, esta parte do nosso estudo permitirá demonstrar que não pode extrair-se da existência daqueles deveres (de colaboração probatória) qualquer conclusão quanto à extensão dos «poderes inquisitórios» do tribunal[26]. Na verdade, e ainda que atuação prática dos mesmos pressuponha sempre a intervenção do tribunal (uma parte não requer, por ex., diretamente à parte contrária a junção de um documento, antes requer ao juiz que ordene à parte contrária a junção desse mesmo documento), facto é que essa intervenção não traduz (ou não tem necessariamente que traduzir) a existência de um «poder inquisitório» do juiz, traduzindo, isso sim, o exercício do seu *ius imperium*. Daí que, e ao contrário do que parece resultar do pensamento de alguns autores – inclinados a identificar a existência destes deveres com um sistema processual de natureza inquisitória –, mesmo num sistema de puro dispositivo (em sentido amplo), *i.e*, num sistema baseado exclusivamente no princípio de responsabilidade das partes, possa haver deveres jurídicos de colaboração probatória a cargo das partes[27].

[25] No sentido de «legalmente imposta».

[26] Vimos, com efeito, que nos sistemas de cariz inquisitório se impõe às partes, como reverso da medalha do poder instrutório do juiz, um dever jurídico de colaboração para o apuramento da verdade.

[27] Uma vez que os deveres de colaboração processual, sendo fruto de um fenómeno de moralização da relação processual, vão ao encontro de uma ideia de introdução no processo de valores de verdade (dever de sinceridade e dever de colaboração para o apuramento da verdade), veja-se a afirmação de Francesco Giuseppe Lipari relativa à possibilidade de conciliação entre a proibição da mentira e o princípio dispositivo: «*Nè si dica che il divieto di menzogna sai inconciliabile col principio dispositivo nel processo civile. Il processo canónico, che puré è costruito sulla passività del giudice, con i suoi giuramenti diretti a preservare dal pericolo della menzogna, ci dimostra che questa inconciliabilità non existe*» (Francesco Giuseppe Lipari, *Il dolo processuale*, Palermo, Florença: Società Editrice Libraria, 1926, pág. 51).

Prosseguiremos então para a terceira parte do nosso estudo, aquela que diz respeito à análise dos poderes de produção oficiosa de prova (artigo 411º), e à delimitação da extensão destes poderes, quer de um ponto de vista qualitativo (necessidade de respeito pelo princípio de proibição do recurso à ciência privada), quer do ponto de vista quantitativo (articulação com o princípio de responsabilidade probatória das partes).

Quanto a este último aspeto, e uma vez que (1) este princípio não se encontra expressamente previsto em nenhum preceito do código, a norma do artigo 411º não estabelecendo qualquer restrição quantitativa ao poder instrutório do juiz; (2) partimos do entendimento de que o mesmo (princípio) não partilha o fundamento material do princípio dispositivo[28]; e (3) a salvaguarda daquele princípio não se encontra justificada por razões puramente epistémicas[29], pode verificar-se que a sua resolução implica, ou pressupõe já um esforço de problematização que diz respeito à própria existência do princípio de responsabilidade probatória das partes.

Caso cheguemos à conclusão de que este princípio existe, haverá a necessidade de proceder a uma leitura restritiva daquele poder, na medida em que, e conforme se deixou dito anteriormente, não pode alargar-se totalmente o poder do juiz – a ponto de a sua atuação oficiosa ser independente de qualquer atuação das partes – sem, ao mesmo tempo, se anular todo o espaço reservado à atuação do ónus.

Neste esforço de delimitação do campo de intervenção do princípio da oficialidade, servimo-nos do auxílio de elementos de Direito estrangeiro (sistemas italiano, alemão, francês, espanhol e inglês). A razão de ser do estudo destes ordenamentos jurídicos prende-se, no caso dos dois primeiros, com a incontestável importância que os mesmos revestem para o desenvolvimento da ciência do Direito em geral, e da ciência processual civil em particular, e com o facto de o nosso Direito encontrar neles uma inspiração predominante. Por sua vez, e no que diz respeito ao ordenamento jurídico francês, o mesmo constitui exemplo (ou antes, é normalmente dado como exemplo) de um modelo baseado na atribuição, ao juiz, de um amplo poder de iniciativa probatória (nisso fazendo par com o nosso

[28] Cisão entre o princípio dispositivo material e o princípio dispositivo em sentido amplo ou técnico.

[29] Vimos acima que o modelo da oficialidade é tanto ou mais idóneo que o princípio de responsabilidade das partes do ponto de vista da finalidade de apuramento da verdade.

sistema processual civil), ao mesmo tempo que a sua lei substantiva contempla a existência de um dever de todos os cidadãos colaborarem com a justiça, com vista à manifestação da verdade[30]. Quanto à LEC espanhola, a mesma constitui, pelo contrário, exemplo de uma legislação ligada a uma matriz marcadamente liberal-individualística, embora convivente com a existência de uma figura como a das *diligencias para mejor proveer*. E, por último, o sistema inglês, inserido no contexto de uma diferente família de Direito, permite-nos observar, sem prejuízo das recentes transformações nele verificadas, um modelo tradicionalmente assente nos quadros de um regime acusatório puro[31].

Na parte final deste trabalho estaremos em condições de extrair uma conclusão quanto à natureza do modelo de relacionamento dos sujeitos processuais em matéria instrutória, e quanto ao modo como as responsabilidades probatórias de cada um – assim se conclua existir, no atual modelo processual, um princípio de responsabilidade probatória das partes – se articulam. São várias as classificações propostas pela doutrina: sistema de inquisitório moderado, sistema de dispositivo moderado[32], sistema «cooperativo ou de colaboração». Qual será aquela que melhor representa o nosso sistema processual civil atual?

[30] Pareceu-nos particularmente relevante observar o modo como, num sistema como este, é tratado o problema da articulação dos dois princípios acima referidos.

[31] O confronto deste último sistema com os sistemas jurídicos da Europa continental fornece-nos, para além do mais, os elementos necessários para extrairmos uma conclusão sobre a existência de uma tendência de aproximação entre os mesmos.

[32] No sentido de uma atenuação do princípio de dispositivo em sentido amplo; poderíamos até dizer: sistema de responsabilidade probatória das partes atenuado.

PARTE I

VERDADE E JUSTO PROCESSO

Capítulo 1
Problema lógico-metodológico do apuramento da verdade e o conceito de prova jurídico-civil

I. Delimitação do conceito de verdade: da verdade como correspondência

A finalidade do nosso estudo consiste em saber se existe no atual modelo processual um princípio de responsabilidade probatória das partes, e, se sim, qual o modo como o mesmo se relaciona com os poderes oficiosos do juiz em matéria instrutória, e com os deveres de colaboração probatória que recaem sobre as partes. Com efeito, ao passo que o sistema liberal-individualístico se baseava numa responsabilidade exclusiva destas últimas – em matéria instrutória a parte onerada estava sozinha na realização da sua tarefa probatória, não podendo contar com a colaboração da parte contrária ou do tribunal (sistema de ónus completo, cuja finalidade, segundo a doutrina mais autorizada, consistia na obtenção de uma verdade [meramente] formal), afirma-se no sistema publicístico-social a existência de uma finalidade de apuramento da verdade material, em razão da qual são atribuídos ao juiz poderes instrutórios *ex officio iudicis* (artigo 411º), e se faz recair sobre as partes deveres jurídicos de colaboração em matéria probatória (artigo 417º).

Ao longo deste trabalho teremos oportunidade de nos pronunciar sobre se existe alguma razão para associar o sistema de dispositivo (amplo)[33] com uma ideia de verdade formal, e um sistema com inquisitório (*rectius*, com princípio de oficialidade em sede instrutória[34]) com uma ideia de

[33] *I.e.*, um sistema baseado na responsabilidade das partes (pela aportação dos factos, e pela aportação da prova).

[34] Este aspeto será discutido num momento mais avançado deste trabalho.

verdade material. E não demorará muito tempo a que o façamos, já que um dos argumentos em virtude dos quais uma parte da doutrina rejeita a existência no processo civil de um princípio de verdade material se prende justamente com o facto de o mesmo se basear no princípio dispositivo (poder de disposição das partes sobre os factos que constituem o fundamento de facto da decisão judicial). Note-se, contudo, que os cultores do processo publicístico-social não se limitam a socorrer-se daquela associação, para daí extraírem a conclusão de que devem atribuir-se ao juiz civil poderes próprios em sede instrutória. O *iter* mental que seguem tem (evidentemente) um outro pressuposto: uma vez que o processo civil tem por finalidade alcançar a verdade (material), então o mesmo deve abrir-se ao princípio inquisitório, já que este constitui o melhor seguro de que aquela finalidade é alcançada.

Ou seja: não basta dizer que, porque o processo dispõe de um «elemento inquisitório», então o mesmo visa alcançar a verdade material; não: é porque o processo visa alcançar a verdade material que o mesmo está dotado de um elemento inquisitório.

Acontece que o conceito de «verdade», de que as normas acima assinaladas lançam mão, se afigura repleto de implicações jus-filosóficas e epistémico-metodológico-jurídicas, sem cuja prévia aclaração dificilmente podemos chegar a uma conclusão sobre as questões que ora nos prendem: o processo civil baseia-se num princípio de verdade material? Qual o papel que a verdade desempenha no seio do processo? Ora, e uma vez que a atribuição ao juiz civil de uma responsabilidade probatória própria se inscreve no contexto da afirmação daquele princípio – responsabilidade esta que, a existir (como existe no nosso sistema jurídico), colide com o princípio de responsabilidade das partes[35] –, devemos começar por proceder àquela aclaração, para depois darmos resposta às questões elencadas[36]. A estas pode acrescentar-se uma outra: pode definir-se a prova jurídica (em geral),

[35] A ponto de se questionar se este princípio (de responsabilidade probatória das partes) ainda vigora – ante o genérico poder que o artigo 411º atribui ao juiz – no atual modelo processual.

[36] No mesmo sentido, pode ver-se MARK SCHWEIZER, *Beweiswürdigung und Beweismaß, Rationalität und Intuition*, Jus Privatum Beiträge zum Privatrecht, Band 189, Tübingen: Mohr Siebeck, 2015, pág. 22: «*Dennoch glaube ich, dass man ohne Definition dessen, was Wahrheit – für die Zwecke der Beweiswürdigung – ist, nicht auskommt, weil der Wahrheitsbegriff (mit) bestimmt, welche Methoden des Erkenntnisgewinns man als zielführend – d. h. zur Wahrheitserkenntnis führend – betrachtet. Jede Theorie der Sachverhaltsfeststellung benötig einen Wahrheitsbegriff*».

e a jurídico-civil (em particular) em termos teórico-científicos? Uma vez que a prova (a assim se entender) constitui o único meio através do qual o juiz pode obter um conhecimento sobre a realidade histórica que serve de base ao litígio, esta questão acaba, contudo, por se subsumir ao mesmo *iter* de problematização a que aquelas conduzem: o processo encaminha-se para a verdade material? No final do processo, através da prova (em sentido restrito – prova como «instrução»[37]), é esta verdade que se encontra?

Antecipando em parte o desfecho do percurso que agora se inicia, pode notar-se que o juízo determinativo dos pressupostos de facto da decisão judicial (em qualquer processo) é prático-emocional, sendo assim de rejeitar os postulados de um modelo (positivista) lógico-subsuntivo, assente numa distinção estanque entre questão-de-direito e questão-de-facto[38]. O modelo de racionalidade própria da aplicação do Direito reflete-se no tipo de «verdade» resultante do processo de determinação dos «factos» (também ela uma «verdade prática», e assente numa ideia de probabilidade ético-moral). A aceitação deste postulado epistémico-metodológico não conduz, no entanto, à aceitação de uma teoria argumentativa da prova jurídica. Esta, em harmonia com o seu conceito moderno, corresponde ao meio através do qual se procede à fixação dos factos (históricos)[39].

[37] Sobre os vários sentidos da palavra «prova», pode ver-se João de Castro Mendes, *Do conceito de prova em processo civil*, cit., págs. 222 e segs.

[38] Neste sentido, pode ver-se Karl Larenz, *Methodenlehre der Rechtswissenschaft*, 3ª ed., Berlim/Heidelberg/Nova York, 1975, pág. 154 (apud, Robert Alexy, *Teoria da argumentação jurídica – a teoria do discurso racional como teoria da justificação jurídica*, trad. de Zilda Hutchinson Schild Silva, São Paulo: Landy Editora, 2001, pág. 17). Segundo Alexy, esta constatação de Larenz caracteriza um dos poucos pontos em que há unanimidade dos juristas na discussão da metodologia contemporânea. Num grande número de casos, a afirmação normativa singular que expressa um julgamento envolvendo uma questão legal não é uma conclusão lógica derivada da formulação de normas pressupostamente válidas, tomadas junto com afirmações de factos comprovada ou pressupostamente verdadeiros. Já Perelman (Chaïm Perelman, *Lógica Jurídica*, trad. de Verginia K. Pupi, São Paulo: Martins Fontes, 2000, pág. 242) salienta que «*nada impede, no final de contas, que o raciocínio judiciário seja apresentado sob a forma de um silogismo*», simplesmente «*tal forma não garante, de modo algum, o valor da conclusão*». O conceito utilizado (juízo prático-emocional) é aquele utilizado por Castanheira Neves, como se poderá ver, *infra*, em texto.

[39] A aceitação de um conceito de prova como convicção (e, não, como pura inteleção) não deve, pois, ser confundida com uma noção de prova como mera *intime conviction* do juiz; sobre o juiz recai um dever jurídico de fundamentar a respetiva decisão judicial.

A rejeição de uma conceção (puramente) teórico-científica da prova jurídica não traduz, porém, o afastamento de um princípio de verdade material, nem a mesma é específica da dogmática processual civil (pensamos, sobretudo, no paralelismo com o direito processual penal). Estamos, aliás, em crer (levando mais adiante a antecipação da nossa conclusão) que, quer o processo civil, quer o seu parente penal, são inspirados por um princípio de verdade material, conquanto naquele (processo civil) este princípio seja objeto de maiores condicionamentos – sobretudo (ou essencialmente) em virtude da presença do princípio dispositivo (material).

Mas comecemos pelo princípio. Com efeito, a resposta ao problema de saber qual a função desempenhada pela verdade no seio do processo impõe a prévia delimitação do conceito de verdade (teórica) de que partimos[40]. Ora, esse conceito é aquele que se identifica com o sentido aristotélico de correspondência: *adaequatio intellectus et rei, conformitas intellectus cognoscentis cum re cógnita*[41].

Não se trata – deve notar-se – da aceitação de um «realismo ingénuo», de uma cognoscibilidade absoluta da realidade em si (da *veritas rei*[42]). Na verdade (afirma CASTRO MENDES), «a confiança na adequação das nossas representações sensoriais e intelectuais à realidade (ao nómeno kantiano) repousa sempre num ato de fé com fundamentos intuitivos ou afectivos, ou num ato de bom senso, com fundamentos empíricos e pragmáticos, não estando ao alcance da inteligência pura a demonstração dessa adequação»[43].

[40] Não deve desconhecer-se a natureza polissémica e filosoficamente implicante deste conceito: de «verdade» pode falar-se em termos absolutos ou ontológicos (em ARISTÓRTELES, a verdade resultante de silogismos apodíticos), ou de mera probabilidade (com o qualificador modal «provável»). E aqui quer num sentido de probabilidade empírico-frequentista, quer no de uma probabilidade ético-moral. Pode ainda falar-se de verdade em termos teóricos ou práticos; materiais ou formais; objetivos ou subjetivos; ou ainda em termos legais.

[41] Conforme refere CASTRO MENDES (JOÃO DE CASTRO MENDES, *Do conceito de prova em processo civil*, cit., págs. 369-370), «*em sentido próprio (veritas proprie) a verdade é uma relação cujos termos ou lados são a realidade em si mesma e uma representação mental dela. Devido à imperfeição da terminologia, a palavra verdade designa porém – até talvez mais frequentemente – qualquer dos lados dessa relação, embora a filosofia os procure diferenciar falando de veritas rei ou in re, ou veritas essendi, e de veritas cognoscendi ou veritas in intellectu*».

[42] JOÃO DE CASTRO MENDES, *Do conceito de prova em processo civil*, cit., págs. 372 e segs.

[43] JOÃO DE CASTRO MENDES, *Do conceito de prova em processo civil*, cit., págs. 373-374. A inteligência (afirma ainda o autor) trabalha sempre sobre representações da realidade; não tem nenhuma forma de conhecer a realidade em si mesma, para a confrontar com as representações

O Direito, como disciplina prática que é, não se interessa, contudo, pela realidade ontológica considerada em si mesma, mas pela realidade enquanto prática e socialmente cognoscível[44][45]. Com efeito (sublinha MICHELE TARUFFO[46]) existe a necessidade de se aceitar a possibilidade de conhecimento da realidade (de alguma forma de conhecimento). Sem isso cai-se numa conceção irracionalista da decisão judicial[47] (fundada numa valoração irredutivelmente subjetiva do juiz, racionalmente incontrolável[48]).

Ao mesmo resultado chega-se, segundo o autor italiano, através das «teorias idealistas da verdade» (como é o caso da chamada «teoria da

sobre que trabalha. «*Se para a grande maioria dos autores as nossas representações intelectuais copiam as características duma realidade exterior objectiva (realismo: lex entis est lex mentis), não falta pelo contrário quem sustente que a realidade conhecida é produto do sujeito cognoscente, ou apenas na sua forma (lex mentis est lex entis: idealismo formal, como o de KANT) ou mesmo em forma e matéria (esse est percipi: idealismo material, como o de BERKELEY). Em rigor, tudo quanto podemos afirmar das nossas ideias é, cartesianamente, que são objecto de conhecimento – já não com absoluta certeza, (como o fazem os escolástico-tomistas) que são meio de conhecimento. Verdadeiramente, como dizia LITTRÉ, «o absoluto é um oceano para o qual não temos nem bússola nem vela»*».

[44] JOÃO DE CASTRO MENDES, *Do conceito de prova em processo civil*, cit., págs. 374-375. O conceito de verdade de que se serve (continua o autor) é meramente probabilístico e quantitativizante, ou seja, representa (segundo SAUER – WILHELM SAUER, *Allgemeine Prozessrechtslehre: zugleich eine systematische Shulung der zivilistischen und der kriminalistischen Praxis*, Berlin: Carl Heymanns, 1951, pág. 105) «*a maior concordância possível de uma proposição (de um juízo) com o seu objecto*».

[45] Daqui não deve decorrer, contudo, qualquer conclusão quanto à natureza da prova jurídica. Na verdade, as consequências da aceitação, em termos filosófico-epistemológicos, de uma qualquer forma de idealismo (seja ele formal ou material), postulando a incognoscibilidade do real em si mesmo, estende-se, do nosso ponto de vista, a outros domínios do saber – como o das próprias ciências naturais (fundadas na observação) –, e nem por isso se questiona a natureza teórica do seu tipo de racionalidade.

[46] MICHELE TARUFFO, *La prova dei fatti giuridici*, Milano: Giuffrè Editore, 1992, págs. 8 e segs.

[47] ERICH DÖHRING (ERICH DÖHRING, *La Prueba su practica y apreciacion, la investigacion del estado de los hechos en el proceso*, traducción del alemán por Tomás A. Banzhaf, Librería "El Foro", Buenos Aires, 1996, pág. 6) afirma que: «*o processo está estruturado com o efeito de lograr a verdade completa. Não é necessário para tal fim abordar a questão, discutida pelos filósofos, de se o Homem pode conhecer a realidade plena ou unicamente símbolos. Sem boa razão, se procurou levar a discussão do campo da filosofia teórica para o da indagação processual dos factos. A determinação do estado dos factos no processo tem que partir sempre da base (e isto não devia na realidade dar lugar a discrepâncias) de que em princípio, é possível captar a verdade. Para o campo da prática jurídica, esta opinião é a única acertada*».

[48] São as posições teóricas fundadas num ceticismo filosófico radical, exclusoras da cognoscibilidade da realidade (MICHELE TARUFFO, *La prova dei fatti giuridici*, cit., pág. 8).

coerência»), assentes numa rejeição da independência entre a mente e o mundo, confinando o conhecimento a uma construção mental, privada de conexões necessárias com os fenómenos do mundo real[49]. O problema da verdade deixa assim de ser configurado nos termos de uma relação conteúdo-mundo, resultando daqui (*i.e.*, da perda do lastro de realismo) a impossibilidade de conhecimento dos factos reais. Segundo MARK SCHWEIZER, a teoria da coerência, ao demonstrar que todos os conceitos têm o seu lugar, pode ajudar a explicar o porquê de uma interpretação da lei ser a correta; todavia, não é esta a tarefa a desempenhar pelo conceito de verdade na fixação dos factos; os enunciados de facto nos quais o julgamento se baseia devem ser conformes com a realidade[50].

Por último, parece não poder encontrar-se melhor auxílio na chamada «teoria pragmática da verdade». Esta (verdade) corresponderia ao próprio resultado da pesquisa ou do inquérito[51] o que significa, ao se transpor

[49] Sobre esta matéria pode também ver-se MICHELE TARUFFO, *A prova*, trad. João Gabriel Couto, São Paulo: Marcial Pons, 2014, págs. 23 e segs.

[50] MARK SCHWEIZER, *Beweiswürdigung und Beweismaß, Rationalität und Intuition*, cit., págs 29 e segs. No original: «*Entscheidend ist, dass sich rechtliche Kohärenztheorien damit befassen, den Inhalt von Rechtsnormen zu rechtfertigen, und dies ist nicht die Aufgabe, die der Wahrheitsbegriff der Tatsachenfestellung erfüllen muss. Die Tatsachenbehauptungen, auf denen das Urteil basiert, sollten mit der externen Realität übereinstimmen. Der Inhalt von Rechtsnormen wird hingegen nicht durch "external hard facts" bestimmt*». Segundo o autor (p. 31), a coerência constitui um indício de que uma decisão sobre um facto é verdadeiro e um critério (que não é único) de verdade, e não uma definição de verdade. «*Eine in sich widerspruchsfreie, Kohärente Darstellung, die nicht den Fakten übereinstimmt, bleibt falsch. Die Wahrheit einer Aussage ergibt sich aus ihrer Übereinstimmung mit der Wirklichkeit*».

[51] «*James understands this principle* (truth is satisfactory to believe) *as telling us what practical value truth has. True beliefs are guaranteed not to conflict with subsequent experience. Likewise, Pierce`s slogan* (truth is the end of inquiry) *tells us that true beliefs will remain settled at the end of prolonged inquiry*». Deve notar-se que esta teoria não é incompatível com alguma forma de correspondência (ao significado das teorias da correspondência aludiremos, *infra*). O próprio PIERCE não rejeita totalmente uma teoria da correspondência, embora entenda que a mesma se limita a fornecer uma definição "transcendente" de verdade, que não se ajusta à matéria prática da experiência, opinião e dúvida. «*Na sua fórmula contemporânea* – refere Haack – *pode dizer-se que a visão pragmática da verdade abre espaço a alguma forma de correspondência (tal como o método de pesquiza científico se dirige a um mundo independente)*» (MICHAEL GLANZBERG, «Truth», in Stanford Encyclopedia of Philosophy, disponível em http://plato.stanford.edu/entries/truth/). E num sentido semelhante nota MARK SCHWEIZER, *Beweiswürdigung und Beweismaß, Rationalität und Intuition*, cit., pág. 30: «*Selbst Habermas räumt ein, dass sich "ein noch so sorfältig herbeigeführten konsens" über eine noch so gut begründete Tatsachenbehauptung im Lichts neuer Beweismittel als falsch herausstellen könne, da die Wahrheit einer Tatsachenbehauptung das Bestehen eines Sachverhalts in*

esta teoria para o plano processual, que assistiríamos a uma convergência entre as noções de verdade material e de verdade legal[52] (a verdade de um enunciado corresponderia sempre ao resultado da instrução), o que, de um modo indireto, conduziria a uma anulação do «problema da verdade» e a uma ideia de infalibilidade da decisão judicial.

Deve assim partir-se de uma (qualquer) teoria de verdade como correspondência (a mais importante sendo a teoria semântica da correspondência de TARSKI[53]), na medida em que as mesmas (apenas elas) permitem conferir sentido à atividade instrutória (não a transformando, ora num absurdo, ora em algo infalível)[54]. Estas teorias baseiam-se em alguma forma

der objektiven Welt bedeutet». E mais acima: «*Obwohl sich Habermas dieser Meinung anschloss, hat sie sich zu Recht nicht durchgesetzt. Die Argumentation der von einem Prozess unmittelbar Betroffenen dient sowohl im Straf – wie im Zivilverfahren in aller Regel dem Ziel, einen für sie güstigen Ausgang des Verfahrens zu erziehen, und nicht der Kooperativen Wahrheitsuche (...)*».

[52] Segundo CASTRO MENDES (JOÃO DE CASTRO MENDES, *Do conceito de prova em processo civil*, cit., pág. 382), o sentido do conceito de verdade legal (ou jurídica) corresponde à «*representação da realidade que a ordem jurídica toma como verdade, ou seja, a que a lei atribui efeitos que em princípio só à verdade competiriam*». E MAURO RUBINO-SAMMARTANO (MAURO RUBINO-SAMMARTANO, "Decisione processuale e verità", Quaderni della revista trimestrale di diritto e procedura civile, nº 8, decisione giudiziaria e verità scientifica, Milano: Giuffrè, 2005, págs. 89-92) sublinha que, sendo certo que a decisão processual nem sempre corresponde à verdade, vem convencionalmente atribuído à mesma o efeito de se substituir à verdade efetiva.

[53] TARSKI parte dos conceitos de «*reference*» e «*satisfaction*» para explicar a verdade, sendo esta determinada pelas coisas no mundo e pelas suas propriedades (como referem alguns autores, ao abrir mão dos factos, esta conceção revela como a verdade pode ser trabalhada a partir de básicas relações world-to-world). «O autor procurou assim construir uma conceção que demonstre aquilo em que consiste, para uma dada linguagem L, uma teoria da verdade. E fá-lo através da chamada Convenção T (*Convention T*): partindo de uma linguagem fixa L, cujas *sentences* estão inteiramente interpretadas, uma adequada teoria de verdade para L deve implicar, para cada *sentence* Ø de L, que [Ø é verdade se e apenas se Ø]. Daí a conhecida fórmula: *a neve é branca se e apenas se a neve for branca*. A Convenção T garante que o predicado de verdade dado pela teoria é extensionalmente correto, o que faz com que a verdade possa ser definida recursivamente (recursively)». Alguns autores põem em causa que a teoria de TARSKI possa ser classificada como uma teoria da correspondência da verdade, entendendo que a mesma é compatível com teorias não correspondencialistas («*As a philosophical account of truth, Tarski`s theory fails as badly as i tis possible for na account to fail*» – afirma PUTNAM), embora outros filósofos vejam na teoria de TARSKI pelo menos o âmago de uma teoria da correspondência da verdade que dispensa uma metafísica dos factos. (MICHAEL GLANZBERG, «Truth», in Stanford Encyclopedia of Philosophy, disponível em http://plato.stanford.edu/entries/truth/).

[54] Segundo TARUFFO (ibidem, págs. 38 e segs.) verifica-se um despontar na filosofia contemporânea de opções de realismo crítico, que partem da objeção às formas de empirismo elementar, mas que salvaguardam o significado da realidade empírica, e que são protagonizadas

de realismo (crítico), *i.e.*, aceitam a caraterística de objetividade do mundo (o mundo existe independentemente da forma como nós o pensamos ou descrevemos), os nossos pensamentos e afirmações referindo-se a esse mundo[55].

A teoria da correspondência (afirma MARK SCHWEIZER) vê a essência da verdade numa relação entre um enunciado de facto e a realidade[56], embora, salienta, a aceitação da existência de uma realidade exterior à consciência não resolva o problema da perceção da mesma. Com efeito, pode ser-se realista e ao mesmo tempo rejeitar-se a possibilidade de uma perceção não distorcida da realidade. A perceção da realidade depende de determinados preconceitos (*Vorverständnis*), sendo concebível, portanto, que pessoas com preconceitos diferentes cheguem a diferentes conclusões sobre a verdade de enunciados relativos aos mesmos objetos físicos. Se levarmos este raciocínio até às suas últimas consequências, chegamos ao mais puro construtivismo: a realidade seria não um objeto dado, mas o resultado de uma construção (e a verdade seria ela própria construída, e não dada). Todavia, se a ideia de que a realidade é uma construção parece óbvia, quando se trata de ideias complexas ou de conceitos abstratos, o mesmo não se pode dizer dos casos em que lidamos com factos concretos. Os filósofos têm-se baseado nesta intuição para fundar a teoria da corres-

por autores como PUTMAN, RORTY ou GOODMAN. Este último, por ex., entende que podem existir diferentes versões do mundo, em função das «estruturas de referência» utilizadas pelos sistemas de descrição, mas não rejeita com isso a noção de verdade, uma vez que nem todas as versões são igualmente aceitáveis (sendo a verdade, em última instância, o único critério possível para se proceder à escolha de uma daquelas versões). Ora (salienta o autor italiano), todo o conjunto de orientações filosóficas em termos de realismo crítico, de empirismo interno, ou de relativismo epistemológico fornece respostas positivas – ou pelo menos não radicalmente negativas – ao problema da verdade.

55 «*A belief is true if and only if it corresponds to a fact*». Conforme refere DIRK OLZEN (DIRK OLZEN, «Die Wahrheitspflicht der Parteien im Zivilprozess», *ZZP*, 98. Band, Heft 4. (1985), págs. 403-426, pág. 411): «*Bei Aristoteles findet sich der Übergang von der Seinswahrheit zur Aussagewahrheit, die nicht die Dinge, sondern das menschliche Urteil in den Vordergrund stellt*».

56 MARK SCHWEIZER, *Beweiswürdigung und Beweismaß, Rationalität und Intuition*, cit., pág. 24: «*Die Aussage, dass eine Tatsachenbehauptung wahr ist, wenn die behauptet Tatsache der Fall ist, ist natürlich eine Plattitüde. Die Theorie muss auch erklären können, was eine Tatsache ist und warin die Korrespondenz zwischen Tatsache und Aussage besteht. (...) Ein Jurist, der sich mit der Tatsachenfestellung durch Gerichte beschäftigt, muss auf jeden Fall an eine Realität außerhalb des eigenen Verstandes glauben. Ohne die Annahme einer geteilten Wahrnehmbaren Welt ist jede Diskussion über die Feststellung von Tatsachen durch Richter sinnlos*».

pondência. O seu fundamento consiste em que existem afirmações empíricas especificas que podem ser imediatamente verificadas e que, portanto, justificam a verdade de uma declaração que a ela imediatamente se refere. A aceitação de que existem enunciados cuja verdade pode ser verificada através de uma observação empírica constitui assim o fundamento das ciências da natureza[57].

Pode – é verdade (adverte TARUFFO) – discutir-se o conceito de correspondência. Mas o certo é que, qualquer que seja o caminho seguido (*i.e.*, independentemente das implicações ontológicas do mesmo), nenhuma teoria da correspondência se afigura metafisicamente neutra. Ou seja, qualquer forma de *realismo epistémico*[58] pressupõe a característica de objetividade acima referida, conduzindo a que as afirmações que fazemos sobre o mundo sejam verdadeiras ou falsas, dependendo do modo «como é» o mundo a que as mesmas se referem[59]. Donde, uma outra marca do realismo seja representada pela caraterística da *bivalência*: independentemente de quais sejam os indicadores da verdade utilizados, os mesmos são verdadeiros ou falsos consoante correspondam ou não estruturalmente a um facto.

[57] Ibidem, págs. 24-25.

[58] ARTURO CARSETTI (ARTURO CARSETTI, «Verità, decisione razionale e teoria della complessità», Quaderni della revista trimestrale di diritto e procedura civile, nº 8, decisione giudiziaria e verità scientifica, Milano: Giuffrè, 2005, págs. 25-41) refere-se a dois tipos de realismo: o *realismo histórico* (e, nesta perspetiva, hermenêutico) e o *realismo epistémico (d'ordine carnapiano)*, a este último se referindo a reflexão teórica de MICHELE TARUFFO.

[59] Apenas as afirmações sobre a realidade (e já não a realidade em si mesma) podem ser verdadeiras ou falsas. Neste sentido, deve notar-se que a prova tem por «objeto», não aquela realidade, mas as alegações que sobre elas são feitas pelas partes: os factos – importa repeti-lo – não são verdadeiros ou falsos (apenas existem ou não existem). Os factos, em si mesmos, «*são a servidão ou entidade objetiva ou real em correspondência com os quais se poderá dizer que aqueles [enunciados] são verdadeiros ou falsos*» (JORDI FERRAR BELTRÁN, *Prova e verità nel diritto*, Bologna: Il Mulino, 2004, pág. 81). No mesmo sentido, refere TARUFFO (MICHELE TARUFFO, «L'istruzione Probatoria», *Trattato di Diritto Civile e Commerciale, La prova nel processo civile*, a cura di MICHELE TARUFFO, Milano: Giuffrè, 2012, págs. 79 a 166, pág. 3) que, quando no contexto do processo se fala de um facto, pretende-se na verdade referir, não uma entidade material, mas uma entidade linguística, ou seja, um enunciado ou um grupo de enunciados que afirmam ou descrevem uma «circunstância» cuja hipótese de verificação no mundos dos fenómenos reais se suscita. Os factos são, portanto, objeto de atividade linguística, e conteúdo de enunciados linguísticos. Sobre o problema de saber qual é o «objeto» da prova (se os factos, se as representações intelectuais apresentadas como correspondentes à realidade), e às diferentes posições doutrinais sobre esta matéria, pode ver-se JOSÉ LEBRE DE FREITAS, *A confissão no direito probatório*, Coimbra: Coimbra Editora, 1991, pág. 161, nota 8.

A verdade de uma proposição (afirma JORDI FERRER BELTRÁN[60]) não depende assim do sujeito que formula o enunciado que a exprime, nem daquilo que possa acontecer no processo ou dos meios de prova carreados para o mesmo. A verdade de uma proposição "p" (à qual se faz referência no enunciado probatório "p está provado") é independente da decisão do juiz que entende integrar o respetivo enunciado probatório na sua decisão, dependendo única e exclusivamente da correspondência do mesmo com os factos da realidade, ou seja, da circunstância de os factos que "p" descreve terem realmente acontecido.

II. Verdade e processo: uma perspetiva ideológica; o problema dos fins do processo

A tarefa de determinação do fim (ou fins) do processo civil, quer se parta de uma orientação sociológica, quer a mesma seja jurídica[61], expõe-se à influência de elementos de cariz ideológico (visão procedimental ou substancialista da justiça), que são determinantes quanto ao modo de conceber o papel da verdade no seio do processo. Um dos autores que mais energicamente propugna uma visão substancialista de justiça, MICHELE TARUFFO[62], salienta que o plano ideológico é um daqueles através dos quais se pode negar que a descoberta da verdade constitui um fim do processo. Ao conceber-se o processo como um mero instrumento de resolução de litígios, um modo de dirimir disputas *inter partes*, rejeita-se aquele fim, na medida em que, de um ponto de vista teleológico, todo o discurso se centra na obtenção de uma «composição de interesses» que seja satisfatória para

[60] JORDI FERRAR BELTRÁN, *Prova e verità nel diritto*, cit., págs. 85 e 86.

[61] Sobre este aspeto (referindo-se ao pensamento de GUASP), veja-se PALMA CARLOS, *Direito Processual Civil*, AAFDL, 1964, págs. 34 e segs. Segundo aquele autor, a orientação sociológica é aquela que vê o objeto e o fim do processo num plano extrajurídico. O objeto do processo é constituído por uma realidade de ordem sociológica, pré-jurídica, sendo o fim do mesmo dar tratamento jurídico a essa mesma realidade. Na sua variação mais importante o objeto do processo é um litígio ou lide (CARNELUTTI), sendo o fim do mesmo a justa composição de litígios. Por sua vez, a orientação jurídica vê objeto e fim do processo num plano jurídico. O objeto do processo é constituído por uma realidade de ordem jurídica (relação jurídica subjacente, norma jurídica, ou vontade concreta da lei), sendo o fim do processo a tutela do direito (correspondentemente, do direito subjetivo na relação jurídica subjacente, ou da norma, ou da vontade concreta da lei). Esta orientação apresenta ainda duas submodalidades: objetivista e subjetivista. Este aspeto será visto em texto.

[62] MICHELE TARUFFO, *La prova dei fatti giuridici*, cit., págs. 16 e segs.

as partes (e, quiçá, também para o ambiente social), a par da salvaguarda de valores como o da autonomia privada ou o da paz social (princípio dispositivo radical). A procura (científica) da verdade revela-se incompatível com este fim, na medida em que o processo se dirige apenas à produção (de um modo simples e célere) de uma solução prática (visão eficientista da justiça). A verdade constituiria, na melhor das hipóteses, um *by-product* eventual da atividade processual.

Radicalmente diversa, a teoria substancialista identifica como fim do processo, já não a mera resolução de litígios, mas a produção de decisões materialmente justas[63]. Ora (salienta aquele autor), ainda que os critérios a utilizar para definir (em geral) ou para valorar (em concreto) a justiça da decisão possam divergir, facto é que a mesma nunca será justa, qualquer que seja o critério utilizado, quando se funde num acertamento erróneo ou inatendível dos factos da causa. A veracidade ou atendibilidade do juízo de facto converte-se assim em condição necessária (embora não suficiente) de uma decisão justa[64].

Ainda segundo o autor italiano, esta posição – a que chama «princípio da verdade dos factos» – encontra-se amplamente difundida na moderna teoria da decisão judiciária, não caraterizando sequer uma ideologia específica, mas constituindo um elemento comum a qualquer ideologia que configure a tomada de uma decisão justa como fim do processo. Uma versão da mesma pode encontrar-se na chamada «teoria da aplicação da lei e da decisão judicial»: uma vez que as normas jurídicas apresentam uma estrutura condicional – apenas devendo aplicar-se a consequência nela prevista, quando ocorra o facto que constitui a respetiva *fattispecie* normativa –, a sua correta aplicação pressupõe necessariamente o acertamento verdadeiro das circunstâncias empíricas que integram aquele facto[65].

[63] MICHELE TARUFFO, *La prova dei fatti giuridici*, cit., págs. 42 e segs.

[64] O autor vê-se assim forçado a admitir a existência de uma «margem de injustiça da sentença», teoricamente coincidente com a possibilidade de haver uma discrepância entre o modo como em concreto se acertam os factos e a verdade empírica dos mesmos.

[65] No mesmo sentido veja-se, entre outros, JORDI FERRAR BELTRÁN, *Prova e verità nel diritto*, cit., págs. 83 e 84. Uma das funções principais do Direito (afirma o autor) consiste em disciplinar as condutas, o que requer que o tribunal aplique as consequências jurídicas previstas na norma se, e apenas se, ocorrerem efetivamente os factos que condicionam a sua aplicação. Segundo TARUFFO (*ibidem*) não faltam tentativas de racionalização do principio da verdade dos factos no contexto de teorias do Direito e da decisão judicial. OPOCHER (ENRICO OPOCHER, *Lezioni di filosofia del diritto*, Padova: CEDAM, 1983, págs. 311 e segs.) elabora uma

Pela nossa parte, embora nos inclinemos para a aceitação de uma visão substancial da justiça, estamos em crer que o autor leva o seu raciocínio demasiado longe, ao afirmar a existência de uma relação de necessidade entre a justiça da concreta decisão e o acertamento verdadeiro dos factos da causa. Entendemos que tudo de quanto se pode falar é de uma «aspiração» (ou até de uma «aspiração finalística») do processo à obtenção da verdade[66], a obtenção da mesma (no sentido correspondencialista de que partimos) não correspondendo já a uma condição *sine qua non* de uma decisão justa. Este aspeto será retomado mais adiante.

A prossecução da verdade não traduz, contudo, um fim em si mesmo do processo[67], estando antes ao serviço da realização de outros fins: a garantia e realização da ordem jurídica material, ou a proteção das situações subjetivas privadas – consoante a tese (extraprocessual objetiva, ou extra-

conceção da «justiça como reconhecimento da verdade» que se foca no momento processual, tendo por base a verificação da «conformidade com os factos». Esta conceção realça «*o papel fundamental que o valer da verdade desempenha na experiência jurídica, daqui derivando a sua função igualmente essencial no plano da administração da justiça*». Por sua vez, JERZY WROBLEWSKI (*apud* MICHELE TARUFFO, *La prova dei fatti giuridici*, cit., pág. 48) desenvolveu «*uma «ideologia legal-racional» da decisão, predominante na cultura ocidental, no centro da qual se encontra uma conceção racional e analítica da «verdade judicial», enquanto característica essencial de uma decisão controlável, articulada e justificada. A verdade dos factos constituiria o resultado de um procedimento cognoscitivo complexo, que tem lugar de acordo com diretrizes jurídicas e racionais, e que conduz a um juízo racionalmente justificado*».

[66] Em sentido semelhante, pode ver-se LUIGI PAOLO COMOGLIO, *Le Prove Civili*, 3ª ed., Torino: UTET, 2010, págs. 19 e segs. Partindo do pressuposto de que não pode ser aprioristicamente negada a possibilidade de obtenção processual da verdade, interroga-se o autor italiano sobre se a mesma (obtenção da verdade) constitui uma aspiração finalística fundamental do processo. Ora (afirma), «*a resposta, à luz dos princípios constitucionais sobre os quais se baseia o processo equitativo ou «justo processo», não pode deixar de ser, em termos gerais, resolutamente afirmativa, caso se creia numa fundamental relação de correspondência entre a verdade e a justiça, i.e., se parta de uma conceção dos fins do processo correspondentes a uma ideia de justiça ou equidade substancial da decisão judicial*» (ibidem, pág. 21). «*Se assim é, a realização da justiça pressupõe a busca e o acertamento da verdade material dos factos, em função de uma correta aplicação da norma à fattiespecie controvertida*». Não estamos totalmente de acordo com esta última ideia. Na verdade, julgamos que, embora o processo se encontre orientado para o apuramento da verdade, este apuramento não constitui (não pode constituir) um requisito de justiça da decisão.

[67] Estamos em crer, aliás, que esta ideia é extensível aos demais ramos de direito adjetivo (incluindo, portanto, o direito processual penal): também neste o apuramento da verdade não constitui um fim em si mesmo, mas um fim ao serviço da aplicação da lei (neste caso, da lei penal).

processual subjetiva) de que se parta[68]. Deve notar-se, aliás, que a oposição entre estas teses é fruto, ela própria, da discussão ideológica a que nos referíamos acima, e que tem por base a amplitude do princípio dispositivo. PALMA CARLOS[69], por ex., chama a atenção para a dificuldade das orientações (jurídicas) objetivistas em dar explicação satisfatória aos casos em que a ordem jurídica permite pôr de lado o apuramento da efetiva situação resultante da lei (verdade material) em prol de uma verdade formal obtida por confissão, desistência, transação, etc.[70]. Se a finalidade do processo fosse tutelar a lei, a vontade das partes devia ser totalmente irrelevante para afetar essa tutela.

Voltaremos a este problema. Na verdade, os exemplos dados pelo autor (assumindo – claro-está – que o mesmo se refere, como tudo indica, à «confissão do pedido» – e não à confissão meio de prova[71]) correspondem a atos de auto-disposição do objeto do processo, sendo manifestações do princípio dispositivo material. Não cremos, por isso, que os mesmos sejam

[68] Sobre esta matéria pode ver-se, por ex., MIGUEL TEIXEIRA DE SOUSA, *Sobre a Teoria do Processo Declarativo*, Coimbra: Coimbra Editora, 1980, págs. 96 e segs. A tese extraprocessual objetivista aponta como fim do processo a garantia e realização da ordem jurídica material, ao passo que a tese subjetivista coloca a proteção das situações subjetivistas privadas como principal finalidade do processo civil. De rejeitar (principalmente pelo facto de conduzirem a uma configuração do processo como um fim em si mesmo) parece-nos ser as chamadas teses intraprocessuais, as quais (afirma TEIXEIRA DE SOUSA) têm possivelmente em GOLDSCHMIDT o seu principal cultor. O caso julgado é instituído como fim do processo. Na verdade, recebendo apoio direto da consideração do caso julgado como uma realidade puramente processual, e da conceção empírica do processo, torna-se irrelevante, à luz destas teorias, para a determinação do fim do processo civil qualquer dado de Direito material (e, nomeadamente, o problema da sentença injusta, a qual, por se referir a critérios substantivos, não tem que ser computada para aquele fim). A crítica que habitualmente lhes é feita (refere ainda MIGUEL TEIXEIRA DE SOUSA) prende-se com o facto de o processo se tornar um fim em si mesmo (cita HENCKEL, HAGEN e SAUER), o que releva em especial pelo caráter exclusivamente adjetivo que naquelas é fornecido ao caso julgado.

[69] PALMA CARLOS, *Direito Processual Civil*, cit., pág. 37.

[70] Não concordamos (pelas razões que exporemos mais adiante) com a utilização que o autor faz dos conceitos de verdade material e de verdade formal.

[71] A confissão «meio de prova» corresponde à aplicação de uma norma de prova legal, assente numa ideia de verosimilhança (presunção *hominis*) (veja-se, JOSÉ LEBRE DE FREITAS, *A confissão no direito probatório*, cit., 1991, págs. 160 e segs., 276 e segs., em especial, pág. 278-279, nota 39), ao passo que a confissão do pedido, a desistência e a transação correspondem a atos de auto-disposição do objeto do processo (sendo, portanto, manifestação do princípio dispositivo).

demonstrativos de que a finalidade do processo se prende (apenas) com a proteção das situações subjetivistas privadas (teoria extraprocessual subjetiva[72]), ou de que deva negar-se a presença, neste ramo de Direito, de um princípio de verdade material. O que eles revelam – isso sim – é a existência, no processo civil, de condicionamentos ao princípio da verdade material (fruto – justamente – da aplicação do princípio dispositivo) que são desconhecidos noutros ramos de Direito adjetivo.

III. Verdade e processo: uma perspetiva metodológica. A aplicação do direito como objeto de uma racionalidade prática e a objetividade do processo de fixação dos factos

Constitui um legado da tradição aristotélica a aceitação da existência de dois tipos de racionalidade (na base de outros tantos tipos de verdade): uma racionalidade teórica (lógico-científica, e assente no silogismo apodítico), e uma racionalidade prática (silogismo dialético). Esta tradição atravessa o pensamento de autores de diferentes tempos e escolas, como é o caso S. TOMÁS DE AQUINO (no trilho realista de ARISTÓTELES) ou KANT (cujo pensamento se inscreve já nos quadros de um idealismo epistemológico).

Na sua obra «Os Primeiros Analíticos», o estagirita estabelece a teoria do silogismo formal, que aplicará em seguida à ciência demonstrativa[73]. A premissa demonstrativa difere da premissa dialética na medida em que,

[72] Inclinamo-nos a aceitar a posição de MIGUEL TEIXEIRA DE SOUSA (MIGUEL TEIXEIRA DE SOUSA, *Sobre a Teoria do Processo Declarativo*, cit., págs. 96 e segs.) no sentido de que não deve sobrevalorizar-se nenhum dos aspetos (objetivo ou subjetivo). «*A posição instrumental do processo civil satisfaz esta necessidade, levando a ver o fim do processo civil em coincidência com os fins próprios do ordenamento jurídico privado, seja porque a disponibilidade dos particulares no recurso às vias processuais civis torna contingente a proteção das situações subjetivas privadas, seja porque aquela instrumentalidade visa objetivamente a tutela das situações garantidas pelo ordenamento jurídico privado. Esta conclusão permite supor que o fim do processo civil é uma abstração sobre o tipo e o resultado da tutela para as factualidades possíveis de se constituírem como objeto de uma causa civil*» (ob. cit, pág. 99). Num sentido semelhante, veja-se PALMA CARLOS, *Direito Processual Civil*, cit., pág. 37.

[73] ARISTOTELES, *Organon III, Les Premiers Analytiques*, trad. francesa por J. Tricot, Bibliothèque des Textes Philosophiques, Paris: Librairie Philosophique J. Vrin, 1947, introdução (pág. 1, nota 1): os Primeiros Analíticos, que expõem a teoria formal do silogismo, são em certa medida apenas uma introdução dos Segundos Analíticos que estudam, não já o silogismo em geral, tanto dialético como demonstrativo, mas apenas o silogismo demonstrativo, *i.e.*, aquele que se adapta às exigências do objeto da ciência. I,1, 24 a, 10: «*Il faut d'abord établir quel est le sujet de notre enquête et de quelle discipline elle relève: son sujet, c'est la démonstration, et c'est la science démonstrative dont elle dépend*».

naquela, tomamos uma das partes da contradição (demonstrar é estabelecer, não é perguntar ou interrogar), ao passo que na premissa dialética se pede ao adversário para escolher uma das suas partes[74]. A diferença não está, contudo, no modo de produção do silogismo[75] (quando demonstramos, ou quando interrogamos, construímos o silogismo assumindo que qualquer coisa pertence ou não pertence a uma outra coisa), mas no facto de a premissa demonstrativa ser verdadeira e adquirida através de princípios obtidos primitivamente, ao passo que a premissa dialética diz respeito ao domínio da *aparência* e ao *provável*[76/77]:

[74] Aristoteles, *Organon III, Les Premiers Analytiques*, cit., págs. 2 e 3 (I,1, 24 a, 13).

[75] J. A. Segurado e Campos (Aristóteles, *Tópicos*, Obras Completas de Aristóteles, Coordenação de António Pedro Mesquita, vol. I, T. V, trad. J. A. Segurado e Campos, Ed. Imprensa Nacional-Casa da Moeda, Lisboa, 2007, introdução à obra, págs. 73) sublinha a importância dos «Tópicos» no conjunto da obra de Aristóteles. A ideia central (afirma o autor) é a de que os Tópicos também são uma obra de lógica (lógica predicativa), não devendo ser-lhe atribuída uma menor importância no contexto da obra de Aristóteles (tanto mais que o estagirita faz referência aos Tópicos nos Analíticos). Esta última ideia é também tida em conta por J. Tricot (Aristoteles, *Organon III*, cit., introdução), segundo o qual é quase certo que os Tópicos tenham precedido os Primeiros Analíticos, e que a procura dialética tenha preparado e tornado possível a procura apodítica.

[76] Ibidem, págs. 4 e 5 ((I,1, 24 b, 15 e 20): «o silogismo é um discurso no qual, sendo dadas determinadas coisas, qualquer coisa diferente das coisas dadas resulta daí necessariamente pelo simples facto daquelas coisas dadas. *Pelo simples facto daquelas coisas dadas*: eu quero dizer que é por elas que a consequência é obtida; por seu turno, a expressão *é por elas que a consequência é obtida* significa que nenhum termo externo é necessário para produzir a consequência necessária» .

[77] Aristoteles, *Organon III, Les Premiers Analytiques*, trad. francesa por J. Tricot, Bibliothèque des Textes Philosophiques, Librairie Philosophique J. Vrin, Paris, 1947, pág. 3, em nota: «(...) *La dialectique est, pour Ar., l`art de répondre à une question posée, par oui ou par non, et de raisonner d`aprés des opinions ou premisses plausibles. Extérieurement elle est caractérisée par le dialogue, où les réponses servent, non pas à renseigner sur la véritablle raison ou essence, mais seulement à se tirer d`embarras et à éviter la contradiction. Le syllogisme est l`instrument de la dialectique comme il est celui de l`analytique: il rend le raisonnement correct. Mais les premisses du syllogisme dialectique sont seulement plausibles; elles n`expriment pas des rapports objectifs, ce sont des lieux communs (...) source et principe des raisonnements oratoires, et la conclusion aboutira à la simple vraisemblance (cf. Topiques, I, 1, 100 a 29). Sur l`importance de la dialectique pour la constitution de la science de la nature, cf. Hamelin, le Syst. d`Ar., pp. 231 et ss.*". Nota 3: "*Dans tout les cas, la simple attribuition suffit pour constituer les premisses du syllogisme envisagé dans sa forme. Par conséquent la différence signalée d`abord entre la premisse démonstrative et la premisse dialectique n`entraîne aucune particularité dans la syllogistique. La différence entre la démonstration et la dialectique est plus profonde, ainsi qu`Ar. l`établit dans les lignes qui suivent: elle est ratione materiae et elle tient au caractère necessaire ou simplement probable de l`attribution*».

«*Syllogismus est oratio in qua concensis quibusdam et concessis aliud quid quam concessa sunt, per ea, quae concessa sunt, necessario conficitur*»[78].

A «necessidade dialética» corresponde assim a uma necessidade formal (resultante da própria forma do silogismo), que diverge da necessidade demonstrativa (material, e dependente da natureza das coisas). A dialética atende à verdade, mas não à verdade necessária[79]. Conforme atesta – desta feita – o Bispo de Hipona[80]: «Licet ex praemissis contingentibus non sequatur conclusio necessaria necessitate absoluta, sequitur tamen secundum quod est ibi necessitas consequentiae secundum quod sequitur ex praemissis».

O silogismo dialético (dando origem a conclusões meramente contingentes ou prováveis[81]) não difere, portanto, do silogismo apodítico do ponto de vista formal (*i.e.*, em função da sua «validade» interna), mas em virtude da natureza das respetivas premissas. Por sua vez, a *retórica*, tendo em vista a criação e a elaboração de discursos com fins persuasivos, constitui no pensamento do estagirita um ramo da dialética (trata-se de uma «retórica filosófica», oposta à retórica puramente técnica dos sofistas[82]): a retórica em ARISTÓTELES é análoga, no campo argumentativo, à dialética no

[78] Na elegante definição de Aulo Gélio, Noet. Att., XV, 26, 2 (referência, ob. cit., pág. 5, nota 1).

[79] ARISTOTELES, *Organon III, Les Secondes Analytiques*, cit., I, 6, 75 a, 19, pág. 42, nota 4.

[80] S. TOMÁS DE AQUINO, *Expositio libri Posteriorum Analyticorum*, lib. 1 Lectio 14, n. 5.

[81] ALESSANDRO GIULIANI (ALESSANDRO GIULIANI, *Il concetto di prova, contributo alla logica giuridica*, Milano: Giuffrè, 1961, págs. 34 e 35) chama a atenção para o facto de que, segundo alguns autores, ARISTÓTELES seria o percussor da conceção objetivista da probabilidade. No entanto (afirma aquele autor) o estagirita considera o silogismo a única forma lógica, também no domínio da argumentação, razão pela qual não logra fazer progredir a teoria dos sinais, que permanece confinada àquela lógica menor, que é representada, no seu sistema filosófica, pela retórica-dialética.

[82] ARISTÓTELES, *Retórica*, coord. ANTÓNIO PEDRO MESQUITA, vol. VIII, T. I, introdução de MANUEL ALEXANDRE JÚNIOR, trad. de Manuel Alexandre Júnior, Paulo Farmhouse Alberto e Abel do Nascimento Pena, 4ª ed., Lisboa: Biblioteca de Autores Clássicos, 2010, introdução, pág. 26. No mesmo sentido, veja-se ALESSANDRO GIULIANI, *Il concetto di prova, contributo alla logica giuridica*, cit., págs. 4 e segs., e 10 e segs: segundo o autor, a retórica encontra-se, desde as suas origens, orientada de um ponto de vista axiológico, estando ligada às regras da lógica. Na verdade, verifica-se logo no período pré-socrático (no qual se verifica uma tendência para desvalorizar a perceção como meio para alcançar o conhecimento) a construção de uma teoria dos "sinais" (categoria da aparência) com influência das artes empíricas (como é o caso da medicina), ou seja, daquelas em que se fazia uso de um verdadeiro método indutivo.

campo demonstrativo[83]. A retórica e a dialética partilham assim o mesmo objetivo, qual seja, o de obter um efeito de persuasão sobre o auditório, no primeiro caso, e sobre o oponente no debate, no segundo, mas diferem pelo método que empregam para o atingir – ali, o entimema e o exemplo, aqui, o raciocínio dedutivo – «silogismo dialético»[84].

Por conseguinte, e ao contrário da retórica dos sofistas, a verdadeira arte retórica funda-se, no pensamento de ARISTÓTELES, em provas, entendendo-se por prova uma espécie de demonstração, ou seja, um raciocínio através de entimemas[85]. Os dois modos de prova são o técnico ou artístico (que se socorre de meios de persuasão criados pelo orador[86]), e um não técnico ou artístico (socorrendo-se da evidência de testemunhas ou contratos escritos). A retórica judicial ou forense constitui uma «espécie» de retórica, para além da retórica política e epidíctica.

ALESSANDRO GIULIANI salienta que a retórica aristotélica, embora tendo uma base lógica, diz respeito ao domínio do provável[87]. O autor desenvolve uma teoria da *prova como argumento*, criticando o moderno conceito de prova jurídica. A pedra de toque da distinção entre ambos encontra-se, segundo GIULIANI, no conceito de «*probabilidade*»[88]: a uma ideia de probabilidade moral, relativa ou psicológica (o grau de confirmação de uma hipótese em relação a uma determinada prova), própria do contexto retórico-dialético, opõe-se uma noção de probabilidade como frequência relativa de um evento numa longa séria de eventos (probabilidade estatística, objetiva, de frequência – conceito moderno de probabilidade)[89].

[83] ARISTÓTELES, *Retórica*, cit., págs. 28-29. «*A crítica que Aristóteles fez aos teorizadores de retórica que o precederam parece-nos ter assentado nas seguintes razões: na de eles terem centrado a sua atenção no discurso judicial, em prejuízo dos demais géneros; na de terem dado especial atenção ao estímulo das emoções, com negligência evidente do uso da argumentação lógica; e na da excessiva importância dada à estrutura formal do discurso. A grande inovação de Aristóteles foi o lugar dado ao argumento lógico como elemento central na arte da persuasão*» (*ibidem*, págs. 33-34).

[84] ARISTÓTELES, *Tópicos*, cit., introdução à obra, pág. 81: Prim An. 24 b 18-20): «*Silogismo é um enunciado em que, dadas certas premissas, destas decorre necessariamente uma proposição diferente das primeiras pelo facto de estas serem como são*».

[85] ARISTÓTELES, *Retórica*, cit., introdução, pág. 37.

[86] Ibidem

[87] ALESSANDRO GIULIANI, *Il concetto di prova, contributo alla logica giuridica*, cit., págs. 5 e segs.

[88] ALESSANDRO GIULIANI, *Il concetto di prova, contributo alla logica giuridica*, cit., pág. 14.

[89] Sobre os conceitos de probabilidade veja-se MARK SCHWEIZER, *Beweiswürdigung und Beweismaß, Rationalität und Intuition*, cit., págs. 95 e segs.: «*Neben dem Klassischen Wahrscheinlichkeitsbegriff (zurückgehend auf Pierre Simon Laplace) wird gemeinhin unterschieden zwishen dem*

Com efeito, na perspetiva retórica do discurso jurídico a decisão do juiz não deveria basear-se na verdade, mas numa reconstrução mental ou imaginativa dos factos[90].

Sobre as partes recairia a tarefa de fazer ver ao juiz os *pós e contras* das suas teses, tendo a contraditoriedade, dessa forma, um papel constitutivo na reconstrução do facto (metodologia da hipótese argumentativa, ou lógica da opinião). Por conseguinte, e atendendo ao caráter hipotético do «facto», o mesmo não seria encarado como um dado externo, absoluto, identificando-se antes com o próprio processo de reconstrução.

frequentistischen Wahrscheinlichkeitsbegriff (...), Propensity-Theorien der Wahrscheinlichkeit (...), subjektiver Wahrscheinlichkeitsbegriff, und logischer Wahrscheinlichkeitsbegriff». As fronteiras entre estas categorias não são rígidas, e dividem-se, por sua vez, em diversas sub-categorias. Fundamentais (salienta o autor) são as categorias de probabilidade «objetiva» (ou ôntica) e «subjetiva» (ou epistémica), dentro das quais todas as interpretações do conceito de probabilidade podem ser enquadradas (*(...)Subjektiv hat in diesem Zusammenhang also keineswegs die Bedeutung von Willkürlich, beliebig, sondern auf die epistemishe Situation des Beobachters» und somit auf das Erkenntnissubjekt, bezogen, während objektive Wahr. die dem Beobachter gegenüberstehende Wirklichkeit, und somit das Erkenntnisobjekt, betrifft* – pág. 96). A probabilidade subjetiva diz respeito a um estado de incerteza do sujeito e não a uma incerteza objetiva relativa à realidade. O conceito de probabilidade de que se lança mão de um ponto de vista processual é assim necessariamente subjetiva, já que não existe nenhum grau de incerteza (objetiva) relativamente à realidade histórica: os factos passados ou existem ou não existem, não podendo ser objetivamente incertos. Por sua vez, a probabilidade em sentido frequentista (estatístico) é uma probabilidade objetiva ou ôntica, já que se debruça sobre a própria realidade, e não sobre o conhecimento ou grau de convencimento do observador (págs. 100ss). Este tipo de probabilidade não diz nada sobre o caso concreto, mas apenas que para uma sequência infinita a probabilidade é x: «*Der große, und für unsere Zwecke entscheidende, Nachteil der frequentistischen Interpretation ist, dass sie keine Aussage über die Wahrhscheinlichkeit eines Einzelfalls zulässt. Im Zivilprozess kommt es aber immer auf den Einzelfall an*« (cita Schwab, in: Holzhammer/Bohn/Jelineck (Hrsg.), Festschrift für Hans W. Fasching, 451-462, 454) (pág. 101), daí que num mundo determinístico não houvesse probabilidade objetiva num caso concreto. Já para a probabilidade subjetiva, esta (probabilidade) corresponde a um convencimento pessoal, de que um determinado evento ocorreu ou de que uma afirmação é verdadeira. A probabilidade diz respeito, neste sentido, a um grau de crença (degree of belief) e existe apenas na mente do observador. A teoria da probabilidade é entendida como a lógica do grau de convencimento: que convicções pessoais um sujeito pode ter ao mesmo tempo sem que a realização simultânea de todas elas deva ser vista como irracional? Trata-se assim de uma probabilidade condicionada, já que depende sempre do conhecimento de que o concreto sujeito dispõe (pág. 104).

[90] Encontra-se aqui subjacente, como adverte a autor, uma conceção de «facto» despida de toda a fisicalidade: as partes não apresentam factos, mas hipóteses entre as quais o juiz deve escolher.

Daqui resulta (afirma ainda ALESSANDRO GIULIANI) uma distinção entre os conceitos de verdade material/formal[91], de um lado, e de verdade prática, do outro; a verdade prática contrapõe-se à verdade demonstrativa, necessitando de uma lógica da relevância que permita distinguir o verdadeiro do falso[92]. Daí que nos primeiros anos da sofística (entendida como o estudo da patologia da argumentação) se tenha procurado (ainda que em termos negativos) uma teoria dialética da verdade[93]. O desenvolvimento da retórica esteve assim relacionado (sempre segundo o autor[94]) com a construção de uma teoria do *status* (questão jurídica), em torno da qual foi possível construir uma verdadeira lógica da argumentação[95].

[91] ALESSANDRO GIULIANI, «Prova, prova in generale – Filosofia del Diritto», Encipledia del Diritto, vol. XXXVII, 1988, págs. 519-579, pág. 527: «*A verdade formal pode ser considerada o aspeto mais vistoso daquele fenómeno da idade moderna definido como processo de redução da complexidade: o seu fim não é o conhecimento da verdade objetiva, mas a decisão da lide. A verdade formal elimina a margem de subjetivismo da decisão judiciária sobre o facto, substituindo a lógica da informação por uma teoria formal da disputa tida como modela de discussão racional*».

[92] *Ibidem*, pág. 523.

[93] Segundo o autor (*ibidem*), a determinação dos erros na argumentação (sofismas) permite evitar vias de pesquisa inúteis, selecionando as inferências argumentativas relevantes, mediante regras de exclusão. «*La sofistica insomma rinvia ad una teoria della conoscenza consapevole dessa debolezza delle facoltà della ragione umana, la quale non è statica ed incorruttibile, ma soggetta a leggi di sviluppo e di decadenza, ed influenzata dalle passioni. Il codice logico non può pertanto essere separato rispetto a quello biológico, psicológico ed ético*».

[94] ALESSANDRO GIULIANI, *Il concetto di prova, contributo alla logica giuridica*, cit., págs. 17 e segs.

[95] Segundo o autor (ob. cit, págs. 159 e segs.), a retórica teve grande influência sobre a teoria do processo romano (prova como *argumentum*) e, mais tarde – por intermédio do processo romano-canónico –, sobre a construção do processo civil anglo-saxónico (teoria das *positiones*). A especulação medieval sobre a ideia do provável encontra-se ligada à «opinião», *i.e.*, tem implicações éticas, pressupondo a existência de uma escala de probabilidade, a qual está na base da teoria das presunções (apoiada na *artificialis ratio*), já que nem toda a probabilidade tem igual valor – algumas sendo preferíveis por razões éticas: *dubia in meliorem partem sunt interpretanda*; o próprio princípio do ónus da prova constitui também, segundo o autor italiano, a consequência da afirmação de uma ideia de probabilidade melhor. Esta lógica do provável implica ainda uma liberdade do juiz na valoração dos *pós e contra*, *i.e.*, dos *argumenta veritatis* contidos nas perspetivas opostas das partes. A ciência processual medieval (até ao século XIII) parece assim ter-se identificado (sempre segundo GIULIANI) com um capítulo da dialética, adotando a técnica dialética das *positiones*. A entrada das *positiones* na estrutura do processo medieval permite a utilização do saber das partes num processo de tipo «dispositivo», dominado pelo princípio da iniciativa das partes e pela mais rígida neutralidade do juiz. Esta (neutralidade) não é, todavia, entendida em sentido absoluto, já que o enquadramento do raciocínio do juiz numa base de «*ratio probabilis*» implica a liberdade na valoração da prova: a

A construção de uma teoria retórica da prova ou da prova como argumentação é rejeitada por TARUFFO[96], quer em virtude da dificuldade de obter uma confirmação histórica e comparatística da mesma[97], quer por

análise da atividade lógica do juiz relaciona-se sobretudo com os *critérios de relevância* (ideia de verdade provável), já que a questão de facto não se encontra desprovida dos seus reflexos normativos (a reconstrução tem lugar através de uma valoração do facto).
Só a partir do final do século XIII (afirma GIULIANI) a *aritmética da prova* se substitui ao raciocínio: *i.e.*, verifica-se a introdução de um sistema de prova legal, ligado à estrutura do processo inquisitório (segredo inquisitório e tortura). A valoração jurídica da prova, pré-constituída pelo legislador, pareceu o melhor remédio contra a falibilidade do julgamento e a única garantia do arguido: *o juiz nihil ex arbitrio suo facit...sicut audit, sicut iudicat.* Por outro lado, e sem prejuízo desta explicação histórica, entende o autor que também influiu na criação de um sistema de prova legal a alteração que, num plano geral, se verificou em matéria de lógica: em particular a adesão a uma nova dimensão do provável. Verifica-se, com efeito, que a dialética, limitada ao domínio da opinião e do verosímil, se vinha transformando, na segunda metade do século XII, em ciência absoluta. Já em S. TOMÁS DE AQUINO (adverte o autor) a ideia de provável começa a colorar-se de um caráter empírico e objetivo (o que se encontra subentendido no princípio «*ut in pluribus veritatem attingat*»), não sendo, portanto, casual que se identifique nas novas posições processuais a influência da tentativa escolástica de resolver tudo *a priori*.
No terreno da investigação judicial, portanto, o provável já não se coloca em contraposição ao necessário; a verdade judicial ou formal representa uma forma de alcançar a verdade real: «*quamvis falsum probatur, probatio esse non desinit*». Todavia (sublinha GIULIANI – ob. cit., págs. 189), se na Europa continental, a partir do século XVI, se verifica um afastamento progressivo da técnica da *ratio artificialis*, os «*common lawyers*» não foram sensíveis às pretensões da razão natural, as quais, em Inglaterra, se encontravam na obra de TOMAS HOBBES. Ainda segundo o autor, a conceção da *law of evidence* como um «*system of exclusionary rules*» constitui, como é opinião difusa, o resultado de um ordenamento jurídico particular, ligado à distinção entre *jurors* e *judges*. Com efeito, a supervisão da ação do júri é feita através de uma limitação da admissibilidade da prova; verificando-se, por conseguinte, que a própria circunstância de os *triers of fact* não serem técnicos, constituiu um obstáculo sério à introdução das normas do processo romano-canónico relativas à valoração da prova.

[96] Taruffo, *Trattato di diritto civile e commerciale, La prova dei fatti giuridici*, cit., págs. 323 e segs.

[97] No que diz respeito à confirmação histórica da teoria de GIULIANI, afirma TARUFFO que, ainda que se verificasse uma prevalência, na Grécia e em Roma, de uma conceção «retórica» da prova (já que a retórica constituía tipicamente a arte do advogado, e a defesa forense era por regra realizada por retóricos), tal fenómeno teve uma duração limitada, atendendo à profissionalização, já na época do Principado, dos juízes e dos advogados. Por outro lado, e sendo certo que algum rasto da conceção retórica da prova se encontra ainda na época medieval, o facto é que este modelo de prova acaba por perder todo o relevo, com a prevalência, na cultura jurídica europeia, de outros instrumentos e modelos concetuais.
Por outro lado, as dificuldades de confirmação da tese de GIULIANI não são menores no plano comparatístico. Na verdade (afirma o autor italiano), é muito duvidosa a influência da teoria

razões que se situam no plano teórico geral[98]. Não queremos, contudo, alongar-nos na análise destes argumentos, se não aprofundar a discussão sobre o conceito de provável[99], e a alegada autonomia da «questão de facto».

retórica da prova na construção dos ordenamentos jurídicos da *common law*, sem prejuízo da repercussão do esquema retórico da controvérsia sobre alguns aspetos da evolução do processo inglês. Esta influência verificou-se, mas dirigiu-se, presumivelmente, à criação do processo adversarial, com uma estrutura contraditória, mais do que a uma específica conceção retórica da prova; de tal conceção também não existindo sinal na recente teoria da prova anglo-americana. Por sua vez, e do ponto de vista da atual *law of evidence* existem (sempre segundo Taruffo) numerosas razões para rejeitar a ideia de que a conceção anglo-americana da prova seja inspirada pela visão retórico-argumentativa. É certo que podem encontrar-se na estrutura dialética do *trial* elementos de caráter retórico; todavia, a orientação racionalista afigura-se prevalecente no que se refere ao processo da *common law*, atribuindo-se à prova, essencialmente, a função de permitir o conhecimento dos factos.

[98] A teoria retórica da prova (afirma Taruffo) apenas permite descrever (e quando muito) o modo como o advogado emprega a prova, sem nada dizer, entretanto, sobre o modo como o juiz utiliza essa mesma prova para o acertamento dos factos. Ou seja, trata-se de uma teoria incompleta, já que não permite estabelecer quando é que a prova manifesta a função persuasiva que tipicamente lhe vem atribuída. Ora, «*se não é possível distinguir entre prova persuasiva e uma prova que não o é, temos uma teoria que não serve de nada, já que não distingue aquilo que constitui uma prova daquilo que não qualquer eficácia probatória*». Com efeito, o ponto de vista do advogado não chega para construir uma teoria da prova – que mais não seja, porque é ao juiz que cabe acertar os factos com base na prova.
Por outro lado, «*a conceção retórico-argumentativa da prova confunde a descrição de um facto (parcial e eventual) com a teoria do acertamento racional dos factos em juízo, caindo assim numa generalização duplamente indevida. Com efeito, parte da constatação de que, por vezes, existem elementos retóricos no modo de assunção e no emprego judicial da prova, para daí concluir que todo o fenómeno probatório é retórico, e que toda a prova tem sempre e apenas uma natureza retórica; ora, esta passagem é evidentemente infundada*».
E, por último (salienta ainda aquele autor), esta teoria não tem em conta que a persuasão constitui um facto empírico que diz respeito à situação subjetiva de alguém (neste caso o juiz), enquanto a teoria da prova tem uma natureza prescritiva, na medida em que se refere aos critérios de atendibilidade e validade do raciocínio através do qual o juiz acerta os factos com base na prova (uma prova falsa pode ser persuasiva, como o pode ser um argumento errado do ponto de vista lógico, e vice-versa). Com efeito, reproduz-se na conceção retórica da prova o vício da *conceção retórica da racionalidade*, que consiste em não se distinguir entre a argumentação eficaz e a argumentação válida: neste caso, entre prova persuasiva e prova idónea a fornecer um fundamento racional ao juízo de facto.

[99] Nela se encontra a oposição entre o conceito clássico e o conceito moderno de prova. Nas palavras de Aroso Linhares (José Manuel Aroso Linhares, «Regras de experiência e liberdade objectiva do juízo de prova», Boletim da Faculdade de Direito da Universidade de Coimbra, Suplemento vol. XXXI, págs. 1-364, Coimbra, 1988, pág. 12): «*(...) prova-argumento (conceito clássico)/ prova-procedimento teorético (conceito moderno). À investigação e fundamentação*

O pensamento jurídico dominante – afirma CASTANHEIRA NEVES[100] – distingue (e separa) a matéria de direito e a matéria de facto como dois mundos incomunicáveis, cada um dos seus termos devendo ser considerado em si, em subsistências objetiva e problemática autónomas uma da outra (as palavras são do autor) – de um lado o «ser», a implicar juízos de verdade, juízos descritivos ou «de facto», de outro lado o «dever-ser», a implicar juízos de validade, juízos normativos ou de «valor».

Na sua unicidade problemática e conceitualmente pré-determinada[101], a distinção enunciar-se-ia nestes termos: a «matéria de facto» referiria a realidade empiricamente verificada, a realidade espácio-temporalmente existente, os «factos» no sentido comum da expressão, empiricamente determináveis e comprováveis, ou, de outro modo ainda, suscetíveis de juízos e de uma «prova» objetivamente empíricos (não simplesmente comunicativo-argumentativos)[102].

Esta distinção (matéria de facto/matéria de direito) apoia-se, segundo CASTANHEIRA NEVES, em três pressupostos específicos: o normativismo, o legalismo e o cientifismo[103]. Quanto àquele (o normativismo), resulta do mesmo[104], não apenas a dualização do direito-norma perante a realidade da sua aplicação, e a irrelevância desta realidade para a compreensão e reconstituição da normatividade jurídica, como a adoção de um método de aplicação do Direito como operação lógico-dedutiva (mediante um esquema subsuntivo) do geral-abstrato da norma para o particular-concreto da realidade.

Este esquema, próprio de uma conceção teorético-científica e empírico-natural dos «factos» (de uma empírica neutralidade perante o

prático-argumentativa do paradigma «clássico» – «lógica» do provável e do verosímil de sentido ético-jurídico, a condicionar uma específica doutrina de «relevância» -, o modelo epistemológico moderno opõe o alcance redutivamente totalizante de uma probabilidade-procedimento – em princípio de sentido indutivo e a culminar num possível «sistema natural»».

100 ANTÓNIO CASTANHEIRA NEVES, «Matéria de Facto-Matéria de Direito», *RLJ*, Ano 129, nº 3866, 1 de Setembro de (1996), págs. 130-134, pág. 131.

101 Ibidem, pág. 130.

102 Mais uma vez as palavras são do autor.

103 Ibidem, pág. 132: «*o cientismo (...) que a ciência moderna impôs à cultura europeia, aquela ciência que, assimilando o racionalismo (Descartes) e o empirismo (Bacon, Hume, S. Mill) também modernos, seria lógico-teorética e empírico-analítica, identificando a racionalidade com a razão teórica (teórico-científica) e repudiando a razão prática, retórico-argumentativa e prudencial*».

104 Ibidem, pág. 131.

jurídico[105]) é, contudo, incompatível com a perspetiva prática da relevância jurídica (a perspetiva prático-normativa com que a realidade, enquanto juridicamente relevante, é considerada e objetivada). O que, embora não tenha de traduzir a restauração da indissolubilidade facto-direito própria da retórica judiciária clássica[106], impõe contudo que o «facto» (a realidade juridicamente relevante na institucional atividade judicativo-decisória) seja ele próprio um constituído jurídico-processual[107].

O raciocínio do autor apoia-se, assim, nos seguintes pilares: em primeiro lugar, a aceitação, em termos metodológicos gerais[108], da racionalidade jurídica como uma racionalidade prática[109] (mais concretamente, prático-material), compreendendo o Direito como validade (axiológica-normativa) de

[105] ANTÓNIO CASTANHEIRA NEVES, «Matéria de Facto-Matéria de Direito», págs. 162-163.

[106] As palavras utilizadas em texto continuam a ser as do autor.

[107] O que resulta daqui é a adoção de uma conceção construtivista quanto ao momento do juízo de facto (por oposição a uma conceção declarativista, e à conceção normativista), que tem em KELSEN um dos principais cultores. Veja-se: HANS KELSEN, *Reine Rechtslehre: Einleitung in die rechtswissenchaftliche Problematik*, 2ª reimp da 1ª ed., Aalen: Scientia Verlag, 1994, 242 e segs. (atente-se nas seguintes palavras do autor: "*Von grösster Bedeutung aber ist die Erkenntnis, dass auch die Festellung der Tatsache des Deliktes eine durchaus konstitutive Funktion des Gerichtes ist*"); CH PERELMAN, «La specificité de la preuve juridique», *La preuve*, vol. XIX des Recueils de la Société Jean Bodin, XIX, 1963, págs. 5-17; id., «La distinction du fait et du droit – Le point de vue du logician», *Le fait et le droit, Études de logique juridique*, 1961, págs. 269-278.

[108] ANTÓNIO CASTANHEIRA NEVES, *Metodologia Júridica, Problemas Fundamentais*, Boletim da Faculdade de Direito, Stvdia Ivridica, 1, Coimbra: Coimbra Editora, 1993: págs. 35 e segs., págs. 78-79.

[109] «*Como terceiro tipo de racionalidade (págs. 36 ss), havemos de considerar o que não se limita à compossibilidade (lógica) e não se realiza numa referência objectiva (seja teórico-especulativa, seja teórico-explicativa, seja funcional-técnica) e sim numa actividade comunicativa, numa relação entre sujeitos segundo o esquema sujeito/sujeito (...). Manifesta-se ela num discurso argumentativo, numa troca comunitária e dialígico-dialéctica de argumentos. Discurso que não visa deste modo nem a inferência ou a demonstração necessárias, nem o conhecimento verdadeiro e a explicação universais, nem a adequação e a aptidão funcionais e técnicas mas a plausibilidade razoável-situacional e prático-contextual – nem a necessidade da compossibilidade (compossibilidade sintáctico-estrutural), nem a verdade (a correspondência ou a adaptação à realidade), mas a validade em sentido prático estrito (a fundamentação ou justificação comunicativas). Trata-se da racionalidade prática, em que vai excluído o absoluto e o impessoal (quer no modo de uma estrutura formal pressuposta, quer no modo de uma «consciência em geral», quer no modo de um solipsismo metódico-objectivo) e antes afirmado o histórico-concreto e a intencionalidade pragmática (...). Racionalidade esta dirigida menos à razão, em si, do que a razões mobilizáveis na situação dialética prática de uma controvérsia. (...) E também esta racionalidade prática conhece possíveis diferenciações: racionalidade axiológica e racionalidade finalística*» (ibidem, págs. 36 e segs.).

realização problemática: o sistema jurídico não constitui um dado (pressuposto), mas sim uma tarefa (objetivo)[110], daí resultando a «autonomia constitutiva da mediação problemático-decisória[111]». Em segundo lugar, a aceitação da autonomia do problema da questão-de-facto, o qual – no sentido metodológico referido – comporta dois momentos fundamentais, *i.e.*, o momento da determinação de relevância jurídica a reconhecer à situação histórica-concreta problemática, e o momento da comprovação dos elementos específicos dessa relevância e dos seus efeitos[112]. (Este último – afirma CASTANHEIRA NEVES – constitui fundamentalmente o problema da prova, compreendido em termos metodológicos: o problema da verdade jurídica, como verdade prática[113]). Em terceiro lugar, a rejeição da aspiração do pensamento moderno a um estatuto teorético (ou tendencialmente teorético) também no juízo jurisdicional. – Esta aspiração, salienta o autor, iria encontrar uma via parcial de acesso privilegiada na questão probatória, reduzida a uma averiguação teorética-científica de puros factos, em tudo autónoma de um juízo de decisão jurisdicional.

A autonomia desta averiguação fundamentar-se-ia assim numa conceção indutivo-teorética da prova, referida a uma probabilidade-frequência objetiva. A consequência já é por nós conhecida (e a obra para a qual o autor remete – de A. GIULIANI, também): a superação, pelo conceito moderno de prova, de uma perspetiva argumentativa de prova, fundamentada numa probabilidade em termos ético-jurídicos[114].

110 Ibidem, pág. 158.

111 Por ex., ibidem, pág. 171.

112 Ibidem, págs. 163-164. Atente-se nas seguintes palavras do autor: «*com o que a questão-de-facto se nos revela também como uma questão jurídica: a questão da metodológica-jurídica determinação e comprovação dos «dados» do problema jurídico concreto*". "*(...) o primeiro momento da «questão-de-facto» consiste no problematizar, para a submeter a um contrôle criticamente metodológico, a relevância jurídica daquela situação histórico-concreta do caso com que deparamos. Esse momento é assim função da intenção problemática que «pré-reflexivamente» se dirige ao caso no juízo autónomo que o objectivou como caso jurídico; e no seu resultado teremos o pressuposto objectivo da realização do direito nesse caso. Pressuposto objectivo já em si de sentido jurídico, já que o critério da sua relevância é, naturalmente, o sentido normativo-problemático que começou por compreender-se no juízo de objectivação do caso jurídico. Do que se trata, pois, é de delimitar e de determinar, na globalidade da situação histórica em que o problema jurídico concreto se situa, o âmbito e o conteúdo da relevância jurídica dessa situação problemática (...)*».

113 Ibidem, pág. 163.

114 Na qual (acrescenta o autor) «*não se autonomizam os aspectos jurídicos dos momentos factuais, já que numa incindível unidade intencional (jurídico-prática) se compreendia a realização do direito*».

Ainda que profundamente diversa da primeira conceção deste tipo – a conceção pré-moderna – assiste-se hoje (salienta ainda CASTANHEIRA NEVES) a uma intensa revitalização da conceção argumentativa da prova. Com esta, a prova deixa de ser uma prova de factos puros, e sim aquela específica comprovação que os problemas jurídicos exigem – função, portanto, de uma intenção jurídica[115]. O autor observa ainda

[115] O autor salienta que as «*as actuais teorias consensualistas da verdade têm da própria verdade teorética uma concepção análoga, pois também essa verdade teria por critério uma particular metodologia do discurso que iria referida e se afirmaria sempre como resultado de um acordo comunicativo-argumentativo entre os participantes*», referindo o pensamento de HABERMAS, e VITTORIO VILLA (ANTÓNIO CASTANHEIRA NEVES, *Metodologia Júridica*, cit., pág. 64). Conforme é afirmado pelo primeiro (JÜRGEN HABERMAS, *Truth and Justification*, trad. Barbara Fultner, Massachusetts, Cambridge: The MIT Press, 2005, pág. 247) «*quanto mais fracas forem as conotações ontológicas do conceito de verdade, mais fácil será estabelecer a plausibilidade de uma conceção de verdade análoga de validade moral. Descobrimos a validade do julgamento moral da mesma forma que a verdade das descrições: através da argumentação*». ANDREAS THIER (ANDREAS THIER, «Die Wahrheit und nichts als die Wahrheit», *Zeitschrift für Kulturphilosophie*, Band 8, Jg. 2014, Heft 2, Hamburg: Felix Meiner Verlag, págs. 247-260, págs. 257-258), salienta que a teoria consensualista da verdade se ajusta em maior ou menor medida a uma certa visão liberal do processo civil, de acordo com a qual as partes tenham um poder de disposição sobre a matéria de facto. «*So gesehen könnte es scheinen, als ob – im Gegensatz zum Strafprozess – im Zivilverfahren ein mehr oder minder konsensuales Wahrheitsmodell zur Anwendung kommt, das den Parteien weite Gestaltungsmacht bei der Erstellung der Sachverhaltskonstruktion überlässt. Das scheint ganz auf der Linie einer ausgeprägt liberalen Deutung des Zivilprozesses zu liegen. (....)*» (veja-se, por ex., CARL SCHMIDT, «Wahrheitspflicht, Verhandlungsmaxime, Eventualmaxime», *Deutsche Juristen-Zeitung*, 41. Jahrgang, Heft 15 (1936), Munique e Berlim: Beck, págs. 913-919: «(...) *Vor allem aber um deswillen, weil sich der Staat nicht mit der Verantwortung belasten kann, von sich aus das ganze Prozeßmaterial herbeizuschaffen, welches zur Gewinnung einer sachlich richtigen Entscheidung erforderlich wäre. Insbesondere ist nicht ersichtlich, welches öffentliche Interesse daran bestehen sollte, daß sich der Staat um die Aufklärung eines Tatbestandes bemühen müsse, hinsichtlich dessen beide Parteien nicht straiten und nicht straiten wollen* (...)» – ob. Cit., pág. 916). O autor questiona-se, no entanto, se um tal poder de disposição existe, seja em virtude do dever de verdade que recai sobre as partes (§§ 138, I ZPO), seja em virtude dos poderes que a lei processual atibui ao juiz tendo em vista o apuramento da verdade. Acaba, porém, por concluir que algum poder de disposição existe (refere-se, em particular, ao problema da confissão), ainda que o mesmo não seja irrestrito. Pode, com efeito, ler-se: «*Bei näherer Betrachtung des geltenden deutschen Zivilprozessrechts wird das Bild allerdings etwas komplexer. So verpflichtet § 138, I ZPO die Parteien dazu, »ihre Erklärung über tatsächliche Umstände vollständig und der Wahrheit gemäß abzugeben«. (...) Gleichwohl ist nicht zu übersehen, das der Gesetzgeber mit dieser Pflicht offensichtlich einen Wahrheitsanspruch in das Prozessrecht eingebracht hat, der der Vorstellung völliger Dispositionsfreiheit über die Sachverhaltsbeschreibung widerspricht. (...)*». «*Vor allem aber ist die unzutreffende Sachverhaltsbeschreibung nicht bindend, wenn sie etwas Unmögliches darlegt oder aber ihre Inhalte auch für das Gericht erkennbar unzutreffend sind*». *E conclui: "Spätestens hier zeigt sich, dass auch im Zivilprozess nich ganz auf einen verobjektivierten Wahrheitsanspruch verzichtet wird. (...) Denn*

que pelo facto de regras jurídico-processuais imporem certo regime e limites de comprovação (o problema jurídico-processual da prova), não se altera a sua índole jurídico-metodológica: a verdade jurídica (afirma o ilustre filósofo do Direito) é uma verdade prática, não uma verdade teórico-científica[116].

Atente-se no âmago deste argumento: um puro juízo de facto, para o ser (e assim se distinguir rigorosamente de um juízo de valor), deve poder configurar-se como um juízo cognitivo estrito, *i.e.*, qualitativamente visto como juízo de validade puramente teórica, ou de «pura verdade»[117]. Ora, o juízo de facto a realizar na metodologia da aplicação do Direito não pode corresponder a uma tal pretensão, porquanto nunca ele será jurídico-normativamente indiferente.

es spricht viel dafür, dass ein Stück gerichtlicher Autorität und Akzeptanz nicht zuletzt aus der Distanz der Gericht von den Parteien beruht. Eine buchstäblich schrankenlose konsensuale Verfügungsbefungnis der Parteien über die vom Gericht zu bewertende Sachverhaltsbeschreibung würde diese Distanz schrumpfen lassen». Pela nossa parte, como veremos melhor adiante, estamos em crer que a rejeição de um fundamento material da *Verhandlungsmaxime* (sobre este aspeto veja-se, por ex., Heinrich Nagel, *Die Grundzüge des Beweisrechts im europäischen Zivilprozeß*, Baden-Baden: Nomos Verlagsgesellschaft, 1967, págs. 27 e segs.) permite configurar a norma que vincula o juiz, ainda que não de um modo absoluto, aos factos não controvertidos, não como o reflexo de um poder de disposição das partes sobre os factos da causa, mas como expressão de uma *presunção hominis*, que tem por base uma ideia de auto-responsabilidade das partes.

116 «*É* (afirma o autor) *uma verdade em si mesma função da intenção especificamente jurídica, i.e., dos objectivos práticos que o direito se propõe na consideração e resolução dos seus problemas normativos*", ibidem, pág. 164. "*Não deve deixar de se ter presente* (adverte ainda Castanheira Neves) *que mesmo a verdade científica parte de uma situação da vida, e só não permanece nela porque a empobrece analiticamente, procurando atingir o universal por sucessivas abstracções. Diferentemente, o mundo dos problemas práticos (e jurídicos em particular), que é do princípio ao fim o mundo das situações experimentadas e vividas concretamente como situações humanas. Não se trata portanto, na verdade prático-jurídica, de uma verdade teorética menos exigente do que a verdade científica, mas de uma verdade distinta – justamente de uma verdade prática*».

117 António Castanheira Neves, *Questão-de-facto-Questão-de-direito ou o problema metodológico da juridicidade (ensaio de uma reposição crítica)*, Livraria Almedina, Coimbra, 1967, págs 465 ss. Atente-se, em especial, nas seguintes palavras do autor (ibidem, pág. 465): «*É o que pensa, aliás, o critério-distinção a que nos referimos. O juízo determinativo dos pressupostos-dados seria sempre um juízo de apreensão de um obecto de todo independente da posição do sujeito concreto e real (o sujeito a ter em conta seria apenas o sujeito gnoseológico, o «sujeito em geral» ou a «consciência em geral»), seria a apreensão de um puro «obecto»; e já o juízo-de-valor teria numa posição interessada e prática, e, portanto, real do sujeito (o juízo de valor de que aqui se trata é obviamente o juízo prático-normativo e não o juízo de um puro «dever-ser-ideal» alheio ou indiferente à realização, e mesmo à sua possibilidade efectiva) uma das suas notas essencialmente características*».

MEZGER reconhece que a «fixação processual dos factos não se traduz numa pura atividade de conhecimento, não é um mero conhecimento científico», por nele intervirem, ao lado da investigação da verdade, uma jurídica «ponderação de interesses»[118]. «Não sendo possível ultrapassar nas averiguações probatórias apenas um certo grau de probabilidade cognitiva, só há um caminho para alcançar, a partir desta, a certeza prática, que é o caminho da decisão de vontade»; «toda a fixação processual dos factos, sem exceção, recebe, através desta conversão da probabilidade cognitiva ou científica na certeza exigida pela vida prática, a participação de um juízo de valor»[119].

No entanto, se em MEZGER estas considerações não prejudicam o critério de distinção por ele definido (na medida em que a fixação formal dos factos tem sempre na base um ato de pensamento cognitivo – o juízo de valor seria apenas um elemento que acrescia, um corpo estranho que se vinha a inserir num ato por sua essência de pensamento cognitivo[120]), já o autor conimbricense chama a atenção para o facto de que a um juízo de incerteza cognitiva não acresce um juízo de certeza prática[121]; a ideia de que o juízo de certeza prática (de «certeza histórico-social») não ultrapassa um determinado grau (limitado) de probabilidade, «suficiente para fins práticos, mas distante ainda de um verdadeiro juízo de verdade teo-

[118] MEZGER, apud, ibidem, pág. 467.

[119] Assim é que, «*Qual grau de probabilidade que foi conseguido através de uma determinada actividade probatória, é uma questão científica; qual o grau de probabilidade, porém, que há-de valer como certeza em sentido prático, é sempre, e onde quer que se verifique, uma questão de ponderação de interesses*»., *A questão do grau de probabilidade exigido é verdadeiramente uma «questão de direito»* (ibidem).

[120] Referindo-se ao pensamento de MEZGER, sublinha CASTANHEIRA NEVES que «*o momento de valoração seria um segundo momento (um outro acto) tendo como seu objecto o resultado do acto cognitivo*». «*Desta forma, se garantiria a autonomia e se preservaria a natureza do puro juízo de facto (juízo puramente teorético-científico) do acto a realizar no domínio da questão de facto, mesmo relativamente aos juízos ou actos de ordem prático-jurídica («juízos de valor») que condicionassem o próprio resultado probatório: o interesse jurídico que porventura afectasse a determinação dos factos ficaria circunscrito àquele segundo acto em que se decidia se o resultado cognitivo (e esse puramente teorético) era ou não suficiente para as exigências jurídicas da «certeza». Ainda aqui* (adverte CASTANHEIRA NEVES) *(...) continua visível no essencial o esquema lógico da distinção tradicional: a uma determinação factual, independente da consideração de pontos de vista jurídicos, seguia-se uma ponderação jurídica que converte aquele juízo ajurídico em si num juízo de relevo jurídico*» (ibidem, pág. 468).

[121] Ibidem. E o autor acrescenta ainda:«*(...) nem pode compreender-se como um facto cognitiva e objectivamente improvado pudesse converter-se em provado graças a qualquer posterior juízo de valor que não fosse um simples dikat arbitrário*».

rética», exprime, portanto, apenas «uma comparação hipotética entre o critério e o resultado da determinação da experiência prática realizada, e o critério e o resultado de um processo cognitivo não realizado, mas tido por padrão»[122]. Do que se trata não é, pois, de adicionar a um resultado determinativo tido por insuficiente um segundo juízo de recuperação orientado por pontos de vista menos exigentes[123].

O processo (conclui CASTANHEIRA NEVES) é inverso: o facto «é originariamente tido por «certo» na base dos critérios metódicos que desde início presidem à sua fixação; e são aqueles que na perspetiva considerada fundamentam um específico juízo de objetividade: no nosso caso, o juízo de objetividade prática»[124]. «E que esses critérios são imediatamente prático-normativos» resulta, quer do facto de que a verdade em si (ou em termos absolutos) não pode impor-se como objetivo autónomo e próprio do pensamento jurídico[125], quer do facto de que o ato determina-

[122] Ibidem, pág. 469.

[123] Ibidem.

[124] Ibidem.

[125] Sobre o pensamento de SAUER pode ver-se JOSÉ MANUEL AROSO LINHARES, «Regras de experiência e liberdade objectiva do juízo de prova», cit., pág. 41. O autor chama atenção (ibidem, págs. 32 e segs.) para o facto de que se o *«alcance de proposicionalidade não põe em causa a relação basicamente «correspondencial» subsistente entre «representante» e «representado» – associada esta à autonomia «pré-processual» do «facto» – «o «ponto de referência» possível conquista em* BENTHAM *o lugar definitivo de uma dimensão externa pré-processual, que a «reconstrução» pressupõe e deixa intocada*". "*(...) Do que se trata é do ««facto (afirmativo ou negativo), probando ou probatório, «físico» ou psicológico», sempre necessariamente existente num tempo e num lugar dados. Quando se fala de uma «contigência» ou de uma «relatividade» do facto, esta significa exclusivamente a ausência do que podemos dizer, um «sentido categorial» – com este alcance a concepção moderna da prova retira ao «facto» a sua natureza «absoluta», mas restitui-lha (conferindo-lhe necessidade) quando o apreende numa «correspondente» objectivação proposicional»*.
«(...)*A externalidade do facto, tal como esboçada por* BENTHAM (afirma AROSO LINHARES), *impõe-se desde* STEIN *como base de exemplares discriminações». «Em Das private Wissen» aparece sobretudo na correspondência entre o facto puro e a unidade qualificante «conhecimento-juízo». Se descermos, contudo, ao plano da «qualificação» surgem os primeiros confrontos, linhas de oposição à unidade «empírico-sistemática» de* STEIN, *um deles podem ser, justamente, encontrado em* SAUER" (o autor refere também CALOGERO e SCHEUERLE). "*(...) A proposicionalidade «mediadora» pode ser preferida numa perspetiva diferente ao se acentuar «não tanto uma intencionalidade teorética quanto sobretudo uma compossível qualificação jurídica (presunção legal-processual)»*". Em SAUER, *«não importa tanto a pressuposta «consciência» (cognitiva) do «juízo de facto» quanto sobretudo a determinação «teleológico-processual» que decide da sua «qualificação». «Este novo desafio (tal como o primeiro), pressupõe enquanto possibilidade a autonomia do «facto puro», mas acaba por reduzir a sua*

tivo não encontra o seu critério, nem fixa «os seus princípios metódicos numa perspetiva de estrita objetividade teorética, e sim numa perspetiva prático-normativa»[126].

KARL ENGISCH[127] salienta a natureza não axiomática do pensamento jurídico, o qual aspira a uma «logische Richtigkeit», e não a uma «praktische Richtigkeit»[128]. Como demonstra JOACHIM HRUSCHKA[129], o problema da determinação dos factos configura-se assim como um problema metodológico. Não existe uma fixação autónoma dos factos (o que, contudo, não afasta a objetividade desse processo de determinação), uma vez que a «Tatsachenfestellung» depende da pergunta de que o juiz parte («Fragestellung»), e esta relaciona-se com a aplicação de uma norma jurídica. As duas atividades (fixação dos factos e determinação da norma) estão de tal modo ligadas que não pode pensar-se numa sem a outra: os factos

relevância, sobrepondo-lhe finalmente, nem a exclusividade de um mero juízo de facto nem a exclusividade de um autêntico juízo de valor, mas antes de um juízo de facto juridicamente compossível – juridicamente relevante e juridicamente convertido (convicção)».

126 Ibidem, pág. 469 e segs, e págs. 474 e segs.

127 KARL ENGISCH, «Wahrheit und Richtigkeit im juristischen Denken», Vortrag, gehalten beim 491. Stiftungsfest der Ludwig-Maximilian-Universität München am 6. Juli 1963, München: Max Hueber Verlag.

128 KARL ENGISCH, «Wahrheit und Richtigkeit im juristischen Denken», cit., págs. 4 e 5: *«(...) Mit Beklommenheit erinnert sich der Jurist des Dictums von Kant, daß » eigentliche Wissenschaft « nur diejenige genannt warden könne, deren Gewißheit apodiktisch ist, so daß auch in jeder Naturlehre » nur soviel eigentliche Wissenschaft angetroffen warden kann, als darin Mathematik anzutreffen ist « (...) Radbruch hat zwar einmal gesprächsweise gesagt, es sei keine Empfehlung für die Jurisprudenz, wenn man sie mit der Mathematik vergleich, um Denkähnlichkeiten mit ihr festzustellen.*
(...) Man kann » Wahrheit« und »Richtigkeit« als gegeneinander austauschbare oder wenigstens von einander abhängig Begriffe ansehen und hat dies oft getan. Ebenso oft hat man aber auch Wahrheit und Richtigkeit voneinander unterschieden, und zwar sowohl intra muros wie extra muros. Z.B. sieht der Philosoph Nicolai Hartmann die »Richtigkeit« als die innere Übereinstimmung der Erkenntnisgebilde an, während »Wahrheit« nur die Übereinstimmung mit dem realen Gegenstande sein soll. In der rechtsphilosophischen Literatur stoßen wir auf den Gegensatz des Wahren und Richtigen schon bei Jhering, danach etwa bei Jerusalem, H. J. Wolff und Larenz (Jhering, Zweck im Recht I, 1877, S. 428 ff.; Larenz, Methodenlehre, 1960, S. 151, f., 217 f.). Dabei wird das Wesen der Wahrheit immer wieder im Bezug auf Gegenständliches erblickt, während das »Richtige« entweder als Maßstab des Praktischen, des Handelns (so Jhering und ähnlich H. J. Wolff) oder als Maßstab der Wertung (so Larenz) oder als besondere Art von Geltung (so Jerusalem) angesprochen wird. Die Philosophen denken bei der Richtigkeit meist an die logische Richtigkeit, die Juristen häufiger an die praktischen Richtigkeit».

129 JOACHIM HRUSCHKA, *Die Konstitution des Rechtsfalles – Studien zum Verhältnis von Tatsachenfestellung und Rechtsanwendung*, Berlin: Duncker & Humblot, 1965.

apenas podem ser investigados tendo em vista a aplicação de uma norma jurídica, e a norma só em vista dos factos pode ser encontrada[130].

Esta realidade (afirma JOACHIM HRUSCHKA) desde há muito é conhecida, devendo-se a ENGISCH a sua corrente formulação[131]. Este autor interroga-se se não estamos aqui perante um círculo vicioso, mas a conclusão a que chega é negativa[132]. Trata-se antes de uma troca constante, um permanente ir e vir («Hin – und Herwandern») entre a premissa maior e os factos. Como afirma LARENZ[133], neste «ir e voltar» entre os factos em estado bruto e a norma cuja «Tatbestände» integra, à primeira vista, esses mesmos factos, facto e norma vão-se aproximando, até permitirem a tomada de uma decisão judicial. A norma a aplicar (salienta HRUSCHKA) desempenha, portanto, algum papel na formação final dos factos. Mas em que consiste este papel?

Quanto a este aspeto, o autor dá-nos conta uma vez mais do pensamento de ENGISCH (que se aproxima do de MEZGER, acima visto[134]): sem prejuízo da aceitação de uma dependência mútua entre a fixação dos factos e a

[130] JOACHIM HRUSCHKA, *Die Konstitution des Rechtsfalles – Studien zum Verhältnis von Tatsachenfestellung und Rechtsanwendung*, cit., pág. 9. Conforme é referido pelo autor: «*Die Tatsachen können nu rim Hinblick auf die Rechtssätze ermittelt werden, die Rechtssätze indessen sind nu rim Hinblick auf die Tatsachen auffindbar*

[131] KARL ENGISCH, *Logische Studien zur Gesetzanwendung*, Zweite Auflage (erstmals vorgelegt am 14. November 1942), Heidelberg: Carl Winter Universitätsverlag, 1960, págs. 14 e segs. Ver também KARL ENGISCH, *Die Idee der konkretisierung in recht und rechtswissenschaft unserer zeit*, Heidelberg: Carl Winter Universitätsverlag, 1953,

[132] KARL ENGISCH, *Logische Studien zur Gesetzanwendung*, cit., pág. 14: «*Wieweit dabei die Ergänzung aus anderen für sich mehr oder minder unselbständigen Gesetzessätzen geht, wird schon mitbestimmt durch den besonderen Fall, den es zu beurteilen gilt. So werde ich die Notwehr im Obersatz nur erwähnen, wenn der konkrete Fall, für den das Sollensurteil gewonnen werden soll, irgendwie einen Hinweis auf die Möglichkeit einer Notwehr enthählt. Damit erhebt sich natürlich wieder eine logische Frage. Handelt es sich hier nicht um einen Zirkel?*». Por sua vez, afirma JOACHIM HRUSCHKA (JOACHIM HRUSCHKA, *Die Konstitution des Rechtsfalles – Studien zum Verhältnis von Tatsachenfestellung und Rechtsanwendung*, cit., pág. 9): «*Diese gegenseitige Bedingtheit stellt nach Engisch indessen keinen circulus vitiosus dar, sondern es handelt sich um eine ständige Wechselwirkung, ein Hin- und Herwandern des Blickes zwischen Obersatz und Lebenssachverhalt*».

[133] KARL LARENZ, *Metodologia da ciência do direito*, trad. José Lamego, 3ª ed., 1997, Lisboa: Fundação Calouste Gulbenkian, págs. 391 e segs. (pág. 395).

[134] Referindo-se ao pensamento de MEZGER, afirma o autor: «*Die Behauptung der sog. Rechtserheblichkeit einer Tatsache bedeutet immmer nur eine Frage an die Tatsachenwelt; mit der Tatsachenfestellung als solcher hat diese Behauptung rein gar nichts zu tun*» (KARL ENGISCH, *Logische Studien zur Gesetzanwendung*, cit., pág. 85)

determinação da norma jurídica aplicável, ENGISCH refere a existência de uma independência na investigação dos factos. Para ele a fixação dos factos corresponde apenas a uma investigação histórica do passado, sem ligação à sua inserção num tipo determinado: apenas nos interessam aqueles factos que podem ser relevantes à luz das perspetivas jurídicas aplicáveis, assim como só interessam aquelas normas jurídicas que tenham um ponto de contacto com os factos da causa; mas isto diz tão-só respeito à delimitação do tema da prova, e não à determinação dos factos, propriamente ditos[135].

A ideia de uma aproximação entre a aplicação prática do Direito e o modo de trabalho das ciências do espírito, em especial a história, é sublinhado por HRUSCHKA[136]. Também na história o investigador não tem diante de si um objeto, propriamente dito, mas factos, e o modo como os mesmos são descritos constitui o conteúdo da sua investigação histórica. O mesmo é sublinhado por HANS-GEORG GADAMER[137]. Segundo o autor, é diferente o objeto das ciências humanas e o das ciências da natureza: aqui, o objeto de estudo encontra-se na própria natureza; ali, pelo contrário,

[135] JOACHIM HRUSCHKA, *Die Konstitution des Rechtsfalles – Studien zum Verhältnis von Tatsachenfestellung und Rechtsanwendung*, cit., pág. 10: «*Wie ist diese Rolle indessen zu verstehen? Engisch postuliert trotz seiner Anerkennung der wechselseitigen Bedingtheit von Tatsachenfeststellung und Festtellung der anzuwendenden Rechtssätze eine weitgehenden Unabhängigkeit der Sachverhaltsermittlung. Für ihn ist die Tatsachenfeststellung "nur geschichtliche Untersuchung der Vorgänge" gerade "ohne Beziehung zu deren Einreihung in bestimmte Typen". Was darunter genauer verstanden werden soll, zeigt Engisch bei der Erörterung der Problematik, die in der Auswahl der schließlich in den Sachverhalt aufzunehmenden Tatsachen liegt: Uns «interessieren" zwar "nur diejenigen Tatsachen, die im Hinblick auf die anzuwendenden rechtlichen Bestimmungen relevant sind, wie uns umgekehrt nur diejenigen rechtlichen Obersätze interessieren, zu deren Heranziehung der konkrete Sachverhalt Anlaß zu bieten scheint. Aber logisch gesehen bezieht sich ja dieses Wechselspiel nur auf den hypothetisch angenommenen Sachverhalt als Beweisthema und geht somit der Feststellung der Tatsachen selbst voraus. Und er zitiert zustimmend die These von Mezger: "Die Behauptung der sog. Rechtserheblichkeit einer Tatsache bedeutet immmer nur eine Frage an die Tatsachenwelt; mit der Tatsachenfestellung als solcher hat diese Behauptung rein gar nichts zu tun (...). Die Rechtsbezogenheit einer Tatsache hat nach dieser Meinung also zwar zur Folge, daß sich der Urteiler überhaupt damit näher befaßt und daß diese Tatsache schließlich in die Darstellung des Falles aufgenommen wird. Ist aber durch das Hinsehen auf die anzuwendenden Rechtssätze eine Tatsache erst einmal in den Blick gekommen, dann bestimmt sich das weitere Verfahren der Tatsachenermittlung ganz ohne Beziehung auf diese Rechtssätze*».

[136] JOACHIM HRUSCHKA, *Die Konstitution des Rechtsfalles – Studien zum Verhältnis von Tatsachenfestellung und Rechtsanwendung*, cit., pág. 71.

[137] HANS-GEORG GADAMER, *Wahrheit und Methode – Grundzüge einer philosophischen Hermeneutik*, 4ª ed., Tübingen: Mohr, 1976, págs. 268-269.

é o interesse da investigação a determinar o seu objeto (a motivação da «Fragestellung» constitui assim o tema e o objeto da investigação[138]).

Na medida em que o modo como é colocada a pergunta depende do sujeito que a formula – e uma vez que a investigação a realizar, através de um «processo de redução», depende dessa mesma pergunta –, interroga-se Hruschka se tal[139] põe em causa a objetividade da determinação dos factos. A resposta é negativa. A objetividade depende, não da «Fragestellung», mas da precisão da resposta àquela pergunta. Se esta seguir as regras da lógica, então o «Sachverhalt» dará uma descrição factual, como resposta final. A «pergunta» não põe em risco a objetividade da determinação dos factos, uma vez que a mesma constitui um pressuposto pré-racional; a objetividade depende da racionalidade do trabalho a realizar, que pela primeira vez tem lugar através daquela resposta[140].

IV. Da não identificação entre a natureza argumentativa da prova e uma conceção retórica da mesma

A rejeição dos modelos lógico-subsuntivos de aplicação do Direito não deve ser confundida com a aceitação de uma conceção retórica da prova jurídica. Do que se trata é do repúdio de uma «revitalização» teorética da lógica do provável (afirma Aroso Linhares[141]) – uma lógica do provável «liberta da «sujeição» prático-prudencial, absolutizada como «valor em

[138] «*Offenbar kann man nicht im selben Sinne von einem identischen Gegenstand der Erforschung in den Geisteswissenschaften sprechen, wie das in den Naturwissenschaften am Platze ist, wo die Forschung immer tiefer in die Natur eindringt. Bei den Geisteswissenschaften ist vielmehr das Forschungsinteresse, das sich der Überlieferung zuwendet, durch die jeweilige Gegenwart und ihre Interessen in besonderer Weise motiviert. Erst durch die Motivation der Fragestellung konstituiert sich überhaupt Thema und Gegenstand der Forschung. (...)*» (ibidem).

[139] A «Subjektbezogenheit» de todo o «Sachverhaltbildung».

[140] No orignal: «*Gleichwohl wird man den Ergebnissen einer methodisch richtig durchgeführten Tatsachenfeststellung eine gewisse Objektivität nicht absprechen können, wenn nur die Notwendidgkeit eines Standpunktes berücksichtig wird. Einmal hängt die Objektivität letzlich nicht an der Fragestellung, sondern an der Präzision der Beantwortung der Fragen. Folgt die fortschreitende Beantwortung den Regeln der Logik, dann wird der Sachverhalt als die fertig Antwort eine sachliche Beschreibung geben. Die Fragestellungen, welche die Perspektive erst eröffnen, gefährden die Objektivität der Sachverhaltsbildung deshalb nicht, weil sie nicht einen rationalen, sondern einen vorrationalen Ursprung haben, die Objektivität aber auf der Rationalität des Arbeitens beruht, die erst mit der Beantwortung der Fragen einsetzt*» (ibidem).

[141] José Manuel Aroso Linhares, «Regras de experiência e liberdade objectiva do juízo de prova», cit., págs. 79-81.

si», e que acompanha com esse alcance (sempre nas palavras do autor) «a assimilação (eliminação) da retórica pela dialética e a progressiva conversão (formalização) desta última[142]».

Este movimento (salienta ainda AROSO LINHARES) «desenvolve-se depois, definindo localizações relevantes: precisa-se assim um «modus» teorético exclusivo de uma lógica do concreto (ou do prático), esboça-se um corpo de objetivação sistemático e unitário (ciências de verdades prováveis), invoca-se finalmente uma expansão formalizada, com um fundamental rigor metodológico (princípio da razão suficiente) – uma linha de crescimento que assimila por exemplo a inventione dialettica de AGRICOLA, a nova dialética da escola «culta», a ars combinatória de LEIBNIZ»[143]. Com isto, «a dicotomia necessário/contingente perde a sua dimensão de confronto (verdade provável como modalidade inferior de uma verdade teorética[144]) e os problemas jurídicos reencontram na lógica do provável o seu princípio de unidade cognitiva (modelo de racionalidade dedutivo-formal e conceitual-sistemática, princípio universal e «apriorístico» de probabilidade)[145]».

É esta redução do domínio de aplicação prática do Direito a um esforço teorizante (*i.e.*, «a assunção da racionalidade dos juristas como paradigma

[142] Ibidem, pág. 79. «*Aqui (refere o autor) não tem sentido conceitualizar uma discriminação de referências («série de eventos»/facto singular) já que procedimento e critério se confundem na compreensão global de uma regra unitária (id quod plerumque accidit, princípio objectivo de normalidade)*».
[143] Ibidem, págs. 79-80. Acerca da nova dialética (dialética legal) de RODOLFO AGRICOLA, pode ver-se ALESSANDRO GIULIANI, *Il concetto di prova, contributo alla logica giuridica*, cit., 1961, págs. 207 e segs.
[144] JOSÉ MANUEL AROSO LINHARES, «Regras de experiência e liberdade objectiva do juízo de prova», cit., pág. 80, nota 202: «*a dialéctica da escola culta pretende precisamente conciliar o rigor teorético (sistemático e lógico-dedutivo) com uma exigência de adequação às «necessidades da prática». «(...) No pensamento de* LEIBNIZ, *a dicotomia necessário/contingente («filosofia teorética/filosofia prática») corresponde expressamente a uma discriminação de modalidades teoréticas (...) com uma dualização de princípios condutores (não-contradição/razão suficiente); os dois domínios «lógicos» são unificados pelo mesmo rigor «demonstrativo» («necessário») [lógica dedutiva de base aristotélica-cartesiana]; as proposições contingentes são demonstradas more geométrico; e se a verdade atingível é só provável, o «método» é no entanto igualmente «seguro e necessário» (...). Vemos assim a racionalidade dos juristas assumida como paradigma de uma racionalidade (teorética) do contingente (onde cabem ainda a ética, a religião, a filosofia, a física e as ciências naturais – excluindo-se, como domínios necessários, a Metafísica e a Teologia Natural). Quanto às relações entre ars combinatória e Direito Natural, cfr. Bobbio, Leibniz e Pufendorf in Rivista di Filosofia, vol. 38, 118 e ss, 126 ss (...))*».
[145] Ibidem, págs. 80-81.

de uma racionalidade (teorética) do contingente» – como em LEIBNIZ[146]) que CASTANHEIRA NEVES e AROSO LINHARES rejeitam. Não se trata, todavia, de «restaurar a indissolubilidade facto-direito própria da retórica judiciária clássica», mas apenas de assumir que a determinação dos factos (ainda que livre de quaisquer limites resultantes da estrutura do processo) é «prático-normativa, na sua intenção e no seu critério»[147].

A evocação e mesmo a tentativa de recuperação da intenção, estrutura e processo do clássico *argumentum retórico*[148] serve assim apenas (afirma CASTANHEIRA NEVES[149]) para autonomizar e especificar aquela *ratio* humano-prática, manifestada nas determinações factuais e no respetivo juízo. Esta revitalização metodológica das estruturas retóricas não traduz,

146 Apud, JOSÉ MANUEL AROSO LINHARES, «Regras de experiência e liberdade objectiva do juízo de prova», cit., pág. 81, nota 202.

147 ANTÓNIO CASTANHEIRA NEVES, *Questão-de-facto-Questão-de-direito ou o problema metodológico da juridicidade (ensaio de uma reposição crítica)*, cit., pág. 481: «*Por isso mesmo as estruturas processuais que porventura impeçam uma total e acabada reconstituição da situação real (...) se põem decerto limites intencionais susceptíveis de afectar materialmente o conteúdo da determinação, não implicam todavia a conversão qualitativa de um certo tipo (aquele que existiria sem esses limites) por um outro tipo (aquele que efectivamente se realiza) de determinação. Esses limites não convertem uma verdade ou certeza teorético-cognitiva numa verdade ou certeza prático-normativa. A determinação, ainda que livre desses limites e condições, não deixaria de ser prático-normativa, na sua intenção e no seu critério*».

148 Sobre a noção ciceriana de argumento («*Argumentum est ratio quae rei dubiae faciat fidem*») pode ver-se, entre outros, JEAN PHILIPPE LÉVY, «Cicéron et la prueve judiciaire», in Droits de l`antiquité et sociologie juridique: Mélanges Henri Lévy-Bruhl, Publications de l`Institut de Droit Romain de l`Université de Paris (Sirey), XVII. Paris: Sirey, 1959, págs. 187-197.

149 ANTÓNIO CASTANHEIRA NEVES, *Questão-de-facto-Questão-de-direito ou o problema metodológico da juridicidade (ensaio de uma reposição crítica)*, cit., pág. 483, nota 73. Conforme é afirmado pelo autor (ANTÓNIO CASTANHEIRA NEVES, *Metodologia Jurídica, Problemas Fundamentais*, cit., pág. 72): «*A perspetiva argumentativa – com base, quer na teoria da argumentação (recuperada por Ch. Perelman, numa vasta obra sobre o tema a partir de La nouvelle rhétorique. Traité de l`argumentation, 1958, com a colaboração de Lucie Olbrechts-Tyteca, em que importa destacar as três colecções de ensaios, Le champ de l`argumentation, 1970, Il campo dell`argomentazione, 1979, e Rhétoriques, 1989), quer na «teoria do discurso prático» (trabalhado de modo especial por Habermas) e em renovadas reflexões sobre a «razão prática» (M. Kriele, Recht und praktische Vernunft, 1979), quer mesmo na última filosofia linguística de sentido pragmático de Witgenstein – acentua particularmente a estrutura discursiva, as condições, os princípios e as regras da argumentação e bem assim os tipos desta. Mas acabam por convergir – embora com maior peso dado pela tópica ao problema, aos critérios e à pragmática inveniendi, e pela argumentação ao discurso, aos princípios e às regras da dialéctica – não apenas ao consensus que ambas intencionalmente visam, como último critério de validade, mas ainda na circunstância de a tópica implicar uma argumentação no actuar da sua dialética e a argumentação uma tópica na procura dos seus argumentos*».

portanto, um regresso à intenção puramente argumentativa da retórica clássica, como «teoria da eloquência», «como técnica social-pessoal de mera persuasão *ad hominem*, proposta mais ao êxito do que à verdade, mais estratégia de simples convencer sobre uma tese polémica do que metodologia de verdadeira fundamentação de validade».

Em suma: a afirmação da «ratio humano-prática» da determinação do pressuposto de facto da decisão judicial não tem, no pensamento de CASTANHEIRA NEVES, o significado de um retrocesso a uma conceção retórica da prova (concebida como argumentum discursivo-persuasivo, dirigido apenas à sustentação de uma «tese»), ou de rejeição do conceito moderno de prova. A prova jurídica (afirma o autor) «não tendo de confundir-se com a prova ou demonstração teorético-científica, não deixa, no entanto, de visar a averiguação e determinação (jurídico-social e histórica) de «factos», da concreta situação histórica do caso decidendo»[150].

Simplesmente, «a remeditação do processo tópico-retórico não deixa certamente de contribuir a seu modo para um necessário esclarecimento da especificidade do logos humano-prático, enquanto intenção fundamentante a partir e com apoio de uma experiência espiritual convivente»[151][152].

V. Do conceito de prova jurídica: diferentes teorias

Ao partirem de uma conceção do Direito como domínio prático-prudencial, cujo resultado corresponde a uma «verdade prática»[153], os autores

[150] ANTÓNIO CASTANHEIRA NEVES, *Questão-de-facto-Questão-de-direito ou o problema metodológico da juridicidade (ensaio de uma reposição crítica)*, cit., pág. 483, nota 73.

[151] Ibidem.

[152] Deve notar-se que o conceito de «tópico» não possui o mesmo significado quando interpretado à luz da tradição ciceriana ou da tradição aristotélica: «*Quando se emprega hoje o termo «tópos», «tópico», «tópico» (refere o autor) é necessário ter presente que estes termos chegaram até nós a partir de duas classes de textos: por um lado os textos de Aristóteles (de natureza lógica, filosófica, e também retórica), por outro lado os textos de Cícero (em parte de natureza teórica, seja retórica ou filosófica, mas em parte também de natureza prática: os discursos por ele produzidos como político ou como advogado). Ou seja (adverte o autor), ao remetermos para a Antiguidade Clássica a origem da teoria dos tópicos devemos ter em conta que estamos perante, não uma herança comum greco-latina, mas duas heranças distintas, a grega (ARISTÓTELES), de que recebemos os termos acima mencionados, e a latina (CÍCERO), de que subsiste no uso corrente a expressão, de conotação hoje negativa, «lugar-comum» (versão do latim locus communis, sem qualquer conotação pejorativa)*» (J. A. SEGURADO E CAMPOS, ARISTÓTELES, *Tópicos*, cit., introdução, págs. 189-210).

[153] Segundo CASTANHEIRA NEVES (ANTÓNIO CASTANHEIRA NEVES, «Matéria de Facto--Matéria de Direito», cit., págs. 479-480), «*a verdade provável não representa uma modalidade*

acima citados rejeitam a existência de uma natureza puramente teórico--científica da prova jurídica. Esta rejeição não conduz, no entanto, a um repúdio da conceção moderna de prova: a prova tem por finalidade a averiguação e determinação de «factos», ou seja, a reconstituição da concreta situação histórica do caso decidendo.

A rejeição de uma conceção teórico-científica da prova jurídica reflete já, contudo, uma determinada racionalização do ato de determinação do pressuposto fático da decisão judicial, racionalização esta (afirma CASTANHEIRA NEVES[154]) que, tendo por objeto um ato de índole prático--emocional, implica menos o racional do que o razoável – «proposta não à dedução apodítica, mas à fundamentação convincente para uma análoga experiência humana», e que se manifesta não em termos de intelecção, mas de convicção[155]. Donde, a racionalização tome aqui o nome de motivação, e não de demonstração, ou de necessidade conclusiva.

Ou seja: a aceitação metodológica de uma racionalidade jurídica prático-normativa, e do ato de determinação do pressuposto de facto da decisão como um ato prático-emocional, conduz a uma conceção de prova como

inferior de verdade teorética. Trata-se de «uma certeza ou verdade muito mais rica de perspetivas, infinitamente mais complexa nas suas condições e no seu conteúdo do que a linear e lógica verdade teorética em geral, e científica em particular. E não é ela, perante esta última, uma verdade de grau inferior, uma verdade incipiente e condenada a desaparecer com o «progresso da ciência». A diferença não é de grau, mas qualitativamente irredutível. É outra a realidade de que se ocupa, outra a essência da sua objectividade».

154 ANTÓNIO CASTANHEIRA NEVES, *Questão-de-facto-Questão-de-direito ou o problema metodológico da juridicidade (ensaio de uma reposição crítica)*, cit., págs. 481-482.

155 «*Esta convicção* (adverte CASTANHEIRA NEVES – ANTÓNIO CASTANHEIRA NEVES, *Questão-de-facto-Questão-de-direito ou o problema metodológico da juridicidade (ensaio de uma reposição crítica)*, cit., pág. 483, nota 73) *não deve porém ser confundida como um mero esclarecimento ou «mera subjetividade» – a motivação, sem se propor uma demonstração de necessidade racional, não deixa de visar uma fundamentação de objetividade, pois terá de ser uma resposta suficiente do «porquê» suscitado pela questão probatória, oferecendo os fundamentos que a justifiquem como solução de um julgador racional perante homens racionais (...)».«Estamos perante uma racionalização e uma obectividade que tanto repudiam a carismática «intime conviction», que se autorizava ao Júri, como excluem a «pura objectividade» do lógico-teorético. Trata-se – sabemo-lo já – da objectividade da experiência da vida e social-prática em que o conhecer e o agir, o conhecer e o avaliar se dão mãos e formam uma unidade, pois mais não é do que o «compreender-se a si» e aos outros, fundado no conviver comunicante num mesmo mundo humano»* (ibidem, págs. 482-483). No mesmo sentido, veja-se JOÃO DE CASTRO MENDES, *Do conceito de prova civil*, cit., págs. 305 e segs., e PAUL FORIERS, «Réflexions sur l`argumentation juridique», in Revue Int. de Philosophie, 1961, págs. 402 e segs.

convicção, oposta a uma conceção puramente demonstrativa da mesma[156]. Pretende-se excluir a ideia de que se trataria aí de uma demonstração e conclusão apodíticas (puramente racionais intelectivas), e afirmar que se trata antes de um juízo que tem na sua base uma vivência prática de sentido, fundada e mediatizada por uma experiência pessoal («juízo humano sobre um problema humano»)[157].

Segundo MONTERO AROCA[158], esta posição (prova como convicção) é maioritária no âmbito da dogmática processual, resultando da mesma

[156] Defendendo uma noção de prova como convicção pode ver-se, entre outros, MANUEL DE ANDRADE, *Noções elementares de processo civil*, Coimbra: Coimbra Editora, 1993, pág. 179: «*Prova como resultado (...) é a demonstração efectiva (segundo a convicção do juiz) da realidade dum facto – da veracidade da correspondente afirmação*»; ROSENBERG, *Lehrbuch des Deutschen Zivilprozeßrecht*, 6ª ed., Berlin: Beck, 1954, pág. 509: «*Provar (é) uma actividade que deve fundar no juiz (judici fit probatio) a convicção da verdade ou da não-verdade de uma afirmação*»; ARTHUR NIKISCH, Zivilprozessrecht: ein Lehrbuch, 2. ed, Tübingen: Mohr, 1952, pág. 317: «*Fazer a prova significa produzir no tribunal a convicção da justeza de uma afirmação*»; JAIME GUASP, *Juez y hechos en el proceso civil: una crítica del derecho de disposición de las partes sobre el material de hecho del proceso*, Barcelona: Bosh, 1943, págs. 83 e segs.: «*O que com a prova em último termo se procura é uma «convicção psicológica» do juiz, um «juízo subjectivo de um homem sobre um problema humano»*»; JOÃO DE CASTRO MENDES, *Do conceito de prova em processo civil*, Lisboa 1961, pág. 741: «Prova é o pressuposto da decisão jurisdicional que consiste na formação através do processo no espírito do julgador da convicção de que certa alegação singular de facto é justificávelmente aceitável como fundamento dessa mesma decisão»; KARL LARENZ, *Metodologia da ciência do direito*, cit., págs. 429 e segs; PIERO CALAMANDREI, «La genesi logica della sentenza civile», *Studi sul processo civile*, I, Padova: CEDAM, 1930, pág. 17. Segundo HANNS PRÜTING (HANNS PRÜTTING, «Wahrheit im Zivilprozess?», *Festschrift für Peter Gottwald zum 70. Geburtstag*, München: Beck, 2014, págs. 507-515), a procura da verdade constitui uma importante tarefa do juiz civil. No entanto, não é de um conceito de verdade material, mas de verdade subjetiva (no sentido de um convencimento do juiz sobre a verdade), que deve falar-se: «*Im Zivilprozess wird zu keinem Zeitpunkt nach der Feststellung der objektiven Wahrheit geforscht, sondern Ziel ist allein eine subjektive Wahrheit im Sinne der Überzeugung des Richters von der Wahrheit*» (ob. cit., pág. 515).

[157] ANTÓNIO CASTANHEIRA NEVES, *Questão-de-facto-Questão-de-direito ou o problema metodológico da juridicidade (ensaio de uma reposição crítica)*, cit., pág. 482, nota 71. O autor acrescenta ainda, um pouco mais adiante: «*Donde, e uma vez que a prova (o resultado probatório) constitui uma verdadeira decisão (sendo seu momento essencial a mediação de um julgador real historicamente situado), os autores, «ao enunciarem os critérios de orientação do juízo probatório, o não possam fazer nunca em termos de uma regra de juízo objectivo em si, uma pura regra de processo objectivo (com a qual se poderia conferir o resultado obtido), e antes os formulem sempre mais como «regras de dever», como princípios em que se apela para a consciência ética do julgador, para o seu sentido de responsabilidade e do dever de objectividade práticos*».

[158] JUAN MONTERO AROCA, *La prueba en el Proceso Civil*, 6ª ed.,, Madrid: Civitas, 2011, pags. 49 e segs.

que a prova corresponde ao conjunto de operações por meio das quais se procura obter o convencimento do juiz a respeito de alguns dados. Para além desta tese, menciona ainda o autor espanhol outras duas, segundo as quais a finalidade da prova consistiria na fixação dos factos[159], ou na obtenção da certeza do juiz em relação a esses mesmos factos[160].

JORDI FERRAR BELTRÁN[161] salienta a «inspiração carneluttiana» que se encontra na base do pensamento destes autores (tornou-se célebre a afirmação de CARNELUTTI:*"la verità è come l'acqua: o è pura, o non è verità"*[162]). A aceitação de que a «verdade é uma só» conduziu a doutrina

[159] É a tese defendida por CARNELUTTI, de acordo com o qual a finalidade da prova consiste na fixação formal dos factos por parte do juiz, independentemente da relação dos mesmos com aquilo que realmente aconteceu. Conforme refere FERRER BELTRÁN (JORDI FERRAR BELTRÁN, *Prova e verità nel diritto*, Bologna: Il Mulino, 2004, págs 76 e 77) não existe uma diferença substancial entre esta tese e aquela que se encontra ligada à noção de verdade formal. Com efeito, tanto o vínculo da prova jurídica à fixação formal dos factos, como o vínculo à noção de verdade formal, implicam a sua desvinculação da verdade *tout court* e, mais importante ainda, conduzem a uma conceção não racional da prova, de acordo com a qual se considera provado aquilo que o juiz declara provado.

[160] Resulta desta tese que o fim da prova consiste na obtenção, por parte do juiz, da certeza sobre os factos da causa. É a posição que MONTERO AROCA (JUAN MONTERO AROCA, *La prueba en el Proceso Civil*, cit., pags. 59 e 60) acaba por adotar, ao concluir que se pode definir a prova como a atividade processual que tende a alcançar a certeza no julgador em relação aos dados aportados pelas partes, certeza essa que nuns casos derivará do convencimento psicológico do próprio juiz, enquanto noutros resultará da aplicação das normas legais que fixam os factos. FERRER BELTRÁN contesta que não se percebe com clareza onde passa a fronteira entre as noções de «convicção do juiz» e de «certeza» no contexto em que as mesmas vêm referidas. Sem prejuízo disso (afirma ainda este último autor), parece que também a noção de certeza possui uma natureza fundamentalmente subjetiva, razão pela qual possam ser chamadas aqui à colação, mais uma vez, as críticas acima expostas a propósito da teoria de que a finalidade da prova se prende com a obtenção do convencimento do juiz. Para além disso (adverte, por último, o autor), e sem prejuízo das críticas ainda agora expostas, deve fazer-se a seguinte pergunta: quer num caso, quer no outro (*i.e.*, quer se faça apelo a uma ideia de convencimento do juiz, quer à obtenção de certeza) a quê, se não à «verdade dos factos», se dirige esse mesmo convencimento ou certeza? Efetivamente, sendo o objeto da prova constituído pelos enunciados de facto formulados pelas partes, e resultantes do saneamento da causa, não restam dúvidas de que é justamente à verdade desses enunciados que aquele convencimento e certeza se referem; donde, e ainda que se parta de uma conceção deste género, o elemento da verdade continue a estar presente, a ele se chegando, de um ponto de vista teleológico, através da via indireta agora revelada.

[161] JORDI FERRAR BELTRÁN, *Prova e verità nel diritto*, cit., págs. 74 e 75.

[162] FRANCESCO CARNELUTTI, *La prova civile*, 2ª ed., Roma: Edizioni dell'Ateneo, págs. 29-30: *«non si tratta qui che di una metáfora; nella sostanza è affatto agevole osservare come la verità non possa*

dominante a rejeitar não apenas a distinção entre os conceitos de verdade material e verdade formal, mas também a existência de uma relação teleológica entre prova e verdade[163].

À teoria da prova como convicção opõe-se, assim, a daqueles autores que adotam uma noção puramente cognoscitiva da prova jurídica, mediante uma requalificação do conceito de «probabilidade» (entendida não em sentido ético-jurídico, mas em sentido objetivo ou frequencista [conceito

essere che una, onde la verità formale o giuridica o non coincide con la verità materiale, e non è verità, o ne diverge, e non è che una non verità». Deve notar-se (como dá conta Castro Mendes – João de Castro Mendes, *Do conceito de prova em processo civil,* cit., págs. 238-241) que a posição de Carnelutti sobre o conceito de prova variou ao longo da sua obra. Na sua obra *La Prova Civile* defendia uma noção de prova como resultado, que vem depois a rejeitar nas suas *Lezioni di Diritto Processuale Civile,* II, págs. 422-426, defendendo agora que a prova corresponde a um conjunto de meios de natureza material-objetiva e estática – mais concretamente, que a prova consiste em coisas e pessoas. Esta noção está em conformidade com o pensamento do autor quanto ao fim do processo (sobre este aspeto pode ver-se João de Castro Mendes, *O direito de acção judicial: estudo de processo civil,* Lisboa: AAFL, 1959, págs. 55 e segs.), que corresponde à justa composição do litígio. A prova (pessoas ou coisas) corresponde assim aos «meios» de que o processo se serve (a par da atividade das partes e da do próprio juiz) para atingir esse fim. Posteriormente, no seu *Sistema di Diritto Processuale Civile,* o pensamento do autor vem a sofrer uma alteração: agora, *«os dados sensíveis – homens e coisas ainda – que são um terceiro género de elementos do processo (já se não fala em meios do processo), chamam-se segundo Carnelutti, provas apenas «em linguagem figurada».* (João de Castro Mendes, *Do conceito de prova em processo civil,* cit., pág. 240). *«Provar indica uma actividade do espírito dirigida à verificação de um juízo.... prova, como substantivo de provar, é, pois, o procedimento dirigido a tal verificação».* (Francesco Carnelutti, *Sistema di Diritto Processuale Civile, I., Funzione e Composizione del Processo,* Padova: Cedam, 1936, pág. 674). Estamos (salienta aquele autor) no campo da prova como actividade. Mais tarde, Carnelutti chegou à definição de prova como «species» (Francesco Carnelutti, *Lecciones sobre el proceso penal,* trad. Santiago Sentís Melendo, vol. I, Buenos Aires: Librería El Foro, 1996, págs. 290 e segs.; Francesco Carnelutti, *Teoria geral do direito,* trad. A. Rodrigues Queiró, Artur Anselmo de Castro, Coimbra: Arménio Amado, 1942, págs. 491 e segs), objecto, «ou seja, qualquer coisa que cai sob os sentidos do juiz»; e que podem ser coisas ou factos. Coisas se encararmos a prova do ponto de vista da estática jurídica; factos, se do ponto de vista da dinâmica jurídica. *«As provas são assim um equivalente sensível do facto para uma avaliação, no sentido de que proporcionam ao avaliador uma percepção mediante a qual lhe é possível adquirir o conhecimento desse facto»* (Francesco Carnelutti, *Teoria geral do direito,* cit., pág. 492).

163 Jordi Ferrar Beltrán, *Prova e verità nel diritto,* cit., págs. 74 e 75. Entre os autores que seguem esta linha de pensamento refere: M. Serra Domínguez, «Contribución al estudio de la prueba», *Revista jurídica de Cataluña,* 1962, pág. 317; citado na versão contida em Id., Estudios de derecho procesal, Barcelona: Ariel, 1969; Juan Montero Aroca, «Nociones generales sobre la prueba. Entre el mito y la realidad», in *La prueba, Cuadernos de Derecho judicial.* núm VII, 2000, págs. 15-66.

moderno de probabilidade]), reconduzida à medida de uma verdade (ainda) teórica – conceito naturalístico de prova. Estes autores não propugnam, portanto, o regresso a um conceito clássico de prova (de acordo com o qual a alegação provada é verdadeira), mas que o resultado da mesma corresponde a uma espécie de verdade teórica menor (meramente provável). Verdade com "v" minúsculo (não ontológico) – é certo – mas ainda verdade no sentido correspondencialista acima referido.

Esta perspetivação objetivista do conceito de probabilidade assenta na teoria da *Erfahrungssätze* (regras de experiência); o tribunal declara[164] a «verdade dos factos»: o resultado da prova corresponde a uma intelecção, e não a uma convicção. É a posição de autores como TARUFFO, segundo o qual pode entender-se como prova «o conjunto de meios de conhecimento empregues no processo, tendo por fim a tomada de uma decisão sobre a verdade ou falsidade das afirmações relativas aos factos relevantes da causa»[165], ou de ARTURO CARSETTI, para o qual a prova constitui «o instrumento destinado a fornecer informações que permitam um acertamento tendencialmente verdadeiro dos factos, no contexto de uma racionalidade intersubjetiva, assente num conjunto de inferências controláveis de um ponto de vista lógico»[166].

Segundo COMOGLIO[167] a prova destina-se «à aquisição epistemológica de um conhecimento ao menos relativo e razoável do acontecimento dos factos, através de adequados instrumentos de acertamento da sua existência (mais ou menos limitados)», constituindo assim um instrumento de *controlo racional da verdade*[168] dos enunciados das partes sobre factos contro-

[164] Em termos de mera probabilidade, mas – repita-se –, de uma probabilidade teórico-científica.

[165] MICHELE TARUFFO, «Le prove», in *Lezioni sul processo civile*, LUIGI PAOLO COMOGLIO, CORRADO FERRI e MICHELE TARUFFO, 2ª ed., Pavia: il Mulino, 1998, pág. 603. No mesmo sentido, MICHELE TARUFFO, *La prova dei fatti giuridici*, cit., pág. 373, GIULIO UBERTIS, *La prova penale. Profili giuridici ed epistemologici*, Torino: Utet, 1995, págs. 4-5; L. G. LOMBARDO, «Ricerca della verità e nuovo processo penale», in *Cassazione penale*, 1993, pág. 752; P. ANDRÉS IBÁÑEZ, «Carpintería de la sentencia penal (en material de hechos)», in *Poder Judicial*, Nº 49, primer trimestre, 1998, págs. 393-428, pág. 395.

[166] ARTURO CARSETTI, "Verità, decisione razionale e teoria della complessità", *Quaderni della revista trimestrale di diritto e procedura civile*, nº 8, decisione giudiziaria e verità scientifica, Milano: Giuffrè Editore, 2005, págs. 25-41, págs. 30 e 31.

[167] LUIGI PAOLO COMOGLIO, *Le Prove Civili*, cit., págs. 3 e segs.

[168] Ainda que não absoluta.

vertidos, e permitindo ultrapassar o estado de incerteza que inicialmente os caracteriza (enunciados hipotéticos)[169]. A função da prova consistiria, em suma, em fornecer os instrumentos cognitivos necessários para a correta e racional reconstrução processual de acontecimentos passados, controlada, *a posteriori*, pela *demonstração lógico-dedutiva*[170].

VI. A superação do dilema da doutrina clássica e os conceitos dc verdade material/verdade formal

A tese teorético-analítica do fenómeno da prova jurídica não deve confundir-se, como já acima sublinhámos, com uma recuperação da conceção clássica da prova (há muito rejeitada pela dogmática jurídica), segundo a qual existe uma relação concetual entre prova e verdade (o facto provado é verdadeiro)[171]. Segundo esta conceção (tradicional), a verdade de uma proposição constituiria uma condição necessária, embora não suficiente, para a prova da mesma[172]. Trata-se da posição dominante nos séculos XIX e XX (por ex., Ricci, Vicente y Caravantes, ou Bentham[173]), e que encontra respaldo na afirmação (de Bonnier) de que as «provas são os diversos meios através dos quais chega a inteligência humana à desco-

[169] Michele Taruffo, «L'istruzione Probatoria», cit., págs. 4 e segs. Num sentido semelhante veja-se Luigi Montesano e Giovanni Arieta, *Diritto Processuale Civile, II, Il Processo di Cognizione Ordinaria*, 3ª ed., Torino: Giappichelli Editore, 1999, págs. 135 e segs.

[170] Luigi Paolo Comoglio, *Le Prove Civili*, cit., págs. 11 e segs. O autor refere-se a uma ideia de idoneidade funcional da prova.

[171] Sobre este aspeto pode ver-se Jordi Ferrar Beltrán, *Prova e verità nel diritto*, cit., págs. 63 e segs.

[172] Ibidem. O dar-se como provada uma determinada proposição implica não apenas que existam no processo elementos de prova suficientes a seu favor, mas também que essa mesma proposição seja verdadeira.

[173] Francisco Ricci, *Tratado de las pruebas*, cit., pág. 22: «*La prueba, en efecto, no es in fin por sí mismo, sino un medio dirigido a la consecución de un fin, que consiste en el descubrimineto de la verdad*»; José de Vicente y Caravantes, *Tratado histórico, crítico filosófico de los procedimientos judiciales en materia civil, según la nueva Ley de Enjuiciamiento*, II, Madrid, 1856, pág. 124; Jeremy Bentham, Oeuvres de J. Bentham, vol. 2, *Traité des preuves judiciaires*, Bruxelas: ed. Dumont, Louis Hauman et Compagnie, 1829, págs. 249 e segs. («*Qu'est-ce qu'une preuve? Dans le sens le plus étendu qu'on puisse donner à cet mot, on entend par-là un fait supposé vrai, que l'on considère comme devant servir de motif de crédibilité sur l'existence ou la non-existence d'un autre fait. Ainsi toute preuve comprend au moins deux faits distincts: l'un qu'on peut appeler le fait principal, celui don't il s'agit de prouver qu'il existe ou qu'il n'existe pas; l'autre le fait probatoire, celui qui est employé à prouver le oui ou le non du fait principal. Toute décision fondée sur une preuve procede donc par voie de conclusion: Tel fait étant donné, je conclus à l'existence de tel autre*» – ob. cit., pág. 249).

berta da verdade»[174]. A mesma depara-se, contudo, com um dilema: o de que, não raras vezes, o tribunal dá como provados «factos» que não são verdadeiros[175].

Existem duas formas de resolver este dilema: ou se abandona a definição de prova em termos de verdade (ou seja, abandona-se a existência de uma relação concetual entre as duas noções), ou se sustenta que, nos casos em que o tribunal declara provado um enunciado falso, o mesmo, na realidade, não se encontra provado[176].

Para dar resposta a este problema (limitando-se, na verdade, a contorná-lo) a doutrina alemã de finais do século XIX – e com ela grande parte da doutrina e da jurisprudência europeia dessa época – avançou com a distinção entre dois tipos de verdade, a saber, a verdade material (objetiva, substancial, real, histórica, essencial[177]) e a verdade formal (judicial ou forense)[178]. Segundo FERRAR BELTRÁN, podem, no entanto, estar subjacentes a este último conceito duas perspetivas muito diversas: uma, segunda a qual o processo se satisfaz com a dita verdade (formal), e outra de acordo com a qual a decisão judicial sobre a matéria de facto, uma vez transitada em julgada, vale como verdade[179]. Simplesmente, se é este último o significado a atribuir ao conceito de verdade formal, então nada se ganha com a utilização do mesmo, uma vez que a única coisa que se pretende

[174] ÉDOUARD BONNIER, *Traité théorique et pratique des preuves en droit civil et en droit criminel*, 5ª ed., Paris: Librairie Plon, 1888, p. 1 (1-5).

[175] JORDI FERRAR BELTRÁN, *Prova e verità nel diritto*, cit., págs. 70 e 71.

[176] Ibidem, págs. 70 e segs.

[177] Sobre este aspeto pode ver-se JOÃO DE CASTRO MENDES, *Do conceito de prova em processo civil*, cit., págs. 387 e segs.

[178] JORDI FERRAR BELTRÁN, *Prova e verità nel diritto*, cit., págs. 71-72: «*(...) Detta verità formale può coincidere o non coincedere con quella materiale (benché spesso si ammetta che è desiderabile che coincida com essa), ma sarebbe quella che godrebbe di autorità publica. Indipendentemente dalla coincidenza con i fatti come realmente accaduti, si attribuisce la qualifica di formalmente vero all'acertamento dei fatti compiuto dal giudice o dal tribunal nella sentenza. Quest'accertamento può essere revocato (...) ma, una volta che la sentenza sia divenuta immutabile, è l'«única verità» che interessa il diritto. In tal modo, l'accertamento dei fatti compiuto dal giudice diviene vero (in senso formale) per il solo fatto di essere stato emesso dall'organo giudiziale. Benché i difensori della suddetta distinzione non dicano nulla al riguardo, sembra chiaro che, in quel modo, l'accertamento dei fatti acquista forza constitutiva*».

[179] Ibidem. Os autores nunca teriam tido, pois, a intenção de afirmar a existência de dois tipos de verdade.

dizer é que o facto se encontra provado, e não que existe uma verdade diferente ou própria do processo[180].

O conceito de verdade formal deveria – afirma CASTRO MENDES – ser banido da ciência jurídica[181]. Com efeito, dizer que o processo civil tem como fim (coincidente com o resultado) a verdade formal «é afirmar, por outras palavras, que através de um certo número de meios e atividades reguladas na lei se tende para se alcançar – e necessariamente se alcança – aquilo que se obtenha por esses meios e atividades»[182].

[180] Ibidem. Ao conceito de verdade material (afirma o autor) pode, portanto, pura e simplesmente, substituir-se o conceito de prova. Por sua vez, e no que diz respeito à contraposição entre os conceitos de verdade material e verdade formal, refere o autor (ob. cit., pág. 76, nota 14) que a mesma pode ser apresentada de outro modo: «*assim, pode bem dizer-se que uma das finalidades do processo corresponde à determinação dos factos segundo a verdade material, chamando-se, por outro lado, verdade formal ao acertamento judicial dos factos. Pode também acrescentar-se a importância de esta verdade (formal) coincidir com a verdade material, embora se reconheça que isso nem sempre acontece. (...) Desta forma, e mantendo-se o objetivo de determinação dos factos segundo a verdade, não se produz uma situação de infalibilidade da decisão, nem se cai numa versão constitutiva do acertamento dos factos: na realidade, aquilo que é aceite como formalmente verdadeiro pode não corresponder, como deveria, à verdade material. Mas (conclui o autor), se assim é não se entende qual a razão para se continuar a chamar verdade formal ao acertamento dos factos realizado pelo juiz, em vez de lhe chamar simplesmente prova – distinguindo-se dessa forma entre prova e verdade, em vez de se proceder a uma multiplicação dos conceitos de verdade*».

[181] JOÃO DE CASTRO MENDES, *Do conceito de prova em processo civil*, cit., págs. 384 e segs. «*O conceito de verdade formal deveria ser banido da ciência jurídica. Com efeito, o termo tende insidiosamente a fazer admitir, desempenhando funções e papéis científicos reservados à verdade em si, uma realidade que verdade pode não ser. E dizer que o processo civil tem como fim – coincidente com o resultado – a verdade formal, é afirmar, por outras palavras, que através de um certo número de meios e actividades reguladas na lei se tende para se alcançar – e necessariamente se alcança – aquilo que se obtenha por esses meios e actividades. Trata-se de uma simples tautologia, um lapalicismo mascarado de afirmação científica, e que representa uma construção meramente verbal do fenómeno probatório*» (ibidem, págs. 401-402). No mesmo sentido veja-se, por ex., MARK SCHWEIZER, *Beweiswürdigung und Beweismaß, Rationalität und Intuition*, cit., pág. 33: «*Wenn in der Folg von «Wahrheit» die Rede ist, wird damit also die Übereinstimmung einer Aussage mit den Tatsachen verstanden. Diese Wahrheit ist absolut, sie hat keine Grade. Eine weiter Qualifiezierung als absolute, reale, materielle oder objektive Wahrheit ist überflüssig*».

[182] No campo da lógica (salienta o autor) o conceito de «verdade lógica ou formal» é por vezes utilizado como sinónimo de uma correta aplicação dos princípios lógicos (opondo-se assim ao conceito de verdade material ou *tout court*), independentemente da sua conformidade com a realidade em si (total e plena). «*Poderia assim haver verdades materiais não (erros) formais, verdades formais não materiais, verdades formais e materiais, erros formais e materiais*» (ibidem, pág. 385). Ora (afirma CASTRO MENDES), esta distinção não tem qualquer valor, pois confunde duas ordens de afirmações (as afirmações contidas nas premissas e na conclusão, e a afirmação de uma

No campo do Direito (onde a expressão é devida a MÖSER[183]) a distinção entre verdade material e verdade formal introduz uma grande confusão, sendo identificada com a distinção entre prova legal e prova livre, ou com aquela que opõe o princípio inquisitório ao princípio dispositivo[184]. Ali, a definição dos conceitos prende-se com o modo como a verdade é obtida: a verdade formal corresponderia à verdade resultante da aplicação de regras de prova legal[185] («representação intelectual da realidade obtida pela aplicação a certo caso das regras da prova legal ou dirigida»[186]), ao passo que a

relação lógica entre as premissas e a conclusão), e avalia o caráter verdadeiro ou não verdadeiro de uma proposição apenas pela sua génese. A distinção não tem assim razão de ser, embora se extraia dela uma ideia geral de verdade formal como verdade reconhecida pela sua génese, *i.e.*, «*uma verdade demonstrada como tal através da correcta aplicação de um certo número de regras pelas quais se entende dever pautar-se a obtenção do seu conteúdo, e não pela exaustão de todos os meios humanamente possíveis de confronto entre esse conteúdo ou matéria e a realidade*» (ibidem, pág. 86).

183 MÖSER, apud FRANCESCO CARNELUTTI, *La prova civile: parte generale: il concetto giuridico della prova*, Milano: Giuffrè, 1992, pág. 29, nota 27.

184 JOÃO DE CASTRO MENDES, *Do conceito de prova em processo civil*, cit., págs. 387 e segs.

185 Ou, na linha de pensamento de CASTRO MENDES, regras de «prova dirigida». A verdade formal corresponde à verdade demonstrada como tal (apenas) «*pela verificação da correta aplicação de um certo número de regras jurídicas pelas quais se deve pautar a obtenção do seu conteúdo e não pela exaustão de todos os meios humanamente possíveis de confronto entre esse conteúdo e a realidade*» (ibidem, págs. 387-388).

186 Ibidem. Neste sentido veja-se FRANCESCO CARNELUTTI, *La prova civile: parte generale: il concetto giuridico della prova*, cit., págs. 31-32: «*chama-se verdade formal, em tanto que a essa conduz uma indagação regulada na sua forma. (...) basta um mínimo limite alla libertà di ricerca del giudice perché il processo di ricerca della realtà degeneri in processo formale di fissazione; in altri termini la misura del limite è indiferente alla natura del processo. La verità è come l`acqua: o è pura, o non è verità. (...)*». Segundo ANTONIOS DIAKONIS (ANTONIOS DIAKONIS, *Grundfragen der Beweiserhebung von Amts wegen im Zivilprozess*, Tübingen: Mohr Siebeck, 2014, págs. 37 e segs), o adjetivo «formal» refere-se ao procedimento através do qual o juiz chega a um determinado resultado probatório, e não a um tipo de verdade (nesse sentido se podendo falar de verdade material no processo penal, e de verdade formal no processo civil): «(...) *seria errado opor a verdade formal à verdade absoluta da filosofia, ou identificar esta última com o processo penal. O resultado da prova processual é para todos os tipos de processo sempre uma verdade relativa, que procura de diferentes modos aproximar-se à verdade material. Este caminho representa no processo a prova estrita (Strengbeweis). A verdade formal é assim aquela que se identifica com a «verdade» que se atinge através da aplicação de um conjunto de regras de prova estritas (Strengbeweis) (processo civil), enquanto a verdade material é aquela que resulta de um processo de livre investigação da prova (processo penal). No processo civil não se pode falar de verdade material, uma vez que o princípio da responsabilidade das partes e o princípio dispositivo constituem limites ao procedimento de descoberta da verdade*» O facto de o processo civil não ter como fim a descoberta da verdade material, não significa porém (adverte ainda o autor) que o mesmo seja indiferente face ao resultado da prova.

verdade material, como é defendido por autores como FURNO, traduziria «a certeza histórica adquirida para o processo por meio de uma ou mais observações probatórias, cujos resultados devem ser apreciados pelo juiz com plena e absoluta liberdade de critério[187]». Ou seja, a verdade material seria o convencimento do juiz obtido em regime de plena liberdade

Contra isto foi defendido por STÜRNER (ROLF STÜRNER, *Die Aufklärungspflicht der parteien des zivilprozesses*, Tübingen: Mohr, 1976, pág. 51) que, ao modelarem a relação jurídica por comum acordo, as partes criam uma nova verdade, alterando-se a verdade juridicamente relevante, embora os factos históricos permanecem verdadeiros, intactos em si mesmos (ainda que inrrelevantes para o Direito). Consequência imediata deste silogismo seria o de que, mesmo nestes casos, o julgamento se basearia na verdade material, a qual seria, ao mesmo tempo, relevante do ponto de vista jurídico. São as seguintes as palavras do autor: «*Die Dispositionsmaxime läßt in prozessualer Form einverständliches Parteihandeln zu, das Privatautonomie und Handlungsfreiheit auch außerprozessual gestatten. Wenn Grunsky wegen der Möglichkeit des Geständnisses, Verzichtes, Anerkenntnisses die Wahrheitsfindung als Prozeßzweck leugnet – er folgt damit praktisch Wachs These von der formellen Wahrheit -, so übersieht er dabei, daß Akte einverständlichen Parteihandelns die Rechtsbeziehungen zwischen den Parteien neu ordnen und damit eine neue Wahrheit begründen: die Parteien können materiellrechtliche Ansprüche anerkennen, auf sie verzichten, sie können Rechtsverhältnisse auf der Basis eines fingierten Sachverhalts abwickeln. Geschieht dies in Formen materiellen Rechts, so ändert sich die rechtserhebliche Wahrheit, ältere Tatsachen bleiben zwar wahr, werden aber rechtsunerheblich. Nichts anderes kann gelten, wenn die Parteien für ihre Neugestaltung prozessuale Formen wählen. Das Festhalten am alten Sachstand hieße, einen überholten Sachverhalt als Urteilsgrundlage wählen. Mit der Wahrheitsfindung als Prozeßzweck hätte dies nichts zu tun*».

ANTONIOS DIAKONIS considera que esta posição se afigura infrutífera, em particular para a interpretação das disposições individuais do Direito processual, não sendo capaz de esclarecer o que significa, no contexto do processo, procura da verdade material. Se esta redesenhada verdade fictícia é a única relevante para a tomada de uma decisão justa, então (afirma ANTONIOS DIAKONIS) ela não precisa de ser investigada já que é projetada como fazendo parte do processo. «*Wenn man in einem Zivilprozess von materieller Wahrheit spricht, verkennt man den wirklichen Sinn dieses Begriffs. Erforschung der materiellen Wahrheit bedeutet die möglichst vollständige Erkenntnis des wahren Sachverhalts im Rahmen eines Prozesses. Wo diese Erkenntnis nicht unbedingt nötig für eine gerechte Entscheidung ist und daher die Parteien das Gericht an eine fingierte Wahrheit binden dürfen, ist es richtig nur von formeller Wahrheit zu sprechen*». (...) «*Dieses Ergebnis erscheint schon auf den ersten Blick zu einseitig und verfehlt den Kontradiktorischen Charakter des Zivilprozesses, durch den sich der Richter an die Wahrheit anzunähern versucht*». (ANTONIOS DIAKONIS, *Grundfragen der Beweiserhebung von Amts wegen im Zivilprozess*, cit., págs. 43, 57).

O entendimento dos autores parte de uma leitura do princípio dispositivo (poder de disposição das partes sobre o objeto do processo), e das normas de prova legal (sucedâneas da verdadeira prova) com a qual não concordamos (sobre este aspeto veja-se, infra, nota 253).

[187] CARLO FURNO, *Contributo alla teoria della prova legale*, Padova: CEDAM, 1940, págs. 20-21.

na apreciação da prova (independentemente de qualquer relação entre tal convencimento e a realidade[188]).

Conforme é salientado por CASTRO MENDES[189], na base da teoria de FURNO encontra-se uma ideia muito corrente e errada, que consiste em supor que a atividade probatória em regime de prova livre conduz necessariamente à verdade (e, paralelamente, que o regime da prova legal conduz necessariamente ao erro – independentemente do facto de a lei o tornar ou não *pro veritate*»[190])[191]. Com efeito, nenhuma razão permite afirmar que o princípio da livre apreciação da prova conduz necessariamente à verdade, sendo mesmo duvidoso que um sistema baseado neste princípio dê resultados positivos muito superiores aos fornecidos pela prova legal[192].

Já no que diz respeito à identificação entre os conceitos de verdade material/formal e o princípio inquisitório e dispositivo, a mesma assenta na chamada *teoria do paralelismo de funções*, de acordo com a qual a verdade material e a verdade formal desempenham a mesma função em tipos diferentes de processo[193]. Esta teoria subdivide-se ainda em duas. Segundo uma (defendida por WACH), a verdade material seria o fim da atividade probatória em processo penal, ao passo que a verdade formal seria o fim da

[188] JOÃO DE CASTRO MENDES, *Do conceito de prova em processo civil*, cit., págs. 384 e segs. (em especial, pág. 388). Em seguida (salienta ainda CASTRO MENDES) FURNO propõe mesmo para verdade material a designação de certeza histórica judicial, e para verdade formal a de certeza histórica legal. Em última análise, portanto, o conceito de verdade material equivaleria ao de verdade legal e subjectiva.

[189] Ibidem.

[190] «*Este princípio de verdade material exige...que as disposições sobre o processo deixem absolutamente livre o caminho para o reconhecimento da verdade*» (BIRKMEYER, cit. in UBALDO FERRARI, *La Verità Penale e la sua Ricerca nel Diritto Processuale Italiano*, Milano, 1927, pág. 4, nota 2 – apud JOÃO DE CASTRO MENDES, *Do conceito de prova em processo civil*, cit., pág. 389, nota 10).

[191] A reação que a doutrina processualista (sobretudo a alemã) travou contra o regime de prova legal conduziu à aceitação (muitas vezes subconsciente – afirma CASTRO MENDES) de que bastava livrar o juiz de todas as «cadeias que o prendiam» e permitir-lhe procurar a verdade, para esta ser atingida (ibidem, pág. 389); «*Era ainda o mito romântico da bondade, da perfeição inata do Homem, perfeição que a sociedade destrói com as suas regras e constrangimentos; deixado a si mesmo, o Homem encaminhar-se-ia naturalmente para a Verdade como para o Bem*».

[192] «*Entregue a si próprio, livre de todas as regras de direito probatório, o juiz chegará a uma verdade subjectiva, se não ficar pelo caminho num non liquet irremovível: é tudo quanto se pode concluir*» Ora, «*a verdade subjectiva não é necessariamente a verdade em si*» (ibidem, pág. 390).

[193] JOÃO DE CASTRO MENDES, *Do conceito de prova em processo civil*, cit., págs. 394 e segs.

prova em processo civil[194]. Segundo a outra, a verdade material é o fim da prova em processo inquisitório, e a verdade formal é-o em processo acusatório ou dispositivo[195]. Muitas vezes (afirma ROSENBERG[196]) designa-se o princípio dispositivo (*Verhandlungsmaxime*) como princípio da verdade formal (porque a extensão e a necessidade de prova do fundo do litígio estão dependentes da conduta das partes), e o princípio inquisitório como princípio da verdade material (porque o tribunal pode e deve sem restrições investigar a verdade dos enunciados de facto). O autor alemão critica, no entanto, esta posição (na medida em que a mesma considera o princípio inquisitório e o princípio da verdade material não como realidades ligadas, mas como expressões sinónimas), notando que «*es gibt nur eine Wahreit*»[197].

Por sua vez, a chamada *teoria da dualidade de funções* propugna que a verdade material e a verdade formal desempenham funções diferentes em

[194] «*Die Festellung der Wahreit ist (...) nicht das Ziel des Civilprozesses und kann es nicht sein. Sie ist sein erwünschtes, aber nicht verbürgtes Resultat*» (ADOLF WACH, *Vorträge über die Reichs-Civilprocessordnung*, 2ª ed., Bonn: Adolph Marcus, 1896, pág. 199). WOLFGANG BERNHARDT salienta que a opinião de Wach se encontra estreitamente ligada à ideia de que o Estado nenhum interesse tem quanto ao litígio civil, e que por isso o resultado de um processo não afeta a coisa pública (conceção privatística do processo) (WOLFGANG BERNHARDT, «Die Aufklärung des Sachverhalts im Zivilprozess», in Beiträge zum Zivilprozessrecht (Festgabe zum siebzigsten Geburtstag von Leo Rosenberg), Munique e Berlim: Beck, 1949, pág. 11), Contra a posição de WACH veja-se, por ex., v. CANSTEIN, «Die Grundlagen des Beweisrechtes», in Zeitschrift für deutschen Civilprozess, II, Berlin: C. Heymann, 1880, págs. 297-361, pág. 307.

[195] JOÃO DE CASTRO MENDES, *Do conceito de prova em processo civil*, cit., págs. 394 e segs.

[196] LEO ROSENBERG, *Lehrbuch des deutschen Zivilprozessrechts*, cit., pág. 283.

[197] Ibidem; JOÃO DE CASTRO MENDES, *Do conceito de prova em processo civil*, cit., págs. 396, nota 4; no mesmo sentido PFENNINGER (apud CASTRO MENDES) afirma que «*A transformação do processo inquisitório no moderno princípio acusatório não significa qualquer transformação quanto ao princípio (da verdade) material (Materialprinzip)*». No mesmo sentido (de que a verdade é uma só) pode ver-se, por ex., BARBOSA DE MAGALHÃES, «Aparência e Realidade no Novo Código de Processo Civil – o Poder Discricionário do Juiz e a Crise da Verdade, da Lei e da Justiça», in *Estudos sobre o Novo Código de Processo Civil*, I, Lisboa, 1940, págs. 305 e segs., pág. 351: «*Só há uma verdade e só há uma justiça*»; JAIME GUASP, *Juez y hechos en el proceso civil: una crítica del derecho de disposición de las partes sobre el material de hecho del proceso*, cit., págs. 92-93, e 101: «*(...) que la práctica judicial responda a las exigências de la Justicia, superando la ideia de la Justicia formal que como la de verdad formal es inadmisible y por la misma razón: porque no hay más que una Justicia como no hay más que una Verdad*»; FRANCESCO CARNELUTTI, *La prova civile: parte generale: il concetto giuridico della prova*, cit., pág. 32.

qualquer tipo de processo[198]: a verdade material seria o fim ideal que se procura alcançar, mas o resultado prático que se atinge é a verdade formal. Ou seja: a verdade material constitui a função ou fim da atividade probatória, e a verdade formal o resultado probatório[199].

VII. Da distinção entre os conceitos de prova como atividade e de prova como resultado

Um caminho alternativo para a resolução do dilema com que a doutrina tradicional se defronta, é aquele proposto por autores como FERRAR

[198] JOÃO DE CASTRO MENDES, *Do conceito de prova em processo civil*, Lisboa 1961, págs. 396 e segs.

[199] «*O resultado é o que se consegue alcançar no fim com os meios disponíveis* (FRANCESCO CARNELUTTI, «Prove Civili e Prove Penali», *RDPC*, 1925, Parte I, págs. 3-26, pág. 18; id., *Studi sul diritto processuale*, vol. 1, Padova, Cedam, 1925, pág. 217). Segundo CASTRO MENDES, esta corrente foi defendida já em 1846 pelo jurisconsulto alemão ZACHARIAE, em termos tão vivos e tão claros que EBERHAD SCHMIDT não hesitou em afirmar que nos anos seguintes nada de novo se lhe acrescentou (JOÃO DE CASTRO MENDES, *Do conceito de prova em processo civil*, cit., pág. 397). ZACHARIAE notou que «*é inconcebível partir-se duma distinção entre verdade formal e verdade material, atribuindo aquela ao processo civil e esta ao processo penal. Qualquer pessoa experiente sabe...que seria tão grande loucura sustentar que o processo civil não aspira à verdade material como pensar que o processo penal e as suas provas são totalmente independentes da forma da sua produção*». A primeira ideia base desta corrente corresponde, assim, nas palavras de um dos seus defensores, MANZINI, ao reconhecimento de que «*o acertamento da verdade real, em princípio, é sem dúvida meta de todo o ordenamento processual...:penal, civil, administrativo,...jurisdicional ou disciplina*» (MANZINI, apud CASTRO MENDES, ibidem, págs. 397 e segs.). No mesmo sentido, afirma CALAMANDREI que ambos os processos, civil e penal, «*visam ao mesmo e único fim que é a procura da verdade, da verdade simples e una, sem acrescentamentos nem qualificações*» (PIERO CALAMANDREI, «Il Giudice e lo Storico», *RDPC*, vol. XVI, Parte 1, (1939), págs. 105-128, pág. 398, nota 10). Por sua vez, afirma CARNELUTTI que «*A ninguém pode vir ao pensamento que o processo civil, hoje em algum momento, tenda para a verdade formal, nem mesmo...nos tempos dos juízos de Deus, os quais não se faziam porque as controvérsias se devessem resolver ao acaso ou porque se confundisse o direito com a força, mas porque, segundo as ideias de então, determinadas experiências serviam para discernir o litigante que tinha razão daquele que a não tinha*» (FRANCESCO CARNELUTTI, «Prove Civili e Prove Penali», cit., pág. 18, e id., *Studi sul diritto processuale*, vol. 1, Padova: Cedam, 1925, p. 217); e GIACOMO PRIMO AUGENTI salienta que «*Convém todavia acrescentar que a prova constituída pelo juramento e pelo juízo de Deus se destinava nessa altura a descobrir a verdade*» (GIACOMO PRIMO AUGENTI, *L'onere della prova*, Roma: Foro Italiano, 1932, pág. 30). E ainda no mesmo sentido vejam-se as observações de VON CANSTEIN (V. CANSTEIN, «Die Grundlagen des Beweisrechtes», cit., págs. 306-307). Por último (nota CASTRO MENDES), veja-se a solução da nossa lei segundo a qual o caso julgado civil produz efeitos em processo penal (MANUEL CVALEIRO DE FERREIRA, *Curso de processo penal*, vol. III, Lisboa, 1958, págs. 55-60).

BELTRÁN[200], CHIARLONI[201] e FERRAJOLI[202], através de uma distinção entre os conceitos de prova como atividade, e de prova como resultado. Embora a descoberta da verdade (afirma FERRAR BELTRÁN) constitua o objetivo último da prova (prova enquanto atividade) (ou seja, pese embora exista uma relação teleológica entre prova e verdade), a mesma (verdade) não desempenha, contudo, nenhuma função ao nível da definição de prova (prova enquanto resultado). De um ponto de vista concetual, a prova de uma proposição não pressupõe, portanto, a verdade dessa mesma proposição[203].

[200] JORDI FERRAR BELTRÁN, *Prova e verità nel diritto*, cit., págs. 80 e segs.

[201] S. CHIARLONI, «Processo civile e verità», *Questione giustizia*, 3, 1987, págs. 505 e segs.

[202] L. FERRAJOLI, *Diritto e ragione. Teoria del garantismo penale*, 5ª ed., Roma-Bari: Laterza, 1989, págs. 551 e segs, 556.

[203] Donde resulta (afirma JORDI FERRAR BELTRÁN) que a verdade dos enunciados probatórios (do tipo: "p está provado") prescinde da verdade da própria proposição, cingindo-se aos elementos de julgamento presentes nos autos; ou seja, aqueles enunciados fundam-se, não na verdade propriamente dita, mas na prova (enquanto resultado) Ou, dito de outra forma: fundam-se numa probabilidade de verdade (maior ou menor, consoante o standard valorativo utilizado), e não na verdade propriamente dita.
A teoria deste autor parte de uma distinção entre as noções «ser verdadeiro» e «ser tido como verdadeiro». Ao passo que a prova de um determinado enunciado é relativa aos elementos de julgamento que se encontram à disposição do juiz, a verdade do próprio enunciado não apresenta, de todo, esta característica: a verdade do enunciado "p encontra-se provado" é perfeitamente compatível com o facto de "p" ser falso. Com efeito, para que se possa dizer que uma determinada proposição se encontra provada afigura-se necessário e suficiente que existam nos autos elementos suficientes a seu favor, os quais tornam essa mesma proposição *aceitável* enquanto descrição dos factos controvertidos. Simplesmente (salienta FERRAR BELTRÁN) daqui não deve seguir-se a confusão entre este plano e o da finalidade da prova (prova enquanto atividade). Ou seja: o facto de se admitir que a descoberta da verdade constitui o fim da prova (sendo a prova, portanto, entendida como o instrumento através do qual o Direito procura determinar a verdade das proposições, no âmbito do processo), tal não significa, no entanto – em virtude da existência de limitações e imperfeições deste instituto –, que a presença do meio (a prova) garanta a obtenção do fim (uma coisa é que o fim da prova enquanto atividade seja a descoberta da verdade; outra é que, enquanto resultado probatório, não seja concebível a prova de uma proposição falsa). Por conseguinte, pode no contexto do pensamento do autor atribuir-se o seguinte significado à expressão "p está provado": "existem elementos de julgamento suficientes a favor de p". A prova de uma proposição encontra-se assim ligada à existência de elementos de julgamento capazes de corroborar a hipótese que a mesma exprime (o autor nota que esta conceção do significado de "p está provado" é compatível com diversas teorias sobre a valoração da prova, como por ex. o modelo matemático-estatístico de BAYES ou o modelo da probabilidade indutiva de TARUFFO: todas estas teorias versam sobre as condições de verdade de um enunciado do tipo "p está provado",

No desenvolvimento da teoria do autor assumem importância os conceitos de «ser verdadeiro» e «ser considerado verdadeiro», assim como o conceito de «aceitação»: ao contrário da proposição "p é verdadeiro" – a qual não se encontra dependente do sujeito que a formula ou que a aceita como verdadeira[204] (correspondendo à noção clássica de verdade como correspondência[205]) –, a proposição «p é considerado verdadeiro" encontra-se dependente da ação do tribunal, o qual é chamado a decidir se existem elementos de julgamento suficientes para *ter ou aceitar a proposição como verdadeira* (integrando-a na sua decisão)[206].

Uma explicação da noção de «se considerar uma proposição como verdadeira» é-nos dada por COHEN, e ULLMANN-MARGALIT e MARGALIT [207], através do conceito de *aceitação*. Segundo estes autores, alguém aceita um determinado enunciado quando decide proceder ou agir como se o mesmo fosse verdadeiro, independentemente do facto de acreditar ou não na verdade do mesmo. Trata-se, portanto, de uma adesão voluntária do sujeito[208], que é independente da crença do mesmo quanto à verdade

i.e., procuram determinar quando é que se dispõe de elementos de julgamentos suficientes em apoio de uma determinada hipótese de facto). Donde – e uma vez que a verdade da proposição "p está provado" é compatível com a proposição "p é falso" (o enunciado "p está provado" pode – em conformidade com esta teoria – ser verdadeiro ou falso: é verdadeiro, se, com base numa determinada teoria sobre a valoração da prova, existirem elementos de julgamento suficientes a favor de "p", e falso no caso contrário (e isto, independentemente de "p" ser ou não efetivamente verdadeiro) – a verdade não constitua uma condição da prova de um enunciado, nisto consistindo a divergência entre esta teoria e a doutrina tradicional.

204 A verdade da proposição "p" não depende, pois, da existência nos autos de elementos probatórios a seu favor, ou da decisão que o tribunal tome a respeito do enunciado que a exprime, mas exclusivamente da sua correspondência com a realidade, *i.e.*, da circunstância de os factos que são descritos terem realmente acontecido. Verifica-se portanto que "p" é verdadeira se, e apenas se, "p".

205 O enunciado "a neve é branca" é verdadeiro se, e apenas se, a neve for branca.

206 Acontece, é certo (adverte o autor), que uma vez transitada em julgado a respetiva decisão, aquilo que o tribunal considerou verdadeiro corresponde ao que releva para efeitos jurídicos (perdendo relevo o que for efetivamente verdadeiro – no caso de não coincidirem). Não obstante, trata-se aqui de um problema de atribuição de efeitos jurídicos, que em nenhuma medida se relaciona com a verdade das proposições.

207 Apud JORDI FERRAR BELTRÁN, *Prova e verità nel diritto*, cit., págs. 87 e segs.

208 Para fugir ao risco de a teoria da adesão conduzir a uma conceção irracional e subjetiva da prova, o autor lança mão da distinção entre "ser tido como provado" e "estar provado". Assim, e existindo a necessidade de um critério externo à decisão que permita avaliar a correção da mesma, deve entender-se que o enunciado "p está provado" significa "existem

do respetivo enunciado. Pode, portanto, perfeitamente acontecer que o sujeito decida aceitar como verdadeiro o enunciado, apesar de acreditar que o mesmo é falso[209]. Por conseguinte, e ao contrário da distinção entre os conceitos de verdade material e verdade formal, parte-se aqui de uma distinção entre a verdade de uma proposição (que em nenhuma medida depende do sujeito que a exprime), e a adesão mental desse mesmo sujeito em relação à verdade dessa proposição[210].

Jordi Ferrar Beltrán critica assim a tese da prova como convicção, segundo a qual a prova corresponde ao conjunto de operações por meio das quais se procura obter o convencimento do juiz a respeito de alguns dados processuais determinados. Nela – afirma o autor – confunde-se o caráter jurídico definitivo de uma decisão, com a infalibilidade da mesma.

elementos suficientes nos autos a favor de p". Donde, a decisão de aceitar um enunciado como verdadeiro possa estar errada, o que se verifica quando o tribunal dê como provado o facto, na falta de elementos probatórios suficientes para esse efeito, ou quando, perante a existência de elementos suficientes, julgue o facto como não provado (ou, mesmo, julgue como provado o contrário do facto). Assim (afirma Ferrar Beltrán), e contrariamente ao que sucede com as teorias subjetivistas ou irracionais da prova, a verdade de um «enunciado probatório» não depende daquilo que o juiz decide. Com efeito, este pode considerar provada uma determinada proposição e declará-lo na sua decisão, mas a verdade do enunciado probatório depende exclusivamente da sua correspondência com a realidade (neste caso, da existência no processo de elementos de julgamento suficientes a favor da respetiva proposição).

[209] Segundo Ferrar Beltrán (Jordi Ferrar Beltrán, *Prova e verità nel diritto*, cit., págs. 107 e segs.), as razões para se aceitar uma proposição (neste caso, para se integrar essa proposição na decisão judicial) não são necessariamente de natureza epistémica (ou seja, não é necessário que se aceite uma proposição porque se acredita que a mesma é verdadeira). É o caso de uma decisão com base na aplicação de normas de prova legal. Já no que ao plano da livre apreciação da prova diz respeito nota o autor que, pese embora os enunciados probatórios se encontrarem vinculados à «convicção», a mesma deve ser referida a "p está provado" e não a "p" (embora muitas vezes as mesmas coincidam); ou seja, vincula-se à convicção» de que existem elementos de julgamento suficientes a favor de "p". Neste caso, pode pois afirmar-se que a convicção do juiz no facto de "p" se encontrar provado opera como razão (epistémica) para aceitar "p". Ou seja, a aceitação de "p" segue-se à convicção de que "p" se encontra provado.

[210] Os autores mencionados referem mesmo, a propósito do problema da eficácia jurídica de uma decisão que dá como verdadeira uma proposição falsa, que a aceitação de uma proposição (ou seja, o facto de a mesma ser tida como verdadeira) pode funcionar como uma presunção – a de que os enunciados de facto declarados provados pelo juiz na sua decisão são verdadeiros –, a qual seria introduzida no raciocínio judiciário a fim de facilitar a adoção de uma decisão prática. Quando a decisão deixar de ser impugnável, esta presunção torna-se inatacável (*iuris et de iure*) (salvo as hipóteses de recurso extraordinário de revisão) e a decisão adquire autoridade de caso julgado.

Com efeito, ao sustentar-se que a finalidade da prova (enquanto atividade) corresponde à obtenção do convencimento do juiz sobre os factos da causa, é-se forçado a concluir que essa finalidade se encontra satisfeita qualquer que seja o sentido em que aquela convicção se direcione, ou seja, independentemente do facto de a mesma estar de acordo com os factos que realmente ocorreram, e de ela ser devida à luz dos elementos probatórios constantes dos autos.

Pode opor-se a esta crítica (reconhece o autor[211]) o facto de existir um dever de o juiz motivar as suas decisões, dever esse que veda a possibilidade de o mesmo proferir decisões arbitrárias. Contudo, uma conceção da prova ligada à convicção psicológica do juiz é incompatível com uma conceção forte da motivação (justificação) da decisão[212]. A motivação (afirma J. IGUARTA) não deve ser reduzida a uma explicação (diferente de uma verdadeira justificação) dos passos ou elementos que conduziram à respetiva convicção[213].

Para além disso, esta teoria tende a confundir a noção de prova com a atitude proposicional do juiz em relação aos enunciados declarados provados, e esquece que, em muitos casos, o juiz vê-se forçado, à luz dos elementos probatórios constantes dos autos, a dar como provado um determinado facto, mesmo que não se encontre convencido da veracidade do mesmo (por ex., porque a sua decisão se baseia na aplicação de uma regra de prova legal, ou porque o mesmo tem um conhecimento privado dos factos, do qual não pode fazer uso).

Uma ideia semelhante é defendida por MARK SCHWEIZER. Embora a teoria da verdade como correspondência (da qual o mesmo parte) forneça uma definição formal de verdade, a mesma não constitui, contudo, qualquer critério de verdade[214]. Com efeito, não pode comparar-se diretamente uma «impressão» com um enunciado: a impressão tem sempre que

[211] Ibidem, pág. 78, nota 17.

[212] MICHELE TARUFFO, *La motivazione della sentenza civile*, Padova: CEDAM, 1975, págs. 107 e segs.; id., *La prova dei fatti giuridici*, Milano: Giuffrè, 1992, pág. 376.

[213] J. IGUARTA, «La prueba de los hechos», in M.A. Barrère, A. Campos, F.J. Ezquiaga e J. Igartua (a cura di), *Lecciones de teoria del derecho*, Valencia: Tirant lo Blanc, 1998, págs. 288-289.

[214] MARK SCHWEIZER, *Beweiswürdigung und Beweismaß, Rationalität und Intuition*, cit., págs. 25, 32-47. «*Eine Korrespondenztheorie kann demnach wohl eine formale Definition von Wahrheit liefern – z. b. in der Form von Tarskis semantisher Wahrheitstheorie, gemäß der die Aussage «Schnee ist Weiß « genau dann wahr ist, wenn Schnee weiß ist – aber kein praktikables kriterium, um festzustellen, ob wahr ist*» (pág. 25).

ser reconduzida através da linguagem, o que significa que são sempre dois enunciados que se comparam (círculo de linguagem). Critério de verdade é, isso sim, a convicção do juiz racionalmente obtida (teoria da probabilidade em sentido subjetivo ou epistémico[215]). Pode, no entanto, afirmar-se que a probabilidade objetiva constitui o fim da prova?

Quanto a este aspeto não podia ser mais clara a posição adotada pelo autor, e que, aliás, segue a pista do BGH: o fim da prova consiste na obtenção da verdade material (existência de uma relação teleológica entre prova e verdade), embora o seu resultado seja apenas um determinado grau de convicção (o necessário para efeitos da vida prática), diferente da certeza absoluta (que não existe). Foi defendido (afirma o autor) que a finalidade da prova consiste na obtenção do convencimento do juiz sobre os enunciados de facto, e não à obtenção da verdade (absoluta), já que este objetivo nunca seria alcançável[216]. Trata-se, no entanto, de um mal-entendido, na medida em que o convencimento do juiz não constitui o fim da prova, mas o meio para o estabelecimento da verdade escolhido pelo legislador (em vez de um regime de prova legal) para atingir aquele fim ideal. A finalidade da prova diz respeito, portanto, à verdade (no sentido da teoria da correspondência) e a livre convicção do juiz, assente nas regras da lógica e em máximas de experiência[217], constitui o meio pelo qual o legislador optou para atingir esse objetivo[218].

[215] Sobre a distinção entre os conceitos de probabilidade subjetiva (ou epistémica) e de probabilidade objetiva (ou ôntica) veja-se, supra, nota 91. «*Wahrscheinlichkeit ist nichts anderes als ein überzeugungsgrad, was für Juristen überraschend sein mag. Wahrscheinlichkeit in diesen Sinne hängt vom Wissen des Subjekts ab (deshalb »subjective Wahrheit) und ist nichts Objektives, des Außenwelt Zugehöriges*» – ibidem, pág. 89.

[216] Refere WEBER, *Kausalitätsbeweis im Zivilprozeß*, 147e segs. (ibidem, pág. 37).

[217] Uma vez que ao nível da valoração da prova se trabalha, a maior parte das vezes, com premissas cujo valor de verdade é desconhecido, torna-se necessário o recurso a uma lógica indutiva («*(...) Die Beweiswürdigung benötigt eine Theorie des informationserweiterndes Schließens: eine Logik induktiven Schließens. Während ein deduktives Argument dazu dient, den Gehalt der Prämissen explizit zu machen, hat das induktive Argument die Aufgabe, wissen zu erweitern*» – ibidem, pág. 87), a qual, embora possa conduzir a conclusões falsas, permite ao menos demonstrar que há convicções sobre enunciados de facto que não podem ser igualmente aceites sem se ferir as regras da lógica (*Überzeugungsgrad bezüglich der Wahrheit einer Hypothese ich logischerweise haben müsste, wenn meine Annahme (=Teilüberzeugung) zutreffen würden; sie lässt eine Aussage darüber zu, ob eine Menge von Teilüberzeugungen Kohärent ist*» (ibidem, pág. 88). Com efeito, o autor defende a tese segundo a qual a probabilidade subjetiva ou epistémica deve também obedecer aos

VIII. Esbatimento da oposição entre as teorias da prova como convicção e da prova como intelecção do ponto de vista da função processual da verdade

Como demonstra FERRAR BELTRÁN, a verdade do enunciado "p encontra-se provado" é perfeitamente compatível com o facto de "p" ser falso. Na verdade, para que uma proposição esteja provada é necessário e suficiente que existam nos autos elementos bastantes a seu favor, que tornem essa proposição *aceitável* enquanto descrição dos factos controvertidos. O significado da proposição "p está provado" equivale assim a: "existem elementos de julgamento suficientes a favor de p".

Por conseguinte, ainda que se pretenda afirmar a existência de um critério externo que valha como padrão de sindicância da validade da deci-

axiomas da teoria da probabilidade («Normierung», «Sicherheit» e «Additivität» – ver págs. 89 e segs.), resultando daí o substrato lógico que permite fundar o grau de convicção da conclusão: «*Der erste Schritt des Arguments, dass subjektive Wahrscheinlichkeiten den Axiomen der Wahrtheorie gehorchen sollen, liegt darin zu zeigen, dass die persönliche Überzeugung in die Wahrheit einer Aussage sich als Wettquote (betting rate) ausdrücken lässt. (...) Aber warum sollen die persönlichen überzeugung, die sich als faire wettquoten ausdrücken lassen, den Axiomen des Wahrscheinlichkeiten theorie gehorchen? Warum sollte man sich Überzeugungen haben dürfen, die gegen die Axiome der Wahrscheinlichkeitstheorie verstoß? Hier kommt das so genannte Dutch Book Argument «Im Spiel»*» (pág. 107). « *Um zu zeigen, dass es ein rationales Subjekt seine Überzeugung gemäß Bayes`Regel ändern muss, wenn es neue Informationen erhält, ist zusätzlich ein Dutch Book Argument für dynamische Konditionalisierung notwendig. «Die einzige Regel für die Anpassung seiner Wettquote auf A unter der Voraussetzung von B, die das Subjekt unter diesen Bedingungen nicht einem sicheren Verlust aussetzt, ist die Konditionalisierung*» (págs. 108-109).

[218] «*Ziel der Beweiswürdigung ist die Wahrheit im Sinne der Korrespondenztheorie und die freie, aber an Denkgesetze und Erfahrungssätze gebundene überzeugungsbildung ist das Mittel, das der Gesetzgeber statt formaler Beweisregeln gewält hat, um dieses Ziel näherungsweise zu erreichen. Das Beweismaß bestimmt den Grad der persönlichen Überzeugung, der vorliegen muss, ehe ein Richter eine bestrittene Tatsachenbehauptung seinen Urteil zugrund legen darf. Weil die menschliche Erkenntnis fähigkeit beschränkt ist und Zielkonflikte verhindern, dass in einem Zivilprozess alle Erkenntnisquellen ausgeschöpft warden können, ist Beweisergebnis die prozessuale oder juristische Wahrheit, die von der materiellen Wahrheit verschieden sein kann*» (pág. 47).

«*Die freie Beweiswürdigung wurde eingeführt, weil erkannt wurde, dass die Bindung an gesetzliche Beweisregeln die Erkenntnis der Wharheit erschwert. »Freie Beweiswürdigung bedeutet (...) das Nichtgebundensein an gesetzliche Beweisregeln, um der Wahrheit selbst, die hier nur eindeutig sein kann, am nächsten zu kommen.« Walter schreibt, »der Kampf um die materielle Wahrheit erfolgte unter dem Schlachtruf der freien Überzeugung«. Wenn daher heute gesagt wird, die richterliche Überzeugung sei Ziel der Beweiswürdigung, so wird Ziel und Mittel verwechselt: Ziel der Beweiswürdigung ist Erkenntnis der Wharheit, Mittel dazu ist die freie (jedoch an Denkgesetze und Erfahrungssätze gebundene) Überzeugungsbildung*» (págs. 40-41).

são (a realidade exterior ao processo), facto é que essa realidade só pode ser conhecida, do ponto de vista processual, através das provas carreadas para os autos (princípio da proibição de recurso ao conhecimento privado). A prova de uma proposição encontra-se, portanto, ligada – sempre e apenas – à existência de elementos de julgamento capazes de corroborar a hipótese que a mesma exprime. Ou seja, não há como negar (nem nenhum autor o propõe), mesmo que se parta de uma teoria da prova como intelecção[219], que as proposições probatórias nas quais o juiz assenta a sua decisão podem ser verdadeiras, ou podem não o ser: a verdade é relativa aos elementos do processo[220]. Do ponto de vista da justiça material, no entanto, o critério utilizado terá de ser o da correspondência entre a proposição dada como provada e o respetivo «facto».

Por outro lado, e olhando agora para o problema do ponto de vista da finalidade da prova (prova enquanto atividade), pode notar-se que a aceitação de um conceito prático-emocional de probabilidade, e de uma tendência argumentativo-prudencial da aplicação do Direito (conceito de prova como convicção), não se opõem à existência de uma relação teleológica entre prova e verdade[221], nem colidem com a afirmação de um princípio de verdade material.

Castro Mendes[222], por ex., pese embora rejeite que o objeto predicativo da prova seja sempre a verdade[223], considera, no entanto[224], que

[219] Segundo o qual, como vimos, o resultado da prova corresponderia à verdade teórica, assente num critério de probabilidade matemático-indutivo.

[220] Portanto: quer se adote uma teoria da prova como convencimento, quer se aceite uma conceção intelectiva da prova, a validade da decisão judicial (em termos do juízo de facto realizado) dependerá sempre e apenas da conformidade entre aquilo que se decide e os elementos probatórios existentes nos autos.

[221] Conquanto seja «prático» o conceito de verdade utilizado.

[222] João de Castro Mendes, *Do conceito de prova em processo civil*, cit., págs. 458 e segs.

[223] A «verdade» constitui, no pensamento do autor, uma razão de justificação da escolha da versão do facto a ter como pressuposto da sentença, a par de outras razões, como a «ideia de sanção» (o autor dá o ex. da solução do artigo 524º-I CPC 1939, que previa como consequência para a falta de colaboração das partes em matéria probatória a prova dos factos a que a respetiva diligência se dirigia), ou a «vontade das partes» (ideia de disponibilidade pelas partes das versões de facto respeitantes aos seus interesses), embora estas últimas sejam razões excecionais (a verdade é a razão normal de justificabilidade). Entende-se assim a necessidade de procurar um «objeto predicativo», um valor mais vasto, que o autor encontra justamente na ideia de «justificabilidade» (sendo a verdade uma das razões de justificabilidade). «*A versão de facto em que se baseará a decisão será aquela que for justificado tomar – e justificado, note-se, pelo*

esta (verdade) ocupa neste campo uma posição privilegiada, na medida em que a mesma não constitui apenas uma razão de justificabilidade, em pé de igualdade com as outras, mas representa «a razão normal, prototípica e basilar[225]».

Que a razão normal de justificabilidade seja constituída pela verdade – afirma o autor – resulta da aceitação pelo nosso direito positivo do princípio da verdade material[226]; a prova orientada por outras razões de justificação que não a verdade tem assim de entender-se (sempre) como excecional. E mais[227]: a exigência de que a verdade seja sempre a razão basilar da prova resulta ainda da nossa ordem jurídica, na medida em que «é o único objeto predicativo legal e possível no plano da alegação». Ou seja, a admissão de um facto como assente só é possível uma vez que a proposição de

processo de determinação dessa versão e não por quaisquer características do conteúdo. Ainda mesmo que só seja justificável – como no caso da condenação penal (já não assim no caso da absolvição penal) – a aceitação da versão verdadeira, isso quer dizer versão obtida através da exaustão de todos os meios lícitos (e poderá mesmo em processo penal haver meios gnoseológicamente eficientes mas não lícitos) para a descobrir. A nossa ideia de prova está pois na linha da solução por nós dada ao problema geral do objecto da acção: aqueles que recorrem aos tribunais têm direito a uma decisão justa quanto ao modo de formação, não quanto ao seu conteúdo» (ibidem, pág. 459). Verdadeiro objeto predicativo da prova será, portanto, na linha do pensamento do autor, a justificabilidade da escolha do objeto da prova (proposição de primeiro grau) para pressuposto da decisão jurisdicional. Como diz Lévy-Bruhl (salienta Castro Mendes), a prova «*é menos a procura da verdade que o meio de criar uma convicção; uma convicção justificável, que permita a justa composição de um litígio ou questão*» (Henri Lévy-Bruhl, *Aspects Sociologiques du Droit*, Paris: Marcel Rivière, Rivière, 1955, pág. 115). Já tivemos oportunidade de afirmar que, na nossa opinião, as partes não são titulares de um poder de disposição sobre a matéria de facto que constitui objeto do litígio. Por outro lado, deve salientar-se que a atual legislação privilegia o plano da «livre apreciação da prova» (contra a solução de dar como provado o facto a que a diligência probatória se dirigia), no caso de recusa da parte em colaborar (artigo 417º, nº 2).

224 Ibidem, págs. 460-461.

225 O autor prefere falar em razão prototípica, pretendendo com isso indicar que a fixação da versão escolhida deve «*pautar-se pelos modelos da realidade verdadeira e restringir-se às possibilidades neles contidas*», resultando daqui que o «*elemento mínimo da justificabilidade é a verosimilhança ou verosimilitude, no sentido etimológico e próprio destes termos*» (ibidem, pág. 461).

226 Expresso na nossa ordem jurídica (acrescenta o autor) por regras como as dos arts. 264º-II (Poderes do juiz para a descoberta da verdade), 524º (dever de cooperação de todas as pessoas para a descoberta da verdade), 663º (atendibilidade dos factos jurídicos supervenientes) (as normas referidas pertencem ao CPC 1939, aprovado pelo Decreto-Lei nº 29:637, de 28 de Maio de 1939). No atual código veja-se, com muitas alterações, os artigos 411º, 417º e 588º; a estes poderíamos acrescentar outros, como os artigos 5º, nº 2, 542º, ou 696º, al. c).

227 Ibidem, págs. 462-463.

segundo grau tem de ter como objeto predicativo a verdade – «alegar é sempre afirmar algo como verdadeiro, nunca como justificavelmente adotável por outras razões»[228].

Por sua vez, interroga-se CASTANHEIRA NEVES[229] sobre o tipo de validade determinativa ou índole da verdade e certeza que corresponde à experiência prática, e conclui que se trata aí de uma certeza qualitativamente análoga aos atos emocionalmente transcendentes em que essa experiência se constitui, sendo também ela uma verdade prática, ou prático-emocional[230]. Em comparação com a verdade teorética em geral (e científica em particular), a verdade prática não constitui «uma verdade de grau inferior, uma verdade incipiente e condenada a desaparecer com «o progresso da ciência»». A diferença não é de grau, mas qualitativamente irredutível[231].

Contudo, a afirmação de que a natureza do juízo determinativo dos pressupostos relevantes nas decisões judiciais é constituída por este tipo de «verdade prática» («este juízo de certeza prático-emocional constituído e explicitado

[228] Este regime (afirma o autor) está consagrado no art. 264º-I CPC 1939 («*A iniciativa e o impulso processual incumbem às partes; mas estas têm o dever de, conscientemente, não formular pedidos injustos, não articular factos contrários à verdade, não requerer diligências meramente dilatórias*»). «*A justificabilidade no plano da alegação é restrita à verdade; só se pode excecionalmente desviar desta no plano da prova*» (ibidem, pág. 463). Veja-se o disposto nos atuais artigos 8º (dever de boa fé processual) e 542º, nº 2 (em especial, nº 2, alíneas a) e b): «*diz-se litigante de má-fé quem, como dolo ou negligência grave tiver deduzido pretensão ou oposição cuja falta de fundamento não podia ignorar; tiver alterado a verdade dos factos ou omitido factos relevantes para a decisão da causa*».

[229] ANTÓNIO CASTANHEIRA NEVES, *Questão-de-facto-Questão-de-direito ou o problema metodológico da juridicidade (ensaio de uma reposição crítica)*, cit., págs 479 e segs.

[230] «*A sua modalidade não é a de um juízo teorético, mas a daquela vivência de certeza que na existência, na vida, se afirma a realidade situações, com tudo o que nestas de material e de espiritual participa. É uma verdade que é dada, segundo Husserl «no modo de certeza-de-crença (Glaubensgewissheit)», pré- e extra-objectiva, isto é, pré-predicativa e pré-científica. E se nesta verdade vai decerto uma nota pessoal, já que é sempre experiência da pessoa, não significa isto arbitrário subjectivismo, emobra não admita também a objectividade puramente teórica. Do que se trata é antes daquela específica objectividade da vida que se traduz sempre numa «indissolúvel unidade do conhecer e do agir», um prático experimentar-compreender em que, como tal, «a objectividade é inseparável da subjectividade, a consiciência-do-objecto da auto-consciência*». (ibidem, pág. 479).

[231] «*É outra a realidade de que se ocupa, outra a essência da sua objectividade. A vida e com ela a acção exigem a verdade que lhes basta (e não se bastam com a verdade conceitual da ciência), assim como a ciência lhe basta a verdade que para a sua intenção exige (e esta exige uma verdade que para a realidade concreta é apenas abstracta e uma abstracção)*» (ibidem, pág. 480).

pela mediação de uma situada experiência pessoal»)[232] não revela a rejeição de um princípio de verdade material. Veja-se a seguinte afirmação do autor: «ainda que a averiguação da situação de facto fosse dirigida exclusivamente pelo interesse da «verdade material»[233], sem quaisquer embaraços, e ainda que a reconstituição pretendida fosse perfeita, sempre o juízo da certeza sobre essa situação será prático-emocional – «qualitativamente idêntico, como tal, ao ato ou juízo determinativo que os intervenientes pessoais no caso tiveram em conta ou foi o pressuposto do seu concreto comportamento»[234].

Sem prejuízo de o resultado da atividade probatória servir interesses «práticos», pode assim (com Castro Mendes[235]) encarar-se a prova como uma atividade meramente tendencial: ao passo que na atividade material, tipificada por certo e determinado resultado, a função dessa atividade coincide necessariamente com o seu resultado, na atividade tendencial isso não se verifica (veja-se a similitude com a proposta de Jordi Ferrar Beltrán, conquanto os autores partam de postulados metodológicos diferentes). Esta divergência diz respeito ao conteúdo concreto da função da atividade probatória e ao resultado probatório. Coincidem quanto ao seu conteúdo abstrato, delimitado apenas como categoria concetual (a demonstração de algo como verdadeiro é, grosso modo, função da atividade probatória e resultado probatório); mas função da atividade probatória é demonstrar como verdade a verdade, ao passo que o seu resultado pode ser a demonstração como verdade do erro.

232 «*Para além da actividade e da dialéctica probatórias das partes nelas interessadas, sempre o ponto último em que se vai fixar a certeza real-objectiva da decisão jurídica se oferece como um acto de convicção prático-pessoal sobre a realidade da situação do caso, e como um acto que repete, em reconstituição prática, o mesmo tipo de determinação de que também as partes partiram no seu próprio decidir e agir – determinação que agora, no seio do processo judicial, revelam ou ocultam (...)* » (ibidem).

233 O autor não exclui, portanto, que o seja (pelo menos de um modo condicionado). Deve, aliás, notar-se que o princípio da verdade material, mesmo no seio do processo penal, encontra sempre condicionamentos; basta pensar na existência de regras de direito da prova (restrição ao princípio da prova livre ou *best evidence*).

234 Ibidem, págs. 480-481. E isto porque: «*(...) A decisão judicial determinativa da situação factual do caso decidendo repete, re-vive e re-julga a posição das partes perante essa situação. Pois se não é outro o tipo de determinação na vida prático-normativo – e assim, tanto para as «partes», como para o juiz –, também, por outro lado, só reassumindo a natureza própria da determinação das partes no caso decidendo e compreendendo-se aí como tal, pode a conduta destas ou a sua posição normativa ser verdadeiramente julgada*». (ibidem, pág. 480)

235 João de Castro Mendes, *Do conceito de prova em processo civil*, cit., págs. 344 ss. (em especial, pág. 346).

IX. Aplicação das conclusões à prova jurídico-civil; limites práticos ao conhecimento da verdade

A natureza prático-emocional do raciocínio jurídico (refletido na natureza, também ela prática, da verdade jurídica) não se opõe, como vimos, à existência de um princípio de verdade material. Deve, aliás, notar-se que o problema metodológico analisado se aplica a todos os ramos de aplicação do Direito, e não apenas ao direito processual civil. A pergunta que se segue é, então, esta: existe alguma razão para afastar a existência de um tal princípio neste ramo de direito adjetivo, ao contrário do que se verifica, por ex., no seu parente penal – onde o mesmo é pacificamente aceite?

Depois do caminho até aqui percorrido, as razões para isso só podem centrar-se num plano ideológico, ou prático. Quanto àquele, demos já a nossa opinião: embora rejeitemos a ideia (como se verá melhor, *infra*) de que a verdade constitua uma condição *sine qua non* de uma decisão justa, entendemos que o processo não é, nem pode ser, indiferente face ao problema do apuramento da verdade.

Resta-nos, portanto, analisar a questão de um ponto de vista dos limites práticos desse mesmo apuramento. Com efeito, afirmam alguns autores, alicerçando o seu argumento em razões de ordem prática, que a dogmática processual civil deve prescindir de um discurso orientado em termos de verdade[236]. Essas razões prendem-se ora, com a estruturação do processo civil em torno do princípio dispositivo, ora, com a existência de presunções legais, de normas de prova legal, de regras do ónus da prova, e de normas de direito da prova de natureza contra-epistémica[237], ora, ainda, com a existência de limites temporais do processo (aplicação do instituto do caso julgado)[238].

[236] MICHELE TARUFFO, *La prova dei fatti giuridici*, cit., págs. 7 e segs. Segundo o autor existem três ordens de razão para que se possa negar que a descoberta da verdade constitui um fim do processo civil: uma razão de ordem teórica (impossibilidade, *tout cour*, de conhecimento da verdade), ideológica e prática. O primeiro aspeto já foi tratado acima. O último será visto adiante.

[237] Pense-se, por exemplo, nas normas destinadas à salvaguarda do direito à reserva da vida privada ou do segredo profissional.

[238] Veja-se, por ex., JORDI FERRAR BELTRÁN, *Prova e verità nel diritto*, cit., 2004, págs. 67 e segs. Segundo o mesmo, os autores que propõem uma equiparação entre a noção geral de prova e a noção de prova civil devem ter em consideração os limites ao conhecimento processual da verdade resultantes do processo enquanto tal (contexto processual), da aplicação do instituto do caso julgado, bem como, da existência de regras sobre a prova. Quanto àqueles autores (*i.e.*, os que propugnam uma tal equiparação) pode ver-se, entre outros, S. SENTÍS MELENDO,

ANNE LEBORGNE[239], por ex., embora não desconhecendo o pensamento de autores como V. P HÉBRARD («a justiça não é outra coisa que a verdade»[240]), ou de DOMAT (prova «é tudo aquilo que pode persuadir o espírito de uma verdade»[241]), salienta que o juiz é muitas vezes chamado a tomar uma decisão na ausência de prova, em virtude da existência de acordos das partes destinados a apresentar ao juiz uma «realidade arranjada»[242], ou da necessidade de desentranhar dos autos elementos probatórios produzidos tardiamente, ou obtidos de um modo desleal.

Nenhum destes aspetos – se olharmos para eles com a devida atenção – nos parece curial para fundamentar o entendimento segundo o qual a ciência processual civil deve abdicar de um discurso orientado em termos de verdade. Concentramos a nossa atenção naqueles, de entre os assinalados, que são específicos deste ramo do direito – deixando assim de lado os que se relacionam quer, com a existência de um direito da prova (limitação ao princípio da prova livre ou *best evidence*[243]), quer, com a existência de limites de caráter temporal[244].

La prueba, los grandes temas de derecho probatorio, Buenos Aires: Ediciones Jurídicas Europa-América,1978, págs. 10-12; H. DEVIS ECHANDÍA, *Teoría general del la prueba judicial*, 5ª ed., T. I, Buenos Aires: Victor P. de Zavalia, 1981, págs. 9 e segs; e MICHELE TARUFFO, *La prova dei fatti giuridici*, cit., pág 351.

239 ANNE LEBORGNE, «L`impact de la loyauté sur la manifestation de la vérité ou le double visage d`un grand principe», *Revue Trimestrielle de Droit Civile*, 1996, págs. 535-550, págs 536 e 544.

240 V. P HÉBRARD, «La vérité dans le procès et les pouvoirs d`office du juge», *Ann. Univ. sc. Soc. Toulouse*, 1978, pág. 379.

241 JEAN DOMAT, *Les loix civiles dans leur ordre naturel*, I, III, VI. No mesmo sentido veja-se GILLES GOUBEAUX, «Le droit à la preuve», in *La preuve en droit*, Bruxelas: Émile Bruylant, 1981, págs. 277-303, págs. 277-281.

242 Quanto a este argumento, deve notar-se que a atitude das partes a que a autora se refere configura uma situação de uso abusivo do processo, à qual o juiz tem o dever de pôr cobro. O problema já não é aqui de relacionamento entre o princípio dispositivo e o princípio da oficialidade, mas de ética processual.

243 JOÃO DE CASTRO MENDES, *Do conceito de prova em processo civil*, cit., pág. 399. «*Resulta também das suas premissas que tanto em processo civil como em processo penal ou administrativo, há uma medida mais ou menos larga de normas que disciplinam a atividade probatória, limitando a liberdade do juiz. O próprio Florian, cujo livro assenta, como ideia-base, na «exigência de que a verdade material e efetiva, que deve vigorar como critério vivificador no campo do processo, tenha livre via para se afirmar; que ela não encontre empecilhos e obstáculos na lei», vem a reconhecer que «é impossível não admitir, embora em modesta medida, a intervenção da lei para a disciplina da prova no processo penal*» (ibidem, pág. 401).

244 Quanto àquele (direito da prova), afirma CASTANHEIRA NEVES, referindo-se ao «sentido jurídico-normativamente não indiferente do juízo determinativo dos pressupostos-dados

Desta forma, e começando pelo primeiro aspeto referido (a estruturação do processo em torno do princípio dispositivo), pode notar-se que o problema é diverso, consoante se esteja a pensar no princípio dispositivo em sentido material ou estrito, ou no princípio dispositivo em sentido amplo ou técnico (princípio de responsabilidade das partes), e que a resposta ao mesmo se encontra relacionada com a amplitude atribuída ao poder de disposição das partes (pode dizer-se que este poder se estende aos elementos do processo?[245]). (A resposta – essa – deve ser negativa, se partirmos, como parte a moderna doutrina processualista, da rejeição de um fundamento material do princípio da responsabilidade de parte[246]). Assim:

para a avaliação jurídica», que não pretende «*considerar apenas a influência que a regulamentação jurídico-positiva da atividade e do juízo probatórios (o direito probatório de um determinado direito processual vigente) exerce na determinação dos factos*»; este aspeto (salienta o autor) pode bem ser contingente (ANTÓNIO CASTANHEIRA NEVES, *Questão-de-facto-Questão-de-direito ou o problema metodológico da juridicidade (ensaio de uma reposição crítica)*, cit., pág. 466, e nota 26). Na verdade, como salienta WILHELM SAUER (WILHELM SAUER, Allgemeine Prozessrechtslehre: zugleich eine systematische Shulung der zivilistischen und der kriminalistischen Praxis, Berlin: Carl Heymanns, 1951, págs. 164 e segs., e 168 e segs.), o estádio de direito probatório é apenas um momento histórico que evolutivamente superou estádios anteriores mais formais e menos adequados, e que provavelmente virá a ser, por sua vez, superado por uma realização mais plena e formalmente incondicionada de averiguação da «verdade material». Mas ao mesmo tempo (afirma CASTANHEIRA NEVES), mesmo nos sistemas que mais abertamente aceitam o princípio da «prova livre», verifica-se a influência de momentos jurídicos (normas de direito probatório), pois para além das restrições postas pelas leis aos «meios de prova», há sempre que considerar as regras do «ónus da prova» e toda a específica regulamentação do procedimento probatório (neste sentido, CH. PERELMAN, «La specificité de la preuve juridique», *La preuve,* vol. XIX des Recueils de la Société Jean Bodin, XIX, 1963, págs. 5-17). Mas (adverte ainda o autor conimbrincense – e este é o aspeto que pretendemos sublinhar) «*deve ressalvar-se a possibilidade de «objectar que o regime jurídico da prova afectaria possivelmente o resultado da averiguação, mas não a sua essência, a qual não deixaria de ser puramente cognitiva*» (nota 26, in fine).

245 É o problema do fundamento do princípio de responsabilidade das partes.

246 Veja-se JOSÉ LEBRE DE FREITAS, *Introdução ao processo civil – conceito e princípios gerais à luz do novo código,* 3ª ed., Coimbra: Coimbra Editora, 2013, págs. 167-168. O monopólio das partes na alegação dos factos principais da causa (afirma o autor) não corresponde à existência de um poder de disposição das mesmas sobre os materiais (fáticos) da sentença de mérito. Esta ideia é defendida por uma importante corrente doutrinária alemã, a qual – baseando-se na constatação de que o acordo das partes sobre a realidade dos factos da causa ou a admissão, por uma delas, dos factos alegados pela parte contrária pode ter, por via da produção dos efeitos do facto assim provado, um efeito indireto semelhante ao da disposição do direito a que os factos se referem –, faz equivaler o princípio da responsabilidade das partes ao princípio do dispositivo para o efeito de entender ambos como paralelos ao princípio da autonomia privada

Embora o princípio dispositivo (em sentido material) constitua, no processo civil, o principal condicionamento ao princípio da verdade material (já que o tribunal não pode, *ex officio iudicis*, conhecer os factos essenciais ou principais da causa – ou seja, aqueles que integram a causa de pedir ou as exceções invocadas –, estando, por outro lado, na disponibilidade das partes a celebração, ao longo de todo o processo, de atos de auto-disposição do objeto do processo), o mesmo não incide diretamente sobre o instituto da prova, nem sobre a função da mesma. *I.e.*: embora esteja vedado ao tribunal proceder a uma investigação oficiosa da verdade, e haja casos em que deve prescindir de o fazer (pense-se, por ex., na hipótese de as partes transigirem sobre o objeto do processo), tal nada diz sobre a função da prova, instituto ao qual o tribunal deverá necessariamente recorrer (exceto nos casos de revelia operante[247]) quando deva pronunciar-se sobre o fundo da causa. Estamos, portanto, perante um condicionamento ao princípio da verdade material, mas não perante um elemento que justifique a afirmação cuja validade procuramos sindicar, *i.e.*, a de que a dogmática processual civil deve prescindir de um discurso orientado em termos de verdade.

E o mesmo se diga do princípio dispositivo em sentido técnico, ou princípio da responsabilidade de parte (*Verhandlungsgrundsatz*). Vejamos: Castro Mendes afirma que a prova tem como objeto predicativo uma ideia de «justificabilidade», e como razão de justificação – ao lado da verdade (razão regra e prototípica) – a vontade das partes, assim como uma ideia de sanção do seu comportamento (no caso da revelia operante)[248]. Quanto àquele aspeto (vontade das partes como razão de justificabilidade), refere-

(todos radicando na liberdade geral de exercício e disposição dos direitos privados). Embora não se possa negar esta possibilidade (salienta o autor), o seu caráter patológico não permite extrapolar para a afirmação de que o monopólio da alegação é concedido às partes para o exercício de poderes dispositivos. As partes não têm, em processo civil, o direito de mentir, tanto assim que estão sujeitas a condenação em multa e indemnização, como litigantes de má fé, quando aleguem factos falsos, omitam factos relevantes para a decisão da causa, ou impeçam a descoberta da verdade.

[247] Aplica-se a este caso, contudo, a análise subsequente (note-se que estamos aqui perante uma hipótese de admissão ficta, e não de confissão).

[248] João de Castro Mendes, *Do conceito de prova em processo civil*, cit., pág. 741: «*Prova é o pressuposto da decisão jurisdicional que consiste na formação através do processo no espírito do julgador da convicção de que certa alegação singular de facto é justificavelmente aceitável como fundamento da mesma decisão*».

-se o autor ao instituto da «admissão dos factos por acordo»[249]. Não vemos, no entanto – partindo, como faz o próprio autor, de uma noção «funcionalmente probatória» da alegação de facto – que resulte daqui, *i.e.*, deste meio de prova legal, uma razão para excluir que a verdade corresponda, também nesta hipótese, ao objeto predicativo da prova. E isto porque (como afirmámos acima) rejeitamos a tese, ligada a um entendimento material da *Verhandlungsgrundsatz*, de acordo com a qual o poder de as partes procederem à delimitação do tema da prova constitui, por sua vez, uma manifestação do seu poder de disposição sobre o objeto do processo (no contexto de uma teoria volitiva da alegação do facto)[250].

[249] A falta de impugnação de um facto leva a que o mesmo seja admitido como «facto assente», fundando-se a atividade probatória (segunda a ótica do autor) na própria alegação do facto (note-se que a alegação é definida pelo mesmo como o conjunto de duas proposições – a segunda das quais constitui o primeiro ato de prova em relação à primeira – ibidem, págs. 101 e segs.).

[250] Veja-se o nosso artigo «A admissão dos factos por acordo e a prova do contrário», a publicar na *coletânea de estudos comemorativos dos 20 anos da Faculdade de Direito da Universidade do Porto* (em curso de publicação- prevê-se a publicação para os meses de outubro/novembro 2017). Nele defendemos que a figura da admissão dos factos por acordo corresponde a uma norma de prova legal, que tem subjacente uma presunção homnis, relativamente à verdade do facto não contestado pelo réu ou pelo autor reconvindo (factos constitutivos do pedido), ou pelo autor ou réu reconvinte (factos que integram exceções perentórias). É este o caminho trilhado por CASTRO MENDES (ibidem, págs. 462-463) ao afirmar que a verdade constitui o único objeto predicativo legal e possível no plano da alegação. A admissão de um facto como assente só é possível uma vez que a proposição de segundo grau tem de ter como objeto predicativo a verdade – «*alegar* (afirma o autor) *é sempre afirmar algo como verdadeiro, nunca como justificavelmente adoptável por outras razões*».
Isto não quer dizer, contudo, que o princípio de responsabilidade das partes não constitua um limite ao princípio da verdade material. Na verdade, e embora o mesmo tenha – ele próprio – um fundamento epistémico (ao estimular as partes a aportarem para o processo o conhecimento de que dispõem sobre os factos da causa), o facto é que o mesmo constitui (como teremos oportunidade de ver) um limite ao princípio da oficialidade, impedindo o juiz de fazer uso dos seus poderes instrutórios nos casos em que as partes não tenham feito o mínimo para observar os respetivos ónus probatórios. Mas, mais uma vez, é apenas disto que se trata (de um limite ao princípio da verdade material), e não de uma razão para que a ciência processual civil deva abdicar de um discurso orientado em termos de verdade. Com efeito, não existe, como explicamos em texto, um poder de disposição das partes sobre os elementos que constituem o fundamento de facto da sentença (inexistência de um fundamento material do «princípio de responsabilidade das partes»). Por conseguinte, e uma vez que a finalidade da prova (civil) não se altera pelo facto de os poderes de produção oficiosa de prova estarem limitados por aquele princípio (limitação quantitativa), resulta daqui que a existência de um princípio de responsabilidade probatória das partes não constitui qualquer argumento

Ora, ao postularmos uma teoria declarativista da alegação de facto[251] – encarando o instituto da «admissão por acordo» como uma norma de prova legal (processual) fundada numa *presunção hominis* – o problema não diz (já) diretamente respeito à aplicação do princípio dispositivo (em sentido amplo[252]), mas à existência de normas de «prova legal», tratando-se assim de uma restrição ao princípio da livre apreciação da prova (que não deve, por sua vez, ser confundido com o princípio da prova livre)[253]. O enfoque, portanto, alterou-se, e prende-se agora com a aplicação daquele tipo de normas (sendo certo que a exposição ulterior também se aplica, pelo menos na maior parte dos casos, ao domínio das presunções legais).

De acordo com a opinião de FERRER BELTRÁN[254], ao contrário do que se verifica num sistema de livre apreciação da prova[255], os sistemas de prova legal são marcados por uma perda de racionalidade, na medida em que o valor da prova se encontra pré-determinado na lei. Com efeito, tanto estas regras (de prova legal), como os enunciados probatórios proferidos em aplicação das mesmas são impostos de um modo constitutivo (geral e aplicado – respetivamente), não sendo possível atribuir-lhes valor de verdade.

Sem prejuízo da tendência de alargamento, nos ordenamentos jurídicos processuais civis modernos, do princípio da livre apreciação da prova (o que, por si só, retiraria ao argumento o seu caráter absoluto), não estamos convencidos de que seja esta a melhor forma de considerar o problema. Na verdade, se a existência de normas de prova legal seria, por si só, suficiente para afastar uma conceção puramente naturalística da prova, tal não nos parece, contudo, suficiente para rejeitar que a «verdade» continue a ser razão de justificabilidade da decisão. É-o, na medida em que o juízo probatório antecipadamente realizado pelo legislador se funde numa presunção *hominis* (ou se funde essencialmente nela), sendo essa a razão de ser da construção da respetiva norma de prova legal.

de ordem técnica que conduza à rejeição da existência, em processo civil, de um princípio de verdade material.

[251] Como, aliás, faz o próprio autor.

[252] Embora o mesmo esteja na base daquele instituto.

[253] Aquele princípio constitui, no entanto, o princípio regra, sendo tendência das legislações processuais civis modernas proceder a um alargamento do mesmo.

[254] JORDI FERRAR BELTRÁN, *Prova e verità nel diritto*, cit., 2004, págs. 67 e segs.

[255] Em que o legislador se limita a impor ao juiz que valore os elementos probatórios de acordo com as regras de racionalidade geral.

É, aliás, curioso notar (como assinala ALESSANDRO GIULIANI[256]) que, de um ponto de vista histórico, a introdução de um sistema de prova legal (no século XIII) se encontra ligada à estrutura do processo inquisitório, onde a valoração jurídica da prova, pré-constituída pelo legislador, pareceu o melhor remédio contra a falibilidade do julgamento e a única garantia do arguido: *o juiz nihil ex arbitrio suo facit...sicut audit, sicut iudicat.* Por outro lado, e sem prejuízo desta explicação de ordem histórica, terá influído na criação de um sistema de prova legal a alteração que, num plano geral, se verificou em matéria de lógica, e em particular a adesão a uma nova dimensão do provável (que deixa de colocar-se em contraposição ao necessário)[257].

Pode retorquir-se que as normas de prova legal se encontram inspiradas (ou também inspiradas) por outras finalidades[258]. Tendemos, no entanto, a aceitar a posição de LEBRE DE FREITAS[259], de acordo com a qual todas as presunções legais se fundam numa ideia de verosimilhança ou probabilidade (ideia da autoria de CHIOVENDA[260])[261]. Fica assim aberta a

[256] ALESSANDRO GIULIANI, *Il concetto di prova, contributo alla logica giuridica*, cit., págs. 159 e segs.

[257] Ibidem.

[258] CASTRO MENDES afirma assim que, embora a probabilidade no *id quod plerumque accidit* seja um dos fundamentos da prova legal (sendo essa a regra geral), ele não é o único. A prova plena conferida ao documento autêntico explica-se em parte porque, na grande maioria dos casos, os agentes públicos dizem a verdade, mas também pela necessidade de prestigiar as funções públicas, pela utilidade em impor um sistema de provas pré-constituídas, etc. E no que diz respeito, concretamente, ao instituto da «confissão» considera o autor que o mesmo assenta mais na ideia de «disponibilidade dos interesses», do que na de probabilidade de correspondência à verdade. Como diz CONIGLIO (apud CASTRO MENDES), «*não se deve perder de vista que, ao lado do referido carácter de probabilidade e verosimilhança, outros motivos concorrem ou mesmo prevalecem na sua formação legislativa*» (das presunções) (JOÃO DE CASTRO MENDES, *Do conceito de prova em processo civil*, cit., pág. 420, e nota 7, da mesma página).

[259] LEBRE DE FREITAS, *A confissão no direito probatório*, cit., pág. 278, nota 39.

[260] GIUSEPPE CHIOVENDA, *Istituzioni di diritto processuale civile*, cit., p. 426. Ideia esta defendida por FURNO (CARLO FURNO, *Contributo alla teoria della prova legale*, cit., págs. 24-26, 154 e 159) e criticada por CASTRO MENDES (JOÃO DE CASTRO MENDES, *Do conceito de prova em processo civil*, cit., pág. 419-421). Já em obra anterior, LEBRE DE FREITAS tinha defendido que, na teoria do documento e da falsidade, a ideia de verosimilhança e probabilidade é o elemento em que assenta o mecanismo da presunção pela qual é atribuído o valor de prova plena aos documentos (LEBRE DE FREITAS, *A falsidade no direito probatório: contribuições para o estudo da prova documental*, Coimbra: Almedina, 2013, pág. 151, nota 126), sustentando que, precisamente porque essa probabilidade não é uma certeza, o instituto da falsidade vem repor

possibilidade de defender que a função dos meios de prova é sempre a demonstração, em termos de verosimilhança, da verdade duma afirmação sobre a realidade dum facto.

No mesmo sentido, afirma CALAMANDREI que o processo civil visa atingir o mesmo e único fim que é a procura da verdade (da verdade simples e una, sem acrescentamentos nem qualificações[262]), as normas de prova legal constituindo um instrumento através do qual o Estado se propõe (embora nem sempre o consiga) «libertar os juízes de todos aqueles perigos de erro aos quais os historiadores estão sujeitos, devido à demasiada elasticidade dos seus métodos». O fim, contudo, permanece o mesmo: a procura da verdade[263]. Nem o historiador, com a sua liberdade de indagação, pode gabar-se de chegar a resultados menos «relativos» do que os do juiz, o seu juízo nunca sendo definitivo[264].

Na sua obra (afirma ainda LEBRE DE FREITAS[265]), CASTRO MENDES rejeita o conceito clássico de prova como demonstração da verdade, não só por o reputar eivado de naturalismo, como também pela consideração de dois casos em que a prova se obtém independentemente da formação duma convicção acerca da verdade da afirmação sobre a realidade que dela é objeto: o da prova legal, e o da decisão sobre facto incerto[266]. Quanto a

a verdade nos casos em que a afirmação registada no documento é falsa. Apesar de as coisas não se apresentarem com a mesma simplicidade na confissão (cuja impugnação obedece a normas muito mais apertadas), pode hoje ir-se um pouco mais longe (salienta o autor) e afirmar que todas as presunções legais se fundam no conceito de verosimilhança ou probabilidade. LEBRE DE FREITAS adverte ainda para o facto de que os exemplos em contrário aduzidos por CASTRO MENDES (JOÃO DE CASTRO MENDES, *Do conceito de prova em processo civil*, cit., pág. 421) (presunção de que o prazo da obrigação é estabelecido a favor do devedor, e presunções de comoriência – artigos 779º e 68º, nº 2 CC) não são casos de verdadeiras presunções, mas de dispensas ou liberações do ónus da prova (artigo 344º, nº 1 CC).

261 No sentido de que as presunções – legais e judiciais – se baseiam sempre em regras de experiência (embora utilizando um conceito de presunção mais restrito que o de CASTRO MENDES), veja-se ADRIANO PAES DA SILVA VAZ SERRA, «Provas (Direito probatório material)», *BMJ*, nº110 – Novembro – 1961, págs. 183.

262 PIERO CALAMANDREI, «Il Giudice e lo Storico», *RDPC*, Ano 1939, vol. XVI, Parte 1, págs. 105-128, pág. 117.

263 Ibidem.

264 Ibidem.

265 LEBRE DE FREITAS, *A confissão no direito probatório*, cit., pág. 278, nota 39.

266 JOÃO DE CASTRO MENDES, *Do conceito de prova em processo civil*, cit., págs. 403-404. O primeiro argumento (afirma LEBRE DE FREITAS) não impressiona: *«o direito, como aliás*

este último aspeto (existência de normas de ónus da prova), o mesmo não constitui – salienta o autor – nenhum desvio à conclusão sobre a natureza demonstrativa da prova civil. A decisão contra o titular do ónus baseia-se na dúvida e esta não surge como resultado da produção dum meio de prova, mas como consequência da não produção de meios de prova idóneos a formar uma convicção, não podendo tomar-se o jogo das regras do ónus da prova como meio de prova, nem a sua consequência como um resultado probatório[267]. Não podíamos estar mais de acordo[268]. Fica assim resolvido o último ponto que faltava tratar, sendo esta a conclusão: não existe nenhuma razão para excluir que o processo civil, ao contrário, por ex., do que acontece no processo penal, possa estar orientado em termos de verdade (princípio da verdade material), verificando-se apenas a existência, naquele ramo de Direito, de maiores condicionamentos a este princípio, em virtude, sobretudo, da vigência de um princípio dispositivo.

Castro Mendes reconhece, alicerça-se sobre a realidade e os conceitos jurídicos com ela têm de se moldar» (Lebre de Freitas, *A confissão no direito probatório*, cit., pág. 278, nota 39).

[267] Lebre de Freitas, *A confissão no direito probatório*, cit., pág. 278, nota 39.

[268] Está aqui presente a ideia de que as regras do ónus da prova funcionam como regras de distribuição do risco da prova. Nesse sentido veja-se, por ex., Leo Rosenberg, Karl Heinz Schwab, Peter Gottwald, *Zivilprozessrecht*, 15ª ed., München: Beck, 1993, págs. 669 e segs., de acordo com os quais a teoria do ónus da prova pode também ser concebida como a teoria dos efeitos da falta de prova. «*Gelingt e sim Rechtsstreit nicht, den zugrundeliegenden Sachverhalt zur Überzeugung des Gerichts aufzuklären, so darf der Richter trotzdem eine Sachentscheidung nicht ablehnen. Als Folge des Justizgewährungsanspruchs bzw. des Rechtsverweigerungsverbots hat der Richter vielmehr stets eine Sachentscheidung zu fallen. In diesem Fall beruht die Entscheidung des Gerichts auf den Regeln der objektiven Beweislast. Diese bestimmen also über die objektiven Folgen der Beweislosigkeit*» (ibidem, pág. 669). (Contra, entendendo as regras do ónus da prova como regras de prova: Joachim P. Schmidt, *Teilbarkeit und Unteilbarkeit des Geständnisses im Zivilprozessrecht*, Berlin: Gruyter, 1972, pág. 167).

As regras do ónus da prova (salienta Lebre de Freitas) «*funcionam assim como um mecanismo legal que, para além dos meios de prova e independentemente de qualquer atividade ou resultado probatório, permite fundar uma decisão*». Apenas parcialmente coincidente é o fenómeno da dispensa ou liberação do ónus da prova por disposição da lei ou convenção das partes (artigo 344º, nº 1 CC). «*Nele vemos um resultado probatório atingido sem a apresentação dum meio de prova nem qualquer actividade probatória*».

Capítulo 2
Da relação entre a verdade e justiça: a obtenção da verdade constitui requisito de uma decisão justa?

I. Introdução

A partir das conclusões a que chegámos até aqui, importa desta feita dar resposta ao problema de saber qual a função processual da verdade, e mais especificamente, se a mesma constitui, e em que medida, requisito de uma decisão justa. É conhecida a opinião dos autores segundo os quais *«il faut du vrai pour faire du juste»*[269]. ENRICO OPOCHER[270], por ex., entende que existe uma dimensão da justiça que diz respeito à conformidade com a verdade, e que reporta o nosso discurso a uma antiquíssima tradição, que encontra lugar de destaque na própria conceção bíblica de justiça[271]. A negação da verdade constitui sempre uma negação da justiça, e esta

[269] JEAN-JACQUES DAIGRE, «La doctrine et la reforme de la procedure civile, a propos du pouvoir discrétionnaire du juge en matière de production forcée de pièces», La semaine juridique, 1981-1, 86877, 3020 But, Paris: Éditions Techniques. No mesmo sentido, veja-se MICHELE TARUFFO, *La prova dei fatti giuridici*, cit., págs. 42 e segs; e LUIGI PAOLO COMOGLIO, *Le Prove Civili*, cit., págs. 19 e segs. Segundo aquele autor, pode questionar-se o valor de verdade, mas aí põe-se igualmente em causa o valor da justiça, tornando ociosa qualquer discussão em torno da aceção da justiça, da legalidade ou da interpretação racional da norma.

[270] ENRICO OPOCHER, «Giustizia (filosofia del diritto)», *Enciclopedia del Diritto*, XIX, 1970, págs. 557-588.

[271] E a toda uma série de estudos e de instituições que (salienta ainda o autor), ainda que de uma forma não sistemática, sempre chamaram a atenção para a ligação existente entre a justiça e a verdade (refere, entre outros, S. TOMÁS, *Suma Teológica*, IIª, IIªe quaestio LXXX – obra cit. pág. 581, nota 59).

(quer na sua acessão de legalidade, quer numa perspetiva ideológica) não é compatível com essa negação[272]. Também DEL VECCHIO[273] considera que existe uma ligação entre justiça e verdade, já que esta constitui, manifestamente, uma premissa essencial da justa aplicação da lei – e, portanto, de uma sentença justa.

JEAN-JACQUES DAIGRE[274], por seu turno, afirma que, se a Revolução[275] veio trazer a consagração do princípio da legalidade, o novo século, ainda que sem pôr em causa este postulado, acrescentou-lhe uma dimensão de realidade e de equidade: a verdade, embora não constituindo um fim em si mesmo, é o melhor meio para se obter a aprovação da decisão judicial[276]. Decisão esta que nunca será justa quando fundada num acertamento erróneo ou inatendível dos factos da causa[277].

Estes autores partem pois de uma visão substancialista da justiça, de acordo com a qual a justiça da decisão pressupõe o acertamento verdadeiro dos factos da causa. Não cremos que seja assim. Com efeito, e como é salientado por COMOGLIO[278] (tendo afirmado antes que a obtenção da verdade constitui, sem dúvida, uma aspiração finalística de um processo équo e justo), a questão torna-se mais complexa quando o «acertamento da verdade» dos factos controvertidos seja encarado como *conditio sine qua non* de uma «decisão justa»[279].

272 Segundo o autor (ibidem, pág. 586), «*a luta pelo direito é sobretudo a luta pela verdade, e uma sentença que não tenha em conta a verdade falha totalmente o seu objetivo. O juiz é, antes do mais, um histórico, e é do espírito de verdade que o impregna que depende, em primeiro lugar, a justiça da sua decisão*».

273 GIORGIO DELVECCHIO, *La justice – la vérité*, essais de philosophie juridique et morale, Paris: Dalloz, 1955, págs. 176 e 198.

274 JEAN-JACQUES DAIGRE, *La production forcée de pieces dans le procés civil*, Publication de la Faculté de Droit et des Siences Sociales de Poitiers, Tome 8, Presses Universitaires de France, 1979, págs. 9 e segs.

275 O autor refere-se à Revolução francesa de 1789.

276 «*La vérité, en effet, n'est pas une fin en soi, mais le meilleur moyen de rendre les décisions judiciaires plus conformes à l'équité, donc plus aptes à réparer le trouble causé par le litige*» (JEAN-JACQUES DAIGRE, *La production forcée de pieces dans le procés civil*, cit., pág. 17).

277 MICHELE TARUFFO, *La prova dei fatti giuridici*, cit., págs. 42 e segs. A veracidade ou atendibilidade do juízo sobre a matéria de facto constitui, pois, segundo o pensamento do autor italiano, uma condição necessária (embora não suficiente) da justiça da decisão.

278 LUIGI PAOLO COMOGLIO, *Le Prove Civili*, cit., págs. 17 e segs, em especial pág. 21.

279 Com efeito, se tivermos em conta que os enunciados probatórios do tipo "p é dado como provado" são compatíveis com a inexistência de "p", a afirmação de que a justiça da decisão

Antes de darmos resposta a este problema, vejamos primeiro, com a brevidade que se impõe, os diferentes sentidos em que pode utilizar-se o conceito de justiça.

II. Dos significados do conceito de justiça

Devemos começar por atender às noções de «justiça material» e de «justiça formal ou procedimental» e ao seu significado. Com efeito, as mesmas encontram-se envolvidas numa teia de implicações ideológicas, sendo normalmente associadas a conceções específicas quanto aos fins do processo: a «justiça formal» corresponderia a uma ideologia segundo a qual o processo constitui um mero instrumento de resolução de litígios (indiferente ou oposta à prossecução da verdade – perspetiva eficientista de justiça), associando-se, por sua vez, a «justiça material» a uma conceção substancialista da justiça.

Ora, decorre desta distinção uma espécie de menorização da «justiça formal» (ou justiça no sentido de respeito pela legalidade), com a qual não concordamos[280] – e que reconduz, para além do mais, o princípio da legalidade a uma sua dimensão estrita ou fechada.

Enrico Opocher[281] chama a atenção para a confusão que muitas vezes se verifica entre as noções de «forma» e «formalismo», e de «formalismo lógico» e «formalismo ético». Não deve, com efeito (salienta o autor), confundir-se a utilização de uma metodologia analítica na definição de conceitos éticos – que deu origem a uma tentativa de dar uma nova configuração ao problema da definição de justiça (despida de implicações ideológicas)[282] – com a tentação de «não compromisso» ou de um compromisso apenas formal, no sentido de uma valoração relativista.

pressupõe um acertamento verdadeiro dos factos da causa corresponde sempre – e este aspeto merece ser sublinhado – à afirmação de uma mera aspiração, não sindicável através dos elementos existentes no processo. Objeto de controlo pode somente ser o facto de saber se a decisão tomada se conforma com o resultado probatório obtido no processo, o qual permite apenas estabelecer um juízo probabilístico de verdade.

[280] O respeito pela lei, mesmo nos quadros de uma «teoria substancialista da justiça», constitui uma condição (em nenhuma medida menor) do proferimento de uma decisão justa.

[281] Enrico Opocher, «Giustizia (filosofia del diritto)», cit., págs. 557-588.

[282] A determinação do conceito formal de justiça (afirma o autor) traduz-se na individualização da regra lógica segundo a qual este conceito assume os seus conteúdos, partindo-se sobretudo da análise da relação entre justiça e legalidade, e entre justiça e igualdade. Ou seja, trata-se de saber se esses conteúdos se determinam segundo a lógica da igualdade (caso em que

Na verdade, a determinação formal de um conceito (sobretudo quando o mesmo tem muitas implicações axiológicas – como acontece no caso do conceito de justiça) não se traduz na prefiguração da relação entre forma e conteúdo num plano de necessária indiferença, pondo comodamente entre parênteses[283], como puramente ideológico ou subjetivo, o problema do conteúdo: *graecum est, non legitur*[284]. Ou seja, não deve confundir-se o formalismo lógico com o formalismo ético. Este (formalismo ético) pressupõe o relativismo (ao pôr no mesmo plano de indiferença os «possíveis» conteúdos de um determinado conceito formal); aquele, porém, limita-se a insistir nas condições desta «possibilidade», ao individualizar o processo através do qual um determinado conceito formal abre a possibilidade lógica de uma determinada série de conteúdos – e, portanto, não exclui (mas, antes, pressupõe) uma necessária ligação entre forma e conteúdo.

Ainda segundo o autor, o conceito de *justiça particular* (justiça em sentido próprio ou jurídico) caracteriza-se pela sua polimorfia, podendo ser entendido numa aceção ideológica[285], legalística ou de conformidade com a realidade histórica (justiça processual).

Quanto à segunda (*i.e.*, a aceção legalística da justiça), corresponde a mesma à conformidade com a ordem normativa, podendo, contudo, distinguir-se dois tipos de legalidade: uma legalidade ética (geral), e uma

as várias aceções de justiça coincidiriam com as várias formas possíveis de igualdade), ou segundo a lógica da legalidade (caso em que aquela conceção coincidiria com os vários critérios possíveis inerentes à lei ou medida no confronto da qual o problema da justiça se coloca). A «formalidade» que a análise do conceito de justiça comporta encontra-se, pois, ligada à utilização de novos procedimentos analíticos.

283 As palavras são do autor.

284 Ainda que se aceite a existência de uma margem de relatividade implícita na historicidade da experiência humana (salienta Opocher), e, portanto, também, na forma que essa exprime, é necessário reconhecer que o conceito formal de justiça não pode assumir indiferentemente qualquer conteúdo (deixando a escolha a uma opção ideológica de todo estranha à sua lógica), sem que com isso se negue o próprio conceito.

285 Encontra-se aqui presente uma ideia de transformação progressiva da justiça. «*Não devemos apenas obedecer às leis, mas vivificá-la e colaborar na sua renovação. O respeito pela legalidade reflete apenas um aspeto, que não é o mais elevado, da nossa missão humana; já que, através da legalidade de hoje, incumbe-nos preparar a de amanhã, realizando através de um «trabalho perpétuo» essa ideia de justiça que, imanente e constantemente renovada no nosso espírito, se encontra em todas as leis, sem nunca se esgotar em nenhuma delas*» (Giorgio del Vecchio, *La justice – la vérité*, cit., págs. 132-133).

legalidade jurídica[286] (ou, legalidade no sentido de conformidade com as normas válidas no âmbito de uma determinada sociedade[287]).

Por sua vez, a justiça processual corresponde à conformidade com a ordem de acontecimentos históricos, ou seja, ao reconhecimento da verdade (justiça como conformidade da livre vontade com uma ordem objetiva)[288]. Trata-se da forma mais intensa de justiça (com um primado incontestável no momento do julgamento), uma vez que, ao contrário do que se verifica nas outras ordens, a objetividade da ordem dos acontecimentos não se encontra condicionada de um ponto de vista histórico[289]. Donde, se atribua ao reconhecimento da verdade a função de *princípio ético*, *i.e.*, de condição de todas as possíveis objetivações sociais da liberdade[290].

A distinção entre as noções de «justiça formal» e «justiça material» deve, portanto, ser entendida como fazendo referência a duas acessões da *justiça particular* (respetivamente, a justiça como legalidade, e a justiça como correspondência com a realidade), a prossecução da segunda não se sobrepondo à necessidade de observância da primeira: na realidade, a procura da verdade encontra-se sujeita à necessidade de respeito pelo princípio da legalidade.

[286] Legalidade no sentido jurídico da palavra. Não desconhecemos que o autor parte de uma noção de legalismo jurídico associado a uma ideia de «justiça relativa», entendendo que o acento tónico, no que se refere ao julgamento, deve ser posto na acessão de justiça enquanto conformidade com a realidade histórica.

[287] ENRICO OPOCHER, «Giustizia (filosofia del diritto)», cit., pág. 557: «*(...) la giustizia come conformità all'ordine normativo di una determinata società va intesa non già nel senso moderno della legalità, ma, piuttosto, nel senso greco o, se si vuole ricorrere ad un più attuale termine di confronto, nel senso della bergsoniana «giustizia relativa». L'oggettività dell'ordine normativo di una società è, infatti, condizionata (...) dalla intensità del vincolo sociale e, come appunto dice Bergson esprimendo scultoreamente il concetto della eteronomicità che si collega, dalla «pressione» sociale, qualunque sia la forma che una siffata «pressione» possa assumere per mantenersi intatta nel variare delle strutture sociale e degli orizzonti culturali che esse esprimono*».

[288] Ibidem, págs. 580 e segs.

[289] Iibdem. O movimento da história ou o processo de liberdade (afirma OPOCHER), longe de a pôr em causa, pressupõe-na. A perspetiva de justiça como reconhecimento da verdade implica, assim, «*aquilo que de verdadeiramente incorruptível existe no conteúdo da ideia de justiça*».

[290] Já que a negação da verdade não envolve a livre vontade, traduzindo-se antes num simples erro ou ignorância dos factos, e não numa injustiça.

III. A justiça particular pressupõe a verdade?

Em conformidade com o que acabámos de ver (*i.e.*, que o conceito de «justiça particular» é polifórmico), pode notar-se que a questão que deve colocar-se não é – em bom rigor – a de saber se a justiça (particular) pressupõe a verdade, mas se existe alguma aceção da justiça que requer esta relação de pressuposição.

Ora, e posta a questão nestes termos, a resposta tem que ser afirmativa: com efeito, a conformidade entre aquilo que se decide e a realidade (verdade como correspondência) corresponde, como vimos, a uma das aceções da justiça particular, a que OPOCHER chama mesmo «justiça processual».

IV. A obtenção da verdade corresponde a uma *conditio sine qua non* de uma decisão justa?

Como vimos atrás, deve rejeitar-se a existência de uma relação concetual entre prova e verdade. Na realidade, não existe uma correspondência entre os conceitos de «ser verdadeiro» e «ser considerado verdadeiro», podendo acontecer que se dê como provado (aceitando-se como verdadeiro) um enunciado falso, ou que se dê como não provado um enunciado verdadeiro[291]. Ou seja, a prova, embora corresponda ao meio racionalmente mais idóneo para a procura da verdade, é falível.

Ora, e atendendo a que o juiz (na esmagadora maioria dos casos) não funda o seu julgamento de facto numa observação direta da realidade[292] (o conhecimento da verdade é relativo às provas existentes nos autos, e o respetivo juízo de facto é meramente probabilístico), estamos em crer

[291] A verdade não entra na definição da prova.

[292] Aqui, sim, o problema de saber se a verdade tem uma função de legitimação da decisão seria reconduzido a um problema de natureza filosófico-epistemológica (existe a possibilidade de conhecer a realidade em si?). Pronunciando-se no sentido de que não é possível determinar a verdade de um julgamento, veja-se REINHARD GREGER, *Beweis und Wahrscheinlichkeit*, köln, Berlim, Bonn, Munique: Carl Heymanns, 1978, págs. 31-32: «*Keines der gennanten Erkenntnismittel ermöglicht somit die sichere Feststellung der Wahrheit eines Urteils. Es gehört bereits zum Begriff der Erkenntnis, daß na ihr ein Subjekt beteiligt est. Damit fließt zwangsläufig Subjektivität in die Erkenntnis ein, mit der Folge, daß das Ergebnis der Erkenntnis bei verschiedenen Beurteilern verschieden sein kann. Dies aber ist mit der absoluten Natur der Wahrheit nicht vereinbar.*
Als Ergebnis ist somit festzuhalten, daß menschliche Erkenntnis sehr wohl zu wahren Urteilen führen kann, daß ihr aber die letztgültige Feststellung verschlossen ist, ob ein Urteil tatsächlich wahr sit oder nicht. Kann dann aber – so ist nun zu fragen – der Wahrheitsbegriff bei der richterlichen Sachverhaltsfestellung eine Rolle spielen?» (ob. cit., pág. 32).

que a verdade, propriamente dita (num sentido correspondencialista), não constitui (não pode constituir) condição de uma decisão justa. Com efeito, o entendimento contrário conduziria, do nosso ponto de vista, a que não fosse possível em nenhum caso (atendendo à característica de falibilidade da prova, e ao facto de a mesma constituir o único veículo ao serviço do conhecimento da realidade histórica que serve de base ao litígio – proibição de recurso à «ciência privada») proferir um juízo sobre a justiça ou injustiça da concreta decisão (o que nos parece inaceitável do ponto de vista da própria realização da justiça[293]).

Pode procurar rebater-se este raciocínio através da afirmação de que a justiça da decisão pressupõe que a mesma se funde na verdade, reconduzindo este último conceito (ao aceitar-se uma função puramente cognoscitiva da prova) a uma ideia de mera probabilidade (verdade relativa). No entanto, quando pensamos na «verdade» como requisito de uma decisão (materialmente) justa o conceito de que partimos não é relativo-probabilístico, mas necessariamente absoluto: a verdade (ensina CARNELUTTI) «é uma só». De outra forma, seriamos forçados a concluir que uma decisão fundada numa premissa falsa é materialmente justa, o que nos parece chocar frontalmente com a posição dos autores que adotam uma teoria substancialista da justiça.

Por conseguinte, e ainda que possa parecer contraditório afirmar ao mesmo tempo que a conformidade com a verdade corresponde a uma acessão da justiça particular (a que ENRICO OPOCHER chama mesmo «justiça processual»), e que a justiça da decisão não pressupõe a verdade, o facto é que não pode pedir-se ao juiz (chamado a realizar «a justiça do caso concreto») o impossível: pode exigir-se-lhe que tome uma decisão à luz das provas existentes nos autos; mas isto é o máximo[294]. A justiça da decisão não está, portanto, dependente da verdade, em si mesma, mas da observância das regras do procedimento, e da conformidade entre aquilo que se julga e o resultado probatório obtido no processo[295]. Ou, dito de outra

[293] Ao fazer-se predicar o espectro de injustiça para toda e qualquer decisão – injustiça, essa, incorrigível, pelo menos a partir do momento em que já não seja admissível o recurso extraordinário de revisão.

[294] Questão diversa é a de saber se o mesmo deve ter um papel oficioso na recolha dessas mesmas provas.

[295] Pode até acontecer que o juiz se veja forçado a tomar uma decisão que sabe não corresponder à verdade (seja em virtude de limitações resultantes do direito da prova, seja

forma: a justiça da decisão pressupõe a verdade dos enunciados probatórios, mas não a verdade da própria proposição (note-se que a verdade dos enunciados probatórios [do tipo: "p está provado"] se cinge, ao contrário da verdade da proposição, aos elementos de julgamento existentes nos autos).

Este raciocínio (importa notá-lo) não conduz, no entanto, à conclusão de que uma decisão fundada numa premissa falsa é materialmente justa. É outra a conclusão, *i.e.*: que, na sindicância da justiça da concreta decisão, a acessão de justiça a que deve atender-se corresponde ao seu sentido «legal», sendo irrelevante, para esse efeito, a efetiva conformidade da decisão com a realidade histórica. Na verdade, esta conformidade (justiça material) não pode ser objeto de controlo pelo tribunal *ad quem*, e, não o podendo ser, acaba (em si mesma, e do ponto de vista do resultado) por se tornar irrelevante para a aplicação do Direito[296]. E a razão é esta, que Castro Mendes[297] tão bem identifica: a apreciação da correspondência do resultado probatório com a verdade exigiria nova atividade probatória, novo resultado probatório (os factos demonstrados são ou não efetivamente verdadeiros, e correspondentemente estão ou não provados); quanto a este, porém, verificar-se-ia sempre a mesma indecisão quanto à sua relevância, pois esta dependeria do carácter verdadeiro ou não do seu conteúdo, a apreciar mediante nova prova, e assim sucessivamente.

por se encontra vedado ao mesmo fazer uso do seu conhecimento pessoal dos factos). E nem por isso a decisão por si tomada pode ser considerada injusta. Na verdade, o pronunciamento do mesmo sobre a realidade histórica que serve de base ao litígio deve ser tomada com base nos elementos de julgamento legalmente incorporados no processo, sob pena de violação da lei, de tomada de uma decisão com base num conhecimento interior do juiz, ou numa intuição não racionalmente motivável (em vez de se ajustar ao resultado da prova). E isso sim aparecia aos olhos dos destinatários da decisão como uma injustiça. O juiz deverá poder fundamentar a sua decisão à luz dos elementos de julgamento existentes nos atos: a «justiça» deve ser «demonstrável».

[296] Isto, sem prejuízo de existir uma constante tendência do direito para a verdade, que se manifesta mesmo depois do trânsito em julgado da decisão. Com efeito, o artigo 696º, alínea c) admite que a decisão transitada em julgado seja objeto de revisão, com o limite temporal estabelecido no artigo subsequente, no caso de se apresentar documento de que a parte não tivesse conhecimento, ou de que não tivesse podido fazer uso, no processo em que foi proferida a decisão a rever e que, por si só, seja suficiente para modificar a decisão em sentido mais favorável à parte vencida.

[297] João de Castro Mendes, *Do conceito de prova em processo civil*, cit., págs. 344 e segs., em especial, pág. 346.

Como afirma MASCARDO[298], *Ul recta sit probatio, satis est, ut in forma non peccet, licet in materia deficiat, i.e.*, o resultado probatório é juridicamente relevante ou irrelevante consoante o modo de formação, independentemente do conteúdo. De resto, isto é exato tanto para o resultado probatório e para a decisão de facto, como para a sentença, globalmente considerada – também esta, para ser válida e representar a prestação correspondente ao direito de ação, tem de ser justa quanto ao modo dc formação, independentemente do seu conteúdo[299].

Esta conclusão – deve, por último notar-se – não corresponde, no entanto, à ideia de que a dogmática processual civil, e o Direito processual civil, em particular, devam (ou, sequer, possam) ser indiferentes face ao problema do apuramento da «verdade» (justiça meramente procedimental), ou que esta (verdade) não seja chamada a desempenhar, dentro do processo, nenhuma função. Muito pelo contrário...

V. Da função processual da verdade: função de legitimação da decisão judicial?

Decorre da exposição anterior que a verdade não desempenha uma função de legitimação da decisão judicial. A validade desta prende-se antes com a correspondência entre os enunciados probatórios e o resultado da prova (verdade dos enunciados probatórios), recaindo sobre o juiz o dever de proceder à fundamentação da respetiva decisão.

A conclusão seria diferente – deve notar-se – se a prova (ou outro instrumento epistémico que a substituísse) fosse dotada de uma característica

[298] Apud, ibidem.

[299] Ibidem. Note-se que a afirmação de MASCARDO se dirige contra o pensamento de autores, como BALDO, segundo os quais a função e o objeto da atividade probatória devem necessariamente coincidir, mesmo em concreto, com o resultado probatório. BALDO (salienta CASTRO MENDES) definia a prova não como convicção (*fides*) mas como convicção da verdade (*fides veri*), extraindo daí a conclusão geral de que o resultado probatório que tenha como objeto um erro não deve qualificar-se como prova: *falsa probatio non est probatio*. Daqui deduz-se necessariamente que a atividade probatória só poderia qualificar-se como tal quando buscasse a verdade e efetivamente a atingisse, *i.e.*, quando fosse atividade material, a sua função coincidindo com o seu resultado. A teoria de BALDO refletir-se-ia também na problemática do objeto da prova: só poderiam ser provados (objeto do resultado probatório) factos verdadeiros; não evidentemente no sentido de que o juiz se não pudesse enganar, mas no sentido de que, se tal engano se verificasse, não estaríamos em face de uma prova verdadeira e própria.

de infalibilidade[300]. Todavia, é outra a realidade com que nos defrontamos[301]. (Sem prejuízo disto, é curioso notar que, mesmo que assim não fosse [*i.e.*, ainda que a prova fosse infalível] – e atendendo à aceção ideológica de justiça – a obrigação de tomada de uma decisão com base na verdade [aí, sim, condição de validade da mesma] deveria converter-se em regra de direito, cuja violação traduziria, antes do mais, uma agressão ao princípio da legalidade...[302]).

Conforme é referido por SAUER[303], «a verdade em si (ou verdade em termos absolutos) não pode impor-se como objetivo autónomo e próprio do pensamento jurídico, pois as determinações objetivas deste terão sempre de subordinar-se às exigências e necessidades normativas que lhe vão implicadas ao integrarem-se elas na concreta Ideia de Direito. Isto é, terão de corresponder às exigências concretas de uma «sentença justa e socialmente adequada». A verdade em si mesma (como valor absoluto ao mesmo nível dos valores da Justiça, da Beleza, da Caridade, etc., com o mesmo peso ético uns e outros, em termos de se não poder estabelecer entre eles qualquer hierarquia) não é assim imperativa para o pensamento jurídico da mesma forma que o é a Ideia do Direito, ou a Justiça[304].

Embora a existência simultânea dos dois valores pareça definir *primo conspectu* o ponto ideal da realização do Direito, a verdade é que essa simultaneidade só viria a revelar-se uma antinomia paralisante para a própria justiça[305]. «Desde logo a sua paridade e autonomia axiológicas fariam com que cada um deles fosse intransigente na sua respetiva ordem de valor – com a mesma legitimidade com que um diria *fiat justitia pareat mundus*, diria o outro *fiat veritas pareat mundus*»[306].

300 E se não existissem outros limites processuais ao conhecimento da verdade.

301 Note-se que partimos da rejeição de uma relação concetual entre prova e verdade.

302 A prevalência do princípio da legalidade verifica-se de igual modo na existência de normas de direito probatório, que conduzem à exclusão de determinados meios de prova.

303 Apud, ANTÓNIO CASTANHEIRA NEVES, *Questão-de-facto-Questão-de-direito ou o problema metodológico da juridicidade (ensaio de uma reposição crítica)*, cit., págs 469 e segs.

304 Ibidem.

305 Ibidem (as palavras são do autor).

306 «*Assim – e uma vez que na linha metódica a verdade seria pressuposto da justiça –, o juízo jurídico ter-se-ia de abster sempre que, e da mesma forma que o juízo puramente cognitivo sobre os dados, não concluísse por um juízo de pura verdade: a pura intenção teorética, que visa unicamente a verdade, não emite um juízo conclusivo enquanto a não alcança. Mas já no domínio ético em geral, e do normativo-prático em particular, se não concilia com a abstenção ou o adiamento. Não o consente a urgência prática, porque é da própria*

VI. Da função principiológico-axiológica da verdade

A afirmação de que a verdade, em si mesma, não constitui um objetivo autónomo e próprio do pensamento jurídico (com o mesmo peso ético do valor da Justiça), não significa, contudo, que a mesma possa ser desprezada pelo Direito. Do ponto de vista do efetivo resultado da atividade processual desenvolvida ela torna-se – é certo – irrelevante[307]. No entanto, não pode menosprezar-se, como salienta DEL VECCHIO[308], que a verdade não possui apenas um sentido epistemológico (*i.e.*, de correspondência entre aquilo que se afirma e a própria realidade), mas também um sentido ou uma *dimensão axiológica*: a tendência para a verdade, inerente ao espírito humano, não corresponde só a um dado psicológico ou gnosiológico, sendo também um princípio ético, uma exigência moral. Temos o dever de procurar a verdade e, na medida das nossas possibilidades, respeitá-la e conformar com ela as nossas ações[309]. O respeito pela verdade constitui, assim, um princípio ético fundamental, que encontra a sua aplicação tanto na moral, como no Direito[310].

essência da vida prática, da própria realidade humana, o encontrar-se sempre o homem envolvido em situações, em circunstâncias sociais-reais, perante as quais não pode deixar de tomar posição, de reagir, de decidir e agir. (...) Ora se esta necessidade de reagir às situações bem pode dizer-se a definição da própria vida humana (...) não menos implica também que o decidir na vida prática não se segue ao puro conhecimento, nem pode estar por ele condicionado; antes pelo contrário, as determinações objectivas pressupostas pela acção são sempre elas próprias funções da intencionalidade prática do agir» (ibidem, pág. 470).

307 Como vimos, apenas quanto à sua legalidade e conformidade com o resultado probatório obtido no processo a decisão pode, desde que verificados os respetivos requisitos legais, ser sindicada por um tribunal superior. Isto não quer dizer, no entanto, que o fim da prova não seja a obtenção da verdade material. Com efeito, e como vimos acima, o fim da prova consiste na obtenção da verdade material (existência de uma relação teleológica entre prova e verdade), embora o seu resultado seja apenas um determinado grau de convicção do juiz sobre a «verdade dos factos» (em termos de uma mera probabilidade objetiva ou epistémica). Este convencimento não constitui, portanto, o fim da prova, mas antes o meio escolhido pelo legislador, num regime de livre apreciação da prova, para alcançar aquela finalidade (*i.e.*, a obtenção da verdade material).

308 GIORGIO DEL VECCHIO, *La justice – la vérité*, cit., pág. 179.

309 Ibidem: «*Aucun système éthique digne de ce nom n'est possible sans ce précepte, inséparable de ceux de la justice et de la charité. Le commandement de l'Ancien Testament: «ne pas commettre de faux témoignage» a été, comme les autres, non seulement accueilli, mais heureusement développé par le Christianisme, qui en a tiré une série de commandements et de défenses, également inspirés par le respect fondamental de la vérité*».

310 Ibidem, pág. 195. O autor acrescenta, todavia, que, ao contrário do que se verifica no plano da moral (onde este princípio se apresenta imediatamente com o seu valor absoluto, como

Por conseguinte, embora a verdade (ao contrário da justiça) não constitua um valor absoluto do processo, sendo objeto de diversos condicionamentos (basta pensar na existência de normas de direito da prova), o mesmo deve dotar-se de mecanismos que permitam que o resultado nele obtido se aproxime, tanto quanto possível, da verdade (princípio da verdade material). Esta (verdade absoluta) não atua assim sobre o conceito de justiça do ponto de vista do resultado (justiça material), mas do ponto de vista da procura (função principiológica da verdade): «o direito em geral tende sempre para a verdade, em toda a parte, como cada um de nós, em constante tormento, quase como procurando uma parte do nosso ser que do ignoto nos chama»[311].

Uma vez que o processo lida com uma realidade histórica, e que a prova constitui o único veículo para a conhecer, a finalidade de aproximação à verdade conduz assim à necessidade de o processo se dotar de instrumentos idóneos do ponto de vista epistémico. Segundo KELSEN, a justiça ocorre naquela ordem social sob cuja proteção pode ter lugar a procura da verdade[312]; qualquer norma de natureza contra-epistémica só podendo assim justificar-se por uma razão de harmonização com outros princípios ou valores jurídico-processuais.

Com esta mudança de perspetiva altera-se também o enfoque da discussão: esta desloca-se do problema de saber que requisitos deve satisfazer uma decisão justa (*que decisão?*) para se centrar numa análise do próprio

um imperativo categórico, admitindo apenas exceções ou limitações mínimas), no Direito a obrigação de dizer a verdade assume uma forma precisa (com as correspondentes sanções civis e penais), apenas em casos determinados, *i.e.* quando a mentira ou a relutância causem prejuízo a outrém.

311 CARNEVALE, apud JOÃO DE CASTRO MENDES, *Do conceito de prova em processo civil*, cit., pág. 399.

312 HANS KELSEN, no seu ensaio *Qué es Justicia?*; este ensaio constitui a sua conferência de despedida como professor da Universidade da Califórnia pronunciado em Berkeley em 27 de maio de 1952. Junto com outros ensaios do mesmo autor encontra-se na obra *Qué es Justicia?*, Barcelona: Ariel Editora, 1991, págs. 35-63. Num sentido semelhante veja-se A.J.D. PEREZ RAGONE, «Profili della giustizia processuale (procedural fairness): la giustificazione etica del processo civile», *RDP*, 2008, págs. 1033-1051. O autor identifica a «justiça processual» não como qualquer coisa de distinto da «justiça substancial», mas como o reflexo da «justiça na norma processual», fazendo dela o «filtro ético» da norma formal-instrumental, e identificando o fim fundamental do processo como «*a obtenção de uma sentença justa com base numa atividade epistémica obrigatória que o juiz deve realizar sobre os factos, orientada para a reconstrução...de uma realidade*» (ibidem, em especial pág. 1050).

processo, e dos instrumentos de que o mesmo deve dispor para que aquela decisão se aproxime o mais possível da verdade (*que processo?*). A cogitação sobre a função axiológica da verdade no plano da aplicação do Direito converte-se assim numa dogmática reflexão sobre o conceito e os predicados do chamado «justo processo».

VII. Verdade e justo processo

O instrumento processual através do qual o juiz obtém um convencimento sobre a verdade dos enunciados de facto que servem de base à pretensão das partes é a prova (enquanto atividade). Não sem razão afirmam Augustin Aynès e Xavier Vuitton[313] que a prova faz a ponte entre o direito substantivo e o direito processual, constituindo frequentemente a «chave do processo»; M. Decugis[314] situando mesmo na eficácia prática dos meios de prova postos pelo legislador à disposição dos juízes, para além do bom recrutamento destes últimos na elite da nação, o elemento de que depende a perfeição ou imperfeição da organização judiciária de um Estado. Por outro lado, e agora de um ponto de vista subjetivo, pode notar-se (com F. Terré[315]) que «*n'avoir pas de droit et ne pouvoir le prouver sont une situation equivalente pour la personne*» (a prova condiciona a efetividade do direito – «*Idem est non esse et non probari*»[316]), sendo impensável o reconhecimento de direitos subjetivos sem a respetiva tutela probatória (Pufendorf[317]).

Do ponto de vista do justo processo, a verdade coloca assim um problema de ordem técnica (problema da procura da verdade/princípio da verdade material) e um problema de ordem ética (função axiológica da verdade: deveres de veracidade, e deveres de colaboração probatória).

313 Augustin Aynès e Xavier Vuitton, *Droit de la Preuve, Principes et mise en oeuvre processuelle*, Paris: LexisNexis, 2013, págs 1 e segs.
314 M. Decugis, «L'évolution des modes de preuve judiciaire en droit comparé», *Bulletin de la société de législation comparée*, T. LXVIII, Paris, 1939, págs. 77-87, pág. 77.
315 F. Terré, *Introduction générale au droit*, Dalloz, 7ª éd. 2006, nº 560, cit. em Marion Bary, «Les nouveaux défis de la loyauté de la preuve», *Droit et procédures, la revue des huissiers de justice*, 2008, 61º année – nº 4 – juillet/août, págs. 195-202, p. 195.
316 Marie-Emma Boursier, *Le principe de loyauté en droit processuel*, Paris: Dalloz, 2003, pág. 75. Segundo a autora, «*qu'un droit ne présente pour son titulaire d'utilité véritable que pour autant qu'il peut être établi en justice: un droit qui ne peut être prouvé est un droit pratiquement inexistant*».
317 Samuel Pufendorf, *De iure naturae et gentium*, III, cap. VI, e IV, cap. II, 1749, apud Alessandro Giuliani, «Prova, prova in generale – Filosofia del Diritto», cit., pág. 560.

Sobre estas duas dimensões do justo processo se pronuncia COMOGLIO[318]. Segundo o autor italiano, não era assim nos quadros da doutrina tradicional, cujo modo de conceber os fenómenos processuais (a *Betrachtungsweise* processual) não se compaginava com uma qualificação «ética» ou «moral» do comportamento dos sujeitos do processo. Segundo J. GOLDSCHMIDT[319], por ex., o processo, tal como a política ou a guerra, encontra-se despido de uma significação moral[320]. Os seus instrumentos não seriam suscetíveis de qualquer qualificação ou adjetivação geneticamente externa (ou estranha) à sua lógica formal, não podendo ser qualificados como bons ou maus, ou como justos ou injustos, mas apenas como tecnicamente idóneos ou inidóneos à realização das finalidades funcionais a que se encontram preordenadas. Na verdade (afirma COMOGLIO), justo ou injusto pode ser – partindo-se desta perspetiva – o resultado final do processo (*i.e.*, a decisão final de mérito)[321]; mas apenas numa perspetiva axiológica estranha ao processo.

Hoje, porém, pode falar-se – em conformidade com princípios como o da boa-fé, o da lealdade ou da probidade – de uma ética rigorosamente interna do processo (e, como tal, já não geneticamente estranha ao mesmo). Deste dever (de lealdade) decorre, como veremos, a existência de um dever de as partes colaborarem em matéria probatória, para além de um dever

[318] LUIGI PAOLO COMOGLIO, *Etica e Tecnica des «Giusto Processo»*, cit., págs. 1 e segs.

[319] J. GOLDSCHMIDT, *Der Prozess als Rechtslage*, Berlin, 1925, pág. 292. CASTRO MENDES (JOÃO DE CASTRO MENDES, *Do conceito de prova em processo civil*, cit., págs. 344 e segs.) põe em confronto a teoria (realista) de GOLDSCHMIDT, e a teoria idealista de WACH. Este último, com a sua teoria da «Rechtsschuntzanspruch», considera que o titular de um direito subjetivo deve ter também o direito de o ver tutelado em juízo (direito de ação em sentido subjetivo). No extremo oposto encontra-se GOLDSCHMIDT, e a sua teoria do processo como situação jurídica («Rechtslage»), caracterizada pelo facto de reedificar o sistema de Direito processual, pondo na base de toda a indagação, não o modo como o processo devia ser, mas o modo como o mesmo é na realidade, mesmo nos casos anormais e patológicos nos quais chega a resultados diversos daqueles que deveria segundo o direito obter; ou seja, o autor reedifica o processo vendo-o não como um meio para atuar o direito, mas como um meio para fazer valer como direito o que pode não o ser (sobre esta matéria pode ver-se PIERO CALAMANDREI, «Il Processo come Situazione Giuridica», *RDPC*, Ano 1927, vol. IV, parte 1, págs. 219-226, pág. 225).

[320] É esta a frase original: «..*für die prozessuale Betrachtungsweise hat der Recht, der voraussichtlich Recht behalten wird; sie ist, wenn man so will, moralinfrei. Es ist im Prozesse wie im krieg und in der Politik...*».

[321] Como foi dito acima, não concordamos com esta perspetiva.

de verdade[322] (*rectius*, de veracidade[323]). A existência daquele dever (de colaboração probatória) destina-se, para além do mais, a permitir a salva-

[322] Não existe uma posição doutrinal unânime em torno da questão de saber se recai (ou deve recair) sobre as partes um dever de dizer a verdade. No sentido afirmativo pode ver-se, entre outros, ARTUR ANSELMO DE CASTRO, *Direito Processual Civil Declaratório*, Vol. III, Coimbra: Almedina, págs. 168-171; ERWAN LE GALL, *Le devoir de collaboration des parties a la manifestation de la verite dans les litiges prives. Remarques sur l`adage nemo tenetur edere contra se*, Thèse pour le Doctorat en Droit, présentée et soutenue le 20 mars 1967; DEMOGUE, René, *Les notions fondamentales du droit prive*: essai critique, Paris: Arthur Rousseau, 1911, pág. 557 e segs.; GIORGIO DEL VECCHIO, *La justice – la vérité*, cit., págs 198 e segs; LUIGI PAOLO COMOGLIO, «Ideologie consolidate e riforme contigenti del processo civile», *RDP* , Nº 3, Ano LXV (2010), págs. 521-543; EDUARDO GRASSO, «La collaborazione nel processo civile», *RDP*, 1966, págs. 580-609); E. J. COUTURE, *El deber de decir la verdad en juicio civil*, Montevideo, 1938, pág. 31; ALFREDO DE MARISICO, «Falsità in atti», *Enciclopedia del Diritto*, XVI, págs. 560 a 600, (págs. 563 e 564). A obrigação de verdade e o direito à verdade (afirma este último autor) constituem a obrigação e o direito sob os quais se rege o equilíbrio de todas as relações jurídicas. GIORGIO DEL VECCHIO, por sua vez, sublinha o facto de que, ao passo que algumas legislações, como é o caso da austríaca (veja-se também o atual § 138 ZPO alemã), optaram por formular expressamente a obrigação de as partes se exprimirem «em conformidade com a verdade», a maior parte dos sistemas de Direito processual evitou a utilização de uma fórmula tão rígida. É o caso do sistema italiano onde se prevê que as partes e os seus defensores têm o dever de se comportar no processo com lealdade e probidade (artigo 88 CPCit.), norma esta que é objeto de crítica por parte de COMOGLIO, pelo facto de a mesma não reproduzir a proposta de acrescentar um novo parágrafo, de acordo com o qual «*le parti costituite debbono chiarire le circostanze di fatto in modo leale e veritiero*» – assim se prejudicando a plena atuação dos valores ético-morais e deontológicos presentes na fórmula do «justo processo». Já segundo EDUARDO GRASSO, a máxima *nemo tenetur edere contra se* não se justifica, em processo civil, seja no plano moral, seja com base no Direito positivo, já que não existe nenhuma norma que atenue a avaliação negativa do comportamento desleal, continada no artigo acima referido. ERWAN LE GALL critica a visão duelística do processo, considerando que a lealdade consiste, antes do mais, em não mentir. Não há dúvida que a verdade judiciária é relativa (afirma o autor), mas nem por isso ela deve deixar de estar no centro das preocupações do juiz. A exigência de verdade manifesta-se na existência de um vínculo jurídico da instância (conceção do processo como relação jurídica), o qual se afirma como suporte técnico de uma exigência de verdade no processo. A superação de uma visão individualística do processo é também propugnada por GIORGIO DEL VECCHIO. Nem toda a alteração da verdade constitui no processo, como no Direito em geral, um ato ilícito, mas apenas as alterações e artifícios que se destinem a enganar a parte contrária e os juízes (como é sublinhado pelo Relatório Ministerial, § 17, toda a malícia empregue contra o adversário constitui ao mesmo tempo uma fraude contra a administração da justiça); a proteção da boa fé no processo é, portanto, necessária, não apenas no interesse privado, mas também por razões de ordem pública. Daí a atribuição aos juízes de maiores poderes para a procura da verdade e para a repressão da má fé.

Por sua vez (observa GIORGIO DEL VECCHIO), as razões apontadas por numerosos juristas para explicar a ausência de uma proibição expressa de as partes apresentarem «alegações

guarda do direito à prova, que constitui um elemento fundamental do justo processo.

Mas o processo constitui também uma técnica, e nessa medida o mesmo deve reunir-se de instrumentos idóneos do ponto de vista da finalidade de apuramento da verdade (é neste contexto que se inscreve a atribuição

falsas» não são totalmente convincentes, embora tenham a sua importância: entre outros, G. Chiovenda, *Principii di Diritto processuale civile*, 3ª ed. Naples, 1923. § 48, pág. 475 (apud Giorgio del Vecchio); E. Redenti, «L'umanità nel nuovo processo civil», *RDPC*, Vol. XVIII, 1941, págs. 25-34, pág. 30; F. Carnelutti, *Sistema di Diritto processuale civile*, vol. I, Padove 1936, § 325, págs. 880 e segs, id. «Contra il processo fraudolento, forma e prova del negozio che modifica la competenza per territorio», *RDPC*, V. III, 1926, P. II, págs. 14-25. Chiovenda salienta que a tarefa de assegurar a verdade das respetivas afirmações é deixada ao cuidado mútuo das partes, embora a lei ameace com sanções particulares os casos mais graves, como, por ex., as afirmações prestadas sob juramento. Já segundo Redenti, não existe uma verdade de facto para as partes. Cada parte tem a sua verdade, segundo a sua «forma mentis», em conformidade com os seus interesses e as suas paixões. É apenas através da observância e do controlo crítico das suas «formas de ver» divergentes que se pode chegar a essa «verdade do juiz» que é, enfim, aquela que vale para o Direito positivo. Por sua vez, defende Carnelutti que as mais-valias trazidas ao processo pelas partes dependem, antes do mais, da sua iniciativa e, consequentemente, da sua liberdade (todo o entrave a esta liberdade comprometendo a sua realização). A ação das partes desenrola-se contraditoriamente e da contradição, que é uma forma de luta, apenas pode banir-se, de um modo relativo, a força e a artimanha.

[323] Segundo Dirk Olzen (Dirk Olzen, «Die Wahrheitspflicht der Parteien im Zivilprozess», cit., págs. 403-426), tanto o Direito romano, como o Direito canónico e o Direito germânico, conheceram uma obrigação de verdade, garantida através da prestação do chamado «juramento de calúnia». Tal elemento comum (salienta o autor) demonstra que apenas se exigia às partes a crença subjetiva nas suas alegações, e não que as mesmas trouxessem para o processo uma verdade objetiva, o que de resto se encontra em conformidade com o conceito cristão de verdade: a ciência teológica e filosófica distingue os conceitos de verdade e de veracidade, e a teologia diferencia ainda a verdade enquanto revelação divina e aquela que diz respeito às exigências fundadoras da ética cristã na relação com o próximo. A Verdade não traduz o conhecimento sobre alguma coisa, mas uma expectativa de comportamento à luz da verdade eterna de Deus. A mentira contra os outros e em tribunal é assim proibida, o dever de as pessoas observarem a conformidade entre o conhecido e o afirmado correspondendo ao dever cristão de veracidade. O § 138 ZPO (conclui o autor) não consagra, pois, o dever de as partes apresentarem apenas alegações verdadeiras do ponto de vista objetivo, impondo-lhes, isso sim, um dever de veracidade. Ou seja, às partes encontra-se vedado procederem à alegação de factos que, segundo a própria convicção pessoal, não correspondem à verdade. Quanto ao grau de convencimento exigido, considera o autor que se trata de uma questão delicada, entendendo, no entanto, que, no caso de não se tratar de factos pessoais, ou no caso de o autor não ter a certeza sobre a verdade dos mesmos, não se pode esperar que o mesmo renuncie a uma ação judicial.

ao juiz de poderes instrutórios *ex officio iudicis*). Segundo COMOGLIO[324], a perspetiva moderna do «justo processo» harmoniza-se com um tratamento em conjunto da legalidade procedimental e da justiça substancial. Com efeito, a atribuição daqueles poderes, através da consagração do princípio inquisitório (ativismo judiciário) relaciona-se de um modo potencialmente conflituoso com a salvaguarda das garantias processuais das partes (pense-se, por ex., no princípio da imparcialidade judicial), o que convoca um problema de harmonização entre ambos.

É sobre este último plano (aquele que diz respeito ao «método de apuramento da verdade») que se debruça a análise subsequente. Pode dizer-se que o propósito de realização de uma justiça substancial conduz à abertura do processo a um princípio inquisitório (*rectius*, da oficialidade)? E se assim for, tem sentido continuar a falar-se na existência de um princípio de responsabilidade probatória das partes, e de um método de apuramento da verdade de natureza contraditória-dialógica?

Do ponto de vista deste método (método contraditório-dialógico), é, aliás, curioso notar que a finalidade de apuramento da verdade material (justiça substancial) e a salvaguarda das garantias das partes não só não se encontram numa relação de tensão, como se harmonizam ou complementam: já que através da salvaguarda de um (garantias das partes[325]) se estimula o outro (prossecução da verdade). O mesmo não se pode dizer, contudo, da abertura do processo a um elemento inquisitório (ou de oficialidade em matéria instrutória), o qual convive mal com a natureza dispositiva do processo, tornando-o menos harmonioso, e dando origem (sendo esse o caso) a uma necessidade de articulação entre o princípio da oficialidade e o princípio de responsabilidade probatória das partes.

324 LUIGI PAOLO COMOGLIO, *Etica e Tecnica des «Giusto Processo»*, cit., pág. 48.

325 Pensamos, em especial, na salvaguarda do «direito à prova».

Capítulo 3
O apuramento da verdade como aspiração finalística do processo e o método processual para o apuramento da verdade

I. Introdução

A aceitação de uma função principiológica da verdade corresponde à abertura do processo a uma dimensão ética da própria legalidade: o proferimento de uma decisão justa deixa de estar relacionado apenas com a observância da lei, passando a relacionar-se também com o modo como é a própria lei a aplicar (a decisão será justa, se justo for o processo que a precedeu). Como afirma ENRICO OPOCHER, um julgamento que respeite a legalidade, mas que ao mesmo tempo não observe, no seu conteúdo, o horizonte ideológico da consciência social, pode bem ser definido como injusto – embora nesta sua acessão a injustiça do julgamento não interfira, em nenhuma medida (especialmente nos ordenamentos jurídicos fechados), com a sua validade jurídica. ISABELLE DESPRÉS[326], por sua vez, refere-se à presença, na regulamentação, de uma vontade de se obter a verdade absoluta, sublinhando COMOGLIO[327] que o parâmetro de valoração à luz do qual um processo pode ser qualificado como justo ou injusto se identifica com a «ética» que anima e suporta, internamente, a legalidade do procedimento judicial.

[326] ISABELLE DESPRÉS, *Les mesures d`instruction in futurum*, Paris: Dalloz, 2004, págs. 146-147.
[327] LUIGI PAOLO COMOGLIO, *Etica e tecnica del "giusto processo"*, cit., págs. 4-5. Veja-se também A.J.D. PEREZ RAGONE, «Profili della giustizia processuale (procedural fairness): la giustificazione etica del processo civile», *RDP*, 2008, págs. 1033-1051.

O justo processo deve assim estar dotado de instrumentos idóneos do ponto de vista da finalidade de apuramento da verdade (princípio da verdade material). Fosse este um princípio absoluto[328], e o resultado seria o seguinte: uma decisão sobre o mérito da causa não poderia ser tomada sem que fossem processualmente adquiridos todos os elementos probatórios com relevo para a resolução do litígio. Mais concretamente, não deveria o juiz tomar uma decisão com base na aplicação das regras de distribuição do ónus da prova sem antes terem sido adquiridos todos os elementos probatórios necessários para a formação de uma convicção sobre a verdade dos enunciados de facto que fundamentam as pretensões das partes[329].

Embora o princípio da verdade material não ocupe um lugar superior na hierarquia dos princípios fundamentais do processo (devendo conciliar-se com os demais princípios processuais, como o do dispositivo ou o da imparcialidade judicial), decorre do mesmo, por conseguinte, a necessidade de o processo se encaminhar o mais possível para a verdade, as normas de natureza contra-epistémica apenas se podendo fundar na necessidade de salvaguarda de outros princípios ou valores jurídicos fundamentais (e o mesmo se podendo dizer de qualquer interpretação restritiva das normas jurídicas de natureza epistémica, como aquela que se encontra consagrada no artigo 411º).

[328] Não o é. É a prova que existe em função das necessidades do processo, e não o processo que existe em função da prova.

[329] Não deve, contudo, associar-se a tomada de decisões com base nas regras do ónus da prova à realização de uma justiça meramente formal, e a tomada decisões com base em juízos probatórios a uma justiça substancial, já que isso contraria a conclusão a que acima chegámos no sentido de que a verdade não exerce um papel de legitimação da decisão judicial. De um ponto de vista da finalidade de apuramento da verdade, e de uma visão ética da própria legalidade, deve procurar-se que, dentro das limitações decorrentes da necessidade de salvaguarda dos demais princípios e valores processual, sejam adquiridos todos os elementos necessários para formar a convicção do juiz sobre a «verdade dos factos». Mas, a justiça que se realiza é sempre legal, e esta justiça não é menos realizada nos casos em que, ficando o juiz em dúvida sobre a «verdade dos factos», o mesmo toma uma decisão com base na aplicação das regras de distribuição do ónus da prova. O problema da tomada de decisões fundadas na aplicação destas regras é, por essa razão, um problema de ordem técnica, que diz respeito à sua natureza de *ultima ratio*: apenas quando os elementos probatórios existentes nos autos não permitam ao juiz formar uma convicção (em termos de probabilidade prevalente) sobre a «verdade dos factos», o mesmo pode lançar mão daquelas regras, tomando uma decisão contra a parte onerada.

Acontece, porém, no que a esta última norma diz respeito, que a mesma não é totalmente isenta de implicações contra epistémicas (ou pelo menos não constitui entendimento doutrinal unanime que o não seja). Na verdade, resulta da atribuição ao juiz de uma responsabilidade própria em matéria instrutória uma atenuação do ónus (subjetivo) da prova, podendo derivar daqui (sendo este o aspeto controvertido) uma quebra do estímulo das partes quanto à aportação dos elementos necessários para a demonstração das respetivas pretensões. Mesmo que assim não se venha a entender, este aspeto deve pôr-nos de sobreaviso relativamente à posição dos autores que, sem uma ulterior densificação dogmática, reconduzem a finalidade de apuramento da verdade a uma – por assim dizer – axiomática afirmação do «princípio inquisitório» (dotar o processo de uma adequada dimensão epistémica corresponderia a atribuir ao juiz poderes oficiosos em matéria de prova).

Compreende-se naturalmente o sentido deste raciocínio: uma vez que o processo deve encaminhar-se para a verdade, devem ser dados ao juiz os instrumentos necessários para a prossecução desse fim (poderes de direção material da relação processual), ao mesmo tempo que se combatem os excessos do princípio dispositivo, *i.e.*, de uma conceção do processo como «coisa privada das partes» (lapidarmente resumida na frase: «o objetivo do processo (...) não é mais a descoberta da verdade do que o objetivo da guerra é o triunfo do Direito. Fazemos a guerra para impor a paz, fazemos o processo para alcançar o caso julgado»[330]).

No entanto, a afirmação de que decorre do princípio da verdade material (como se da mesma e única coisa se tratasse) a abertura do processo a um princípio inquisitório não pode ser feita à margem de uma leitura problematizante, que tenha em conta quer (1) o facto de a consagração deste princípio ser feita num sistema de raiz dispositiva, devendo com ela conformar-se (dispositivo em sentido material), quer (2) o facto de: 2.1. o método contraditório, ao servir-se do estímulo das partes na defesa do próprio interesse, possuir uma idoneidade epistémica própria; 2.2. este método se basear na figura do ónus (subjetivo) da prova; 2.3 resultar da atribuição ao juiz de uma responsabilidade probatória própria uma atenuação deste ónus; 2.4. esta responsabilidade não poder ser tal, que conduza

[330] H. ROSSEAU, apud, ERWAN LE GALL, *Le devoir de collaboration des parties a la manifestation de la verite dans les litiges prives. Remarques sur l`adage nem tenetur edere contra se*, cit., pág. 15.

a uma anulação daquele ónus (dever de realização de todas as diligências necessárias ao apuramento da verdade, independentemente de qualquer iniciativa das partes), no caso de se vir a entender que o processo civil não pode prescindir de um princípio de responsabilidade probatória das partes.

Em relação ao primeiro aspeto (necessidade de salvaguarda do princípio dispositivo material [e do princípio da proibição de recurso à ciência privada]), decorre do mesmo, como teremos oportunidade de ver, uma limitação da atuação do juiz (no que à chamada prova histórica diz respeito) à aportação das fontes de prova de que o mesmo toma conhecimento através do processo. Daqui resultam duas consequências: (a) em primeiro lugar, que não pode falar-se em processo civil na existência de um autêntico poder inquisitório do juiz: o poder do juiz restringe-se à disposição oficiosa dos «meios de prova», *i.e.*, dos mecanismos de aquisição formal da prova, e não à investigação oficiosa da verdade (daí que deva falar-se de apuramento, e não de descoberta da verdade, e – pela mesma razão – de princípio da oficialidade em vez de princípio inquisitório); (b) em segundo lugar, que a obtenção de um determinado resultado probatório tem sempre por base a responsabilidade e a iniciativa das partes, já que são estas, através da observância do respetivo ónus de alegação fundamentada, que introduzem no processo a referência às fontes de prova (ou as próprias fontes), abrindo caminho à intervenção oficiosa do juiz, no que diz respeito à aquisição formal dessas mesmas fontes[331].

Mas, a antecipação desta conclusão não permite ainda ter nenhum vislumbre sobre a natureza do sistema processual instrutório. E isto porque o conceito de ónus (subjetivo) da prova é utilizado pela doutrina processualística em sentido restrito (responsabilidade pela realização dos meios de aquisição formal da prova), não abrangendo a responsabilidade pela introdução no processo das respetivas fontes de prova. Partindo deste sentido restrito, e sem prejuízo do que acima dissemos quanto ao facto de a atribuição de poderes instrutórios ao juiz poder constituir um contra-estímulo à atividade das partes, pode notar-se – contra a advertência que aí se fez – que o enfoque puramente epistémico não é suficiente para se chegar a uma leitura restritiva da norma do artigo 411º. Com efeito, o problema do enfraquecimento do «estímulo das partes» resultante da atribuição ao juiz

[331] Ou requerem a produção de provas de cuja realização resulta o conhecimento daquelas fontes.

de uma responsabilidade probatória própria só se coloca, do nosso ponto de vista, no contexto de um sistema que se baseie (ainda) num princípio de responsabilidade probatória das partes (sistema esse no qual a responsabilidade do juiz deve comprimir-se, por forma a respeitar algum âmbito de atuação do ónus [subjetivo] da prova).

O mesmo não se pode já dizer de um sistema baseado numa exclusiva responsabilidade probatória do juiz, já que neste recai sobre o juiz a obrigação de ordenar a realização de todas as diligências necessárias para o apuramento da verdade, independentemente de qualquer iniciativa probatória das partes – sobre estas recaindo, como reverso da medalha do poder instrutório do juiz, um dever de colaboração para o apuramento da verdade. Por conseguinte, e atendendo também ao facto de que, mesmo num sistema como este, as partes não perdem o seu poder de iniciativa probatória[332] (podendo até entender-se que se mantém, dada a possibilidade de elas anteciparem as consequências de um *non liquet*[333], o seu estímulo quanto à aportação dos elementos probatórios da causa), pode concluir-se que o sistema baseado na responsabilidade probatória exclusiva do juiz se afigura pelo menos tão idóneo (se não mesmo mais) que o sistema baseado na responsabilidade das partes, do ponto de vista da finalidade de apuramento da verdade.

Fica assim afastada a possibilidade de utilizarmos um argumento de ordem epistémica (princípio da verdade material) para chegarmos a uma leitura restritiva da norma do artigo 411º, daí retirando a conclusão de que o processo civil continua a basear-se num princípio de responsabilidade probatória das partes (ver, supra, pontos 2.1, 2.2. e 2.3).

Por conseguinte, e uma vez que (1) o artigo 411º não estabelece nenhuma limitação ao poder instrutório do juiz para além daquela que resulta da necessidade de articulação com o princípio da proibição do recurso à

[332] Esta iniciativa consiste, no entanto, na possibilidade de dirigir ao juiz meras «sugestões» de prova, e não autênticos «requerimentos probatórios». Quando se pensa na natureza do sistema jurídico de instrução deve assim ter-se em linha de conta, não a possibilidade de as partes terem iniciativa probatória, mas a existência de uma responsabilidade das mesmas pela aportação das provas. Ora, a existência desta responsabilidade não subsiste no caso de a responsabilidade do juiz ser tão extensa, que acabe por anular todo o espaço de aplicação normativa reservado ao ónus (subjetivo) da prova.

[333] Tomada de uma decisão contrária aos seus interesses, com base na aplicação das regras de distribuição do ónus da prova (em sentido objetivo).

ciência privada («quanto aos factos de que lhe é lícito conhecer») e que (2) o princípio de responsabilidade probatória das partes não se encontra expressamente consagrado em nenhum preceito do código, nasce no espírito do intérprete atento a dúvida sobre se o processo civil continua a basear-se num princípio de responsabilidade probatória das partes, e sobre qual é o método instrutório de apuramento da verdade em vigor no atual modelo processual.

Caso venhamos a concluir, contudo, que o princípio de responsabilidade probatória das partes constitui um princípio fundamental do processo civil (conquanto esteja ultrapassada, como veremos, a tese do fundamento material deste mesmo princípio) resulta daí, pelas razões acima expostas, a necessidade de uma leitura restritiva daqueles poderes, com vista à salvaguarda do ónus (subjetivo) da prova (ver, supra, ponto 2.4). Com efeito, a atribuição ao juiz de uma responsabilidade instrutória própria encontra-se numa relação de tensão com este ónus, conduzindo a um enfraquecimento do mesmo (ónus incompleto). O mesmo é dizer: não existe a possibilidade de uma total comunhão de esforços entre os métodos contraditório e oficioso de apuramento da verdade. Se não vejamos:

II. Método contraditório-dialógico

O «método» contraditório-dialógico de apuramento da verdade é aquele que confia à iniciativa das partes, num sistema de auto-responsabilidade, a aportação dos elementos de facto e de prova necessários à tomada de uma decisão sobre o fundo da causa. Com efeito, as partes, sujeitos da relação material controvertida, são aquelas que, desde que devidamente estimuladas nesse sentido, se encontram em melhor posição para carrearem para o processo aqueles elementos.

Não deve duvidar-se da «vocação epistémica» por excelência do princípio da responsabilidade das partes. Conforme afirma Manuel de Andrade[334], o processo reveste a forma de um debate ou discussão entre as partes (*audiatur et altera pars*)[335] (estrutura dialética ou polémica do processo), tirando partido do contraste dos interesses dos pleiteantes para

[334] Manuel de Andrade, *Noções elementares de processo civil*, Coimbra: Coimbra Editora, 1993, pág. 379.

[335] Cada uma das partes sendo chamada a deduzir as suas razões (de facto e de direito), a oferecer as suas provas, a controlar as provas do adversário e a discretear sobre o valor e resultados de umas e outras.

o esclarecimento da verdade[336]. No mesmo sentido, refere CLAUDIA M. MORDASINI-ROHNER (segundo a qual a *Verhandlungsmaxime* possui um fundamento tanto, ideológico, como técnico) que as partes podem esclarecer, melhor do que ninguém, a matéria de facto que constitui o objeto do litígio, e que o princípio da responsabilidade das partes serve esse fim[337]. Na verdade, a oposição de interesses entre as partes constitui o meio pre-

[336] «*É tal a sua vantagem – seu rendimento – que as leis a consagram mesmo onde repelem ou cerceiam o princípio dispositivo* (deve notar-se que o autor se refere ao princípio do contraditório). *Espera-se que, também para os efeitos do processo, da discussão nasça a luz; que as partes (ou os seus patronos), integrados no caso e acicatados pelo interesse ou pela paixão, tragam ao debate elementos de apreciação (razões e provas) que o juiz, mais sereno mas mais distantes dos factos e menos activo, dificilmente seria capaz de descobrir por si*" (ibidem).

[337] CLAUDIA M. MORDASINI-ROHNER, *Gerichtliche Fragepflicht und Untersuchungsmaxime nach der Schweizerischen Zivilprozessordnung*, Helbing Lichtenhahn Verlag, Basel, 2013, págs. 3 segs. No mesmo sentido, veja-se ANTONIOS DIAKONIS, *Grundfragen der Beweiserhebung von Amts wegen im Zivilprozess*, cit., pág. 39 («*Sowohl die Verhandlugsmaxime als auch der Untersuchungsgrundsatz dienen dem gleichen Ziel, d.h. der Wahrheitsfindung, aber in verschiedener Weise*»); WALTHER J. HABSCHEID, «Das Recht auf den Beweis und der Grundsatz der Effektivität des Rechtsschutzes, Juristische Entdeckungen unserer Zeit?», *SJZ*, Heft 24, 80 Jahrgang (1984), págs. 381-387, págs. 381, 384; LEO ROSENBERG, KARL HEINZ SCHWAB, PETER GOTTWALD, *Zivilprozessrecht*, cit., pág. 425 («*Die Erfahrung lehrt, dass jede Partei zu ihrem eigenen Vorteil das ihr Günstige vorbringt, die Darstellung beider Parteien zusammen aber idR ein zutreffendes Bild der streitigen Vorgänge ergeben*»). Um pouco diferente é a posição de VERENA VENTSCH (VERENA VENTSCH, *Die materielle Prozessleitung nach der Reform der Zivilprozessordnung, § 139 ZPO*, Hamburg: Verlag Dr. Kovač, 2005, págs. 88 segs.). Segundo este autor, a questão de saber se o princípio da responsabilidade das partes (*Verhandlungsgrundsatz*) serve a finalidade de investigação da verdade não encontra uma resposta unânime na doutrina. Com efeito, entendia-se no período liberal que a verificação da verdade constitui um resultado meramente possível do processo. A determinação da verdade dos factos, atendendo à natureza privada do objeto do litígio, não figura entre os fins do processo. Não é esta, contudo a posição hoje prevalecente, atendendo a uma ideia de justiça material. Segundo SCHMIDT (apud VERENA VENTSCH), a estabilidade da estrutura jurídica não pode estar dependente do acaso e da imperfeição. Mas (afirma VERENA VENTSCH), o afastamento total do acaso e da incompletude do processo resultaria apenas de uma rejeição da «Verhandlungsmaxime» e de uma introdução da «Amtsermittlungsgrundsatzes», não tendo sido isso que aconteceu com a reforma da ZPO de 2002. Apenas os processos nos quais vigora o inquisitório têm em vista diretamente a descoberta da verdade. Já num processo dominado pelo princípio da responsabilidade das partes a procura da verdade dos factos apenas pode ser um fim-meio («Etappenziel») do caminho para uma decisão justa, e não o fim primordial do processo. Com esta visão do princípio da responsabilidade das partes pode ver-se, por ex., BERNHARD HAHN, *Kooperationsmaxime im Zivilprozeß?*, Köln, Berlin, Bonn, München: Carl Heymanns, 1983, pág. 84. Não concordamos com a mesma. Estamos em crer, na verdade (como resulta do pensamento dos autores acima citados), que tanto o método inquisitório como o método

ferencial para a investigação da realidade, e a contradição entre elas representa a forma mais eficaz e económica de obter uma conjugação de esforços para o seu esclarecimento[338]. Deve notar-se que esta posição vai ao encontro do entendimento de um setor muito significativo da atual doutrina alemã, segundo a qual a *Verhandlungmaxime* constitui uma máxima processual ao serviço da descoberta da verdade.

Efetivamente, não existe nenhuma razão para crer que as partes possam litigar contra os próprios interesses (exceto nas hipóteses de uso abusivo do processo), razão pela qual existe uma fundada expectativa de que, do confronto entre as mesmas (num plano de igualdade, e de auto-responsabilidade), resulte a aquisição dos elementos necessários para a tomada de uma decisão bem informada sobre o fundo da causa, ou seja, que esse confronto dialógico «faça nascer a luz» sobre a verdade dos enunciados de facto controvertidos[339]. Nesse sentido, deve entender-se a afirmação de Luigi Paolo Comoglio, segundo a qual num processo de marca dispositiva o contraditório representa um vetor primário – funcionando como método eletivo de acertamento dialético da «verdade dos factos»[340][341].

contraditório têm como finalidade o apuramento da verdade, embora sirvam este desiderato de formas diferentes (formas essas correspondentes às especificidades do respetivo método).

[338] *«Die gegensätzlichen Parteiinteressen seien somit der optimale Motor für eine der Wirklichkeit entsprechenden Sachverhalsermittlung und entsprächen einem sparsamen und effektiven Kräfteeinsatz am besten»* (Claudia M. Mordasini-Rohner, *Gerichtliche Fragepflicht und Untersuchungsmaxime nach der Schweizerischen Zivilprozessordnung*, cit., pág. 8).

[339] Manuel de Andrade, *Noções elementares de processo civil*, Coimbra: Coimbra Editora, 1993, pág. 379.

[340] Luigi Paolo Comoglio, *Etica e Tecnica des «Giusto Processo»*, cit., pág. 30.

[341] Com efeito, entende-se que a contraposição de interesses entre as partes constitui o melhor meio para a investigação da realidade, a contradição entre elas correspondendo ao modo mais eficaz e económico de obter uma conjugação de esforços para o esclarecimento da verdade. Veja-se, nesse sentido, Dirk Olzen, «Die Wahrheitspflicht der Parteien im Zivilprozess», cit., págs. 403-426, pág. 417: *«Der Verhandlungsgrundsatz beruht auf der Überlegung, das persönlich Interesse der Parteien am Ausgang eines Rechtsstreits sei ein geeignetes Mittel zur Wahrheitsfindung. Der Gesetzgeber ging davon aus, dass schon die unterschiedlichen Standpunkte der Beteiligten zum Widerspruch gegen eine unwahre Behauptung führen würden. Wie begrenzt das staatliche Interesse na der Wahrheitsfindung ist, wird etwa deutlich na der Beweislastentscheidung, die u. U. zur Versagung eines berechtigten Anspruchs führt. Der Verhandlungsgrundsatz und der damit verbundene Verzicht auf die staatliche Wahrheitsermittlung haben jedoch verschiedene Vorteile: Die Prozessdauer, die ähnliche Folgen hervorrufen kann wie eine Rechtsschutzverweigerung, würde im Falle amtlicher Untersuchung noch verlängert. (...)».*

Não existe, portanto, nenhuma razão de fundo para negar a um processo de marca dispositiva (dispositivo em sentido amplo) uma característica de «idoneidade epistémica», ou para se negar que, num tal sistema, a dogmática processual civil possa adotar um discurso direcionado em termos de verdade[342]. *I.e.*: não deve associar-se um sistema fundado na responsabilidade e iniciativa (exclusivas) das partes a um modelo de prova argumentativa (sistema isométrico), associando-se, por sua vez, o processo assimétrico a um modelo de prova demonstrativo-científica.

Pode assim concluir-se que o «método dialógico» de apuramento da verdade é aquele que se serve dos interesses antagónicos das partes, através de um confronto guiado pelas regras do discurso (caráter dialógico do processo), com especial relevo para a garantia do princípio da igualdade. Este método funda-se na existência de um ónus (subjetivo) da prova, e não sobrevive sem a sua existência (já que sem este ónus não pode falar-se num princípio de responsabilidade das partes); num puro sistema de

[342] Segundo JOSE DE LOS SANTOS MARTIN OSTOS (JOSE DE LOS SANTOS MARTIN OSTOS, *Las diligencias para mejor proveer en el proceso civil*, cit., pág. 30) há autores que salientam o caráter investigador e averiguador da verdade do juiz penal em contraposição com o do juiz civil; para eles, *entende-se por verdade formal ou processual aquela que se obtém através das provas aportadas pelas partes* (princípio da responsabilidade probatória das partes). Nesse sentido pode ver-se, por ex., JAMES GOLDSCHMIDT, *Derecho Procesal Civil*, trad. de la segunda edición alemana por Leonardo Prieto Castro, Barcelona, Madrid, Buenos Aires, Rio de Janeiro: Editorial Labor, 1936, pág. 82. Segundo REYES MONTERREAL (J.M. REYES MONTERREAL: «En torno a las diligencias para mejor proveer», *Rev. General de Derecho*, nº 101, 1953, págs. 85-97 (pág. 86)) existe uma contradição evidente em se apresentar como complementares o princípio dispositivo e a procura da verdade, a mesma ideia sendo defendida por JOSÉ ALCÁNTARA SAMPELAYO, *Intervención de oficio en el proceso civil*, «Revista de Derecho judicial», 1962, núm. 9, pág. 18, e 26 a 28 (a busca da verdade é contrária ao que se entende como princípio dispositivo). Chamando a atenção para a perniciosidade deste tipo de raciocinio, veja-se LEO ROSENBERG, *Lehrbuch des deutschen Zivilprozessrechts*, 7ª ed., München e Berlin: Beck, 1956, pág. 283. Segundo o autor, «muitas vezes designa-se o princípio dispositivo (Verhandlungsmaxime) como princípio da verdade formal, proque a extensão e a necessidade de prova do conteúdo do litígio estão dependentes da conduta das partes; e o princípio inquisitório como princípio da verdade material, porque o tribunal pode e deve sem restrições investigar a verdade das afirmações em litígio». ROSENBERG critica, no entanto, esta ideia (considera-se princípio inquisitório e princípio da verdade material não como realidades ligadas, mas nada mais nada menos que como expressões sinónimas), notando que «*es gibt nur eine Wahrheit*». «A transformação do processo inquisitório no moderno princípio acusatório (salienta PFENNINGER – apud JOÃO DE CASTRO MENDES, *Do conceito de prova em processo civil*, cit., pág. 396) não significa qualquer transformação quanto ao princípio (da verdade) material (Materialprinzip)».

dispositivo amplo – sendo os modelos liberais-individualísticos aqueles que melhor o espelham – este ónus é perfeito e completo.

III. Método oficioso

Como vimos acima, não existe em processo civil um verdadeiro poder inquisitório do juiz, o seu poder de iniciativa instrutória limitando-se à realização das diligências necessárias à aquisição formal da prova. Esta limitação decorre da vigência de um princípio dispositivo material, bem como de um princípio de proibição de recurso à ciência privada, os quais limitam a atuação do juiz aos elementos de que o mesmo tomou conhecimento através do processo.

De resto, e fazendo um paralelismo com aquilo que sucede no processo penal, pode notar-se que também aqui o juiz que decide a causa vê a sua atuação circunscrita aos elementos de julgamento existentes nos autos, e que resultam da anterior fase de investigação. A diferença entre os dois processos encontra-se no facto de que, fruto do princípio dispositivo, não existe em processo civil uma fase de investigação ou descoberta da verdade. Assim, é sempre a iniciativa prévia das partes, através da introdução no processo de um conjunto de alegações de facto e de fontes de prova, que abre caminho à ulterior atividade instrutória do juiz. A este compete apenas desenvolver as diligências necessárias para o apuramento da verdade destas alegações (aquelas que correspondem aos factos essenciais ou principais da causa). Ou seja, pode verificar-se que no processo civil o juiz tem, desde o início, os olhos postos na possibilidade de aplicação de uma determinada norma jurídica (o que ele pretende saber é se a *fattispecie* desta norma se encontra ou não verificada), razão pela qual o mesmo precisa de apurar a «verdade dos respetivos factos constitutivos» (norma), ou dos factos impeditivos, modificativos ou extintivos do direito invocado (contra-norma). No processo penal também é assim no que ao ponto de vista do juiz decisor diz respeito, mas existe uma fase anterior, a da investigação, em que a instância não se encontra ainda objetivamente delimitada. É por isso que pode em processo penal, ao contrário do que sucede em processo civil, falar-se da existência de um autêntico princípio inquisitório[343].

[343] Pode recordar-se as palavras de COMOGLIO (LUIGI PAOLO COMOGLIO, *Le Prove Civili*, cit., págs. 21 e segs.), segundo o qual a divergência entre o processo penal e processo civil não assenta numa diferente dimensão ontológica do conceito de verdade, mas numa opção técnica quanto ao modo como o seu acertamento é tido como possível, de acordo com os respetivos princípios estruturantes.

Quando pensamos no método oficioso de apuramento da verdade não estamos, portanto, a pensar na possibilidade de o juiz realizar *ex officio iudicis* autênticas atividades de investigação da verdade (por ex., através da recolha de depoimentos fora do processo, para depois chamar as pessoas a depor como testemunhas). Do que se trata é apenas do poder de o juiz desencadear os meios processualmente consagrados (meios de prova) para a aquisição formal das fontes de prova previamente introduzidas nos autos ou resultantes da instrução da causa (prova pré-constituída) ou daqueles que não tenham uma existência anterior ao processo, como acontece no caso da prova por inspeção ou da prova pericial[344].

Não há dúvida de que o processo civil convive com um princípio da oficialidade, já que isso decorre expressamente, entre outras normas, daquela consagrada no artigo 411º. Sobre o juiz recai assim a responsabilidade de ordenar a realização das diligências necessárias ao apuramento da verdade, sobre os factos de que lhe é lícito conhecer. A dúvida que se coloca, e que constitui uma das traves mestras do presente estudo, é a de saber até que ponto vai esta responsabilidade, *i.e.*, se deve proceder-se a uma leitura restritiva da mesma (de um ponto de vista quantitativo), como forma de salvaguardar o princípio de responsabilidade das partes, ou se, pelo contrário, a responsabilidade do juiz é independente de qualquer iniciativa probatória (em sentido estrito) das partes.

IV. Da impossibilidade de uma convivência absoluta entre o método contraditório-dialógico e o método oficioso de apuramento da verdade

Caso venhamos a concluir que continua a existir no atual sistema processual civil um princípio de responsabilidade probatória das partes, e atendendo ao facto de o juiz dispor de um poder de produção oficiosa de prova (princípio da oficialidade), não existem dúvidas de que o modelo processual é misto, *i.e.*, assenta na responsabilidade conjunta do juiz e das partes. Para este tipo de modelos alguns autores propõem o nome de sistemas cooperativos ou de colaboração. No entanto, deve notar-se, como já acima referimos, que não existe entre os métodos contraditório-dialógico e oficioso uma total comunhão de esforços, *i.e.*, que não pode existir uma

[344] Não desconhecemos que existem autores que consideram que estas não correspondem a verdadeiros meios de prova, já que não se trata aí de buscar fontes de conhecimento de uma realidade histórica.

plena responsabilidade do juiz e das partes pela aportação da prova. E a razão para isto prende-se com o facto de a prova (enquanto atividade) ter um significado diferente do ponto de vista do juiz e das partes.

Com efeito, ao passo que a prova, quando encarada do ponto de vista do juiz, só pode representar um poder judicial (poder-dever, ou poder discricionário) – já que o juiz atua em nome da realização da justiça, e não na prossecução de um interesse próprio (não sofrendo as consequências negativas da falta de prova[345]); já do ponto de vista das partes a mesma representa um ónus (e um direito). Ora, uma vez que este ónus (em sentido subjetivo) se encontra numa relação de tensão com aquele poder – na medida em que, quanto maior for o poder(-dever), mais incompleto este ónus se torna –, não pode estender-se o dever (*i.e.*, a responsabilidade do juiz) sem com isso deixar de se comprimir o ónus (responsabilidade das partes), existindo assim entre os dois uma espécie de relação de proporcionalidade inversa. E é por isso que a responsabilidade do juiz e a das partes não podem ter a mesma (máxima) intensidade. Para se afirmar a responsabilidade de um (a das partes), tem necessariamente que se limitar a responsabilidade do outro (a do juiz).

Por conseguinte, não pode falar-se na existência de uma responsabilidade probatória das partes, se a falta de iniciativa destas últimas, no que diz respeito à dedução formal da prova, puder (e tiver de) ser totalmente suprida pelo juiz. Para se poder continuar a afirmar a existência de um sistema de ónus (subjetivo) da prova é necessário que os poderes-(deveres) instrutórios do juiz estejam limitados pela existência de uma prévia atividade probatória das partes (de alguma atividade probatória), em observância dos respetivos ónus probatórios.

345 Há autores que falam na existência de um ónus partilhado do juiz e das partes, na medida em que aquele corre o risco de ver a sua decisão de uso (ou não uso) dos seus poderes instrutórios sindicada pelos tribunais superiores. Mas o juiz não tem naturalmente o ónus da prova, se pensarmos neste ónus como dizendo respeito ao comportamento necessário para evitar as consequências materais da respetiva decisão de mérito (consequências essas que se produzem na esfera jurídica das partes, e não na do juiz). Ainda assim, pode notar-se que, mesmo que olhemos para a prova como um ónus do juiz (no sentido acima assinalado) o argumento que apresentamos em texto mantém-se intacto: uma vez que se trata de ónus diferentes pode continuar a afirmar-se que não é possível afirmar-se a existência de um (o ónus do juiz) sem se comprimir a existência do outro (o ónus das partes), tornando-o incompleto – a ponto de o extinguir, caso o mesmo não encontre na necessidade de respeito pela salvaguarda deste último um limite à sua própria existência.

V. Método cooperativo (?)

Caso venhamos a concluir que o processo civil continua a basear-se num princípio de responsabilidade probatória das partes, embora atenuado pelo princípio da oficialidade, e atendendo ao facto de que resulta daí uma responsabilidade conjunta do juiz e das partes pela aportação da prova, devemos colocar-nos a questão de saber se a expressão «modelo cooperativo ou de colaboração» é aquela que melhor espelha o modo como os poderes instrutórios dos sujeitos processuais se articulam no quadro do atual modelo processual. Quanto a este ponto, podemos desde já adiantar a conclusão: caso assim se venha a concluir, não cremos que seja esta a qualificação mais adequada, na medida em que decorre da mesma a ideia de que o processo se baseia numa espécie de *mixtum compositum* de princípio de responsabilidade probatória das partes e de princípio da oficialidade[346], ideia esta que não é correta já que, como vimos acima, não existe a possibilidade de se afirmar ao mesmo tempo, e com igual intensidade, a responsabilidade do juiz e a das partes pela aportação dos elementos da causa: a afirmação da responsabilidade do juiz conduz (necessariamente) a uma atenuação da responsabilidade das partes (ao comprimir o ónus que sobre estas impende[347]). Para existir uma responsabilidade de ambos os

[346] Sobre este ponto veja-se, a propósito do sistema alemão, ROLF STÜRNER, *Die richterliche Aufklärung im Zivilprozeß*, Tübingen: Mohr, 1982, págs. 14 e segs. A relatividade da discussão em torno da delimitação dos poderes de iniciativa do juiz e das partes (afirma o autor) poderia facilmente originar a impressão de que a aplicação da ZPO não se encontra dependente da correta determinação da relação entre a «atividade judicial» e o «princípio da responsabilidade das partes», como se fosse apenas um «mixtum compositum» de «princípio da investigação» e de «princípio da responsabilidade das partes» que deixa uma ampla margem à prática judicial («richterliche Praxis»). O autor critica, no entanto, este modo de entender o problema, considerando que o poder de iniciativa do tribunal se encontra limitado pela Verhandlungsmaxime. Nesse sentido: LEO ROSENBERG, MARTIN SCHWAB, *Zivilprozessrecht*, 13ª ed., 1981, § 78, I, 4, págs. 434-435 (apud ROLF STÜRNER); JAUERNIG, Zivilprozessrecht, 19ª ed., 1981, § 25 VII e VIII, págs. 73/74 (apud ROLF STÜRNER); KARL AUGUST BETTERMANN, «Hundert Jahre Zivilprozessordnung – Das Schicksal einer liberalen Kodification», *ZZP* Bd. 91, Heft. 4 (1978), págs. 365-397, pág. 391; VON KARL G. DEUBNER, «Gedanken zur richterlichen Aufklärungs- und Hinweispflicht», Festschrift für GERHARD SCHIEDERMAIR zum 70. Geburtstag, München: Beck, 1976, págs. 79-92 (págs. 79 e segs., 85 segs.).

[347] Como pode, com efeito, afirmar-se a existência de um ónus (subjetivo) da prova se recair sobre o juiz o poder-(dever) de realizar todas as diligências necessárias ao apuramento da verdade, independentemente de qualquer iniciativa probatória das partes?

sujeitos, a responsabilidade do juiz deve assim ser mais limitada que a das partes (responsabilidade meramente acessória ou complementar da que recai sobre estas últimas), sob pena de a mesma ocupar todo o espaço que estaria reservado para aplicação do ónus (subjetivo) da prova.

Existe, contudo, um outro modo de compreender os desafios que o princípio de responsabilidade probatória das partes enfrenta no quadro do atual sistema processual civil, e que diz respeito, já não à presença de um princípio da oficialidade, mas à existência de um dever de verdade (*rectius*, de veracidade) e de um dever de as partes colaborarem entre si e com o juiz em matéria instrutória. Aqui se manifesta a dimensão axiológica da verdade; o princípio da verdade material age agora sobre as estruturas do processo, já não (como há pouco) no sentido de forçar o mesmo a dotar-se de mecanismos idóneos do ponto de vista da finalidade de apuramento da verdade[348], mas no sentido de uma moralização da relação processual, de introdução de valores éticos no processo.

Também daqui decorre um desafio para a *Verhandlungsmaxime*, ou, pelo menos, para uma determinada conceção da mesma. Com efeito, o método contraditório-dialógico baseia-se no livre confronto entre as partes, num ambiente de igualdade de armas e de garantia do contraditório, cada uma delas estando sozinha (é esta a perspetiva liberal-individualística) na realização da respetiva tarefa probatória. Deste confronto, da discussão entre elas – cada uma agindo na prossecução do próprio interesse – se espera nasça a luz sobre a «verdade dos factos» litigiosos, através da confrontação dos elementos que cada uma carreou para demonstração das respetivas pretensões (factos e provas). A existência de um dever de colaboração probatória das partes[349] vem assim modificar o modo como se perceciona o relacionamento entre as mesmas, pondo em causa a existência do princípio *nemo tenetur*.

[348] Daí que, sendo o princípio inquisitório o mais idóneo do ponto de vista epistémico, o mesmo só não exista em processo civil pela necessidade de proteção do princípio dispositivo material. E daí também que, correspondendo o princípio da oficialidade (através da atribuição, ao juiz, da responsabilidade pela aquisição formal da prova) o método mais idóneo daquele mesmo ponto de vista – até pela possibilidade de as partes anteciparem o resultado da falta de prova (o que faz com que as mesmas não percam o estímulo para tomarem a «iniciativa» da prova) –, deva encontrar-se o fundamento da restrição ao mesmo, resultante da afirmação de um princípio de responsabilidade probatória das partes.

[349] Centramo-nos apenas neste aspeto, e não na existência de um dever de veracidade, já que é aquele que diretamente contende com o objeto do nosso estudo (natureza do sistema jurídico instrutório).

Saber, contudo, se decorre da existência daquele dever (dever jurídico de colaboração probatória) uma atenuação do ónus (subjetivo) da prova é questão que requer já um esforço de delimitação da sua extensão. No fundo, trata-se de apurar se a existência deste dever corresponde tão-só ao reverso da medalha da necessidade de salvaguarda do direito à prova (bem como da presença de um princípio de oficialidade), ou se, pelo contrário, o seu raio de ação é mais amplo, abrangendo a obrigação de revelação «espontânea» de provas que se encontrem na disposição do requerido, e que se relacionem diretamente com o objeto do litígio.

Páre-se um instante sobre este ponto para notar o seguinte: quando se fala de colaboração no contexto processual, é sempre de uma colaboração forçada (no sentido de «legalmente imposta») que se está a falar. Caso se esteja a pensar, inversamente, numa colaboração altruísta, não decorre do atual sistema processual nenhum limite à mesma, na medida em que o artigo 413º permite que o juiz lance mão de todos os elementos de prova carreados para os autos, independentemente de a iniciativa da sua aportação ter ou não resultado da parte onerada. Por aqui já se nota a superação da marca liberal-individualística[350].

Quando falamos de um dever de revelação espontânea de prova não nos referimos assim a uma altruística colaboração de uma parte com a outra, mas à realização de um comportamento legalmente exigido e sancionado. O adjetivo «espontânea» é aqui utilizado para sublinhar o facto de o dever de revelação ser independente da concreta identificação pela parte contrária (ou pelo juiz) da prova a exibir. Pode falar-se aqui de uma atenuação do ónus (subjetivo) da prova? De uma alteração da matriz contraditória--dialógica do sistema (*Verhandlungsmaxime* alterada), que acaba por assumir uma feição mais cooperativa ou de colaboração[351]? A questão não se coloca

[350] Não cremos, contudo, que esta possibilidade seja muito relevante do ponto de vista da subsistência do ónus (subjetivo) da prova na medida em que, conquanto resulte daqui uma ligeira atenuação deste ónus (ferindo a sua completude), facto é que não pode esperar-se, atendendo à natureza controvertida da relação jurídica a litígio, que uma parte tome a iniciativa de trazer para o processo elementos de prova desfavoráveis às respetivas pretensões.

[351] Esta alteração não se relaciona, contudo, com qualquer marca inquisitória ou oficiosa do sistema jurídico, já que a existência de um dever de colaboração probatória das partes não pressupõe qualquer poder oficioso do juiz, pressupondo, isso sim, o seu *ius imperium*. Ou seja, mesmo num sistema de dispositivo (em sentido amplo) é possível que se preveja a existência de um dever de colaboração das partes para o apuramento da verdade (ainda que com o conteúdo mais amplo acima referido): os fenómenos de publicização e moralização do processo civil,

já – deve notar-se – num sistema em que o dever de colaboração probatória das partes corresponda apenas ao necessário (numa perspetiva isométrica) para garantir que a parte contrária possa observar o ónus probatório que sobre si impende, nos casos em que a mesma não tenha outra forma de aceder à fonte de prova senão aquela que diz respeito à colaboração de vontade do requerido, ou à aplicação de medidas de execução indireta da respetiva ordem de colaboração (garantia do direito à prova).

Na próxima parte debruçar-nos-emos sobre o problema do fundamento e da extensão dos deveres de colaboração probatória que recaem sobre as partes (artigo 417º): existe no nosso sistema jurídico um dever de revelação «espontânea» de prova contra si mesmo? Tendo por base este esforço de delimitação, poderemos então responder à questão de saber se decorre da existência daqueles deveres uma atenuação do ónus (subjetivo) da prova, ou se, pelo contrário, e atendendo ao modo como os mesmos estão configurados, uma tal atenuação não se verifica.

Só depois de termos dado resposta a esta questão, passaremos a analisar o problema da delimitação dos poderes instrutórios do juiz, o que nos fará questionar a existência de um princípio de responsabilidade probatória das partes. Do que se trata não é, contudo, de partir da extensão daqueles poderes para a conclusão sobre a existência deste princípio; o caminho é inverso: partimos da reflexão sobre a existência deste princípio para, tendo-o encontrado, procedermos a uma leitura daqueles poderes que com a mesma se encontre harmonizada. Então, podemos chegar a uma conclusão sobre a natureza do sistema jurídico instrutório, e sobre a existência de uma responsabilidade probatória das partes (ónus subjetivo da prova) no quadro do atual sistema processual civil.

embora historicamente relacionados, não estão de mãos dadas, quando por publicização se entenda a introdução no processo de elementos inquisitórios ou de oficialidade.

PARTE II
DEVERES DE COLABORAÇÃO PROBATÓRIA DAS PARTES

Introdução

Constitui um ponto aceite pela doutrina processualística o de que a existência de um «dever geral de colaboração (das partes e de terceiros) no âmbito da prova» constitui o resultado de um fenómeno de publicização do processo civil, através da consagração daquilo a que CARNELUTTI chama: o «serviço público judiciário»[352]. Quanto a nós, aceitamos esta ideia apenas na medida em que não decorra da mesma uma (necessária) identificação entre a existência de um dever de colaboração probatória das partes e o princípio inquisitório (ou da oficialidade). Com efeito, aquilo que a existência daquele dever pressupõe é, não a presença deste princípio, mas do *ius imperium* do juiz, já que, mesmo nos casos de «colaboração intersubjetiva», é a ele que o requerente se dirige (e não diretamente à parte contrária), sendo deste o poder de ordenar a realização da diligência, e de forçar a vontade da parte em caso de inadimplemento[353].

[352] FRANCESCO CARNELUTTI, «Carattere del nuovo processo civile italiano», *RDPC*, vol. XVIII, Parte I (1941), págs. 35 e segs. Segundo ALBERTO DOS REIS, o autor italiano carateriza estes preceitos dizendo que se criou com eles uma espécie de serviço público judiciário, análogo ao serviço militar. «*CALAMANDREI acha justa a comparação. Sujeitam-se ao interesse público da justiça a pessoa e os bens de terceiro; quer dizer, o interesse particular é sacrificado aos fins superiores do exercício de uma função pública (...) como nota GRANDI no nº 29 do seu Relatório sobre o Código, os arts. 117 e 118 revelam, bem nitidamente, a orientação publicística do novo processo*» (ALBERTO DOS REIS, *Código de Processo Civil anotado*, vol. III, cit., pág. 320).

[353] Acerca do «*ius imperium*» do tribunal, pode ver-se ANTÓNIO SANTOS JUSTO, *Direito Privado Romano, I*, cit., págs. 269 e segs.; MICHEL VILLEY, *Direito Romano*, trad. Fernando Couto, colecção Resjuridica, pág. 65. Segundo MARCEL BELLAMY (MARCEL BELLAMY, «Le pouvoir de commandement du juge, ou le nouvel esprit du proces», cit., 2522), o principal

Quando nos debruçarmos sobre o fundamento do dever de colaboração probatória deveremos ter presente esta ideia. Na verdade, e muito embora a presença de um princípio de oficialidade possa constituir um elemento de co-fundamentação daquele dever (na medida em que o poder de o juiz dispor oficiosamente da prova pressupõe, correspetivamente, a existência de uma obrigação de as partes se submeterem às diligências por ele ordenadas), facto é que mesmo num sistema de dispositivo amplo (radical), ou seja, num sistema em que não sejam atribuídos ao juiz quaisquer poderes instrutórios *ex officio iudicis*, um tal dever pode existir[354]. Devemos, por isso, ir mais longe na tarefa de determinação do seu fundamento.

Para tal, deve, no entanto, fazer-se um especial esforço de abstração, na medida em que ainda não chegámos a nenhuma conclusão quanto à

ofício do juiz é e sempre foi a sua *jurisdictio*. Não obstante, a sua missão de *ordinator* (aquele que instrui o processo) é sublinhada por SÉNECA (Epistolae ad Lucilium, 109, 14), e toda a tradição romana e canónica afirma a dupla função do juiz: «*ordinatória et decisoria judicis*». ADHÉMAR ESMEIN, por sua vez, demonstrou que na Idade Média o juiz também tinha o direito de dar odens aos litigantes, e de as reforçar com a cominação de aplicação de sanções (ADHÉMAR ESMEIN, «L'origine et la logique de la jurisprudence en matiere d'astreintes», cit., págs. 37 e segs.). No *rapport du Conseiller Denis*, sobre um aresto do início do século (afirma novamente MARCEL BELLAMY) pode ler-se: «*Ordonner et menacer pour «forcer les parties à exécuter leurs obligations est une tendance naturelle aux juges; elle doit être aussi vielle que la justice elle-même lorsque celle-ci cessa d`être purement arbitrale pour se faire impérieuse*». Para além do poder de *jurisdictio*, o poder de *imperium* implica, portanto, que o juiz não se limite a dizer o Direito, mas que tenha também o poder para executar a sua decisão. O autor situa o problema do *imperium* do juiz na própria conceção de justiça: pode ter-se do processo civil uma visão modesta (mero instrumento para pôr fim a um litígio privado), ou uma visão ambiciosa, pondo-o ao serviço da realização de ideais coletivos, e investindo-se o juiz do *imperium* para promover o ideal da cidade, exercendo uma magistratura em toda a aceção do termo. Nesta aceção, a multiplicação de faculdades de iniciativa judiciária implica a procura de uma finalidade social e filosófica: a procura e a obtenção da solução mais justa do litígio (e cita RAYMOND MARTIN, «Réflexions sur l`instruction du porcès civil», cit., págs. 279-319; HENRI MOTULSKY, «L`office du juge et la loi étrangère»: in *Mélanges offerts à Jacques Maury*, T. I, Droit International Privé et Public, Paris: Dalloz & Sirey, 1960, págs. 336-375). Se o século XIX foi dominado pela política do juiz de mãos atadas, entende-se hoje que o juiz deve assumir a direção e a responsabilidade da instância. O dilema entre juiz-árbitro e juiz-polícia é de todas as épocas. Tudo depende do modo como se concebe a relação entre a comunidade e o indivíduo.

[354] Claro que o raciocínio exposto em texto só tem sentido se admitirmos a existência de um princípio de responsabilidade probatória das partes. Se, pelo contrário, o juiz for o único responsável pela prova (em sentido estrito – responsabilidade pela proposição formal da prova) então o fundamento do dever de colaboração probatória deve ser encontrado através de uma perspetiva puramente assimétrica.

natureza do sistema jurídico instrutório e, mais concretamente, quanto à existência de um princípio de responsabilidade probatória das partes. Ora, caso um tal princípio não exista, e uma vez que, se assim é, também não existe um «direito de provar» na titularidade das partes[355], o fundamento daquele dever terá que ser encontrado sob uma perspetiva puramente assimétrica. Para efeitos de raciocínio deve assim supor-se que aquele princípio (de responsabilidade probatória das partes) existe, e a partir daí refletir sobre o fundamento do dever jurídico *sub iudicis*.

Pode parecer estranho o método que seguimos. Contudo, importa relembrar a explicação que demos na introdução a este trabalho: uma vez que o processo liberal-individualístico se baseia numa responsabilidade probatória exclusiva das partes (ónus da prova completo), trata-se de olhar para as modificações que o processo desde então foi sofrendo, para ver de que modo as mesmas se refletiram na existência deste ónus. Claro está que a mera previsão de um dever de colaboração probatória a cargo das partes já é suficiente para alterar a perspetiva individualística que vigorava no séc. XIX: a parte deixa de estar sozinha na realização da sua tarefa probatória, podendo contar com a colaboração da parte contrária, sob determinados requisitos, quando isso seja necessário para aceder à respetiva fonte de prova. Todavia, sem sabermos qual o fundamento daquele dever e qual a sua extensão não podemos ainda dizer nada quanto à questão de saber se o mesmo conduz a uma atenuação daquele ónus, ou em que medida o mesmo contribui para descaraterizar o «método contraditório» de apuramento da verdade.

Imagine-se, pois, um sistema de dispositivo em sentido amplo (radical), *i.e.*, um sistema sem princípio da oficialidade[356], e suponha-se que num tal sistema é introduzido um dever de as partes colaborarem para o apuramento da verdade[357]. Qual a relação entre a existência deste dever

[355] O direito à prova assume, com efeito, num sistema de responsabilidade exclusiva do juiz, uma configuração diferente, e que diz respeito ao direito a que o juiz, *motu proprio*, realize ou ordene a realização de todas as diligências necessárias ao apuramento da verdade.

[356] Ou imagine-se (sendo esta a hipótese que mais provavelmente corresponde ao atual modelo processual) um sistema com princípio de responsabilidade probatória das partes, ainda que convivente com um (meramente auxiliar) princípio da oficialidade.

[357] O que é perfeitamente possível, como já acima afirmamos, na medida em que a existência deste dever não pressupõe a existência de qualquer poder oficioso do juiz, pressupondo, antes, o seu *ius imperium*.

de colaboração e o ónus subjetivo da prova? E qual, numa perspetiva isométrica, o fundamento daquele dever[358]?

A afirmação de um dever de colaboração probatória das partes encontra-se em rota de colisão com o princípio *nemo tenetur*, o qual, segundo os autores oitocentistas, constitui um princípio fundamental do processo civil: a parte não pode ser forçada a produzir prova contra si mesma. Entendemos assim que o percurso lógico consiste em olhar, em primeiro lugar, para a origem histórica desta regra (constitui a mesma a um princípio clássico do processo?), e a partir daí avançar para o problema da determinação do fundamento daquele dever.

Com isto teremos lançado as bases do ulterior trabalho de determinação da extensão dos deveres de colaboração das partes (existe um dever de revelação espontânea de prova?), trabalho este que nos obrigará a ter em especial atenção o instituto da «exibição de documentos», já que é a propósito do mesmo que este problema se coloca. Deve, para além do mais, notar-se que, embora os deveres de colaboração das partes não se circunscrevam ao dever de exibição de documentos[359], esta figura reveste-se de uma importância primordial, sendo em torno da mesma que se desencadeiam as reações doutrinais em defesa daquele princípio (*nemo teneter edere contra se*) – não por acaso se encontra na discussão em torno da razão de ser da existência de um «dever de exibição de documentos» o ponto nevrálgico do extremar de posições entre os defensores de uma ideologia liberal-individualística, e aqueles autores que acentuam a natureza publicístico-social do processo civil[360].

[358] Sabemos que o nosso sistema processual civil convive com um princípio da oficialidade, já que isso resulta de um modo incontrovertido do disposto no artigo 411º. Quando pensarmos no fundamento do dever de colaboração não podemos, pois, deixar de encontrar aí um elemento de co-fundamentação. Todavia, trata-se de fazer uma espécie de esforço de prognose póstuma e, imaginando que o sistema convive também com um princípio de responsabilidade probatória das partes, identificar, numa perspetiva isométrica, qual o fundamento daquele dever.

[359] Pense-se, por ex., no dever de prestar depoimento de parte, sob juramento.

[360] Segundo Jean-Jacques Daigre (Jean-Jacques Daigre, *La production forcée de pieces dans le procés civil*, cit., págs. 113 e segs.) a doutrina clássica (entre outros, Toullier, Duvergier ou Demolombe) opõe-se a todas as formas de produção forçada, fundando-se nos princípios tradicionais do sistema acusatório (*nemo tenetur edere contra se*). Este adágio traduzir-se-ia num duplo princípio: o do direito do réu a permanecer passivo em matéria de administração da prova, e o da neutralidade judicial. No que diz respeito ao primeiro aspeto,

Pode talvez encontrar-se uma razão histórica para isto, que se prende com a maior «certeza legal» fornecida pela prova documental[361]. Na verdade, verifica-se nos países de tradição romano-germânica, sobretudo a partir do século XVI[362], uma supremacia da prova documental[363], relacio-

a regra *nemo tenetur* constituiria o corolário do princípio *actori incumbit probatio*: é sobre o autor que recai o ónus da prova, não podendo o mesmo esperar qualquer colaboração do seu adversário. Admitir o contrário, seria contrariar o espírito eminentemente individualista do processo civil, onde «*cada um combate por si mesmo, e nunca pela verdade*». Ao dar origem ao processo, perturbando a paz social, e pretendendo modificar o *status quo* existente, o autor deve suportar todos os ónus, toda a responsabilidade pela sua ação (o entendimento contrário traduziria uma inversão do ónus da prova).

Segundo Demolombe (Jean-Charles-Florent Demolombe, *Cours de Code Napoléon*, t. XXXIX – nº 209, Paris: A. Durand Hachette, pág. 200), «*La quatrième règle que nous allons poser a été empruntée aussi à un texte romain, à la loi 7 du Code, de Testibus: "Nemo tenetur edere contra se". Qu'une partie ne soit pas tenue de fournir des preuves à son adversaire et de lui donner elle-même des armes pour la combattre, c'est là une règle de bon sens et de nécessité. Elle este de toute évidence en ce qui concerne le défendeur, qui n'a rien à produire et qui peut se renfermer dans une attitude purement passive...etsi nihil praestet* ». Erwan le Gall salienta que o pensamento deste autor traduz com exatidão o entendimento tradicional quanto à posição das partes em matéria instrutória: o *demandeur à la preuve* deve suportar, sozinho, o peso da procura de uma verdade que lhe poderá trazer ganho de causa. «*Esta regra terá, no séc. XX, assumido um valor em si mesma, constituindo aos olhos de numerosos autores um obstáculo à enunciação de qualquer regra em sentido contrário, situação que se afigura contraditória, porquanto se verifica, ao mesmo tempo, uma tendência para a afirmação de um direito à prova*» (Erwan le Gall, *Le devoir de collaboration des parties a la manifestation de la verite dans les litiges prives. Remarques sur l'adage nem tenetur edere contra se*, cit. pág. 1).

361 Alfredo de Marisico (Alfredo de Marisico, «Falsità in atti», cit., págs. 563 e 564) sublinha que o Direito, embora aspire à verdade, pode e deve apenas garantir a certeza jurídica, ou melhor, a «certeza legal». E para confirmar esta ideia dá um exemplo muito interessante: a falsificação de um documento já falso no seu conteúdo ou nos seus elementos extrínsecos, e ainda que a falsificação se destine a eliminar uma falsidade preexistente, pode constituir crime de falsificação. «*Não poderia exprimir-se de uma forma mais plástica a preeminência da certeza sobre a verdade. Certeza que não é portanto necessariamente permanente, já que, se a falsidade dos elementos que a geraram ou representam for demonstrada, ela será finalmente substituído por aquela diferente certeza que o afastamento da falsidade produz*».

362 Alessandro Giuliani, *Il concetto di prova, contributo alla logica giuridica*, cit., pág. 236.

363 No que diz respeito ao Direito romano, nota Ugo Brasiello que a opinião de que houve no mundo romano um escasso uso da escritura e, como tal, uma reduzida importância da prova documental, encontra-se em grande parte superada. «*Troviamo infatti menzionati i documeti, tabulae, libri, litterae, fin nella lex Sempronia (lin. 34). Si parla poi moltissimo di instrumenta, di cautiones, ed anche di epistulae (D. 22, 3, 29). Nelle scritture con le quali i debittori si obbligavano, apparentemente redatte in forma di lettere, vi sono clausole di stile, tali da dimostrare come fossero molto adoperate. Se in un primo tempo la scrittura fu forse considerata dal lato probatorio, da meno, dei testimoni, e se forse apparve solo come un modo migliore di ricordare quod actum est (D. 22, 4, 4 =, salvo*

nada com o declínio da força atribuída ao «juramento» e com a consequente perda de prestígio da prova testemunhal.

Esta supremacia constitui assim o reflexo de um sistema de prova legal, no qual, contra o perigo de subjetivismo da decisão judicial (afirma ALESSANDRO GIULIANI[364]), se acentua o formalismo e o caráter técnico-jurídico dessa decisão: a extensão da obrigação de pré-constituição da prova representa uma manifestação deste maior formalismo[365]; dado que não é possível obter uma certeza absoluta na procura do facto, recorre-se a algo técnico, a uma verdade artificial; ora, tal só é possível movendo a atenção do testemunho para o documento. Como afirma PUFENDORF[366], «*Inde recte plus defertur fidei instrumentis authenticis, et nulla corruptela vitiatis, quam dictis testium*», sendo, por sua vez, sublinhado por DOMAT[367] que o primado da prova escrito em relação à prova testemunhal tem um fundamento racional e desempenha uma função antilitigiosa[368].

alterazioni, a D. 20, I, 4), essa venne acquistando la prevalenza. L'importanza della fides, il progressivo allargarsi della comprensione del crimen di cui alla lex Cornelia del falsis, ne sono prova evidente. Di una editio instrumentorum, forse stragiudiziale, ed anterior alla in ius vocatio, si parla in Ulp. D. 2, 13, I, 3 e 4: questione ancora tutt'altro che chiara» (UGO BRASIELLO, «Instruzione del processo (diritto romano)», *Enciclopedia del Diritto*, T. XXIII, 1973, págs. 131-141).
Segundo VITTORIO DENTI (VITTORIO DENTI, «L'evoluzione del diritto delle prove nei processi civile contemporanei», *RDP*, 1965, págs. 31-70, pág. 34), «*la sfiducia verso la testimonianza (e verso la parte medesima come «testimone»), che è propria dei paesi di civil law, non è soltanto un dato «tecnico», ma esprime sostanzialmente i convincimenti di una società poco sensibile alla bona fides nei rapporti umani*».

364 ALESSANDRO GIULIANI, *Il concetto di prova, contributo alla logica giuridica*, cit., pág. 235.

365 Ibidem, pág. 235.

366 SAMUEL PUFENDORF, *De iure naturae et gentium*, 1. III, cap. VI, § 16. Segundo o autor alemão, a justificação da preferência pela prova escrita é «*Nam etiam complurium homium memoria labilis, aut fluxa fides; scripta vero oblivioni aut perfidiae haudquidquam ita obnóxia*».

367 JEAN DOMAT, *Les loix civiles dans leur ordre naturel*, publicado anonimante em Paris de 1689 a 1694, liv. III, tit. VI, sec. II, pág. 278.

368 «*Les preuves par écrit ayant leur fermeté par un témoignage que les personnes qui font les actes, rendent contre eux-mêmes, et un témoignage qui est immuable; il ne peut y avoir de meilleurs preuves de ce qui s'est passé entre eux, que ce qu'ils en ont eux-mêmes exprimé*» (ibidem). Segundo ALESSANDRO GIULIANI, «*La scrittura privata, anche se non costituisce una confessione, è una manière per tutelarei l diritto alla prova: è un mezzo per ottenere, attraverso l'ammissione della sottoscrizione, la confessione del rapporto obbligatorio dalla parte che l'ha redatta*» (ALESSANDRO GIULIANI, «Prova, prova in generale, Filosofia del Diritto», *Enciclopedia del Diritto*, vol. XXXVII, págs. 518-579, pág. 568).

Título I
Dever de colaboração: perspetiva histórica

Capítulo 1
A origem histórica da regra *nemo teneter edere contra se*

I. Regra *nemo teneter edere contra se* e Direito romano: processo formulário

Erwan le Gall[369], no estudo em torno da origem do brocardo "*Nemo teneter edere contra se*", conclui que o mesmo não remonta ao Direito romano, devendo-se antes a uma interpretação de um texto do Código de Justiniano (lei 4 ao *código de edendo*), obra de um glosador, Balde, que partiu de uma confusão entre os conceitos de «*probatio*» e «*instrumentum*».

Segundo o autor francês, o processo formulário, apesar da sua natureza marcadamente acusatória, ignora a regra "*Nemo teneter edere contra se*". Este processo divide-se em duas fases: uma fase *in jure* e uma fase *apud judicem*. Ora, o problema da existência de um «direito a não fazer prova contra si», em princípio, coloca-se apenas nesta segunda fase. Nela, pode verificar-se a sujeição do juiz a uma posição de mera passividade, parecendo, por outro lado, inexistir um instrumento destinado à produção forçada de um meio

[369] Erwan le Gall, *Le devoir de collaboration des parties a la manifestation de la vérité dans les litiges privés. Remarques sur l`adage nem tenetur edere contra se*, cit., págs. 30 e segs.

de prova (a *action ad exhibendum* constitui, no direito clássico, uma ação preparatória de uma outra ação – a ação de reivindicação de uma coisa móvel[370] –, e não um instrumento para a produção forçada de um meio de prova).

Não obstante – afirma ERWAN LE GALL –, não pode retirar-se do facto de inexistir um meio técnico destinado a forçar a parte a produzir uma prova, a conclusão de que vigora no respetivo sistema jurídico um princípio segundo o qual as partes têm o direito de recusar a sua colaboração, nos casos em que a mesma seja prejudicial aos interesses jurídicos por elas prosseguidos em juízo, sem daí advirem consequências jurídicas.

Com efeito, pode notar-se que o direito clássico não contém nenhuma regulamentação do valor probatório das provas, o juiz devendo basear a sua decisão na convicção que obteve, através de quaisquer elementos, acerca da «verdade dos factos» («*ex sententia animi*»[371]). Não pode assim ignorar-se a presença de um risco, para o omitente, de ver o seu comportamento valorado em termos probatórios, razão pela qual dificilmente a vigência de uma regra como aquela (*nemo tenetur edere contra se*) pode ser afirmada[372].

De realçar ainda que, de acordo com DIRK OLZEN[373], o processo formulário obrigava as partes a proferir alegações conformes à verdade. Tal dever era parte de um dever geral de os litigantes se coibirem de um «comportamento de chicana», em particular, abstendo-se de intentar ações injustificadas. A violação de tal dever era sancionada pela aplicação de penalidades processuais, as quais podiam ser evitadas através do juramento de calúnia (*kalumnieneides*)[374].

[370] Esta matéria será melhor desenvolvida, *infra*.

[371] Em caso de dúvida insanável o juiz devia abster-se de julgar. Para isso, o mesmo era obrigado a prestar o juramento *sibi non liquiere*. Se o requerente não fosse capaz de fazer prova, e a dúvida do juiz subsistisse, o mesmo (requerente) não perdia definitivamente o processo. Alguns autores italianos e alemães retiram daqui a conclusão de que a regra *Actori incumbit probatio* não tem uma origem clássica.

[372] Ibidem.

[373] DIRK OLZEN, «Die Wahrheitspflicht der Parteien im Zivilprozess», págs. 403-426.

[374] O «juramento de calúnia» diz respeito a uma não atuação sob chicana. O momento decisivo (salienta o autor) era a componente subjetiva, *i.e.*, o conhecimento pela parte do não fundado das respetivas alegações e, consequentemente, da sua não conformidade com a verdade («wahrheitswidrigkeit»). Na época clássica o juramento de calúnia era feito por iniciativa das partes, mas no Direito justiniano tornou-se obrigatório no início do processo, para as partes, e para os seus representantes. A recusa de prestação do juramento conduzia à perda do processo. Ainda segundo DIRK OLZEN, o desenvolvimento histórico do juramento de calúnia encontra-se em estrita relação com a procura da verdade no processo canónico, que

II. Regra *nemo teneter edere contra se* e Direito romano: Instruções imperiais

Segundo ERWAN LE GALL[375], as instruções imperiais formuladas sobre os problemas da prova não parecem, sem prejuízo da sua ambiguidade, ter conduzido à introdução da regra segundo a qual as partes têm o «direito a não fazer prova contra si». Na verdade, desde o fim do século II (um século antes do desaparecimento do processo formulário) a centralização do poder reflete-se nas constituições imperais (e, mais concretamente – no plano da justiça contenciosa) através dos *rescrits* – uma espécie de resposta do imperador às consultas feitas por magistrados, ou por particulares. Importa assim examinar estes textos, tal como os mesmos se encontram recolhidos nas Compilações Justinianas, independentemente dos comentários de que foram objeto numa época posterior.

Existem cinco textos no Código de Justiniano que se referem a esta matéria: um parecendo admitir a existência de um dever de exibição a cargo do réu, e os outros sendo geralmente interpretados em sentido contrário. O primeiro é um «*rescrit*» de ALEXANDRE SÉVÈRE de 231 ao Código III, 42 (*Ad exhibnedum*), 4, que parece ter estendido a todos os meios de prova a produção forçada da *editio rationum*:

> "*Non ignorabit judex instrumenta tui juris quae penes diversam partem fuisse probaveris, si ab eisdem non exhibeantur, jusjurandi in litem facultatem deferri tibi oportere*"[376]

recebeu, no essencial, o instituto descrito. Como forma especial deste juramento conheceu o Direito canónico o «*iuramentum de veritate dicenda*», em particular nas causas espirituais. A diferença face ao Direito comum prende-se com o facto de que este é um juramento de fé, e não um juramento de conhecimento. Ele era obrigatório, mas por intervenção do papa Bonifácio VIII o mesmo foi deixado à apreciação do juiz. Esta alteração (salienta o autor) teve uma influência determinante no desenvolvimento do Direito comum.

[375] ERWAN LE GALL, *Le devoir de collaboration des parties a la manifestation de la verite dans les litiges prives. Remarques sur l`adage nem tenetur edere contra se*, cit., págs. 30 e segs.

[376] «Se tu estabeleceste que os meios para provar o teu direito se encontram nas mãos do teu adversário e que ele se recusa a produzi-las, o juiz deve saber que ele te deve deferir o juramento in litem (serment in litem)» (ERWAN LE GALL, *Le devoir de collaboration des parties a la manifestation de la verite dans les litiges prives. Remarques sur l`adage nem tenetur edere contra se*, cit., pág. 35, nota 23). O autor refere que TISSOT, na sua tradução de 1807, traduz "*instrumenta tui juris*" por "*seus títulos*", o que conduz à ideia de um direito de propriedade sobre os próprios títulos. Esta opinião (afirma ERWAN LE GAL) encontra-se em conformidade com os outros textos com o mesmo título, que enquadram a *action ad exhibendum* como uma ação meramente instrumental face à ação de reivindicação.

A este texto opõe-se tanto um outro rescrito de ALEXANDRE SÉVÈRE, de 223, a lei 4 ao Código II, 1 (*De edendo*), como um rescrito de DIOCLÉTIEN e MAXIMIEN de 294, a lei 7 (24) ao Código IV, 20 (*De testibus*), e ainda um outro rescrito de ALEXANDRE SÉVÈRE de 228 (26). Entre estes deve merecer particular atenção a lei 4 ao *código de edendo*, uma vez que a mesma (essencial em matéria de risco da prova) convoca algumas dificuldades interpretativas:

> *"Qui accusare volunt probationes habere debent: cum neque juris neque aequitatis ratio permittat ut alienorum instrumentorum inspiciendorum potestas fieri debeat, actore enim non probante, qui convenitur, etsi nihil ipse praestat, obtinebit"*[377]

No que diz respeito à lei 7 ao *código de testibus* (o segundo texto no qual geralmente se considera fundada a regra "*nemo tenetur...*") o mesmo constitui o equivalente ao texto ora transcrito, no que diz respeito à prova testemunhal. Por sua vez, as leis 1 e 8 ao *código de edendo* acrescentam às «*probationes*» e aos «*instrumento*» as «*rationes*», ou seja, os «livros de uma parte». A lei 1 – afirma ERWAN LE GALL – é particularmente interessante ao impor ao autor o ónus de alegar os meios de prova, negando-lhe o direito de exigir a comunicação dos «livros» do seu adversário. Mas acrescenta que o juiz pode, ele próprio, ordenar esta exibição[378].

Quanto à lei 8, a mesma levanta questões muito delicadas, ao parecer contradizer a regra "*Reus in excipiendo fit actor*", opondo a posição do réu à do autor:

> *"...nec enim diversa sunt vel discrepentia quod multum intersit, na ex parte e jus qui aliquid petit quique doli exceptione submoveri ab intentione petitionis suao potest rationes promi reus desideret quibus se posse instruere contendit quod utique ipsa nei aequitas fundet, na vero ab e o a quo aliquid petitur actor desideret rationes exhiberi: quando hoc casu non oportet originem petitionis ex instrumentis e jus qui convenitur fundari*"[379]

[377] «*O demandante deve saber, antes do mais, sobre que meios de prova ele baseará a sua demanda: nada em direito ou na equidade lhe permite efetuar pesquisas nos escritos do réu o qual, mesmo sem nada provar, obterá ganho de causa se a dúvida subsistir*» (ibidem, pág. 36).

[378] «*Ipse dispice quemadmodum pecuniam quam deposuisse dicis deberi probes. Nam quod desideras ut rationes suas adversaria tua exhibeat id causas ad judicis officii pertinere solet*» (ibidem, pág. 37).

[379] «*...pois existe uma clara diferença entre a vontade do réu de se fundar na exceção do dolo e a demanda que ele faz ao autor de provas pelas quais ele pretende se defender contra as pretensões do seu adversário, desejo que a própria equidade exige que tal lhe seja concedido, e o do autor que demanda ao réu as provas da ação que ele intenta contra aquele. Efetivamente, as primeiras provas sobre as quais o autor baseia*

Conforme refere LE GALL[380], se entendermos «*rationes promi*» ou «*rationes exhiberi*» como dizendo respeito à produção de um determinado livro de contabilidade, podemos interrogar-nos o que justifica a distinção de tratamento entre autor e réu, já que nesta matéria se encontram ambos na mesma posição de «*demandeur à la preuve*». Por outro lado, se entendermos que se trata aqui de uma comunicação de «todo o livro de comércio» pode pensar-se que o autor, ao intentar esta ação, sacrifica o seu segredo comercial em benefício da boa administração da justiça.

III. Regra *nemo teneter edere contra se* e Direito romano: época do processo extraordinário

A fase do processo extraordinário (a partir do século III) foi marcada pela consagração de um modelo aberto ao inquisitório (estamos perante um processo autoritário, conduzido de início ao fim por um funcionário imperial)[381]. Este representante de um poder que se afigura especialmente centralizado tem a tarefa de proceder ao apuramento da verdade, suprindo as falhas das partes, e determinando, em cada caso, qual delas suporta o risco da prova. Em vão se procura, num processo desta natureza, uma regra que permita às partes recusar a produção de um elemento de prova[382].

as suas pretensões não devem ser fundadas nas peças que pertencem ao seu adversário» (ibidem, pág. 38, nota 31).

380 Ibidem, pág. 38.

381 Segundo TOMÁS-JAVIER ALISTE SANTOS (TOMÁS-JAVIER ALISTE SANTOS, *La motivación de las resoluciones judiciales*, Madrid: Marcial Pons, 2011, pág. 48), o «processo extraordinário» caracteriza-se pela abertura à investigação pública, através da consagração do princípio inquisitório, o qual tempera a força tradicional do princípio dispositivo (embora este continue a ter o maior protagonismo). «*Na congitio extraordinem o iudex ou arbitre privatus das legis actiones e do processo formulário converte-se num sujeito que faz parte do poder público. A sentença não será mais a opinião de um terceiro livremente escolhido pelas partes, convertendo-se num ato necessário do poder público. Como consequência da perda deste caráter privado, abre-se a possibilidade de as partes se socorrerem de um procedimento de impugnação, entendido como garantia oferecida pelo Estado em contrapartida pelo desaparecimento do sistema privado de resolução de conflitos próprio do velho ordo iudiciorum privatorum. Desta forma, desaparece o acentuado caráter consensualista da justiça em benefício de uma conceção da mesma epistemologicamente informada pela teoria da verdade entendida como correspondência. Tese da verdade como correspondência e como consenso. A opção por uma ou outra conduz a um modelo de justiça radicalmente distinto no que diz respeito à possibilidade epistemológica de abordar o problema da averiguação e determinação dos factos do processo*» (ibidem, pág. 54).

382 ERWAN LE GALL, *Le devoir de collaboration des parties a la manifestation de la vérité dans les litiges privés. Remarques sur l`adage nem tenetur edere contra se*, cit., pág. 40.

Ennio Cortese[383] refere que a figura do processo contumacial, em sentido técnico, é fruto da função publicística do juiz, a única que pode substituir à definição arbitral do litígio a procura da verdade como objetivo inspirado por um fim superior, e portanto independente de eventuais deficiências da colaboração privada: ora, uma tal intervenção pública é historicamente verificável apenas no esquema da *cognitio extra ordinem*.

IV. O Direito de inspiração germânica (séculos X a XIII)

A subsequente análise de Erwan le Gall tem por base o Direito francês, o qual se encontra dividido pelo autor em dois períodos[384]: um, de inspiração germânica, que termina (no que diz respeito ao direito laico) no século XIII, e outro, no qual a renascença do direito romano inspira não apenas o direito romano-canónico, mas também o direito costumeiro do centro e do norte de França, através da prática e da redação de costumes. No que diz respeito ao primeiro período, salienta o autor que o sistema probatório franco faz recair sobre o réu o ónus da prova – o que constitui para ele uma vantagem, já que lhe permite apresentar, imediatamente, prova escrita e testemunhal, e evitar assim outros meios de prova, como as *ordálias*.

Assim terá sido pelo menos até ao século VIII, já que o período carolíngio é marcado por uma desconfiança face à prova testemunhal, por uma rarefação dos escritos, e, sobretudo, pelo caráter irracional dos meios utilizados para se alcançar a verdade. O juramento é então de emprego corrente, como forma de uma pessoa se libertar de uma acusação; mas este juramento pode ser quebrado pela outra parte, caso em que a verdade deve resultar do «duelo judicial». Este estado de coisas não parece ter-se alterado com a desagregação do império carolíngio. Pelo que se conhece dos Tribunais feudais, o juramento purgatório (*serment purgatoire*) desapareceu, mas, ao mesmo tempo, o duelo judicial é visto como uma honra, apesar da oposição da Igreja, ainda no século XII.

[383] Ennio Cortese, «Contumacia, Diritto Romano», Enciclopedia del Diritto, T. X, 1963, págs. 447-452.

[384] Erwan le Gall, «*Le devoir de collaboration des parties a la manifestation de la vérité dans les litiges privés. Remarques sur l`adage nem tenetur edere contra se*», cit. págs. 41 e segs. (pág. 41).

V. O Direito francês a partir do século XIII

1. O Direito erudito (*le droit savant*)

No ocidente, a construção de uma «teoria da prova» começa no século XII e prolonga-se durante os séculos XIII e XIV. Obra, essencialmente, dos juristas italianos da Escola de Bolonha, ela constitui, antes do mais, um comentário ao *Corpus Juris Civilis*[385]. É, portanto, a partir dos textos que referimos em cima que os glosadores e os pós-glosadores estabelecem o conjunto de regras jurídicas que compõe o direito erudito desta época; e é num deles que podemos encontrar a afirmação da regra de acordo com a qual «ninguém é obrigado a produzir elementos de prova contra si mesmo»[386].

Os autores da época medieval, em geral, revelam-se, contudo, cautelosos no que diz respeito a esta matéria. Por exemplo, AZON[387], no século XIII, estabelecendo uma ligação entre as leis 1 e 4 ao *código de edendo* e a lei 7 ao *código testibus*, escreve que o réu «*certe de jure non videtur compellendus, nisi auctoritate majoris fieret*», acrescentando, porém, de imediato a seguinte exceção: «*speciale tamen in rectore provinciae ut finito officio exibeat assessores, forte ut ferant testimonium pro e o quod gessit*». Da mesma forma, observa BARTOLE[388] que o autor não pode procurar o fundamento da sua argumentação («*initium probationis*») em testemunhos dos membros da «*domus*» do seu adversário, mas reconhece que é possível interpretar o texto de diferentes formas.

Apenas BALDE[389], na mesma época, confundindo «*probatio*» e «*instrumentum*» formula a regra que penetrou na nossa linguagem jurídica sob a forma de adágio. Sobre a mesma lei 7 ao *código de testibus* escreve: «*Testes contra se producere nemo cogitur. Adversarium suum instruere nemo tenetur*», conduzindo assim à sua glosa que figura na lei 4 ao *código de edendo*:

> «*Reus non tenetur edere actori propria instrumenta ad intentionem fundandam*»

É, portanto, a BALDE que deve atribuir-se a paternidade do brocardo que chegou até nós («*nemo tenetur edere contra se*»), apenas ele o tendo afir-

[385] Ibidem.

[386] Veremos mais à frente a distinção que a moderna doutrina francesa estabelece entre os conceitos de «produção» e de «exibição» de documentos.

[387] Apud, ERWAN LE GALL, «*Le devoir de collaboration des parties a la manifestation de la vérité dans les litiges privés. Remarques sur l'adage nem tenetur edere contra se*», cit. pág. 43

[388] Apud, ibidem.

[389] Apud, ibidem.

mado de um modo tão claro. O direito romano-canónico fez, contudo, pouco uso deste segmento da doutrina bolonhesa. Sem dúvida – salienta ERWAN LE GALL – apreendeu, através da subtil análise dos glosadores, que o juiz, além da «prova», pode conhecer estados de espírito diversos, como a «*dubitatio*», a «*suspicatio*», a «*opinio*», ou a «*perfecta fides seu credulitas*»; mas retirou da inspiração do direito romano do Baixo-Império a vontade de alcançar a verdade por todos os meios. Segundo DEMONTES[390], se existem razões para pensar que provas particularmente importantes para o processo se encontram nas mãos do réu, o juiz eclesiástico podia obrigá-lo a prestar juramento para que o mesmo respondesse se possui o respetivo documento, e, caso o mesmo declarasse que sim, podia forçá-lo a produzi-lo.

2. O Direito costumeiro

Os diferentes autores dos «livros de jurisprudência», pelo contrário, tomam o brocardo «*nemo tenetur*» como regra de direito positivo[391]. Não obstante, a análise dos arestos a que estes autores se referem revela-se menos concludente do que aquilo que os mesmos fazem crer. Entre estas decisões, apenas uma, a do *Parlement de Paris* de 9 julho de 1650, é mencionada como tendo negado um requerimento de exibição de prova. As outras não contêm nenhuma regra expressamente contrária ao adágio «*nemo tenetur*», mas também não o aplicam[392]. Em muitos casos, o tribunal exige que o réu preste juramento de que se verifica uma situação de impossibilidade de exibição dos documentos[393].

O acento tónico deve assim ser colocado na noção de boa fé. Para tal, basta atender ao pensamento de dois autores que se situam a dois séculos de distância:

[390] DEMONTES, *L'action ad exhibendum, L'action "ad exhibendum" en droit moderne, essai sur le droit a la preuve"*, Thèse pour le doctorat ès-sciences juridiques, Beaugency Imprimerie R. Barrillier, 1992, pág. 36.

[391] Por ex., BRILLON, BOUCHEL, MERLIN ou GUYOT (apud ERWAN LE GALL, «*Le devoir de collaboration des parties a la manifestation de la vérité dans les litiges prives. Remarques sur l'adage nem tenetur edere contra se*», cit. pág. 44 e segs.).

[392] Pode ver-se em ERWAN LE GALL, *"Le devoir de collaboration des parties a la manifestation de la vérité dans les litiges privés. Remarques sur l'adage nem tenetur edere contra se"*, cit., págs. 45 a 47 a análise destes arrestos.

[393] Ibidem, págs. 44 e segs.

3. Dois autores: Beaumanoir e Domat

BEAUMANOIR, no século XIII (ou seja, um século antes de BALDE), apresenta uma regra semelhante àquela que que é representada pelo adágio «*nemo tenetur*», de acordo com a qual uma parte não é obrigada a introduzir no processo documentos cujo conteúdo seja prejudicial aos seus interesses, se não o entende conveniente[394]. Mas antes tinha escrito que a parte é obrigada a prestar «juramento de verdade» de que a sua pretensão de «não exibição» é fundada[395].

Esta exigência de boa fé, atestada pelo juramento, encontra eco e continuidade no pensamento de DOMAT, o qual consagra o título VI do livro III das suas «*Leis civis na ordem natural*» às provas, presunções e juramento. Assim, e depois de estabelecer como princípio que o ónus da prova incumbe ao autor, DOMAT compara as declarações das partes e a produção de documentos. Se a parte não pode recusar responder ao interrogatório (já que a mesma deve reconhecer a verdade de todos os factos cujo conhecimento é necessário para uma tomada de decisão pelo juiz), o mesmo não se verifica quanto aos documentos, cujo conteúdo pode não estar relacionado com o objeto do litígio, ou ser abrangido pelo «direito de segredo». Perante um «requerimento de exibição», está nas mãos do requerido – sujeito a um dever de boa fé – proceder à respetiva produção; mas, se houver uma suspeita de má fé, pode requerer-se ao juiz aquilo que a «prudência» impuser[396].

[394] «*Nous avons veu jugier que nus n'est tenus à aporter en jugemen letres ne chartes n'erremens qui soient contre li, se l'en ne l'eut convent...*» (PHILIPPE DE BEAUMANOIR, *Coutumes de Beauvaisies*, Tome I, cap. VII, nº 261, Paris: Alphonse Picard et Fils, 1899, pág. 133)

[395] «*Cil que demande et ce cil qui se defent de quel cas que soit, essientés les cas de crimes es quens il a péril de cors, doivent fere serement de verité en tel manière qui li demenderes –; et li defenderes doit jurer qu'il connoistra verité de ce que l'en li demandera en la besoigne et qu'il ne metra reson avant a son escient qui ne soit bonne et soufissans, et que, se tesmoins li convient amener a prouver ses resons, il les amenra bons et loiaus a son ascient*» (ibidem, cap. VI, nº 226, pág. 116).

[396] «*On peut mettre au rang des confessions des parties ce que peut résulter des pièces dont une partie demande la communication à l'autre, comme de son papier-journal, ou autre pièce, si elle est représentée par la partie à qui on la demande. Mais il y a cette différence entre une demande de la représentation des pièces d'une partie qui ne les produit pas, et celle des réponses aux interrogatoires, qu'on ne peut refuser de répondre, si les faits sont pertinents. Car les parties doivent reconnaître la vérité de tous les faits dont la connaissance est nécessaire pour juger ce qui est en contestation. Et cette connaissance doit être commune à toutes les personnes qu'elle intéresse. Mais les papiers-journaux, et les autres pièces propres à une partie, ne sont pas communes à l'une et à l'autre. Et il peut y avoir dans ces pièces des faits dont la vérité doive être tenue en secret, et qui même ne regardent pas le sujet du procès. Ainsi, une partie ne peut exiger de l'autre*

Resulta, assim, do pensamento destes autores a existência de um dever de boa fé que obriga as partes, não apenas a responder com verdade às perguntas que lhe sejam colocadas, mas também a proceder à exibição de documentos, com exceção dos casos em que o seu conteúdo esteja abrangido por um «direito de segredo», ou em que os mesmos não tenham relação com o processo atual (devendo neste caso ser prestado juramento).

VI. Conclusão

A regra «*nemo tenetur edere contra se*» (construída por um pós-glosador a partir de textos latinos com um significado totalmente diferente) não parece ter sido recebida pelo Direito Antigo com o alcance absoluto que o século XIX lhe atribui. Pelo contrário, a boa fé, sinónimo de colaboração, esteve no centro do processo, e a existência de um «dever de exibição» apenas cede passo perante uma situação de perda do documento, ou de existência de um «direito de segredo»[397].

Segundo ÉMILE DEMONTÈS[398], se reportarmos aquele adágio às suas origens prováveis (a Lei 7, C. de Testibus IV, 20), podemos verificar que o mesmo constitui um mero corolário da regra «*Actori incumbit onus probandi*», não tendo o alcance que a doutrina liberal-individualista lhe pretende dar[399].

qu`elle produise ou représente une pièce dont cette partie ne veut, de sa part, faire aucun usage; mais il dépend de sa bonne foi de représenter ou de retenir les pièces dont la communication lui est demandée. Et on n`est obligé de produire que celles sur lesquelles on fonde son droit. Que si, dans le refus de représenter une pièce, il y avait quelque juste soupçon de mauvaise foi, comme si un créancier qui demanderait des intérêts ou des arrérages d`une rente, refusait de présenter son livre-journal où le débiteur prétendrait de la prudence du Juge d`ordonner sur ce refus ce que les circonstances pourraient demander» (JEAN DOMAT, *Les loix civiles dans leur ordre naturel*, cit., Sec. I, art. 6).

397 ERWAN LE GALL, *"Le devoir de collaboration des parties a la manifestation de la verite dans les litiges prives. Remarques sur l`adage nem tenetur edere contra se"*, cit., pág. 49. «Está-se longe de um processo que admite a mentira ou astúcia...», salienta o autor.

398 ÉMILE DEMONTÈS, *L`action "ad exhibendum" en droit moderne, essai sur le droit a la preuve"*, cit., págs. 32-33.

399 Segundo JEAN-JACQUES DAIGRE (JEAN-JACQUES DAIGRE, *La production forcée de pieces dans le procés civil*, cit., págs. 122 e segs), a doutrina maioritária no século XIX não tinha, no entanto, no plano prático, uma posição idêntica. Havia autores que entendiam que o adágio acima referido impedia a produção forçada, *i.e.*, a ordem de exibição e a respetiva execução específica, mas não descartavam a hipótese da existência de um dever espontâneo de exibição, de cuja recusa podia resultar (qual *ficta confessio*) a perda da causa. Pode assim questionar-se como pode haver uma sanção sem que haja um dever, embora se possa retorquir que não se trata aqui de uma verdadeira sanção, mas apenas da valoração probatória de um comportamento (ibidem, pág. 130).

MM. Marty e Raynaud[400] reconhecem, por sua vez, o caráter contraditório da afirmação (em simultâneo) de um «direito à prova» e de um «direito das partes a não fazerem prova contra si», a mesma ideia sendo defendida por M. Gabold[401]. Esta situação é fruto de uma confusão – resultante de uma leitura errada da regra *Actori incumbit probatio* – entre a posição das partes na instância, e aquela que deve ser a sua posição no plano instrutório[402]: o papel principal caberia ao autor (quc de *demandeur à l'instance* passaria a *demandeur à la preuve*), o qual, tendo tomado a iniciativa de perturbar a paz social, teria a obrigação de suportar sozinho a responsabilidade pela ação; a instrução da causa é assim vista como uma tentativa solitária do autor em obter ganho de causa (não podendo contar com nenhuma ajuda do seu adversário, ou do juiz). A regra «*nemo tenetur edere contra se*» seria assim uma mera duplicação do adágio "*Actori incumbit probatio*"[403].

O facto, também sublinhado por M. Decugis[404], de a doutrina oitocentista ter extraído deste adágio consequências não necessárias (total passividade do juiz, e direito das partes a não agirem contra o próprio inte-

[400] Apud Erwan le Gall, "*Le devoir de collaboration des parties a la manifestation de la verite dans les litiges prives. Remarques sur l'adage nem tenetur edere contra se*", cit., pág. 3.

[401] Apud Erwan le Gall, ibidem.

[402] Acolhido no artigo 1315 CCfr.

[403] Erwan le Gall, "*Le devoir de collaboration des parties a la manifestation de la vérité dans les litiges privés. Remarques sur l'adage nem tenetur edere contra se*", cit. pág. 4 e e segs. As deduções destes autores (salienta le Gall) apresentam-se, porém, menos convincentes quando se tenha em conta todo o adágio em causa: *Actori incumbit probatio, sed reus in excipiendo fit actor.* Com feito, e ao contrário do que a interpretação literal do mesmo poderia indicar, o réu não perde a sua qualidade de réu quando se defende por exceção, sendo por isso difícil justificar a existência de um ónus da prova apenas a cargo do autor. Não existe, portanto, uma coincidência entre o «*demandeur à l'instance*» e o «*demandeur à la preuve*». Este define-se em função do risco da falta de prova. Para obter ganho de causa, a parte onerada precisa assim que «a sua verdade» seja também a «verdade do juiz»: provar é para ela uma necessidade. Pelo contrário, pouco importará ao «*défendeur à la preuve*» que o juiz se convença da verdade dos factos que ele apresenta, já que a dúvida o beneficia. A sua participação na manifestação da verdade corresponde, portanto, em princípio, ao cumprimento de um dever jurídico. Não se pode, contudo, extrair do «princípio do risco da prova» (necessário, mas com uma vocação meramente excecional) a inexistência de um dever de colaboração a cargo da parte contrária.

[404] M. Decugis, «L'évolution des modes de preuve judiciaire en droit comparé», *Bulletin de la société de législation comparée*, tome soixante-huitième, 1938-1939, Paris, 1939, págs. 77-87. Segundo o autor, a situação de neutralidade a que o juiz se encontra votado constitui uma revivescência das *legis ationes* do Direito romano primitivo, onde prevalecia uma visão duelística

resse), assim como a constatação da origem «não clássica» da regra «*nemo tenetur edere contra se*», não devem contudo guiar-nos ao extremo oposto, de negar a esta regra qualquer significado jurídico. Na verdade, teremos oportunidade de ver a preocupação da doutrina alemã no sentido de que o instituto da «exibição de documentos» não seja utilizado como forma de permitir uma *Ausforschungsbeweis*, contrária àquela regra. A parte não pode, sem que haja uma «referência concreta» ao documento, ser obrigada a proceder à sua exibição. Já no caso de essa identificação existir, o dever de exibição constitui uma manifestação de um princípio de boa fé processual, sendo o reverso da medalha do «direito à prova» da parte contrária.

Por estes vetores (*nemo tenetur edere contra se*, direito à prova, princípio da boa fé) se deverá guiar a análise subsequente.

do processo, e onde o juiz era chamado apenas a verificar o respeito pelos rituais formalísticos, e a extrair as respetivas consequências jurídicas.

Título II
Fundamento dos deveres de colaboração probatória das partes

I. Introdução

O processo (afirma ARTUR ANSELMO DE CASTRO[405]), externamente constituído por uma sucessão de atos, oferece também um aspeto interno, constituindo uma realidade jurídica encerrada por aquele revestimento factual. Neste sentido (lado interno) o processo traduz-se numa relação jurídica plurilateral entre as partes e o tribunal, relação esta que cria entre eles vínculos juridicamente relevantes e juridicamente disciplinados[406]. Existem modos diversos de configurar a relação jurídico-processual. Para alguns processualistas a mesma é simples, formada por um só vínculo, e afigura-se de modo linear: a pretensão do autor dirige-se contra o réu e a oposição deste vai dirigida contra o autor[407].

A esta posição opõe-se a daqueles autores que veem na relação jurídica processual uma forma complexa, formada por dois vínculos ou relações parcelares; a primeira entre o autor e o tribunal, e a segunda entre o tribunal e o réu (teoria angular)[408].

405 ARTUR ANSELMO DE CASTRO, *Direito Processual Civil Declaratório*, Vol. I, cit., págs. 27 e segs.

406 Os elementos estruturais desta relação (salienta ANSELMO DE CASTRO) são o direito de ação (relação do autor para com o tribunal), o direito de contradição (a mesma relação, mas agora do réu), e o poder jurisdicional. Estes elementos não se dirigem, contudo, um ao outro, «mas ambos ao tribunal que como que «se interpõe» na controvérsia».

407 PALMA CARLOS, *Direito Processual Civil*, cit., págs. 43 e segs. Cita HOBLER e CHIOVENDA.

408 Ibidem (são referidos os nomes de BULLÖW, WACH, GOLDSCHMIDT, COUTURE e BARBOSA MAGALHÃES). A pretensão do autor dirige-se, não ao réu, mas ao tribunal. É o

E, por último, os adeptos da chamada teoria triangular, para além das duas relações referidas (autor-tribunal e réu-tribunal), indicam a existência de uma terceira (entre réu e autor), que se vem a formar a partir do momento em que o réu intervém no processo.

O modo como se configura a relação jurídico-processual reflete-se na forma de entender a relação entre o direito à prova das partes e a posição jurídica passiva correspondente. PALMA CARLOS[409], por ex., optando pela chamada «teoria angular»[410], chama a atenção para o facto de que o réu não tem o direito de exigir que o autor junte ao processo documentos que estão em seu poder, e que interessem à sua defesa (do réu); tem, isso sim, o direito de pedir ao tribunal que notifique o autor para o fazer. O Estado é o sujeito passivo da relação jurídica processual como obrigado à jurisdição[411]. Já segundo ARTUR ANSELMO DE CASTRO, a posição do Estado (do tribunal) não aparece como algo de correlativo ao direito da parte, mas como um *quid* independente[412]. O tribunal, tanto na condução da lide, como na solução final do conflito, exerce um poder (o poder jurisdicional), que encerra uma ideia de autoridade[413].

A relação jurídica processual carateriza-se, do nosso ponto de vista, pela sua natureza complexa, sendo constituída por um feixe de vínculos que unem as partes entre si e estas ao tribunal. Não cremos, no entanto, que o direito à prova de que as partes são titulares gere na esfera do juiz o dever jurídico de ordenar a colaboração de uma parte, sempre que isso lhe

tribunal que aprecia as possibilidades de seguimento da pretensão do autor, verificadas as quais ordena a citação do réu. E também ao tribunal que o réu pede que verifique a procedência das suas razões. E é sempre o tribunal que aprecia. A relação jurídica processual seria, portanto, uma relação jurídica complexa, estabelecida entre o autor e o tribunal, e entre o réu e esse mesmo tribunal. Por concebê-la assim, designa-se esta teoria por teoria angular.

409 Ibidem, pág. 55.

410 Autor e réu dirigem-se um contra o outro, mas só no plano do direito material do litígio. Processualmente, dirigem-se ambos ao Estado, representado pelo tribunal.

411 «*O direito de ação dirige-se contra o Estado; da pretensão processual é ele o sujeito passivo. O réu só é sujeito da pretensão material, que não se confunde com a pretensão processual*» (ibidem, pág. 56).

412 ARTUR ANSELMO DE CASTRO, *Direito Processual Civil Declaratório*, Vol. I, cit., pág. 29. A iniciativa das partes (salienta o autor) não passa de simples ocasião para o exercício do poder jurisdicional. Tanto a ação como a contradição correspondem, em última análise e numa palavra, à faculdade (atribuída ao autor e ao réu) de ser ouvido pelo tribunal.

413 Tal poder, mais do que faculdade, encerra uma ideia de autoridade (enraizada em normas constitucionais) genérica, abstrata, meramente potencial, que poderá tornar-se efetiva e exercitar-se em concreto somente em seguida a uma solicitação dos particulares.

for requerido pela parte contrária. A intervenção do juiz destina-se, pelo contrário, a verificar se estão preenchidos os requisitos de que depende a existência do dever de colaboração, e a efetuar um juízo de relevância probatória, juízo este de que depende, no exercício do seu *ius imperium*, a emanação da respetiva ordem de colaboração. Quer a iniciativa da prova provenha do juiz, quer a mesma provenha das partes, pode assim verificar-se que o dever de colaboração corresponde sempre a um dever perante o tribunal[414] (trata-se do serviço público judiciário, a que se refere CARNELUTTI) e, nessa medida, pode encontrar-se no poder público de que o juiz se encontra investido, e no princípio da verdade material, o fundamento do dever de colaboração probatória que recai sobre as partes.

Pode ver-se aqui uma perspetiva mais autoritária dos deveres de colaboração das partes. Com efeito, é o interesse público no apuramento da verdade que força o litigante a prestar a sua colaboração em matéria probatória, ainda que o método adotado para aquele apuramento seja puramente contraditório-dialógico[415] (ou seja, o tribunal serve-se da iniciativa das partes, mas, uma vez sendo requerida por uma parte a colaboração da outra, existe um interesse público em que a prova requerida seja apresentada, interesse este que não se confunde com o interesse privado do requerente).

Partindo de uma configuração do processo como relação pode, contudo, ter-se uma visão diferente do fundamento daqueles deveres, e da atenuação que dos mesmos resulta para o princípio segundo o qual ninguém pode ser obrigado a fornecer ao seu adversário as armas para a sua

[414] E, através dele, perante o próprio Estado.

[415] Com efeito, não decorre daqui, como já o dissemos repetidamente, qualquer marca inquisitório do sistema jurídico: ainda que o sistema seja puramente dispositivo, baseado num método contraditório-dialógico, a finalidade de apuramento da verdade faz com que o sistema deva dotar-se de instrumentos idóneos do ponto de vista epistémico, e que aqui dizem respeito à salvaguarda do direito à prova. Claro está, no entanto, que num sistema com princípio da oficialidade se acentua ainda mais esta marca autoritária, na medida em que o tribunal pode ordenar a colaboração das partes por iniciativa própria, sem estar sujeito a um prévio requerimento de parte. Os deveres de colaboração das partes constituem neste caso, para além do mais, o reverso da medalha dos poderes instrutórios do tribunal. Não obstante, importa notar que mesmo aí, *i.e.*, num sistema com princípio da oficialidade, os deveres de colaboração probatória que impendem sobre as partes podem ser vistos como uma manifestação do princípio da boa fé, já que o vínculo da instância não une apenas as partes entre si, mas também as partes ao juiz. Este aspeto será tratado mais adiante.

vitória (princípio *nemo tenetur*[416]): uma visão eticizante, relacionada com a função axiológica desempenhada pela verdade, e que torna os deveres de colaboração (estes, manifestação típica de um princípio da cooperação) uma emanação do princípio da boa fé processual[417]. Vejamos:

II. Do processo como relação e do princípio da boa-fé processual

1. O processo como «relação» de cooperação

Embora a posição do réu, no que diz respeito à determinação do «tema da prova», não possa ser definida em termos de mera passividade (já que sem o seu comportamento, através da impugnação dos factos articulados pelo autor, os mesmos não se tornam controvertidos[418]) – o que contraria a tese segundo a qual decorre da posição passiva do réu[419] um argumento no sentido de que o autor deve permanecer sozinho na realização da tarefa probatória (*actori incumbit probatio*) [420] – não pode extrair-se daqui, por si

[416] Falamos de atenuação na medida em que, como referimos acima, ainda está por saber se o princípio *nemo tenetur* tem no atual processo civil algum campo de aplicação. Vejamos: se viermos a concluir que existe no nosso ordenamento um dever de exibição «espontânea» de prova, cremos que aquele princípio (*nemo tenetur*) se encontra totalmente superado. Mas a resposta a esta pergunta (que corresponde, no fundo, à questão de saber até onde o nosso legislador levou os ditames da boa fé) só a podemos dar quando tivermos ao nosso dispor os dados necessários de Direito positivo.

[417] O mesmo é dizer que o princípio da cooperação é tributário do princípio da boa fé. MARIANA FRANÇA GOUVEIA (MARIANA FRANÇA GOUVEIA, «Os poderes do juiz cível na acção declarativa – em defesa de um processo civil ao serviço do cidadão», cit., pág. 54) chama a atenção para o facto de que, se entendermos o instituto da litigância de ma fé, e o reforço das exigências que recaem sobre as partes, em prol da verdade material, teremos de interpretar as respetivas regras como autoritárias, já que obrigam as partes – sob pena de sanção tributária – a atuar em prol dessa verdade e não do seu direito ou do seu interesse. A leitura propugnada pela autora, na linha de MENEZES CORDEIRO, não é, contudo, esta. Pode antes pensar-se esse reforço numa lógica de interpretação material dos preceitos processuais, ou seja, ver-se aqui a tradução do princípio da boa fé, princípio transversal ao nosso ordenamento jurídico, quer público, quer privado.
O artigo 8º deixa clara a relação entre a boa-fé processual (erigida a princípio) e os deveres de colaboração previstos no artigo 7º.

[418] Este raciocínio também pode ser aplicado relativamente aos factos que integram as exceções perentórias (*actori incumbit probatio, reus in excepiendo fit actori*) – o mesmo se podendo dizer, em sentido paralelo e inverso, quanto aos factos que integram o pedido reconvencional, e aqueles que integram as exceções perentórias invocadas contra este pedido.

[419] O qual não tomou a iniciativa de dar início ao litígio.

[420] Ibidem. Salienta ERWAN LE GALL que não pode qualificar-se a posição do réu quanto à determinação dos *facta probanda* em termos de pura passividade, já que o caráter controvertido dos factos alegados pelo autor pressupõe a sua contestação pelo réu.

só, a ideia de que o réu esteja proibido de recusar a sua colaboração em matéria de administração da prova[421].

Contudo, o problema muda de figura se, ao lado de um substrato lógico e técnico, se atribuir à alegação e à contestação um substrato moral (dever de sinceridade)[422].

A extensão deste dever encontra-se, no entanto, em relação direta com a largura atribuída ao princípio da boa fé processual. Segundo ERWAN LE GALL, por ex., é muito duvidoso que possa afirmar-se a existência de um dever (absoluto) de sinceridade[423]. No entanto, o adágio *nemo tenetur* parece inserir-se no contexto de um processo organizado como uma luta entre as partes (um «combate ordenado» em que os dois adversários, inteiramente independentes um do outro, procuram vencer sem a menor preocupação pela verdade[424]); ora, esta conceção do processo (assente em bases liberais--individualistas) opõe-se à existência de um «vínculo da instância» (conceção do processo como relação), do qual resulta a existência de direitos e obrigações dos sujeitos processuais. Este vínculo une as partes, constituindo o sinal de que existe no processo uma «solidariedade entre rivais». O aspeto de luta inerente ao processo deve assim ser minimizado – e, não, acentuado; o vínculo jurídico processual assume-se como o suporte técnico de uma exigência de verdade no processo[425].

A conceção do processo como relação jurídica, atualmente aceite pela maior parte da doutrina processualística, deve-se à obra de BÜLOW, a *Teoria das exceções e dos pressupostos processuais*[426]. Sem prejuízo da discussão em

[421] Ou – seguindo o mesmo raciocínio –, que o autor esteja impedido de reter elementos desfavoráveis à sua tese.

[422] Ibidem.

[423] É mais de um «dever de não mentir» que deve falar-se.

[424] Ibidem, págs. 13 e segs.

[425] «*DEMOGUE chama a atenção para o facto de que em todos os agrupamentos humanos existe uma força de coesão e uma força de deslocação. Assim é nos contratos, por definição. Esta aproximação entre duas instituições aparentemente tão desiguais como o contrato e o processo encontra também expressão na própria jurisprudência que funda geralmente o vínculo jurídico da instância no artigo 1134º CC. A doutrina contemporânea critica vivamente esta assimilação. Mas, o essencial, para lá da discussão acerca da sua natureza jurídica, é o reconhecimento da existência de um vínculo de instância, enquanto suporte técnico de uma exigência de verdade no processo*» (ibidem, págs. 17-18).

[426] OSKAR VON BÜLOW, *Teoria das exceções e dos pressupostos processuais*, trad. de Ricardo Rodrigues Gama. CAMPINAS, São Paulo: LZN, 2003, págs. 6-7: «*O processo é uma relação jurídica que avança gradualmente e que se desenvolve passo a passo. Enquanto as relações jurídicas provadas que constituem a matéria do debate judicial, apresentam-se como totalmente concluídas, a relação jurídica*

torno da natureza daquele vínculo[427], resulta daqui, como já referimos, a existência de uma «ligação» entre os sujeitos processuais, titulares de um conjunto de posições processuais ativas e passivas. Segundo CATHERINE MARRAUD, o dever de colaboração que impende sobre as partes encontra apoio no «vínculo da instância»[428], ao passo que DIRK OLZEN fala na existência de um dever pós-contratual de informação da parte contrária[429]. Este dever geral de informação constituiria assim a projeção no plano processual de um dever lateral de conduta relacionado com uma conceção complexa da relação obrigacional.

2. Princípio da boa fé processual e dever de lealdade

O princípio da boa fé processual constitui uma manifestação, no âmbito jurisdicional, do princípio geral da boa-fé (em sentido objetivo, ou enquanto regra de conduta[430])[431]. Tal como a relação jurídica substantiva, a relação

processual se encontra em embrião. Esta se prepara por meio de atos particulares. Somente se aperfeiçoa com a litiscontestação, o contrato de direito público, pelo qual, de um lado, o tribunal assume a obrigação concreta de decidir e realizar o direito deduzido em juízo e de outro lado, as partes ficam obrigadas, para isto, a prestar uma colaboração indispensável e a submeter-se aos resultados desta atividade comum. Esta atividade ulterior decorre também de uma série de atos separados, independentes e resultantes uns dos outros. A relação jurídica processual está em constante movimento e transformação». Sobre a teoria do processo como relação, pode ver-se, por ex., LUIGI PAOLO COMOGLIO, CORRADO FERRI e MICHELE TARUFFO, *Lezioni sul processo civile*, 2ª ed., Pavia: il Mulino, 1998, págs. 115 e segs.

[427] Pode ver-se, por ex., PALMA CARLOS, *Direito Processual Civil*, cit., págs. 43 e segs.

[428] CATHERINE MARRAUD, « Le droit à la preuve, la production forcée des preuves en justice», cit., págs. 39-50. Ver também EMMANUEL JEULAND, *Droit processuel général*, cit., págs. 69 e segs.

[429] DIRK OLZEN, «Die Wahrheitspflicht der Parteien im Zivilprozess», cit., págs. 424-425. O autor considera que, uma vez ultrapassada a conceção do processo como luta entre as partes, se pode falar de um dever geral pós contratual de informação da parte contrária. «*Betrachtet man aber die lieberalistische Auffassung vom Zivilprozess als überwunden, so ist es angemessen, den Parteien eine nachvertragliche (pós-contratual) Pflicht im Hinblick auf die Beschaffung solcher Informationen aufzuerlegen, die der Gegner selbst nicht haben kann, statt ihn zu einem fingierten, unwahrhaftigen Vortrag im Prozess zu zwingen*» (ibidem, pág. 424).

[430] Sobre a distinção entre boa fé em sentido objectivo, e boa fé em sentido subjectivo, veja-se ANTÓNIO MANUEL DA ROCHA E MENEZES CORDEIRO, *Da Boa Fé no Direito Civil*, cit., pág. 407, e pág. 524. Quanto à problemática distinção entre boa fé psicológica e ética (que o autor acaba por configurar como meramente histórica, ao concluir que o Direito Civil português tem da boa fé subjectiva uma noção ética), cfr. págs. 510 e segs.

[431] Sobre o princípio da boa-fé processual veja-se, por todos, JOAN PICÓ I JUNOY, *El Principio de la Buena Fe Procesal*, Barcelona: Bosch, 2003. Segundo o autor, este princípio constitui uma manifestação, no âmbito jurisdicional, do princípio geral da boa fé (ob. cit., pág. 28). O autor

processual, permeável à influência do princípio da boa fé, dá assim origem a um conjunto de regras de conduta, de entre as quais os deveres de colaboração probatória constituem um exemplo paradigmático[432].

Segundo JOAN PICÓ I JUNOY, embora estejamos perante um conceito jurídico indeterminado, pode definir-se a boa fé processual como a conduta exigível a toda a pessoa, no âmbito de um processo, por ser social-

responde às críticas de autores como MONTERO AROCA e LOZANO-HIGUERO – no sentido de que a consagração de um princípio de boa-fé se identifica com regimes totalitários e fascistas – contrapondo que a receção normativa (e com caráter geral) da boa fé, no âmbito do processo, teve lugar muito antes dos códigos a que aqueles autores se referem, remontando aos regulamentos dos litígios mercantis dos consulados do reino de Castela dos séculos XVII e XVIII (ibidem, págs. 30 e segs.) (sobre a evolução histórica do princípio da boa fé processual, veja-se págs. 57 e segs). O facto de os códigos do século XIX não terem procedido ao reconhecimento do princípio da probidade processual (afirma JOAN PICÓ I JUNOY) ficou provavelmente a dever-se à conceção privatística que vigorava nessa altura, *i.e.*, uma conceção do processo como mero negócio particular destinado à defesa de interesses pessoais. Ora, esta visão encontra-se hoje totalmente superada, tendo sido substituída por uma conceção do processo como instrumento necessário ao exercício da função jurisdicional do Estado (donde, não sejam admitidas atuações maliciosas das partes, tendentes a frustrar o seu fim). Ou seja, pode concluir-se que a recuperação normativa da figura da boa-fé, pelas legislações do séc. XX, se ficou a dever à mudança de conceção quanto à natureza jurídica do processo (assumindo-se a natureza pública do mesmo), sendo esse o facto históricamente relevante. Trata-se de uma questão predominantemente técnica, mais do que política (neste sentido, pode ver-se VALENTÍN SILVA MELERO, «El llamado deber de decir verdade en el proceso civil», *Revista general de legislación y jurisprudência*, vol. 85, nº 168, 1936, págs. 718-724 (pág. 721); e GIOVANNI VERDE, «Las ideologias del processo en un reciente ensayo», in *Processo civil e ideologia*, coord. Juan Montero Aroca, 2ª ed., Valencia: Tirant lo Blanch, 2011, págs. 75-88). O que esteve na base da consagração do princípio da boa-fé pela nova LEC (salienta PICÓ I JUNOY) foi a vontade de proceder à introdução de normas de conteúdo ético quanto ao modo de atuar dos litigantes, em conformidade com a mudança de conceção quanto à própria natureza do processo. «*El principio de la buena fe es una de las vías más eficaces para introducir un contenido ético-moral en el ordenamento jurídico, y supone otro avance más en el desarollo de la civilización, tendente a superar una concepción excesivamente formalista y positivista de la ley, que permite a los juristas adecuar las distintas instituciones normativas a los valores sociales proprios de cada momento histórico*» (ibidem, págs. 66-67). «*La buena fe es un concepto jurídico indeterminado, y por tanto sólo pueden efectuarse meras aproximaciones conceptuales sobre la misma. Desde esta perspectiva necesariamente genérica, la buena fe procesal puede definirse como aquella conducta exigible a toda persona, en el marco de un processo, por ser socialmente admitida como correcta. Sólo desde esta perspectiva amplia se logra la continua adaptación entre los valores éticos de la sociedad y los valores normativos del ordenamento, correspondiendo al juez, en cada caso concreto, analizar si la conducta procesal de la parte se adecua a la forma de actuar admitida por la generalidad de los ciudadanos*» (ibidem, pág. 69).

[432] Neste sentido, pode ver-se CARMINE PUNZI, *Il Processo Civile, Sistema e Problematiche*, vol. I, cit., págs. 363 e segs.

mente admitida como correta[433]. Apenas a partir desta ampla perspetiva se consegue uma contínua adaptação entre os valores éticos da sociedade e os valores normativos do ordenamento jurídico, cabendo ao juiz, em cada caso concreto, analisar se a conduta processual da parte se adequa à forma de atuar admitida pela generalidade dos cidadãos[434]. Aquele princípio, com aplicação não apenas no campo do Direito privado, mas também nc do Direito público, destina-se assim a preservar um mínimo de conduta ética de todas as relações jurídicas.

O princípio da cooperação (afirma FREDIE DIDIER JR) funda-se no princípio da boa fé, assim como no *princípio do devido processo legal*, refletindo a consagração de um novo modelo de Direito processual[435]. Para ser devido (estado de coisas que se visa alcançar)[436] o processo precisa de ser cooperativo ou leal. Aquele princípio (da cooperação) pode assim ser visto como um subprincípio daqueles dois princípios, nenhum deles tendo uma pretensão de exclusividade, mas antes podendo concorrer para o mesmo efeito jurídico (processo cooperativo): se todos aqueles que de alguma forma participam no processo (inclusivamente o próprio órgão jurisdicional) têm o dever de cooperar, é precisamente porque todos têm o dever de se comportar de acordo com a boa fé.

433 «*La buena fe procesal constituye una excelente atalaya desde la cual es posible observar el nível ético de una ley de enjuiciamento*» (JOAN PICÓ I JUNOY, *El Principio de la Buena Fe Procesal*, cit., pág. 27). O princípio geral da boa fé (afirma MENEZES CORDEIRO) é produto de um estádio juscultural específico (ANTÓNIO MANUEL DA ROCHA E MENEZES CORDEIRO, *Da Boa Fé no Direito Civil*, Colecção Teses, Coimbra: Almedina, 1984, págs. 17 e 18), e o cerne da regra de conduta de boa fé é ético-jurídico (MANUEL ANTÓNIO DE CASTRO PORTUGAL CARNEIRO DA FRADA, *Teoria da Confiança e Responsabilidade Civil*, Almedina, 2004, págs. 447 e 448). Embora não esteja em causa a adesão a uma conceção metajurídica do respetivo princípio jurídico (salienta CARNEIRO DA FRADA), não pode negar-se a influência que os valores e virtudes morais detêm na fundamentação jurídica dos comportamentos exigíveis às partes.

434 JOAN PICÓ I JUNOY, *El Principio de la Buena Fe Procesal*, cit., pág. 69.

435 FREDIE DIDIER JR., «*Fundamentos do Princípio da Cooperação no Direito Processual Civil Português*», Coimbra: Coimbra Editora, 2010, págs. 42 e segs.). É costume (salienta o autor) proceder-se à identificação de dois modelos de estruturação do processo: o modelo adversarial (com natural predomínio das partes), e o modelo inquisitorial (em que o protagonismo é do juiz). Diferentemente, num modelo de tipo cooperativo «*a condução do processo deixa de ser determinada pela vontade das partes (marca do processo liberal dispositivo). Também não se pode afirmar que há uma condução inquisitorial do processo pelo órgão jurisdicional, em posição assimétrica em relação às partes. Busca-se uma condução cooperativa do processo, sem protagonismos*» (ibidem, pág. 47).

436 Ibidem, págs. 53 e 54.

Já MARIE-EMMA BOURSIER salienta que a noção de lealdade tem uma natureza polimórfica e proteiforme que permite uma adaptação às necessidades do processo[437]. Ela introduz valores morais no direito, constituindo a «osmose entre a consciência jurídica e a norma moral». A racionalidade da lealdade no direito constitui assim a integração no direito positivo de uma norma de valor superior, *issue* do direito natural, como o demonstra o seu florescimento no domínio extrajurídico[438].

A noção de lealdade – tradução, no fundo, de um *honeste vivere* aplicado ao processo – apresenta-se assim, na opinião da autora, como o instrumento privilegiado do fenómeno da cooperação, da transcendência do interesse individual para maior benefício do interesse comum em geral. Uma tal mudança de perspetiva observa-se também no seio do direito processual, o qual, por natureza, deve conciliar o interesse individual com o interesse coletivo na restauração da paz social[439].

A intimidade entre o direito processual e a noção de lealdade constitui fruto do seu contexto de intervenção. Com efeito, estamos perante um direito relacional, de cooperação, no qual a lealdade assegura a passagem

[437] MARIE-EMMA BOURSIER, *Le principe de loyauté en droit processuel*, cit., pág. 6.

[438] Ibidem, pág. 4. O Homem (afirma a autora) não se encontra em harmonia com a sociedade se não for leal para com ela, e para consigo mesmo (a exigência moral de lealdade face a terceiros soma-se a uma exigência face ao próprio). Mais do que um simples desejo, a lealdade pode ser vista como uma virtude, constituindo a evolução da afirmação da consciência humana e da liberdade individual, e revelando a sua ligação com a existência do Estado democrático (ibidem, pág. 2). A lei encontra a sua inspiração nos valores morais que ela consagra de volta na ordem exterior das coisas. A emergência da lealdade no Direito depende assim de um duplo fenómeno: por um lado, da sua inspiração e a sua base na lei natural que vão determinar as condições da sua passagem do Direito natural para o Direito positivo; e, por outro, do contexto atual do Direito substantivo e do Direito processual que dê início a este processo (ibidem, pág. 4).

ANNE LEBORGNE manifesta a sua admiração pelo facto de a lei processual não erigir expressamente a lealdade a princípio diretor do processo; a razão para isso (salienta a autora) encontra-se no facto de a mesma ser vista como um princípio processual de Direito natural, ou seja, uma regra inerente a todo o processo, uma exigência superior (ANNE LEBORGNE, «L'impact de la loyauté sur la manifestation de la vérité ou le double visage d'un grand principe», cit., pág. 536).

[439] O processo (podemos acrescentar) altera o modo de perspetivar a relação material, na medida em que existe uma «socialização do conflito» (noção do processo como instituição de bem-estar social, de KLEIN). A partir do momento em que o processo é intentado, o conflito passa a interessar ao Estado, assim se podendo compreender o empenhamento deste último na sua resolução.

da esfera privada, moral, à esfera social para o equilíbrio dos interesses antagónicos em presença. A lealdade aporta uma resposta particular às especificidades do direito processual, como é demonstrado pelo lugar de destaque que a mesma ocupa no seio do justo processo (*procès équitable*)[440].

Por outro lado, a porosidade da distinção entre o direito substantivo e o direito processual, no sentido da comunicação que torna possível a passagem de um conjunto a outro graças às suas estruturas recíprocas, explica esta evolução comum, tal como as interferências e interações recíprocas que sublinham o papel da lealdade dentro de um direito processual em mutação[441]. Se a lealdade constitui uma obrigação que impende sobre os

[440] Ibidem, pág. 11. O processo equitativo traduz ele próprio esta nova ideia de justiça, esta conceção de um novo ideal. Tal como a lealdade, o processo equitativo constitui, antes do mais, uma noção moral, de essência de direito natural como é provado pelas suas fontes internacionais (ibidem, pág. 12). Referindo-se a esta relação entre a lealdade e o justo processo, pode ver-se Loraine Donnedieu, «La loyauté dans l`administration de la preuve», *Gazette du Palais*, Recueil Mai-Jun 2012, págs. 1859-1875, pág. 1868. Segundo o autor, o Tribunal da Cassação afirma o seu respeito pelo princípio da lealdade, que participa plenamente na realização do direito fundamental das partes a um processo equitativo, e que se aplica em todos os domínios, e especialmente no direito da concorrência. Também Marion Bary (Marion Bary, «Les nouveaux défis de la loyauté de la preuve», cit., pág. 197) salienta este aspeto: a ligação da exigência da lealdade da prova ao Direito processual foi reforçada por um aresto de 7 de outubro de 2004, tomado pela segunda Sala civil, através do qual o tribunal da cassação considerou a lealdade da prova como um elemento do direito a um processo equitativo.

[441] Marie-Emma Boursier, *Le principe de loyauté en droit processuel*, cit., pág. 10. O direito processual (salienta a autora) consiste num Direito ao serviço dos direitos substantivos dos quais ele assegura a efetividade, mas ele constitui também um instrumento para assegurar a garantia dos direitos das partes, e a criação de verdadeiras obrigações substantivas (direitos fundamentais das partes). A especificidade do contexto de aplicação do direito processual explica, por um lado, o recurso à noção de lealdade, e, por outro, e a sua preferência face à noção de boa-fé. Com efeito, a justiça não pode ser exercida senão dentro das condições normais que tornam possível a necessária cooperação humana; é um direito de relações e, mais particularmente, de relações conflituosas, uma expressão patológica do Direito em geral. À imagem da sociedade (adverte Marie-Emma Boursier), a justiça forma uma «sociedade de cooperação» com vista ao ganho comum, e carateriza-se ao mesmo tempo por um conflito de interesses, e por uma identidade de interesses: (a) uma identidade de interesses, uma vez que a cooperação permite atender ao resultado *optimum* para cada um para a preservação da paz social; (b) e um conflito de interesses, na medida em que cada um persegue os seus objetivos e, principalmente, o de ver o litígio resolvido a seu favor. São assim os princípios do direito processual que vão organizar esses conflitos, especialmente o princípio da lealdade, considerado pela melhor doutrina como um dos elementos constitutivos da realidade processual comum aos estados democráticos, a par do princípio da equidade, da liberdade de acesso à justiça, e da liberdade de defesa.

contraentes no plano substantivo, o mesmo deve acontecer do ponto de vista processual, sob pena de se esvaziar na sua substância o princípio de direito substantivo[442]. A necessidade de concordância entre a obrigação de lealdade do direito substantivo e a do direito processual explica-se porque existe geralmente uma relação preexistente ao processo. Esta relação, como acontece em matéria contratual, é dominada por uma obrigação recíproca de lealdade inerente a toda a relação humana, em virtude do seu caráter de direito natural. Ora, não teria sentido que se exonerassem desta obrigação os sujeitos de direito logo no momento em que ela se encontra naturalmente em perigo, em virtude do recurso ao tribunal, suscetível de estigmatizar os interesses dos contraentes, tornando-os antagónicos. Não é no momento em que o risco de desrespeito pela lealdade é mais forte que mais importa excluí-lo[443]?

Num sentido semelhante, afirma ANNE LEBORGNE[444] que invocar a lealdade é fazer referência a um comportamento em vista, tanto das partes, como do juiz, a uma qualidade humana hoje em dia exigida em todas as relações jurídicas, seja no momento da conclusão de um contrato, seja no da sua execução, seja ainda no momento da aplicação do Direito. Também LAURENCE RAISON REBUFAT[445] chama a atenção para este aspeto. A exigência de lealdade, própria não só do direito processual, como de outros ramos do Direito (como é o caso do direito dos contratos), constitui um elemento do justo processo, tendo a sua origem numa evolução favorável à constituição de um código ético do processo. A lealdade participa do fenómeno de introdução de considerações morais no processo, de uma verdadeira «jurisdicialização da equidade»[446], que ilustram as garantias do processo equitativo. Existe incontestavelmente na emergência do princípio

[442] Ibidem, págs. 201-202 Conforme sublinha DOYEN SERGE GUINCHARD (apud MARIE-EMMA BOURSIER), o justo processo está a um passo de se tornar um direito substantivo, e não apenas uma garantia formal, na medida em que assegura a efetividade dos direitos substantivos. Ou seja, existe uma relação de complementariedade (e não de subordinação) entre o Direito substantivo e o Direito processual.

[443] Ibidem.

[444] ANNE LEBORGNE, «L'impact de la loyauté sur la manifestation de la vérité ou le double visage d'un grand principe», cit., págs. 535-550.

[445] LAURENCE RAISON REBUFAT, «Le principe de loyauté en droit de la preuve», pág. 1197.

[446] Segundo BRUNO OPPETIT, o direito a um processo equitativo ilustra claramente esta «jurisdicialização da equidade, noção moral erigida em noção jurídica». A referência à equidade exprime essencialmente o objetivo de organização de um processo equilibrado e

da lealdade[447], em matéria de direito da prova, uma natural continuidade na introdução de considerações éticas no direito; a exigência de lealdade inscreve-se assim numa «moral da prova»[448].

leal (igualdade de armas, duração razoável dos processos), que oferece todas as garantias de regularidade (BRUNO OPPETIT, *Philosophie du droit*, Paris: Dalloz, Col. Précis, 1999, pág. 124).

[447] É discutido na doutrina francesa se a lealdade constitui um princípio geral do processo. Num sentido afirmativo, pode ver-se, entre outros, S. GUINCHARD et F. FERRAND, *Procédure civile, Droit interne et droit communautaire*, Précis Dalloz, 28º éd., 2006, nº 641 c; MARIE-EMMA BOURSIER, *Le principe de loyauté en droit processuel*, cit., págs. 21 e segs.; LORAINE DONNEDIEU, «La loyauté dans l`administration de la preuve», cit., pág. 1866; HENRI MOTULSKY, «Le droit naturel dans la pratique jurisprudentielle», in *Le respect des droits de la défense*, Mélanges P. Roubier, t., 2, 1961, nº 13 e segs.
E num sentido negativo: MARION BARY, «Les nouveaux défis de la loyauté de la preuve», cit., págs. 197-199; LAURA WEILLER, note Cass. Soc., 23 mai 2007, *La Semaine Juridique*, Édition générale, 25 juillet 2007, nº 30, 1140, págs. 41-44; LIONEL MINIATO, «L`introuvable principe de loyauté en procédure civile», Recueil Dalloz, nº 15, 12 avril 2007, págs. 1035-1037; L. RAISON REBUFAT, «Le principe de loyauté en droit de la preuve», Gaz. Pal. 26-27 juill. 2002, págs.1197 e segs.). A aplicação da lealdade (afirma MARION BARY) é «imprecisa», o que impede o reconhecimento de um princípio de lealdade processual, enquanto princípio diretor do processo. Um princípio pode ser definido como uma norma jurídica que se «reveste de um significado definido e determinado, cujo benefício é atribuído de maneira incondicional e igualitária aos seus destinatários, que produz, enfim, efeitos normativos diretos no interior da ordem jurídica». O mesmo tem, portanto, vocação para editar uma norma obrigatória e intangível. Tal não é o caso da lealdade da prova, cuja apreciação deve ter em conta as especificidades de cada domínio, devendo, em especial, conciliar-se com a procura da verdade, e com o princípio de igualdade de armas. A lealdade (afirma L. RAISON REBUFAT) é mais uma exigência moral, do que uma norma jurídica: não um princípio do processo, mas um valor processual.

[448] Deve notar-se, no entanto, a existência de uma dupla manifestação da lealdade no âmbito do direito probatório. Conforme refere, por ex., FRÉDÉRIQUE FERRAND (FRÉDÉRIQUE FERRAND, "Preuve, débats et principe de loyauté dans le procès civil français", ZZP-int, 2012, págs. 13-42), o princípio da lealdade processual pode conduzir, em matéria probatória, tanto a facilitar a prova de certos factos (numa espécie de reconhecimento de um «direito à prova»), como, inversamente, a limitar as provas admissíveis, e a afastar aquelas que tenham sido obtidas em circunstâncias desleais. Quanto ao primeiro aspeto, nota o autor que uma parte significativa da doutrina baseia na lealdade a obrigação de «exibição forçada de documentos» (por ex., THIERRY LE BARS, *Droit judiciaire privé*, cit., pág. 800; AUGUSTIN AYNÈS E XAVIER VUITTON, *Droit de la Preuve*, cit., págs. 66 e segs.; e ANNE LEBORGNE, «L`impact de la loyauté sur la manifestation de la vérité ou le double visage d`un grand principe», cit., págs. 535-55). Referindo-se ao segundo aspeto (inadmissibilidade da prova por agressão ao princípio da lealdade), pode ver-se, por ex., NICOLAS LEGER, «Preuve» (en matière civile)», *La semaine juridique*, II 10025, 23 février 2005, págs. 396-399; LOÏC CADIET E EMMANUEL JEULAND, *Droit judiciare privé*, cit., pág. 427; PIERRE JULIEN E NATALIE FRICERO, *Droit judiciaire privé*,

III. Fundamento dos deveres de colaboração enquanto manifestação do princípio da boa fé processual

1. Introdução

A afirmação de que os deveres de colaboração probatória das partes se inscrevem numa leitura da relação jurídico-processual moldada por um princípio de boa fé e pela existência de um dever de lealdade não dispensa um problema ulterior, que diz respeito à articulação entre aqueles deveres e o princípio segundo o qual ninguém pode ser obrigado a agir contra o próprio interesse (princípio *nemo tenetur*). Com efeito, e embora este não seja um princípio clássico do processo, facto é que o mesmo exerceu influência sobre o nosso sistema jurídico, dando origem a uma leitura do princípio dispositivo, hoje ultrapassada, contrária à existência de quaisquer deveres de colaboração probatória das partes. Aquele problema diz respeito, portanto, à questão de saber até onde o legislador levou os ditames de boa fé (em sentido objetivo), *i.e.*, até que ponto a interpretação material dos preceitos processuais que consagram os deveres de colaboração das partes (vendo neles uma tradução do princípio da boa fé) abre lugar à superação do princípio *nemo tenetur*?

Segundo JUAN PICÓ I JUNOY[449], o exercício das faculdades que as leis processuais atribuem às partes encontra-se a coberto, *prima facie*, do «direito fundamental à defesa», de modo que a sua limitação apenas se pode justificar pela necessidade de proteção de outro direito fundamental, ou valor/bem constitucionalmente protegido. Daqui resulta a necessidade de determinar o fundamento constitucional do princípio da boa fé, na medida em que apenas o mesmo pode legitimar uma limitação daquele

cit., pág. 279; MARIE-EMMA BOURSIER, *Le principe de loyauté en droit processuel*, cit., pág. 222 (em matéria de procura de prova o princípio da lealdade funciona como ponto de equilíbrio, contrabalançando o princípio da liberdade da prova); LAURENCE RAISON REBUFAT, «Le principe de loyauté en droit de la preuve», cit., pág. 1200) (o princípio da lealdade influi diretamente sobre o objetivo de manifestação da verdade, ao definir uma verdade socialmente aceitável, em detrimento de uma verdade objetiva. Ao princípio da lealdade opõe-se aquele que é um prolongamento natural do contraditório, *i.e.*, o direito à prova; definem-se assim os contornos de uma verdade social, ou moralmente, aceitável, que não é necessariamente a verdade objetiva para a qual tende o conjunto de disposições relativas ao Direito processual. O autor refere mesmo que não é um exagero afirmar que lealdade e verdade se opõem); MARION BARY, «Les nouveaux défis de la loyauté de la preuve», cit., pág. 196; e LORAINE DONNEDIEU, «La loyauté dans l`administration de la preuve», cit., pág. 1861 segs.

[449] JOAN PICÓ I JUNOY, *El Principio de la Buena Fe Procesal*, cit., págs. 72 e segs.

direito[450]. Se virmos bem, este direito de defesa traduz-se aqui no direito a não fornecer à parte contrária ou ao tribunal fontes de prova cujo conteúdo seja contrário à prossecução das respetivas pretensões. Por conseguinte, das duas uma: ou este direito (de não produzir prova contra o próprio interesse) pura e simplesmente não existe – e, então, aquela questão não se coloca; ou o mesmo continua a fazer parte (ainda que de um modo atenuado) do nosso sistema jurídico, caso em que não podemos dispensar a questão de saber o que justifica, à luz do princípio da boa fé, que as partes sejam obrigadas a colaborar contra o próprio interesse.

Claro que, verdadeiramente, só podemos responder a este problema mais adiante, quando olharmos para a extensão dos deveres de colaboração probatória que impendem sobre as partes. Existe, no nosso ordenamento jurídico, um dever geral de sinceridade? Mais concretamente (no que ao plano probatório diz respeito): existe um dever de as partes procederem a uma exibição espontânea de prova?

Entretanto, e no que ao problema da fundamentação dos deveres de colaboração probatória diz respeito, é a isto que ainda nos falta dar resposta: partindo da existência de um direito das partes de não agirem contra o próprio interesse, o que justifica, à luz do princípio da boa fé, que as mesmas se vejam forçadas a fornecer ao seu adversário os elementos para a sua vitória[451]? Ora, e uma vez que a iniciativa da prova pode resultar das partes ou do tribunal, pode olhar-se para este problema de uma perspetiva assimétrica e/ou isométrica[452]. De um ponto de vista assimétrico (que pressupõe a existência de um princípio de oficialidade) o dever de cola-

[450] O autor espanhol encontra este fundamento numa conceção do princípio da boa fé enquanto critério ou instrumento de proteção de outros direitos fundamentais. Mais concretamente, refere-se Picó i Junoy aos direitos fundamentais de caráter processual, constitucionalizados no artigo 24 da Constituição Espanhola, ou seja, o direito à tutela jurisdicional efetiva, à defesa, à igualdade processual, e a um processo sem dilações indevidas. No que diz respeito ao plano probatório, assume um lugar de destaque a necessidade de salvaguarda do «direito à prova».

[451] Ou se veja obrigada a fornecer ao tribunal elementos de prova contrários à prossecução do próprio interesse. Aliás, é sempre ao tribunal que aqueles elementos são fornecidos, já que não se verifica nesta matéria uma autêntica isometria: é ao tribunal que o requerente se dirige, e não diretamente à parte contrária.

[452] Sem prejuízo, contudo, do que acima dissemos quanto à inexistência, nesta matéria, de uma pura isometria, já que a relação de colaboração tem sempre a estrutura «parte-juiz-parte», ou seja, o requerente dirige-se sempre ao tribunal, e não diretamente à parte contrária – sendo este, revestido de um poder público, que ordena a realização do respetivo comportamento.

boração constitui o reverso da medalha do poder instrutório do juiz (sem o qual este poder não passaria de letra morta), relacionando-se ainda com o direito a uma tutela jurisdicional efetiva; de uma perspetiva isométrica (que pressupõe a existência de um princípio de responsabilidade das partes e, consequentemente, de um direito à prova, no sentido clássico) aquele dever constitui um corolário da necessidade de salvaguarda deste direito. Olhemos mais atentamente para cada um destes aspetos:

2. Princípio da boa fé e salvaguarda do direito à prova

Não existe uma posição doutrinal unanime quanto à existência de um «direito à prova», nem quanto ao seu fundamento[453]. Uma solução pro-

[453] De lado deixamos a questão de saber se o direito à prova se insere na categoria dos direitos subjetivos (e mais concretamente dos direitos subjetivos em sentido processual), ou se se trata de um «direito a...». Sobre esta matéria, veja-se ISABELLE DESPRÉS, *Les mesures d`instruction in futurum*, Nouvelle Bibliothèque de Thèses, Dalloz, 2004, Paris, págs. 128 e segs. Como é referido pela autora, depois de um período em que a maioria dos juristas franceses não viram na expressão «direito à prova» mais do que uma mera «habilidade didática», surgiu, com o despontar dos direitos subjetivos, a ideia de uma aproximação com este conceito (sobre este aspeto, pode ver-se MARIE-ANNE FRISON-ROCHE, «Les droits fondamentaux des justiciables au regard du temps dans la procédure», *Le temps dans la procédure*, Dalloz, 1996, págs. 11 e segs, em especial, pág. 13). Mais concretamente, foi sugerida a inclusão do direito à prova na categoria dos direitos subjetivos processuais, que vêm duplicar e reforçar os direitos subjetivos substanciais. Da mesma forma que o direito de ação, o direito à prova traduz a existência da faculdade de o indivíduo desencadear o imperativo contido na regra de Direito, adaptado à situação. Segundo MOTULSKY (HENRI MOTULSKY, *Principes d`une réalisation méthodique du droit privé*, Sirey, 1948, págs. 29-30), «*le rapport juridique, nous le savons, naît du contact des relations humaines et de la règle; si ce rapport implique pour l`individu un «certain pouvoir respectivement aux autres», c`est, techniquement parlant, en raison de la particularité de la règle de Droit, qui comporte, par définition, un impératif, une injonction à l`adresse d`une personne (...) il s`ensuit que le concept du droit subjectif no fait que traduire la faculté, pour l`individu, de déclencher l`impératif contenu à la règle de Droit. (...) comme c`est nécessairement ce dernier (effet juridique) qui assure la mise en oeuvre de l`impératif, on est amené à conclure qu`avoir un droit subjectif ne signifie rien d`autre que d`être habilite par l`ordre juridique positif à faire jouer «l`effet juridique» d`une règle de Droit*»). Deve sublinhar-se (refere ISABELLE DESPRÉS), para justificar o paralelismo entre o direito de ação e o direito à prova, que, se a ação judicial constitui o ponto culminante da realização dos direitos (assim, HENRI MOTULSKY, «Le droit subjectif et l`action en justice», Archives de Philosophie du Droit, Sirey, 1964, págs. 215-230; id., *Ecrits*, tome 1, Etudes et notes de procédure civile, Dalloz, 1973, págs. 85-100, pág. 85), no sentido de que a sua efetividade não se encontra efetivamente demonstrada senão através da luta judicial, então a prova constitui, quanto a ela, o «rançon» dos direitos (*idem est non esse et non probari*). Deste ponto de vista, as duas noções desempenham uma função similar.

posta pela doutrina francesa (afirma ANTONIOS DIAKONIS[454]) encontra este fundamento no próprio direito material, na medida em que, aquele que faz valer em juízo um determinado direito, deve também gozar da possibilidade de fazer prova dos pressupostos fáticos desse direito[455]. Esta teoria tem, no entanto, a desvantagem de desconsiderar a autonomia do direito processual face ao direito substantivo (já que faz derivar uma figura de natureza reconhecidamente processual diretamente do direito mate-

Esta posição não é, contudo, partilhada por toda a doutrina. As críticas (afirma ISABELLE DESPRÉS) partem desde logo daqueles autores que se opõem ao princípio de assimilação da ação a um direito subjetivo, posição que é ainda mais clara no que diz respeito ao pretenso direito à prova, na medida em que o mesmo não se encontra consagrado de forma explícita. Para além disso, partindo da constatação de que aqueles que defendem a existência de direitos subjetivos processuais consideram, na maior parte das vezes, que se trata de direitos a uma prestação, os críticos deste tipo de direitos questionam-se sobre a titularidade ativa e passiva dos mesmos. Com efeito, está longe de ser evidente a determinação desta titularidade, estando, de igual modo, longe de ser clara (por essa mesma razão) a qualificação do direito à prova como um direito subjetivo. A única forma de fugir a este impasse (salienta aquela autora) consiste em contornar a dificuldade, observando que os direitos subjetivos processuais (e em particular o direito à prova) são, na realidade, «direitos a...», razão pela qual é normal que os mesmos não possam ser caraterizados pelo seu devedor.
Em suma (afirma ISABELLE DESPRÉS), se não podemos dar ao direito à prova um lugar incontestável no seio das classificações tradicionais dos direitos subjetivos, *i.e.*, se não se trata de um direito subjetivo como qualquer outro, certo é que não podemos negar a sua inserção na categoria dos «direitos a...», particularmente «representativos de uma época e de uma sociedade como a nossa». A multiplicação de «direitos a...» revela que passamos de uma conceção teórica dos direitos, a uma conceção efetiva dos mesmos, na qual a sua proclamação apenas tem valor em condições de uma certa efetividade prática (neste sentido, D. COHEN, «Le droit a...», *L'avenir du droit,* Mélanges en hommage à François Terrè, Dalloz, PUF, Juris-classeur, 1999, págs. 393 e segs., em especial, pág 399).

454 ANTONIOS DIAKONIS, *Grundfragen der Beweiserhebung von Amts wegen im Zivilprozess*, cit., págs. 45-85.

455 FRANÇOIS GENY, *Des droits sur les lettres missives: étudies principalment en vue du système postal français: essai d'application d'une méthode critique d'interprétation*, II, Paris, Recueil Sirey, 1911, págs. 105-106. «*(...) il apparait aisément que le droit à la preuve semble plutôt constituer une garantie de tous les droits en général, que représenter un droit à part et indépendant. Qu'est-ce autre chose, en effet, qu'un élément de cette sanction générale, par laquelle chacun défend et maintient ses intérêts juridiques, puisque pareille sanction exige la justification des droits qu'elle assure et implique, par suite, la facultè de rechercher et de produire les moyens de cette justification? (...)*». Como refere ÉMILE DEMONTÈS, a partir do momento em que a lei reconhece um direito a um cidadão, ela deve ao mesmo tempo conceder-lhe o meio através do qual ele o pode exercer (a cada direito sobrepõe-se um direito à prova) (ÉMILE DEMONTÈS, *L'action "ad exhibendum" en droit moderne, essai sur le droit a la preuve"*, cit., págs. 7-19).

rial), invertendo, por outro lado, a relação entre os dois fatores da equação, e contrariando assim o seu próprio fundamento, ao fazer depender o «direito de provar os factos que fundamentam o direito» da existência desse mesmo direito[456].

Uma outra possibilidade consiste em estabelecer uma ligação entre o «direito à prova» e as «normas do ónus da prova». A parte sobre a qual recai o ónus da prova de um determinado facto (*i.e.*, aquela que corre o risco da prova) deve gozar da garantia de poder fazer prova desse mesmo facto. Esta teoria (em parte correspondente com a «teoria do fim das normas de direito material») não deve também ser considerada procedente. Com efeito, a existência e a função do ónus da prova não são suficientes para justificar o reconhecimento de um direito à prova; e isto torna-se claro quando se coloca a questão de saber se é possível conceber a existência de um «direito à prova» num processo estruturalmente desprovido daquelas regras[457].

A resposta a esta questão não pode ser negativa. Na verdade, mesmo na ausência de regras do ónus da prova (em sentido objetivo), não desaparece o interesse das partes em fazer prova do seu direito, o que revela que o direito à prova não constitui uma manifestação destas regras. *I.e.*: mesmo que fosse permitido ao juiz abster-se de tomar uma decisão nos casos de *non liquet*, a possibilidade de as partes fazerem provas das suas alegações continuaria a ser uma *conditio sine qua non* para a existência de um processo que tenha em vista uma efetiva defesa dos seus direitos[458].

É aqui, portanto (*i.e.*, no direito de acesso à justiça, e a uma tutela jurisdicional efetiva), que pode encontrar-se o verdadeiro fundamento do direito

456 A identificação do titular do direito à prova pressuporia nesse caso a prévia identificação do titular do direito. Para além disso (salienta ainda o autor), esta abordagem não permite fundamentar o direito à prova do réu, nos casos em que este não pretenda fazer valer um direito próprio, limitando-se a impugnar os factos articulados pelo autor, ou procedendo à afirmação de factos novos, mas que não se destinam a fundamentar um direito autónomo.

457 Antonios Diakonis, *Grundfragen der Beweiserhebung von Amts wegen im Zivilprozess*, cit., págs. 45-85.

458 O autor chama ainda a atenção para o facto de que esta teoria não é capaz de explicar o direito à prova da parte não onerada (ou então restringe, injustificadamente, este direito à parte onerada). Não se pode esquecer que estão em causa princípios como o princípio do contraditório, e o princípio de igualdade de armas, os quais não se compadecem com a atribuição de um direito à prova apenas à parte sobre a qual aquele ónus recai. Com efeito, e embora não se negue a existência de uma ligação do direito à prova com a defesa do direito material, deve procurar-se um fundamento processual para aquele direito (ibidem, pág. 57).

à prova, o qual se encontra também relacionado com o direito ao contraditório. É este o caminho seguido por uma parte importante da doutrina: *Idem est non esse et non probari*[459], lembra o brocardo romano. Assim, e uma vez que um direito que não se pode provar corresponde, na prática, a um direito inexistente, o Estado deve colocar à disposição dos cidadãos mecanismos processuais que lhes permitam uma tutela eficaz dos seus direitos subjetivos. Sem isto (afirma GERHARD WAGNER[460]), o Estado de Direito não pode reivindicar o monopólio da resolução de litígios. O direito à prova (segundo ADRIAN ZUCKERMAN, peça fundamental de um processo justo[461]) é assim associado por uma parte dos autores ao direito a

[459] Entre outros, HENRI MOTULSKY, «Le droit subjectif et l`action en justice», cit., pág. 85; MARIE-EMMA BOURSIER, *Le principe de loyauté en droit processuel*, cit., pág. 75 (como refere P. PACTET, «*qu`un droit ne présente pour son titulaire d`utilité véritable que pour autant qu`il peut être établi en justice: un droit qui ne peut être prouvé est un droit pratiquement inexistant*»); MARION BARY, «Les nouveaux défis de la loyauté de la preuve», cit., pág. 195 (aquele que pretende ver um direito reconhecido, deve poder prová-lo. A prova é primordial, uma vez que ela condiciona a efetividade do direito. Por certo, este direito existe independentemente da prova que sobre ele se faça. No entanto, ele só se torna realmente efetivo se a prova carreada demonstrar a sua existência); F. TERRÉ, *Introduction générale au droit*, Dalloz, 7ª éd. 2006, nº 560 (apud MARION BARY) (não ter prova significa, na prática, não ter o direito); e AUGUSTIN AYNÈS e XAVIER VUITTON, *Droit de la Preuve*, cit., págs 1 e segs. (a prova é frequentemente a chave do processo. Para as partes, fazer a prova é demonstrar o bem-fundado das suas pretensões, ao estabelecerem a existência dos atos e dos factos jurídicos nos quais se fundam os direitos objeto da sua demanda. Uma vez que ela permite que os direitos em causa produzam efetivamente os seus efeitos, «não ter o direito e não o poder provar são, na prática, a mesma coisa»).

[460] GERHARD WAGNER, ««Urkundenedition durch Prozeßparteien – Auskunftspflicht und Weigerungsrechte», cit., pág. 711.

[461] ADRIAN ZUCKERMAN, *Civil Procedure*, cit., pág. 51, e págs. 115 e segs. O direito de acesso à prova – que implica a consagração de medidas compulsórias de salvaguarda da prova, bem como, o poder-dever de o tribunal auxiliar as partes na obtenção das mesmas – constitui uma parcela do direito a um julgamento justo. Este direito encontra-se relacionado com o princípio da igualdade, que sairía lesado se o tribunal permitisse que as partes escondessem dos seus adversários elementos de prova que tenham em sua posse, e que sejam relevantes para a justa resolução do litígio. «(...) *access to court might not enable citizens to obtain adequate protection of their rights, unless the courts are prepared to assist them to secure the evidence they need in order to establish their rights. Accordingly, all modern systems provide some compulsory measures to help litigants to secure relevant evidence. The right of access to evidence is of particular importance in an adversary system, such as the English procedure, where it is up to litigants to identify relevant evidence and present it to the court*» (....) «*_A system that left witnesses free to refuse to testify and allowed litigants to withhold relevant documents from their opponents would fail to provide citizens with an effective and meaningful procedure for vindicating their rights. Similary, such a system would fail to accord litigants equality of arms, for parties in possession of records and other documents would have a distinct procedural advantage*

uma tutela jurisdicional efetiva[462], ao passo que outros o identificam com o próprio direito de ação [463], ou com o princípio de igualdade de armas[464].

Deve, no entanto, olhar-se de mais perto para o «conteúdo» do direito à prova, e para o sentido da discordância de alguns setores da doutrina quanto à existência do mesmo. Com efeito (afirma ISABELLE DESPRÉS[465]), este direito decompõe-se num «direito de provar» e num «direito à prova em sentido estrito». O primeiro (direito de provar) diz respeito à possibilidade de produzir prova em tribunal, *i.e.*, de submeter ao juiz os elementos probatórios de que se dispõe. Já o «direito à prova em sentido estrito» autoriza a parte a socorrer-se da colaboração do juiz na administração da prova, através do exercício do seu *imperium*, a fim de obter uma prova de que necessita, e que se encontra em poder de um terceiro ou da parte contrária (incluindo-se aqui, segundo a autora, o direito a obter medidas de instrução *in futurum*[466]).

over opponents who lack documentary evidence. (...) Litigants have therefore extensive rights to seek court assistance to compel production of evidence relevant to the issues in the case » (ibidem, págs. 115-116).

[462] Por ex., JOACHIM ZEKOLL e JAN BOLT, «Die Pflicht zur Vorlage von Urkunden im Zivilprozess – Amerikanische Verhältnisse in Deutschland?», cit., pág. 3130 (interrogam-se os autores sobre se o interesse de uma parte em manter o sigilo de determinadas informações se pode sobrepor ao direito da parte contrária a uma efetiva proteção jurídica); GERHARD WAGNER, ««Urkundenedition durch Prozeßparteien – Auskunftspflicht und Weigerungsrechte», cit., pág. 711; e ANTONIOS DIAKONIS, *Grundfragen der Beweiserhebung von Amts wegen im Zivilprozess*, cit., págs. 45-85.

[463] LUIGI PAOLO COMOGLIO, *Etica e Tecnica des «Giusto Processo»*, cit., págs. 29 e segs. Segundo o autor, o direito à prova constitui uma manifestação do direito de ação, este último fazendo parte do núcleo essencial do justo processo.

[464] Assim, por ex., AURÉLIE BERGEAUD, *Le droit à la preuve*, Bibl. de droit privé, tome 525, Paris: L.G.D.J., 2010 (préface à la thèse, de J.-C SAINT-PAU).

[465] ISABELLE DESPRÉS, *Les mesures d`instruction in futurum*, cit., págs. 125 e segs. No mesmo sentido, por ex., CATHERINE MARRAUD, « Le droit a la preuve, la production forcee des preuves en justice», cit., págs. 39-50.

[466] ISABELLE DESPRÉS, *Les mesures d`instruction in futurum*, cit., pág. 127, e nota 501. No mesmo sentido, pode ver-se ROGER PERROT, «Rapport de synthèse», Le rôle du juge et des parties dans l`administration de la preuve», *XVII colloque des IEJ (Grenoble, 19-21 janvier 1989)*, Publication de la Faculté de droit de Grenoble, págs. 96 e segs, em especial, pág. 99; GILLES GOUBEAUX, «Le droit à la preuve», in *La preuve en droit*, Bruxelas: Émile Bruylant, 1981, págs. 277-303 (pág. 283); ALEXANDRE HORY, «Mesures d`instruction in futurum et arbitrage», *Revue de l`Arbitrage*, Ano 1996, nº 2, págs. 191-222 (em especial, pág. 211); e ANNE-MARIE BATUT, «Les mesures d`instruction in futurum», *Rapport de la Cour de cassation pour 1999*, págs. 99 e segs., em especial, pág.109.

Ora, se o primeiro plano não é objeto de crítica (desde longa data se reconhece o «direito de provar»[467]), o mesmo não se pode dizer quanto ao direito à prova em sentido estrito, e quanto à sua extensão[468]. X. LAGARDE[469], por ex., afirma que nunca se colocou verdadeiramente a hipótese de um direito à prova. O juiz é livre de ordenar (ou não) as medidas instrutórias requeridas, no exercício do seu poder discricionário[470].

TARZIA[471] realça, por sua vez, a existência de uma posição moderada, que sobrepõe à expressão «direito à prova» a de «garantia da prova», excluindo que se possa configurar na estrutura do processo um autên-

[467] *«(...) tout plaideur a le droit de prouver les faits qu`il invoque. Le juge ne peut pas, en principe, s`opposer à ce qu`une partie en cause produise en justice des éléments de preuve susceptibles de justifier le bien-fondé de sa prétention»* (CHARLES BEUDANT e PAUL LEREBOUS-PIGEONNIÈRE, colab. XAVIER LAGARDE et ROGER PERROT, *Cours de droit civile française*, T. IX, Paris: Arthur Rosseau, 1953, nº 1167, pág. 239). *«En principe un plaideur a toujours le droit de prouver ce qu`il allègue en sa faveur: fait pur et simple ou acte juridique. Mais la force de ce droit à la preuve n`est que toute relative en droit français et se heurte à l`adage nemo tenetur edere contra se. Sans doute le demandeur a toujours le droit de faire sa preuve, mais étant donné les principes qui gouvernent l`organisation de notre procédure civile, il n`a pas à compter sur la collaboration de son adversaire. Récemment certains auteurs ont affirmé l`existence d`une obligation pour tout plaideur de dire la vérité et de se prêter à la manifestation de cette dernière et ont voulu tirer des conséquences de cette idée dans les procès relatifs à la preuve de la filiation par l`examen du sang. En réalité l`obligation de dire la vérité ne semble pas présenter un caractère absolu dans notre droit civile; les faits prouvent que le principe de la neutralité du juge, non exprimé par la loi, est tout de même sous-jacent à notre procédure judiciaire. Le juge ne peut favoriser l`une des parties au détriment de l`autre en obligeant l`une dellles à se soumettre à une épreuve destinée à faciliter la découverte de la vérité que recherche son adversaire»* (MARCEL PLANIOL, GEORGES RIPERT, *Traité Pratique de Droit Civil Français*, 2ª ed.,T. VII, Paris: LGDJ, 1954, nº 1411, págs. 833-834). Conforme afirma G. GOUBEAUX, as provas apenas são úteis se puderem ser empregues em juízo como forma de obter a convicção do juiz (o direito à prova consiste na faculdade de as partes se servirem das provas que se encontram em poder próprio, produzindo-as em tribunal) (GILLES GOUBEAUX, «Le droit à la preuve», cit., pág. 293).

[468] Segundo ISABELLE DESPRÉS, o instituto da exibição forçada constitui a manifestação mais notável do direito à prova (ISABELLE DESPRÉS, *Les mesures d`instruction in futurum*, cit., págs. 127-128). No mesmo sentido, ROGER PERROT, «Le droit à la preuve», *Effektiver Rechtsschutz und verfassungsmässige Ordnung, Generalberichte zum VII. Internationalen Kongress für Prozessrecht*, Bielefeld: Gieseking, 1983, págs. 91-115, em especial pag. 98: «*(...)au regard du droit à la preuve, le problème fondamental est celui de la production forcée des pièces et documents*».

[469] XAVIER LAGARDE, «Finalités et principes du droit de la preuve – Ce qui change», JCP G 2005, La Semaine Juridique Edition Générale nº 17, 27 avril 2005, I, 133, nº 9.

[470] É esta também a posição sustentada pelo Tribunal de Cassação (pode ver-se Cass civ. segundo, 16 oct. 2003, Bull civ. II, nº 307).

[471] GIUSEPPE TARZIA, «Problemi del contraddittorio nell`istruzione probatoria civile», cit., págs. 686 e segs.

tico direito à admissão e assunção da prova[472]. Também A. BERGEAUD[473] chama a atenção para o facto de que o direito à prova não constitui um direito absoluto, a sua existência estando dependente da realização de um juízo de relevância probatória (interesse da prova), e de um sancionamento da inexistência de fraude, deslealdade ou espírito dilatório, assim como de uma ponderação de outros interesses merecedores de tutela jurídica, como é o caso do segredo ou da reserva de intimidade da vida privada.

O direito à prova em sentido estrito (tendo no instituto da exibição de documentos a sua ilustração mais importante[474]) não se sobrepõe à necessidade de realização de um «juízo de relevância e de oportunidade» por parte do juiz. Assim sendo (e em bom rigor), este direito não confere às partes o poder de obter os elementos de prova requeridos, mas vincula o tribunal a pronunciar-se, de forma fundamentada, sobre o requerimento da parte (colocando à disposição da mesma, no caso de deferimento, o seu *ius imperium*).

Em vez disto, pode dizer-se que o direito à prova confere à parte o poder de obter a colaboração do tribunal (*i.e.*, o direito a obter a prova requerida), embora esse poder esteja sujeito a determinados condicionalismos [475]; ou que o direito à prova constitui um direito subjetivo proces-

[472] No mesmo sentido, por ex., GIOVANNI VERDE, «Prova (dir. Proc. civ.)», cit., pág. 592; e MANDRIOLI, *Diritto, II*, 180 (apud GIUSEPPE TARZIA). PICARDI, por sua vez (afirma TARZIA), atribui à locução «direito à prova» o valor de fórmula-síntese com a qual se pretendem indicar todas as posições subjetivas atribuídas às partes na instrução probatória.

[473] AURÉLIE BERGEAUD, *Le droit à la preuve*, cit. (préface à la thèse, de J.-C SAINT-PAU).

[474] ISABELLE DESPRÉS, *Les mesures d'instruction in futurum*, cit., págs. 127-128.

[475] F. FERRAND sublinha que G. GOUBEAUX (GILLES GOUBEAUX, «Le droit à la preuve», cit., págs. 277-303) entendeu ter demonstrado, no início dos anos 80, que existe um verdadeiro direito subjetivo processual, que reforça o direito subjetivo substantivo, e que consiste num «direito à prova». Direito este que explica o porquê de, no decurso do processo, uma parte poder exigir do juiz, e da parte contrária, uma colaboração em matéria instrutória. FERRAND salienta, no entanto, que o direito à prova não constitui um direito ilimitado, estando condicionado por um requisito de relevância. Para além disso, este direito encontra-se limitado pela existência de uma situação de «negligência» da parte, na medida em que, nos termos do disposto no artigo 146 CPCfr., o juiz não pode ordenar uma medida de instrução como forma de suprir a carência das partes na administração da respetiva prova. Não menos hoje do que antes o juiz civil não tem o dever de procurar a verdade: é às partes que cabe a realização dos esforços necessários para a demonstração das respetivas pretensões, devendo sofrer as consequências negativas da sua negligência (FRÉDÉRIQUE FERRAND, «Preuve, débats et principe de loyauté dans le procès civil français», cit., págs. 27-29).

sual com uma finalidade específica (a obtenção de uma prova judiciária legalmente admissível)[476].

Parece-nos, no entanto, que isto corresponde apenas a uma outra forma de descrever a mesma realidade, ou seja, que a realização de um «meio de prova» requerido por uma parte abre espaço a uma margem de apreciação do juiz, margem essa que, no entanto, não corresponde ao exercício de um poder discricionário (o juiz deve fundamentar a sua decisão); trata-se de um verdadeiro requerimento de parte, e não de uma mera sugestão de prova.

O direito à prova constitui um direito contra o juiz (e ao juiz) (afirma A. Bergeaud[477]), sendo autónomo face ao dever de cooperação das partes para a descoberta da verdade, ainda que estes dois elementos constituam instrumentos de proteção jurídica que se complementam, ao invés de se excluírem mutuamente[478]. Num sentido semelhante se pronuncia Catherine Marraud[479]. Segundo a autora, deve considerar-se separadamente o direito (à prova) e o dever (de colaborar com a descoberta da verdade). No entanto, os dois elementos coexistem, e nada têm de incompatível (ao contrário do que é sustentado por alguns autores[480]). Bem pelo contrário. Quando uma parte requerer a produção de um documento, ela prevalece-se, implicitamente, de um direito. No entanto, esse direito constituirá letra morta se o juiz não dispuser dos meios adequados para o fazer triunfar: ele (juiz) exigirá o documento de uma pessoa determinada, sobre a qual recairá a obrigação de o fornecer. O direito não se realiza sem que, paralelamente, seja reconhecida a existência de um dever de exibição do requerido.

[476] Aurélie Bergeaud, *Le droit à la preuve*, cit. (préface à la thèse, de J.-C Saint-Pau).

[477] A. Bergeaud, *Le droit à la preuve*, cit., nº 98 e segs.

[478] «(...) *o direito positivo consagra um princípio de cooperação para a descoberta da verdade utilizando a técnica não de um direito subjetivo mas de um dever juridicamente sancionado. Se este dever pode, em caso de inobservância, dar origem a um direito à reparação a benefício da parte, ele não é o reflexo de um direito à prova, já que não existe nenhuma relação jurídica direta entre o «demendeur à la preuve» e o devedor da exigência de cooperação*» (ibidem, nº 134-135).

[479] Catherine Marraud, « Le droit a la preuve, la production forcée des preuves en justice», cit., págs. 39-50.

[480] Refere-se à posição de alguns autores, de acordo com os quais a obrigação de uma parte fornecer prova ao seu adversário, contra o próprio interesse, consubstanciaria uma agressão ao seu direito à prova.

3. Princípio da boa fé e poderes oficiosos do tribunal

A atribuição ao juiz de um poder oficioso em matéria instrutória (afirma ERWAN LE GALL[481]), embora não faça nascer na esfera das partes um dever de sinceridade, impõe-lhes, todavia, uma sujeição direta, complementar do dever de colaboração nascido do vínculo da instância bicéfala. A evolução do processo tem sido acompanhada de um reforço dos poderes instrutórios do tribunal, com base na ideia de que, ao deliberadamente não se preocupar com a verdade, o tribunal não assume a sua função de realização do Direito, pondo-se mesmo em causa o princípio dispositivo (em sentido técnico)[482]. O facto de o legislador ter regulado esta matéria pela via dos poderes do juiz sobre o litígio afigura-se particularmente interessante, pois permite reconhecer a presença de um dever a cargo das partes, onde a maior parte da doutrina vê um direito[483].

O dever de colaboração das partes pode assim ser concebido como o reverso da medalha dos poderes oficiosos do tribunal. Com efeito, não teria sentido que a lei atribuísse ao juiz o poder de dispor oficiosamente dos meios de aquisição formal da prova, e, ao mesmo tempo, não impusesse às partes a obrigação de se sujeitarem às diligências ordenadas pelo juiz, nos casos em que as mesmas tenham a disposição exclusiva das respetivas fontes de prova (pense-se, por ex., nos casos em que uma parte é a única detentora de um documento). Se esta obrigação não existisse, como reverso da medalha daqueles poderes, os mesmos não passariam de letra morte, nos casos em que a sua efetivação pudesse ser perturbada pelo comportamento recalcitrante de uma das partes.

Pode, portanto, encontrar-se na existência de um poder de produção oficiosa de prova um elemento de co-fundamentação daqueles deveres. Mas não é tudo. Com efeito, há autores que estendem o conteúdo do «direito à prova» ao próprio exercício dos poderes instrutórios do juiz. Segundo

[481] ERWAN LE GALL, «*Le devoir de collaboration des parties a la manifestation de la verite dans les litiges prives. Remarques sur l'adage nem tenetur edere contra se*», cit., págs. 23 e segs.

[482] Ou princípio de responsabilidade probatória das partes. Ibidem, pág. 20.

[483] O autor nega a existência de um «direito à prova». Na verdade (afirma), é difícil, ou mesmo impossível inserir numa categoria jurídica pré-existente as faculdades das partes em matéria de prova, já que as mesmas se encontram submetidas à apreciação do juiz. Constitui um paradoxo pretender fundar um direito à prova sobre a situação de necessidade probatória em que se encontra o «demandeur à la preuve»; não é porque este vai sucumbir por falta de provas que o seu adversário o deve ajudar (ibidem, págs. 27 e segs.).

Antonios Diakonis[484], por ex., seria redutor pensar que a ofensa ao direito à prova tem apenas lugar nos casos em que o juiz nega o requerimento probatório de uma parte, verificando-se uma agressão a este direito (no sentido da sua relação com o princípio da tutela jurisdicional efetiva) também nos casos em que o juiz, dispondo de poderes oficiosos em matéria probatória, permaneça inativo no uso dos mesmos. O direito à prova (afirma o autor) relaciona-se com o fim-meio de procura da verdade (e, indiretamente, com o fim de realização do Direito material), resultando do direito a uma tutela jurisdicional efetiva a possibilidade de as partes esperarem que o juiz faça uso de todas as oportunidades que a lei põe ao seu dispor para proceder ao apuramento da verdade dos factos – independentemente (em princípio) da sua própria iniciativa[485].

A ser assim, poderia mais uma vez encontrar-se na salvaguarda daquele direito (direito à prova) a razão de ser da existência de deveres de colaboração probatória a cargo das partes.

Estamos ainda muito longe de poder dar resposta à questão de saber se existe um direito das partes a que o juiz faça uso dos poderes instrutórios que a lei lhe confere. Adiantando, no entanto, a nossa posição acerca desta matéria, podemos notar que, embora aqueles poderes assumam a natureza

[484] Antonios Diakonis, *Grundfragen der Beweiserhebung von Amts wegen im Zivilprozess*, cit. págs. 68 e segs.

[485] O Direito constitucional do Estado de Direito garante não apenas uma defesa jurídica completa, mas também uma defesa jurídica efetiva. Ora (afirma o autor), esta última seria letra morta sem a garantia de uma prova completa da questão de facto controvertida. Antonios Diakonis discorda assim da opinião daqueles autores que estabelecem uma ligação exclusiva do «direito à prova» com o «direito a ser ouvido», *i.e.*, com o poder de as partes influírem, através da iniciativa própria, no conteúdo da decisão (nesse sentido, por ex.,Walther J. Habscheid, «Das Recht auf Beweis», ZZP Bd. 96, Julho 1983, Heft. 3, (1983), págs. 306-334, pág. 308; e Nikolaos Klamaris, «Das prozessuale Grundrecht auf Justizgewährung am Beispiel der griechischen Rechtsordnung», in *Festschrift für Karl Heinz Schwab zum 70. Geburtstag*, München, 1990, págs. 269 e segs, pág. 274). Segundo Habscheid, tal como o «direito de acesso à justiça» apenas é ferido quando o cidadão vê o seu pedido de proteção jurídica rejeitado, também as hipóteses de ofensa ao direito à prova se restringem aos casos de recusa de um requerimento de produção de prova. Segundo Antonios Diakonis, esta posição esquece que o «direito de acesso à justiça» garante não apenas a participação das partes no procedimento de prova, mas também o próprio apuramento da verdade. Ora, se se tem em conta que aquele direito, em harmonia com o princípio de Estado de Direito, pressupõe a prova dos factos relevantes para a tomada de uma decisão de mérito, então não se entende o porquê de a atividade de produção oficiosa de prova dever estar fora desta garantia (ibidem, pág. 72).

de poderes-deveres ou poderes funcionais, existe uma margem de apreciação do juiz quanto à oportunidade de exercício dos mesmos (o qual, entre outros aspetos, não pode constituir uma forma de suprir a negligência das partes na observância dos respetivos ónus probatórios). Por conseguinte, não existe verdadeiramente um direito das partes ao exercício oficioso da prova, embora exista um direito das mesmas a que o juiz tenha em conta a possibilidade desse exercício, e, caso conclua pela oportunidade do mesmo, o exerça efetivamente. Ora, e uma vez que este exercício pressupõe, sendo esse o caso, a existência de um dever de as partes se submeterem às diligências probatórias ordenadas pelo juiz, pode concluir-se que a salvaguarda da efetividade do poder de produção oficiosa de prova encontra ainda uma relação com o direito a uma tutela jurisdicional efetiva.

IV. Apreciação final

A visão do processo como relação, que coloca os sujeitos processuais unidos por vínculos jurídicos integrados por um princípio de boa fé (relação processual complexa), permite enquadrar os deveres de colaboração probatória que recaem sobre as partes como uma manifestação de um dever de lealdade processual. Não seria justo que uma parte, dispondo de uma prova à qual o juiz ou a parte contrária não podem aceder sem a sua colaboração de vontade, estivesse autorizada a destruir, esconder ou recusar-se apresentar essa mesma prova, no caso de a sua apresentação ser concretamente requerida por aquela parte ou ordenada pelo juiz.

Se assim não se entendesse seria ferido o direito à prova de que as partes são titulares, na medida em que, conquanto este direito não corresponda ao direito a um acesso imediato e incondicionado às fontes de prova (é ao juiz que a parte se dirige, cabendo a este último efetuar um juízo de relevância probatória e verificar se estão preenchidos os requisitos do dever de colaboração), o mesmo pressupõe que o requerido não possa, sem assim for ordenado pelo tribunal, recusar-se legitimamente a apresentar a respetiva prova.

Por outro lado, pôr-se-ia em risco a efetividade dos poderes de produção oficiosa de prova (e, nessa medida, o direito a uma tutela jurisdicional efetiva), já que a mesma pressupõe que as partes se submetam às diligências probatórias ordenadas pelo juiz, nos casos em que seja dele a iniciativa da prova. Também aqui os deveres de colaboração das partes podem ser vistos como uma manifestação do princípio da boa fé, na medida em que a relação processual une não apenas as partes entre si, mas também estas ao juiz (o mesmo se podendo dizer, aliás, dos deveres de colaboração probatória que recaem sobre este último (artigo 7º, nº 4)).

Quanto ao problema de saber até onde são levados os ditames resultantes daquele princípio, *i.e.*, se existe um dever de colaboração probatória fora daquelas hipóteses (que são aquelas, no fundo – no que à prova pré-constituída diz respeito[486] – em que a parte ou o juiz são capazes de proceder a uma concreta identificação da prova a exibir), só podemos dar-lhe resposta depois de confrontarmos os elementos de direito positivo[487]. É o problema de saber se o nosso sistema jurídico rompeu por completo com o princípio *nemo tenetur*, através da afirmação de um dever de as partes apresentarem, espontaneamente, prova contra o próprio interesse.

Para já podemos apenas concluir o seguinte, como decorrência do que acima foi exposto: caso os deveres de colaboração que impendem sobre as partes se limitem ao necessário para a salvaguarda do direito à prova (e a efetividade do poder oficioso do tribunal[488]), a existência dos mesmos não

[486] Que é a única relativamente à qual o problema se coloca.

[487] Segundo Peter F. Schlosser, o Direito processual civil alemão e francês assentam tradicionalmente na máxima «*Nemo contra se edere tenetur*». Já no ano 1990 o BGH afirmou: «*Es bleibt vielmehr bei dem Grundsatz, dass keine Partei gehalten ist, dem Gegner für seinen Prozessieg das Material zu verschaffen, über das er nicht schon von sich aus verfügt*» (JZ 1991, 630). «*A tentativa cautelosa de* Gottwald *de definir um novo rumo embateu no coro de posições contrárias*» (Peter F. Schlosser, «Französische Anregungen zur Urkundenvorlagepflicht nach § 142 ZPO», cit., pág. 135). No mesmo sentido, afirmam Jan Kraayvanger e Mark C. Hilgard (Jan Kraayvanger e Mark C. Hilgard, «Urkundenvorlegung im Zivilprozess, Annäherung an das amerikanische »discovery« – Verfahren?», cit., pág. 572) que «*Der BGH formulierte plastisch, im Allgemeinen sei keine Partei gehalten, dem Prozessgegner für seinen Prozesssieg das Material zu verschaffen, über das er nicht schon von sich aus verfüge*» (BGH, NJW 1958, 1441 (1442); BGH, NJW 1990, 3151 – ref., ibidem, nota 3; veja-se também Peter Schlosser, «Die lange deutsche Reise in die prozessuale Moderne», *JZ*, 12/1991, págs. 599-608 (pág. 599). A ZPO (salientam aqueles autores) confere assim, apenas, possibilidades limitadas de obter documentos da parte contrária sobre aspetos controvertidos. É o que acontece com o § 422 ZPO, que pressupõe a apresentação de um «requerimento de parte», e com o § 142, 1 ZPO, que também possibilita a ordem de apresentação *ex officio iudicis*.

[488] Este aspeto deve, no entanto, neste momento, ser deixado de lado, já que o mesmo diz respeito à presença de um princípio da oficialidade, convocando assim uma linha de problematização a que atenderemos na terceira parte deste estudo. Por agora deve olhar-se para o problema da existência de um princípio de responsabilidade das partes apenas de uma perspetiva isométrica. (Deve notar-se, contudo, que o uso desta expressão não é feito à margem do que acima dissemos, quanto ao facto de que as partes nunca se dirigem diretamente uma

altera a natureza contraditória-dialógica do processo, nem conduz a qualquer atenuação do ónus (subjetivo) da prova. Trata-se, pelo contrário – e uma vez, justamente, que em causa está a salvaguarda daquele direito – de permitir à parte onerada observar o respetivo ónus probatório[489]. Altera-se, é certo, a conceção radical do princípio dispositivo própria de uma ideologia liberal-individualística (princípio *nemo tenetur* absoluto), mas não se modifica a natureza do sistema jurídico instrutório, nem se atenua o ónus (subjetivo) da prova, o qual permanece completo. Consegue-se, por outro lado, obter um maior equilíbrio do sistema jurídico processual, na medida em que, se existe um ónus da prova (em sentido subjetivo), deve ao mesmo tempo salvaguardar-se o direito à prova da parte onerada[490].

a outra para obter a colaboração do seu adversário, mas ao próprio tribunal. Por conseguinte, quando falamos de uma respetiva isométrica não nos pretendemos referir aqui a uma ideia de relação «parte-parte», mas às hipóteses em que a ordem de colaboração dada pelo juiz tem por base a iniciativa de uma parte, e não a iniciativa do próprio juiz).

[489] Quando essa possibilidade não existe, pelo facto de a parte contrária ter culposamente tornado impossível a prova, resulta da lei civil (artigo 344º, nº 2) a solução de inversão do ónus da prova.

[490] O que não significa, porém, que seja este (existência de um ónus da prova) o fundamento deste direito. Pode, na verdade, verificar-se que também a parte não onerada dispõe de um direito à prova.

Título III
Extensão do dever de colaboração probatória das partes

I. Introdução

Não é possível tratar o problema da extensão dos deveres de colaboração probatória das partes, no sentido de saber se existe um dever de revelação espontânea de prova, sem olharmos para o instituto da exibição de documentos. Uma vez que a fonte de prova é aqui constituída pelas declarações inscritas no documento, a revelação desta fonte consiste na apresentação do documento no qual a mesma se insere.

Os deveres de colaboração probatória das partes estão previstos no artigo 417º, nº 1, e o dever de exibição de documentos encontra-se especialmente regulado nos artigos 429º e segs. (e nos artigos 436º e 437º)[491]. Por sua vez, resulta do artigo 436º, nº 1 a incumbência de o tribunal, por sua iniciativa ou a requerimento das partes, requisitar informações, pareceres técnicos, plantas, fotografias, desenhos, objetos ou outros documentos necessários ao esclarecimento da verdade. A ordem de exibição por iniciativa do juiz levanta problemas próprios, que se prendem com a extensão do seu poder instrutório (é necessário que as partes tenham feito menção ao documento, ou que o juiz tenha, por outro modo, tomado conhecimento do mesmo através dos autos?).

Trata-se de um problema que encontrará tratamento próprio na terceira parte deste trabalho. Mas pode adiantar-se a conclusão: a iniciativa do juiz

[491] Artur Anselmo de Castro, *Direito Processual Civil Declaratório*, vol. III, cit., pág. 302: «*no tocante ao dever da entrega de documentos ou de cooperação com o tribunal, a nossa lei é das mais rigorosas, por prescindir de à parte interessada na prova pertencer qualquer direito sobre o respetivo documento*».

limita-se às fontes de prova de que o mesmo tomou conhecimento através do processo (princípio de proibição de recurso à ciência privada), não existindo um poder de o juiz proceder a uma pesquisa privada das fontes de prova. Mas não existe nenhuma razão para que a intervenção do juiz esteja dependente de prévio requerimento das partes, já que isso seria contrário à letra da lei (artigo 436º, nº 1) e ao espírito do sistema (artigo 411º). Como veremos nesta introdução, este último aspeto é discutido noutros ordenamentos jurídicos.

Quando a parte necessita de obter um documento que se encontra em poder da parte contrária, não existindo outro modo de o obter[492], ela pode assim requerer que a mesma seja notificada para o apresentar dentro do prazo que for designado pelo tribunal (artigo 429º, nº 1, 1ª parte). No requerimento, a parte deve identificar, tanto quanto possível, o documento e especificar os factos que com ele pretende provar (artigo 429º, nº 1, 2ª parte), a notificação da parte só sendo ordenada se esses factos tiverem interesse para a decisão da causa (artigo 429º, nº 2)[493].

A lei não especifica em que consiste a «identificação do documento» (limita-se a dizer que essa descrição deve ser feita tanto quanto possível), cabendo à doutrina e à jurisprudência proceder à densificação deste critério. Segundo Alberto dos Reis[494], a expressão (usada no Código

[492] Note-se que as partes não podem servir-se do instituto da «exibição instrutória» para obterem o acesso a um documento que elas próprias, sem necessidade da colaboração da parte contrária, têm possibilidade de obter. Sobre este aspeto pode ver-se, por ex, Alberto dos Reis, *Código de Processo Civil anotado*, vol. IV, cit., pág. 40. Segundo o autor, as palavras «quando a parte pretenda fazer uso de documento que esteja em poder da parte contrária» devem assim ser interpretadas no sentido de: «quando a parte pretenda utilizar documento de que só a parte contrária disponha» – podendo retirar-se daqui a conclusão de que o texto se refere a documentos particulares, e que só excecionalmente se aplicará a documentos autênticos.

[493] Segundo Alberto dos Reis (Alberto dos Reis, *Código de Processo Civil anotado*, vol. IV, cit., pág. 39), a segunda exigência (quais os factos que por meio dele o requerente intenta provar) destina-se, em primeiro lugar, a habilitar o juiz a deferir ou indeferir o requerimento e, em segundo lugar, a fazer funcionar a sanção. Refere-se o autor à sanção prevista à data do Código de 1939 (artigo 553º), de acordo com o qual, «*se o notificado não juntar o documento nem fizer declaração alguma, ter-se-ão por exatos os factos que por meio do documento se pretendiam provar. Sucederá o mesmo quando o notificado confessar que possui o documento e se recusar a juntá-lo ou quando declarar que o documento se encontra em determinado lugar ou em poder de terceiro e se reconhecer que a declaração não é verdadeira. (...)*».

[494] Ibidem, pág. 39.

de 1939[495]) «no requerimento deve indicar-se em que consiste o documento» tem por fim dar a conhecer ao notificado qual o documento que dele se requisita, devendo ser entendida neste sentido: cumpre ao requerente identificar, quanto possível, o documento (veja-se a similitude com a redação atual da lei).

Na verdade, para que a parte contrária possa tomar conscientemente qualquer atitude perante o despacho que requisitar a apresentação, é indispensável que ela saiba ao certo qual a espécie de documento que se lhe exige. E não basta que se indique a espécie em abstrato, é necessário que se caracterize a espécie, que se individualize o documento, dizendo-se, por ex., de que data é a carta e quem a expediu, a que prédio se refere o arrendamento e em que data se celebrou, etc.[496]. É também este o sentido com que a doutrina e a jurisprudência atuais leem o requisito do artigo 429º, nº 1.

Procuraremos neste título demonstrar, partindo deste requisito de identificação concreta do documento *ad exhibendo*, que o nosso sistema jurídico se insere numa família de direito tradicionalmente ligada ao princípio *nemo tenetur* (ainda que atualmente fortemente atenuado), e na qual se rejeita a existência de um «dever geral de esclarecimento» a cargo das partes. Para tal lançaremos um olhar, com a brevidade que se impõe, para os sistemas francês, italiano e alemão, por um lado (onde um dever de exibição espontânea de documentos não existe), e o sistema inglês, por outro (onde se prevê a existência deste dever, através do instituto da *disclosure*).

Apesar de se avizinharem quanto aos seus traços fundamentais, não deve pensar-se que existe uma total identificação entre os sistemas jurídicos de raiz romano-germânica acima referidos. Na verdade, pode verificar-se que o modelo alemão leva menos longe o corte com a origem substantiva do instituto da exibição, ao manter a referência, nos parágrafos 422 e 423 ZPO[497], ao direito substantivo à exibição (uma parte pode requerer a exi-

[495] O autor refere-se ao artigo 552º do Código de 1939 (*«(...) no requerimento deve indicar-se em que consiste o documento e quais os factos que por meio dele se intentam provar»*).

[496] Ibidem.

[497] A matéria da «exibição de documentos» encontra-se regulada nos parágrafos 142 e 421 e segs. ZPO. De acordo com o § 142, 1 e 2: «(1) *Das Gericht kann anordnen, dass eine Partei oder ein Dritter die in ihrem oder seinem Besitz befindlichen Urkunden und sonstigen Unterlagen, auf die sich eine Partei bezogen hat, vorlegt. Das Gericht kann hierfür eine Frist setzen sowie anordnen, dass die vorgelegten Unterlagen während einer von ihm zu bestimmenden Zeit auf der Geschäftsstelle*

bição de um documento, nos casos em que o próprio requerido tenha feito referência ao mesmo, ou em que exista um direito substantivo à exibição[498]). Já os sistemas italiano (artigo 210 do CPCit.[499]) e francês (artigos

verbleiben. (2) Dritte sind zur Vorlegung nicht verpflichtet, soweit ihnen diese nicht zumutbar ist oder sie zur Zeugnisverweigerung gemäß den §§ 383 bis 385 berechtigt sind. Die §§ 386 bis 390 gelten entsprechend».

Por sua vez, resulta o seguinte dos §§ 422, 423 e 424: «*Der Gegner ist zur Vorlegung der Urkunde verpflichtet, wenn der Beweisführer nach den Vorschriften des bürgerlichen Rechts die Herausgabe oder die Vorlegung der Urkunde verlangen kann»; «Der Gegner ist auch zur Vorlegung der in seinen Händen befindlichen Urkunden verpflichtet, auf die er im Prozess zur Beweisführung Bezug genommen hat, selbst wenn es nur in einem vorbereitenden Schriftsatz geschehen ist»; «Der Antrag soll enthalten: 1. die Bezeichnung der Urkunde; 2.die Bezeichnung der Tatsachen, die durch die Urkunde bewiesen werden sollen; 3. die möglichst vollständige Bezeichnung des Inhalts der Urkunde; 4.die Angabe der Umstände, auf welche die Behauptung sich stützt, dass die Urkunde sich in dem Besitz des Gegners befindet;5. die Bezeichnung des Grundes, der die Verpflichtung zur Vorlegung der Urkunde ergibt. Der Grund ist glaubhaft zu machen».*

[498] GERHARD WAGNER (GERHARD WAGNER, «Urkundenedition durch Prozeßparteien – Auskunftspflicht und Weigerungsrechte», cit., págs. 706-719) chama a atenção para o facto de que não existe um «dever geral de apresentação» segundo o Direito material, mas apenas regulações pontuais, das quais as mais importantes correspondem aos §§ 259, 402, 666, 675, 810 BGB. Esta última norma (§ 810 BGB), com um alcance relativamente amplo, pressupõe, no entanto, a existência, não apenas de um interesse jurídico no exame do documento, mas também que o documento tenha sido criado com a finalidade de servir a parte sobre a qual recai o ónus da prova, ou como forma de prosseguir o seu interesse. O autor refere ainda que a postura conservadora do Direito alemão é demonstrada pela entrada em vigor do diploma relativo ao Direito de propriedade intelectual, e que vem dar aplicação à Enforcement-Richtlinie 2004/48/EG: o legislador (salienta o autor) não aproveitou a oportunidade para estabelecer um catálogo de deveres de informação, colocando novamente o problema nas mãos do Direito material (ibidem, pág. 706-707). A razão apontada para isso prende-se com o facto de a solução de Direito material permitir sem dificuldades a execução (direta) das consequências jurídicas, que é estranha aos institutos de Direito processual, em particular ao regime consagrado no § 142 ZPO. O autor estranha, no entanto, este argumento, na medida em que o § 142 ZPO se encontra dotado de maiores mecanismos de pressão para fazer respeitar a ordem do tribunal. No caso em que as medidas de execução indireta se revelam fracas (salienta ainda GERHARD WAGNER), deveria poder aplicar-se às partes as medidas aplicáveis às testemunhas (§§ 390, 142, II, 2 ZPO).

[499] *"[I] Negli stessi limiti entro i quali può essere ordinata a norma dell`articolo 118 l`ispezione di cose in possesso di una parte o di un terzo, il giudice istruttore, su istanza di parte, può ordinare all`atra parte o a un terzo di esibire in giudizio in documento o altra cosa di cui ritenga necessaria l`acquisizione al processo. [II] Nell`ordinare l`esibizione, il giudice dà i provvedimenti opportuni circa il tempo, il luogo e il modo dell`esibizione. [III] Se l`esibizione importa una spesa, questa deve essere in ogni caso antecipata dalla parte che há proposta l`istanza di esibizione."*

142, e 11, nº 2 CPCfr[500]) (assim como o nosso sistema jurídico) assumem a natureza decisivamente processual-probatória do instituto, embora no sistema italiano não haja um pensamento doutrinal uniforme sobre esta matéria.

Em contrapartida, porém, a lei alemã aproxima-se mais da nossa ao prever expressamente a possibilidade de o juiz ordenar oficiosamente a exibição de um documento, sempre que alguma das partes tenha feito referência ao mesmo (§ 142 ZPO). No sistema francês esta possibilidade é encontrada por uma parte da doutrina (minoritária) através de um esforço de interpretação sistemática (já que esta possibilidade está afastada através de uma interpretação literal do artigo 11º, nº 2CPCfr.[501]), e no sistema italiano a mesma não se encontra prevista, a doutrina maioritária não a admitindo[502].

[500] *«Les demandes de production des éléments de preuve détenus par les parties sont faites, et leur production a lieu, conformément aux dispositions des articles 138 et 139»* ; *«Si une partie détient un élément de preuve, le juge peut, à la requête de l'autre partie, lui enjoindre de le produire, au besoin à peine d'astreinte»*.

[501] Do qual resulta que o juiz só pode ordenar a exibição de um documento a requerimento de parte. Deve notar-se que, embora o artigo 10 CPCfr permita ao juiz ordenar oficiosamente todas as medidas instrutórias prevista na lei, o instituto da exibição de documentos não é tratado como uma medida instrutória, sendo regulado numa parte diferente do código.

[502] No sistema francês pode ver-se em sentido contrário (partindo de uma interpretação literal do texto da lei), por ex., Jacques Héron, 2ª édition par Thierry le Bars, *Droit judiciaire privé*, cit., pág. 801; Frédérique Ferrand, «Preuve, débats et principe de loyauté dans le procès civil français», cit., pág. 22, nota 30; Couchez e Xavier Lagarde, *Procédure civile*, cit., págs. 350-351; ou Pierre Julien e Natalie Fricero, *Droit judiciaire privé*, 4ª édition, LGDJ, Paris, 2011, pág. 286. Em sentido favorável: Augustin Aynès e Xavier Vuitton, *Droit de la Preuve*, cit., pág. 66, nota 162.
Em itália, uma parte da doutrina situa a distinção entre os institutos da inspeção e da exibição justamente no facto de esta, ao contrário daquela, pressupor a existência de um «requerimento de parte» – pressuposto este que se encontra ligado ao princípio de responsabilidade probatória das prova (artigo 115 CPCit.) (neste sentido, Enrico Tullio Liebman, *Manuale di diritto processuale civile*, II, cit., pág. 125), e ao direito da parte em fazer prova do seu direito (veja-se o artigo 2697 CC, quanto às regras de distribuição do ónus da prova). O requerimento de parte (afirma Comoglio – Luigi Paolo Comoglio, 569, n. 53 (apud Federico Carpi, Michele Taruffo, *Commentario breve al codice di procedura civile*, cit., pág. 652) constitui uma expressão direta e essencial do direito à prova, constitucionalmente consagrado. É curioso ainda notar que um dos aspetos que ocupa a atenção da doutrina e da jurisprudência italianas diz respeito ao problema de saber se o «juiz de trabalho» dispõe da possibilidade, à luz do poder instrutório geral que o artigo 421 CPCit. lhe confere, de ordenar a exibição de documentos mesmo na ausência de um «requerimento de parte» (Federico Carpi, Michele Taruffo, *Commentario breve al codice di procedura civile*, cit., pág. 652). Caso se admita

Pode parecer estranho que estes dois sistemas jurídicos (o francês e o italiano) sejam mais comedidos nesta matéria, já que, como teremos oportunidade de ver na próxima parte deste trabalho, os mesmos preveem importantes poderes instrutórios do juiz, e o sistema francês, em especial, contempla a existência de um genérico poder instrutório, à semelhança daquele que resulta do nosso artigo 411º. Acontece, porém, que a exibição instrutória não é tratada por estes sistemas como um meio de prova em sentido próprio, mas como um meio instrutório para a aquisição instrumental de uma prova pré-constituída[503]. Não é, contudo, sem uma forte discussão doutrinal que esta matéria é tratada, havendo autores que pugnam pela existência de um poder de o juiz ordenar *ex officio iudicis* a exibição de um documento detido por uma parte, desde que ele tenha tomado conhecimento do mesmo através dos autos.

Na Alemanha, pelo contrário, a discussão é tida em sentido inverso, na medida em que resulta da lei reformada[504] (pelo menos, através de uma interpretação literal da mesma) a existência de requisitos mais leves para a ordem de exibição *ex officio iudicis* (referência ao documento por qualquer uma das partes[505]), do que aqueles que se encontram previstos para o requerimento de exibição por uma das partes (referência ao documento pela parte contrária, ou direito substantivo à exibição). Esta situação encontra a discordância de uma parte da doutrina, que se pronuncia na defesa da *Verhandlungsmaxime*.

que o seu poder, em matéria de exibição instrutória, deriva diretamente da norma geral do artigo 210 CPCit., dificilmente pode ser invocado o artigo 421 como forma de excluir aquele pressuposto, uma vez que a exibição não constitui um meio de prova em sentido próprio, mas antes um meio instrutório para a aquisição instrumental de uma prova pré-constituída (neste sentido, por ex., Bruno Cavallone, «Esibizione delle prove nel dir. civ.», cit., pág. 669).

503 É isto que explica (como já acima referimos) que, no sistema francês, embora se atribua ao juiz o poder de ordenar oficiosamente todos os meios instrutórios, a doutrina maioritária entenda que o juiz não tem o poder de ordenar oficiosamente a exibição de um documento, já que a exibição instrutória não é tratada como uma medida instrutória, não estando regulada no capítulo do código que às mesmas se refere.

504 Referimo-nos à reforma de 2002.

505 Assim: Sascha Kuhn e Marcel Löhr, «Die Urkundenvorlage nach § 142 ZPO im Spannungsfeld zwischen Sachverhaltsaufklärung und Beibringungsgrundsatz», *Juristische Rundschau*, 2011, págs. 369-375. No mesmo sentido, referindo que a reforma conduziu a uma extensão do âmbito de aplicação e do núcleo de destinatários da norma, pode ver-se Joachim Zekoll e Jan Bolt, «Die Pflicht zur Vorlage von Urkunden im Zivilprozess – Amerikanische Verhältnisse in Deutschland?», *NJW*, 2002, págs. 3129-3134 (pág. 3130).

Segundo SONJA LANG[506], por ex., embora resulte do novo §142 ZPO, por um lado, um reforço da *Verhandlungsmaxime* (na medida em que se reintroduziu o requisito da referência ao documento por uma das partes), resulta, por outro, de uma sua interpretação literal uma ofensa a este princípio, na medida em que o mesmo estabelece requisitos menos exigentes para a produção oficiosa deste meio de prova do que aqueles que os parágrafos 422 e 423 preveem para a exibição por iniciativa de uma parte[507]. Ora, esta situação é inadmissível, ao onerar mais a iniciativa das partes do que a do juiz, num sistema baseado num princípio de responsabilidade probatória das partes. A autora propõe assim, seguindo uma das tendências da doutrina, uma leitura destes preceitos segundo a qual o poder oficioso do juiz se encontra sujeito aos mesmos requisitos dos §§ 422 e 423, ao passo que outra parte da doutrina propõe uma leitura literal e não restritiva da norma do § 142 ZPO[508/509].

[506] SONJA LANG, *Die Urkundenvorlagepflichten der Gegenpartei gemäß § 142 Abs. 1 Satz 1 ZPO*, Europäische Hochschulschriften Rechtswissenschaft 4571, Frankfurt am Main: Peter Lang, 2007, págs. 100 e segs

[507] Na verdade (afirmam JOACHIM ZEKOLL e JAN BOLT), a parte onerada apenas tem direito à exibição nos casos previstos nestes preceitos, restando-lhe a possibilidade (sempre que os requisitos aí previstos não se encontrem verificados) de «sugerir» ao juiz o proferimento de uma ordem de exibição ao abrigo do § 142
(JOACHIM ZEKOLL e JAN BOLT, «Die Pflicht zur Vorlage von Urkunden im Zivilprozess – Amerikanische Verhältnisse in Deutschland?», cit., págs. 3129-3134). No mesmo sentido, ADOLF BAUMBACH, WOLFGANG LAUTERBACH, PETER HARTMANN, *Zivilprozessordnung*, 60ª ed., 2002, § 142 Rdnr. 5; ERLANGEN REINHARD GREGER, «Ein Beitrag des Prozessrechts zur Versachlichung der fiktiven Reparaturkostenabrechnung», *NJW* 2002, Heft 20, págs. 1477-1478. O juiz decidirá sobre a mesma de um modo discricionário. Segundo aqueles autores, a exigência de uma ordem judicial não serve, no entanto, para retirar às partes o controlo sobre o material do processo, correspondendo antes a uma tendência de reforço do poder do tribunal, no interesse de uma maior eficiência do processo. Não há nenhuma tensão entre o § 142 ZPO e a *Verhandlungsmaxime*, verificando-se, pelo contrário, que a nova versão deste preceito se encontra melhor harmonizada com este princípio do que a versão anterior à reforma da ZPO, em virtude da necessidade de existir um «requerimento de parte».

[508] Uma posição alternativa é aquela defendida por UWE HAMELMANN (UWE HAMELMANN, *Urkundenvorlagepflichten nach § 142 Abs. 1 und 2 ZPO*, cit., págs. 67 e segs., em especial, págs. 74 e segs.). Este autor partilha a preocupação de compaginação do instituto do § 142, I ZPO com a *Verhandlungsmaxime*, traçando, contudo, um caminho diferente para chegar a esse resultado. O processo civil baseia-se no princípio de responsabilidade probatória das partes, que constitui um reflexo do princípio de autonomia privada; ora, e ainda que este princípio possa sofrer restrições, o mesmo requer, no mínimo, que o poder de iniciativa probatória das partes esteja sujeito aos mesmos requisitos (e não a requisitos mais apertados) do que aqueles

Apesar destas diferenças, estes sistemas jurídicos identificam-se, no entanto, no traço fundamental que neste momento nos é caro: a existência

que se aplicam ao exercício oficioso de poderes instrutórios. Deve, assim, entender-se que, se o juiz dispõe do poder de ordenar a exibição contra qualquer uma das partes, no caso de alguma delas ter feito referência ao documento, então as partes deverão também dispor deste poder. Donde, no caso de uma parte requerer a exibição de um documento, o juiz (sem prejuízo dos demais requisitos: relevância probatória, identificação do documento...) deva ordená-la, não dispondo nesta matéria de qualquer poder discricionário.

[509] Deve notar-se que a discussão em torno da aplicação do § 142 ZPO se relaciona com a questão de saber se existe, no sistema jurídico alemão, um amplo dever de esclarecimento processual a cargo das partes (*prozessualen Aufklärungspflicht*). Segundo SONJA LANG (SONJA LANG, *Die Urkundenvorlagepflichten der Gegenpartei gemäß § 142 Abs. 1 Satz 1 ZPO*, cit., págs. 174 e segs.) ROLF STÜRNER reivindicou a existênia deste dever (ROLF STÜRNER, *Die Aufklärungspflicht der parteien des zivilprozesses*, cit., págs. 92 e segs; PETER SCHLOSSER, *Zivilprozessrecht I, Erkenntnisverfahren*, 2ª ed., Munique: Franz Vahlen, 1991, p. 357 e segs; id., «Die lange deutsche Reise in die prozessuale Moderne», cit., págs. 599-608) no contexto de um sistema alicerçado no princípio de responsabilidade probatória das partes, os dois aspetos não devendo ser confundidos.
O ponto de vista tradicional do Direito alemão é contrário à existência daquele dever (resultando daqui o caráter inovador e mesmo revolucionário do § 142 – JOACHIM ZEKOLL e JAN BOLT, «Die Pflicht zur Vorlage von Urkunden im Zivilprozess – Amerikanische Verhältnisse in Deutschland?», Neue Juristische Wochenschrift, 2002, págs. 3129-3134). Defendendo o entendimento segundo o qual uma parte não pode ser obrigada a fornecer ao seu adversário o material para a sua vitória pode ver-se, entre outros, KARL HAHN, *Die gesammten Materialien zur zur Civilprozeßordnung: und dem Einführungsgesetz zu derselben vom 30.1.1877*, I, Berlin: Decker, 1880, pág. 325; DIETER LEIPOLD, in FRIEDRICH STEIN, MARTIN JONAS, *Kommentar zur Zivilprozessordnung*, Bd. 3 §§ 128-252, 22. Auf., 2005, § 138 Rdnr. 26 e segs.; e KLAUS REICHOLD, in: HEINZ THOMAS, HANS PUTZO, *Zivilprozessordnung mit Gerichtsverfassungsgesetz, den Einführungsgesetzen und europarechtlichen Vorschriften: Kommentar*, 30. Auf., 2009, § 138 Rdnr. 12 Segundo GERHARD WAGNER, «*Wie der BGH nicht ohne Pathos erklärt, sei niemand gehalten, «dem Gegner für seinen Prozeßsieg das Material zu verschaffen, über das er nicht schon von sich aus verfügt*» (GERHARD WAGNER, «Urkundenedition durch Prozeßparteien – Auskunftspflicht und Weigerungsrechte», cit., pág. 706). A mesma referência podendo encontrar-se em MORITZ BECKER, «Die Pflicht zur Urkundenvorlage nach § 142, I ZPO und das Weigerungsrecht der Parteien»», cit., pág. 1310: «*Denn es gehört(e) zu den Grundprinzipien der ZPO, den sog. Ausforschungsbeweis auszuschließen und auch keine allgemeine prozessuale Aufklärungspflicht der Parteien vorzusehen. Auf den Punkt gebracht wurde diese Rechtslage an der in ständiger Rechtsprechung durch den BGH bekräftigten Feststellung, dass niemand gehalten sei, «dem Gegner für seinen Prozessieg das Material zu verschaffen, über das er nicht schon von sich aus verfügt*». Já segundo JOACHIM ZEKOLL e JAN BOLT, «*Der Versuch einer beweisbelasteten Prozesspartei, Einblick in die Unterlagen des Gegners zu nehmen, ist selten erfolgreich, weil der Grundsatz gilt, dass keine Partei der anderen das für einen Prozessieg erforderliche Material verschaffen muss*» (JOACHIM ZEKOLL e JAN BOLT, «Die Pflicht zur Vorlage von Urkunden im Zivilprozess – Amerikanische

de um dever de exibição pressupõe que o requerente (ou o próprio juiz) seja capaz de proceder a uma identificação concreta do documento a exibir. Na doutrina alemã, aquela onde esta discussão foi levada mais longe, a necessidade de o requerente proceder a uma identificação concreta do documento constitui uma forma de impedir que o sistema se torne permeável à possibilidade de uma *Ausforschungbeweis* ao estilo norte-americano, *i.e.*, a uma prova exploratória. Para o evitar, refere-se a doutrina à necessidade de observância de um ónus de alegação fundamentada, assim como de identificação concreta do documento *ad axhibendo*. O sistema inglês, por seu turno, embora não sendo tão flexível como o norte-americano[510],

Verhältnisse in Deutschland?», cit., págs. 3129-3134). Sobre esta regra, que não está prevista na lei, e que é sujeita a críticas (salientam ainda os autores), a reforma nada alterou. Um dever geral de informação (afirma GERHARD WAGNER), cada vez mais defendido pela doutrina, não existe (GERHARD WAGNER, «Urkundenedition durch Prozeßparteien – Auskunftspflicht und Weigerungsrechte», cit., pág. 707).

Pelo contrário, salienta STADLER que o princípio segundo o qual uma parte não pode ser obrigada a fornecer à parte contrária os meios para a sua vitória se encontra ultrapassado. No âmbito de aplicação da lei, cabem as hipóteses em que a parte onerada requer a exibição de um documento que se encontra na posse da parte contrária, como forma de observar o próprio ónus, fazendo prova do facto controvertido. Tal, não significa, no entanto, que a ordem de exibição não esteja sujeita a quaisquer limites. Na verdade, deve rejeitar-se a possibilidade de uma *Ausforschungsbeweis* – como uma espécie de grande inquisição (*Großinquisition*) ao estilo norte-americano da *discovery* (ASTRID STADLER, «Inquisitionsmaxime und Sachverhaltsaufklärung: erweiterte Urkundenvorlagepflichten von Parteien und Dritten nach der Zivilprozessrechtsreform», cit., págs. 1625 e segs.). No mesmo sentido, PETER F. SCHLOSSER, «Französische Anregungen zur Urkundenvorlagepflicht nach § 142 ZPO», cit., págs. 135, 148.

[510] Como explica J. A. JOLOWICZ (J. A. JOLOWICZ, *On civil procedure*, cit., págs. 34 e segs.), ao contrário do que se verifica em Inglaterra – onde vigora um sistema de *fact pleading* (na sua peça o autor deve expor os factos em que se baseia o seu pedido, desde já se identificando o objeto do litígio), o acento tónico deslocou-se, nos EUA, dos *pleadings* para a *discovery* e para a audiência preliminar (*pre-trial conference*). Segundo o autor, existem várias razões para esta divergência entre a prática inglesa e a americana, que se refletem também nas suas atitudes perante a *discovery*. Uma delas pode talvez encontrar-se na figura dos *Masters*, em Inglaterra, que permite que os requerimentos dirigidos ao tribunal sobre *pleadings*, e outras matérias interlocutórias, sejam tratadas com maior rapidez, e de um modo mais informal do que nos EUA (onde a comparência perante um juiz é normalmente necessária).

Outras razões para aquela diferença podem retirar-se das seguintes ideias: (a) cada parte deve «ir para julgamento» sabendo, tanto quanto possível, a prova que o seu adversário irá apresentar; (b) uma «revelação interlocutória» completa da prova permitirá eliminar questões superficiais, expondo os pontos fortes e as fraquezas do caso de cada parte, e propiciando assim a celebração de acordos; (c) o risco de cada parte ser «apanhada de surpresa» no

contempla a existência de um instituto, a *disclosure*, que tem lugar antes do início dos procedimentos, e através do qual uma parte tem a obrigação de revelar à outra todos os documentos que tem em sua exclusiva disponibilidade e que se encontrem diretamente relacionados com o objeto do litígio. É para estes aspetos que agora olhamos mais atentamente.

julgamento deve ser eliminada tanto quanto possível; (d) para assegurar um resultado justo do julgamento, cada parte deve poder fazer uso, tanto para atacar como para se defender, de qualquer «informação relevante» conhecida, ou apenas acessível, à outra parte. De tal forma assim é – salienta o autor – que hoje, praticamente, o único material protegido do «processo de revelação» é o chamado «work product» dos advogados encarregados do caso.
O alargamento mais significativo do âmbito de aplicação da *discovery*, com a adoção das Federal Rules em 1938 (EUA), deveu-se ao desaparecimento da regra contra a chamada «*fishing*» *discovery* (*discovery* que se destina, não a obter prova sobre os factos alegados, mas a descobrir se a outra parte dispõe de informação ou material que possa ajudar a fundamentar a pretensão jurídica que se pretende fazer valer em julgamento, ou a respetiva defesa), e ao desenvolvimento dos «*depositions*» (orais ou escritos), através dos quais as testemunhas que devem ser chamadas por uma parte podem, antes do julgamento, ser interrogadas, «sob juramento», pela outra parte. Esta técnica, em particular, permite a cada parte obter uma «revelação completa» da prova da parte contrária. Uma alteração de 1993 aumentou ainda mais o âmbito da *discovery*, ao impor, salvo regra específica em contrário ou ordem, que cada parte revele à outra, sem requerimento prévio, uma larga variedade de informação.
Em Inglaterra (afirma ainda J. A. Jolowicz) o âmbito de aplicação do «procedimento de revelação» é menor, e a lei mais próxima das suas origens, do que nos EUA. O autor salienta que, ao abrigo das *Federal Rules*, através das «*depositions*», cada parte pode tomar depoimento de qualquer pessoa, inclusive de uma parte, e normalmente sem necessidade de autorização prévia do tribunal. A origem histórica deste instituto encontra-se num «processo de *equity*», cujo propósito era o de tornar disponível no julgamento o testemunho de uma pessoa que aí não poderia comparecer por doença ou ausência no estrangeiro (produção antecipada de prova), continuando a ser este, em Inglaterra, o propósito do seu equivalente moderno.
Apenas num aspeto (salienta, por último, aquele autor), o da «*disclosure of documents*», a *discovery* em Inglaterra foi mais ampla do que nos EUA. Em Inglaterra tem desde há muito sido possível que uma parte requeira à outra a produção de uma lista de «todos os documentos relevantes» que estejam ou tenham estado na sua posse, detenção ou sob o seu controlo e, desde 1962, em muitas espécies de casos, cada parte deve produzir essa lista sem necessidade de ordem prévia do tribunal, nem sequer de requerimento da parte contrária. Isto significa que uma parte pode obter a revelação de documentos cuja existência ele desconheceria em absoluto, se o mesmo não tivesse sido revelado na «lista de documentos» do seu adversário. Hoje em dia, contudo, a «revelação de documentos» nos EUA afigura-se tão ampla como em Inglaterra (ao início uma parte só deveria revelar documentos a requerimento da parte contrária, devendo ser invocada uma «*good cause*», mas desde 1993 o seu âmbito foi alargado).

II. O ónus de alegação fundamentada e o dever de identificação do documento nos sistemas de tradição romano-germânica

Em qualquer um dos sistemas da família romano-germânica estudados, a lei e a doutrina referem-se à necessidade de o requerente proceder a uma indicação específica do documento ou coisa a exibir. Segundo o artigo 94 disp. att. CPCit., o requerimento deve conter aquela indicação, permitindo dessa forma o controlo judicial do requisito da necessidade (valoração da pertinência do documento e da sua idoneidade para «a prova dos factos»), bem como, a identificação do sujeito que o possui. Este requisito não se esgota assim, conforme o entendimento consolidado da jurisprudência, na indicação dos elementos necessários para a identificação do documento, comportando também a necessidade de indicação do seu conteúdo e dos factos que através do mesmo se pretende provar. Exclui-se desta forma a possibilidade de a exibição ter um escopo meramente exploratório, no sentido de indagar se o documento contém ou não a prova de que o requerente necessita[511].

O requisito da indicação especificada prende-se assim com a afirmação pacificamente aceite pela doutrina de que a ordem de exibição não pode constituir uma forma de suprir a falta de observância do ónus da prova que recai sobre o requerente[512].

Em França, a doutrina segue uma pista semelhante: embora o instituto da exibição instrutória rompa com uma conceção rígida do sistema acusatório, não pode falar-se na existência de uma espécie de «procedimento de *discovery* à francesa», a exibição só podendo ser ordenada quando incida sobre documentos determinados, e com uma relação direta com o objeto do litígio. THIERRY LE BARS[513], por ex., sublinha que, embora a exibição possa ter por objeto toda a espécie de documentos, a mesma está sujeita a dois limites: por um lado, ela não pode recair sobre um documento destinado a formalizar um contrato do qual o requerente tenha sido parte[514], e, por outro, o requerimento deve indicar de um modo previso as *pièces* cuja

[511] FEDERICO CARPI, MICHELE TARUFFO, *Commentario breve al codice di procedura civile*, cit., pág. 653.

[512] Ibidem.

[513] JACQUES HÉRON, 2ª édition par THIERRY LE BARS, *Droit judiciaire privé*, cit., pág. 801.

[514] As regras do Direito processual civil – sublinha o autor – permanecem subordinadas às regras de Direito civil, não podendo servir para suprir a negligência do «contraente», ao qual a lei impõe a obrigação de pré-constituir e de conservar a prova do negócio jurídico celebrado

produção é requerida, não existindo o direito a um exame geral do conjunto de documentos do seu adversário[515].

Mas é na Alemanha que a discussão em torno da extensão do dever de exibir, e da proibição de uma «prova-exploratória», é levada mais longe. Segundo GERHARD WAGNER[516], o verdadeiro problema suscitado pelo instituto do § 142 diz respeito, não à sua compaginação com a *Verhandlungsmaxime*, mas à sua aceitação num plano intersubjetivo (*nemo tenetur se ipsum accusare*). Não está em causa a existência de situações em que recai sobre uma parte um dever de informação (veja-se os §§ 259, 810 BGB); trata-se, isso sim, de saber se existe um «dever geral de informação» a cargo das partes, contra aquela máxima[517].

O problema da limitação ao princípio *nemo tenetur se ipsum accusare*[518] encontra-se, no entanto, fortemente atenuado (ou mesmo afastado) fruto da existência de um requisito de fundamentação, que afasta a possibilidade de uma *Ausforschungsbeweis* ao estilo norte-americano, *i.e.*, das hipóteses em que o requerente procura obter pela primeira vez, através do resultado da prova requerida, os fundamentos da respetiva pretensão[519].

pelo mesmo; com efeito, as partes não podem servir-se do instituto da exibição forçada para suprirem a sua carência em matéria de administração da prova.

[515] Veja-se, uma vez mais, a rejeição por parte da doutrina de um procedimento de *discovery* de marca anglo-americana, o que vai ao encontro da posição dos tribunais franceses: «en l`espèce, la partie demandait la production *«des pièces techniques et comptables se rapportant à l`exécution des travaux réalisés dans un ensemble immobilier». Dans le même esprit, la Cour de cassation exige que l`existence de la pièce soit établie, sinon avec certitude, du moins avec vraisemblance»* (ibidem, nota 8).

[516] GERHARD WAGNER, ««Urkundenedition durch Prozeßparteien – Auskunftspflicht und Weigerungsrechte», cit., pág. 711.

[517] Segundo o autor, «*não existe nenhum fundamento racional para que uma parte possa reter uma informação, quando não existe nenhum interesse de sigilo (ou outro) a protegê-lo. O Estado de Direito só pode reivindicar o monopólio da resolução dos litígios se puser ao serviço dos cidadãos mecanismos processuais que garantam uma tutela eficaz dos seus direitos subjetivos. Os tribunais civis não podem concentrar os seus recursos para proteger aqueles que pretendem frustrar interesses legítimos de terceiros. A sua tarefa é a de ajudar à aplicação do direito subjetivo reconhecido pela ordem jurídica*» (ibidem). A visão tradicional, de acordo com a qual nenhuma parte está obrigada a contribuir para o esclarecimento dos factos no interesse da parte contrária, não pode ser mantido de um modo tão radical. Na verdade (salienta ainda o autor), existem diversos instrumentos que se destinam a atenuar as assimetrias de informação entre as partes, sem reconhecimento de um dever de informação. É o caso da «inversão do ónus da prova», e do «ónus de alegação secundário».

[518] Aqui, numa adaptação direta da formulação que lhe é própria no Direito penal.

[519] Ibidem, pág. 712. «*Der BGH versteht unter einem Ausforschungsbeweis bzw. unter einem darauf gerichteten Begehren einen Beweisantrag, mit dem «eine Partei die zur Konkretisierung ihres*

Segundo Moritz Becker, resulta desta rejeição a insusceptibilidade de o juiz ordenar a apresentação de um documento tendo por base alegações não fundamentadas de uma parte, ou carecidas de quaisquer indícios concretos (uma alegação «*ins Blaue*»), servindo aquele documento de primeira prova sobre os factos processualmente relevantes[520].

Nesta primeira perspetiva (rejeição da possibilidade de as partes se servirem do instituto da exibição para obterem, pela primeira vez, os fundamentos das suas pretensões[521]), a defesa do sistema contra a possibilidade de realização de uma prova-exploratória consiste, assim, na imposição às partes do chamado ónus de alegação fundamentada[522].

Prozeßvortrags benötigten Tatsachen erst durch die Beweisaufnahme in Erfahrung zu bringen sucht» (ibidem). Veja-se o ex. dado pelo autor: seria possível (em teoria) que um automobilista que sofreu um despiste de automóvel dirigisse um pedido de indemnização contra o fabricante, e requeresse a exibição de todos os resultados de testes e de queixas apresentadas por clientes ou revendedores no que diz respeito ao respetivo modelo, sem oferecer mais detalhes sobre o alegado defeito do produto. Na prática (salienta o autor), não deve, contudo, sobrevalorizar-se a hipótese de uma atuação como esta ter lugar, uma vez que um litígio traduzido apenas num «*Ausforschung*» implica sérios riscos de custo, que normalmente são suficientes para desencorajar pedidos puramente arbitrários ou baseado em espírito de chicana. Uma vez que o litígio acarreta custos para a sociedade, o legislador teve em conta a necessidade de limitar a possibilidade de abusos. Assim, as partes apenas podem obter apoio judiciário, segundo o § 114 ZPO, nos casos em que a ação ou a defesa ofereçam suficientes possibilidades de êxito, e não se afigurem arbitrárias. A possibilidade de uso abusivo do instituto da «exibição de documentos» deve assim ser acautelada de duas formas: através da imposição de um requisito de fundamentação, e mediante um controlo de razoabilidade («Plausibilitätskontrolle»). Para um maior desenvolvimento sobre o conceito de Ausforschungsbeweis, veja-se Egbert Peters, *Ausforschungsbeweis im Zivilprozeß, Beiträge zum Zivilrecht und Zivilprozeß*, herausgegeben von Rudolf Bruns, 16. Heft., Köln e Berlim: Grote, 1966, págs. 11 e segs.

520 Moritz Becker, «Die Pflicht zur Urkundenvorlage nach § 142 Abs. 1 ZPO und das Weigerungsrecht der Parteien»», cit., pág. 1310. «(...) *dass es dem Gericht verwehrt ist, auf Grund eines unsubstantiierten oder konkreter Anhaltspunkte entbehrenden, also ins Blaue hinein erfolgenden Parteivortrags Urkunden anzufordern, um dadurch erst Hinweise auf prozessrelevante Tatsachen zu erhalten*». No mesmo sentido, pode ver-se Joachim Zekoll e Jan Bolt, «Die Pflicht zur Vorlage von Urkunden im Zivilprozess – Amerikanische Verhältnisse in Deutschland?», cit., pág. 3130: «*Nach dem BGH ist der Versuch des Ausforschungsbeweis dann gegeben, wenn «eine Partei die zur Konkretisierung ihres Prozessvortrags benötigten Tatsachen erst durch die Beweisaufnahme in Erfahrung zu bringen sucht*».

521 A esta possibilidade é que se chama discovery ao estilo norte-americano. Quanto ao facto de o sistema norte-americano ter abandonado um modelo de *pleadings*, pode ver-se, supra, nota 513.

522 Sobre esta matéria pode ver-se, por ex., Antonios Diakonis, *Grundfragen der Beweiserhebung von Amts wegen im Zivilprozess*, cit., pág. 121. Segundo o autor, vigora atualmente

Existe, no entanto, uma outra perspetiva da proibição da *Ausforschungsbeweis* a que devemos atender, e cujo escopo exploratório diz respeito já não à obtenção dos fundamentos da ação, mas ao próprio conteúdo do documento, no sentido de indagar se o mesmo contém a prova de que o requerente necessita. Ou seja, trata-se das hipóteses em que, mesmo tendo observado o ónus de alegação fundamentada (apresentação de factos essenciais e factos instrumentais) o requerente se serve do instituto da exibição instrutória para obter fontes de prova que o mesmo até ao momento desconhecia em absoluto. É a esta última possibilidade, e não à possibilidade de uma *Ausforschungsbeweis* ao estilo norte-americano (já que o mesmo continua a basear-se num modelo de *fact pleadings*) que o sistema inglês, como veremos mais abaixo, abre portas.

no sistema jurídico alemão a chamada teoria da individualização aperfeiçoada (*verbesserten Individualisierungstheorie*), segundo a qual não é suficiente a qualificação jurídica dos factos, sendo também necessária a informação sobre factos concretos. O autor (ou o réu *in excipiendo*) não tem, segundo esta teoria, de apresentar todos os «factos da vida» (*Lebenssachverhalt*), mas apenas aqueles que são necessários para a individualização da ação, *i.e.*, para a distinção da mesma face ao qualquer outro processo. A observância deste ónus de fundamentação (*Substantiierungslast*) constitui assim um limite à produção de prova (deve evitar-se que um requerimento de prova tenha por finalidade o fornecimento, pela primeira vez, da informação que se encontra em falta), vigorando esta proibição de igual modo para os casos de produção oficiosa de prova (é esta a posição do BGH – JAN KRAAYVANGER e MARK C. HILGARD, «Urkundenvorlegung im Zivilprozess, Annäherung an das amerikanische »discovery« – Verfahren?», cit., págs 572-575). Na verdade, é hoje reconhecido que os §§ 142-144 e 448 não libertam as partes do seu ónus de alegação e de fundamentação. A inadmissibilidade de produção de prova nestes casos verifica-se, não apenas nas hipóteses em que falte a alegação de factos essenciais, mas também naqueles em que os factos instrumentais alegados pelas partes não forneçam qualquer indício quanto aos factos (essenciais) alegados. Tais indícios não podem ser obtidos pelas partes, pela primeira vez, através da prova (ANTONIOS DIAKONIS, *Grundfragen der Beweiserhebung von Amts wegen im Zivilprozess*, cit., pág. 123).
SONJA LANG, por sua vez (SONJA LANG, *Die Urkundenvorlagepflichten der Gegenpartei gemäß § 142 Abs. 1 Satz 1 ZPO*, cit., págs. 133 e segs.), considera que deve fazer-se uma leitura maleável do princípio de proibição da *Ausforschungsbeweis*. Segundo a autora, tratando-se de factos não pessoais, o juiz deve bastar-se com a apresentação de «factos presumidos», o princípio *nemo tenetur* devendo decair – no caso de a parte estar «necessitada de prova» –, ante a necessidade de salvaguarda do princípio de igualdade de armas. Sobre o mesmo aspeto veja-se JAN KRAAYVANGER e MARK C. HILGARD, «Urkundenvorlegung im Zivilprozess, Annäherung an das amerikanische »discovery« – Verfahren?», cit., págs 572-575, e GERHARD WAGNER, ««Urkundenedition durch Prozeßparteien – Auskunftspflicht und Weigerungsrechte», cit., pág. 714. Segundo este último autor, o dever de fundamentação está ligado ao grau de conhecimento que a parte possui.

Quanto a este aspeto não existe um entendimento unanime por parte da doutrina alemã. GERHARD WAGNER[523], por ex., adota uma conceção mais ampla: basta que o requerente seja capaz de fazer uma descrição aproximada do conteúdo do documento, sob pena de se restringir as hipóteses de exibição aos casos em que o mesmo tenha tido oportunidade de ver o documento, e seja capaz de se lembrar da data e conteúdo do mesmo[524]. PETER F. SCHLOSSER[525], por sua vez, salienta que, ao contrário do que se verifica no Direito francês (onde a lei faz preceder a ordem de exibição de um «requerimento de parte»), é mais difícil no Direito alemão extrair da lei a existência de um requisito de «suficiente especificação» do documento. No entanto, é neste sentido que o autor entende deverem ser interpretadas as palavras «*auf die sich eine Partei bezogen hat*»[526].

Segundo SONJA LANG[527], uma das formas de entender este requisito (*Bezugnahmeerfordernis*) consiste em tornar plausível o conteúdo do documento, estando dispensada uma referência ao concreto documento. Em parte, trata-se de um entendimento acolhido pela jurisprudência[528], e que

[523] GERHARD WAGNER, ««Urkundenedition durch Prozeßparteien – Auskunftspflicht und Weigerungsrechte», cit..

[524] Nem deve temer-se – salienta o autor – que isto abra portas à possibilidade de uma *discovery* de tipo norte-americano (a ausência de um requisito de especificação descritiva do documento poderia conduzir a situações de abuso, através de uma obrigação de exibição grosseiramente desproporcionada). A resolução deste perigo pode ser obtida por uma outra via, que diz respeito à necessidade de observância de um requisito de razoabilidade (princípio da proporcionalidade).

[525] PETER F. SCHLOSSER, «Französische Anregungen zur Urkundenvorlagepflicht nach § 142 ZPO», cit., págs. 135-154.

[526] Por conseguinte, e mesmo quando esteja em causa a exibição de muitos documentos (pense-se, por ex., em documentos relativos ao «acerto de contas de obra»), este requisito não deve estar dispensado. Numa revigorização do princípio dispositivo, o código vem deixar claro a necessidade de alguma das partes ter feito «referência» ao documento, referência esta que deve corresponder a uma «descrição suficiente» do mesmo, que o torne identificável. Veja-se o seguinte exemplo, dado pelo autor: não é suficiente que o «requerente» alegue que a contraparte aceitou perante um terceiro, numa carta, que um determinado acontecimento – que agora nega – teve lugar, para que possa ordenar-se a este último, ou ao terceiro, a exibição da respetiva carta, onde putativamente se refere o acontecimento controvertido. Mas a indicação já será suficiente, se permitir localizar com facilidade o documento em causa (por ex., através da indicação de que se trata de um fax, enviado num período temporal bem determinado).

[527] SONJA LANG, *Die Urkundenvorlagepflichten der Gegenpartei gemäß § 142 Abs. 1 Satz 1 ZPO*, cit., págs. 139 e segs.

[528] Apenas seria necessária uma referência global ao conteúdo do documento, não uma referência ao concreto documento. A autora dá dois exemplos: Oberlandesgericht Saarbrücken,

encontra apoio na doutrina: SCHLOSSER, por ex., apoia uma decisão do *Landegericht Ingolstadt*, considerando que não deve, em princípio, rejeitar-se uma ordem de exibição de um «conjunto de documentos», pelo simples facto de não se mencionar qual o documento, dentro desse conjunto, que contém a informação relevante para a decisão do litígio[529]; aquela ordem deve ser proferida desde que exista uma «forte verosimilhança» de que no «meio desses documentos» se encontra essa informação[530]. É ir-se longe de mais, no entendimento daquela autora.

Urt. vom 30.04.2003 – 1 U 682/161 (OLG Saarbrücken, MDR 2003, 1250), e Landgericht Ingoldtadt, Zwischenurteil. vom 22.03.2002, 4 O 1729/01 (LG Ingolstadt, NZI 2002, 390). O primeiro caso diz respeito à exibição de ficheiros médicos, cuja exibição foi requerida em geral, sem concretização do concreto documento. LEIPOLD observa que a clínica deveria fornecer todas as «pastas de arquivos» relacionadas com o tratamento das pessoas envolvidas. Um tal dever de exibição (afirma SONJA LANG) é, no entanto, muito extenso, comportando o risco de «Ausforschung», na medida em que pode permitir ao requerente obter o conhecimento sobre factos desconhecidos até ao momento. Com efeito, ficheiros clínicos completos podem conter informações que não se relacionam diretamente com o objeto do litígio, suscetíveis de fornecer a base para novos pedidos ou exceções.
No segundo caso, por sua vez, o tribunal decidiu que um administrador de insolvência deveria proceder à exibição de «pastas de arquivos» relativas aos devedores, com fundamento em que as mesmas podem conter informação relevante para a resolução do litígio. A ordem de exibição baseou-se numa alegação do autor, de acordo com a qual, num determinada pasta, com o rótulo «Bürogebäude», se encontram documentos relevantes para o processo. O autor não pôde, contudo, proceder a uma identificação concreta desses documentos. Sem prejuízo disso, o juiz ordenou a exibição do conjunto de pastas com fundamento no facto de que se trata de «arquivos» claramente especificados. Entende o tribunal que o autor foi capaz, através de uma alegação fundamentada, de explicar que a «pasta de arquivo» contém informação relevante para a resolução da causa, não se tratando de um puro «Ausforschungsbeweis» inadmissível. SONJA LANG chama a atenção para o facto de que uma «pasta de arquivos» («Aktenordner») não é um «documento concreto», nem pode ser visto como «um conjunto de documentos». Cada documento deve ser concretamente especificado. A apresentação de uma pasta de arquivos completa, dentro da qual o tribunal, ou um perito por si designado, deva procurar concretos documentos, constitui uma solução contrária à intenção do legislador, no sentido de obter uma célere resolução do litígio, e constituiria uma aproximação ao modelo norte-americano, ao potenciar a apresentação de um conjunto larguíssimo de documentos, sem especifíca determinação do documento a exibir.

529 PETER SCHLOSSER, «Die Anordnung der Urkundenvorlage im reformierten Zivilprozessrecht», in *Festschrift für Hans Jürgen Sonnenberger*, München: Beck, 2004, págs. 135 e segs. (págs.149 e segs.).

530 Veja-se o ex. dado pelo autor (caso decidido pelo Senats des Bundesgerichtshofs em 1989, conhecido como «leptospira bratislava»): uma pessoa infetada com um vírus raro tem a desconfiança de que, durante os seus tempos de estudante, trabalhou com o mesmo na

SCHLOSSER não desconhece o perigo de aproximação ao sistema da «discovery», ao referir que não deve temer-se que isso aconteça, uma vez que se trata apenas da exibição de poucos documentos (e não de uma *Großinquisition*), sendo indispensável a existência de uma «forte verosimilhança» de que entre eles se encontra uma informação relevante[531]. A delimitação de um requisito de ordem numérica (afirma, no entanto, SONJA LANG) afigura-se tudo menos clara, mais se devendo notar que a abertura a uma «pequena *Ausforschungbeweis*» pode constituir um precedente perigoso, que abra caminho a uma ampla investigação, com os perigos de excesso que o sistema norte-americano nos dá a conhecer. Pode dar-se razão ao tribunal quando o mesmo afirma que não deve sobrecarregar-se o requisito da alegação fundamentada[532]; no entanto, não deve dispensar-se uma «suficiente descrição» do concreto documento – só assim se evitando que os juízes, ou peritos nomeados pelo tribunal, sejam chamados a desempenhar uma tarefa que só às partes compete. Sob a vigência do princípio de responsabilidade probatória das partes – conclui a autora – não pode ser tarefa do juiz, pela primeira vez, procurar, entre o conjunto de documentos, a informação relevante[533].

Embora contrário a um princípio de verdade material (salienta ainda SONJA LANG), deve assim afirmar-se a existência de um requisito de «referência ao próprio documento», imprescindível para prevenir que o tribunal realize uma «prova-investigatória». Por sua vez, e no que diz respeito à hipótese de exibição de um «conjunto de documentos», a razão de ser

Faculdade, sem ter sido precavida para isso, e requer que a Faculdade apresente todos os «relatórios de pesquisa» dos últimos 6 anos, com a finalidade de encontrar alguma coisa sobre investigação acerca de «Leptospiren». O tribunal de primeira instância indeferiu o requerimento, tendo o tribunal de recurso alterado a decisão. Não se trata de uma mera «Ausforschungbeweis» (salienta SCHLOSSER), mas de um requerimento de uma parte que se encontra numa situação de carência de prova. A alegação «não é no escuro», uma vez que não é improvável que a autora tenha sido infetada na Faculdade. Já segundo SONJA LANG, o «Bundesgerichtshofs» revela aqui, mais uma vez, a sua visão ampla, com a qual a autora concorda em parte: não se trata de uma alegação arbitrária, já que existe uma verosimilhança de que a infeção tenha ocorrido na Faculdade, mas o tribunal foi, ainda assim, longe demais, pelas mesmas razões já acima expostas.

531 SONJA LANG, *Die Urkundenvorlagepflichten der Gegenpartei gemäß § 142 Abs. 1 Satz 1 ZPO*, cit., pág. 144.

532 Se o facto não se situa na esfera da parte, só com muita dificuldade a mesma poderia fornecer toda a informação necessária.

533 Ibidem, pág. 145.

da sua rejeição prende-se com a aplicação de um requisito de ordem geral, aplicável em matéria de produção de prova, e que diz respeito à «relevância da prova» (relacionado ainda com o princípio da economia processual): não basta que o documento faça prova de um facto controvertido; ele deve ser necessário para a obtenção da informação, e a parte que faz «referência ao documento» deve encontrar-se numa situação de necessidade de prova[534] (requisito este que também se aplica no caso de produção oficiosa de prova). SCHLOSSER refere que a ordem de exibição de um «conjunto de documentos» é admissível quando entre eles se encontre uma informação relevante, no entanto, esta situação não autoriza aquela ordem, uma vez que entre esses documentos encontram-se muitos outros que não são relevantes.

Por outro lado, deve notar-se que a aceitação de uma exibição muito extensa pode constituir uma violação do «princípio da auto-determinação informativa» (Art. 2 Abs. 1 GG iVm Art. 1 Abs. 1 GG) (cabe ao indivíduo apreciar o valor, e proteger os seus dados pessoais); este princípio pode ceder passo perante a situação de carência probatória em que se encontra a parte contrária, contudo, isso só se afigura admissível quando se trate de uma «investigação proporcionada».

A posição da autora vai ao encontro de uma tendência doutrinal de acordo com a qual a mera «referência global» ao documento não é suficiente. A «alegação de facto» deve referir-se, não apenas aos factos subjacentes ao documento, como também ao próprio documento (por ex. SCHLOSSER, LEIPOLD, UHLENBRUCK e GREGER[535]). Também o *Landgericht*

[534] A propósito deste aspeto (*i.e.*, do facto de a ordem de exibição depender da verificação de uma situação de necessidade probatória) SASCHA KUHN e MARCEL LÖHR referem-se a um requisito de subsidiariedade. Segundo estes autores, a ordem de apresentação de um documento depende da verificação de três requisitos cumulativos: o respeito pela subsidiariedade, a existência de «referência» ao documento, e a conclusividade da alegação. Ora, e no que diz respeito ao primeiro daqueles requisitos, salientam os autores que o mesmo, embora não escrito, resulta da teleologia do preceito. O juiz não deve deferir o requerimento quando o requerente tenha à sua disposição, sem despesas excessivamente maiores do que a parte ou o terceiro obrigados à exibição, fontes de informação adequadas. A medida para a avaliação da capacidade de uma fonte de informação é o possível ganho em termos de conhecimento, e a sua potencial relevância para a tomada de uma decisão (SASCHA KUHN e MARCEL LÖHR, «Die Urkundenvorlage nach § 142 ZPO im Spannungsfeld zwischen Sachverhaltsaufklärung und Beibringungsgrundsatz», cit., págs. 369-375).

[535] PETER F. SCHLOSSER, «Französische Anregungen zur Urkundenvorlagepflicht nach § 142 ZPO», cit., págs. 135, 146; DIETER LEIPOLD, «Die gerichtliche Anordnung der Urkundenvorlage im reformierten deutschen Zivilprozess», cit., pág. 570; WIHELM

Karlsruhe salientou que a referência ao documento não pode consistir numa mera menção geral, devendo fornecer, pelo menos, determinados conteúdos mínimos. O tribunal deve assim abster-se de ordenar a exibição quando a parte apresenta uma alegação arbitrária, no sentido de que se encontra um documento relevante nas mãos da parte contrária, sem que essa alegação seja acompanhada de indícios relativos ao próprio documento. As exigências de concretização do documento devem assim ser, pelo menos, iguais àquelas que existem em relação à fundamentação da alegação de facto.

Até por isso, refere-se SONJA LANG às hipóteses de «documentos presumidos», ou seja, documentos em relação aos quais a parte não possui nenhum conhecimento positivo, embora possa assumir, tendo em conta as circunstâncias do caso e a aplicação de regras de experiência, que o mesmo existe, e se encontra na posse da parte contrária[536]. Para evitar uma *Ausforschungsbeweis* será suficiente que o requerente ofereça «indícios plausíveis» de que o documento se encontra na posse dessa parte. Outro é o entendimento de LEIPOLD[537]. Segundo este autor, a referência a um documento meramente presumido não é, em princípio, suficiente para obter a exibição, sendo necessária a existência de indicações claras, das quais resulte que a «referência da parte» se baseia na efetiva existência do documento. É verdade (concede, por sua vez, SONJA LANG) que, quanto mais precisa for aquela descrição, menor será o perigo de *Ausforschung*; no entanto, existem numerosos casos em que a parte não pode ter cem por-

UHLENBRUCK, «Gerichtliche Anordnung der Vorlage von Urkunden gegenüber dem Insolvenzverwalter», NZI, 2002, págs. 589-590; REINHARD GREGER, «Zwischen Mediation und Inquisition – Neue Wege der Informationsbeschaffung im Zivilprozess», *DStR* 2005, págs. 479-484 (pág. 482).«*SCHLOSSER spricht davon, das seine hinreichende Identifizierung der Urkunde vorliegen müsse. Wenn sich die Bezugnahme nur sinngemäß aus dem Sachvortrag der Partei ergebe, sei dieses Erfordernis nicht erfüllt. Auch LEIPOLD ist der Auffassung, dass sich die Notwendigkeit eines präzisen Parteivorbringens nicht nur auf die tatsächlichen Behauptungen, sondern auch auf die Urkunde selbst erstrecke. Nach ZEKOLL/BOLT muss die Urkunde in einem Schriftsatz erwähnt sein oder deren Existenz aus sonstigen, von den Parteien eingereichten Unterlagen, insbesonderer der vorprozessualen Korrespondenz, hervorgehen*» (SONJA LANG, *Die Urkundenvorlagepflichten der Gegenpartei gemäß § 142 Abs. 1 Satz 1 ZPO*, cit., págs. 148-149).

536 «*So liegt es beispielsweise nahe, um ein Beispiel Leipolds aufzugreifen, dass es bei einem Autohersteller Unterlagen über die Neukonstruktion eines Motors oder eine Korrespondenz mit einem bestimmten Zulieferer über einzuhaltende Maße eines Einzelteils gibt*». (ibidem, pág. 150).

537 DIETER LEIPOLD, «Die gerichtliche Anordnung der Urkundenvorlage im reformierten deutschen Zivilprozess», cit., pág. 574.

cento de certeza de que o documento existe, embora tenha uma suposição fundada de que isso se verifica[538].

A possibilidade de requerer a exibição de «documentos presumidos» não liberta, contudo, o requerente do requisito de concretização do documento, através de uma descrição da sua «forma exterior». Ou seja, mesmo neste caso o documento deverá ser identificável[539]. Como (interroga-se a autora), senão através de uma descrição concreta, pode excluir-se que uma parte apresente «alegações em branco», para obter a apresentação de um documento do qual ela espera poder vir a retirar informações de que necessita (*Ausforschungsbeweisen*)?

Em suma: o documento deve ser indicado tão precisamente quanto possível (idealmente com indicação da data de emissão, do subscritor, do número de páginas ou opcionalmente o número de arquivo)[540]. Muitas vezes, contudo, não pode exigir-se que as partes façam uma descrição tão precisa, sobretudo quando se trate de um «documento presumido»[541]. Nestes casos, será suficiente que a parte faça a referência possível, determinando, pelo menos, as formalidades externas do documento (período da emissão, número aproximado de páginas, etc.[542]).

538 Não raras vezes, a parte nunca viu o documento, porque o mesmo nunca esteve na sua esfera de domínio.
«*Gerade dann wird der Bezugnehmende allenfalls vermuten können, dass sich eine solche Urkunde im Besitz des Gegners befindet. Wie soll die Bezug nehmende Partei auch jemals Unterlagen über die Neukonstruktion des Motors, die sich in den Händen des Unternehmens befinden, in Augenschein nehmen können? Ließe man in diesen Fällen eine Anordnung des Gerichts nicht zu, liefe dies einem effektiven Rechtsschutz und einer effektiven Wahrheitsfindung zuwider*» (ibidem, pág. 151).

539 A autora desvia-se assim da posição de GREGER (e, por inspiração deste, de McGUIRE) os quais, embora admitam a existência de um requisito de «concreta referência» ao documento, estabelecem, no entanto, exigências baixas quanto à verificação deste mesmo requisito – não exigindo uma «descrição concreta» do documento: REINHARD GREGER, «Zweifelsfragen und erste Entscheidungen zur nuen ZPO», *NJW*, 2002, Heft 42, págs. 3049-3053 (3049, 3050); McGUIRE, «Beweismittelvorlage und Auskunftanspruch nach der Richtlinie 2004/48/EG zur Durchsetzung der Recht des Geistigen Eigentums», *GRUR Int.* 2005, págs. 15 e segs. (pág. 20)). Por ex., tratando-se do conteúdo de uma «conta de reparo», não pode ser exigida a indicação da data, sacador (*Aussteller*), etc.

540 Salienta a autora que a indicação nunca será suficiente, quando a existência do documento resulte apenas de um modo implícito da alegação de facto.

541 Em não raras ocasiões, a parte que se refere ao documento nunca o teve nas mãos; seria difícil nestes casos que a mesmas soubesse, por ex., o número de páginas ou a data de emissão do documento.

542 «*Die hinreichend Bezeichnung der Identifikationsmerkmale der Urkunde ist der Tribut, welcher na die Bestimmtheit der Urkunde und damit zur Vermeidung einer Ausforschung zu zahlen ist. Sie läuft auch*

III. Dever de exibição no Direito Inglês/Procedimento de Discovery

1. Introdução

Segundo J. A. JOLOWICZ[543], o termo «discovery» designa qualquer forma de procedimento interlocutório através do qual uma parte pode compelir o seu adversário ou um terceiro a revelar informação que se encontra na sua posse ou sob o seu controlo, e que seja relevante para o julgamento da ação. ZUCKERMAN[544], por sua vez, sublinha que uma das características mais originais do sistema judicial civil inglês consiste no chamado *discovery process* (atualmente, a lei utiliza a expressão *disclosure*), mais especificamente a «revelação de documentos», um procedimento através do qual os litigantes têm acesso aos documentos na posse da parte contrária ou de terceiros, com antecedência face ao momento do julgamento[545][546].

Ainda segundo ZUCKERMAN, o acesso aos elementos de prova em poder da parte contrária promove uma igualdade de armas entre os litigantes, e contribui para a descoberta da verdade[547]. Por outro lado, a

nicht einer effektiven Wahrheitsfindung zuwider, weil die Kenntnis einzelner Identifikationsmerkmale der Urkunde wesentliches Kriterium eines wahren Vortrags des Bezugnehmenden und damit der Existenz der Urkunde ist. Wenn man aus Grüden der Chancengleichheit den Parteien das Recht einräumt, statt konkreter Anhaltspunkte bei unverschuldeter Unkenntnis der Tatsachenlage lediglich plausible Anhaltspunkte vorzubringen, und damit die Substantiierungslast abschwächt, muss man die Kenntnis von der Urkunde doch voraussetzen dürfen. Die Nennung der Identifikationsmerkmale erweist sich dabei als gut handhabbares Kriterium, einer unberechtigten Vorlageanordnung Einhalt zu gewähren. So ist es beispielsweise nicht ausreichend, wenn der Bezugnehmende lediglich auf einen Brief verweist; hier wäre die Kenntnis des Absendezeitraumes, des Absenders und des Empfängers für eine Vorlageanordnung vonnöten. Bei einer vermuteten Korrespondenz zwischen Hersteller und Zulieferer muss zumindest ein eingrenzbarer Zeitraum des Briefwechsels, Aussteller bzw. Empfänger oder der zuständige Sachbearbeiter benannt warden können» (SONJA LANG, *Die Urkundenvorlagepflichten der Gegenpartei gemäß § 142 Abs. 1 Satz 1 ZPO*, cit., pág. 152).

[543] J. A. JOLOWICZ, *On civil procedure*, cit., págs. 41 e segs.

[544] ADRIAN ZUCKERMAN, *Civil Procedure*, cit., pág. 462.

[545] Não se pense, porém, que o dever de *disclosure* está concentrado num só momento processual. Na verdade, e como será visto *infra*, o dever de revelação de documentos com importância para a resolução da causa mantêm-se ao longo de todo o processo.

[546] O mais próximo que encontramos no nosso sistema jurídico, embora com características muito diferentes, é o mecanismo da produção antecipada de prova, previsto no artigo 520º.

[547] Atente-se no seguinte exemplo fornecido pelo autor (ADRIAN ZUCKERMAN, *Civil Procedure*, cit., pág. 462): *«Individuals suing large enterprises rarely have independent means to find out all the relevant information about the activities of these enterprises. An individual, or a group of individuals, suing a tobacco company for health damage will not normally have the means of proving negligence unless they can access to the internal documents held by the manufacturer»*.

pre-trial disclosure tem ainda a vantagem de aumentar as perspetivas de acordo (*settlement*) (contribuindo, dessa forma, para uma diminuição da litigiosidade), ao permitir que as partes ajuízem antecipadamente, e de um modo bem informado, quais as suas hipóteses de sucesso em tribunal. Efetivamente, quanto mais completa for a informação ao dispor das partes, mais provável é que as mesmas cheguem a uma conclusão semelhante acerca do objeto e do desfecho do litígio, o que promove (ou pelo menos facilita) a via do acordo extrajudicial[548].

Segundo NEIL ANDREWS[549] subjaz ao instituto da «revelação» o direito a um «julgamento justo». As «*automatic directions*», ou, alternativamente, os «*ad hoc case management*» serão utilizados para obrigar cada parte a preparar uma lista de documentos a serem utilizados pela mesma, ou dos quais a parte contrária se pode servir (CPR Part 31). Para além do fornecimento da lista de documentos (*disclosure*), a parte é ainda obrigada a permitir o exame destes documentos, tal informação apenas se tornando «prova» no caso de ser aduzida por uma parte para efeitos de julgamento, ou de outra audiência. O CPR define «*document*» como qualquer coisa na qual uma informação esteja gravada, incluindo fontes eletrónicas.

2. Regime

a) Apreciação geral: redução do âmbito de aplicação ao abrigo do CPR e «teste padrão de relevância»

Segundo ZUCKERMAN[550], pode verificar-se que o tratamento da matéria da *disclosure* pelo CPR difere daquele que lhe era dado pela anterior legislação, ao que não é certamente estranho a afirmação, pela nova lei, do chamado *overriding objective*. Na verdade, e ao contrário do que acontecia antes da entrada em vigor do CPR (em que qualquer relação, ainda que ténue, entre os documentos e os factos já era suficiente para justificar uma ordem de revelação [*disclosure order*], em virtude do conceito muito amplo de *relevância* de que se partia para efeitos de *disclosure*[551]), verifica-se hoje uma

[548] O autor sublinha, porém, que, no moderno Direito processual inglês, a *disclosure* é apenas um dos instrumentos daquilo a que se tem vindo a chamar «*cards on the table approach*», a par de outros, como «*the requirements of the pre-action protocols and of pre-trial exchange of witness statements and of expert reports*» (ibidem, pág. 463).

[549] NEIL ANDREWS, *On civil processes*, cit., págs. 269 segs., em especial, pág. 272.

[550] ADRIAN ZUCKERMAN, *Civil Procedure*, cit., pág. 462.

[551] «*Discovery was demanded not only of documents with a direct bearing on the issues, but also of every document that 'it is reasonable to suppose, contains information which may – not which must – either*

preocupação no sentido de evitar que o «processo de revelação da prova», em vez de contribuir efetivamente para a descoberta da verdade, venha, pelo contrário, a aumentar os custos do processo, e a propiciar o risco de confusão e de atraso[552].

Por outro lado, deve notar-se que uma revelação sem limites (que recaia sobre documentos que apresentam uma ligação meramente marginal com o processo) abre caminho a que a parte economicamente mais forte se possa servir deste instituto para hostilizar o seu adversário (ao proceder à «revelação» de um conjunto imenso de informação, que torna depois muito onerosa a seleção da mesma). Quer por uma questão de interesse económico, quer de descoberta da verdade, conclui-se assim que o processo de revelação da prova deve ser judicialmente controlado, de modo a que tenha por objeto apenas os elementos de prova com uma relevância direta para a resolução do litígio.

Para além disso, o CPR introduz um «requisito de proporcionalidade», de acordo com o qual os benefícios resultantes do «processo de revelação» devem compensar o esforço e os custos que o mesmo comporta. Este processo será assim tendencialmente mais restrito do que acontecia no passado, envolvendo normalmente uma *standard disclosure*[553] (que inclui apenas documentos diretamente relevantes), não obstante o poder de o tribunal ordenar uma revelação mais extensa, nos poucos casos em que isso seja benéfico para o processo (*specific disclosure*).

No mesmo sentido se pronuncia NEIL ANDREWS[554]. O CPR Part 31 introduz uma abordagem mais restrita no que diz respeito à troca de documentos entre as partes, para a preparação do julgamento[555]; antes dele, o

directly or indirectly enable the party [seeking discovery] either to advance his own case or to damage the case of his adversary...a document can properly be said to contain information which may enable the party [seeking discovery] either to advance his own case or to damage the case of his adversary, if it is a document which may fairly lead him to a train of inquiry, which may have either of these two consequences`. This was known as the Peruvian Guano test (...)» (ibidem, pág. 463).

552 «*(...) the further we move away from documents with a direct connection to the issues, the less likely it is that the documents will make a substantial contribution to the resolution of the issues. Where the documentary pool is large, a point will come in the disclosure process beyond which the benefits of any extra disclosure will be outweighed by the disadvantages of high costs and an increase risk of confusion*» (ibidem, págs. 463 e 464).

553 O seu significado será visto, *infra*.

554 NEIL ANDREWS, *On civil processes*, cit., 270 e segs.

555 Sobre este aspeto, veja-se Lord Wollf, Acess to Justice: Interim Report (1995), ch 21, para`s 1-9.

chamado «*teste "Peruvian Guano" (1882)* dos documentos relevantes» era demasiado amplo, incluindo documentos com uma relação meramente periférica com o objeto do litígio. Predominava a ideia de que, ao permitir-se ao oponente inspecionar estes «documentos periféricos», se potencia a possibilidade de o mesmo, através de um «*train of inquiry*», descobrir matérias centrais importantes.

Este processo de revelação e de inspeção podia dar lugar a elevadas despesas judiciais e a indesejados atrasos, podendo, para além disso, ser utilizado como forma de intimidação, na medida em que uma parte podia cinicamente facultar à outra uma «avalanche de papéis», alguns sem qualquer relação direta com o caso. Infelizmente – e como foi sublinhado por Sir Rupert Jackson no seu discurso de 24 de Novembro de 2011 *"Controlling the Costs of Disclosure"*[556] – a «reforma Woolf» apenas em parte foi bem sucedida, na medida em que, mesmo em ações de média dimensão, em que todos os documentos são em suporte de papel, a *disclosure* pode gerar custos desproporcionados, traduzindo-se num volume enorme de informação, a maior parte da qual nunca chegará a ser analisada em julgamento (problema esta que se multiplica no caso de ações de maior dimensão, onde os documentos são eletrónicos).

O novo «teste *standard*» (afirma Neil Andrews), ao abrigo do CPR, constitui uma tentativa de tornar o processo de revelação proporcional à natureza do pedido (especialmente, CPR 31.2(2), 31.7(2) e 31.9(2)), abrangendo as seguintes categorias de documentos: documentos dos quais a parte pretenda prevalecer-se, ou que afetem de um modo adverso o caso do seu oponente (mesmo que a parte que os exibe não pretenda prevalecer-se dos mesmos); documentos que suportem o caso deste último; qualquer outro documento cuja exibição seja requerida através de uma «*practice direction*» (CPR 31.6)[557]. No caso *Crime Agency v. Namli* (2011), o tribunal de recurso chamou a atenção para a particularidade de a «revelação *standard*» se estender aos documentos cujo conteúdo é contrário aos interesses do adversário, no caso de o requerido não pretender prevalecer-se dos mesmos (se, por alguma razão aceitável – afirma o tribunal –, o requerido pretenda

[556] www.judiciary.gov.uk/Resources/JCO/Documents/Speeches/controlling-costs-disclosure.pdf.

[557] «*In view of these categories, which cover matters wider than that which might in fact be central to the claim or defence, the Court of Appeal in Shah v. HSBC Private Bank (UK) Ltd (2012) noted that standard disclosure is not accurately defined as a compendious or simplistic test of "relevance"*».

afastar a aplicação desta categoria a solução prática consiste em obter uma ordem do tribunal, alterando[558] a finalidade da «*standard disclosure*»)[559].

Como tentativa de controlar os custos envolvidos no «processo de revelação» (salienta ainda NEIL ANDREWS), foram introduzidas duas alterações (em vigor desde 1 de abril de 2013) aplicáveis à «*multi-track litigation*», exceto nas causas por danos pessoais.

Em primeiro lugar, resulta das alterações de 2013 a obrigação de as partes discutirem antecipadamente entre si os parâmetros e a finalidade da «*disclosure*». Para tal, cada parte deve entregar à outra um relatório (CPR 31.5), com pelo menos 14 dias de antecedência face à primeira conferência de gestão do processo (*case management conference*), o qual deve indicar sucintamente: os documentos existentes e que se relacionem com o objeto da causa; a localização dos mesmos (incluindo a informação sobre «documentos eletrónicos); uma estimativa dos custos que previsivelmente estarão implicados na realização da «*standard* disclosure»; que critérios estão a ser seguidos no processo de revelação. Esta troca será seguida de uma reunião ou discussão telefónica que tem como finalidade chegar a um entendimento sobre o modo mais apropriado de realizar a «*disclosure*».

Em segundo lugar, aquelas alterações aumentam o leque de possibilidades quanto ao modo de realizar a «revelação de documentos». O regime supletivo continua a ser o da «*standard disclosure*». No entanto, existem outras cinco possibilidades[560]: não exibição (*no disclosure*); revelação res-

[558] No sentido de a limitar.

[559] «*The Court of Appeal held that the scope of standard disclosure could be legitimately narrowed, in respect to the claimant's application, and that was not necessary for the claimant to justify withholding this information under the aegis of the doctrine of public interest immunity (...)*». (ibidem, pág. 272).

[560] Não deve confundir-se isto com a possibilidade de exibição específica (*specific disclosure*), ao abrigo CPR 31.12. O CPR 31.12 determina que: «*(1) The court may make an order for specific disclosure or specific inspection. (2) An order for specific disclosure is an order that a party must do one or more of the following things – (a) disclose documents or class of documents specified in the order; (b) carry out a search to the extent stated in the order; (c) disclose any documents located as a result of that search*». No caso Favor Easy Management Ltd v. Wu (2010), o tribunal de recurso atendeu à relação entre o regime da «standard disclosure», e a regra que permite um requerimento para uma exibição específica ao abrigo do CPR 31.12., três pontos tendo emergido da discussão do caso. Em primeiro lugar, que o CPR 31.12 é o meio através do qual uma parte pode questionar a adequação da «disclosure» ao abrigo do «regime standard». No exercício deste poder, o tribunal pode ter em consideração o conjunto de fatores mencionados no CPR Part 1 (o Overriding Objective), incluindo a questão da proporcionalidade. Em segundo lugar, o tribunal sublinha que a CPR 31.12, ao permitir à parte obter uma exibição específica, não

trita a documentos que a parte pretenda utilizar, tendo cada parte a possibilidade de a completar, requerendo uma exibição específica; exibição numa base de ponto por ponto; exibição mais extensa do que a «*standard disclosure*»[561]; qualquer outro modo de revelação, que o tribunal considere apropriado, e que pode incluir combinações das modalidades anteriores.

O CPR procura assim conciliar o interesse da justiça (salvaguarda de toda a prova relevante, garantindo-se o direito das partes a um processo justo, e prosseguindo-se a finalidade de alcançar a verdade material[562]), com o princípio da economia processual (obviar a existência de processo dispendiosos, morosos, e até opressivos). Esta conciliação (salienta ZUCKERMAN) não pode, contudo, ser totalmente prosseguida por via legislativa, devendo deixar-se ao tribunal a necessária margem de atuação para determinar o objeto da *disclosure*, e para gerir o processo. Tal, não põe em causa o relevo do «processo de revelação», encarado como um elemento imprescindível do direito a um «processo justo».

b) *Standard disclosure: momentos em que se divide*

A regulação do procedimento de *disclosure* é feita, em grande medida, pelo CPR 31, que se aplica aos *fast track* e aos *multi-track proceedings*[563]. Uma

está sujeito às restrições referidas anteriormente, as quais controlam o âmbito da «standard disclosure». Daqui resulta que uma parte pode obter a revelação de documentos que dizem respeito, apenas, a matéria de credibilidade, o que não é possível ao abrigo do regime geral. Em terceiro lugar, e uma vez que o dever de revelação é um dever continuado (note-se que, segundo a CPR 31.11(1), «*Any duty of diclosure continues until the proceedings are concluded*»), quando uma parte se prevaleça de um documento durante o julgamento, e o mesmo não tenha sido exibido ao oponente, este pode dirigir-se ao tribunal requerendo uma exibição específica ao abrigo da CPR 31.12. (ibidem, págs. 273-274).

561 «*This searching style of disclosure is now formulated as follows: an order that each party disclose any documents which it is reasonable to suppose may contain information which enables that party to advance its own case or to damage that of any other party, or which leads to an enquiry which has either of those consequences*». (ibidem, pág. 273).

562 Os dois fundamentos apontados para a imposição de um dever de revelação a cargo dos litigantes. Como prova da importância que o sistema inglês atribui a esta figura, deve sublinhar-se que a destruição de documentos, antes do início dos *proceedings*, representa uma ofensa à *common law*, por tentativa de perverter o curso da justiça (*common law offence of attempt to prevert the course of justice*). Já no caso de essa destruição ter lugar num momento posterior ao do início dos *proceedings*, para além desta consequência, a atuação da parte constitui ainda *desobediência ao tribunal* (*contempt of court*).

563 Sobre o seu significado, pode ver-se ADRIAN ZUCKERMAN, *Civil Procedure*, cit., págs. 430 e segs.

revelação mais limitada está prevista para os *small claims track* no CPR 27.2. Segundo ZUCKERMAN[564], as partes não têm um direito automático à revelação. Pelo contrário (e não obstante a liberdade de estas, através de «acordo escrito», afastarem ou limitarem a *disclosure*) é ao tribunal – órgão que detém o controlo do *disclosure process* – que compete ordenar essa revelação[565].

[564] ADRIAN ZUCKERMAN, *Civil Procedure*, cit., págs. 466 e segs.

[565] «*The cout`s power over disclosure is part of its general case management powers and must be exercised in accordance with the overriding objective (CPR 1.4, CPR 3.1, CPR 32.1). The parties too have considerable freedom to agree to dispense with disclosure or to limit it (CPR 31.5(3). Such agreement should be in writing*» (ADRIAN ZUCKERMAN, *Civil Procedure*, cit., pág. 467).
Na falta de indicação em contrário por parte do tribunal, uma ordem de revelação referir-se-á a uma *standard disclosure* (CPR 31.5(1)). De acordo com o CPR 31.6, uma parte a quem seja ordenada uma *standard disclosure* deve revelar os seguintes documentos: *"documents on which he relies; documents which adversely affect his own case, or which adversely affect another party`s case, or which support another party`s case; and any additional documents which need to be disclosed in compliance with practice directions"*. Já no que se refere aos documentos que, em concreto, devem ser revelados, a CPR apela a uma ideia de proporcionalidade, que combina o conceito de relevância, com o de utilidade probatória em relação aos custos e ao grau de esforço envolvido no processo de revelação. Desta forma, a parte apenas é obrigada a revelar aqueles documentos que ela possa identificar ou localizar através de uma pesquisa razoável (CPR 31.7(1)), devendo atender-se a diferentes fatores, como o número de documentos envolvidos, a natureza e a complexidade do processo, a facilidade e o custo da pesquisa, ou a contribuição que esses documentos possam dar para a resolução das questões de facto (*to the determination of the issues*) (CPR 31.7(2)). É ao tribunal que caberá a última palavra em matéria de «relevância probatória». Por conseguinte, no caso de uma parte não proceder à busca de determinada categoria ou classe de documentos, por alegadamente a mesma ser irrazoável, ela deverá fazer constar essa indicação no *disclosure statement*, de modo a que a parte contrária se possa defender, levantando a questão junto do tribunal – o qual será chamado a decidir de acordo com o *overriding objective*.
Para além da *standard disclosure*, existe ainda a possibilidade de o tribunal emitir uma *specific disclosure or inspection order* (CPR 31.12). O recurso a estas ordens ocorrerá, designadamente, nos casos em que haja dúvidas sobre se todas as buscas necessárias para identificar os documentos foram levadas a cabo, ou se todos os documentos reveláveis («*disclosable*») foram incluídos na lista de documentos. Uma *specific disclosure order* pode, assim, ser utilizada pelo tribunal para assegurar que a parte cumpre os seus deveres de revelação, e de inspeção. Deve, porém, notar-se que uma *specific disclosure or inspection order* não tem necessariamente que surgir na sequência de uma *standard disclosure*. Na verdade, está ao alcance do tribunal ordenar, *ab initio*, uma revelação de prova mais limitada do que aquela que resulta de uma *standard disclosure* (CPR 31.5(2)), o inverso sendo igualmente possível, se as circunstâncias do caso assim o indicarem. Veja-se o ex. dado por ZUCKERMAN: numa ação de difamação pode o tribunal ordenar, logo numa fase preliminar, uma ordem específica de revelação, de modo a que o queixoso decida se aceita um acordo, ou se prossegue com a ação.

O processo de revelação divide-se em dois momentos. Um primeiro, em que *disclosure* traduz apenas a declaração de que um documento existe ou existiu (CPR 31.2)[566], e, um segundo, em que é dada a oportunidade à parte contrária de examinar os documentos revelados (*inspection*) (CPR 31.3(1)[567].

Relativamente ao primeiro momento, é costume que a parte obrigada à revelação envie à contraparte uma lista contendo a indicação dos documentos, com uma breve descrição dos mesmos (*list of documents*)[568]. Juntamente com essa lista, deverá proceder ao envio de uma declaração (*disclosure statement*) (CPR 32.10(5)), na qual, entre outras coisas, se refira à extensão da busca levada a cabo, e declare que empenhou os seus melhores esforços na realização da mesma.

Note-se, pois, que os deveres das partes na fase da *disclosure* (em sentido estrito) não se restringem à obrigação de revelar à parte contrária a existência dos documentos, abarcando também a obrigação de procederem a uma busca, tão completa quanto possível, para identificação desses mesmos documentos.

c) Documentos abrangidos pelo processo de revelação

No que diz respeito aos documentos que são abrangidos pelo dever de revelação, resulta do CPR 31.8(1) que os mesmos são aqueles que estejam

[566] O significado de «documento» para efeitos do CPR encontra-se na CPR 31.4.

[567] O termo *disclosure* tanto pode, pois, ser utilizado num sentido restrito – referindo-se apenas à primeira fase do processo de revelação da prova (revelação, propriamente dita), *i.e.*, a declaração de que o documento existe, como num sentido amplo – referindo-se ao processo de revelação no seu conjunto (*disclosure*, em sentido estrito, e *inspection*).

[568] De sublinhar que o dever de revelação se mantém, mesmo após essa lista de documentos ser entregue à parte contrária. Como refere ZUCKERMAN (ibidem, pág. 467): «*The duty of disclosure continues even after the serving of a disclosure list. Once a duty of disclosure has arisen it 'continues until the proceedings are concluded', so that if relevant documents come to the party's notice at a later stage in the proceedings, including appeal, the party must immediately notify every other party (CPR 31.11). If, having received an expert report stating a particular conclusion the party receives a later report suggesting a different conclusion, the later report must also be disclosed*». Deve igualmente chamar-se a atenção para o facto de que recai sobre os advogados (*solicitors* e *counsel*) o dever de assegurarem que os seus constituintes cumprem o dever de revelação da prova, e procedam à conservação da mesma. «*They must make their clients appreciate from the start their obligation to make full and honest disclosure, to avoid suppressing documents, and to preserve documents from loss or destruction. Where a solicitor becomes aware that a client refuses to comply with his disclosure duties, he may be duty bond to withdraw, or even to notify the court*» (ADRIAN ZUCKERMAN, *Civil Procedure*, cit., pág. 467)

ou tenham estado no controlo das partes, resultando, por sua vez, do CPR 31.8(2) uma concretização desta categoria[569]. Assim, aqueles documentos são os que: estão ou estiveram na posse (física) das partes; que elas tenham ou tiveram o direito de possuir; ou que elas tenham ou tiveram o direito de examinar (*right to inspect*) ou dos mesmos tirar cópias[570/571].

Uma vez recebida a lista de documentos, existe, por regra, o direito de examinar os documentos revelados (CPR 31.3(1)) (assim como o direito de requerer cópias dos mesmos).

Existem, porém, três exceções a esta regra (obrigação de conceder exame dos documentos). Uma delas foi já referida (cfr. nota 568). As outras duas relacionam-se com os casos em que o sujeito passivo da obrigação de revelação tem o direito ou o dever de impedir a inspeção do documento (seja por uma questão de segredo profissional [*legal professional privilege*], seja por existir um direito à não-incriminação [*privilege against self-incrimination*], seja, ainda, porque o exame do documento seria prejudicial para o interesse público), e, àqueles em que a dispensa de *inspection* é conce-

[569] Sobre esta matéria, pode ver-se NEIL ANDREWS, *On civil processes*, cit., págs. 275-276.

[570] Evidentemente, o dever de permitir que a parte contrária proceda ao exame (*inspection*) dos documentos tem um âmbito mais reduzido do que aquele que se verifica na *disclosure* (*strico sensu*), abarcando apenas os documentos que estejam na posse, ou sob o «domínio» atual do requerido.

[571] O conceito de «domínio» não é, como aponta ZUCKERMAN, isento de dúvidas. O autor refere dois exemplos que nos parecem particularmente interessantes (ADRIAN ZUCKERMAN, *Civil Procedure*, cit., pág. 469): as partes têm o dever de revelar os documentos que estejam na posse de terceiro, mas que elas têm o direito de examinar e tirar cópias. A este propósito interroga-se o autor se este dever abarca os documentos em poder de autoridades públicas ou privadas, sob os quais recaia aquele direito. E a resposta que dá é afirmativa: «*(...) the principle of equality of arms demands that where a party has a right to obtain information contained in a document, he should be obliged to disclose it to other parties if it is relevant to the determination of an issue in legal proceedings, unless there are some special reasons for making an exception*».
Por outro lado, interroga-se o autor sobre se existe o dever de as sociedades comerciais procederem à revelação de documentos pertencentes às suas agências (*subsidiares*), *parent companies* ou sociedade pertencentes ao mesmo grupo. Aqui, entende ZUCKERMAN que a resposta passa por saber se pode ou não concluir-se que tais documentos, atendendo à relação de subordinação ou de proximidade entre as sociedades, ou entre a sociedade-mãe e as sociedades afiliadas, se encontram sob o «domínio» daquela. Trata-se, antes do mais, de uma questão de facto, a ser resolvida, em última instância, com recurso aos respetivos elementos estatutários. «*In a later case HOFFMANN LJ observed that the limitation of disclosure to documents in the hands of the company actually sued may lead to injustice where companies in the same group are effectively involved in running a joint business*».

dida, *ad hoc*, pelo tribunal (designadamente, por ser desproporcionada às necessidades do caso concreto) (CPR 31.3(2))[572].

VI. Apreciação geral

O nosso sistema jurídico acompanha a tradição dos sistemas de origem romano-germânica, ao desconhecer a existência de um «dever geral de esclarecimento» a cargo das partes. Em matéria de colaboração probatória e, mais especificamente, de exibição instrutória esta ideia encontra-se ligada à necessidade de identificação concreta do documento *ad exhibendo*, o que afasta a possibilidade de as partes se servirem deste instituto com um escopo exploratório. Em termos gerais (procura dos fundamentos da ação) esta possibilidade encontra-se vedada pela existência de um ónus de alegação fundamentada, cuja necessidade de observância limita também a atuação *ex officio* do juiz[573]. Mas de um ponto de vista da obtenção

[572] Duas notas se impõem para o claro esclarecimento desta matéria. Em primeiro lugar, deve sublinhar-se que, tal como resulta da CPR 31.14, não há exceções ao direito de examinar os documentos que tenham sido incluídos num *statement of case*, num *witness statement*, *witness summary* ou num *affidavit*, ainda que os mesmos não tenham sido incluídos na lista de documentos. Em segundo lugar, impõe-se notar que as exceções analisadas dizem respeito, apenas, à fase da *inspection*, e não da *disclosure*, em sentido estrito. Ainda assim, e no que diz respeito à revelação dos documentos sobre os quais recaia alguma das exceções acima referidas (*i.e.*, em relação aos quais não haja um direito de inspeção), a descrição dos mesmos, na lista de documentos, não terá, ao contrário do que se verifica em relação aos restantes documentos, de revelar nada acerca do respetivo conteúdo. «*The purpose of the description of such documents is merely to identify them as belonging to a category of documents that may or must be suppressed*» (ibidem, pág. 475).

[573] Sobre o ónus da alegação fundamentada veja-se, por ex., José Lebre de Freitas, *Introdução ao Processo Civil – conceitos e princípios gerais à luz do novo código*, cit., págs.64 e segs. (pág. 71). Para se servir do conhecimento das partes (afirma o autor) o sistema jurídico processual civil faz recair sobre as mesmas o ónus de alegarem (fundamentadamente) os factos que integram a causa dos seus pedidos. A parte que invoca o direito tem de alegar os respetivos factos constitutivos, isto é, todos aqueles que integram a previsão da norma ou das normas materiais que estatuem o efeito pretendido (teoria da substanciação). Embora, uma vez identificadas essas normas, não haja ineptidão da petição inicial, e seja admissível completar a sua previsão com uma alegação tardia de factos que a petição inicial (ou a reconvenção, ou ainda a contestação da ação de simples apreciação negativa) omitiu, a falta de alegação desses factos dá lugar à absolvição da parte contrária, por insuficiência duma causa de pedir que se deixou incompleta. Não se trata (salienta o autor – ibidem, pág. 71, nota 50A) de regressar à versão mais pura da teoria da substanciação, visto que a completude da causa de pedir não é necessária à individualização da pretensão, mas apenas à sua fundamentação: função individualizadora e função fundamentadora são distintas. Sobre o significado da

de prova de que o requerente não tem conhecimento o afastamento da mesma resulta daquele requisito, *i.e.*, da necessidade de o mesmo proceder a uma concreta identificação do documento ou coisa a exibir, e dos factos que com o mesmo pretende provar.

Numa perspetiva intersubjetiva, resulta deste requisito uma configuração do dever de colaboração como forma de garantir o direito à prova do requerente e do direito a uma tutela jurisdicional efetiva. Com efeito, é a situação de carência em que este se encontra (impedido, apesar da observância do respetivo ónus de administração da prova, de aceder à «prova» de que necessita, sem a colaboração de vontade da parte contrária[574]) que justifica a existência de um dever de exibir a cargo desta última. Quando a parte requer a exibição de um documento (ou outra coisa) concretamente identificado, que ela pura e simplesmente está impedida de obter *motu proprio*, a mesma já fez aquilo que lhe competia em matéria de administração da prova; trata-se agora de adquirir processualmente a respetiva fonte de prova, o que não pode ser alcançado sem a colaboração de vontade da parte contrária, ou a aplicação de medidas de execução indireta da respetiva ordem de colaboração.

O requisito da indicação especificada, ao impedir que o requerente se sirva do instituto da exibição instrutória para obter uma prova que o mesmo desconhece, prende-se assim com a ideia de que a ordem de exibição não pode constituir uma forma de suprir a falta de observância do ónus da prova que sobre aquele recai.

Assim sendo, pode concluir-se que a existência de um dever de colaboração probatória das partes, tal como o mesmo se encontra tradicional-

versão pura da teoria da substanciação, afirma LEBRE DE FREITAS que a mesma exige que os factos alegados sejam concludentes, i.e, que deles se retire, desde que se provem, a conclusão constante do pedido, sem o que a pretensão não ficará individualizada. «*Esta exigência, constante do direito comum, não passou para a maioria das modernas legislações processuais. A concludência importa à completude da causa de pedir e à procedência da ação, mas não à individualização da pretensão*» (ibidem, pág. 66, nota 39).

[574] Não deve, contudo, retirar-se daqui a conclusão de que apenas a parte onerada com a prova tem direito a requerer a exibição de um documento. Este direito também existe, verificados os respetivos requisitos legais, na esfera da parte contrária, que pretende fazer contraprova ou prova do contrário dos enunciados de facto em que se baseiam as pretensões daquela parte. Esta ideia está em conformidade com o que vimos acima quanto ao fundamento do direito à prova, o qual não se encontra na existência do ónus (subjetivo) da prova (já que também a parte não onerada é detentora deste direito), mas no direito a uma tutela jurisdicional efetiva.

mente configurado no nosso sistema jurídico[575], embora conduza a uma atenuação do princípio *nemo tenetur* no sentido liberal-individualístico próprio da doutrina oitocentista, não origina, na verdade, qualquer atenuação do modelo contraditório de apuramento da verdade e do ónus (subjetivo) da prova: o sistema baseia-se num princípio de responsabilidade probatória das partes e a existência de um dever de colaboração, ao garantir o direito à prova, constitui, ao contrário do que é afirmado por alguns autores, um elemento equilibrador do sistema jurídico processual, na medida em que «ónus da prova» e «direito à prova» são dois elementos que, conquanto não se fundamentem mutuamente, devem, no entanto, coexistir (onde existe ónus da prova, deve existir direito à prova).

Até este momento, portanto – ao se partir de uma leitura dos deveres de colaboração probatória das partes correspondente à necessidade de garantia daquele direito (e ao se desconsiderar, para já, a presença no processo de um princípio de oficialidade) –, a conclusão é esta: não existe nenhuma razão, à luz do atual modelo processual, que nos conduza a rejeitar a existência de um plano de subjetividade das regras do ónus da prova: o processo, mesmo vendo atenuada a sua natureza duelística, funda-se num princípio (completo[576]) de responsabilidade probatória das partes.

E o que dizer de um sistema, como o inglês, que contempla a existência de um dever de revelação espontânea de documentos (procedimento de *disclosure*)? A primeira pergunta que devemos fazer-nos é esta: pode ver-se aqui algum elemento de inquisitoriedade do respetivo sistema jurídico? Neste ponto, não é preciso mais do que reafirmar o que já acima dissemos, e que agora podemos confirmar através de elementos de direito estrangeiro, *i.e.*, que não existe nenhuma relação de necessidade entre a existência de deveres de colaboração probatória das partes e a presença no processo de um princípio inquisitório (ou da oficialidade). O facto de o sistema, de entre os estudados, que leva mais longe a amplitude daqueles deveres (*i.e.*, o sistema inglês) ser aquele que possui uma natureza mais acentuadamente acusatória constitui disso mesmo uma prova irrefutável.

Na Alemanha alguns autores entendem que o § 142 ZPO representa a introdução de um amplo «dever de esclarecimento» a cargo das par-

[575] Configuração esta que se reflete no regime da exibição instrutória, através do requisito da identificação concreta do documento.

[576] Ou quase completo, dado a norma do artigo 413º.

tes (*prozessualen Aufklärungspflicht*), como reivindicado por STÜRNER[577]. SONJA LANG[578] chama, no entanto, a atenção para o facto de que este autor configura a introdução de um dever geral de informação no quadro de um sistema alicerçado sobre o princípio de responsabilidade probatória das partes[579]: é a mesma ideia que vimos de sublinhar, agora encarada do ponto de vista de um sistema que convive com importantes poderes instrutórios do juiz.

Deve assim rejeitar-se a ideia de CALAMANDREI (em comentário ao Acórdão do *Corte D'Apelo di Firenze, de 26 ottobre 1929*[580]) segundo a qual apenas de *iure condendo*[581], num sistema processual decisivamente integrado por um princípio inquisitório, poderá introduzir-se um dever de as partes colaborarem para o apuramento da verdade. Relativamente a terceiros – afirma o autor – é possível fundar a existência de uma obrigação de produção no dever que incumbe a todos os cidadãos de cooperarem com o funcionamento da justiça. Mas no que diz respeito às partes a questão assume contornos de maior delicadeza, atendendo à posição interessada que as mesmas ocupam no processo. Num sistema baseado no princípio dispositivo – onde o aforisma *nemo tenetur edere contra se e non sunt arma sumenda de domo rei* revela uma verdade fundamental (às partes incumbe o ónus de alegar e provar os factos a si desfavoráveis, sofrendo as consequências da sua inércia) – não pode (sob pena de se ferir o elemento equilibrador do processo operado pela repartição do ónus da prova) impor-se

[577] ROLF STÜRNER, *Die Aufklärungspflicht der parteien des zivilprozesses*, cit., págs. 64 e segs.

[578] SONJA LANG, *Die Urkundenvorlagepflichten der Gegenpartei gemäß § 142 Abs. 1 Satz 1 ZPO*, cit., págs. 174 e segs.

[579] Daí, como vimos, que a autora entenda que o sistema jurídico não pode conviver com a existência de requisitos mais apertados para o requerimento de exibição por uma parte do que para a exibição por iniciativa do juiz, reivindicando uma re-leitura dos respetivos preceitos legais, em harmonia com a vigência de um princípio de responsabilidade probatória das partes.

[580] PIERO CALAMANDREI, «Conseguenze della mancata esibizione di documenti in giudizio», cit., págs. 289-301. No Acórdão referido, o tribunal decidiu que a parte deve sofrer as consequências negativas da falta de exibição, devendo ser dado como provado o facto afirmado pela parte contrária. É assim, por força do princípio dispositivo, que inspira a legislação processual civil, e do qual resulta que a parte que não realiza uma atividade ordenada pelo tribunal deve sofrer as consequências desfavoráveis da própria inércia. Para chegar àquele resultado o tribunal não está impedido de valorar o «comportamento da parte» para efeitos probatórios, retirando daí um indício da verdade do facto afirmado pela parte contrária.

[581] Note-se que o autor escreve em 1930, *i.e.*, antes da entrada em vigor do Código de 1940.

a uma parte que faça prova a favor do seu adversário[582]. (Daí que o autor só admita a existência de um dever de exibir nos casos em que exista um direito substantivo à exibição ou em que o documento possa ser considerado «comum» a ambas as partes[583]).

CALAMANDREI parte de uma leitura do princípio dispositivo (em sentido amplo) ligada ao princípio *nemo tenetur*, que do nosso ponto de vista não tem razão de ser[584]. Com efeito, a existência de um dever de colaboração probatória fora dos casos em que exista um direito material à exibição, ou

[582] Cada uma das partes deve poder confiar apenas na sua própria atividade, como forma de observar o respetivo ónus probatório, não devendo esperar o auxílio da contraparte, e sofrendo as consequências do seu insucesso. Num sistema processual em que não existe a obrigação jurídica de as partes dizerem a verdade (afirma ainda CALAMANDREI), não pode conceber-se uma obrigação de as mesmas procederem à exibição de documentos cujo conteúdo lhes seja desfavorável. Na realidade, «*o princípio dispositivo conserva no processo o seu primitivo caráter de luta legalizada, em que cada um dos litigantes age para vencer, não devendo esperar, na falta de força individual, a colaboração da parte contrária*».

[583] Se um documento (propriedade do sujeito que poderia servir-se dele para fazer prova do seu direito) se encontra em poder da parte contrária, a ordem de exibição não traduz qualquer desconhecimento do princípio da repartição do ónus da prova. Pelo contrário, o que está em causa é colocar a parte sobre a qual aquele ónus recai em condições de, por meios próprios (e dos quais a parte contrária o pretende, injustamente, privar) o poder observar.

[584] Também na Alemanha a posição tradicional é a de que uma parte não pode ser forçada a fornecer ao seu adversário os meios para a sua vitória. Defendendo este ponto de vista pode ver-se, entre outros: KARL HAHN, *Die gesammten Materialien zur zur Civilprozeßordnung: und dem Einführungsgesetz zu derselben vom 30.1.1877*, I, Berlin: Decker, 1880, pág. 325; DIETER LEIPOLD, in FRIEDRICH STEIN, MARTIN JONAS, *Kommentar zur Zivilprozessordnung*, Bd. 3 §§ 128-252, 22. Auf., 2005, § 138 Rdnr. 26 e segs.; KLAUS REICHOLD, in: HEINZ THOMAS, HANS PUTZO, *Zivilprozessordnung mit Gerichtsverfassungsgesetz, den Einführungsgesetzen und europarechtlichen Vorschriften: Kommentar*, 30. Auf., 2009, § 138 Rdnr. 12 Segundo GERHARD WAGNER (GERHARD WAGNER, «Urkundenedition durch Prozeßparteien – Auskunftspflicht und Weigerungsrechte», cit., pág. 706), «*Wie der BGH nicht ohne Pathos erklärt, sei niemand gehalten, «dem Gegner für seinen Prozeßsieg das Material zu verschaffen, über das er nicht schon von sich aus verfügt*». A mesma referência podendo encontrar-se em MORITZ BECKER, «Die Pflicht zur Urkundenvorlage nach § 142, I ZPO und das Weigerungsrecht der Parteien»», cit., pág. 1310: «*Denn es gehört(e) zu den Grundprinzipien der ZPO, den sog. Ausforschungsbeweis auszuschließen und auch keine allgemeine prozessuale Aufklärungspflicht der Parteien vorzusehen. Auf den Punkt gebracht wurde diese Rechtslage an der in ständiger Rechtsprechung durch den BGH bekräftigten Feststellung, dass niemand gehalten sei, «dem Gegner für seinen Prozessieg das Material zu verschaffen, über das er nicht schon von sich aus verfügt*». Já segundo JOACHIM ZEKOLL e JAN BOLT (JOACHIM ZEKOLL e JAN BOLT, «Die Pflicht zur Vorlage von Urkunden im Zivilprozess – Amerikanische Verhältnisse in Deutschland?», cit., págs. 3129-3134), «*Der Versuch einer beweisbelasteten Prozesspartei, Einblick in die Unterlagen des Gegners zu nehmen, ist selten erfolgreich, weil der Grundsatz gilt, dass keine Partei*

em que se trate de um «documento comum», não traduz qualquer ofensa ao ónus (subjetivo) da prova e ao princípio de responsabilidade probatória das partes, antes permitindo à parte onerada observar o ónus probatório que sobre si impende[585]. Por conseguinte, a instituição de um tal dever é perfeitamente compatível com a existência de um sistema dispositivo (amplo), não tendo que estar relacionada, ao contrário do que é afirmado pelo autor italiano, com a introdução no processo civil de um princípio inquisitório[586]. A mera existência deste dever nada diz acerca da presença deste último princípio.

Num sentido mais amplo, salienta ARTUR ANSELMO DE CASTRO[587] que o princípio dispositivo tem de realizar-se com observância pelas partes do dever de verdade nas afirmações e negações sobre os factos da causa. Constituía uma errada visão do processo a que anteriormente o prefigurava como um duelo ou luta entre as partes de que o tribunal era um simples árbitro, em que às partes era concedida plena liberdade no uso dos seus meios de ataque e de defesa, sem outras limitações que as regras do jogo (*fair play*). Desde que as próprias relações privadas passaram a ter de conformar-se com as regras da boa fé, seria de todo aberrante que igual exigência não fosse prescrita na atuação das partes em juízo. Deste dever de verdade total, imposto às partes, o princípio dispositivo recebe assim indiretamente um novo reforço, no sentido de assegurar ao processo um resultado conforme à situação real das coisas. Através dele não estarão as partes dispensadas de declarar os próprios factos que lhes forem desfavoráveis, quando queiram invocar os favoráveis[588].

der anderen das für einen Prozessieg erforderliche Material verschaffen muss». Sobre esta regra, que não está prevista na lei, e que é sujeita a críticas (salientam ainda os autores), a reforma nada alterou.

585 Daí que, nos casos em que uma parte torne culposamente impossível à outra a observância deste ónus, a lei preveja como sanção a inversão do ónus da prova (artigo 344º, nº 2 CC).

586 Conforme vimos acima, a existência de deveres de colaboração probatória e a efetivação dos mesmos (designadamente, através da aplicação de medidas de execução indireta da respetiva ordem de colaboração) pressupõe a existência de um *ius imperium* do tribunal, e não de um poder inquisitório do mesmo.

587 ARTUR ANSELMO DE CASTRO, *Direito Processual Civil Declaratório*, vol. III, cit., págs. 168-171. O autor defende a existência de um dever de veracidade plena.

588 Ibidem. O dever de verdade (refere ainda o autor) importa, em primeiro lugar, serem verdade as afirmações ou negações dos factos que, respetivamente, se tenham como falsos ou como verdadeiros. Mas não significa, nem poderia significar que só possam fazer-se afirmações de cuja verdade se tenha pleno conhecimento, ou negações cuja falsidade não

O facto de a existência de um «dever de revelação espontânea de documentos» não estar (necessariamente) relacionada com qualquer tendência inquisitiva do respetivo sistema jurídico, não resolve contudo todo o espectro de questões dela resultantes, do ponto de vista do modelo de apuramento da verdade e da existência de um ónus (subjetivo) da prova. Com efeito, e ao contrário do que acontece nos sistemas jurídicos da Europa continental (onde o dever de exibir pressupõe que o requerente seja capaz de proceder a uma concreta identificação do documento *ad exhibendo*), pode, num sistema com «dever de exibição espontânea», colocar-se a questão de saber se o mesmo conduz a uma atenuação daquele ónus, ao permitir que a parte onerada tenha acesso a elementos de prova que de outro modo lhe eram desconhecidos, e dos quais a mesma nunca poderia fazer uso.

Deve notar-se que o desvio à natureza contraditória do respetivo método de apuramento da verdade decorreria aqui, já não da presença de um elemento de oficiosidade, mas da existência um vínculo mais forte de colaboração entre as partes (modelo cooperativo?), ao ponto de as mesmas se verem forçadas a revelar ao seu adversário todos os documentos de que

possa ser desmentida. A própria lei induz a essa conclusão na alternativa em que coloca a parte, quanto aos factos pessoais ou de que tenha conhecimento e que lhe sejam imputados, de, ou os admitir ou confessar, ou de os negar frontalmente, não lhe consentindo a atitude intermédia: a declaração – que bem pode ser a única conforme à verdade por desatenção ou esquecimento do facto – de mero desconhecimento da existência do facto em questão (artº 490º) (na lei atual, veja-se o disposto no artigo 574º, nº 3: «*se o réu declarar que não sabe se determinado facto é real, a declaração equivale a confissão quando se trate de facto pessoal ou de que o réu deva ter conhecimento e equivale a impugnação no caso contrário*»).
Por outro lado (salienta ainda o autor), importa esse dever de verdade o de a parte não poder calar os factos que lhe sejam desfavoráveis, e afirmar apenas os que lhe forem favoráveis, relegando à contraparte o cuidado de os afirmar por si. A este dever de verdade total imposto às partes, que não é mais do que uma manifestação daquele outro, costuma designar-se por dever de plenitude ou *completezza*. À parte cabe assim um dever paralelo ao da testemunha: dizer não só a verdade, como toda a verdade. «*Deste modo, os sucessos ou acontecimentos que servem de base à acção, excepção ou contra excepção, terão de ser narrados integralmente: o autor, não omitindo os factos que sirvam de base a excepções do réu; o réu, os que sirvam de base a contra excepções do autor; e nas negações motivadas, não omitindo ambas as partes as circunstâncias que possam ser favoráveis à contraparte. (...) Ainda aqui, porém, mais uma vez se trata de verdade no sentido de fidelidade da parte ao seu melhor saber. Só constituirão ilícito as omissões de factos que a parte conheça plenamente, não aquelas que tenha apenas como possíveis ou verosímeis ou que não recorde. Por outro lado, não actuará já esse dever em relação a factos não integráveis no mesmo sucesso ou acontecimento, nem também os factos que constituam fundamento de simples direitos de excepção. Estarão compreendidos, porém, os que constituam base de excepções genéricas (excepções peremptórias)*» (ibidem).

dispõem, e que dizem respeito ao objeto do litígio, ainda que o conteúdo dos mesmos seja desfavorável à realização das respetivas pretensões.

Em bom rigor, contudo, pode verificar-se que «produzir» e «exibir» não são, do ponto de vista técnico-processual, conceitos que se equivalham. Aquele que produz faz prova em tribunal, no exercício de um direito (a parte «requer» a produção de prova); aquele que exibe, por seu turno, cumpre uma obrigação jurídica de «apresentar» um determinado documento ou outra coisa em julgamento. A exibição espontânea de documentos não constitui, portanto, nenhum ato de produção de prova, *i.e.*, não pode ver-se na mesma um modo de o requerente se eximir à observância do respetivo ónus probatório, fazendo com que o seu adversário faça prova em seu favor. Do que se trata, isso sim, é de permitir àquele a «consulta dos arquivos do seu oponente» para, com base nos elementos probatórios daí recolhidos, o mesmo poder (ele próprio) observar o ónus probatório que sobre si recai.

Claro está que nos encontramos já muito longe de uma visão do princípio dispositivo própria de uma ideologia liberal-individualística, em que a atividade probatória é vista como uma tarefa solitária da parte onerada, a qual não pode, na realização da mesma, contar com qualquer colaboração do seu adversário. No entanto, e sem prejuízo da acentuação do vínculo de colaboração intersubjetiva (e, nessa medida, da intensificação dos ditames de boa fé processual), não cremos, pelas razões apontadas, que resulte da existência de um «dever de revelação espontânea de documentos» uma superação do «método contraditório» de apuramento da verdade e do princípio de responsabilidade probatória das partes.

Mas trata-se de um método contraditório inserido num sistema jurídico com fortes deveres de colaboração, em que as partes são chamadas a «abrir os seus arquivos», e no qual, portanto – ainda que, de um ponto de vista técnico, não se verifique uma atenuação do ónus (subjetivo) da prova – se suaviza ainda mais o elemento duelístico do processo, dando uma tonalidade colaborativa ao princípio de responsabilidade das partes (não nos espantaria mesmo que se chamasse «contraditório-cooperativo» a um modelo como este).

Estes deveres de colaboração constituem o reflexo de uma visão eticizante da relação jurídica processual, da qual resulta, por outro lado, a possibilidade de o tribunal tomar uma decisão mais bem informada sobre o mérito da causa. No fundo, trata-se de estender (ainda mais) ao plano processual o mesmo fenómeno moralizador que o direito privado tem conhecido, e do qual resulta a configuração da relação obrigacional como uma relação complexa, constituída não apenas por deveres principais e secundários, mas também por deveres laterais ou acessórios de conduta[589].

V. Tentativa de aproximação dos sistemas jurídicos

Existem tentativas de aproximação dos sistemas jurídicos da Europa continental e do sistema jurídico inglês, que se baseiam na abertura daqueles a alguma forma de *discovery*. Deve, com efeito, notar-se que são maiores as afinidades entre estes sistemas do que aquelas que existem entre os sistemas continentais e o sistema jurídico norte-americano, no qual, ao contrário do que se verifica em Inglaterra (onde existe um modelo de *fact pleadings*), o acento tónico foi deslocado dos *pleadings* para a *discovery* e a audiência preliminar (*pre-trial conference*)[590].

Entre as propostas de harmonização do processo civil entre os Estados membros da União Europeia[591], formulada pelo grupo de trabalho presidido por Marcel Storme, sugere-se a adoção de uma variante de *discovery*[592]. Segundo o projeto, e salvo nos casos em que a troca de documentos

[589] A existência de um dever de colaboração probatória pode, aliás, ser vista no contexto de um dever (lateral) pós-contratual, até ao momento em que o vínculo da instância se constitui, passando então a ser abrangido pelo raio de ação do princípio de boa fé processual.

[590] J. A. Jolowicz, *On civil procedure*, cit., págs. 34 e segs. Na Inglaterra vigora um sistema de fact pleading. Na sua peça, o autor deve expor os factos nos quais baseia o seu pedido (não tendo, contudo, de indicar as provas através das quais ele pretende provar esses factos, nem as conclusões legais a retirar dos mesmos), e o réu deve responder negando as alegações que ele pretende pôr em discussão, e alegando factos novos. Um confronto das peças irá revelar qual o material de facto controvertido. Por sua vez, a regra segundo a qual apenas será admitida em julgamento a produção de uma prova destinada a demonstrar a existência ou inexistência de um facto alegado limita o volume de prova admitido. Se o julgamento deve ser conduzido com um mínimo de eficiência, e mesmo de justiça (salienta ainda Jolowicz), é necessário que, antes do julgamento, esteja devidamente identificado o objeto do litígio, e que a extensão da prova a apresentar por cada uma das partes seja mantida dentro dos limites de relevância que as mesmas conhecem de antemão. Para além disso, cada parte deve revelar à outra os factos que estão no seu exclusivo conhecimento, e dos quais o «caso» da outra parte depende. O dever na fase de pré-julgamento deva proporcionar mais do que isto, depende largamente da medida em que se entenda apropriado que cada parte esteja previamente informada dos detalhes do caso da parte contrária, e das provas que ela pretende produzir.

[591] Como se sabe, a Inglaterra acionou o artigo 50º do Tratado de Lisboa, estando a decorrer as negociações da sua saída da União.

[592] John Anthony Jolowicz, «La production forcée des pièces, droits français et anglais», cit., págs. 171 e segs.

deva ser feita espontaneamente, como acontece (na maior parte dos processos) em Inglaterra, o juiz pode ordenar, a requerimento de uma parte ou oficiosamente, que cada parte apresente uma lista de documentos por si detidos (ou aos quais a mesma tenha acesso), e que, não tendo sido carreados para o processo, se refiram à questão litigiosa. Esta lista identifica quais os documentos que a parte recusa comunicar ou produzir, recusa esta que deve ser devidamente fundamentada (existência de um motivo legítimo). O poder do juiz seria discricionário[593]; para evitar custos inúteis e as injustiças a que a aplicação da figura pode dar lugar a mesma só deve ser ordenada pelo juiz quando o mesmo esteja convencido de que a justa composição do litígio assim o exige.

Embora o dever de revelação espontânea de prova seja tradicionalmente desconhecido dos sistemas da Europa continental, a afirmação dos mesmos poderia ser vista como uma consequência da afirmação de um princípio de verdade material, e de boa fé processual (em sentido objetivo). Daí, aliás, o espanto de um autor como JOHN ANTHONY JOLOWICZ[594], ao comparar o sistema jurídico inglês com o sistema jurídico francês.

Estes sistemas (afirma JOLOWICZ) distinguem-se, não apenas pelos detalhes, mas também pelos seus princípios fundamentais[595]. O direito

[593] Este aspeto (tratar-se de um poder discricionário) é, segundo o autor, não só desejável, como essencial.

[594] JOHN ANTHONY JOLOWICZ, «La production forcée des pièces, droits français et anglais», cit., págs. 171 e segs.

[595] Os dois sistemas dão respostas opostas a uma questão de princípio: *quid iuris* no que diz respeito a documentos («piéces») dos quais uma parte não se quer prevalecer, e que tornariam mais prováveis as alegações do seu adversário, mas cuja existência é ignorada por este último? Na ausência de uma obrigação legal de revelar a existência desses documentos (afirma JOHN ANTHONY JOLOWICZ) eles não entrarão no processo, e não poderão contribuir para a manifestação da verdade. Se, no Direito inglês, as regras da «discovery» impõe uma tal obrigação a cargo das partes na maior parte dos litígios ordinários, o Direito francês não conhece uma tal obrigação. Uma leitura superficial deste último sistema jurídico (adverte o autor), em especial do artigo 10º CCfr, poderia levar-nos a concluir que este sistema jurídico reconhece a existência de uma «obrigação de revelação», mas a segunda alínea desta norma atesta o contrário: a norma sugere, com efeito, que aquele que ignora a obrigação imposta pela primeira alínea não será obrigado a satisfazê-la, senão nos casos em que isso é legalmente exigido – condição impossível de satisfazer quando se trate da retenção de um documento cuja existência é ignorada por todos. A obrigação de comunicação espontânea estende-se apenas aos documentos que a parte pretende produzir para sustentar as suas pretensões. Nos restantes casos, a exibição pressupõe um requerimento de parte, e uma identificação concreta do documento (é portanto impossível obter a exibição de um documento só conhecido pelo

inglês exige que todos os documentos relativos aos factos litigiosos sejam revelados. Pelo contrário, o direito francês parte do postulado de que a produção forçada não deve tornar-se um procedimento que «abra os arquivos da parte ao seu adversário». Esta constatação espanta o jurista inglês, o qual admite que a descoberta da verdade não constitui «um fim do seu processo», ao contrário do que se verifica no sistema francês, que tem por finalidade essa descoberta (artigo 10º CCfr.). Ora, e justamente por isto, surpreende que a «*discovery of documents*» do direito inglês seja mais apta a realizar este objetivo do que a «produção forçada de documentos» do direito francês (onde uma parte só pode ser obrigada a «revelar» a existência de documentos, no caso de pretender prevalecer-se dos mesmos).

Em Inglaterra, a doutrina salienta o facto de que o procedimento de *discovery* se encontra harmonizado com o sistema de partes, sendo sua finalidade permitir que o juiz disponha de todas as informações relevantes para a tomada de uma decisão de mérito. Segundo o juiz DONALDSON (afirma JOHN ANTHONY JOLOWICZ[596]) não é correto pensar que o processo inglês procura abertamente a verdade; ele visa, antes, o confronto leal entre as partes. Estas não devem ser livres de esconder a existência de um documento que seria útil ao seu adversário, e ganhar o processo graças a essa dissimulação. Ao mesmo tempo não se trata de permitir uma «*Ausforschungsbeweis*»; como foi sublinhado pela Câmara dos Lordes, a parte que requerer a produção forçada de um documento apenas obterá a exibição do mesmo no caso de lograr demonstrar que ela serve para fundamentar as respetivas pretensões; não basta que ela convença o juiz de que a exibição pode ser útil para a realização de uma suposta tarefa de descoberta da verdade[597]. Do que se trata é, assim, de garantir um leal confronto entre as

adversário). MM SOLUS e PERROT (apud JOHN ANTHONY JOLOWICZ) salientam, a propósito deste requisito (identificação do concreto documento), que o mesmo tem por finalidade evitar que a produção forçada degenere numa procura de documentos, sob a forma de uma busca privada.

[596] Ibidem, págs. 171 e segs.

[597] Não deve interpretar-se erradamente a afirmação do autor. Na verdade, o mesmo apenas pretende afastar a possibilidade de as partes se servirem de um putativo dever de exibição para obterem um «*Ausforschungsbeweis*» inadmissível, e sublinhar que no processo civil prevalece o método contraditório de acertamento da verdade. Tanto no Direito inglês, como no Direito francês (salienta o autor), as questões litigiosas são resolvidas com base nas provas que as partes carreiam para o processo, e não pelas provas adquiridas por iniciativa do juiz. As partes estão em confronto uma com a outra, mas é necessário que esse confronto seja leal. Caso

partes (impedindo que a parte que detém um documento relativo aos factos litigiosos possa retirar partido da ignorância do seu adversário, ocultando o documento, tanto deste último, como do juiz).

Não deve, contudo, desconhecer-se que o procedimento inglês da «revelação de documentos» comporta o risco de incremento dos custos e do tempo do processo[598], assim como de que a parte economicamente mais forte se sirva do mesmo (através da exibição de uma enorme quantidade de

contrário (afirma JOLOWICZ), a decisão não será justa, nem do ponto de vista das partes, nem sob o ângulo do interesse público numa boa administração da justiça. Este último (interesse público numa boa administração da justiça), não exige o impossível. E, como tal, o mesmo não requerer que a verdade seja sempre descoberta. Mas ele implica certamente que, em toda a decisão judiciária, o juiz se aproxime tanto quanto possível da verdade.
Esta preocupação encontra-se presente nos «Unidroit Principles of Civil Procedure». Sobre esta matéria, veja-se FRÉDÉRIQUE FERRAND, «The respective role of the judge and the parties in the preparation of the case in france», in *Conference The Reforms of Civil Procedure in Comparative Perspective, Florence, 2003, The reforms of civil procedure in comparative perspective: an international Conference dedicated to* MAURO CAPPELLETTI, Torino: Giappichelli, 2005, págs. 7-32, pág. 29: «*the ALI-Unidroit Project on Transnational Principles and Rules of Civil Procedure goes new ways in comparison to French law and tries to finalise a compromise between the American discovery and the continental approach of disclosure. It can be stated that the Project has been influenced by the new English Rules enacted with the Woolf Reform. Principle 16 give a general access to information and evidence and allows the court, upon timely request of a party, to order disclosure of relevant, non-privileged and reasonably identified evidence (this in order to avoid fishing expeditions in the American way) in the possession or control of another party or of a non party (in this latter case, only if it is "necessary and just"). Sanctions can be imposed against the failure to produce evidence that reasonably appears to be within that party's control or access. A possible sanction can be the drawing of adverse inferences (see Principle 17)*».
É a seguinte a redação do princípio 16: «16.1. *Generally, the court and each party should have access to relevant and nonprivileged evidence, including testimony of the parties and witnesses, expert testimony, documents, and evidence derived from inspection of things, entry upon land, or, under appropriate circumstances, from physical or mental examination of a person. The parties should have the right to submit statements that are accorded evidentiary effect.* 16.2. *Eliciting testimony of parties, witnesses, and experts should proceed as customary in the forum. A party should have the right to conduct direct supplemental questioning of another party, witness, or expert who has first been questioned by the judge or by another party.*16.3. *Upon timely request of a party, the court should order disclosure of relevant, non privileged, and reasonably identified evidence in the possession or control of another party or, if necessary and just, of a non party. It is not a basis of objection to such disclosure that the evidence may be adverse to the party or person making disclosure.*16.4. *A person who produces evidence, whether or not a party, has the right to a court order protecting against improper exposure of confidential information.*16.5. *The court should make free evaluation of the evidence and attach no special significance to evidence according to its type or source*».

[598] O que aconselha a que os documentos com um papel probatório secundário apenas excecionalmente sejam abrangidos por aquele procedimento.

documentos[599]) para hostilizar o seu adversário. Em Inglaterra, a reforma de 2013 veio ao encontro destas preocupações; qualquer tentativa de aproximação ao «modelo inglês da *disclosure*» deve assim partir de um olhar crítico sobre a experiência fornecida pelo «laboratório processual» deste país, e sobre os «abusos» a que a aplicação daquele instituto pode dar lugar.

Por outro lado, deve reconhecer-se que em sistemas abertos ao princípio da oficialidade (como é o caso do nosso), existe o perigo de o instituto da exibição ser utilizado pelo juiz para levar a cabo uma «investigação da verdade» contrária à natureza dispositiva (em sentido amplo) do sistema processual civil. Mas este é já um problema de outra índole, que contende com a delimitação dos poderes instrutórios do juiz, e que pressupõe um outro, que é o de saber se existe realmente no atual modelo processual um princípio de responsabilidade probatória das partes. São estes os aspetos de que agora cuidaremos.

[599] Que implique um imenso trabalho de seleção da informação relevante.

PARTE III
PODERES INSTRUTÓRIOS DO TRIBUNAL

Introdução

A análise precedente permitiu-nos demonstrar que a existência de deveres de colaboração probatória das partes não constitui um elemento preponderante para dar resposta à questão de saber se vigora no atual modelo processual civil um princípio de responsabilidade probatória das partes, na medida em que não resulta da existência destes deveres, por si só, qualquer atenuação do ónus (subjetivo) da prova. Uma vez que o requerido é o titular exclusivo da fonte de prova, a sua colaboração de vontade é necessária para que essa fonte seja processualmente adquirida, permitindo dessa forma ao requerente observar o ónus probatório que sobre si impende. A parte é sujeito passivo de uma obrigação de colaboração, tal como qualquer terceiro, sem prejuízo das limitações resultantes do princípio *nemo tenetur* (proibição de uma prova-exploratória, através da existência de um ónus de alegação fundamentada).

O mesmo não se pode já dizer da existência de poderes de produção de prova *ex officio iudicis*. Na verdade, resulta dos mesmos – *maxime* quando eles sejam configurados (como o são maioritariamente pela nossa doutrina) como poderes-deveres ou poderes funcionais – uma atenuação do princípio de responsabilidade probatória das partes, ou mesmo uma superação deste princípio – hipótese que não pode ser afastada dada a amplitude da norma do artigo 411º.

O poder de o juiz ordenar oficiosamente a realização de todas as diligências necessárias ao apuramento da verdade encontra-se limitado pelo princípio dispositivo em sentido material, e pelo princípio da proibição de recurso à ciência privada (artigo 411º, parte final: «quanto aos factos de que lhe é lícito conhecer»). Da articulação com este último princípio resulta, como teremos oportunidade de ver, que os poderes do juiz se encontram limitados à aquisição das fontes de prova de que o mesmo toma conhecimento através do processo (delimitação qualitativa dos poderes do juiz). Contudo, não deriva daqui qualquer conclusão quanto à existência de um ónus (subjetivo) da prova, uma vez que este ónus é entendido pela nossa doutrina em sentido estrito, dizendo respeito à responsabilidade pela realização dos meios processualmente destinados à aquisição da prova[600].

A partir daqui, não pode encontrar-se qualquer elemento limitador dos poderes do juiz que não seja aquele que diz respeito à necessidade de articulação com um princípio de responsabilidade probatória das partes[601]. Acontece, porém, que é justamente a existência de um tal princípio que perscrutamos. Donde, o nosso estudo deixe, a partir desse momento, de se centrar diretamente na análise dos poderes instrutórios do juiz para se centrar numa visão de conjunto do sistema jurídico processual, e das regras e princípios fundamentais pelos quais o mesmo é regido; se desta análise não resultar a existência daquele princípio (de responsabilidade probatória das partes) então, dada a latitude da norma do artigo 411º, teremos de concluir que o mesmo foi afastado do atual modelo processual civil.

Pelo contrário, se a conclusão for inversa, teremos de proceder a uma re-leitura daquela norma, articulando os poderes do juiz com a existência de um ónus (subjetivo) da prova (delimitação quantitativa dos poderes instrutórios do juiz). Ou seja, o caminho passa a ser inverso àquele que seguíamos: não se trata já de olhar diretamente para a extensão dos poderes do juiz, para daí retirar uma conclusão quanto à existência de um princípio de responsabilidade probatória das partes, mas (e sendo esse o caso) de partir da existência deste último princípio para, dada a relação de tensão em que poder do juiz e ónus (subjetivo) da prova se encontram, extrair daí uma conclusão quanto à extensão (quantitativa) daquele poder.

Como vimos no início deste trabalho, a doutrina liberal individualística encontra no brocardo *iudex iudicare debet secundum allegata et probata partium*, ao qual atribui uma origem clássica, a síntese de um sistema no qual está

[600] E não à responsabilidade pela introdução no processo das fontes de prova (ou da referência às mesmas).

[601] Isto claro para além dos requisitos particulares de que depende o exercício dos seus poderes instrutórios.

vedado ao juiz o exercício de quaisquer poderes de direção material do processo. A inexistência de um poder de ordenar oficiosamente a realização de prova prende-se com a necessidade de salvaguarda do princípio da neutralidade judicial: ao exercer uma atividade deste género o juiz estaria a pôr-se ao lado de uma das partes (aquela a cujas pretensões o resultado da prova favorecesse), saindo da posição de imparcialidade em que deve encontrar-se.

Pelo contrário, os cultores do chamado processo publicístico-social partem de uma cisão entre os dois segmentos daquele brocardo (*allegata et probata*), atribuindo apenas ao primeiro (no que concerne a alegação dos factos essenciais ou principais da causa) um fundamento material, e retirando daí a possibilidade de atribuir ao juiz uma responsabilidade probatória própria. Através do exercício dos seus poderes de direção material o juiz contribui assim para diminuir a assimetria entre as partes (visão social do processo), colaborando com a parte economicamente mais fraca, e garantindo que entre elas subsiste uma situação de efetiva paridade (princípio da igualdade material).

Começamos a nossa análise por questionar o significado e a origem do brocardo *iudex iudicare debet...* (pode atribuir-se ao mesmo uma origem clássica?). Pode retirar-se desta máxima a existência de um princípio de responsabilidade probatória das partes (*Verhandlungsmaxime*)? Por sua vez, é na dissecação do princípio dispositivo (em sentido estrito e em sentido amplo[602]) – atribuindo apenas ao primeiro, conforme vimos, um fundamento material – que aqueles autores encontram a base da consagração do princípio da oficialidade. É para a discussão doutrinal em torno desta matéria que olharemos de seguida. Então, e servindo-nos do auxílio de elementos de direito estrangeiro, teremos lançado as bases do ulterior esforço de delimitação (qualitativa e quantitativa) dos poderes instrutórios do juiz.

[602] Este último, ao qual atribuem um fundamento meramente técnico, dizendo respeito à responsabilidade pela aportação dos factos instrumentais e das provas.

Título I
A atividade instrutória do tribunal: A evolução doutrinal em torno do brocardo *iudex iudicare debet secundum allegata et probata partium* e a cisão entre o princípio dispositivo em sentido material e o princípio dispositivo em sentido técnico

Capítulo 1
Do brocardo *iudex iudicare debet secundum allegata et probata partium*

I. Introdução

A obra de referência no que diz respeito à origem e ao sentido do brocardo *iudex iudicare debet secundum allegata et probata* é da autoria de Joan Picó i Junoy[603]. Este autor sustenta a tese segundo a qual se verifica historicamente uma afirmação acrítica, e sem confrontação das fontes, do brocardo *iudex iudicare debet iuxta allegata et probata partium*, o qual corresponde a uma errada receção do brocardo original (*iudex iudicare debet secundum allegata et probata, non secundum conscientiam*), muitas vezes acompanhada de uma deturpação do seu verdadeiro significado[604].

[603] Joan Picó i Junoy, *El juez y la prueba, Estudio de la errónea recepción del brocardo iudex iudicare debet secundum allegata et probata, non secundum conscientiam y su repercusión actual*, Barcelona: Bosch Editor, 2007.

[604] O autor dá, de entre outros o exemplo de Liebman, para quem a dita máxima é da autoria dos Glosadores, cfr. Duranti, Speculum iud., II, 3, § 5, n. 1 (Enrico Tulio Liebman,

Ou seja – salienta o autor –, contrariamente ao que pode, com frequência, ver-se sustentado, a doutrina do *ius commune* não comunga uma posição contrária à existência de quaisquer poderes oficiosos do tribunal, tendo a errada transcrição daquele brocardo incidido de forma direta, não apenas sobre o alcance, mas também sobre a finalidade do mesmo. O brocardo original («*iudex iudicare debet secundum allegata et probata, non secundum conscientiam*»[605]) pretende apenas destacar os limites da cognição do tribunal (*iudex iudicare debet*)[606], rejeitando-se a possibilidade de o juiz fazer uso de qualquer conhecimento privado (*conscientiam*) dos factos[607].

Alessandro Giuliani[608], por sua vez, chama a atenção para o facto de que o processo romano-canónico, até ao século XIII (momento em que se assiste à consagração de um modelo de prova legal, ligado à estrutura do processo inquisitório), se funda numa ideia de «*ratio probabilis*», que conduz

«Fondamento del princípio dispositivo», *RDP*, 1960, págs. 551-565, pág. 551, nota 1), e Robert Wyness Millar, «The formative principles of civil procedure (I)», in U. Ill. L. Rev., vol. XVIII, 1923, maio, n. 1, pág. 10), de acordo com o qual «*various facets of the principle [a Verhandlungsmaxime], as thus appearing, are denoted by the following maxims of the mediaeval Roman Law: [...] judex judiciet secundum allegata et probate partium (...)*» (ibidem, págs. 19-20).

605 Ou também o de *iudex iudicare debet secundum allegata non secundum conscientiam*, como demonstrou K. W. Nörr no seu estudo *Zur Stellung des Richters im gelehrten Prozess der Frühzeit: Iudex secundum allegata non secundum conscientiam iudicat*, [Münchener Universitätsschriften, Reihe der Juristischen Fakultät, 2], München: Beck, 1967.

606 Os factos conforme foram alegados e provados no processo (*secundum allegata et probata*).

607 É esta a tese de Nörr em relação ao brocardo *iudex iudicare debet secundum allegata non secundum conscientiam* (K. W. Nörr no seu estudo *Zur Stellung des Richters im gelehrten Prozess der Frühzeit: Iudex secundum allegata non secundum conscientiam iudicat*, cit., págs. 101-102). Segundo o autor, desde a obra de Azón se perfila a distinção entre o cargo e a pessoa do juiz, destacando que este, no exercício daquele cargo, não pode utilizar o seu conhecimento pessoal dos factos. Dito de outra forma: o juiz apenas pode decidir a causa em função dos factos alegados e conhecidos através da sua condição de juiz.
Segundo Giacomo Primo Augenti (Giacomo Primo Augenti, *L'onere della prova*, cit., pág. 36, nota 1), Vínio, apoiando-se na ideia de que «*una enim et simplex est veritas*, defendia a possibilidade de o juiz fazer uso do seu saber privado, contra o parecer da Escola de Bolonha, onde pela primeira vez surge com clareza o princípio *judex debet judicare secundum alligata et probata*. «*Nettamente contrario è Vinnio il quale, a tal proposito, nelle sue Istituzioni, Lib. VI, tit. XVII, proem. n. 5 così dice: «Si ea, quae allegantur, pugnant cum scientia judicis, fidem judici facere non potuerunt, cum falsa sint, et religione metuque justissimi Numinis prohibebitur secundum ae judicare. Una enim et simplex est veritas; ac proinde dividi conscientia aut scientia judicis in publicam aut privatam non debet*» (ibidem).

608 Alessandro Giuliani, *Il concetto di prova, contributo alla logica giuridica*, cit., págs. 159 e segs., págs. 184, 185, 188, 224, 225, 226, em especial, pág. 184, nota 58.

a uma liberdade de valoração da prova[609]. Da glosa *Veritas* ao l. 6. Dig. I, 18, resulta um conflito entre aqueles que, como GIOVANNI BASSIANO, não querem que se julgue *secundum allegata et probata* e aqueles que, como MARTINO, propendem para uma decisão *secundum coscientiam*[610]. Segundo LUCA DA PENNE[611] – um jurista influenciado pelo probabilismo de GIOVANNI DI SALISBURY –, o princípio *iuxta alligata ed probata* (próprio dos canonistas) é visto em oposição ao princípio *iudex secundum coscientiam iudicet.*

A formulação atual do brocardo (salienta novamente PICÓ I JUNOY[612]) corresponde assim a uma dupla modificação do brocardo original: por um lado, acrescenta-se a palavra «*partium*» ou «*a partibus*»; e, por outro, omite-se a expressão «*et non secundum conscientiam*», alterando-se dessa forma, de um modo substancial, a sua verdadeira finalidade[613]. Com efeito, o brocardo não se destina a indicar o maior ou menor poder de iniciativa probatória do tribunal, mas – coisa bem distinta – revela a proibição de o juiz fazer uso do seu (eventual) conhecimento privado dos factos. Quanto àquele aspeto (*i.e.*, o das faculdades de iniciativa probatória) é difícil delimitar com exatidão o poder instrutório do juiz no processo civil romano, embora a doutrina lhe atribua a possibilidade de ordenar oficiosamente a produção de prova no procedimento da *cognitio extra ordinem* da época pós-clássica[614/615].

[609] Ibidem, pág. 184, nota 58 (cita SALVIOLI: «*sentenziare secondo le prove e queste valutare con pura coscienza, avendo Dio per giudice: ecco la norma seguita nelle scuele e nei tribunal. (...) e così si arriva a Matteo di Afflitto che scrive iudices in hoc regno (Napoli) debent iudicare secundum purissimam coscientiam et veritatem*».

[610] Apud, ibidem.

[611] Apud, ibidem.

[612] JOAN PICÓ I JUNOY, *El juez y la prueba*, cit., pág. 24.

[613] Segundo JOSE DE LOS SANTOS MARTIN OSTOS, o terceiro efeito (tradicional) do princípio dispositivo (*iudex debet iudicare secundum allegata et probata partium*) consiste na disponibilidade das partes sobre o material probatório da causa. Duas são as consequências: por um lado, são as partes as únicas que podem requerer e apresentar as provas das suas alegações, sem que seja permitido ao juiz chamar-lhes a atenção para alguma que, em sua opinião, seja importante, ou lhe esteja facultada a possibilidade de as ordenar e praticar oficiosamente. Por outro lado, o juiz deve julgar segundo as alegações e provas apresentadas pelas partes, estando-lhe vedado fazer uso do seu conhecimento pessoal e privado dos factos: «*quod non est in actis non est in mundo*» (JOSE DE LOS SANTOS MARTIN OSTOS, *Las diligencias para mejor proveer en el proceso civil*, cit., pág. 182).

[614] Neste sentido pode ver-se, entre outros: L. WENGER, *Istituzioni di procedura civile romana*, trad. R. Orestano, Milano: Giuffrè, 1938, págs. 198-199; V. SCIALOJA, *Procedimiento civil romano*, trad. S. Sentís Melendo e M. Ayerra Redin, Buenos Aires: Ejea, 1970, págs. 390 a 392; J. SANTA-CRUZ TEIJEIRO, *Principios de derecho procesal romano*, Valencia: Horizontes, 1947, págs.

II. Formulação do brocardo

Segundo JOAN PICÓ I JUNOY[616], em todas as obras clássicas que elaboram ciência jurídica com base no Digesto, formula-se o brocardo a partir do comentário do D. 1, 18, 6, 1 [*De officio praesidis*], que expressa o seguinte: «*Veritas rerum erroribus gestarum non vitiatur; et ideo praeses provinciae id sequatur quod convenit eum ex fide eorum quae probabuntur*»[617].

O brocardo corretamente enunciado aparece formulado pelos glosadores mais relevantes da Escola de Bolonha do século XIII, especialmente AZÓN, ACCURSIO e DURANTI[618]. O primeiro autor analisado por PICÓ I JUNOY, pese embora a sua obra seja posterior, é DURANTI. A razão prende-se com o facto de comummente se atribuir a este último a autoria da expressão «*iudex iudicare debet iuxta allegata et probata partium*»[619].

Contudo – salienta o autor espanhol –, a leitura da obra de DURANTI[620] não confirma a impressão dos autores que lhe atribuem a referida autoria: na verdade, aquilo que realmente se indica no seu clássico tratado processual *Speculum Iuris*, de finais do século XIII, glosando o *Digesto* [Livro I, Título XVIII (*De officio praesidis*), Lei VI (*Illicitas*), §.I (*Veritas*)], é que o juiz: «*Sententia ferri debet secundum allegata et probata, non secundum conscientiam*»[621].

91-93; MAX KASER, *Beweislast und Vermutung im römischen Formularprozess*, em «Zeitschrift der Savigny-Stifung für Rechtsgeschichte – R.A.», 71, Weimar: Herman Böhlaus Nachfolger, 1954, págs. 221-241, pág. 223; id., *Das römische zivilprozessrecht*, München: Beck, , 1996, págs. 361 a 369; id., *Derecho romano privado*, trad. J. S. Cruz Teijeiro, Madrid: Reus, Madrid, 1968, p.ág 389; J. P. LEVY, *La formation de la théorie romaine des preuves*, en «Studio in onore di Siro Solazzi», Napoli: Jovene, Napoli, 1948, pág. 431; H., CUENCA *Proceso civil romano*, Buenos Aires: Ejea, 1957, págs. 146-147; e G. PUGLIESE, , *La preuve dans le procès romain de l`époque classique*, em «Scritti giuridici scelti», I, Napoli: Jovene, Napoli, 1985, págs. 275 a 348.

615 Apesar de se costumar admitir a passividade do juiz na etapa *apud iudicem* do processo formulário, L. DE CARLO (apud JOAN PICÓ I JUNOY) admite a possibilidade de o juiz requerer, *ex officio*, a exibição de documentos (JOAN PICÓ I JUNOY, *El juez y la prueba*, cit., págs. 24-25, nota 10).

616 Ibidem, págs.35 e segs.

617 TH. MOMMSEN (apud, ibidem, pág. 36, nota 30). A tradução que o autor espanhol dá é a seguinte: «*La verdad no debe desvirtuarse por los erróneos abusos de la práctica, y, por consiguinte, aténgase el gobernador a lo que resulte de la fe de las pruebas*».

618 Apud, ibidem.

619 Por ex., ENRICO TULIO LIEBMAN, «Fondamento del principio dispositivo», cit.., pág. 551, nota 1.

620 Autor que viveu entre os anos 1237 e 1296.

621 DURANTI, *Speculum Iuris*, ed. Publicada em Veneza, 1585, parágs. II, parte III [De Sententia], § 5 [Qualiter] n. 1, fol. 785.a; *idem*, *Speculum Iuris*, ed. Publicada em Turín, 1578,

Consequentemente, a consulta direta do *Speculum Iuris* revela a indevida introdução da partícula «*partium*» ou «*a partibus*» a seguir ao termo «*probata*», assim como a omissão da expressão «*non secundum conscientiam*».

De igual modo, o grande mestre da Escola de Bolonha, de inícios do século XIII, AZÓN, na sua obra *Brocarda*, glosando o Digesto, assinala: «*Iudex debet ex conscientia iudicare et e contra secundum allegata iudicare debet, cum quaeritur na iudex secundum conscientiam suam iudicare debeat in causa civili vel criminali distingue utrum notum sit ei tamque iudici. i. ratione officci sui na ut privato. In primo casu fertur sententia secundum conscientiam suam quae etiam dici potest allegatio ut D. de feris l.3*[622] *et D. finium regundorum l.si irruptione*[623] *et D. de minor 25.anl.l.minor*[624]. *quid mirum? Nonne sert sententiam secundum testificationes et confesiones quas novit ut iudex et ita potest intellegi hoc generale si vero novit ut privatus non debet secundum eam sententiam ferre sed secundum allegata, et ita intelegitur contraria Rubrica*»[625].

E posteriormente o seu discípulo ACCURSIO, na glosa à palavra *veritas* do *Digesto* 1.18.6.1, contida na sua obra *Glosa Ordinaria*, também se refere ao brocardo: «*secundum allegata debet iudex non secundum conscientiam*»[626].

pars. II, paerte III [De Sententia], § 5 [Qualiter] n. 1, fol. 785.a (ref. in JOAN PICÓ I JUNOY, *El juez y la prueba*, cit., pág. 36, nota 34).

[622] Corresponde a D.2,12,3 Ulpiano 1.2 ad edictum.

[623] Corresponde a D.10,1,8 Ulpiano 1.6 opinionum.

[624] Corresponde a D.4,4,36 Paulo 1.5 sententiarum.

[625] É esta a tradução livre da de ENCARNACIÓN RICART:
«*El juez debe juzgar en conciencia*
Contra
El juez debe juzgar según lo alegado
Se pergunta
Si el juez que debe juzgar según su conciencia tanto en causa civil como criminal debe distinguir cuando ha conocido del asunto en juicio y por razón de su oficio, o cuando ha conocido de manera privada
En el primer caso el juez debe sentenciar según su conciencia la cual se habrá formado con las alegaciones, según D. de feris 1.3. – corresponde a D. 2.12.3. Ulpiano 1.2 ad edictum – et D. finium regundorum l.si irrptione – corresponde a D. 10,1,8,1 Ulpiano 1.6 opinionum – et D.de minor 25.an.l.minor – corresponde a D.4.4.36, Paulo 1.5 sententiarum
En outro caso la sentencia debe realizarse según las testificationes y confesiones las cuales há conocido el juez y le han permitido formar su conciencia con un criterio general
Pero si (el juez) conoce del asunto de manera privada no debe sentenciar según ese conocimiento, sino que debe hacerlo según lo alegado. Esto se deduce de la rúbrica contraria» (JOAN PICÓ I JUNOY, *El juez y la prueba*, cit., pág. 367, nota 39).

[626] ACCURSIO, Glosesa in Digestum Vetus, en Mario Viora (ed.), Corpus Glossatorum Iuris Civiles, Ex oficina Erasmiana, Torino, 1969, vol. VII, fol. 9 v.a. (ref. in JOAN PICÓ I JUNOY, *El juez y la prueba*, cit., pág. 38, nota 40).

Esta mesma linha foi ainda seguida pelos decretistas ou glosadores canonistas também do século XIII, pelos comentadores e pós-glosadores e ainda pelos humanistas e neohumanistas[627].

III. Receção do brocardo na doutrina processualista

O brocardo aparece corretamente enunciado em diversos tratados de processo civil alemães da segunda metade do século XIX (os de WETZELL, PLANCK, ENDEMANN e BOLGIANO), assim como em diversos estudos especializados[628]. Antes deles, GÖNNER, no seu famoso *Handbuch des deutschen gemeinen Prozesses*[629] (obra na qual a doutrina processualística situa a origem da distinção concetual entre os princípios da responsabilidade das partes (*Verhandlugsmaxime*) e da oficialidade (*Untersuchungsmaxime*)), recolhe diversos brocardos relacionados com o aqui examinado, como os de *judex ex officio non procedit*[630] ou *quod non est in actis, non est in mundo*[631], e, embora entenda que o juiz apenas pode tomar em consideração os meios de prova requeridos pelas partes, não menciona a sua expressão latina[632].

A receção do brocardo encontra-se já na célebre obra de WETZELL *System des ordentlichen Zivilprocesses*, assim como na dos demais autores acima referidos, e na de outros do início do século XX, como BUNSEN, KLEINFELLER ou KOHLER. Todos eles fazem uma receção correta do brocardo[633].

A errónea receção do brocardo dá-se, entretanto, com a obra de relevantes autores do século XIX e inícios do século XX, como WACH, HELLWIG, ou SCHMIDT. WACH, no seu conhecido comentário de 1879 sobre a *Civilprocessordnung* alemã, ao analisar a relação entre o juiz e as partes, afirma que o juiz não pode introduzir provas no processo, pois julga «*secundum*

627 Ibidem, págs. 38-41.

628 Apud, ibidem, págs. 43 e segs.

629 GÖNNER, *Handbuch des deutschen gemeinen Prozesses*, 2ª edic., I., Erlangen: J.J. Palm, 1804.

630 Ob cit. p. 182.

631 Ob. cit. p. 223.

632 Porque a mesma nunca existiu como brocardo, salienta JOAN PICÓ I JUNOY.

633 Apud, JOAN PICÓ I JUNOY, *El juez y la prueba*, cit., págs. 43 e segs. Segundo WETZELL (G. W. WETZELL, *System des ordentlichen Zivilprocesses*, Leipzig, Bernhard Zauchnitz, 1878, pág 520), «*Entsleidet man diesen Sass seiner Beziehung aus die Auszeichnung oder schristliche Form der Berhandlungen, so besagt er, dass der Richter, wie es schon die Glossatoren ausdrückten secundum allegata et probata, nincht secundum conscientiam sprechen solle [a nota: Bgl. C. 15 in f. X. de rest. Spol. (2,13), gl. Veritas] ad l.6 §.1 D. de off. Praes., Durantis: Spec. Jud. II, 1 de citat. §. 4 nr. 14, II. 3 de sententia et de his, quae §. 5 nr. 1 (und dazu Biener: Beiträge S. 80]*».

allegata et probata partium, nicht secundum suam conscientiam»[634]. De igual modo HELLWIG, no seu «*System des deutshen Zivilprozessrechts*» afirma: «*Im Zivilprozesse galt im Gegenasse hierzu gemeinrechtlich der seste Grundsass: iudex iudicare debet secundum allegata et probata a partibus*»[635]. E, para SCHMIDT, a *Verhandlungsmaxime* deduz-se da velha regra «*judex secundum allegata et probata partium iudicare debet, non secundum propiam conscientiam*»[636].

Por sua vez, e no que diz respeito à doutrina italiana, verifica-se que a primeira citação incorreta do brocardo se encontra na obra de CHIOVENDA, provavelmente por influência de vários mestres do direito processual alemão, em especial WACH. Assim, no seu célebre trabalho sobre a identificação das ações e a regra «*ne eat iudex ultra petita partium*», afirma que a «*regola ne eat iudex ultra petita partium [...] ha anzi una doppia portata: non solo il giudice deve tenersi nei limiti della domanda, ma egli deve anche astenersi dal rilevare d`ufficio determinati fatti che pure non porterebero mutamento di domanda: secundum allegata et probata partium iudicare debet*»[637]. Apesar desta errada receção do brocardo original, o autor italiano não desvirtua, porém, a finalidade que a doutrina do *ius commune* pretendia dar ao mesmo, ou seja, o de assegurar que o conhecimento privado do juiz não interferisse com a disponibilidade das partes quanto à configuração dos factos sobre os quais é solicitada a concreta tutela judicial[638].

634 A.WACH, *Vorträge über die Reichs-Civilprocessordnung*, cit., pág. 61. Referindo-se à posição do autor alemão, pode ver-se DIRK OLZEN, "Die Wahrheitspflicht der Parteien im Zivilprozess", cit., págs. 413-414: «*In erstgenannter Hinsicht wurde z. T. die Auffassung vertreten, der Zivilprozess sei ein Zweikampf zwischen den Parteien, der alle Kunstgriffe einschliesslich der Prozesslüge erlaube; die Aufgabe des Gerichts bestehe nur darin, die Einhaltung weniger, elementarer Regeln zu gewährleisten. Diese Betrachtungsweise ist eng verknüpft mit dem Namen* ADOLF WACH, *von dem der Satz stammt: » Die Feststellung der Wahrheit ist nicht das Ziel des Civilprozesses und kann es nicht sein. Sie ist ein erwünschtes, aber kein verbürgtes Resultat«*. (A. WACH, *Grundfragen und Reform des Zivilprozesses*, Berlin: Verlag Otto Liebmann, 1914, págs. 31 e segs.; id. *Vorträge über die Reichs-Civilprozessordnung*, cit., págs. 198 e segs.; num sentido próximo pode veja-se JAMES GOLDSCHMIDT, *Der Prozess als Rechtslage*, Berlin, 1925, pág. 127, nota 701; RICHARD SCHMIDT, «Die Lüge im Prozeß», *Deutsche Juristen-Zeitung*, (1909), págs. 39-46, especialmente págs. 39 e segs; e OTTO KRESS, *Wahrheitspflicht und ihre Sanktionen*, Tübingen, 1939, pág. 12).

635 KONRAD HELLWIG, *System des deutshen Zivilprozessrechts*, Leipzig: Aalen, 1912, pág. 405.

636 RICHARD SCHMIDT, *Lehrbuch des deutshen Civilprozesssrechts*, Leipzig: Von Duncker & Humblot, Leipzig, 1898, pág. 353.

637 GIUSEPPE CHIOVENDA, «Identificazione delle azioni. Sulla regola ne eat iudex ultra petita partium», em *Saggi di diritto processuale civile* (1894-1937), vol. 1, Milano: Giuffrè, 1993, págs. 157-177, pág. 160.

638 JOAN PICÓ I JUNOY, *El juez y la prueba*, cit., págs. 43 e segs.

Ou seja, embora o autor empregue o brocardo para determinar o âmbito fáctico de conhecimento que limita a atividade de julgamento judicial, nunca se refere ao mesmo para restringir a iniciativa probatória do juiz.

No que diz respeito à doutrina *poschiovendiana*, especialmente às obras de CALAMANDREI, CARNELUTTI e BETTI, verifica-se uma consolidação da errónea receção do brocardo. Em CALAMANDREI a regra segunda a qual o juiz não pode utilizar o seu conhecimento privado sobre os factos da causa resulta do aforismo «*secundum alligata et probata partium debet iudex judicare, non secundum suam conscientiam*»[639]. A proibição contida neste aforismo tem, portanto, duas manifestações: por um lado, impede o juiz de modificar os factos alegados pelas partes, e, por outro, impede-o de se servir de provas distintas daquelas que foram praticadas no processo. Ou seja, tal como sucede na obra de CHIOVENDA, na de CALAMANDREI, pese embora a errada receção do brocardo (em virtude do acrescento da palavra «*partium*»), verifica-se uma conformidade substancial com o conteúdo e alcance original do mesmo (*quod non est in actis, non est in mundo*)[640].

Já no que diz respeito à extensa obra de CARNELUTTI, só muito excecionalmente o autor se refere ao brocardo: inicialmente cita-o de forma correta nas suas *Lezioni*[641], mas o mesmo não se verifica noutros trabalhos da mesma época: por ex., no artigo *Prove civili e prove penali*[642], depois de destacar a diferença profunda entre o processo civil e o processo penal (já

[639] P. CALAMANDREI, *Per la definizione del fatto notorio*, em «Opere Giuridiche», T.V., a cargo de MAURO CAPPELLETTI, Napoli: Morano, 1972, pág 433: «*la regola, secondo la quale il giudice non può utilizzare nel giudizio le sue informazioni private sui fatti della causa, risale al tradizionale aforismo secundum alligata et probata partium debet judex judicare, non secundum suam conscientiam; ma questo, come fu osservato, si può scomporre in due bem distinti divieti, che operano in momenti diversi, hanno diversa portata e possono concepirsi l`uno separato dell`atro: il primo proibisce al giudice di allargare di sua iniziativa il campo della lite oltre i fatti che le parti abbiano dedotto nel processo (secundum alligata decidere debet), il secondo gli proibisce di servirse, per accertare la verità dei fatti allegati dalle parti, di mezzi diversi dalle prove raccolte nel processo (secundum probata decidere debet)*».

[640] JOAN PICÓ I JUNOY, *El juez y la prueba*, cit., págs. 43 e segs.

[641] FRANCESCO CARNELUTTI, *Lezioni di diritto processuale civile*, vol. II, Pádua: "La Litotipo", Editrice Universitaria, 1926, pág. 367: «*per la posizione del fatto il giudice è, invece, vincolato alla attivitá delle parti (iudex judicare debet iuxta alligata et porbata) [por ello] questo principio si puó rappresentare parlando di un potere di disposizione che le parti hanno sul materiale di fatto della sentenza: di fatto le parti, se sono concordi, possano foggiare questo materiale como vogliono. Questo principio si puó anche rappresentare parlando di un divieto di utilizzazione nel proceso (nella sentenza) del saprere privato del giudice per la formazione del materiale di fatto*».

[642] FRANCESCO CARNELUTTI, «Prove Civili e Prove Penali», *RDPC*, 1925, Parte I, págs. 3-26.

que naquele a investigação da prova se encontra confiada exclusivamente às partes), o autor italiano refere-se à máxima «*judex secundum alligata et probata a partibus iudicare debet*»[643]. Ou seja, não apenas formula o brocardo de forma indevida, como lhe acrescenta uma nova finalidade: impedir a iniciativa probatória do juiz civil[644].

Finalmente, e na mesma linha, Betti, ao analisar a iniciativa das partes enquanto limite aos poderes do juiz, refere-se à máxima «*secundum allegata et probata partium judex judicare debet*». Segundo o autor, este (juiz) deve manter-se dentro dos limites do pedido, abstendo-se para além disso de conhecer oficiosamente os factos instrumentais, que se encontram sujeitos a alegação das partes[645].

No que diz respeito à doutrina posterior, verifica-se maioritariamente uma manutenção da errónea receção e exposição do brocardo[646], quer quanto às obras gerais – especialmente nos títulos dedicados ao princípio dispositivo (princípio dispositivo em sentido estrito, material ou próprio, ou princípio do pedido), ou ao princípio de responsabilidade das partes (princípio dispositivo em sentido lato, processual ou impróprio, ou princípio da disponibilidade da prova)[647], quer no que se refere às obras dedicadas especificamente à matéria probatória (tal como em Furno e Cappelletti). O primeiro, na sua conhecida obra sobre a prova legal, ao analisar o poder de disposição e a auto-responsabilidade das partes, indica que os abundantes princípios referentes a esta matéria (concentrados nos famosos aforismos "*iudex iudicet secundum allegata et probata partium*") não são mais do que formas diversas de expressar a mesma ideia: a de que o pleito entre as partes é uma coisa das partes[648].

De igual modo, Cappelletti inicia o seu estudo intitulado «*Iniziative probatorie del giudice e basi pregiuridiche della struttura del processo*» com as

643 Ibidem, pág. 11.

644 Joan Picó i Junoy, *El juez y la prueba*, cit., págs. 43 e segs.

645 Emilio Betti, *Diritto processuale civile italiano*, 1ª ed., Roma: Foro Italiano, 1932, pág. 410; o mesmo pode ver-se na mesma obra, 2ª ed., 1936, pág. 308.

646 Joan Picó i Junoy, *El juez y la prueba*, cit., págs. 43 e segs.

647 O autor cita Zanzucchi, Satta, Jaeger, Liebman, Fazzalari, Andolina e Tarzia. Por ex., Liebman afirma que «*antiche sono le divergenze intorno al fondamento del principio dispositivo, cioè intorno alla ragione per cui, nel processo civile, iudex iudicare debet iuxta allegata et probata partium, lo que justifica la imposibilidad de atribuir iniciativa porbatoria ex officio iudicis*» (Enrico Tulio Liebman, «Fondamento del principio dispositivo», cit., pág. 551).

648 Carlo Furno, *Contributo alla teoria della prova legale*, cit., pág. 64.

palavras «*Judex debet judicare secundum allegata et probata a partibus; è questo (o qualcuna delle sue variante) l'aforismo che tradizionalmente designa il divieto di iniziative probatorie da parte del giudice*»[649]; a mesma formulação podendo encontrar-se em autores como GRASSO, VERDE, COMOGLIO, CONTE, entre outros[650].

Entretanto, existe uma parte da doutrina italiana que formula corretamente o brocardo *sub iudices*[651]. A partir da década de sessenta, podem encontrar-se diversos estudos nos quais volta a indicar-se o brocardo na forma devida, devendo destacar-se os trabalhos de TARUFFO, MANDRIOLI, ou CAVALLONE, entre aqueles que descrevem corretamente, tanto o brocardo, como a sua finalidade.

Quanto ao primeiro autor, o mesmo refere-se a uma progressiva limitação que atinge o ponto máximo diante da máxima *alligata et probata partium*, sustentando que a resolução do problema do âmbito cognoscitivo do juiz, sob a influência dos canonistas, resulta principalmente de uma vinculação do mesmo às alegações das partes, limitando-se tanto quanto possível a autonomia de julgamento[652]. De igual modo, no seu trabalho sobre a prova dos factos jurídicos, reafirma que no direito medieval, e no mesmo período em que se forma e consolida o fenómeno da prova legal, assume muita importância o problema de saber se o juiz pode decidir *secundum conscientiam*. Não se trata, porém, da questão que em termos modernos se chamaria de livre convencimento, mas daquilo a que chamamos «ciência privada» do juiz: com efeito, o princípio oposto é aquele que vincula o juiz a decidir apenas *secundum alligata et probata*[653].

[649] MAURO CAPPELLETTI, «Iniziative probatorie del giudice e basi pregiuridiche della struttura del proceso», RDP (1967), p. 407-428, pág. 407. Na sua obra *La testimonianza della parte nel sistema dell'oralità*, T.I, Milano: Giuffrè, 1962, págs. 54, 308, 318 e 328, respetivamente, cita a dita expressão com quatro enunciados diferentes: *juxta probata partium judicandum est; secundum allegata et probata partium judex decidire debet; judex secundum allegata et probata partium decidire debet*; e *judex secundum allegata et probata a partibus judicare debet.*

[650] Apud, JOAN PICÓ I JUNOY, *El juez y la prueba*, cit., págs. 43 e segs.

[651] JOAN PICÓ I JUNOY, *El juez y la prueba*, cit., págs. 43 e segs. O autor espanhol refere-se a FERRONE, ROSSI, RISPOLI (com anterioridade face ao CPC de 1940) e, na vigência do atual código, a REDENTI, ANDRIOLI, MICHELI, COSTA, FERRUCCI, entre outros.

[652] MICHELI TARUFFO, *Studi sulla rilevanza della prova*, Padova: CEDAM,1970, pág. 93.

[653] Referindo-se ao conteúdo da *Relazione* ao atual Código de processo civil italiano (que se refere à existência de um «aforismo da sabedoria antiga» para conceder ao artigo 115 CPCit. uma legitimação resultante da sua continuidade histórica que remonta às *ordines judiciarii*)

Na mesma linha, MANDRIOLI refere-se ao duplo vínculo expresso através do brocardo «*judex secundum alligata et probata judicare debet*», afirmando que este agrupamento num único enunciado de dois vínculos distintos é tudo menos feliz[654]. Em primeiro lugar, é inexato falar de «*probata*» (termo que parece pressupor a prévia realização do meio de prova) para se referir àquelas que são as circunstâncias que as partes se ofereceram para provar. Em segundo lugar, ao se enunciar os dois vínculos numa única proposição pode chegar-se ao convencimento de que ambos têm o mesmo fundamento lógico, o que não é absolutamente correto, uma vez que, ao contrário do que se verifica com o primeiro vínculo (*secundum alligata*[655]), o segundo (*secundum probata*) diz respeito a uma mera opção de natureza técnica.

Por último, afirma CAVALLONE[656] que o legislador italiano caiu em erro ao redigir o artigo 115º CPC. O juízo *secundum allegata et probata* – afirma o autor – contrapõe-se, no famoso brocardo medieval, ao julgamento *secundum conscientiam*. É, pois, mais simples do que parece a razão de ser daquela adversativa: que o juiz esteja autorizado a fundar a sua decisão em noções de facto que entram na experiência comum não constitui, na verdade, uma exceção à proibição de iniciativa probatória *ex officio iudicis*, mas constitui por certo uma exceção (ou um limite natural) à proibição de o juiz utilizar o seu saber privado, ou seja, à proibição de o mesmo julgar *secundum conscientiam*[657].

afirma MICHELI TARUFFO que tal se funda num grave equívoco, já que, como demonstrou PICÒ I JUNOY (o autor italiano refere-se à obra que vimos acompanhando) o verdadeiro aforismo não continha nenhuma referência à *probata PARTIUM*, contendo, isso sim, a proibição de o juiz decidir *secundum conscientiam*, *i.e.*, com base na sua «ciência privada». Ou seja, o aforismo nunca expressou qualquer vínculo do juiz a decidir a causa apenas com base nas provas deduzidas pelas partes, vínculo esse que não existia no processo romano-canónico dos *ordines iudiciarii*. A sua introdução (da referência a *partium* ou a *partibus*), bem como a omissão das palavras *non secundum conscientiam*, parece ser fruto de uma manipulação – não se sabe em que medida involuntária – efetuada pela doutrina processual alemã do final do século XIX, e depois acolhida acriticamente pela maior parte da doutrina de outros países (MICHELI TARUFFO, *La prova dei fatti giuridici*, cit., pág. 124). A mesma explicação pode encontrar-se em JUAN MONTERO AROCA, *La prueba en el Proceso Civil*, cit., págs. 26-27.

654 CRISANTO MANDRIOLI, *Corso di Diritto Processuale Civile, I, Nozioni Introduttive e Disposizioni Generali*, Editio minor, Torino: Giappichelli, 2000, pág. 72.

655 Ligado ao princípio do pedido ou da disponibilidade da tutela jurisdicional.

656 BRUNO CAVALLONE, «Crisi delle «maximen» e disciplina dell`istruzione probatoria», RDP, (1976), págs. 678-707 (págs. 685 e segs.).

657 Sobre a razão de ser desta exceção, pode ver-se VIRGILIO ANDRIOLI, «Prova in Genere (Diritto civile)», in *Nuovo Digesto Italiano*, págs. 823-824: afirma o autor que o facto de o

Ora, foi sobretudo com isto que os juristas medievais se preocuparam, e nos quais o legislador italiano encontrou inspiração.

Capítulo 2
O processo civil na passagem de um sistema liberal--individualístico para um sistema publicístico-social

I. Introdução

A afirmação da existência de uma ligação entre o princípio de aportação de parte e o fundamento material do princípio dispositivo («*iudex secundum alligata et probata partium decidire debet*) foi posta em causa pelos cultores do chamado processo publicístico-social, embora a maior parte da doutrina continue a atribuir a este brocardo uma origem clássica. Isto, como demonstra Joan Picó i Junoy, deve-se a uma errada interpretação e transcrição do brocardo original («*judex secundum allegata et probata partium iudicare debet, non secundum propiam conscientiam*») por Bach (e importada para a doutrina italiana, por mão de Chiovenda), que acabou por influenciar a doutrina posterior a estes dois eminentes processualistas.

Na verdade, não se encontra na doutrina do *ius commune* a consagração de um princípio geral contrário ao exercício oficioso de poderes instrutórios. Donde – e sem prejuízo do facto de o processo romano-canónico constituir, no essencial, um «processo de partes» – se verifique por parte da doutrina oitocentista uma extrapolação indevida daquele brocardo, ao

princípio dispositivo prevalecer na formação do material instrutório, significa que o mesmo não pode servir-se da sua ciência privada, *i.e.*, daquele conjunto de conhecimento abstrato e concreto que o mesmo possui, prescindindo da atividade das partes. A possibilidade de o juiz conhecer oficiosamente dos factos notórios constitui assim uma exceção a esta regra, cuja explicação pode encontrar-se no seguinte: «*Chè la caratteristica essenziale del notório è appunto questa: il giudice exercita in uno stesso tempo la funzione, che gli è propria, e l'attività riservata alle parti per la formazione del materiale istruttorio, e il pericolo, che è unicamente nel fatto di esser ad un tempo giudice e parte, è appunto escluso dalla circostanza che i fatti notori fanno parte non già della scienza privata del giudice, ma di quel complesso di cognizioni, che rientrano nella cultura comune*» (ibidem, pág. 824).

afirmar, como princípio tradicional, a proibição de o juiz proceder, *ex officio*, ao exercício de quaisquer poderes em sede instrutória.

O «processo de partes» (afirma TARUFFO[658]) não constitui uma criação da ideologia liberal, tendo antes origem no processo romano[659]. Todavia, este processo (que se manteve durante os séculos do direito comum[660]) não se encontrava incardinado sobre o monopólio exclusivo das partes, constituindo antes uma novidade dos regimes liberais a sobreposição ao «modelo de partes» de uma ideologia «privatística» e «individualística» do processo[661]: aquela que desde há muito era a autonomia das partes vem agora configurada como um monopólio exclusivo sobre a disponibilidade da prova[662]. É a essa ideologia, e à evolução publicístico-social que lhe sucedeu, que atenderemos agora.

[658] MICHELE TARUFFO, «L'istruzione Probatoria», págs. 97 e segs.

[659] Basta (afirma o autor) olhar para a vasta literatura das *ordines iudiciarii* que se desenvolveu em toda a Europa durante os séculos XII e XIII, e que, alicerçando-se nas fontes romanas, assim como na praxis local, elabora um modelo processual de natureza marcadamente acusatória, distinto do modelo inquisitório típico do processo canónico da *inquisitio*. O juiz do *ordo iudiciarius*, embora não votado a um papel de mera passividade, move-se dentro de uma estrutura dialética, com predomínio das partes sobre o andamento do processo. Ainda segundo o autor, uma estrutura processual análoga pode encontrar-se, vários séculos mais tarde (mas muito antes do nascimento da ideologia liberal), no pensamento dos jusnaturalistas, os quais configuram o *ordo naturalis* do processo em termos essencialmente não diversos daqueles ora descritos, e que se mantiveram válidos durante toda a época do Direito comum.

[660] Uma confirmação disto (afirma o autor) encontra-se no Código francês de 1806, que constituiu o modelo de inspiração de muitos códigos oitocentistas, como é o caso da ZPO alemã de 1877. O Código francês constituiu por certo uma expressão da ideologia burguesa e proto-liberal da sociedade, mas o mesmo não exprimia nenhuma conceção nova ou original da justiça civil: pelo contrário, ele derivou diretamente da *Ordonnance* de 1667, também chamado *Code Louis*, que constitui essencialmente uma compilação do Direito processual francês do antigo regime. Não houve pois qualquer rutura histórica e nenhuma criação original da ideologia liberal do processo, mas antes uma continuidade de modelos.

[661] Ou seja, aquele modelo foi "ideologizado" e incorporado na conceção liberal do processo civil.

[662] Não existe portanto, na perspetiva do autor, uma relação de causalidade necessária entre a ideologia liberal e a falta de poderes instrutórios do tribunal, assim como entre a ideologia autoritária e a atribuição ao juiz daqueles poderes. No mesmo sentido veja-se DEVIS ECHANDÍA, «El moderno proceso civil inquisitivo y con libertad para apreciar las pruebas», *Revista de Derecho procesal Iberoamericana*, 1965, núm. 1, págs. 4-579, pág. 20: «*Creer que a los Gobiernos monárquicos de autoridad absoluta corresponde el principio inquisitivo y a las democracias el proceso acusatorio, que depende de la iniciativa particular, es un gran error, ocasionado por la influencia del individualismo político y filosófico muy en boga en su tiempo. Es tanto como sostener que la democracia*

II. Da ideologia liberal-individualista

A moderna evolução dos sistemas processuais civis marca a transição de um sistema de processo liberal, eco dos valores afirmados pela revolução de 1789, para um sistema de processo social, produto do socialismo europeu do século XIX[663/664]. Quanto àquele sistema, no qual se pode desvendar uma acentuação da natureza privatística do processo, verifica-se uma predominância do princípio dispositivo: a sua descrição, pela lente doutrinal dos cultores do processo social, é a de um processo "entregue às partes", e no qual se reserva ao juiz o lugar de mero observador passivo ou árbitro de um duelo que, no essencial, permanece quase em exclusivo sob o impulso das partes[665]. O princípio dispositivo é, portanto, entendido

consiste en la absoluta autonomía de las voluntades individuales»). Tudo isto não significa (salienta novamente TARUFFO) que a opção acerca da atribuição de poderes instrutórios ao juiz se encontre despida de implicações ideológicas, simplesmente não são aquelas implicações, mas antes implicações ideológicas específicas sobre os fins do processo civil.

[663] Em termos de história legislativa, pode dizer-se que foi a partir de 1926 (com o Decreto nº12 353, de 22 de Setembro de 1926, depois seguido pelos Decretos nº 21 287, de 26 de Maio de 1932 e 21 694, de 29 de Setembro de 1932) que começou a desenhar-se a passagem de um sistema de processo liberal para um sistema de processo social (o sistema liberal havia inspirado o nosso Código de Processo de 1876), a qual culminaria com a aprovação do Código de Processo de 1939, obra de ALBERTO DOS REIS.

[664] De acordo com JOSÉ FRANCISCO ETXERBERRÍA GURIDI (JOSÉ FRANCISCO ETXERBERRÍA GURIDI, *Las Facultades Judiciales en Materia Probatoria en la LEC*, cit., pág. 56), o instituto jurídico que esteve no centro de todo o debate ideológico foi o da propriedade. Como sublinhado por CAPPELLETTI (afirma ETXERBERRÍA GURIDI), a conceção metajurídica e jurídica da propriedade foi, especialmente no século XX, objeto de incessantes desenvolvimentos: de uma conceção prevalentemente individualista e hedonista – dominante durante o século XIX – passou-se (ainda que mais acentuadamente nos ordenamentos alemães, escandinavos e anglo-saxónicos do que nos latinos) para uma conceção de acordo com a qual recaem sobre o proprietário, para além de um conjunto de poderes, uma crescente gama de deveres jurídicos, que manifestam uma acentuada marca supra-individual, social ou pública. Ora, a mesma tendência de evolução se verificou no âmbito do Direito processual civil, no qual se assistiu à passagem de uma conceção de relação processual encarada como coisa privada das partes – reflexo da conceção individualística e exclusivamente privatística dos direitos patrimoniais – para uma outra onde se afirma o seu caráter público e social.

[665] Paradigmático disto é o seguinte trecho do Preâmbulo do Decreto nº 12:253, de 22 de Setembro de 1926, o qual, iniciou o movimento da "Reforma do Processo" em Portugal: *"Um dia um advogado quis, à viva fôrça, fazer adiar um julgamento. De que se havia de lembrar? Pediu a palavra para um requerimento e foi ditando ao escrivão os artigos do Código de Processo Civil, desde o 1º até aquele que se tornou necessário transcrever para que o julgamento não tivesse lugar nesse dia, e o juiz teve de assistir, de braços cruzados, a êste indecoroso espectáculo"*. Como sublinha PESSOA VAZ,

na sua dimensão mais ampla, projetando-se não apenas na disposição das partes sobre o objeto do processo (*nemo iudex sine actore*), como também na responsabilidade exclusiva das mesmas pela aportação dos factos[666] e das provas (*secundum allegata et probata partium*). A *Verhandlungsmaxime*, «*principio della tratazione*» ou «*party presentation*» disporia, assim, de um fundamento material.

Conforme afirma JOSÉ ANTONIO DÍAS CABIALE[667], o papel do juiz encontra-se marcado pela natureza privada dos direitos a tutelar. Na verdade, se é das partes a iniciativa de desencadear o processo, podendo dispor do seu objeto, não surpreende que lhes fosse de igual modo tradicionalmente outorgada a disponibilidade do próprio processo[668]. Segundo JEAN-JACQUES DAIGRE[669], a doutrina clássica[670] opõe-se a todas as formas de produção forçada, fundando-se nos princípios tradicionais do sistema acusatório (*nemo tenetur edere contra se*)[671]. Este adágio traduzir-se-ia, assim, num duplo princípio: o do direito do réu à passividade em matéria de administração de prova, e o da neutralidade do juiz. No que diz respeito a este último aspeto, o mesmo encontra-se ligado a uma conceção duelística do processo, no qual o juiz não deveria imiscuir-se[672].

"Relegando a função do juiz a um papel meramente "passivo e neutral" de simples árbitro e "espectador" do duelo judiciário ("juiz fantoche" ou "marioneta" movido mecanicamente pela vontade das partes como alguns autores expressivamente e um tanto sarcasticamente o têm qualificado, como FASCHING *e entre nós* ALBERTO DOS REIS; *e que no mesmo sentido foi também designado e considerado impressivamente na América Latina por* RODRIGUES URRACA *e outros autores como um "convidado de pedra" do processo"* (ALEXANDRE MÁRIO PESSOA VAZ, *Direito Processual Civil – Do Antigo Ao Novo Código*, Coimbra: Almedina, 1998, pág. 301).

666 Não só essenciais (note-se que isto já é um corolário do primeiro aspeto), mas também incidentais.

667 JOSÉ ANTONIO DÍAS CABIALE, *Principios de aportación de parte y acusatorio: la imparcialidad del juez*, cit., pág. 1.

668 Ibidem, págs. 7-8: «*Si las partes son las que ostentan el señorío del proceso, en cuanto a su inicio y su objeto, parece también lógico que correponda a ellas elegir los medios oportunos para defender sus intereses, de naturaleza privada, en ese proceso*». Trata-se de uma leitura materializada da «Verhandlungsmaxime», de acordo com a qual o poder de disposição das partes se estende ao material (fático e probatório) do processo.

669 JEAN-JACQUES DAIGRE, *La production forcée de pieces dans le procés civil*, cit., págs. 113 e segs.

670 Entre outros, são referidos os nomes de TOULLIER, DUVERGIER ou DEMOLOMBE.

671 Segundo estes autores (tradicionais) a lógica fundamental do sistema acusatório pode encontrar-se no adágio *nemo tenetur edere contra se*.

672 Encontra-se aqui presente (sempre segundo o autor) a ideia de que o juiz deve ser um árbitro, e não um «justiceiro».

Por outro lado, a consagração deste princípio dever-se-ia a razões de ordem técnica, relacionadas com o regime de administração da prova. Com efeito, e conforme é referido por BARTIN[673], a interdição de uma atividade oficiosa do juiz resultaria do domínio absoluto das partes em relação às respetivas pretensões[674], já que a introdução de novos elementos de prova poderia conduzir a uma alteração dos termos do litígio, podendo mesmo constituir uma agressão ao princípio do contraditório.

III. Processo liberal-individualístico: confronto com as soluções de direito positivo

O quadro agora traçado não deve, contudo, ser tomado em sentido absoluto sem que previamente se confronte esta descrição doutrinal com os elementos resultantes da lei e da prática judicial: as soluções puras (afirma ROLF STÜRNER[675]) normalmente só existem em teoria[676]. Segundo este autor[677], as críticas feitas à ZPO alemã liberal esquecem muitas vezes que a versão original da ZPO já continha a regulamentação fundamental da «atividade judicial», dando como exemplo o § 130 CPO 1877[678], bem como os §§ 132-135. De acordo com estes últimos preceitos, o juiz podia, tendo em vista o esclarecimento dos factos, ordenar a comparência pessoal das partes, a apresentação de documentos ou arquivos, bem como realizar inspeções ou ordenar a realização de perícias, por sua própria iniciativa[679].

[673] ÉTIENNE BARTIN, notas à 5ª ed. do *Traité de droit civil français* d'AUBRY et RAU, T. XII, Paris: Imprimerie et librairie générale de jurisprudence, 1922: § 749, 3ª nota.

[674] As pretensões das partes estariam estritamente ligadas aos elementos de prova que as sustentam.

[675] ROLF STÜRNER, *Die richterliche Aufklärung im Zivilprozeß*, cit., págs. 4-5.

[676] «*Das Spannungsverhältnis von Richtermacht und Parteiherrschaft ist in den meisten geschichtlichen Epochen und in nahezu jeder Rechtskultur erkannt und ganz überwiegend im Sinne eines Ausgleichs gelöst. Reine Lösung gibt es selten; wo sie behauptet werden oder worden sind, gab es sie oft nur in der Theorie*» (ibidem).

[677] Ibidem, págs. 6-7.

[678] «*Der Vorsitzende hat durch Fragen darauf hinzuwirken, dass unklare Anträge erläutert, ungenügende Angaben der geltend gemachten Thatsachen ergänzt und die Beweismittel bezeichnet, überhaupt alle für die Feststellung des Sachverhältnisses erheblichen Erklärungen abgegeben werden*» (ibidem).

[679] Sobre este aspeto pode ver-se VERENA VENTSCH, *Die materielle Prozessleitung nach der Reform der Zivilprozessordnung, § 139 ZPO*, cit., págs. 5-15.

Do mesmo modo, salienta TARUFFO[680] que não existe uma relação biunívoca entre a falta de poderes inquisitórios do tribunal e uma ideologia de tipo liberal. O autor dá exemplos de previsão de poderes de iniciativa probatória do tribunal no contexto de codificações "liberais", como é o caso do regime das *diligencias para mejor proveer* no Código processual civil espanhol de 1881. Por outro lado, muitas codificações oitocentistas que não previam poderes instrutórios do tribunal não podem de modo algum ser identificadas com regimes liberais, como é o caso do *code de procédure civile* francês de 1806[681], ou dos Códigos austríacos de 1815[682], e de 1781 e 1796[683], ou ainda de vários códigos italianos anteriores à unificação, e da *Zivilprozessordnung* alemã de 1877, emanada em plena época bismarckiana.

IV. Do sistema de processo social

Sem prejuízo deste aspeto, pode afirmar-se que o chamado modelo de processo social assistiu ao advento do ativismo judiciário, que conduziu à consagração dos sistemas processuais de natureza mista ou de «dispositivo moderado»[684]. Como afirma ALBERTO DOS REIS[685], na conceção tradicional do processo de tipo dispositivo não havia propriamente um dever de colaboração. Com efeito, a estrutura processual assentava sobre o princípio da liberdade de movimentos, cada parte tendo a faculdade de assumir no processo a atitude que julgasse mais conveniente à defesa do seu interesse particular. No processo moderno, contudo, o conceito individualista cedeu passo ao conceito publicista, verificando-se uma penetração no direito processual das influências do sistema inquisitório[686].

680 MICHELE TARUFFO, «L'istruzione Probatoria», págs 97 e segs. (podem ver-se os exemplos históricos fornecidos pelo autor).

681 Aprovado em plena época imperialística napoleónica.

682 Adotado numa época de restauração, e que permaneceu muito tempo em vigor na Itália austro-húngara.

683 Emanados na época do despotismo iluminado, e que se manteve em vigor até ao fim do século XIX.

684 ALEXANDRE MÁRIO PESSOA VAZ, *Direito Processual Civil – Do Antigo Ao Novo Código*, cit., págs. 303 e segs.

685 ALBERTO DOS REIS, *Código de Processo Civil anotado*, vol. III, cit., págs. 323 e 324.

686 Segundo CASTRO MENDES, «*(...) domina no nosso processo, no plano restrito da prova, o princípio da inquisitoriedade; ou melhor, a forma de inquisitoriedade a que podemos chamar princípio da cooperação (...)*» (JOÃO CASTRO MENDES, *Direito Processual Civil*, vol. II., ed. da AAFDL, 1987, pág. 682).

A afirmação da natureza pública do processo civil – sublinha JOSE DE LOS SANTOS MARTIN OSTOS[687] – produziu assim um movimento a favor de uma maior participação do órgão jurisdicional na marcha do processo. Na verdade, ainda que a questão debatida pertença ao direito privado, a partir do momento em que a intervenção do tribunal é solicitada pelas partes, entre em jogo o interesse público na reta aplicação da lei. O processo deve, pois, constituir um instrumento eficaz e económico ao serviço da Justiça, evitando o triunfo da má-fé, da fraude ou do espírito dilatório[688]. Por outro lado (refere agora ANTONIO DÍAS CABIALE[689]), a passividade do juiz diante de uma situação de desigualdade material das partes não se harmonizava com aquela que vinha sendo a maior intervenção do Estado noutras ordens sociais[690].

SCHÖNKE[691] sublinha, por sua vez, que, ao contrário da conceção que advoga a passividade do juiz – a qual se identifica com a corrente liberal,

[687] JOSE DE LOS SANTOS MARTIN OSTOS, *Las diligencias para mejor proveer en el proceso civil*, cit., págs. 161 e segs. Segundo o autor, o princípio dispositivo, para além de ser um princípio processual, tem um determinado matiz político, um caráter liberal. O mesmo se passa com o princípio inquisitório. Este harmoniza-se com uma conceção distinta do Estado: fala-se do Estado de todos, contrapondo-se tanto ao modelo liberal de mero guardião do respeito e cumprimento das Leis como ao oposto contrário, absoluto e totalitário. Estado de todos não deve, pois, confundir-se com totalitarismo, onde se verifica uma absorção absoluta do indivíduo por parte do Estado. «*É aí que (como diz CALAMANDREI) as partes são consideradas apenas como instrumento para satisfazer o interesse público, o juiz podendo tudo e já não interessando para nada os interesses individuais*». «*Tal situação de predominio exacerbado estatal apenas se dá em situações extremas de corte totalitário, muito distintas do que é, na sua essência, o princípio inquisitório. Princípio que advoga por uma maior intervenção estatal, mas que não significa uma anulação da liberdade das partes*». (ibidem, págs. 162-163).

[688] Uma vez levadas ao âmbito judicial as questões que se debatem (salienta o autor), deve ter-se em conta, para além do interesse privado das partes, o interesse público na Justiça da decisão, o prestígio da função jurisdicional, etc., porque, se as partes são donas do seu interesse privado, o juiz é o senhor do processo como representante do Estado na administração da Justiça.

[689] JOSÉ ANTONIO DÍAS CABIALE, *Principios de aportación de parte y acusatorio: la imparcialidad del juez*, cit., págs. 9 e segs.

[690] O autor chama a atenção para o facto de que, como salienta DEVIS ECHANDÍA, o elemento de desigualdade entre as partes foi aquele que conduziu a outorgar à redação do Código processual austríaco de finais do século XIX (de FRANK KLEIN) um caráter muito mais intervencionista do órgão jurisdicional, esta mesma consideração tendo sido utilizada em muitas outras ocasiões pela doutrina para defender semelhantes reformas processuais (ibidem, pág. 9, nota 20).

[691] ADOLF SCHÖNKE, *Zivilprozessrecht*, Karlsruhe: C.F. Müller, 6ª ed., 1949, págs. 3-4. O autor faz o confronto entre a posição de WACH e de KLEIN e a propósito desta última, afirma: «*Der*

abraçada por WACH (e, mais especificamente, com o conceito de ação em sentido concreto) –, a conceção publicística encontra-se ligada às teses de FRANK KLEIN sobre a desigualdade das partes. Segundo o autor austríaco, ainda que o processo se dirija, de um modo geral, à satisfação de interesses privados, verifica-se a existência de um interesse público na boa e rápida administração da justiça; o desinteresse do Estado pelas violações da ordem jurídica termina, portanto, no momento em que uma pretensão jurídica é dirigida ao tribunal[692]. No mesmo sentido, afirma JORDI NIEVA FENOLL[693] que a maior intervenção do juiz se inspira no código austríaco obra de KLEIN, que representou uma reação face ao sistema de prova legal, em vigor à época. Numa altura de desenvolvimento industrial selvagem, KLEIN terá tido a intenção de tornar o processo civil mais justo, afirmando o seu caráter público e social, ao formar parte essencial da economia de proteção do crédito[694].

anderen Auffassung ist der Zivilprozeß eine Wohlfahrtseinrichtung, eine «Verwaltungsmaßregel zum Schutze gesellschaftlicher Interessen und individueller Rechtsgüter« (Klein). Dieser Auffassung sind die Zivilprozesse soziale Übel, die nicht nur dem einzelnen, sondern der Gesamtheit Schäden zufügen. Darum müssen die Prozesse möglichtst schnell, billig und schmerzlos beendigt warden. Dieses Ziel kann aber nur dann erreicht warden, wenn der Staat die Möglichkeit hat, den Gang des Verfahrens weitgehend zu beeinflussen: »Unter grundsätzlicher Aufrechterhaltung der Handlungsfreiheit und Selbstverantwortlichkeit der einzelnen, staatliches Leiten, Begrenzen und Ergänzen nach den Richtlinien der maßgeblichen Gesellschaftspolitik«(Klein)» (ibidem, pág. 3).

692 FRANZ KLEIN, *Die Schuldhafte Parteihandlung*, Wien: Toeplitz & Deuticke, 1885, pág. 128.

693 JORDI NIEVA FENOLL, *La valoración de la prueba*, Marcial Pons, Madrid, 2010, págs. 37 e segs.

694 O autor rejeita assim a orientação neo-liberal, de acordo com a qual o fenómeno de aumento dos poderes inquisitórios do tribunal se encontra intimamente relacionado com sistemas políticos de tipo autoritário. Na verdade (afirma), é no mínimo discutível que se possa ligar as ideias de KLEIN à manutenção de um sistema político deste género. Segundo DENTI, «*Sul piano ideologico, un`influenza determinante è stata esercitata dagli orientamenti in senso socialistico della scienza giuridica europea alla fine del secolo scorso, soprattuto nei paesi germanici, dove questa tendenza ha influito sulle riforme legislative, dapprima con l`opera di Franz Klein in Austria (ZPO austriaca del 1895) e poi con le correnti di pensiero che hanno portato alla reforma parziale della ZPO tedesca nel 1933. L`abbandono della neutralità del giudice si giustificava, seocndo questa dottrine, con la necessità di operare perché l`uguaglianza delle parti nel processo non fosse soltanto formale, ma sostanziale ed effettiva, il che non era possibile se non consentando al giudice di venire in aiuto della parte socialmente più debole, sostituendosi alla sua deficiente iniziativa sul terreno probatorio*» (VITTORIO DENTI, «L`evoluzione del diritto delle prove nei processi civile contemporanei», *RDP* (1965), págs. 31-70 (pág 41)).

A natureza pública do processo, justificando uma maior intervenção do juiz, vem também sublinhada por autores como BAUER[695] ou DENTI[696], este último considerando que a decadência da técnica processual baseada na autonomia das partes constitui um reflexo da situação político-social própria desta época. A aportação de prova pelo juiz (afirma CAPPELLETTI[697]) tem por finalidade proceder à indagação da «verdade dos factos», sublinhando DEVIS ECHANDÍA[698] que, se existe um interesse público em que o resultado do processo seja justo e leal, então o Estado deve dotar o juiz de poderes para investigar a verdade. Ao princípio dispositivo (assinala GUASP[699]) opõe-se assim a obrigação de o juiz formar uma convicção sobre a realidade do conjunto de circunstâncias que constituem o «pressuposto de facto» legal[700], não podendo o Estado permanecer indiferente face ao resultado do processo (PRIETO-CASTRO[701]).

695 FRITZ BAUER, in La *Socialización del Proceso*, Universidad de Salamanca, 1980 (apud JOSÉ ANTONIO DÍAS CABIALE, *Principios de aportación de parte y acusatorio: la imparcialidad del juez*, cit., pág. 10, nota 21).

696 VITTORIO DENTI, «L'evoluzione del diritto delle prove nei processi civile contemporanei», cit., pág. 49. O autor refere, no entanto, que a situação político-social que esteve na base da decadência da técnica processual baseada na autonomia das partes tem como componentes por um lado, o *status* borucrático dos juízes, e, por outro, a crescente tendência dos particulares de se fiarem no paternalismo estatal. «*(...) sembra potersi affermare che nei paesi di civil law il decadere della técnica processuale basata sull`autonoma iniziativa delle parti (...) non è soltanto il riflesso della «publicizzazione» del diritto privato, ma anche la conseguenza di una situazione politico-sociale, che ha tra le sue componenti, da un lato lo status burocratico dei giudici (...) e dall`atro la crescente tendenza dei privati ad affidarsi al paternalismo statuale (...)*».

697 MAURO CAPPELLETTI, *El proceso civil en el Derecho comparado*, trad. de Santiago Sentís Melendo, Buenos Aires: Ed. Juridicas Europa-América, 1973, pág. 78. O autor sublinha, contudo, que, na prática, é pouco frequente que o juiz faça uso dos seus poderes oficiosos em matéria instrutória na medida em que é raro e anormal que a parte que alega um facto a si desfavorável não proponha de igual modo a realização dos meios de prova dirigidos a demonstrar a verdade dos mesmos.

698 HERNANDO DEVIS ECHANDÍA, «El moderno proceso civil inquisitivo y con libertad para apreciar las pruebas», cit., pág. 20.

699 JAIME GUASP, *Juez y hechos en el proceso civil: una crítica del derecho de disposición de las partes sobre el material de hecho del proceso*, cit., pág. 140.

700 O autor interroga-se assim se não seria melhor abandonar o caráter excecional dos escassos poderes concedidos ao juiz civil, através da adopção de um critério geral que pusesse como meta das atividades processuais na formação do material da decisão a descoberta da verdade e, por conseguinte, a aportação de todos os factos que realmente integram a relação jurídica discutida. «*El Juez no tiene obligación de formar su convicción psicológica en un proceso civil; pero tiene derecho a no deformarla, y para ello el ordenamento jurídico debe concederle las facultades precisas y*

As modernas reformas do processo civil (afirma, por sua vez, Luigi Paolo Comoglio[702]) partilham a mesma ideologia, presente na fórmula do «justo processo»[703]. Nesta confluem, através de uma longa tradição his-

reconocer la posibilidad de su actuación con el propósito, verdaderamente alto y noble, de hallar en cada litigo la verdade» (ibidem, pág. 121).

[701] Leonardo Prieto-Castro y Ferrándiz, *Derecho procesal civil*, 4ª ed., Madrid: Tecnos, 1988, pág. 121: «*El otorgamineto a las partes de las facultades enunciadas no quiere significar que el Juez sea reducido a la consideración de mero observador de las actividades de ellas. El Juez dirige la función pública de administrar justicia y en cuanto no se hallen en juego los derechos subjetivos privados de las partes, que han de ser respetados, debe poseer las facultades de dirección más amplias posibles, siempre que no lleguen hasta el extremo de imponerle excesiva responsabilidad por el resultado del proceso*». Por sua vez, em «La instrucción del Marqués de Gerona para arreglar el procedimiento de los negocios civiles con respecto a la Real Jurisdicción Ordinaria», in, *Trabajos y orientaciones de derecho procesal*, Madrid: Revista de Derecho Privado, 1964, pág. 880, a propósito da «Instrucción del procedimiento civil con restecto a la Real Jurisdicción Ordinaria» de 30 de setembro de 1853, o autor afirma: «*Hay en el cuerpo legal que examinamos cierta preocupación por aumentar los poderes directivos del Juez, como si ya se tuviese una idea clara sobre la compatibilidad de las facultades dispositivas de las partes respecto del objeto litigioso (por regla general) con el interés público de que se produzca una sentencia que sea, en el caso concreto, la expresión de la voluntad abstracta contenida en la norma jurídica, conforme a los hechos reales averiguados de la vida extraprocesal*».

[702] Luigi Paolo Comoglio, «Ideologie consolidate e riforme contigenti del processo civile», cit, págs. 521-543.

[703] Segundo o autor, «*o termo «ideologia» representa «um sistema de ideias e valores» (não apenas de inspiração ético-social e económica, mas também, e sobretudo, de natureza técnico-jurídica) sobre a qual se funda uma determinada intervenção do legislador. Tendo em conta esta ampla acessão, há muito se indica como principais fatores de tal «ideologia» da justiça e do processo – transversal aos sistemas jurídicos da civil law e da common law – os movimentos culturais e reformistas, por certo não privados de uma significativa incidência sobre determinadas legislações da época, os quais, a partir do fim do século XIX, no contexto do Estado de direito e das democracias «clássicas» de inspiração liberal, combateram o caráter predominantemente escrito dos processos formais de tradição napoleónica, teorizando (ao lado da «oralidade» e da «aceleração» e «concentração» dos ritos) a mais marcada «publicização», a chamada «socialização», e a consequente «moralização» do processo*».

Já a ligação entre esta «ideologia» (de ordem técnico-processual) e outras «ideologias» (de natureza propriamente constitucional e política, e com reflexos ao nível da forma do Estado e do governo) – nas quais tiveram origem os regimes autoritários da primeira metade do século XX e as democracias populares ou socialistas – é rechaçada pelo autor. «*A indagação histórica* (salienta Comoglio) *conduz, neste aspeto, a resultados apodíticos. Com efeito, é fácil constatar, sobretudo na Europa continental, que a referida ligação é meramente ocasional ou contingente, nunca tendo sido de tal ordem que se tenha traduzido numa necessária e imprescindível interconexão causal. Na Alemanha, por exemplo, o processo oral e concentrado diante de um juiz dotado de amplos poderes de Prozessleitung (sem prejuízo de ter sofrido «contaminações» de tipo autoritário e inquisitório) tem na sua génese a ZPO de 1877, de marca geneticamente dispositiva e liberal. O mesmo se verificando em Itália, onde o Código de 1940, para lá da nota marcadamente publicística, aplaudida pelo regime, não subverteu a*

tórica, uma escolha entre legalidade e *civilidade*. O processo que daí resulta funda-se assim no confronto dialético entre as partes (tido como condição efetiva de paridade «democraticamente» participativa), diante de um juiz cuja posição de terceiro e cuja imparcialidade são garantidos também (e sobretudo) quando o mesmo frua de poderes ativos[704] de direção do processo. Não existe, portanto, nenhuma razão para defender a existência de uma incompatibilidade absoluta entre o sistema de justiça constitucional e um modelo de processo civil de fundo publicístico-inquisitório.

Por último, salienta J. A. Jolowicz[705] que a ideia de que as partes devem ser livres de não apresentar em tribunal o seu caso mais forte[706] (não competindo a este último procurar qualquer «independent truth») só é válida à luz de uma conceção do processo entendido como instrumento ao serviço exclusivo do interesse das partes. Contudo, nem sempre é assim.

marca típica do processo declarativo – o qual permaneceu solidamente ancorado, como resulta da tradição liberal dos códigos pós-unificação, no princípio dispositivo e nas suas manifestações fundamentais». Por último, salienta ainda o autor italiano que a «ideologia» moderna – própria da segunda metade do século XX, ou seja, da fase posterior à Convenção Internacional e à Constituição nacional pós-bélica dos anos 40 e 50 – foi-se progressivamente afirmando, absorvendo e revitalizando, numa eficaz fórmula de síntese, que se traduz na ideia de processo «équo» ou de «justo processo» (ibidem).

704 Ou, *lato sensu*, inquisitórios.

705 J. A. Jolowicz, *On civil procedure*, cit., págs. 175 e segs, em especial pág.178.

706 O autor faz referência ao caso Air Canada v. Secretary of State for Trade [1983] (ob. cit, págs. 376-377), no qual foi requerida a exibição de um documento, embora a lei apenas previsse a possibilidade de exibição quando isso fosse necessário para a determinação do litígio ou para evitar custos desnecessários. O tribunal de primeira instância decidiu ordenar a exibição, argumentando que tal era necessário para a descoberta da verdade; ordena que o documento seja revelado a ele próprio (juiz) ainda que o autor não tenha sido capaz de demonstrar que a exibição dos documentos pudesse ajudar o seu caso. De acordo com o juiz, não importa qual das partes ganhará com a revelação: é sua missão descobrir a verdade, independentemente da parte que beneficiará com isso. O tribunal de recurso veio, porém, dizer que o juiz estava enganado. Segundo Lord Wilberforce, «*the task of the judge is to do, and be seen to doing, justice between the parties...There is no higher or additional duty to ascertain some independent truth. (...).“In an adversaryal system such as exists in the United Kingdom, a party is free to withhold information that would help his case if he wishes – perhaps for reasons of delicacy or personal privacy. He cannot be compelled to disclose it against his will*”». A propósito deste caso interroga-se Jolowicz sobre a questão de saber se, não estando as partes obrigadas a trazer o caso para julgamento, e podendo a todo o momento desistir ou confessar o pedido, as mesmas não deverão ser livres de dispor apenas em parte do objeto do processo, ao não apresentarem em tribunal o seu caso mais forte. Haveria uma interferência nesta liberdade se o tribunal trouxesse para a lide elementos que são favoráveis a uma das partes, mas que a mesma preferiu deixar de fora?

Na verdade, pode verificar-se a existência de um conjunto de ações (por ex., aquelas que envolvam sociedades comerciais[707], ou em que estejam presentes interesses coletivos) em que os interesses envolvidos – ainda que de um modo indireto, ou reflexo – superam os meros interesses individuais das partes. Por outro lado, a presença no ordenamento jurídico anglo-saxónico de um sistema de precedentes revela a importância das decisões judicias para a resolução de outros casos. Embora se verifique um incentivo à resolução amigável de litígios, e ao recurso a meios alternativos de litígios, não deve assim falar-se de uma mudança de perspetiva, nos casos em que a resolução do litígio seja levada a julgamento público, sendo missão do tribunal aplicar a lei à situação tal como ela de facto existe, ou, pelo menos, empregar os seus melhores esforços para que assim aconteça[708].

V. Publicização do processo civil e crise das «Maximen»

O fenómeno de publicização do processo civil (afirma ANTONIO DÍAS CABIALE[709]) encontra-se ligado à «crise do princípio dispositivo» e das «*Maximen*» alemãs, resultante de um esforço de uma parte importante da doutrina em separar a «*ratio essendi*» deste princípio (*Dispostionsprinzip*) da do princípio de responsabilidade das partes (*Verhandlungmaxime*)[710]. Desta

[707] Onde estão presentes, de um modo indireto, os interesses dos acionistas, dos credores, etc.

[708] «(...) *there is something almost indecent about the court pronouncing judgment on suppositions of fact which are known to be unreal or untrue, and the judges themselves are, rightly, unhappy if and when it seems to them that they are called upon to do so*" (ibidem, pág. 189). E noutro ponto da sua obra refere o autor: "*this may* (a possibilidade de as partes serem livres de escolherem os factos que alegam), *not unreasonably, be though to be an abuse of the dignity, of not of the process, of the court, which should, so far as possible, be prevented. If the parties do not want a decision in accordance with the law as the judge believes it to be, they should not submit their dispute for resolution by the court*" (ibidem, pág. 367).

[709] JOSÉ ANTONIO DÍAS CABIALE, *Principios de aportación de parte y acusatorio: la imparcialidad del juez*, cit., págs. 9 e segs.

[710] O autor salienta, no entanto (ibidem, pág. 50, nota 86), que, se a separação nominal entre o princípio de responsabilidade das partes e o princípio dispositivo tem origem nos trabalhos da doutrina alemã de finais do século XIX, a verdadeira distinção, quanto ao fundo da mesma, é devida à doutrina italiana, e muito especialmente a TITO CARNACINI que, no seu artigo «Tutela giurisdizionale e tecnica del processo», em Studi in onere di ENRICO REDENTI, Vol II, Milano: Giuffrè, 1951, págs. 695 e segs. reabre um debate que continuarão os processualistas italianos, sobretudo CAPPELLETTI e CAVALLONE. Sobre esta matéria pode ver-se: HEINRICH NAGEL, *Die Grundzüge des Beweisrechts im europäischen Zivilprozeß, Eine rechtsvergleichende Studie*, Baden-Baden; Nomos Verlagsgesellschaft, 1967, págs. 27 e segs. (Die Trennung der Dispositionsmaxime von dem Verhandlungsatz in Deutschland).

forma, enquanto o primeiro continuava a preservar a disposição plena das partes sobre o início do processo, assim como a possibilidade de as mesmas lhe porem fim mediante desistência, confissão ou transação, o segundo (princípio de responsabilidade das partes) não teria, pelo contrário, um caráter necessário, mas meramente contingente[711].

A criação das «*Maximen*» deve-se, como se sabe, à obra de NIKLAUS THADDÄUS GÖNNER[712], o qual, na viragem do século XIX, utilizou pela primeira vez as expressões *Verhandlungsmaxime* e *Untersuchungsmaxime*. Segundo JOSÉ ANTONIO DÍAS CABIALE[713], GÖNNER procedeu à construção das «*Maximen*» a partir da *Allgemeine Gerichtsordnung* prussiana de 1793, que dotava o órgão jurisdicional de poderes de iniciativa probatória. O autor espanhol chama ainda a atenção para o facto de trabalhos de investigação mais recentes demonstrarem que no séc. XVIII se verificou, na Prússia, a transição de uma conceção de processo como «*iudicium*» ou «*ordo iudiciarius*» (que havia imperado desde o nascimento do direito comum), para o «*procesus*» (embrião do direito processual moderno), originando uma alteração do papel do juiz em matéria instrutória[714].

[711] Veja-se, entre outros, VÍCTOR FAIRÉN GUILLÉN, «Para la elaboración de una doctrina general de los principios del procedimiento», Anuario de derecho civil, vol. 1, nº 4, 1948, págs. 1345-1366, e MIGUEL FENECH, e JORGE CARRERAS, *Estudios de Derecho procesal*, Barcelona: Bosch, 1962, pág. 243.

[712] GÖNNER, *Handbuch des deutschen gemeinen Prozesses*, cit., págs. 183 e segs.; sobre esta materia veja-se também FALK BOMSDORF, *Prozessmaximen und rechtswirklichkeit*, Berlin: Duncker & Humblot, 1971, pág. 127.

[713] JOSÉ ANTONIO DÍAS CABIALE, *Principios de aportación de parte y acusatorio: la imparcialidad del juez*, cit, na introdução à obra.

[714] Segundo CAVALLONE, tal constitui o reflexo da situação vivida na Prússia, durante todo o século XVIII, de persecução dos advogados, através de uma redução do seu número (por decreto), do estabelecimento da não obrigatoriedade de presença dos mesmos em muitos processos (favorecendo-se nestes casos a instrução oficiosa) – e que culminou em 1781 (*Corpus iuris fridericiarum* de VON CARMER e GOTTLIEB SUÁREZ) com a completa abolição da figura dos advogados, mediante a criação de um corpo de funcionários auxiliares do juiz que deviam assistir as partes. À data da entrada em vigor da *Allgemeine Gerichtsordnung* (salienta o autor), e após estes anos de perseguição aos advogados por parte de Frederico Guilherme I e Frederico II, a situação acalmou-se e os defensores técnicos das partes recuperaram a sua antiga posição, embora o novo texto continue a outorgar ao órgão jurisdicional amplas faculdades de iniciativa instrutória (BRUNO CAVALLONE, *Il giudice e la prova nel processo civile*, cit., págs. 55-60).
Já LENT considera que muitas destas manifestações, mais do que encontrando-se baseadas em motivações de ordem forense ou de menosprezo pelos advogados, resultaram da conceção absolutista do estado Prussiano de Frederico o Grande (FRIEDRICH LENT, *Diritto processuale*

GÖNNER atribuiu à *Verhandlungsmaxime* um fundamento ideológico e técnico[715]. Aquele (fundamento ideológico) relaciona-se com a natureza privada dos interesses que as partes pretendem defender através do processo; este (fundamento técnico), por seu turno, assenta na posição privilegiada em que as partes se encontram para procederem ao esclarecimento da matéria de facto objeto do litígio. O princípio de responsabilidade das partes serve assim o propósito de fazer uso do seu conhecimento[716]. Por sua vez, e em conformidade com o fundamento ideológico da *Verhandlungsmaxime*, a criação da *Untersuchungsmaxime* inspirou-se na ideia de que a petição inicial deve ser interpretada no sentido de que o «autor» pretende obter o resultado mais favorável possível; este (autor da ação) está, pois, de acordo com todas as medidas por meio das quais a efetivação do seu direito possa ser alcançada[717]. Ou seja, este princípio foi construído pelo autor austríaco tendo por base a liberdade de disposição das partes sobre

civile tedesco, trad. da 9ª ed., Edoardo F. Ricci, Napoli: Morano, 1962, pág. 100). E JOSÉ ANTONIO DÍAS CABIALE compara esta situação com a que se verificou em Espanha e Itália. Em especial, refere que a construção da LEC de 1881, conforme ao sistema romano-canónico, consagrou a passividade do órgão jurisdicional sobretudo em matéria probatória, já que a inversão da dita conceção se encontrava no texto prussiano de 1795, e no austríaco de 1898, na medida em que eram o resultado de manifestações históricas e sociais concretas. Dessa forma, todos os países que olhavam para o Direito processual comum, como podia ser o caso de Itália e de Espanha, careciam de pontos de referência para auspiciar uma maior intervenção do órgão jurisdicional (JOSÉ ANTONIO DÍAS CABIALE, *Principios de aportación de parte y acusatorio: la imparcialidad del juez*, cit., pág. 62, nota 116). Ainda segundo o autor (ibidem, pág. 62, nota 118), ao contrário do que se verificou em Itália e na Alemanha, não houve em Espanha tentativas de reforçar a atuação dos órgãos jurisdicionais nos processo civis mediante o influxo de ideologias fascistas. «*En el caso alemán mediante la concepción nacional-socialista que reafirma el carácter público del proceso y la «novelle» de 1933, que auspiciaban un modelo procesal basado en la colaboración entre el órgano jurisdiccional y las partes: «para adptar la regulación del procedimiento a la nueva concepción del estado triunfante con la revolución nacional de enero de 1933», lo que en materia probatoria implicaba el aumento de las atribuciones del Juez en el ámbito del juramento (...)*»

715 CLAUDIA M. MORDASINI-ROHNER, *Gerichtliche Fragepflicht und Untersuchungsmaxime nach der Schweizerischen Zivilprozessordnung*, cit., págs. 3 segs.

716 Como vimos acima, entende-se que a contraposição de interesses entre as partes constitui o melhor meio para a investigação da realidade, a contradição entre as mesmas correspondendo ao modo mais eficaz e económico de obter uma conjugação de esforços para o esclarecimento da verdade.

717 Ibidem. Encontra-se aqui subjacente a ideia de que os articulados não constituem uma mera narrativa dos factos, mas antes uma manifestação da vontade de obter a valoração favorável do seu direito.

os seus direitos[718]. Na realidade, GÖNNER chama a atenção para o facto de que a convicção do juiz sobre a verdade das alegações das partes se encontra subordinada à aplicação do direito privado, o que significa que o princípio da investigação oficiosa não constitui um fim em si mesmo, mas apenas um meio para a obtenção de um fim (no fim do processo só pode estar, em termos gerais, a verdade formal)[719].

Segundo CLAUDIA M. MORDASINI-ROHNER[720], a *Untersuchungsmaxime* foi desenvolvida de um modo muito significativo por FRANZ KLEIN, no contexto de um Estado e de um processo previdenciais. Ao contrário de GÖNNER, KLEIN atribui ao princípio do inquisitório a finalidade de prossecução da verdade material. O autor do CPC austríaco de 1895 refere assim a necessidade de um trabalho conjunto do juiz e das partes, com vista ao acertamento verdadeiro dos factos da causa (ideia do processo como comunidade de trabalho ou *Kooperationsmaxime*[721]).

O pensamento através de «princípios jurídicos fundamentais» (*Maximendenken*) constitui, no entanto, objeto de crítica por parte de um setor não despiciendo da doutrina. Segundo JOSÉ ANTONIO DÍAS CABIALE[722], a enorme juventude das «*Maximen*» (destacado por CAVALLONE[723]) devia

[718] O autor define desta forma o princípio inquisitório: «*Hier geschieht nach angebrachter Klage Alles von Amtswegen; dieses ist die allgemenine Maxime, welche bey diesem Prozesse für das ganze Verfahren in allen seinen Theilen, nur wenige Ausnahmen abgerechnet, aufgestellt wird; bey ihr gehet alles den Weg einer richterlichen Untersuchung; man kann sie daher die Untersuchungsmaxime nennen*» (GÖNNER, *Handbuch des deutschen gemeinen Prozesses*, cit., pág. 184). Pode ver-se a ref. em FALK BOMSDORF, *Prozessmaximen und rechtswirklichkeit*, cit., pág. 127.

[719] De acordo com CLAUDIA M. MORDASINI-ROHNER, o princípio inquisitório no processo civil não é, porém, tão forte como no processo penal, uma vez que não existe, ao contrário do que se verifica neste último, um órgão de investigação. Como regra, portanto, as partes não deixarão de carrear para o processo os factos relevantes e de indicar as respetivas provas. As partes (salienta ainda a autora) encontram uma obrigação de colaboração mais importante num sistema inquisitório moderado do que num sistema inquisitório absoluto (CLAUDIA M. MORDASINI-ROHNER, *Gerichtliche Fragepflicht und Untersuchungsmaxime nach der Schweizerischen Zivilprozessordnung*, cit., pág. 134).

[720] Ibidem, pág. 132.

[721] «*Die Sachverhaltsermittlung läuft unter Geltung der Untersuchungsmaxime also auf eine Zusammenaerbeit von Gericht und Partein hinaus, während der Verhandlungsmaxime eine Zweiteilung der Prozessarbeit zu Grunde liegt*» (ibidem, pág. 135).

[722] JOSÉ ANTONIO DÍAS CABIALE, *Principios de aportación de parte y acusatorio: la imparcialidad del juez*, cit., págs. 55-56.

[723] BRUNO CAVALLONE, *Il giudice e la prova nel processo civile*, cit.. Segundo o autor (ibidem, pág. 11 e nota de rodapé nº 13), a caractertística de passividade do órgão jurisdicional no sistema

fazer a doutrina questionar a razão de ser da atribuição, ao tribunal, de um maior ou menor poder de iniciativa processual[724]. Não existem modelos puros[725]. A manutenção de uma construção teórica bipolar (como aquela que resulta das «*Maximen*»), assente em regras ou princípios antitéticos[726], deve, por isso, ser questionada. O princípio da oficialidade não se contrapõe ao princípio de responsabilidade das partes, sendo possível, pelo contrário (como salienta Tito Carnacini[727]) uma iniciativa conjunta dos sujeitos processuais[728].

Também Martin Ostos[729] chama a atenção para a necessidade de evitar o choque violento de sistemas antagónicos: não existe nenhum país cujo processo seja totalmente inspirado por um dos dois princípios, nem nenhum autor o defende. Do que se trata é da predominância de um ou de outro, sem, porém, se excluir por completo a aplicação do princípio oposto[730].

Ainda segundo Taruffo, a discussão em torno da atribuição ao juiz de poderes instrutórios autónomos, através da contraposição entre os princípios dispositivo (*Verhandlungsmaxime*) e inquisitório (*Untersuchungsmaxime*), constitui um lugar-comum que deve ser abandonado. Com efeito, para além do significado incerto e variável da argumentação através de

anglo-saxónico explica-se de um ponto de vista histórico pela presença do tribunal de júri.

724 As «Maximen» (salienta o autor) têm duzentos anos, enquanto as normas sobre a prova vêm do Direito romano. Não é assim difícil perceber o que é que antecedeu o quê. «*O sistema romano de prova, o medieval e o inglês da «common law» desconhecem absolutamente uma teorização semelhante às «Maximen», donde seja evidente que a maior iniciativa ou passividade do órgão jurisdicional deve encontrar-se em razões bem distintas*» (José Antonio Días Cabiale, *Principios de aportación de parte y acusatorio: la imparcialidad del juez*, cit., págs. 55-56).

725 José Antonio Días Cabiale, *Principios de aportación de parte y acusatorio: la imparcialidad del juez*, cit., págs. 63-64.

726 Porém (salienta o autor), nem as críticas de natureza histórica (*i.e.*, o facto de Gronner se ter inspirado no Código prussiano de 1795, que deu início a um modelo processual de tipo isométrico, relacionado com o absolutismo de Frederico o Grande), nem a distinção entre o princípio dispositivo e o princípio de responsabilidade das partes, impediram o triunfo das «Maximen».

727 Tito Carnacini, «Tutela giurisdizionale e tecnica del processo», cit., pág. 760.

728 José Antonio Días Cabiale, *Principios de aportación de parte y acusatorio: la imparcialidad del juez*, cit., págs. 63-64.

729 Jose de los Santos Martin Ostos, *Las diligencias para mejor proveer en el proceso civil*, cit., págs. 170-172.

730 No mesmo sentido, Miguel Fenech, «La función del juez en la dirección del proceso civil», cit., págs. 33 e segs.

Maximen, de princípios gerais e vagos, entende o autor que aquela contraposição constitui um instrumento retórico, mais do que um instrumento analítico, que se serve da memória da Santa Inquisição para suscitar reações e valorações negativas em relação àqueles sistemas processuais, sujeitos ao estigma da «inquisitoriedade», nos quais se consagra um poder de iniciativa instrutória do tribunal. Trata-se – afirma o autor italiano – de uma contraposição descritivamente falsa e concetualmente errada[731/732].

[731] Falsa de um ponto de vista descritivo, uma vez que, historicamente, nunca existiu um sistema inspirado pelo princípio inquisitório em sentido estrito, *i.e.*, no qual não coubesse às partes o poder exclusivo de iniciar o processo e de determinar o seu objeto: «*Na verdade, o conceito da inquisitio é típico do processo canónico e depois do processo penal, o qual se distingue muito cedo do processo civil no âmbito do ordo iudiciarius e assume a características peculiares não atribuíveis ao processo civil, que permanece com uma base "acusatória". A partir da Idade Média, portanto, é de todo impróprio falar de sistema inquistório de modo indiferenciado, e em particular por referência ao processo civil em vez de ao processo penal ou à Inquisição canónica*». E errada de um ponto de vista concetual, já que não existe nenhuma relação de proporcionalidade inversa entre os poderes do juiz e os poderes das partes – no sentido de que o aumento daqueles conduz a uma proporcional redução destes últimos (o autor rejeita assim aquilo que o mesmo apelida de «a teoria da torta»). Este modo de ver (afirma Taruffo) não tem sentido, podendo, pelo contrário, verificar-se que a salvaguarda do princípio de responsabilidade probatória das partes é perfeitamente compatível com a atribuição ao tribunal de um poder de iniciativa instrutória, que lhe permita adquirir as provas não produzidas pelas partes. Deve assim abandonar-se a distinção entre modelo dispositivo e modelo inquisitório, falando-se antes de um modelo misto (Michele Taruffo, «Il diritto alla prova nel processo civile», *RDP*, vol. XXXIX, 2ª série (1984), págs. 74-120, págs. 90 e segs.).

[732] Diferente é a posição de autores como Rolf Stürner (Rolf Stürner, *Die richterliche Aufklärung im Zivilprozeß*, cit. págs. 14 e segs.), Redenti (Enrico Redenti, *Derecho procesal civil*, Buenos Aires, 1957, T. I, pág. 261), Kisch (W. Kisch, *Elementos de derecho procesal civil*, trad. L. Prieto Castro, Madrid: Revista de derecho privado, 1932, pág. 118), ou Antonios Diakonis (Antonios Diakonis, *Grundfragen der Beweiserhebung von Amts wegen im Zivilprozess*, cit., págs 107-108). Segundo Stürner, os princípios processuais incorporam o projeto de construção da lei (*Gesetzplan*), sendo a este projeto que o recurso às «Maximen» faz apelo (em última instância pode dizer-se que se encontra aqui presente o recurso à analogia jurídica) (ob. cit., pág. 15). Já segundo Redenti, o princípio dispositivo deve ser considerado não como um princípio de ordem concetual, mas como um critério metódico e tendencial, *i.e.*, um princípio em sentido amplo (o qual, juntamente com o princípio inquisitório – também ele utilizado em sentido metódico e tendencial – constitui um elemento chave da atual problemática do processo civil). Segundo Kisch, nenhum daqueles princípios constitui uma regra fundada numa necessidade concetual, mas em normas práticas, que servem de inspiração à construção de uma Lei processual e que, por essa razão, são úteis para a compreensão do sentido da mesma. Por último, reconhece Antonios Diakonis que uma das fraquezas do pensamento através de «máximas» é sem dúvida o facto de as mesmas se basearem em princípios opostos

VI. Crítica do fundamento material do princípio de responsabilidade das partes

A rejeição da existência de uma relação de correspondência entre o princípio dispositivo (em sentido substancial) e o princípio da responsabilidade das partes constitui o aspeto crucial da evolução doutrinal que abriu caminho ao fenómeno de publicização e socialização do direito processual civil. GIOVANNI VERDE[733], por ex., afirma que não é exata a configuração da relação processual com base num princípio de aportação de parte (quando o mesmo se refira, não apenas à aportação da matéria de facto, mas também à aportação do material probatório). Deve distinguir-se, no contexto de um sistema misto, aqueles que são os problemas inerentes à tutela jurídica, e aquilo que concerne a técnica do processo. O processo não constitui um instrumento posto exclusivamente ao serviço das partes, constituindo, pelo contrário, um meio de que estas se podem servir em conformidade com a finalidade objetiva que o mesmo visa prosseguir – e que é uma finalidade de atuação do direito substantivo[734].

O ponto nevrálgico desta mudança de perspetiva centrou-se assim na afirmação do caráter meramente contingente do brocardo «*iudex iudicare debet secundum allegata et probata partium*»[735], no que diz respeito ao seu

que, na sua totalidade, não pertencem ao Direito positivo e, como tal, não podem conduzir o aplicador do direito a uma solução segura. Para além disso, pode objetar-se que a afirmação de uma «máxima» parte de um pré-conceito quanto ao Direito em vigor ou a uma determinada ideologia. A estas objeções é retorquido, no entanto, pelo autor que não se verifica uma aplicação pura das «máximas» da discussão ou da oficialidade, ou seja, o aplicador do Direito não deve utilizar estes princípios como regras absolutas. As «máximas processuais» limitam-se, portanto, a fornecer meros pontos de orientação. Por sua vez, e no que diz respeito ao segundo argumento, *i.e.*, aquele que diz respeito à existência de suposto pré-conceito ideológico subjacente ao pensamento através de «máximas», salienta o autor que o mesmo não deve merecer acolhimento, na medida em que a interpretação teleológica da lei deve partir do Direito vigente, não devendo ser influenciada por elementos exteriores ao mesmo (tais como um Direito que já não se encontra em vigor, ou uma ideologia do respetivo intérprete). O perigo de assim não ser (sublinha ANTONIOS DIAKONIS) não se liga apenas ao «pensamento através de máximas» (*Maximendenken*), antes estando presente em qualquer processo de interpretação.

733 GIOVANNI VERDE, «Prova (dir. Proc. civ.)», cit., págs. 610-613.

734 As partes são totalmente livres de recorrer aos tribunais estaduais para tutela dos respetivos direitos, mas, a partir do momento em que o decidam fazer, devem observar as normas à luz das quais o legislador entendeu oportuno construir o processo, inclusivamente no que diz respeito à atividade instrutória.

735 Segundo JOSÉ ANTONIO DÍAS CABIALE, os aforismos «ne procedat iudex ex officio», «ne eat iudex ultra vel extra petita partium», e «iudex iudicare debet secundum allegata

segundo segmento, e na configuração do princípio de responsabilidade das partes como uma realidade distinta do princípio dispositivo (em sentido material). Aquele princípio (de responsabilidade das partes) constitui uma realidade autónoma, carecida, portanto, de uma justificação própria, diferente daquela que é reservada ao princípio dispositivo.

Neste sentido, afirma Picó i Junoy que o movimento de publicização e socialização do processo civil pôs em causa o princípio de responsabilidade das partes, sem, contudo, questionar a vigência do princípio dispositivo. Na realidade, parte a doutrina da distinção entre «objeto do processo», e «processo, propriamente dito»: embora aquele (objeto do processo) se encontre sob o domínio ou a disposição das partes, existe, por outro lado, a necessidade de se atribuir ao juiz o poder de iniciativa que se afigure necessário para que o mesmo possa cumprir, com a máxima eficácia, a tarefa que lhe está atribuída. O aumento dos poderes do juiz encontra, assim, fundamento no próprio dever que sobre o mesmo recai de zelar pela efetiva tutela dos interesses conflituantes, prosseguindo o fim último da atividade jurisdicional, que consiste na realização da «justiça»[736].

et probata partium» dizem respeito a realidades distintas. Na verdade (salienta o autor), e lançando mão da terminologia clássica de Gómez Orbaneja, pode verificar-se que os dois primeiros dizem respeito ao «se» e ao «quê» do processo, ao passo que o terceiro diz respeito ao «como» do processo. Ao contrário do último aforismo (que tem uma natureza verdadeiramente processual), pode assim atribuir-se aos dois primeiros uma natureza substantiva, relacionada com a natureza privada dos interesses em litígio (José Antonio Días Cabiale, *Principios de aportación de parte y acusatorio: la imparcialidad del juez*, cit., pág. 47).

No mesmo sentido se pronuncia José Francisco Etxerbería Guridi. O princípio dispositivo e o princípio de responsabilidade das partes (salienta o autor) assentam em fundamentos diversos: ao passo que aquele se encontra ligado à natureza privada da relação substantiva, este último refere-se à relação jurídica procesual, caraterizada pela sua natureza pública. Apesar de na prática se poder constatar uma usual correspondência entre o princípio dispositivo e o princípio de responsabilidade das partes, por um lado, e entre o princípio da oficialidade e o princípio da investigação, por outro, não deve assim identificar-se o princípio de responsabilidade das partes com o caráter privado dos interesses em litígio (e o princípio da oficialidade com o caráter coletivo destes interesses), na medida em que os mesmos se referem apenas à conformação do processo, e não à disposição do seu objeto (José Francisco Etxerbería Guridi, *Las Facultades Judiciales en Materia Probatoria en la LEC*, cit., págs. 123 e segs.).

[736] Joan Picó i Junoy, «El derecho procesal entre el garantismo y la eficacia: Un debate mal planteado», cit., pág. 118. A "justiça" (salienta o autor), como valor superior do ordenamento jurídico, representa um ideal da comunidade, um objetivo a alcançar por aquele ordenamento.

Desta forma, e ao contrário do que se verifica quanto ao princípio dispositivo (o qual possui um fundamento constitucional), o princípio de aportação de parte corresponde a um mero princípio de ordem técnica, que se identifica com um modo particular de conceber o desenvolvimento da relação processual, de acordo com o qual a iniciativa do juiz deve estar subordinada à vontade das partes. Ora, e assim sendo – ou seja, devendo atribuir-se àquele princípio uma natureza (meramente) técnica[737] –, o mesmo pode ser restringido, mediante a atribuição ao juiz de poderes de iniciativa probatória[738].

No mesmo sentido, afirma MANDRIOLI[739] (referindo-se ao brocardo «*judex secundum alligata et probata judicare debet*») que não é feliz o agrupamento destes dois vínculos num único enunciado. Na verdade, esta solução pode transmitir a ideia (errada) de que ambos decorrem do mesmo fundamento lógico, o que não é absolutamente correto, já que, ao contrário do que se verifica em relação à primeira parte daquele brocardo (*secundum alligata*) (a qual se encontra ligada ao princípio do pedido ou da disponibilidade da tutela jurisdicional), a segunda (*secundum probata*) diz apenas respeito a uma opção de ordem técnica[740].

A este interesse público em que o resultado do processo seja "justo", deve responder o Estado, colocando ao serviço dos juízes todos os meios e poderes necessários para o alcançar.

[737] O que não significa que o princípio de responsabilidade das partes seja imune a conceções políticas. Na verdade (salienta o autor), pode verificar-se, na prática, que o mesmo se encontra ligado ao princípio dispositivo – os processos inspirados por este último princípio sendo também inspirados por aquele. Pretende-se, no entanto, demonstrar que, não obstante esta realidade, o princípio de responsabilidade das partes não corresponde – ao contrário do que se verifica em relação ao princípio dispositivo – a uma exigência constitucional, traduzindo antes uma opção de natureza técnica.

[738] Ibidem.

[739] CRISANTO MANDRIOLI, *Corso di Diritto Processuale Civile, I*, cit., págs. 72 e segs.

[740] «*(...) il primo vincolo – quello che vincula il giudice secundum alligata e che si espreme nella regola o principio della corrispondenza tra il chiesto e il pronunciato o della disponibilità dell`oggetto del proceso – discende come una conseguenza lógica necessaria dal principio dellla domanda e da quello dellla disponibilità della tutela giurisdizionale e, in definitiva, dalla disponibilità dei diritti, la stessa cosa non può esser detta del secondo vincolo, quello che vincola il giudice alle offerte di prove compiute dalle parti. In realtà, questo secondo vincolo – per il quale si suole parlare di regola o principio della dissponibilità delle prove (o , più semplicemente, ma meno unívocamente, di principio dispositivo) – no sta, come l`atro, in correlazione con la necessità di lasciare libero il titolare del diritto di scegliere se ed in che limiti chiederne la tutela, ma, presupponendo già compiuta la richiesta di tutela, riguarda solo un limite, per il giudice, nel servirsi di quegli strumenti tecnici di convencimento che sono le prove*» (ibidem).

CARNACINI[741], por seu turno, apresenta a relação processual como uma interação mútua de interesses. Se, por um lado – atenta a natureza privada dos interesses em presença – deve estar nas mãos das partes dar início ao processo, por outro, a atuação processual das mesmas deve moldar-se às regras do procedimento (e não o inverso), na medida em que se verifica a existência de um interesse público na atuação do direito objetivo. A configuração do princípio de responsabilidade das partes como uma manifestação necessária da natureza privada dos direitos corresponderia assim a uma desconsideração daquela dualidade de interesses, confundindo-se o interesse que dá vida ao processo («*de quo agitur*») com as regras que regulam, internamente, esse mesmo processo[742].

Nas palavras de CALAMANDREI[743]: «*(...) nessuno forza il privato (...) a salire sulla nave della giustizia, e se esso delibera di imbarcarsi, a lui solo spetta fissare l'inizio e la meta del suo viaggio, ma, una volta intrapresa la navigazione, il timone deve essere affidato esclusivamente al giudice, che ha durante il viaggio la responsabiltà della rotta*».

Ainda no mesmo sentido, se pronuncia JOSÉ FRANCISCO ETXEBERRÍA GURIDI. Segundo o autor, o princípio de responsabilidade das partes, ao contrário do que se verifica em relação ao princípio dispositivo (o que traduz o domínio das partes sobre a relação substantiva e sobre os direitos

[741] TITO CARNACINI, «Tutela giurisdizionale e tecnica del processo», cit., págs. 695 e segs. Por sua vez, sublinha o autor (id., «Tutela jurisdiccional y técnica del proceso», *Revista de la Facultad de Derecho de Mexico*, Octubre-diciembre (1953), págs. 97-182, pág. 173) que a disponibilidade do Direito material discutido no processo civil nada tem que ver com a disponibilidade dos meios probatórios para esclarecê-lo. Pelo que, mesmo considerando que o processo versa sobre questões de interesse privado e direitos de livre disposição das partes (o que não é certo em muitos casos), e esquecendo-se que o mesmo tem um objeto e um fim de claro interesse público (quais sejam, a reta aplicação da Lei e o exercício da jurisdição do Estado), não pode obter-se daí qualquer argumento contra as faculdades inquisitivas do juiz, destinadas a adquirir a prova dos factos sobre os quais versa a sua sentença.

[742] Ou, dito de um modo mais sintético: confundem-se «duas coisas muito distintas: o interesse que se alega no processo, e o processo propriamente dito» (JUAN MONTERO AROCA, «Juicio crítico de la LEC», in *Para un proceso civil eficaz*, Barcelona: Ediciones Universidad Autónoma de Barcelona, 1982, pág. 168). No mesmo sentido, veja-se, por ex., LUIGI MONTESANO e GIOVANNI ARIETA, *Diritto Processuale Civile, II, Il Processo di Cognizione Ordinaria*, cit., págs. 137 e segs.

[743] PIERO CALAMANDREI, «Gli orientamenti originali del nuovo codice», em id., *Opere giuridiche*, a cura di MAURO CAPPELLETTI, vol. 4, *Istituzioni di Diritto Processuale Civile*, Napoli: Morano, 1970, pág. 221.

processuais), corresponde a uma opção de ordem técnica. Por conseguinte, é imperioso traçar a fronteira entre aquilo que, constituindo o resultado da natureza privada da relação jurídica, corresponde ao domínio exclusivo das partes (princípio dispositivo em sentido estrito), e aquilo que, sem lhe pertencer, pode ser comprimido, abrindo espaço para a atribuição ao juiz de certas faculdades de direção material do processo[744].

Segundo o autor espanhol[745], a intenção dos cultores do processo social (como KLEIN, BAUR, SCHÖNKE ou CAPPELLETTI) não foi a de substituir o monopólio das partes pelo do tribunal, mas apenas delimitar o âmbito essencial do princípio dispositivo – que permanece intacto[746]. Segundo BAUR, deve procurar-se uma solução de equilíbrio entre a atividade do juiz e os direitos das partes, ou seja, entre a autoridade estatal e o princípio da responsabilidade dos cidadãos[747]; o mesmo sendo afirmado por autores como SCHÖNKE e CAPPELLETTI[748]. Todos eles partilham, portanto, a opinião de que a publicização do processo civil deve respeitar as manifestações essenciais do princípio dispositivo, não devendo a regulação dos poderes do juiz invadir o campo da autonomia privada, reservada às partes. O ponto de partida desta tarefa de delimitação assenta assim na distinção entre as duas partes do brocardo *iudex iudicare debet secundum allegata et probata partium*, já que, ao contrário da primeira (que se identifica

[744] JOSÉ FRANCISCO ETXERBERRÍA GURIDI, *Las Facultades Judiciales en Materia Probatoria en la LEC*, cit., págs. 23 e segs.

[745] Ibidem, págs. 82 e segs.

[746] JOAN PICÓ I JUNOY salienta que, na exposição de motivos do atual artigo 122 CPCit, se refere que o maior protagonismo do juiz na direção do processo em nenhum caso pode afetar o exercício da ação e a determinação do tema litigioso. «(...) *si sono perciò conservati nel Codice (art. 112 e seguenti), come affermazioni di principio, gli aforismi dell'antica sapieza: ne procedat iudex ex officio; ne eat iudex ultra petita partium; iudex secundum alligata et probata decidere debet. Sopprimere questi principi avrebbe voluto dire, più che riformare il processo, riformare il diritto privato; dare al giudice il potere di iniziare d'ufficio una causa che gli interessati vorrebbero evitare, o di giudicare su fatti che le parti non hanno allegati, vorrebbe dire ritogliere in sede processuale quell'autonomia individuale che in sede sostanziale è riconosciuta dal diritto vigente*» (parag. 4º do ponto 13: «Il principio dispositivo, proiezione nel processo del diritto soggettivo») (JOAN PICÓ I JUNOY, *El juez y la prueba, Estudio de la errónea recepción del brocardo iudex iudicare debet secundum allegata et probata, non secundum conscientiam y su repercusión actual*, cit., págs. 65-66).

[747] Liberalização e socialização do processo não são, pois (no pensamento do autor), realidades que tenham necessariamente de se encontrar em situação de contraposição.

[748] Apud, JOSÉ FRANCISCO ETXERBERRÍA GURIDI, *Las Facultades Judiciales en Materia Probatoria en la LEC*, cit., págs. 82 e segs.

com o núcleo essencial do princípio dispositivo), a segunda, constituindo o reflexo do princípio de responsabilidade das partes, corresponde a uma mera opção legislativa de ordem técnica, não se encontrando geneticamente ligada ao princípio dispositivo[749].

VII. Princípio de responsabilidade das partes (de novo) como princípio jurídico fundamental: princípio dispositivo em sentido técnico

Desde há muito, portanto (afirmam Carpi-Taruffo[750]), a doutrina maioritária abandonou a conceção de que o princípio de responsabilidade das partes integra o núcleo duro do princípio dispositivo (no fundo, constituindo um só princípio). Ao contrário do que se verifica em relação ao princípio dispositivo material (reflexo do princípio da autonomia privada), aquele possui uma natureza processual, inerente a razões de ordem técnica (correspondendo assim a uma escolha de oportunidade ou de conveniência).

A distinção entre ambos os princípios atenua-se, porém, de um ponto de vista funcional, se tivermos em conta que ambos respondem a uma exigência de imparcialidade do juiz quanto ao acertamento dos factos (sobretudo – no que se refere ao princípio de responsabilidade probatória das partes – a sua imparcialidade «psicológica»)[751]. Encontra-se, desta forma, justificada a ideia de que o princípio dispositivo constitui um princípio fundamental do processo civil, sobretudo num sistema assente na tutela do «justo processo»[752].

[749] Sendo, portanto, admissível, do ponto de vista jurídico-constitucional, uma solução assente na iniciativa exclusiva das partes, ou uma solução que admite (em alguma medida) a iniciativa oficiosa do juiz.

[750] Federico Carpi, Michele Taruffo, *Commentario breve al Codice di Procedura Civile*, 5ª edizione, CEDAM – Casa Editrice Dott. Antonio Milani, 2006, págs. 350 e segs.

[751] Ibidem.

[752] Enrico Tullio Liebman, *Problemi del processo civile*, Napoli: Morano, 1962, pág. 12 (*(...)«nessuno è giudice in causa própria» diventa e si converte in quest'altra proposizione «giudice è colui che giudica in causa altrui». E così, sebbene un giudizio in senso logico possa essere formulato da chiunque, anche dalle parti, in senso giuridico vero giudizio è solo quello di colui che (oltre ad averne l'autorità) giudica in una materia che gli è estranea. L'imparzialità è dunque una delle note distintive essenziale della figura del giudice»*). Por sua vez, sublinha Monteleone que também o aspeto técnico-organizativo incide sobre valores que se pretende perseguir (Girolamo Monteleone, *Diritto processuale civile*, 3ª ed., Padova: CEDAM, 2004, pág. 266), havendo ainda autores que reafirmam que o princípio de disponibilidade da prova assume a veste de um corolário do «direito ao processo» (Luigi Paolo Comoglio, *Le Prove Civili*, cit., pág. 131).

A necessidade de salvaguarda do princípio da imparcialidade judicial encontra-se presente no discurso de uma importante parte da doutrina. Picó i Junoy[753], por ex., entende que a atividade probatória do tribunal deve estar devidamente delimitada (solução de equilíbrio), circunscrevendo-se aos factos discutidos no processo (princípio dispositivo), bem como, às fontes de prova de cuja existência o tribunal tome conhecimento através dos autos[754]. Com isto previne-se uma atuação inquisitória daquele órgão, suscetível de pôr em causa o princípio da imparcialidade judicial[755].

Segundo Picardi[756], o princípio da responsabilidade probatória das partes e a limitação dos poderes inquisitórios do tribunal aos casos taxativamente previstos na lei[757] constitui um dos princípios cardiais do processo civil (consagrando um modelo misto), embora não exista unanimidade quanto à origem (substantiva ou processual) do mesmo. Na verdade, encontra-se hoje ultrapassada a posição segundo a qual o monopólio das partes sobre os meios de prova constitui uma decorrência do princípio dispositivo em sentido substancial, afirmando-se, contudo, a possibilidade de se fundar o princípio dispositivo numa base processual. Donde, a existência

[753] Joan Picó i Junoy, «El derecho procesal entre el garantismo y la eficacia: Un debate mal planteado», cit., págs. 128 e segs.

[754] No mesmo sentido se pronunciam José Garberí Llobregat e Guadalupe Buitrón Ramírez, *La prueba civil: doctrina, jurisprudencia y formularios sobre prueba, procedimento probatorio y medios de prueba en la nueva ley de enjuiciamiento civil*, Valencia: Tirant lo Blanch, 2004, pág. 183. Os autores referem-se a uma autêntica obrigação de o juiz aconselhar as partes quando se aperceba de uma situação de insuficiência probatória, indicando os factos que podem ver-se afetados por essa insuficiência. Para além disso, o mesmo poderá assinalar às partes a prova ou provas cuja prática considere necessária, devendo, contudo, cingir-se aos elementos probatórios cuja existência resulte dos autos. E Juan Montero Aroca afirma: «*cabe pensar incluso en distinguir entre aquellos medios de prueba que podrían significar una aportación del conocimiento privado del juez (principalmente la prueba testifial) y aquellos otros cuya finalidad es apreciar hechos ya aportados al proceso (principalmente la prueba pericial), pero en cualquier caso lo que no tiene sentido es excluir las facultades probatorias del juez en la fase de prueba del proceso para, luego y al final del mismo, atribuirle amplias facultades probatorias (como diligencia para mejor proveer)*» (Juan Montero Aroca e outros, *Derecho jurisdiccional I, Parte General*, 10ª ed., Valencia: Tirant lo Blanch, 2000, pág. 339).

[755] O autor refere ainda a necessidade de se permitir o exercício do direito de defesa das partes, através da possibilidade de as mesmas ampliarem os meios de prova por si inicialmente propostos.

[756] Nicola Picardi, *Codice di Procedura Civile*, T. I, 5º ed., Giuffrè Editore, 2010, págs. 859 e segs.

[757] Artigo 115, nº 1 CPCit.

(uma vez mais) de uma relação de correspondência entre o princípio dispositivo e o princípio de responsabilidade das partes (princípio dispositivo em sentido técnico). O princípio dispositivo assumiria deste modo a forma complexa de um princípio de técnica processual, relacionado com razões de ordem prática, destinadas a assegurar a posição de neutralidade do juiz[758].

Semelhante é ainda a posição de LIEBMAN[759]. Segundo o autor italiano, resulta do brocardo «*iudex iudicare debet iuxta alligata et probata partium*» a proibição (por via de regra) de o juiz assumir as rédeas da instrução da causa (dando-se àquele conjunto de regras o nome de princípio dispositivo). Em tempos, acreditou-se que este princípio (em toda a sua extensão) era o reflexo da natureza privada dos interesses em litígio, já que, cabendo às partes o poder de iniciativa processual (princípio do pedido), parecia natural que também delas dependesse, em exclusivo, a aportação dos elementos probatórios necessários para a resolução da causa. Este entendimento não merece, contudo, o acolhimento da doutrina moderna, uma vez que

[758] Ibidem. Neste sentido, pode ver-se CLAUDIO CONSOLO, *Spiegazioni di diritto processuale civile, Le Tutele*, T. I, Padova: CEDAM, 2003, págs. 90-91 (este autor fala dos princípios de dispositivo material e de dispositivo instrutório); CRISANTO MANDRIOLI, *Corso di Diritto Processuale Civile, I*, cit., págs. 71 e segs.; e ENRICO TULLIO LIEBMAN, *Manuale di diritto processuale civile*, II, 4ª ed., Milano: Giuffrè editore, 1984, pág. 84. Segundo LIEBMAN, «*La regola che attribuisce alle parti l`onere e la responsabilità della prova in giudizio non esprime dunque un principio assoluto, nè il rispetto per i diritti privati delle parti, bensì un principio técnico dovuto a ragioni pratiche (nessuno meglio delle parti conosce i fatti della controversia e i mezzi che possono darne la prova, conviene perciò servirsi di questa loro conoscenza e affidarsi allo stimolo del loro interesse, nella dialettica del contraddittorio) e all`esigenza di assicurare al giudice la sua posizione di imparzialità, che verrebbe compromessa se fosse suo compito assumere delle iniziative di contenuto isttrutorio, data «l´incompatibilità psicológica tra l`agire e il giudicare» e l`«opportunità psicologica di non intorbidare la serenità del giudice col fornirlo di poteri di iniziativa più confacenti alla funzione della parte o del difensore*»; e CRISANTO MANDRIOLI afirma: «*Si tratta insomma di un vincolo che concerne il modo tecnico col quale il giudice svolge la sua attività decisoria. E pertanto non si potrebbe tacciare di incoerenza quell`ipotetico legislatore che, pur nell`ambito di un sistema ispirato alla disponibilità dei diritti, da un lato rispettasse la regola della corrispondenza trai l chiesto e il pronunciato, ma al tempo stesso consentisse, dall`altro lato, al giudice di avvalersi di ogni mezzo di prova da esperirsi anche d`ufficio; ciò sarebbe, infatti, in funzione della bontà tecnica del giudizio e non della sua richiesta. Anzi, una volta che il titolare del diritto ne ha chiesto la tutela, stabilendo, con l`allegazione dei fatti, i confini della sua richiesta, è interesse dello Stato che quella tutela sia prestata nel modo tecnicamente migliori; ed infatti, se la richiesta di tutela con i suoi limite è affare privato, tale non è più il modo col quale la tutela è prestata. L`orientamento in un senso piuttosto che in un altro dipende dunque essenzialmente da una scelta tecnica in base ad una valutazione di opportunità*» (ob. e págs. cit.).

[759] ENRICO TULLIO LIEBMAN, *Manuale di Diritto Processuale Civile, Principi*, 5ª ed., Giuffrè Editore, 1992, págs. 332 e segs.

(ainda que o processo tenha por objeto os direitos subjetivos das partes), o mesmo, em si mesmo considerado, não constitui um *affare* privado[760].

A regra que atribui às partes o ónus e a responsabilidade da prova não exprime, portanto, um princípio absoluto (relacionado com a necessidade de respeito pela natureza privada dos interesses litigiosos), constituindo antes um princípio de técnica processual, relacionado com razões de ordem prática. Na verdade, ninguém melhor do que as partes conhece os factos litigiosos – razão pela qual existe um interesse em que o processo se sirva do seu conhecimento, estimulando a sua atividade através da dialética do contraditório. Por outro lado, existe a necessidade de assegurar a posição de imparcialidade do juiz, a qual seria comprometida, atendendo à «incompatibilidade psicológica entre agir e julgar», no caso de lhe ser atribuída a função de assumir a iniciativa de instrução da causa[761].

Já PUNZI[762] não partilha desta opinião. Segundo este autor, as doutrinas italianas e alemãs começaram por justificar a proibição de recurso à «ciência privada» (para si, *ratio essendi* do princípio «*iudex secundum alligata et probata partium decidire debet*») através da natural incompatibilidade psicológica entre as funções de julgar e de testemunhar[763]. Todavia, embora esta observação seja exata, a mesma não serve para caracterizar o processo de tipo dispositivo, uma vez que a referida incompatibilidade não constitui uma particularidade deste tipo de processo (devendo antes reconhecer-se que, também num processo de natureza inquisitória, o acertamento da verdade não pode traduzir o resultado de um mero conhecimento privado que o juiz tenha dos factos da causa).

[760] O Estado, mesmo não sendo parte interessada no processo, não pode ser indiferente face ao modo como o mesmo se desenvolve, e conclui.

[761] Segundo o autor, não constitui, contudo, uma infração ao princípio dispositivo (em sentido técnico) os poucos poderes reconhecidos ao juiz (e que têm um caráter meramente complementar daqueles que recaem sobre as partes). Por sua vez, aquele princípio (do dispositivo) seria completado pelo proibição de o juiz se servir, para o acertamento da verdade, de um eventual conhecimento pessoal dos factos (a chamada «ciência privada»), devendo o mesmo limitar-se, segundo um espírito crítico e de sã apreciação, a valorar os materiais presentes nos autos.

[762] CARMINE PUNZI, *Il Processo Civile, Sistema e Problematiche*, Volume I, 2ª ed., Torino: Giappichelli, 2010, págs. 387 e segs.

[763] Veja-se, por ex., F. STEIN, *Das Private Wissen des Richters, Untersuchungen zum Beweisrecht beider Prozesse*, Leipzig: Hirschfeld, 1893, págs. 2 segs.; e G. CHIOVENDA, *Principii di diritto processuale civile*, Napoli: Jovene, 1965, pág. 734.

A maior parte da doutrina[764] terá assim procurado justificar esta manifestação do princípio dispositivo com razões de oportunidade, que se exprimem fundamentalmente na ideia de que ninguém melhor do que as partes conhece os factos da causa, estando pois em posição privilegiada para aportar os factos e as provas necessárias para a descoberta da verdade.

Mas também esta posição (adverte PUNZI), embora reconheça um dado da realidade, não se afigura determinante, já que, como é sublinhado por SATTA[765], a razão de ser do princípio dispositivo deve encontrar-se em razões intrínsecas ao processo. Esta (razão de ser) reconduz-se essencialmente ao caráter contraditório do processo, o qual, por seu turno, constitui uma expressão da bilateralidade da relação controvertida – e, como tal, da própria ação[766]. Se atentarmos na fonte do problema verificamos então que o princípio dispositivo, na sua expressão de ónus de alegação e de ónus da prova, comporta a atribuição às partes (sujeitos da relação que está na base da *res* litigiosa) do poder e do ónus de fornecer ao juiz os elementos para julgar essa mesma *res*, deduzida em juízo.

VIII. Conclusão

Como demonstra o minucioso estudo de JOAN PICÓ I JUNOY, o princípio «*iudex secundum alligata et probata partium decidire debet*» não possui, ao contrário do que é proposto pela doutrina oitocentista[767], uma origem clássica, sendo antes fruto de uma deturpação do brocardo original, do qual resultava a proibição de o juiz tomar uma decisão com recurso ao seu conhecimento privado «sobre os factos da causa». Aquilo que os dados históricos revelam é, muito pelo contrário, uma oscilação em matéria de distribuição de poderes instrutórios, que desaconselha o uso de um discurso ligado a uma ideia de «modelo puro»[768].

Não pode assim encontrar-se na putativa (mas não confirmada) antiguidade daquele princípio (*iudex iudicare debet...*) um argumento (histórico) a

[764] F. CARNELUTTI, *Lezioni di diritto processuale*, vol. II, págs. 430 e segs.

[765] SALVATORE SATTA, *Commentario al codice di procedura civile*, vol. I, Milano: Casa Editrice Dottor Francesco Vallardi, 1959, pág 45.

[766] V. ANDRIOLI, *Commento al codice di procedura civile*, 3ª ed., vol. I, Napoli: Jovene, 1956, pág. 169.

[767] Alterando o seu sentido original, que diz respeito à proibição de recurso à «ciência privada» do juiz.

[768] Até mesmo no período oitocentista se podem encontrar exemplos de legislações que preveem a existência de poderes de iniciativa probatória do tribunal.

favor do princípio da responsabilidade probatória das partes (*Verhandlungsmaxime*). Ou seja, não existe uma oposição clássica à existência de (quaisquer) poderes de iniciativa probatória do tribunal, sendo antes fruto de uma leitura exagerada do princípio dispositivo a conclusão de que deve estar vedada a este órgão a iniciativa de produção de todo e qualquer meio de prova. Esta leitura (aquela que atribui um fundamento material ao princípio de responsabilidade probatória das partes) foi rechaçada pela doutrina do séc. XX, através da cisão entre este princípio e o princípio dispositivo (em sentido estrito ou material)[769].

O facto de o princípio da responsabilidade probatória das partes não partilhar o fundamento material do princípio dispositivo não significa, contudo, que o mesmo não constitua um princípio fundamental do processo. Na verdade, uma parte da doutrina continua a considerá-lo como tal, atribuindo-lhe um fundamento técnico, relativo (sobretudo) à necessidade de salvaguarda do princípio da imparcialidade judicial, e à finalidade de fazer uso do conhecimento privilegiado das partes sobre a relação material que serve de base ao litígio. Qualquer limitação ao princípio de responsabilidade probatória das partes (possível tendo em conta a natureza processual do seu fundamento) teria assim que cuidar de não ferir o estímulo das partes na defesa do próprio direito, e de não colocar em risco a posição de neutralidade do juiz.

Quanto ao primeiro aspeto (não ferir o estímulo das partes), tivemos já oportunidade de nos pronunciar sobre ele na primeira parte deste trabalho, e a conclusão a que chegámos foi esta: embora devamos partir da idoneidade epistémica do princípio da responsabilidade probatória das partes (ao fazer uso, através do confronto dialético entre as mesmas, do seu conhecimento sobre os factos litigiosos), não existe nenhuma razão – quando se olhe para o problema apenas deste ângulo – para limitar o princípio da oficialidade, na medida em que o mesmo, tanto ou mais que o princípio de responsabilidade das partes (ao fazer recair sobre o juiz o poder de realizar todas as diligências necessárias ao apuramento da verdade, independentemente de qualquer iniciativa das partes[770], e ao impor

[769] Não deve confundir-se o poder de disposição das partes sobre a relação objeto do litígio, com um suposto poder de disposição sobre a própria relação processual.

[770] De qualquer iniciativa probatória em sentido estrito, *i.e.*, relativa ao desencadeamento dos meios de aquisição processual da prova.

a estas últimas um correspondente dever jurídico de colaboração para o apuramento da verdade) permite atingir a finalidade de aproximação, tanto quanto possível, à verdade (material).

Por sua vez, e no que diz respeito à salvaguarda do princípio da imparcialidade judicial, qualquer pronúncia sobre esta matéria requer uma anterior reflexão sobre o significado e o alcance deste princípio, bem como do princípio (com ele irmanado) de proibição do recurso à ciência privada. A tarefa de delimitação qualitativa dos poderes instrutórios do juiz vai obrigar-nos a olhar para este problema. No fim disso, *i.e.*, depois de traçado o limite do poder de intervenção do juiz, relativo à necessidade de salvaguarda do princípio da neutralidade e da devida equidistância face aos factos da causa, podemos concluir se decorre do mesmo um argumento a favor da existência de um princípio da responsabilidade probatória das partes[771].

[771] No sentido de: uma vez que o poder de intervenção do juiz não pode ultrapassar determinados limites, sob pena de se ferir o princípio da imparcialidade e da proibição de recurso à ciência privada, então a responsabilidade pela aportação das provas deve caber às partes (resultando daí um fundamento técnico do princípio de responsabilidade probatória das partes).

Título II
Da delimitação qualitativa dos poderes instrutórios do tribunal

I. Introdução

Segundo ERNESTO FABIANI [772], deve superar-se a tradicional contraposição entre princípio dispositivo e princípio inquisitório, na medida em que a mesma é inidónea para delinear de um modo completo e apropriado o elenco dos possíveis modelos instrutórios. A uma qualificação puramente quantitativa dos poderes do juiz propõe assim o autor que se acrescente uma qualificação qualitativa desses mesmos poderes, quer quanto ao momento da instauração do processo e da introdução no mesmo dos factos e das fontes de prova, quer quanto ao momento da dedução formal da prova. Em relação ao primeiro aspeto, distingue ERNESTO FABIANI entre «processo dispositivo» (ou processo de partes): aquele que se carateriza pelo facto de a instauração do mesmo, a alegação dos factos e a introdução das fontes de prova ser reservada às partes, e o «processo inquisitório» (ou processo oficioso): aquele em que se atribui ao juiz um poder de iniciativa oficiosa quanto à instauração do processo e/ou à determinação do «material da causa»[773].

[772] ERNESTO FABIANI, *I poteri istruttori del giudice civile*, Napoli: Edizione Scientifiche Italiane, 2008, págs. 529 e segs.

[773] Poder de introdução no processo de factos e/ou fontes de prova respetivamente não alegados e não indicados pelas partes (em derrogação, portanto, do princípio do pedido e/ou do princípio dispositivo, bem como, do princípio de proibição de recurso à ciência privada). Segundo MARCEL BELLAMY, a distinção fundamental para se aferir da raiz dispositiva ou inquisitória de um sistema jurídico-processual diz respeito, não à existência de poderes instrutórios do juiz, mas aos limites ao conhecimento do mesmo. Ou seja, a fronteira deve

Já no que se refere ao segundo aspeto, *i.e.*, à mera atividade de dedução formal da prova (entendida como meio instrutório), distingue o autor entre: «método instrutório «aquisitivo» (ou de «poderes instrutórios oficiosos»): aquele que se carateriza pela atribuição ao juiz de poderes oficiosos, embora circunscritos à assunção dos meios de prova que tenham por objeto os factos alegados pelas partes, ou de outra forma legitimamente adquiridos no processo[774], e «método instrutório dispositivo» (ou de disponibilidade da prova): aquele em que se atribui às partes o monopólio (também) em matéria de iniciativa probatória, com total ausência, portanto, de poderes de iniciativa oficiosa do juiz[775].

Não existem dúvidas, lançando mão dos modelos qualificatórios utilizados pelo autor italiano, que o nosso modelo instrutório é aquisitivo, já que o artigo 411º atribui ao juiz o poder de ordenar, *ex officio iudicis*, a realização de todas as diligências necessárias ao apuramento da verdade[776]. A única

traçar-se entre os sistemas nos quais o juiz pode ir além dos factos invocados pelas partes, para apreciar os termos do processo em função de uma legalidade social pré-definida, e aqueles em que a procura da verdade pelo juiz é imperativamente limitada pelo quadro traçado pelas partes (Marcel Bellamy, «Le pouvoir de commandement du juge, ou le nouvel esprit du proces», cit., 2522.).

[774] No pleno respeito, portanto, da proibição de o juiz recorrer à própria ciência privada.

[775] Ibidem, págs. 539-540.

[776] Antunes Varela, e outros (Antunes Varela, J. Miguel Bezerra e Sampaio e Nora, *Manual de Processo Civil*, cit., págs. 474 e segs.) notam que um dos mais importantes princípios que dominam o direito probatório formal é o princípio da livre iniciativa do juiz em matéria instrutória. Dentro da área delimitada pelas alegações das partes (afirmam os autores), vigora o princípio fundamental correspondente ao sistema inquisitório. Esta linha de orientação, inspirada na conceção publicística do processo, foi pela primeira vez traçada entre nós pelos diplomas inovadores que integram o movimento da reforma do processo. «(...) *proclamou-se no artigo 27º do Decreto nº 12 353, de 22 de Setembro de 1926, que a «instrução do processo pertence às partes, mas sob a direção e fiscalização do juiz, o qual pode e deve tomar todas as providências para assegurar a maior rapidez, simplicidade e economia na preparação, discussão e julgamento da causa e para conseguir que a decisão corresponda à verdade e à justiça». O texto do Código de 1961, depois de cortar o cordão umbilical que na fórmula do diploma de 1926 ainda prendia a instrução da causa ao ventre materno do princípio dispositivo, define com maior precisão os termos e os limites da livre iniciativa do juiz (a que Alberto dos Reis chama poder de instrução) dentro da fase mais aberta do processo. O artigo 264º, nº 3, retrata, no entanto, apenas uma das faces (o lado ativo) dos poderes de instrução do juiz: a da realização direta ou determinação das diligências necessárias ao descobrimento da verdade. Poderes que aparecem reafirmados, com as adaptações adequadas, a propósito dos diferentes meios de prova (...). A segunda face dos poderes instrutórios do juiz (a que Alberto dos Reis deu o nome de poder de disciplina) vem descrita no artigo 266º, por força do qual «cumpre ao juiz remover os obstáculos que se oponham ao andamento regular da causa, quer recusando o que for impertinente ou meramente dilatório, quer ordenando o que,*

dúvida que enfrentamos, no que diz respeito à qualificação qualitativa do nosso sistema instrutório, diz respeito à questão de saber se a iniciativa probatória do juiz se circunscreve à aquisição das fontes de prova de que o mesmo toma conhecimento através dos autos, ou se ao juiz é admitida a introdução no processo, *motu proprio*, de fontes de prova não introduzidas pelas partes (ou não resultantes da atividade instrutória realizada até esse momento). A resposta a esta questão coloca o problema dos limites à atividade instrutória do juiz resultantes do princípio dispositivo, e do princípio da proibição do recurso à ciência privada.

II. Processo civil dispositivo ou processo de partes

O artigo 411º estabelece na sua parte final um limite à atuação oficiosa do juiz: «quanto aos factos de lhe é lícito conhecer». Este segmento da norma deve ser lido em conjugação com a do artigo 5º: cabe às partes alegar os factos essenciais que constituem a causa de pedir, assim como aqueles em que se baseiam as exceções invocadas (nº 1); ao tribunal apenas é lícito conhecer oficiosamente os factos instrumentais que resultem da instrução da causa (nº 2, alínea, a)), e os que, sendo complemento ou concretização dos que as partes hajam alegado, resultem também daquela instrução, desde que sobre eles as mesmas tenham tido a possibilidade de se pronunciar (nº 2, alínea b)[777]).

A limitação resultante do artigo 411º prende-se assim, desde logo, com a vigência do princípio dispositivo em sentido estrito ou material, de acordo com o qual está nas mãos das partes proceder à delimitação do objeto do processo (através da alegação dos factos essenciais ou principais da causa), estando vedada ao juiz a possibilidade de ordenar atividades instrutórias quanto a factos constitutivos do direito (ou factos impeditivos, modificati-

sem prejuízo do disposto no nº 1 do artigo 264º, se mostre necessário para o seguimento do processo. A nota fundamental deste preceito está no poder atribuído ao juiz, já não de realizar ou ordenar por sua iniciativa quaisquer diligências, mas de se opor à execução de diligências meramente dilatórias ou impertinentes, cujo único fim ou resultado seja o retardamento do processo. Também este poder de disciplina, pelo qual se reconhece ao juiz o poder-dever de separar o trigo do joio nas próprias diligências requeridas pelas partes, remonta na sua origem à legislação revolucionária do movimento da reforma do processo (artigos 15º, nº 7, do Dec. nº 21 287 e 28º do Dec. nº 12 353)» (ibidem, 474-475).

[777] Para além disso, o juiz pode também conhecer *ex officio iudicis* os factos notórios e aqueles de que o tribunal tem conhecimento em virtude do exercício das suas funções (artigo 5º, nº 2, alínea c)).

vos ou extintivos do direito invocado) que não tenham sido alegados pelas partes. E o que dizer quanto aos factos instrumentais?

Segundo MIGUEL TEIXEIRA DE SOUSA[778], da articulação entre os poderes inquisitórios atribuídos pelo artigo 264º, nº 2[779] (veja-se – sem total correspondência – o atual artigo 5º, nº 2, alínea a)), e os poderes instrutórios estabelecidos no artigo 265, nº 3 (atual artigo 411º), resulta o seguinte regime legal: os poderes inquisitórios respeitam exclusivamente aos factos instrumentais (artigo 264º, nº 2), ao passo que os poderes de instrução se referem tanto aos factos principais, como aos factos instrumentais (artigo 265º, nº 3). «Portanto, quanto aos factos instrumentais, o tribunal pode não só investigá-los, como ordenar quanto a eles as atividades instrutórias que sejam da sua iniciativa; pelo contrário, quanto aos factos principais, o tribunal não possui poderes inquisitórios, pelo que, relativamente a eles, só pode ordenar as atividades oficiosas de instrução legalmente permitidas»[780].

Deve ler-se com cuidado as palavras do autor. Com efeito, tudo o que o artigo 5º, nº 2, alínea a) permite é que o juiz conheça oficiosamente os factos instrumentais que, embora não tendo sido alegados pelas partes, resultem da instrução da causa. Não existe, portanto, um verdadeiro poder inquisitório ou investigatório do tribunal, no sentido de uma atuação à margem dos autos, estando fora dos poderes conferidos a este órgão a possibilidade de o mesmo introduzir no processo, *ex officio iudicis*, factos (instrumentais) ou fontes de prova[781]. O princípio que aqui se encontra implicado já não é, contudo, o princípio dispositivo (em sentido material), mas o princípio da proibição do recurso à ciência privada[782]. Veja-se, neste sentido, o pensamento de TARUFFO[783]:

[778] MIGUEL TEIXEIRA DE SOUSA, *Estudos sobre o Novo Processo Civil*, 2ª ed., Lisboa: Lex, 1997, págs. 75-76.

[779] Dispunha assim o artigo 264º, nº 2 do CPC, aprovado pelo DL nº 44 129, de 28 de Dezembro de 1961, com a redação que lhe foi dada pelo DL nº 180/96, de 25 de Setembro: «*O juiz só pode fundar a decisão nos factos alegados pelas partes, sem prejuízo do disposto nos artigos 514 e 665 e da consideração, mesmo oficiosa, dos factos instrumentais que resultem da instrução e discussão da causa*».

[780] Ibidem. Num sentido semelhante, veja-se JACINTO FERNANDES RODRIGUES BASTOS, *Notas ao Código de Processo Civil*, Volume II, 3ª, Lisboa, 2000, anotação artigo 265º, págs. 14-15.

[781] Como já antes tínhamos sublinhado, é de um princípio da oficialidade, e não de um princípio inquisitório, que deve falar-se.

[782] E, em consequência dele, um princípio (mitigado) de responsabilidade das partes – em sentido amplo, *i.e.*, referindo-se (aqui) à responsabilidade pela alegação dos factos instrumentais e pela introdução no processo das fontes de prova.

[783] MICHELE TARUFFO, «L'istruzione Probatoria», págs. 127 e segs.

Segundo o autor italiano, resulta da opinião doutrinal dominante que a atividade instrutória do tribunal apenas pode ter por objeto os factos alegados pelas partes como fundamento dos respetivos pedidos e exceções. Mais concretamente, esta limitação diria respeito não apenas aos factos principais ou essenciais, mas também aos factos secundários, *i.e.*, aqueles que podem ter um relevo lógico, como fonte de prova indireta de um facto principal. Resulta, portanto, deste entendimento que o juiz apenas pode dispor oficiosamente da prova com a finalidade de proceder ao acertamento dos factos (principais e secundários) alegados pelas partes[784].

Não é assim. Com efeito – afirma o autor –, a alegação de um facto consiste na formulação de um enunciado que a parte apresenta como verdadeiro, e que assume o ónus de demonstrar, mas que não tem nenhuma eficácia «dispositiva» ou vinculante: o facto alegado apenas adquire eficácia (*lato sensu*) dispositiva no momento em que seja qualificado juridicamente, através da sua subsunção a uma norma jurídica[785]. Donde, o vínculo do juiz em relação ao pedido apresentado se refira apenas aos factos principais (não podem acrescentar-se aos factos litigiosos factos principais não alegados pelas partes, nem o exercício dos poderes instrutórios pode dirigir-se à prova de outros factos), deixando de fora os factos secundários ou instrumentais.

Quanto a estes, uma vez que os mesmos não têm nenhuma conexão com a exposição de um pedido ou exceção (não se relacionando, portanto, com o poder de as partes procederem à delimitação do objeto do processo), não existe nenhuma razão para excluir a possibilidade de o juiz os tomar em consideração para efeitos probatórios, ainda que não tenham sido alegados pelas partes.

[784] Segundo Luigi Montesano e Giovanni Arieta, resulta dos artigos 112, 163, nº 4 e 167, nºs 1 e 2 CPCit. a proibição de o juiz decidir para além das razões de facto invocadas pelas partes (Luigi Montesano e Giovanni Arieta, *Diritto Processuale Civile, II*, cit., págs. 137 e segs.).

[785] Apenas deste modo mediato se pode pensar numa ligação entre a alegação dos factos e o princípio dispositivo. O autor nega, para além disso, que exista no Direito italiano um princípio de alegação, referindo-se apenas à existência de um princípio do pedido (artigo 112 CPCit.), com todas as implicações daí decorrentes. Sobre este ponto (defendendo uma posição não totalmente concordante), pode ver-se o nosso artigo: «A admissão dos factos por acordo e a prova do contrário», a publicar na *coletânea de estudos comemorativos dos 20 anos da Faculdade de Direito da Universidade do Porto* (em curso de publicação- prevê-se a publicação para os meses de outubro/novembro 2017).

Contudo (salienta o autor italiano), deve ter-se em conta a proibição, resultante do artigo 115, nº 1 CPCit., de o juiz recorrer à sua «ciência privada». Ao juiz encontra-se assim vedada a possibilidade de proceder a uma investigação pessoal dos factos (instrumentais) – o que implicaria uma atividade «inquisitória» em clara oposição com aquela proibição: os factos instrumentais de que o juiz pode (oficiosamente) tomar conhecimento são aqueles que resultem dos documentos ou dos atos da causa.

Ora, este mesmo raciocínio deve ser aplicado à questão de saber se o juiz pode introduzir no processo, *ex officio iudicis*, novas fontes de prova. Uma vez que o conhecimento do juiz deve ser obtido através dos autos, as diligências probatórias que o mesmo tem o poder de ordenar devem cingir-se à aquisição processual das fontes introduzidas no processo pelas partes, ou resultantes da instrução da causa. Olhemos com mais atenção para este aspeto, e para a conexão do mesmo com o princípio da proibição de recurso à ciência privada.

III. Do princípio da imparcialidade judicial: sua relação com o princípio da proibição de recurso à ciência privada

Este pode não parecer o lugar natural para tratar do princípio da imparcialidade judicial, no entanto, decidimos fazê-lo aqui, pelo facto de alguns autores estabelecerem uma ligação entre este princípio e o princípio da proibição de recurso à ciência privada. Do nosso ponto de vista, deve deslindar-se o problema da imparcialidade do juiz como «estado psicológico» de distanciamento face aos interesses particulares das partes de uma ideia de distanciamento (normativamente imposto – como se verá mais adiante) em relação ao próprio objeto do processo. É com este último sentido que a imparcialidade e a proibição de recurso ao conhecimento privado do juiz se encontram irmanados. Vejamos então:

Embora a função de *jurisdiction* corresponda à principal função do juiz (afirma Jean-Jacques Daigre[786]), já um autor como Séneca[787] salienta a existência de uma outra função (a de *ordinator*[788]), e toda a tradição romana-canónica salienta esta dupla função: «*ordinatoria et decisoria*

[786] Jean-Jacques Daigre, «La doctrine et la reforme de la procedure civile, a propos du pouvoir discrétionnaire du juge en matière de production forcée de pièces», cit.

[787] Séneca (Epistolae ad Lucilium, 109, 14) (apud Jean-Jacques Daigre, ibidem).

[788] Aquele que instrui o processo.

judicis»[789]. A doutrina tradicional olha, contudo, com grande desconfiança para a abertura do processo civil a um princípio inquisitório, atribuindo ao princípio de responsabilidade das partes a função de garantir a devida neutralidade judicial.

Com efeito (afirma, por ex., GEORGES ANDRÉ[790]), deve estar vedada ao juiz a possibilidade de proceder a uma investigação oficiosa das provas, na medida em que isso constituiria uma agressão ao princípio da neutralidade. O seu conhecimento deve, pois, estar limitado aos elementos carreados pelas partes, cabendo à lei determinar quais são os meios de prova, e qual o seu valor probatório (sistema de prova legal)[791]. As partes são «donas dos seus direitos», e consequentemente são-no também dos meios sobre os quais os mesmos assentam[792]. O juiz não pode assim recursar-se a admitir a prova, para julgar segundo o seu conhecimento pessoal, uma vez que, com essa atitude, o juiz sairia da posição de imparcialidade em que deve encontrar-se, para adotar o papel de testemunha: *Nec enim, dit Cujas, et testis et judicis partibus fungi potest*[793].

A jurisprudência moderna (adverte o autor[794]) tem muitas vezes aplicado o princípio segundo o qual o juiz não deve decidir a matéria de facto com base no conhecimento obtido fora do processo, e na qualidade de magistrado. Se o juiz fosse autorizado a declarar assente um facto apenas com base no conhecimento pessoal que dele obteve fora do processo, isso significaria permitir-lhe carrear, ele próprio, para os autos os documentos

[789] «*Une telle injoction (astreinte) ne trouve ni sa source ni son fondement dans la jurisdictio, laquelle ne confère au juge que le pouvoir de constater le droit du cas litigieux qui lui est soumis et de lui en faire application. Hors de ce cadre bien délimité, le juge agit en vertu de son imperium, de ce que Vizioz appelait si parfaitement ses pouvoirs de police juridique, ajoutant que l'astreinte sanctionne la désobéissance à l'ordre du juge et non point un manquement à l'obligation par lui reconnue*» (ibidem). Sobre o poder de o juiz, na Idade Média, dar ordens aos litigantes, e reforçar estas ordens com a aplicação de sanções, veja-se ADHÉMAR ESMEIN, «L'origine et la logique de la jurisprudence en matière d'astreintes», *Revue Trimestrielle de droit civile*, 1903, págs. 37 e segs.

[790] GEORGES ANDRÉ, *Du principe de la neutralité du juge dans l'instruction des affaires civiles*, Paris: Jouve & C., 1910, págs. 5 e segs, e págs. 10 e segs.

[791] O juiz-homem (afirma o autor) dá assim lugar ao juiz, cuja convicção se encontra subordinada a uma espécie de *convicção legal* (ibidem, pág. 6).

[792] Salvo as exceções previstas na lei, são as partes que «fazem o processo», não podendo o juiz, sem o concurso de vontade das mesmas, ordenar a realização de uma medida de instrução como forma de facilitar a tomada de uma decisão.

[793] Ibidem, pág. 14.

[794] Ibidem, pág. 19.

ou as informações necessárias para a tomada de uma decisão – num processo onde as mais elevadas ideias de justiça e de interesse social exigem que ele permaneça um estranho[795]. A prova não pode, pois, ser procurada na noção de juiz como homem-privado, mas antes (e apenas) através dos atos e dos depoimentos regularmente realizados, e das presunções legais invocadas perante si como homem-público[796].

Segundo CHIOVENDA[797], devem manter-se claramente separadas as esferas do juiz e do defensor, já que existe uma verdadeira «incompatibilidade psicológica» entre as funções de «julgar» e de «investigar» os elementos que servem de base às pretensões das partes. A mesma ideia pode encontrar-se em LIEBMAN[798]. A decisão sobre a «ação» ou sobre uma «exceção» pode envolver a tomada de posição sobre um conjunto de factos controvertidos e, como tal, sobre as provas que sobre os mesmos recaiam; a regra que exclui a iniciativa oficiosa do juiz quanto à «recolha» daquelas provas destina-se assim a preservar a imparcialidade desta decisão. Por

[795] Ao opor o seu próprio testemunho às alegações do demandante, e às provas por ele produzidas, o tribunal viola a primeira regra de toda a justiça: «*ne inauditus condemnetur*», uma vez que a parte assim condenada ficaria colocada na impossibilidade de discutir a opinião do juiz, e de demonstrar o seu eventual erro ou injustiça (ibidem, pág. 19).

[796] Posições mais recentes que também relacionam o princípio de responsabilidade das partes com a necessidade de salvaguarda da neutralidade judicial podem encontrar-se, por ex., em RAYMOND MARTIN, «Réflexion sur l'instruction du procès civil», cit., págs 308 e segs., pág. 309; CATHERINE MARRAUD, « Le droit a la preuve, la production forcée des preuves en justice», cit., págs. 39-50; ou LAURENCE RAISON REBUFAT, «Le principe de loyauté en droit de la preuve», *Gazette du Palais – Recueil*, Juillet-Août 2002, págs. 1195-1200 (pág. 1199). Segundo RAYMOND MARTIN, as inovações legais introduzidas com o movimento de reforma do processo civil correspondem a uma tendência que se manifestou espontaneamente nos tribunais, no sentido de completar os meios de prova. Quando o juiz atua desta forma, ele sai da sua posição de neutralidade, abandonando o papel de «polícia» e de «administração» da instrução, para se colocar ao lado de um dos adversários. Com isso, ele começará a pesar na balança em favor de um dos combatentes, sem contudo o manifestar expressamente. Tal intervenção trará a desconfiança das partes, e diminuirá a sua autoridade enquanto administrador do processo (ob. e pág. cit.). Por sua vez, afirma LAURENCE RAISON REBUFAT que a relação entre o juiz civil e as partes é governada pelo princípio dispositivo, de acordo com o qual o processo se encontra sob a disposição das partes. «*Como consequência deste princípio, o juiz deve permanecer numa posição de neutralidade, que exclui a possibilidade de o mesmo apreciar o que quer seja que as partes não tenham querido submeter à sua apreciação*» (ob. e pág. cit.).

[797] GIUSEPPE CHIOVENDA, *Identificazione delle azioni. Sulla regola ne eat iudex ultra petita partium*, cit., pág. 176.

[798] ENRICO TULIO LIEBMAN, «Fondamento del principio dispositivo», cit., pág. 562.

outro lado, destaca também o autor a incompatibilidade psicológica entre «agir» e «julgar»: a serenidade do juiz não deve ser perturbada com a atribuição ao mesmo de um poder de iniciativa probatória (mais condizente com a função da parte, e do seu advogado[799]).

Em Espanha, este entendimento é sufragado, entre outros, por MIGUEL E ROMERO[800]. À medida que aumentam os poderes do juiz de «casta latina» – destaca o autor –, o mesmo vai perdendo a sua imparcialidade e retitude, virtudes preciosas que serão sacrificadas ante o instintivo desejo de que o seu juízo prevaleça, ou – o que é ainda pior – o seu «pré-juízo» (do qual nenhum homem se pode considerar livre[801]).

[799] ENRICO TULIO LIEBMAN, *Manuale di diritto processuale civile*, T.II, 4ª ed., cit., págs. 84-85. No mesma linha pode ver-se, entre outros, CARLO FURNO, *Contributo alla teoria della prova legale*, cit., pág. 151; F.BAUR, , «Potere giudiziale e formalismo del diritto del diritto processuale», *RTDPC*, 1965, págs. 1698-1699; LUIGI MONTESANO e GIOVANNI ARIETA, *Diritto Processuale Civile, II, Il Processo di Cognizione Ordinaria*, 3ª ed., Torino: Giappichelli, 1999, págs. 137 e segs.; e VITTORIO DENTI, «Il ruolo del giudice nel proceso civile tra vecchio e nuovo garantismo», *RTDC*, 1984, págs. 726-740. Segundo este último autor, a posição do juiz pode ser definida como o resultado de uma dupla conceção garantística, que se destina à salvaguarda dos princípios fundamentais da liberdade e da igualdade. A mesma seria: a) «vetero-garantística», baseada na defesa do princípio dispositivo em sentido processual, *i.e.*, como garantia da neutralidade ou imparcialidade do juiz, e, b) «Neo-garantística» que procura a efetiva igualdade das partes. Já LUIGI PAOLO COMOGLIO sublinha que nos sistemas baseados no *método adversarial* a salvaguarda do princípio da imparcialidade é desenhada a partir da própria lógica interna do processo, no qual se verifica uma incidência quase monopolística dos poderes de disposição, e de aportação das partes (modelo isométrico) (LUIGI PAOLO COMOGLIO, *Etica e Tecnica des «Giusto Processo»*, cit., págs. 347 e segs.).

[800] MAURO MIGUEL Y ROMERO, *Principios del moderno derecho procesal civil*, Valladolid: Libreria de Andrés Martín, 1931, págs. 437-438.

[801] «*En la relación procesal, el poder público está representado por el juez, y es claro que tanto mayor será el interés del Estado en la función procesal, cuanto mayor sea el poder del juez en el proceso. La aplicación de este poder, obedece a la admisión del principio social en el proceso civil, que representa la natural evolución de la función jurisdiccional. El juez no era, en otro tiempo, más que un testigo impasible que presidia la lucha privada, para reconocer o consagrar el resultado. Lentamente se desenvuelve el concepto del público interés y ahora el juez ya no asiste indiferente a la contienda, sino que está interesado en que el resultado sea conforme a la actuación del derecho.* (...) *Ciertamente que esta tendência de ampliar o restringir los poderes del juez o de los litigantes, depende de la distinta naturaleza y carácter del pluebo y de las diversas necesidades sociales. Si el poder público está más afirmado en los pueblos germanos, ello no quiere decir, que la civilización y el espíritu jurídico en éstos sea más progresivo que en los otros. La tradición, la historia y el sentimento de autoridad, influyen mucho en el poder del juez. La tendência de ampliar este poder, es ahora general en los pueblos germânicos, pero no en los de raza latina, donde sólo a los litigantes intetesan los processos civiles, aun en los casos de injusticias notórias, cuyo conocimiento y discusión se limita a los parientes y amigos de los mismos, o a los profesionales del foro.*

Já conhecemos a posição inversa. Na verdade (afirma, por ex., MARCEL BELLAMY[802]), reconhece-se hoje a inexistência de uma relação de necessidade entre o poder de disposição das partes sobre os seus direitos e o monopólio das mesmas sobre as iniciativas processuais. A neutralidade do juiz não implica que o mesmo permaneça numa posição de passividade em relação ao desenvolvimento do processo, não devendo confun-

(...) A medida que al juez de raza latina se le aumenten sus poderes y sus intereses en el proceso, irá perdendo su imparcialidad y rectitud, virtudes preciosas, que quedarán sacrificadas ante el deseo instintivo de que prevalezca su juicio, o lo que es peor aun, su prejuicio, del cual ningún hombre se puede considerar libre. No puede en este punto equipararse el proceso penal (...) com el juicio civil que no existe sin actor que lo inicie (nemo judex sine actore), que no permite discutir ni probar más custiones que las alegadas por las partes, a las cuales ha de someterse la resolución judicial, cumpliendo la máxima «secundum allegata et probata partium judicare debet», porque lo que los litigantes no han llevado al proceso, puede considerarse que no está en el mundo, cuando se dicta la sentencia. Si al juez le repugna sentirse encerrado en los limites de la voluntad dominadora de las partes, debe aceptar por lo menos el vínculo de una consideración práctica, ya que los litigantes son los mejores jueces de su propria defensa. Las esferas del juez y del defensor, dice Chiovenda, deben estar claramente separadas, porque existe una verdadera incompatibilidad psicológica, entre el oficio de juzgar y el de buscar los elementos de defensa de las partes, pues de lo contrario, asumiendo el juez el papel de defensor de una de las partes, ofende el principio de igualdad entre ellas, que es uno de los más fundamentales del proceso civil (...)» (ibidem).

Num sentido semelhante, pode ver-se, por ex.: MIGUEL FENECH e JORGE CARRERAS, *Estudios de Derecho procesal*, cit., pág. 264; e EDUARDO GUITIÉRREZ DE CABIEDES, «La socialización del proceso», en *Constitución, Derecho y Proceso. Estudios en memoria de los Profs. Herce Quemada y Dunque Barragues*, Zaragoza, 1983, págs. 432-441 (págs. 432-433); Segundo este último autor, as limitações ao poder de o juiz ordenar provas *ex officio* não constitui uma manifestação do princípio dispositivo, mas antes do dever de imparcialidade: «*A parte, enquanto parte, tende à defesa dos seus interesses particulares, e o juiz, enquanto juiz, tem por função a administração da justiça acima das partes; se o órgão jurisdicional adota em qualquer fase ou ato do processo, por mais importante que seja, a função de parte e a de juiz, perde automaticamente a sua imparcialidade*».

Já segundo DEVIS ECHANDIA, «*Refutado el viejo concepto privatista del proceso civil, caen por su base los argumentos de quienes desean mantener maniatado al juez ante el debate probatorio. Porque si hay un interés público en que el resultado del proceso civil sea justo y legal, el Estado debe dotar al juez de poderes para investigar la verdad de los hechos que las partes afirman en oposición, y nadie puede alegar un derecho a ocultar la verdad o a engañar al juez con pruehas aparentes u omisiones de otras; la imparcialidad del funcionario consiste en aplicar la ley al dictar sentencia, sin que en su criterio pesen otras razones que sus conocimientos jurídicos y las conclusiones a que llegue d`espués del examen de los hechos y sus pruebas, y sin que la amistad o enemistad, el interés o el afecto, tuerzan o determinen sus decisiones. Por otra parte, si se concibe la jurisdicción como un deber del Estado frente al derecho de acción del particular y no sólo como un derecho frente al deber de los particulares de someterse a ella, es apenas obvio que se otorguen al juez los poderes suficientes para cumplir adecuadamente com tal deber*»(HERNANDO DEVIS ECHANDIA, *Teoria general de la prueba judicial*, T. I, Buenos Aires: Víctor P. de Zavalía, 1970, págs. 81-82).

[802] MARCEL BELLAMY, «Le pouvoir de commandement du juge, ou le nouvel esprit du proces», *La semaine juridique*, 1973-1, Doctrine, 2522.

dir-se (afirma, por sua vez, JEAN-JACQUES DAIGRE[803]) «neutralidade» e «inação»[804]. O juiz não tem que permanecer um espectador impassível do debate judiciário, nem a esta ideia se opõe o facto de que «*la machine jugeante est inerte de sa nature*»[805].

Também segundo TARUFFO[806] a ideia de que o princípio de responsabilidade das partes se encontra justificado pela necessidade de salvaguardar a posição de independência e imparcialidade do juiz deve ser rejeitada. Se o juiz exercer corretamente os poderes que lhe são conferidos pela lei, o mesmo fá-lo-á em nome da realização do interesse da justiça, com a finalidade de proceder ao acertamento da verdade dos factos, e não com o propósito de favorecer uma das partes[807].

Pensar que o juiz, no uso do seu poder instrutório, faz a prova da parte (afirma, por sua vez, NUNO DE LEMOS JORGE[808]) assenta num equívoco, que consiste em pensar que os instrumentos que permitem ao juiz e às partes trazer a prova ao processo têm a mesma natureza. Na verdade (e sem prejuízo de as diligências probatórias terem o mesmo conteúdo[809]), pode verificar-se que, ao invés das partes (que propõem a prova no exercício de um direito subjetivo – o direito à prova), o juiz determina a produção de prova no exercício de um poder-dever que a lei, acolhendo um

[803] JEAN-JACQUES DAIGRE, «La doctrine et la reforme de la procedure civile, a propos du pouvoir discrétionnaire du juge en matière de production forcée de pièces», cit.

[804] «*Rien ne justifie qu'ils soient maintenus dans un état de capitis deminutio. Aucun soupçon n'est plus admissible à leur encontre. Ils reçoivent aujourd'hui une longue formation, à l'Université et dans une Grande Ecole, ils intègrent un corps où nul n'est abandonné à lui-même, ils sont soumis à une déontologie ardente et à une responsabilité, enfin ils peuvent être récusés*» (ibidem).

[805] Como foi já amplamente demonstrado (salienta o autor), esta fórmula pretende apenas traduzir o princípio «ne procedat judex ex officio».

[806] MICHELE TARUFFO, «L'istruzione Probatoria», cit., págs 90 e segs.; id., *La semplice verità, Il giudice e la costruzione dei fatti*, cit., págs. 119 e segs.

[807] Segundo o autor, o raciocínio de acordo com o qual o juiz perde a sua imparcialidade quando exerce poderes instrutórios *ex officio iudicis* constitui, assim, uma falácia. Na verdade, isso apenas aconteceria se o juiz exercesse esses poderes de um modo parcial, com a intenção de favorecer uma das partes, e já não se o mesmo os exerce de um modo imparcial, tendo como finalidade adquirir um conhecimento relevante e útil para o acertamento da verdade. É certo que, através da prova obtida, acabará por resultar demonstrada a versão de uma ou de outra parte. Todavia, isso não significa que o juiz não tenha sido imparcial: é a verdade dos factos, e não o juiz, a determinar o resultado do litígio.

[808] NUNO DE LEMOS JORGE, «Os poderes instrutórios do juiz: alguns problemas», cit., págs. 67-68.

[809] Quer sejam requeridas pelas partes, quer resultem da iniciativa do juiz.

modelo processual inquisitório, lhe outorga para satisfazer um interesse: o de garantir que toda a prova que o tribunal entenda ser necessária à formação da sua convicção possa ser produzida[810]. O poder do juiz destina-se assim a tutelar um interesse público de descoberta da verdade, instrumental em relação à realização da justiça.

O conceito de imparcialidade (salienta novamente o autor italiano[811]) reveste-se de uma grande complexidade do ponto de vista ético e político (para além do estritamente jurídico), não sendo, de modo algum, sinónimo de passividade. Pelo contrário, pode verificar-se – quer no plano epistemológico geral, quer no plano do processo, propriamente dito – que a imparcialidade constitui uma «condição da verdade»[812]; razão pela qual, não só a mesma não contrasta com a «procura da verdade», como implica que o juiz se mantenha ativo nessa mesma procura. É a verdade a ser imparcial, e o juiz que procede ao acertamento da «verdade dos factos», não apenas não perde a sua imparcialidade, como a reconfirma, ao não se deixar condicionar, na sua atividade, por fatores estranhos a esse acertamento[813]: pode assim dizer-se que é o próprio dever de acertar autonomamente a verdade que faz com que o juiz seja independente e imparcial em relação à posição das partes[814].

[810] Dentro, claro, dos limites legais.

[811] Michele Taruffo, «L`istruzione Probatoria», cit., págs 90 e segs.; id., *La semplice verità, Il giudice e la costruzione dei fatti*, cit., págs. 119 e segs.

[812] O autor refere-se a uma «conceção epistemológica da imparcialidade», de acordo com a qual a imparcialidade constitui não apenas uma condição prévia para a prossecução da verdade, como uma parte integrante e penetrante da mesma. Com efeito (salienta Taruffo), pode afirmar-se que o juiz apenas é verdadeiramente imparcial na medida em que procure de um modo objetivo a verdade dos factos, fazendo dela o exclusivo fundamento racional da decisão. Ora, esta tarefa implica que o juiz não se limite a ter uma posição equidistante e indiferente face ao objeto da controvérsia, mas que oriente o seu comportamento para a verdade dos factos, sobre a base da prova. A norma constitucional que prevê a imparcialidade do juiz acaba assim por ter um significado menos óbvio do que aquele que parece ter à primeira vista: se o processo justo se encontra estrutural e funcionalmente orientado para a obtenção de decisões justas, e se a fixação da verdade dos factos constitui uma condição necessária da justiça da decisão, então a imparcialidade do juiz constitui um pressuposto necessário do processo justo (Michele Taruffo, *La semplice verità, Il giudice e la costruzione dei fatti*, cit., págs. 119 e segs.).

[813] De acordo com o artigo 10º do Código Modelo Iberoamericano de Ética Judicial, o juiz imparcial é aquele que persegue com objetividade, e com base nas provas, a verdade dos factos.

[814] Ibidem.

Para além disto, o autor italiano chama ainda a atenção para o facto de que o juiz está constantemente a tomar posição a favor de uma ou outra parte (por ex., quando resolve uma questão prejudicial – formal ou de mérito –, ou quando se pronuncia sobre o deferimento de um requerimento probatório[815]); ora, ninguém entende que o mesmo, ao tomar uma decisão deste género, perde a sua independência, ou a sua imparcialidade. Esta posição (de imparcialidade) resulta, portanto, não da passividade do juiz, mas da correção da concreta decisão que o mesmo, inevitavelmente, é chamado a tomar.

No fundo, todas as decisões do juiz são «a favor» ou «contra» uma das partes; importante é que as mesmas sejam tomadas de acordo com a lei e as exigências do processo, e não com a intenção de favorecer uma parte em relação à outra[816]. A melhor solução nesta matéria não passa, pois, por se privar o juiz de quaisquer poderes instrutórios, mas por submeter o exercício dos mesmos a um adequado controlo[817]. Ou seja, o ideal, do ponto de vista epistemológico, é que se proceda, em simultâneo, a uma acentuação do «direito à prova» (em todas as suas dimensões – incluindo a possibi-

[815] Segundo JORDI FENOLL, a resposta ao problema da atribuição de poderes inquisitórios ao juiz implica que se responda a uma outra questão, que diz respeito ao seguinte: em que medida pode dizer-se que a atividade realizada pelo juiz no momento em que este ordena oficiosamente a realização de uma prova é substancialmente diferente daquela que é levada a cabo pelo mesmo quando este se pronuncia sobre a admissibilidade de uma prova requerida pelas partes? Pode verificar-se (responde o autor) que não exite, de um ponto de vista conceptual, uma grande diferença entre as duas atividades. Em ambos os casos o juiz é chamado a ajuizar sobre a *pertinência* e a *utilidade* dos meios de prova a serem produzidos. Donde, a principal diferença diga apenas respeito à «iniciativa» que desencadeia a intervenção do tribunal. Em todo o caso, o juiz tanto pode ser parcial ao propor oficiosamente uma prova, como ao pronunciar-se sobre a admissibilidade da mesma, podendo, por ex., proferir dolosamente um juízo de inadmissibilidade de uma prova requerida por uma das partes (JORDI NIEVA FENOLL, *La valoración de la prueba*, cit., págs. 182 e segs.).

[816] O problema de saber se o juiz deve dispor de poderes inquisitórios não pode assim, segundo o autor, ser encarado de um ponto de vista teórico ou psicológico, mas como um problema de natureza ideológica. A atribuição daqueles poderes é entendida segundo alguns autores como correspondendo à assunção de uma ideologia política anti-liberal, autoritária e totalitária, ao passo que a falta dos mesmos seria típica de regimes políticos de natureza liberal.

[817] É necessário, portanto, que a lei preveja a possibilidade de sindicância do exercício daqueles poderes, no que diz respeito à apreciação da relevância e da admissibilidade da prova oficiosamente disposta pelo juiz, bem como, que atribua às partes a faculdade de deduzir prova contrária àquela, e de discutir com o juiz o resultado da prova produzida por iniciativa deste último.

lidade de controlo da atividade instrutória desenvolvida pelo juiz), e das possibilidades de atuação oficiosa deste último.

A posição de TARUFFO[818] insere-se na linha de pensamento de uma parte da doutrina alemã, sufragada pelo seu Supremo Tribunal, a que pode chamar-se (com ROLF STÜRNER[819]): «conceção materializada da neutralidade». «Juiz neutro» seria não aquele que permanece passivo, mas o que, através da sua atividade, se ocupa da justiça material. ROLF STÜRNER critica esta posição[820]: se a neutralidade judicial significa apenas «ser materialmente justo[821]», então a mesma seria dispensável enquanto categoria particular.

Deve pelo contrário entender-se que a neutralidade judicial abarca um «formalizado elemento de distância», que defende o juiz de uma «justiça feita a qualquer custo»[822]. O autor propõe assim uma solução de meio-termo: a obrigação de neutralidade – que pressupõe uma correta compreensão da posição de «distância» em que o juiz deve encontrar-se – afasta a possibilidade de uma atividade judicial demasiado extensa[823].

[818] Embora a conclusão do autor seja mais conservadora do que se poderia supor (conclui o mesmo, com base nos fundamentos invocados, que não deve privar-se o juiz do exercício de quaisquer poderes instrutórios).

[819] ROLF STÜRNER, *Die richterliche Aufklärung im Zivilprozeß*, cit., págs. 22-28.

[820] O autor critica todas as «soluções extremas», que são dadas pelo modelo inglês (não intromissão do juiz em matéria probatória), e pela chamada «conceção materializada da neutralidade». Quanto a esta última perspetiva, afirma o autor: «*neutral ist nicht der Richter, der sich heraushält; vielmehr ist neutral nur der Richter, der durch seine Aktivitäten materielle Gerechtigkeit schafft. Das BVerfG hat dies in einem Beschluss zum Zwangsversteigerungsverfahren (BVerfGE 42, 64ff, 78) schöner formuliert: "Die richterliche Unparteilichkeit ist kein wertfreies Prinzip, sondern an den Grundwerten der Verfassung orientiert"*» (ibidem, págs. 23-24).

[821] No sentido de prosseguir a justiça material.

[822] A quebra total desta barreira apenas é justificada pela ameaça de uma grave injustiça para uma parte. Deve assim existir uma distância inseparavelmente ligada à atividade do juiz, e o juiz deve evitar qualquer aparência de parcialidade.

[823] Segundo o autor, a verdade não constitui, do ponto de vista processual, um fim, mas apenas um meio. A delimitação do «dever de conselho» deve, assim, seguir a distinção entre o conhecimento judicial da vontade das partes, e a remodelação dessa mesma vontade. O juiz deve interpretar as alegações das partes, mas não deve, em princípio, estimular novas aportações. Esta fronteira tem em conta que a identificação com o papel das partes aumenta quando se trata, não apenas de esclarecer o que já foi manifestado, mas de incentivar novos «pontos de ataque», que são deixados à consideração das partes. Tal identificação marca a fronteira da devida distância judicial; com efeito, e conforme é demonstrado pela moderna sociologia, a identificação com papéis opostos raramente é possível.

Uma posição moderada é também defendida por JOAN PICÓ I JUNOY[824]. Segundo o autor espanhol, em vez de se negar, em absoluto, a possibilidade de o juiz dispor de um poder de iniciativa probatória, deve antes delimitar-se, com precisão, esse mesmo poder. O princípio de responsabilidade das partes, ao contrário do princípio dispositivo, não possui um fundamento constitucional[825]. Ora, e embora isso não signifique que este último princípio (princípio dispositivo) seja imune a conceções políticas[826], o facto é que resulta daquela distinção a possibilidade de demarcar o seu núcleo essencial[827], cindindo-o daquele que corresponde ao princípio de responsabilidade das partes (podendo assim limitar-se o «poder monopolístico» das partes, através da atribuição ao juiz de um poder de iniciativa probatória[828]).

Deve rejeitar-se o argumento segundo o qual a «passividade» do juiz constitui a forma de salvaguardar a sua imparcialidade, e de prevenir o risco, inerente ao exercício de uma atividade probatória *ex officio iudicis*, de o mesmo realizar um «pré-julgamento» da causa. Com efeito – salienta ainda PICÓ I JUNOY –, pode notar-se que, ao decidir exercer o seu poder oficioso, o juiz não se está a colocar ao lado de uma das partes, já que ele não sabe de antemão (antes da produção do respetivo meio de prova) qual das partes será beneficiada com o resultado da mesma (o que equivale a

[824] JOAN PICÓ I JUNOY, *El juez y la prueba*, cit., págs. 99 e segs. Veja-se também id., «El derecho procesal entre el garantismo y la eficacia: Un debate mal planteado», cit., págs. 117-135. Aqui, o autor pronuncia-se favoravelmente em relação ao aumento dos poderes do tribunal em matéria probatória, embora com algumas reservas (contempladas, segundo PICÓ I JUNOY, pela nova LEC), no sentido de salvaguardar o princípio da imparcialidade judicial. A solução que propõe é, pois, uma solução de equilíbrio.

[825] Trata-se antes de um princípio de ordem técnica, que corresponde a um modo particular de conceber o desenvolvimento do processo, no qual a iniciativa do juiz se constringe à vontade das partes.

[826] Pelo contrário, é normal (sublinha JOAN PICÓ I JUNOY) que se relacione o princípio de responsabilidade probatória das partes com o princípio dispositivo, constatando-se que, por norma, o processo inspirado por este último princípio (do dispositivo) é-o igualmente por aquele.

[827] O qual não pode ser restringido, sem que se comprometa a natureza disponível do interesse discutido no processo.

[828] Para um estudo sobre os eventuais componentes «privatistas» e «publicistas» de um CPC, veja-se a detalhada análise de PROTO PISANI (ANDREA PROTO PISANI, «Il codice de procedura civile del 1940 fra pubblico e privato», *Il Foro Italiano*, nº 3 – Marzo 2000, págs. 73 a 87).

dizer que o juiz não sabe à partida qual será o resultado da prova)[829]. A atividade do juiz deve, portanto, ser norteada pelo único propósito de cumprir eficazmente a função de tutela judicial que a Constituição lhe consigna, procurando outorgar uma efetiva tutela dos interesses em litígio[830]. Para além disso, defender a inatividade do juiz civil como forma de proteger o princípio da imparcialidade, e outorgar, por outro lado, poderes de iniciativa instrutória noutras ordens jurisdicionais (como, por ex., a ordem penal ou a contencioso-administrativa) equivale a reconhecer e legitimar que estes tribunais podem ser parciais – ideia que nenhum autor admite[831].

O autor espanhol chama ainda a atenção para o facto de que é contraditório, ao mesmo tempo em que se nega ao juiz a possibilidade de ordenar oficiosamente a realização de prova, outorgar-lhe amplíssimas faculdades no que diz respeito à realização dessas mesmas provas – ao ponto, por ex., de o mesmo ter o poder de admitir ou negar a produção de uma prova, de fazer perguntas às testemunhas ou às partes, ou de, a respeito da prova

829 É verdade que o juiz desconhece, no momento em que ordena a realização da prova, qual será o resultado da mesma. Todavia, não deve desconsiderar-se o facto de que a «falta de prova» beneficia a parte contrária àquela sobre a qual impende o respetivo ónus, uma vez que as situações de *non liquet* devem ser resolvidas contra esta última. Donde, não seja correto dizer-se que através do exercício de poderes instrutórios o juiz não pode pretender favorecer uma parte. Na verdade, isso pode bem acontecer, *i.e.*, pode dar-se o caso de o juiz utilizar os seus poderes por forma a favorecer os interesses de uma das partes, ao fazer recair a sua atividade instrutória unicamente sobre os enunciados de facto com a prova dos quais essa parte se encontra onerada, e face aos quais o juiz não dispõe de elementos suficientes para formular um juízo probatório favorável. Pode mesmo acontecer que, tendo elementos que deem como provado o «contrário do facto», o juiz continue uma atividade instrutória com o objetivo de destruir o juízo probatório que dos mesmos decorre. A conclusão que daqui decorre não é, contudo, que o exercício oficioso de poderes instrutórios constitui uma ofensa à posição de imparcialidade do juiz, mas que isso pode suceder. Daí a necessidade de se proceder à delimitação, com a exatidão possível, dos limites ao exercício daqueles poderes.

830 Qualquer outra inquietação do juiz (salienta o autor), como aquela que diz respeito à proteção da parte economicamente mais fraca, e à salvaguarda de uma igualdade substancial ou real, deve ser posta de lado, sob pena de agressão ao princípio da imparcialidade. Com efeito, o juiz não deve, sob pena de sair da posição de neutralidade, pôr-se ao lado de uma parte. A proteção da parte economicamente mais fraca não constitui assim uma função que cumpra ao juiz desempenhar, a mesma devendo ter lugar através de uma adequada regulação do «Direito constitucional» à chamada «Justiça gratuita».

831 Este raciocínio (acrescenta o autor) pode, aliás, ser estendido aos próprios juízes civis, no âmbito dos chamados «processos civis não dispositivos», a respeito dos quais o artigo 752.1IILEC atribui a possibilidade de «*decretar de oficio cuantas* [provas] *estime pertinentes*».

pericial, formular perguntas ou requerer explicações ao perito[832]. Como destaca BARBOSA MOREIRA[833], levada às últimas consequências a suposta perda de imparcialidade do juiz, então a lei deveria vedar, de um modo absoluto, qualquer tipo de iniciativa oficiosa em matéria probatória – o que provavelmente nunca aconteceu, e não é defendido nem sequer pelos mais radicais representantes do «*dispositivismo*» na ciência processual civil.

Quanto à possibilidade de o juiz ter uma pré-disposição, inconsciente (sublinha GUTIÉRREZ DE CABIEDES[834]), para outorgar um valor probatório distinto ao resultado das provas realizadas por sua iniciativa, afirma JOAN PICÓ I JUNOY que, embora excecionalmente tal se possa verificar, a solução se encontra, não na negação daquele poder, mas na possibilidade de as partes recorrerem de tal sentença, com fundamento numa errada apreciação da prova[835]. E o mesmo se diga da possibilidade de o juiz fazer um uso abusivo do poder instrutório que a lei lhe confere[836]. Também este exercício arbitrário, cujo risco de existência é menor no caso de o juiz dispor apenas de poderes limitados, pode ser corrigido através do recurso.

Em suma: entende o autor[837] que a melhor forma de proteger o princípio da neutralidade consiste em delimitar devidamente os poderes instrutórios do tribunal, cingindo-os aos factos discutidos no processo (salvaguarda do princípio dispositivo), e às fontes de prova de cuja existência o juiz tome conhecimento através dos autos[838] (impedindo-se dessa forma uma atuação do tribunal suscetível de pôr em risco o princípio da imparciali-

[832] Artigos 306.1II, 347.2 e 372.2LEC.

[833] JOSÉ CARLOS BARBOSA MOREIRA, «Breves reflexiones sobre la iniciativa oficial en materia de prueba», *Libro de homenaje a Jaime Guasp*, Granada: Comares, 1984, págs. 155-160 (pág. 156).

[834] EDUARDO GUITIÉRREZ DE CABIEDES, «La socialización del proceso», cit., pág. 433; em sentido análogo FAUSTINO CORDÓN MORENO, *Introducción al derecho procesal*, Pamplona: Eunsa, 1994, pág. 142.

[835] Neste sentido, veja-se HERNANDO DEVÍS ECHANDÍA, *Teoría general de la prueba judicial*, T.I., cit., pág. 130; e, A.M. MORELLO, *La prueba. Tendencias modernas*, Buenos Aires: Librería Editora Platense, 1991, págs. 213 e segs.

[836] Neste sentido, pode ver-se SENTÍS MELENDO, «Los poderes del juez (Lo que el juez puede o podrá)», *Revista Jurídica de Cataluña*, 1976, num. III., págs. 655-699 (pág. 690).

[837] JOAN PICÓ I JUNOY, «El derecho procesal entre el garantismo y la eficacia: Un debate mal planteado», cit., págs. 128 e segs.

[838] Como, por ex., a identidade da testemunha chamada a depor. No mesmo sentido se pronunciam JOSÉ GARBERÍ LLOBREGAT e GUADALUPE BUITRÓN RAMÍREZ, *La Prueba Civil*, cit., pág. 183.

dade judicial). Para além disso, deve permitir-se o exercício do «direito de defesa» das partes (princípio do contraditório), através da possibilidade de as mesmas ampliarem os meios de prova por si inicialmente propostos.

a) Apreciação

Conforme se viu, resulta do pensamento de uma parte da doutrina o estabelecimento de uma ligação entre o princípio da imparcialidade e o princípio da proibição de recurso à «ciência privada», resultando daqui, por sua vez, um condicionamento da atuação instrutória do juiz às fontes de prova de que o mesmo toma conhecimento através dos autos. Ao juiz estaria assim vedado, sob pena de sair da posição de neutralidade em que deve encontrar-se, proceder a uma investigação autónoma daquelas fontes[839]. É a posição de autores como Georges André[840] (*Nec enim, dit Cujas, et testis et judicis partibus fungi potest*), Joan Picó i Junoy[841], Giovanni Fabbrini[842], ou Antonios Diakonis[843] («*quod non est in actis non est in mundo*»).

Se olharmos de perto para o entendimento destes autores, podemos verificar que o sentido de imparcialidade de que os mesmos se valem diz respeito, não a um «estado psicológico» de distanciamento face aos interesses particulares das partes (estado este que, naturalmente, deverá existir sempre que o juiz se proponha exercer qualquer poder processual), mas a uma ideia de distanciamento em relação ao próprio objeto do processo. Na verdade[844], não se vê em que medida uma «investigação autónoma do juiz» poria em causa o princípio da imparcialidade, no primeiro sentido[845]:

839 O seu papel instrutório limitando-se à produção, mesmo oficiosa, dos meios de prova idóneos à aquisição das fontes já existentes nos autos (prova pré-constituída), ou à aquisição de novas fontes de prova (prova constituenda).

840 Georges André, *Du principe de la neutralité du juge dans l`instruction des affaires civiles*, cit., págs. 5 e segs., em especial, pág. 23.

841 Joan Picó i Junoy, "«El derecho procesal entre el garantismo y la eficacia: Un debate mal planteado», cit. págs. 117-135; Joan Picó i Junoy, *El juez y la prueba*, cit., págs. 117 segs.

842 Giovanni Fabbrini, «Potere del giudice (diritto processuale civile)», cit., págs. 734-737. Segundo este autor, a iniciativa probatória do juiz não pode constituir uma forma de o mesmo contornar a proibição de recurso à ciência privada. O juiz deve exercer a sua iniciativa com base nas fontes de prova existentes nos autos, já que, de outra forma, violaria a proibição de fazer uso do seu conhecimento privado.

843 Antonios Diakonis, *Grundfragen der Beweiserhebung von Amts wegen im Zivilprozess*, cit., págs. 105 e segs.

844 E deixando de lado as implicações do princípio dispositivo material.

845 «Estado psicológico» de distanciamento face aos interesses particulares das partes.

pelo contrário, pode bem dizer-se que uma tal atividade se fundaria no único propósito de proceder a um «acertamento verdadeiro dos factos da causa», servindo o superior interesse de realização da justiça.

Pode afirmar-se – é certo – que o aumento dos poderes do juiz aumenta, em igual proporção, o risco de uma atuação parcial do mesmo, ou seja, uma atuação dirigida ao favorecimento de uma das partes[846]. Não obstante, se aceitarmos uma «conceção materializada» da imparcialidade, não vemos como possa negar-se o argumento segundo o qual o exercício do poder instrutório do juiz, quando utilizado com vista à prossecução da finalidade para a qual o mesmo lhe foi outorgada (o apuramento da verdade), não constitui qualquer ofensa ao princípio da imparcialidade; o mesmo não se podendo dizer – claro-está – dos casos em que o juiz faz um uso do seu poder contrário àquele fim, com vista ao favorecimento de uma das partes.

O problema assume, porém, contornos diferentes se, em vez de imparcialidade no sentido de «equidistância em relação aos interesses particulares partes»[847], falarmos de imparcialidade como «equidistância em relação ao objeto do processo»: dizer que a instrução da causa deve ser feita perante um «terceiro» imparcial significa aqui que a mesma deve decorrer perante alguém (o juiz) sem nenhuma ideia (pré-) construída acerca dos factos controvertidos, e cuja convicção sobre a «verdade dos factos» é obtida unicamente através da atividade probatória realizada dentro do processo[848].

[846] Nesse sentido, NUNO DE LEMOS JORGE, «Os poderes instrutórios do juiz: alguns problemas», cit., pág. 68.

[847] Parcial, neste sentido, é o juiz que atua tendo em vista, não a realização da justiça, mas a satisfação dos interesses privados de uma das partes, através da prossecução das condições de procedibilidade da respetiva pretensão. Encarado o problema desta forma – e sem prejuízo do facto de que, quanto maior forem os poderes atribuídos ao juiz, maior será o risco de que o mesmo faça deles um uso parcial, – sufragamos a opinião dos autores de acordo com os quais o exercício destes poderes não constitui uma ofensa ao princípio da imparcialidade. A atividade oficiosa do juiz deve ter por fim, exclusivamente, o apuramento da verdade e a realização da justiça. Quanto àquele risco, deve, aliás, notar-se que o mesmo não é menor nos casos em que o juiz é chamado a pronunciar-se sobre a admissibilidade de uma prova requerida pelas partes.

[848] Assim é também no processo penal, no qual o juiz de instrução se encontra impedido de intervir na fase de julgamento. Esta regra não existe no processo civil, dada a diversa estrutura do mesmo. Com efeito, a fase de instrução destina-se, no processo penal, a confirmar judicialmente a acusação, decidindo-se se o caso deve ou não ser levado a julgamento. Esta fase não encontra paralelo no processo civil. Neste, pode acontecer que, em face dos elementos de julgamento já existentes nos autos, o juiz opte por decidir a causa logo no despacho saneador (saneador-sentença) – o que, sem prejuízo da revisibilidade desta decisão, faz com que o

Os olhos do juiz devem estar voltados para o «processo», já que é apenas para este (e para os elementos nele existentes) que a coletividade de cidadãos, e o tribunal *ad quem*, podem olhar para aferir da bondade da sua decisão.

Ora, e vista a questão sob este ângulo (o único viável[849]), pode notar-se que a limitação ao poder instrutório do juiz, que resulta da necessidade de salvaguarda do princípio da imparcialidade, não se reconduz a um problema de delimitação quantitativa daquele poder, mas a um problema de delimitação qualitativa do mesmo. Ou seja, não se trata de demarcar um limite (quantitativo) a partir do qual o exercício do seu poder instrutório deixa de estar em concordância com o princípio da imparcialidade, mas de traçar, de um ponto de vista qualitativo, os limites dessa atividade. Vejamos:

IV. Da «proibição de recurso à ciência privada»

Ainda hoje (afirma VOLKER LIPP[850]) a proibição de recurso ao «conhecimento privado» e ao «testemunho por ofício» do juiz é preponderantemente vista como um instrumento que visa garantir a neutralidade deste último contra o perigo psicológico de um pré-julgamento da causa. Todavia, esta proibição de recurso à ciência privada não se verifica em todo o tipo de «procedimentos judiciais», mas apenas em tipos concretos de procedimento, nos quais a neutralidade assume um significado específico. O processo para o qual a «neutralidade é constitutiva» é o processo judicial, no qual o juiz deve decidir como um «terceiro equidistante» em relação aos litigantes e aos factos da causa[851].

Recentemente – salienta o autor – descreveu-se o processo judicial como um «processo neutro», uma vez que existem nele garantias procedimentais (pense-se nas regras de impedimento e escusa do juiz[852]) destinadas

processo finde nesta fase; mas, tal não corresponde a uma decisão sobre se a causa deve ser levada a julgamento, mas a uma antecipação desse mesmo julgamento.

849 Atendendo à aceitação de uma «conceção materializada» da imparcialidade, vista do ponto de vista do distanciamento face aos interesses particulares das partes.

850 VOLKER LIPP, *Das private Wissen des Richters, Zur Unparteilichkeit des Richters im Prozeß*, Heidelberg: C.F. Müller Verlag, 1995, págs. 49 e segs.

851 «*Dasjenige Verfahren, für das die Neutralität des Richters konstitutiv ist, ist das Verfahren der Rechtsprechung, in dem der Richter als unbeteiligter Dritter in Distanz zu den Beteiligten und dem zu beurteilenden Sachverhalt entscheidet*» (ibidem, pág. 49).

852 Veja-se o disposto no artigo artigo 115º, nº 1, alínea h) (situação de impedimento no caso em que o o juiz possua um conhecimento sobre os factos da causa e deva depor como testemunha). O «conhecimento do juiz» constitui neste caso uma «fonte de prova» (prova pré-constituída)

a garantir a imparcialidade do juiz, entendendo-se esta última (imparcialidade) como um estado psicológico, uma atitude interior, ou um estado empírico que o juiz deve procurar ter. Com isto menospreza-se o facto de a neutralidade não representar, aqui, um estado empírico, mas um princípio normativo, relacionado com uma área jurídica específica (que é a área do processo judicial)[853]. O processo no qual o juiz decide de um modo neutro, e como terceiro equidistante deve, portanto, refletir esta neutralidade na sua estrutura normativa. Por conseguinte, o significado judicial da neutralidade não pode ser concretizado independentemente do modo como se configure o respetivo procedimento.

O autor estabelece uma comparação muito interessante com a neutralidade dos funcionários públicos, no âmbito dos procedimentos administrativos. É evidente que também estes funcionários são chamados a decidir de um modo imparcial, no entanto, as «regras de impedimento» diferem muito, no procedimento administrativo, daquilo que se verifica no âmbito do processo judicial. Mais concretamente, o funcionário público pode ser testemunha e, ao mesmo tempo, tomar uma decisão sobre a matéria de facto[854]. A diferença é de caráter estrutural. Desta forma, podemos verificar que a pergunta sobre o significado processual de uma decisão imparcial e equidistante equivale a questionar as condições sob as quais o juiz deve, no respetivo processo, tomar uma decisão. Ou seja, equivale a questionar o modo como a neutralidade do juiz (mais do que «assegurada») é «estabelecida» nesse mesmo processo[855].

que pode ser adquirido processualmente através do recurso à «prova testemunhal» (meio de prova). Ora, o juiz não pode ser simultaneamente, como dizem – e bem – os autores citados, «juiz» e «testemunha».

853 *«Damit wird jedoch verkannt, daß die Neutralität des rechtsprechenden Richters keinen empirischen Befund sondern ein normatives Sachprinzip darstellt, das sich auf einen bestimmten rechtlich geprägten Bereich bezieht, nämlich auf das Verfahren der Rechtsprechung». «Das Verfahren, in dem der Richter als neutraler, unbeteiligter Dritter entscheidet, muß daher in seiner normativen Struktur diese Neutralität widerspiegeln. Dann kann aber umgekehrt die rechtliche Bedeutung der Neutralität des Richters nicht unabhängig von der Ausgestaltung des Verfahrens bestimmt werden»* (ibidem, pág. 50).

854 *«Auch der Verwaltungsbeamte soll neutral und unvoreingenommen entscheiden. Gleichwohl unterscheiden sich die Befangenheitsregeln der Verwaltungsverfahrensgesetze von denjenigen der Prozeßordnungen erheblich. Insbesondere darf ein Verwaltungsbeamter im Verwaltungsverfahren zugleich Zeuge sein und in der Sache entscheiden. Die Verwaltungsverfahrensgesetze kennen keinen Ausschluß des als Zeugen vernommenen Beamten vom Verwaltungsverfahren».* (ibidem).

855 *«Fragt man demnach, was es prozessual, also vom Verfahren her gesehen, bedeutet, wenn der Richter im Verfahren der Rechtsprechung als neutraler, unbeteiligter Dritter urteilt, wird damit nach*

A insusceptibilidade de o juiz ser simultaneamente juiz e testemunha, e a proibição de o mesmo fazer uso do seu conhecimento privado (perceção extrajudicial dos factos) representa um elemento estrutural do processo judicial (civil e penal), na medida em que, em todos os códigos processuais, a participação do juiz no julgamento da causa, depois de ter nela intervindo como testemunha, constitui uma causa de anulação da decisão. Para se determinar a razão de ser desta regra deve, assim, atender-se ao modo como a mesma «estabelece» a neutralidade do juiz[856].

Desta forma, pode notar-se que aquelas regras dizem respeito à relação do juiz com os factos que constituem o fundamento da sua decisão. Ao se considerar o efeito da proibição de recurso à «ciência privada» no estabelecimento processual dos factos, pode constatar-se que a mesma exclui a possibilidade de um acesso direto do juiz ao seu próprio conhecimento, e estabelece um distanciamento do mesmo em relação àqueles factos. Este distanciamento constitui assim aquilo que deve entender-se por «neutralidade judicial»[857]. Uma vez que se encontra vedado ao juiz fazer uso da sua perceção extrajudicial da realidade, ele deve tomar uma decisão com base na «imagem dos factos» que lhe foi transmitida no, e através do processo (não devendo duvidar dessa «verdade», por apelo a um qualquer conhecimento extrajudicial).

No processo os factos devem, portanto, «ser tidos como verdadeiros» (sendo utilizados como fundamento da decisão final de mérito) quando tiverem sido devidamente estabelecidos, nos termos da lei do processo. O juiz deve manter-se distanciado de qualquer convicção pessoal, ou pré-processual, só assim o resultado do processo sendo imprevisível no início do mesmo, e as partes tendo garantidos os seus direitos de defesa[858].

den Bedingungen gefragt, unter denen der Richter in diesem Verfahren entscheidet, und danach, wie die Neutralität des Richters in diesem Verfahren hergestellt – und nicht nur lediglich: gesichert – wird» (ibidem, pág. 51).

[856] «*Will man den Geltungsgrund dieser Regelung bestimmen, muß man daher untersuchen, wie gerade diese Regelungen die Neutralität des Richters im Verfahren herstellen*» (ibidem, pág. 51).

[857] «*Gerade diese Distanz zur Tatsachengrundlage des Urteils konstituiert die Neutralität des Richters im Prozeß*». (ibidem, pág. 52).

[858] O juiz não sabe – antes e independentemente do processo – quem tem razão e, portanto, não está condicionado pelo ponto de vista das partes. Só assim (afirma VOLKER LIPP) ele é imparcial, e pode tratar os litigantes de um modo igual. E estes podem, por sua vez, participar com igualdade de direitos na «fixação dos factos». O distanciamento face à «verdade pré-processual» permite assim, desde logo, que o processo corresponda a um procedimento

O fundamento fático da decisão deve, pois, ser determinado através do processo, já que é nele que o juiz (não tendo qualquer pré-juízo sobre os factos da causa) toma pela primeira vez conhecimento dos mesmos, através da iniciativa das partes. São as partes (e não o juiz) que introduzem no processo o seu conhecimento sobre os factos. O conhecimento das partes é extraprocessual, ao passo que o do juiz, sendo obrigatoriamente obtido dentro do processo e no contexto específico do respetivo objeto, é um conhecimento necessariamente processual. O juiz encontra-se, assim, dependente da iniciativa das partes, as quais são chamadas a introduzir

neutro, incerto quanto à sua resolução, sem pré-juízos, e com igualdade de armas entre os litigantes. Esta consideração (adverte o autor) pode ser sujeita a uma objeção óbvia, que diz respeito ao facto de o prévio conhecimento do juiz poder influenciá-lo no seu julgamento (aspeto a que a lei processual não pode dar resposta). Todavia, embora de um ponto de vista psicológico faça sentido o aviso sobre a possibilidade de uma «influência inconsciente» resultante daquele «juízo prévio» sobre o julgamento da causa, a verdade é que o mesmo induz em erro quanto ao projetado fim daquelas normas; na verdade (afirma Volker Lipp), a proibição de o juiz fazer uso do seu conhecimento privado e do «testemunho por dever de ofício» correspondem a elementos estruturais do processo, que «constituem» o mesmo como «normativamente neutro». Apenas aqui, e não como garantia contra a ameaça psicológica que pode resultar da sua perceção extrajudicial dos factos, se situa o significado processual daquela proibição. Sem prejuízo deste aspeto, e embora não seja essa a razão de ser daquelas normas, nota ainda o autor que as mesmas não deixam de oferecer alguma proteção contra o «risco psicológico» de um pré-julgamento, a saber, aquela que diz respeito aos casos em que o juiz utiliza de um modo expresso o seu conhecimento extrajudicial dos factos. Já as hipóteses em que se verifica uma influência tácita e inconsciente da sua perceção extrajudicial devem ser tratados de outra forma. Aqui, o problema coloca-se nos mesmos termos das situações em que existam restrições legais de recolha e utilização de prova – pode, com efeito, acontecer que o juiz possua um conhecimento que não pode utilizar (basta pensar no caso de o mesmo ter acesso a uma fonte de prova que foi ilegalmente obtida, e desentranhada dos autos), e que pode influenciar o seu julgamento de um ponto de vista psicológico. Em nenhum caso, porém, a observância destes limites processuais é deixada ao juízo pessoal do juiz, sendo antes garantida através da obrigação de fundamentação da sentença, e da possibilidade de recurso. A imparcialidade do juiz é assim «processualmente estabelecida» através do seu distanciamento face ao objeto do processo, e face aos factos sobre os quais recairá a sua decisão. Apenas quando o juiz está distanciado de toda a verdade pré-processual, no que se refere aos acontecimentos sob julgamento, pode dizer-se que a sua decisão não é determinada fora e independentemente do processo. Pelo contrário, o juiz perderá o seu distanciamento face aos factos da causa, e assim a sua imparcialidade, quando, fora do processo, e independentemente dos acontecimentos processuais e do impulso das partes, adquire um conhecimento próprio sobre os factos da causa. O juiz sabe neste caso de antemão quem tem razão, e o processo deixa de estar aberto quanto ao seu resultado, não se assegurando a igualdade de armas, e o princípio do contraditório (ibdem, págs. 53 e segs.).

no processo o seu conhecimento sobre os factos da causa[859] (*Verhandlungsgrundsatz*).

Comparando este plano com o do direito processual penal, nota o autor que, embora exista neste último uma fase destinada à «investigação completa» dos factos (que conduzirá, no caso de se apurar a existência de responsabilidade do arguido, ao proferimento de uma acusação), esta (acusação) deverá depois ser sustentada pelo MP em julgamento, perante um terceiro imparcial, sem qualquer pré-juízo sobre os factos da causa (daí a proibição de o juiz instrutor participar na fase julgamento). A proibição de recurso à ciência privada não constitui assim uma especificidade do processo dispositivo[860], já que também num sistema de base inquisitória o princípio «*quod non est in actis non est in mundo*» se afigura como um princípio jurídico fundamental. A diferença entre aqueles sistemas não pode estar aqui. Com efeito, a «justiça» deve – em qualquer caso – ser «demonstrável»; uma decisão «materialmente» justa seria encarada, do ponto de vista da sociedade, como uma decisão injusta, no caso de a mesma não encontrar reflexo no resultado probatório legalmente obtido no processo.

A preservação da posição de «distanciamento» do juiz em relação aos factos da causa implica, portanto, que o mesmo não utilize no processo o seu «conhecimento privado», nem procure obter uma representação pessoal daqueles factos, através da assunção de uma posição de «juiz-investigador». A exclusão de uma «investigação privada» dos factos constitui assim o reflexo da proibição de o juiz fazer uso do seu conhecimento pessoal, o que implica não apenas que o mesmo se liberte de qualquer «verdade pré-processual», como também que ele se abstenha de formar uma

[859] «*Nicht der Richter, sondern die Prozeßbeteiligten bringen ihr Wissen vom Geschehen in den Prozeß ein. Ihr Wissen ist notwendig außerprozessuales Wissen, während der Richter erst im und durch den Prozeß und nu rim Rahmen des Prozeßgegenstandes davon erfährt und erfahren darf*».*Er ist daher darauf angewiesen, daß die Prozeßbeteiligten ihr außerprozessuales Wissen von dem Geschehen in den Prozeßeinführen*» (ibidem, pág. 57).

[860] Neste sentido, Carmine Punzi, *Il Processo Civile, Sistema e Problematiche*, Volume I, cit., págs. 387 e segs. Segundo o autor, a doutrina alemã, bem como a italiana, procuraram justificar a proibição de recurso à ciência privada com a natural incompatibilidade psicológica entre as funções de julgar e testemunhar. Todavia, embora esta observação seja exata, a mesma não serve para caraterizar o processo de tipo dispositivo, já que a referida incompatibilidade não diz apenas respeito a este tipo de processo. Com efeito, deve reconhecer-se que, também num processo de natureza inquisitória, o acertamento da verdade não pode ser o resultado de um mero conhecimento privado que o juiz tenha dos factos da causa.

convicção sobre aqueles factos à margem do processo. Só assim se pode dizer que o juiz não se encontra «determinado» na sua decisão[861], podendo relacionar-se com as partes como um terceiro imparcial, e estando salvaguardadas as suas garantias processuais (princípio do contraditório, princípio de igualdade, etc.).

Em suma: o exercício de uma atividade judicial à margem dos elementos do processo constituiria uma agressão ao «justo processo», uma vez que a aquisição processual de qualquer elemento (de facto ou de prova) deve ser feito com o conhecimento das partes, as quais devem poder controlar essa aquisição e pronunciar-se sobre a mesma de um modo contraditório[862]. Para além disso, a tomada de uma decisão com base num conhecimento do foro interno do juiz não estaria sujeita à sindicância do tribunal *ad quem*[863]. Ao juiz deve assim estar vedado realizar uma investigação à margem do processo; na verdade, um juiz que investigasse os factos de um modo privado, formando sobre eles uma convicção pessoal, teria depois dificuldade em libertar-se dessa mesma convicção para julgar o processo à luz (apenas) das provas existentes nos autos. O conhecimento obtido desta forma converter-se-ia, ele próprio, numa «fonte de prova»; ora, como vimos, isso corresponde a uma causa de impedimento do juiz (o qual não pode, ao mesmo tempo, ser juiz e testemunha). O conhecimento pessoal do juiz (enquanto juiz) não existe para efeitos processuais, não podendo,

[861] *I.e.*: que esta decisão não parte de um «pré-julgamento» do juiz sobre os factos em litígio.

[862] Neste sentido, veja-se NICOLA PICARDI, *Codice di Procedura Civile*, T. I, cit., págs. 859 e segs.; e CARMINE PUNZI, *Il Processo Civile, Sistema e Problematiche*, Volume II, *La Fase di Cognizione nella Tutela dei Diritto*, 2ª ed., Torino: Giappichelli, 2010, págs. 74 e segs. Segundo PUNZI, a teoria de acordo com a qual a norma do artigo 115, nº 1 CPCit. encontra fundamento na proibição de recurso à ciência privada (por ex., VIRGILIO ANDRIOLI, «Prova in Genere (Diritto civile)», cit., pág. 278) inverte a perspetiva dos autores que sustentam o princípio de responsabilidade probatória das partes, ao desvendarem na norma contida naquele artigo uma genérica proibição de o juiz fundar a sua decisão em elementos de julgamento estranhos àqueles que tenham sido aportados pelas partes. Tratar-se-ia assim do princípio, já normativamente consagrado (artigo 97 disp. att.), destinado a prevenir que o juiz funde a sua decisão num conhecimento pessoal dos factos da causa. A exclusão de recurso à «informação privada» corresponderia assim ao modo de garantir uma efetiva inviolabilidade do princípio do contraditório.

[863] Com efeito, se o juiz faz uso do seu «conhecimento privado», as partes não têm possibilidade de se pronunciar e de impugnar a respetiva decisão, já que se torna impossível um controlo racional da mesma. Com que fundamento poderiam as partes recorrer da «decisão de facto» do juiz, se o mesmo pudesse fundar essa decisão num conhecimento pessoal dos factos?

portanto, ser utilizado como elemento de fundamentação da sua decisão de facto.

V. Conclusão parcial

Sem prejuízo da possibilidade de o juiz conhecer oficiosamente os factos instrumentais que resultem da instrução da causa (e de ordenar *ex officio* a realização de diligências probatórias destinadas à aquisição processual de fontes de prova que resultem dessa mesma instrução), encontra-se vedada ao mesmo a possibilidade de proceder a uma investigação autónoma destes factos e fontes. Tal é o resultado do modo como a imparcialidade se encontra «constituída» no processo judicial, através da proibição do recurso à ciência privada.

A atividade do juiz-*ordinator* encontra-se assim limitada aos elementos (factos e provas) de que o mesmo toma conhecimento no, e através do, processo. Quando se trata de delimitar, de um ponto de vista qualitativo, o poder que a lei confere ao juiz deve assim ter-se presente a distinção entre os conceitos de «fonte de prova» e «meio de prova». Na realidade, o poder instrutório do juiz não diz respeito à «pesquisa» oficiosa das fontes de prova, mas à realização dos meios processuais destinados à aquisição processual das fontes cujo conhecimento o mesmo obteve (necessariamente) dentro do processo[864]. Não se trata assim, como já tínhamos advertido,

[864] Parece-nos existir um relativo consenso doutrinal em torno deste ponto, que tem por base a necessidade de prevenir uma atuação inquisitória do tribunal (veja-se, por ex., Nicola Picardi, *Codice di Procedura Civile,* T. I, cit., págs. 859 e segs.; Carmine Punzi, *Il Processo Civile, Sistema e Problematiche,* Volume II, cit., págs. 74 e segs.; e Luigi Montesano e Giovanni Arieta, *Diritto Processuale Civile, II,* cit., págs. 137 e segs.). Segundo estes últimos autores, a razão de ser da limitação dos poderes do tribunal prende-se com o receio de que o mesmo faça deles um uso ilegítimo, de modo a pesquisar inquisitoriamente fontes de prova estranhas à defesa das partes. A não inquisitoriedade do processo (que se funda não tanto na disponibilidade dos direitos, mas na garantia da imparcialidade «psicológica» do juiz) impõe que, pelo menos no processo comum, tais competências oficiosas sejam atribuídas, por regra, ao M.P, ou a sujeitos diferentes do juiz; e, nos casos em que coexistam impulsos oficiosos do juiz e do M.P. (como acontece nos processo de interdição ou de inabilitação), os poderes do primeiro (juiz) devem limitar-se à disposição dos meios de prova, ao passo que os do segundo (MP) se podem estender à procura e à produção em juízo das fontes de prova.
Joan Picó i Junoy (Joan Picó i Junoy, *El juez y la prueba,* cit., págs. 99 e segs) salienta, por sua vez, a existência de limites constitucionais à atividade do tribunal. Esta deve restringir-se aos factos discutidos no processo (princípio dispositivo) e às fontes de prova existentes nos autos – só assim sendo possível impedir que o juiz atue inquisitoriamente, ou que utilize o

de um verdadeiro poder inquisitório do juiz, no sentido de uma pesquisa autónoma das fontes materiais da prova e dos factos secundários fontes de presunções, mas de um poder de atuação oficiosa, circunscrito aos elementos existentes no interior do processo.

Ou seja, resulta do princípio de proibição de recurso à ciência privada – aquele a que se dirige o significado original do brocardo «*iudex iudicare debet*» – que a atividade instrutória do juiz deve estar limitada à aquisição processual das fontes probatórias direta ou indiretamente introduzidas no processo pelas partes, ou de outra forma legalmente adquiridas no processo, atividade esta que não deve ser confundida com uma investigação oficiosa dos factos: ao juiz civil compete «apurar», e não «investigar» a verdade, já que a tarefa de investigação não se encontra, por definição, previamente delimitada por uma determinada «hipótese fática». O poder do juiz circunscreve-se assim à realização dos meios probatórios previstos no título V do Código, tendo por base os elementos carreados pelas partes para os autos[865].

Ora, resulta daqui a conclusão de que a atividade instrutória do juiz tem sempre por base a prévia iniciativa das partes, na medida em que, por um

seu «conhecimento privado» à margem dos resultados obtidos dentro do processo. A devida imparcialidade do julgador é assim salvaguardada através da proibição de o mesmo proceder a uma investigação de novas fontes de prova. À margem do uso das fontes probatórias de que o juiz toma conhecimento através do processo, o juiz não pode ter iniciativa probatória, na medida em que a sua «fonte de conhecimento» seria «insindicável», o que comprometeria a confiança das partes na objetividade da atuação do juiz (nesse sentido, Juan Pico y Runoy, *La imparcialidad judicial y sus garantias: la abstención y la recusación*, Barcelona: Bosch, 1998, especialmente, págs. 24-25, 51 e 104 a 108).

865 Num sentido próximo, veja-se Luigi Montesano, «Le prove disponibili d'ufficio e l'imparzialità del giudice civile», *RTDPC*, 1978, págs. 189-206. Segundo o autor, a atividade oficiosa do tribunal destina-se exclusivamente a uma «formalização» da prova sobre factos e circunstâncias alegadas pelas partes, e objeto (pelo menos) de um requerimento probatório genérico e indireto. Já em Luigi Montesano e Giovanni Arieta, *Diritto Processuale Civile, II*, cit., págs. 137 e segs. os autores chamam a atenção para a necessidade de se traçar uma distinção entre as noções de «fonte material de prova», e «meio instrutório» dessa fonte, *i.e.*, o procedimento (tipificado na lei) que (sob o impulso do sujeito que adquiriu ou possui aquela fonte, ou sob o impulso de um outro sujeito processual) é desenvolvido como forma de adquirir essa mesma fonte. Desta forma, e depois de referirem que o fundamento do princípio de responsabilidade probatória das partes se encontra hoje na necessidade de salvaguarda da «imparcialidade psicológica» do juiz, advertem aqueles autores para o facto de que o problema do exercício oficioso da prova apresenta contornos diversos, consoante se trate de uma atividade do tribunal dirigida à fonte de prova, ou apenas ao meio instrutório dessa fonte.

lado, está-lhe vedado proceder a uma investigação privada dos factos e, por outro, o mesmo não pode exercer os seus poderes oficiosos se as partes não introduzirem no processo alguns factos (instrumentais) e fontes de prova, *i.e.*, se as mesmas se limitarem a alegar os factos constitutivos do direito (ou os factos impeditivos, modificativos ou extintivos do direito invocado). Olharemos de mais perto para este aspeto. Depois disso, e uma vez traçada a delimitação objetiva dos poderes instrutórios do juiz, podemos extrair uma conclusão sobre se decorre daqui, *i.e.*, da vigência de um princípio de proibição de recurso à ciência privada, alguma conclusão sobre o fundamento do princípio de responsabilidade probatória das partes.

VI. Do ónus de alegação fundamentada

Para se servir do conhecimento das partes o sistema jurídico processual civil faz recair sobre as mesmas o ónus de alegarem (fundamentadamente) os factos que integram a causa dos seus pedidos. Conforme refere Lebre de Freitas[866], a parte que invoca o direito tem de alegar os respetivos factos constitutivos, isto é, todos aqueles que integram a previsão da norma ou das normas materiais que estatuem o efeito pretendido (teoria da substanciação[867]). Embora, uma vez identificadas essas normas, não haja ineptidão da petição inicial, e seja admissível completar a sua previsão com uma alegação tardia de factos que a petição inicial (ou a reconvenção, ou ainda a contestação da ação de simples apreciação negativa) omitiu, a falta de alegação desses factos dá lugar à absolvição da parte contrária, por insuficiência duma causa de pedir que se deixou incompleta[868].

[866] José Lebre de Freitas, *Introdução ao Processo Civil – conceitos e princípios gerais à luz do novo código*, cit., págs.64 e segs. (pág. 71).

[867] «*A teoria da substanciação está inequivocamente consagrada no nosso sistema processual: o autor deve, na petição inicial, expor os factos que servem de fundamento ao pedido (art. 552-1-d); esses factos constituem a causa de pedir e esta delimita o pedido para o efeito de, juntamente com ele e com as partes, identificar a causa (art. 581-4); esta é insuscetível de ser repetida sem ofensa de caso julgado (atrs. 580-1 e 581-1), como lógica consequência do objeto da decisão com o objeto do pedido*» (ibidem, pág. 66).

[868] Ibidem. Não se trata (salienta o autor – ibidem, pág. 71, nota 50A) de regressar à versão mais pura da teoria da substanciação, visto que a completude da causa de pedir não é necessária à individualização da pretensão, mas apenas à sua fundamentação: função individualizadora e função fundamentadora são distintas. Sobre o significado da versão pura da teoria da substanciação, afirma Lebre de Freitas que a mesma exige que os factos alegados sejam concludentes isto é, que deles se retire, desde que se provem, a conclusão constante do pedido, sem o que a pretensão não ficará individualizada. «*Esta exigência, constante do direito comum, não*

Deve assim entender-se (agora com JOEL TIMÓTEO RAMOS PEREIRA[869]) que o poder de o juiz conhecer oficiosamente os factos «que sejam complemento ou concretização dos que as partes hajam alegado e resultem da instrução da causa» (artigo 5º, nº 2, alínea b)[870]), apenas visa suprir certas deficiências da alegação, e não a completa omissão de factos essenciais à procedência da pretensão formulada, ou da exceção deduzida. Na verdade, e conforme decidiu o STJ[871], o princípio (inquisitório) não significa que à parte basta alegar os factos essenciais, cabendo ao juiz fazer tudo o resto: recolher os factos instrumentais, ouvir testemunhas desaparecidas, recolher toda a prova e fazer todas as diligências etc., à margem da inércia das partes (...).

Também na Alemanha este aspeto é sublinhado, embora o sistema alemão se baseie na chamada «teoria da substanciação mitigada». Segundo ANTONIOS DIAKONIS[872], deve, no contexto da «*verbesserten Individualisierungstheorie*», entender-se que a mera qualificação jurídica dos factos não é suficiente, sendo também necessário que as partes procedam à alegação de «factos concretos». Embora este ónus não abranja a alegação de todos os «factos da vida» (*Lebenssachverhalt*), verifica-se uma inobservância do mesmo no caso de as partes não alegarem os factos necessários à individualização da ação, permitindo uma delimitação do objeto do processo de quaisquer outros processos. Esta exigência diz respeito à admissibilidade do pedido, não devendo ser confundida com a sua «concludência» (*Schlüssigkeit*), requisito de procedibilidade da ação. Assim, e embora a petição deva conter todos os factos necessários para aquela individualização, é possível que se complete ao longo do processo a sua «concludência»[873].

passou para a maioria das modernas legislações processuais. A concludência importa à completude da causa de pedir e à procedência da ação, mas não à individualização da pretensão» (ibidem, pág. 66, nota 39).

869 JOEL TIMÓTEO RAMOS PEREIRA, «Factos Instrumentais – o que são?», in *Revista «O Advogado»*, II Série, Abril de 2006.

870 Deve notar-se que o autor se refere ao artigo 264º, nº 3 (o qual não corresponde exatamente ao atual artigo 5º, nº 2, alínea b), referido em texto).

871 STJ, Ac. 01.07.2004, proc. 03B3417, Cons. Noronha do Nascimento, dgsi.pt.

872 ANTONIOS DIAKONIS, *Grundfragen der Beweiserhebung von Amts wegen im Zivilprozess*, cit. pág. 121.

873 Sobre este aspeto pode ver-se JOSÉ LEBRE DE FREITAS, *Introdução ao Processo Civil – conceitos e princípios gerais à luz do novo código*, cit., pág. 67, nota 40: «*(...) Nas outras áreas, em que a indicação da causa de pedir não é dispensada, verifica-se a tendência da doutrina alemã para defender o que designa como variante mitigada da teoria da individualização, mas que melhor se diria uma teoria da*

A inobservância daquele ónus conduz a que os pedidos não devam ser atendidos, dispensando-se a recolha de prova (pode falar-se – refere o autor – na existência de um *Substantiierungslast*). Com efeito, um requerimento de prova não pode ter por finalidade permitir que a parte forneça, através do resultado da mesma, a informação necessária, e que se encontra em falta. Ora, esta proibição deve ser tida em conta, não apenas em sede de «requerimento de prova», mas também no caso de produção oficiosa de prova (sendo hoje reconhecido que os parágrafos 142-144 e 448 ZPO não libertam as partes do seu ónus de alegação e de fundamentação)[874]. Esta proibição aplica-se não só nos casos em que se verifique uma falta de alegação de factos essenciais, mas também naqueles em que os factos instrumentais alegados pelas partes não forneçam qualquer indício dos factos alegados[875]. Estes indícios não podem assim ser obtidos pela primeira vez através da produção da prova, constituindo um requisito necessário do exercício dos poderes instrutórios do juiz que os indícios fornecidos pelas partes sejam suficientes para fundar as respetivas alegações.

VII. Conclusão: delimitação objetiva do poder instrutório do tribunal e princípio de responsabilidade das partes

O ónus de alegação que recai sobre as partes abrange não apenas os factos essenciais ou principais da causa (princípio dispositivo material), mas também os factos instrumentais e as fontes de prova necessários à procedibilidade das respetivas pretensões (ónus de alegação fundamentada). Ora, e uma vez que os mesmos possuem, por definição, uma natureza e um significado probatórios – instrumentais são os factos que servem à prova de outros factos, e fontes de prova são os elementos de onde essa prova

substanciação mitigada: a dedução do pedido deve ser acompanhada da indicação da causa de pedir, mas esta dispensa a alegação imediata de todos os factos necessários ao juízo de concludência, permitindo que a causa de pedir se complete no decorrer do processo» (por todos: Othmar Jauernig, *Zivilprozessrecht*, 30ª ed., cit., págs. 88-89, 152-153, 162; Arwed Blomeyer, *Zivilprozeßrecht, Erkenntnisverfahren*, 2ª ed., Berlin: Duncker & Humblot, 1985, págs. 254-255).

874 Pode ver-se referências doutrinais, em Antonios Diakonis, *Grundfragen der Beweiserhebung von Amts wegen im Zivilprozess*, cit. pág. 123, nota 28.

875 «*Das Verbot eines Ausforschungsbeweis erstreckt sich nicht nur auf Fälle von fehlenden rechtserheblichen Tatsachen. Darüber hinaus wird es als unzulässiger Ausforschungsbeweis angesehen, wenn der Sachvortrag zwar schlüssig ist, es aber trotz der Bestimmtheit des Tatsachenvortrags keine Anhaltspunkte für die behaupteten Tatsachen gibt. Diese Anhaltspunkte dürfen die Parteien nicht erst durch eine Beweiserhebung gewinnen*» (ibidem, pág. 123).

provém –, pode retirar-se daqui uma certa ideia de responsabilidade probatória das partes: é o comportamento das partes, através do confronto dialógico entre as mesmas, que abre caminho à atividade probatória do juiz, mediante a aportação dos elementos que servem de «matéria-prima» a esta mesma atividade[876].

Apenas as partes – deve repisar-se – possuem um «conhecimento extraprocessual da realidade»[877], o princípio da responsabilidade das partes constituindo o método de que o processo se serve para fazer uso desse conhecimento. Na verdade, os olhos do juiz devem estar virados para o processo (princípio da proibição de recurso à ciência privada)[878], competindo às partes levar ao seu conhecimento os elementos a partir dos quais a sua atuação oficiosa pode ter lugar. Com isto, não se trata de observar a mera existência de uma prioridade temporal entre o «ónus de alegação» e o «ónus da prova», mas de verificar a existência de uma atividade anterior à instrução da causa[879], que é responsabilidade exclusiva das partes, e que excede a mera alegação dos factos individualizadores da causa de pedir (alegação dos factos essenciais).

Por conseguinte, pode concluir-se que resulta do próprio modo como o processo se encontra estruturado (princípio de proibição do recurso à ciência privada) uma ideia de auto-responsabilidade das partes. Dito de outro modo: num «processo dispositivo» (ou processo de partes)[880] a «téc-

[876] Fica assim, em certa medida, ultrapassado o problema relacionado com o facto de a atuação oficiosa do juiz poder constituir contra-estímulo à iniciativa das partes. Na verdade, a atividade do juiz tem sempre por base (princípio da proibição de recurso à ciência privada) a prévia atividade das partes, chamadas a introduzir no processo o seu conhecimento sobre os factos da causa (alegação de factos essenciais e instrumentais, e introdução de fontes de prova). A iniciativa do juiz limita-se à dedução formal da prova (entendida como meio instrutório). Por conseguinte, pode concluir-se que, se as partes não introduzirem no processo o seu conhecimento sobre os factos (ónus de alegação fundamentada), o exercício dos poderes instrutórios do juiz não pode ter lugar. Existe, assim, um estímulo a que as partes aportem para o processo o seu conhecimento sobre os factos da causa (não apenas no que diz respeito aos factos em si, mas também aos elementos dos quais pode resultar, através da ulterior atividade probatória, a prova dos mesmos).

[877] *Rectius*, apenas elas, no confronto com a posição do juiz, possuem um conhecimento extraprocessual que pode ser utilizado no processo.

[878] A «exterioriedade do facto» é algo que, para o juiz, só existe em teoria.

[879] A expressão «instrução da causa» é aqui utilizada em sentido estrito.

[880] Seguindo a classificação de ERNESTO FABIANI (ERNESTO FABIANI, *I poteri istruttori del giudice civile*, Napoli: Edizione Scientifiche Italiane, 2008, págs. 539-540).

nica contraditória» de apuramento da verdade constitui, não propriamente uma opção, mas uma decorrência necessária da vigência de um princípio dispositivo (em sentido material) e de um princípio de proibição de recurso à ciência privada[881]. Com efeito, e uma vez que está vedado ao juiz proceder a uma investigação privada da verdade – as suas iniciativas probatórias devendo cingir-se à aquisição das fontes de prova de que o mesmo toma conhecimento através do processo, e os factos instrutórios de que o mesmo pode conhecer oficiosamente sendo apenas aqueles que resultem da instrução da causa –, pode concluir-se que o processo não pode prescindir do «método contraditório» como forma de fazer uso do conhecimento das partes – confiando à discussão espontânea entre elas (sujeita a «regras do discurso») a função de carrear para o processo os elementos necessários à tomada de uma decisão bem informada sobre o fundo da causa[882].

[881] Aqui, poderia pensar-se na seguinte objeção: a necessidade de salvaguarda do princípio da proibição de recurso à ciência privada pode ser alcançada através da atribuição de uma função investigatória a um «juiz-instrutor» (limitada aos «factos essenciais» carreados pelas partes), sem poder para participar no julgamento da causa – salvaguardando-se dessa forma a independência do juiz-julgador. Mas imediatamente deveríamos questionar-nos se uma atividade como esta obedeceria à estrutura dispositiva do processo civil? Ora, parece-nos que esta questão deve merecer uma resposta negativa. Com efeito, a hipótese acima aventada parte de uma «leitura funcionalizada» dos factos, sem assento na realidade do mundo, já que os factos não se encontram, na realidade, «rotulados» como «principais» ou «instrumentais». (Aliás, a própria distinção entre «factos» e «provas» só pode ser entendida em relação a um determinado contexto [neste caso, o contexto processual]. Verifica-se, portanto, que não pode procurar-se uma prova fora de um contexto, já que uma prova fora de um contexto não é uma prova, mas um facto). Deve assim concluir-se que a realidade não se encontra dividida entre factos e provas, assim como não se encontra dividida entre factos essenciais e factos instrumentais. Tudo são factos. Quando se olha para eles sem a lente do processo (ou seja, sem a «rede» dos elementos objetivos da instância) – único modo de olhar «extraprocessualmente» para a realidade – nada pode sinalizar que se esteja a investigar um facto instrumental, ou um facto que, embora diretamente relacionado com o objeto do processo, não foi alegado por nenhuma das partes. E é por isso que devemos concluir que uma atividade deste género contraria o princípio dispositivo em sentido material. Com efeito, a realização de uma atividade instrutória ilimitada, que se estendesse à pesquisa de novas fontes de prova, corresponderia, não à simples recolha de elementos (factos secundários) destinados a obter o convencimento sobre o concreto objeto do processo – delimitado pelo pedido e pela causa de pedir –, mas a uma livre investigação desse mesmo objeto, em clara violação do princípio dispositivo.

[882] Segundo SATTA (S. SATTA, *Commentario al codice di procedura civile*, vol. I, Milano, 1959, pág. 45), a razão de ser do princípio dispositivo deve encontrar-se em razões intrínsecas ao processo. Recusa assim o autor o caminho seguido por grande parte da doutrina, no sentido de justificar o princípio de responsabilidade probatória das partes em razões de oportunidade.

Ao contrário do que acontece num sistema inquisitório (em que o princípio da imparcialidade implica que o juiz procure a verdade por todos os meios[883]), verifica-se assim num «processo dispositivo» a necessidade de o juiz manter uma posição de distanciamento em relação aos factos que constituem o objeto da causa, resultando da discussão entre as partes a aportação dos elementos a partir dos quais o juiz pode realizar a sua ulterior atividade de produção oficiosa de prova.

Contudo, e embora resulte do exposto uma certa ideia de responsabilidade probatória das partes, facto é que o sentido de ónus subjetivo da prova vem utilizado pela nossa doutrina em sentido estrito, *i.e.*, diz respeito (apenas) à dedução formal da prova (entendida como meio instrutório) – e não à introdução no processo de fontes de prova. Ora, neste sentido aquilo que vimos até este momento (e que constitui, no fundo, uma decorrência do princípio de proibição do recurso à ciência privada) não diz nada sobre a existência de um princípio de responsabilidade probatória das partes.

Tudo quanto até este momento sabemos é que, embora o método instrutório seja «aquisitivo», o processo é dispositivo ou de partes, *i.e.*, os poderes oficiosos de dedução formal da prova dizem apenas respeito à aquisição das fontes de prova de que o juiz toma conhecimento através do processo (delimitação qualitativa dos poderes instrutórios do juiz). Trata-se agora de perguntar se o poder do juiz deve sofrer uma nova delimitação (quantitativa), de modo a conformar-se com um princípio de responsabilidade probatória das partes[884]: pode dizer-se que a responsabilidade do juiz é meramente acessória ou complementar daquela que recai sobre as partes?

Uma vez, contudo, que até este momento ainda não encontrámos nenhum fundamento (processual ou técnico) daquele princípio[885] deve-

Esse fundamento reconduz-se essencialmente ao caráter contraditório do processo, que é, por sua vez, expressão da bilateralidade da relação controvertida, e, portanto, da ação (V. Andrioli, *Lezioni di diritto processuale civile*, parte I, Napoli, 1959, pág. 169).

[883] Com exceção – claro-está – daqueles que ofendam o princípio da legalidade.

[884] Já tivemos oportunidade de ver que o poder-dever do juiz e o ónus subjetivo da prova se encontram numa relação de tensão, este último não sobrevivendo perante a existência de uma responsabilidade ilimitada do juiz.

[885] Já que o mesmo se refere a uma responsabilidade probatória *stricto sensu*. Ora, embora o princípio de proibição de recurso à ciência privada deponha no sentido da existência de uma responsabilidade das partes, a mesma diz respeito ao momento da alegação (aportação dos factos instrumentais e de fontes de prova) e não ao momento da dedução da prova, propriamente dito. Quanto a este, a limitação que decorre da vigência daquele princípio diz

mos prosseguir o caminho que nos trouxe até aqui para procurar entender se o mesmo continua a existir no atual modelo processual. Na verdade, nem o artigo 411º nem outra norma estabelecem expressamente qualquer limitação ao poder instrutório do juiz resultante da necessidade de salvaguarda do ónus (subjetivo) da prova. A necessidade de uma limitação (quantitativa) deste poder – no sentido de atribuir à responsabilidade do juiz uma natureza meramente complementar ou acessória daquela que recai sobre as partes (salvaguardando-se assim um plano de subjetividade das regras do ónus da prova) – depende assim de se chegar a uma conclusão quanto à existência de um princípio de responsabilidade probatória das partes, e quanto ao fundamento do mesmo.

tão-só respeito ao objeto da dedução formal da prova (aquisição das fontes de prova de que o juiz tomou conhecimento através dos autos).

Título III
Da delimitação quantitativa dos poderes instrutórios do tribunal

I. Introdução

Apesar de existirem várias normas (da lei adjetiva e da lei material) das quais resulta ou parece resultar a existência de uma responsabilidade das partes pela aportação das provas – veja-se os artigos 293º, 365º, nº 3, 413º[886], 419º[887], 552º, nº 2, 572, alínea d), 598º, e sobretudo dos artigos 342º e segs. CC – facto é que a consagração de um «princípio inquisitório», através da atribuição ao juiz de um amplo poder em matéria instrutória, conduz a maior parte da doutrina a atribuir às regras do ónus da prova um significado essencialmente objetivo. E, sem a existência de um autêntico ónus da prova (*i.e.*, de regras de ónus da prova em sentido subjetivo) não pode falar-se de um princípio de responsabilidade probatória das partes, já que, do ponto de vista das partes, a prova só pode constituir um direito e/ou um ónus.

Importa, desta feita, olhar para o conjunto do sistema jurídico para nele procurar o fundamento do princípio de responsabilidade das partes, disso estando dependente a conclusão, se assim for o caso, de que a responsabilidade instrutória do juiz (sem prejuízo da latitude da norma do artigo 411º) tem, na verdade, uma natureza meramente complementar ou acessória da que recai sobre as partes, dada a necessidade de se articular a mesma com a natureza fundamentalmente contraditória-dialógica do sistema jurídico instrutório.

[886] «*O Tribunal deve tomar em consideração todas as provas produzidas, tenham ou não emanado da parte que devia produzi-las, sem prejuízo das disposições que declarem irrelevante a alegação de um facto, quando não seja feita por certo interessado*».

[887] Note-se que, se a ação não está proposta, a iniciativa probatória não pode ser do tribunal.

Com efeito, e uma vez que o processo civil se inspira num princípio de verdade material, qualquer limitação ao poder instrutório do juiz deve encontrar a sua razão de ser na necessidade de acomodação com outro princípio ou valor fundamental do processo: ali (delimitação qualitativa do poder instrutório do juiz) esses princípios são o do dispositivo e o da proibição de recurso à ciência privada; aqui (delimitação quantitativa) só poderá ser o princípio de responsabilidade probatória das partes. Quanto a este último, vimos já que o mesmo não se funda em razões puramente epistémicas (sem prejuízo da função epistémica por excelência que o mesmo desempenha), nem no princípio da imparcialidade – no sentido de um distanciamento «psicológico» face aos interesses particulares das partes. É claro que o exercício dos seus poderes pode ser feito de um modo parcial, com vista ao favorecimento de uma das partes, todavia, e partindo de uma «conceção materializada da imparcialidade», não pode retirar-se daí um argumento a favor da necessidade de uma leitura restritiva desses mesmos poderes[888].

Segundo Luigi Paolo Comoglio[889], uma vez reduzido o problema do princípio de responsabilidade probatória das partes a uma dimensão técnica, existem razões para rechaçar os argumentos normalmente invocados em defesa do mesmo, em especial, a necessidade de salvaguarda do princípio da imparcialidade, o facto de existir uma maior proximidade das partes em relação ao objeto do litígio e, ainda, a existência de dificuldades práticas de realização de uma atividade provatória *ex officio iudicis*. Na verdade – afirma o autor – trata-se de atribuir ao juiz o poder de realizar uma atividade instrutória meramente complementar da realizada pelas partes[890].

É verdade. Ou seja, não decorre de nenhum dos argumentos referidos pelo autor qualquer razão para se negar ao juiz o poder de realizar uma atividade instrutória (meramente) complementar daquela realizada pelas

888 É antes do ponto de vista da sindicabilidade da decisão que o problema deve ser encarado.

889 Luigi Paolo Comoglio, "Ideologie consolidate e riforme contigenti del processo civile", cit., págs. 521-543.

890 Ora (salienta o autor), o facto de as partes serem mais zelosas na defesa dos seus interesses, e de haver uma maior proximidade das mesmas em relação ao objeto do litígio, não demonstra – por si só – que, perante uma situação de insuficiência de prova, deva estar vedado ao tribunal o exercício daquela atividade (suplementar e secundária). A «teoria do estímulo» mereceria acolhimento apenas no caso de se encontrar comprovado que a atribuição de poderes probatórios *ex officio* comporta o perigo da inatividade das partes – o que na prática não se verifica.

partes. Existe, contudo, uma questão prévia a esta, e é essa que agora nos devemos colocar: em que se fundamenta a conclusão, partindo da ampla formulação da norma do artigo 411º, de que o poder do juiz[891] tem uma natureza meramente complementar ou acessória, senão justamente na existência de um princípio de responsabilidade probatória das partes? E onde se encontra o fundamento deste último princípio, o qual, sem prejuízo do que começámos por dizer, não tem consagração expressa e inequívoca em nenhuma norma[892]?

Antes de continuarmos o nosso caminho, será útil olhar para elementos de direito estrangeiro, para percebermos o modo como o problema da distribuição de poderes de iniciativa probatória vem sendo tratado nos respetivos sistemas jurídicos, em especial, se são atribuídos ao juiz poderes instrutórios *ex officio iudicis*, e qual a extensão dos mesmos (natureza meramente complementar dos poderes das partes)?

Em parte, veremos repisados alguns dos argumentos normalmente esgrimidos em favor do princípio de responsabilidade probatória das partes, tais como a necessidade de preservação do estímulo das partes na defesa do próprio direito, ou a necessidade de salvaguarda do princípio da neutralidade judicial. Não nos importa voltar a pronunciar-nos sobre eles, tendo sido esta a nossa conclusão: decorre do princípio da neutralidade, no sentido de distanciamento em relação aos factos da causa, e do princípio dispositivo em sentido estrito, que os poderes do juiz se circunscrevem à aquisição formal das fontes de prova de que o mesmo toma conhecimento através do processo. A partir daqui, nenhum dos invocados argumentos pode servir para limitar os poderes do juiz, sobretudo num sistema como o nosso, que convive com uma norma com o alcance da do artigo 411º. Apenas a necessidade de articulação com o princípio de responsabilidade probatória da partes terá o condão de limitar aqueles poderes, princípio este, contudo – no sentido estrito com que agora para ele olhamos (responsabilidade pela dedução formal da prova) –, que não encontra a sua razão de ser em nenhum daqueles argumentos.

[891] Sempre dentro dos limites [qualitativos] acima traçados.

[892] Ou seja, não se trata de saber se um poder do juiz, meramente complementar ao das partes, fere o princípio de responsabilidade probatória das partes; trata-se, isso sim, de saber se um tal princípio existe e, existindo, de tirar daí a consequência de que o poder do juiz deve ter uma natureza meramente complementar ou acessória, de modo a preservar o núcleo subjetivo (algum núcleo) das regras do ónus da prova.

Mas, e sem prejuízo de haver nesta matéria importantes divergências doutrinais, veremos que em qualquer um dos sistemas estudados a doutrina maioritária parte da existência de um princípio de responsabilidade probatória das partes (atribuindo aos poderes do juiz uma natureza meramente acessória ou complementar). Ora, e ainda que isto não nos permita avançar muito quanto ao fundamento, propriamente dito deste princípio, não deixa de ser grande a sua importância, pela força que é capaz de aportar aos nossos argumentos e conclusões ulteriores. Assim:

II. Análise de direito estrangeiro

II.I. A atividade instrutória do tribunal no direito italiano

1. Introdução

O Código de processo civil italiano de 1940, e as reformas que lhe sucederam, conduziram a um incremento dos poderes de direção processual do juiz, embora tenham dado origem a uma ampla discussão doutrinal em torno da questão de saber qual o sentido e os limites da sua intervenção. Em matéria instrutória o artigo 115, nº 1 CPCit. estabelece a regra (da qual uma significativa parte da doutrina extrai a consagração do princípio da responsabilidade das partes [*principio della disponibilità delle prove*][893]) segundo a qual o juiz deve tomar como fundamento da sua decisão as provas aportadas pelas partes, bem como, os factos não contestados pelo réu[894]. Este artigo deve ser lido em conjugação com o artigo 2697 CC it., resultando, por sua vez, da conjugação destas duas normas com aquela que se encontra prevista no artigo 112 CPCit. (ónus de alegação ou princípio dispositivo em sentido material) um duplo ónus a cargo das partes: o ónus de alegação (*secundum alligata*), e o ónus da prova (*secundum probata*) dos factos em que se baseiam o pedido e as exceções por elas formuladas.

[893] Em sentido amplo, *i.e.*, dizendo respeito à responsabilidade pela aportação dos factos instrumentais e das provas.

[894] Estabelece o artigo 115, nº 1 CPC, cuja parte final foi aditada pela l. n. 69/2009: «*Salvi i casi previsti dalla legge, il giudice deve porre a fondamento della decisione le prove proposte dalle parti o dal pubblico ministério nonché i fatti non specificamente contestati dalla parte costituita*». E no nº 2: «*Può tuttavia, senza bisogno di prova, porre a fondamento della decisione le nozioni di fatto che rientrano nella comune esperienza*».

Por sua vez, encontram-se previstos em diversos artigos do código poderes de iniciativa probatória do tribunal, embora o mesmo não contemple a existência de um genérico poder oficioso em matéria instrutória[895].

Tendo por base estes elementos normativos, a doutrina maioritária entende que o processo civil, sem prejuízo da sua natureza mista, assenta no princípio da responsabilidade das partes, ao passo que outros autores advogam uma leitura desprendida de considerações antagonísticas (princípio da responsabilidade das partes/princípio da oficialidade), questionando o pensamento através de «*maximen*». Quanto ao fundamento do princípio da responsabilidade probatória das partes, existem também entendimentos diversos, embora todos repudiem a identificação do mesmo com o fundamento material do princípio dispositivo (em sentido estrito), reservando-lhe antes um significado técnico-processual; a maioria dos autores encontra na necessidade de salvaguarda do princípio da imparcialidade a razão de ser daquele princípio[896]; para além disso, o mesmo é

[895] Veja-se, por ex., ENRICO TULLIO LIEBMAN, *Manuale di Diritto Processuale Civile, Principi*, cit., pág. 334: «*não constitui uma infração ao princípio dispositivo* (em sentido técnico) *os poucos poderes reconhecidos ao juiz – os quais têm um caráter meramente complementar:(...) la consulenza tecnica (art. 61), che non è una prova, ma un mezzo per acquisire o valutare le prove; l'interrogatorio libero delle parti (art. 117), avente funzione esplorativa e integrativa, più che istruttoria; l'ispezione di persone e cose (art. 118); alcuni poteri complementari nella prova testimoniale (art. 253, 257); il giuramento suppletorio (art. 2736 n. 2 cod. civ.).* Em matéria de prova testemunhal (afirma o autor) é necessário requerimento de parte. Já MICHELE TARUFFO salienta que, por regra, o legislador estabelece explicitamente se o concreto meio de prova se encontra apenas na disponibilidade das partes, ou se pode ser produzida oficiosamente. O caso duvidoso mais relevante diz respeito à prova testemunhal, acerca do qual a lei nada diz, o que conduziu RICCI a concluir que a mesma pode ser produzida oficiosamente (contra, por ex., CAVALLONE). A este respeito observa, no entanto, o autor que a questão perdeu muita da sua importância desde a introdução, em 1998, do novo artigo 281-ter, o qual prevê a possibilidade de o juiz dispor oficiosamente o testemunho de pessoas às quais as partes tenham feito referência (MICHELE TARUFFO – "L'istruzione Probatoria", cit., págs. 122 e segs.).

[896] PICARDI, por ex. (NICOLA PICARDI, *Codice di Procedura Civile*, cit., págs. 859 e segs), entende que o artigo 115, nº 1 CPCit., ao formalizar o princípio da responsabilidade probatória das partes, e ao limitar os poderes inquisitórios do juiz aos casos taxativamente previstos na lei, constitui um dos princípios cardiais do processo civil (consagrando um modelo misto). Atualmente encontra-se, porém, ultrapassada a posição de acordo com a qual aquele princípio se identifica com o da disponibilidade do direito substantivo, posição esta que se encontra subjacente ao parágrafo 13 da *Relazione Ministeriale* (exposição de motivos do CPC italiano de 1940). Se é verdade, por um lado, que o objeto do processo se encontra na absoluta disponibilidade das partes (princípio este expressamente previsto no artigo 112º CPCit), não pode, por outro, negar-se que o processo, propriamente dito, constitui o mecanismo através do

visto como uma forma de estimular a atividade das partes, através da dialética do contraditório – já que ninguém, melhor do que estas, conhece os factos em litígio[897].

Segundo COMOGLIO[898], o modelo atualmente mais difundido nos países da *civil law* é o modelo misto ou de dispositivo moderado, nos quais se encontra uma prevalência da iniciativa das partes, reservando-se ao juiz um papel (subsidiário) de direção processual, em áreas rigorosamente determinadas. Ou seja, trata-se de sistemas em que a regra continua a ser a do monopólio (quase exclusivo) das partes em relação à aportação dos elementos do processo, e nos quais a intervenção oficiosa do tribunal constitui normalmente uma exceção. O legislador de 1942 terá sido inspirado por esta conceção, verificando-se um incremento dos poderes de direção do tribunal, e uma ampliação da «procura oficiosa da verdade».

Já PUNZI[899] afirma que é importante, para se entender a orientação enformadora do CPC it. de 1940 e das reformas subsequentes, observar a *Relazione* que acompanhou aquele código, obra de PIERO CALAMANDREI. No parágrafo 12 é referida a necessidade de reforço dos poderes de direção do tribunal[900], embora o processo mantenha a sua base dispositiva em termos tradicionais (como resulta expressamente do parágrafo 13[901]).

qual a tutela jurisdicional é prestada aos cidadãos, ultrapassando os limites da esfera privada, para entrar na dos interesses públicos (no mesmo sentido, veja-se LUIGI MONTESANO e GIOVANNI ARIETA, *Diritto Processuale Civile, II, Il Processo di Cognizione Ordinaria*, cit., págs. 137 e segs.).

897 Por ex., ENRICO TULLIO LIEBMAN, *Manuale di Diritto Processuale Civile, Principi*, cit.,págs. 332 e segs.

898 LUIGI PAOLO COMOGLIO, *Le Prove Civili*, cit., 131 e segs.

899 CARMINE PUNZI, *Il Processo Civile, Sistema e Problematiche*, vol. I, cit., págs. 387 e segs.

900 Aí se afirma: *«non sarebbe concepibile che il giudice assista, spettatore impassibile, e talvolta impotante, quasi fosse un arbitrio in un campo ginnastico che si limita a segnare i punti e a controllare che siano osservate le regole del gioco» (...) «anche se la controversia concerne rapporti di diritto privato di cui le parti fuori del processo avrebbero potuto disporre a piacimento (...) quando si invoca l`intervento del giudice (...) non deve essere (dunque) permesso ai privati di invocare la giustizia per farla servire a scopi contrastanti con essa»;(...) «il giudice (...) deve essere fornito di tutti i poteri ordinatori e disciplinari indispensabili affinché il processo non segni il passo»* e que as partes devem ser *«libere (...) di porre il thema decidendum», ma i mezzi e il ritmo per decidere presto e bene sul tema proposto spetta al giudice regolarli".*

901 Pode ler-se no parágrafo 13: *«la question è diversa quando si tratta non più dei poteri concernenti la direzione e la disciplina del processo, ma di quelli che attengono all`esercizio dell'azione e alla determinazione del tema del dibattio». (...) «si sono perciò conservati nel Codice (artt. 112 ss.) come affermazione di principio, gli aforismi dell`antica sapienza: ne procedat iudex ex officio; ne eat iudex*

Ou seja, uma base conforme aos cânones dos antigos ensinamentos: «*ne procedat iudex ex officio*» (artigos 99 e 100, e artigo 2907 CCit.), «*ne eat iudex ultra petita partium*» (artigo 112 CPCit.), e «*iudex secundum alligata et probata partium decidire debet*». Quanto a este último aspeto – aquele diz respeito ao brocardo «*iudex secundum alligata et probata partium decidire debet*» –, verifica-se, contudo, uma discordância na doutrina. Na verdade, questionam-se alguns autores sobre se o código encontra efetivamente inspiração neste brocardo, bem como, sobre a razão de ser do mesmo – sendo essencial, para esse feito, a leitura que fazem do artigo 115, nº 1 CPCit.[902].

2. Dos entendimentos doutrinais em torno do artigo 115 CPC it.

Verifica-se a existência de uma intensa discussão doutrinal em torno do significado da norma do artigo 115, nº 1 CPC it., em particular, quanto à questão de saber se resulta da mesma a consagração de um princípio de responsabilidade probatória das partes. Segundo PUNZI[903], é essa a posição tradicional, historicamente relacionada com a afirmação do brocardo «*iudex secundum alligata et probata partium decidire debet*». Os autores que a defendem, entendem assim que o segmento da norma «salvo nos casos previstos da lei»[904] diz respeito às hipóteses em que esta atribui ao juiz o poder de produzir prova *ex officio* (casos esses que constituem uma exceção

ultra petita partium; iudex secundum alligata et probata partium decidire debet» (...) «*dare al giudice il potere di iniziare d'ufficio una causa che gli interessati vorrebbero evitare o di giudicare su fatti che le parti non hanno allegati, vorrebbe dire ritogliere in sede processuale quell'autonomia individuale che in sede sostanziale è riconosciuta dal diritto vigente*».

902 Este artigo regula a matéria da proveniência ou da iniciativa da prova, resultando da sua atual redação (a parte final do nº 1 foi aditada pela l. n. 69/2009) que «*Salvi i casi previsti dalla legge, il giudice deve porre a fondamento della decisione le prove proposte dalle parti o dal pubblico ministério nonché i fatti non specificamente contestati dalla parte costituita*» (1º co); «*Può tuttavia, senza bisogno di prova, porre a fondamento della decisione le nozioni di fatto che rientrano nella comune esperienza*» (2º co.).
Conforme é salientado por alguns autores, o artigo 115, nº 1 CPCit. deve ser lido em conjugação com o artigo 2697 CCit., resultando, por sua vez, da conjugação destas duas normas com a do artigo 112º CPCit. (ónus de alegação ou princípio dispositivo em sentido estrito ou substancial) um duplo ónus a cargo das partes: o ónus de alegação (*secundum alligata*), e o ónus da prova (*secundum probata*) dos factos em que se baseiam o pedido, e as exceções, por elas formuladas.

903 CARMINE PUNZI, *Il Processo Civile, Sistema e Problematiche*, Volume II, Torino: Giappichelli, 2010, págs. 74 e segs.

904 Artigo 115, nº 1, parte inicial do CPCit.

à regra segundo a qual o juiz deve tomar uma decisão [apenas] com base nas provas produzidas pelas partes ou pelo Ministério Público).

Esta norma corresponderia assim à consagração do princípio dispositivo em sentido técnico, o qual se distingue do princípio dispositivo «em sentido substancial» (contemplado nos artigos 99 e 112 CPCit.) – poder de disposição das partes sobre o objeto do processo[905].

Outros autores entendem, por sua vez, que aquela norma (artigo 115, nº 1) se limita a consagrar o princípio de proibição de «recurso à ciência privada»[906]. É uma posição (afirma PICARDI[907]) que inverte a perspetiva anteriormente analisada (princípio de responsabilidade probatória das partes), ao sustentar que esta norma prevê apenas a genérica proibição de o juiz fundar a sua decisão em elementos de julgamento estranhos aos autos[908].

[905] Neste sentido, veja-se, por ex., CRISANTO MANDRIOLI, *Corso di Diritto Processuale Civile, I*, cit., págs. 71 e segs.; e MAURO CAPPELLETTI, *La testimonianza della parte nel sistema dell`oralità*, Parte I, Milano: Giuffrè, 1962, págs. 357-358: «*Sembra dunque opportuno evitare, anche nella terminologia, il pericolo della confusione tra i due fenomeni ond`è caratterizzato il considetto principio inquisitorio. A tal fine noi adotteremo, nel sèguito di queste indagini, la formula «principio inquisitorio in senso sotanziale (materiale)» o «in senso proprio», per indicare il più vasto e più radicale fenomeno dell`abolizione del vincolo guidiciale alla allegazione (dei fatti costitutivi) su iniziativa delle parti; e la formula: «principio inquisitorio in senso processuale (formale)» o «in senso improprio», per indicare invece l`altro fenomeno – i cui riflessi non si estendono al mondo del diritto sostanziale ma si limitano al processo ed alla tecnica processuale – della abolizione del potere monopolistico delle parti rispetto alle iniziativa probatorie.*
Data poi la inadeguatezza, già sottolineata, della formula «principio della trattazione»; ed altresì allo scopo di evitare anche nella terminologia la già rilevate confusioni per cui ancor oggi, in buona parte della dottrina italiana, con la formula «principio dispositivo», s`intende vuoi il fenomeno, che la dottrina sceveratrice tedesca ha espresso sotto la formula di «Dispositionsprinzip»; vuoi quello, ch`essa ha indicato invece col nome di «Verhandlungsprinzip»; potrà forse sembrare non inopportuno di adottare un`analoga terminologia anche sul piano dei poteri delle parti: e così di chiamare «principio (e processo) dispositivo in senso materiale» o in «senso proprio» quello, con cui si indica l`esistenza di un potere esclusivo delle parti nel chiedere la tutela giurisdizionale e nel fissare l`oggetto del giudizio (il Dispositionsprinzip della dottrina sceveratrice tedesca); e «principio (e processo) dispositivo in senso processuale» o «improprio» quello, con cui si allude invece ad un vincolo del giudice alle iniziative delle parti per ciò che riguarda in genere la tecnica e lo svolgimento interno del processo ed in ispecie la scelta degli strumenti per la formazione del convincimento giudicale (la Verhandlungsmaxime)».

[906] Nesse sentido, entre outros: SALVATORE SATTA, CARMINE PUNZI, *Diritto processuale civile*, 13ª ed., Padova: Cedam, 2000, págs. 182-183; e VIRGILIO ANDRIOLI, «Prova in Genere (Diritto civile)», cit., pág. 278.

[907] NICOLA PICARDI, *Codice di Procedura Civile*, cit., págs. 859 e segs.

[908] Segundo CARMINE PUNZI, o juiz recorre à sua ciência privada, como é sublinhado pela jurisprudência, quando se serve de noções que não são próprias do homem médio, *i.e.*,

No fundo, trata-se de um princípio já normativamente consagrado[909], e que se destina a garantir uma efetiva inviolabilidade do princípio do contraditório. Permita-se uma pequena observação: na verdade, partindo desta interpretação, não vemos que sentido teria a primeira parte do artigo 115, nº 1 («salvo nos casos previstos na lei»), a não ser que este segmento da norma se refira ao nº 2 deste artigo – o que corresponderia a uma técnica legislativa no mínimo duvidosa.

Existe ainda uma outra posição doutrinal que atribui àquela norma um significado diferente, ligado à necessidade de tutela do «direito à prova». Conforme referem CARPI-TARUFFO[910], «à posição tradicional (de acordo com a qual a norma constante do artigo 115 se identifica com o princípio dispositivo) opõe-se uma outra visão, que atribui a esta norma o significado de garantir o «direito à prova»»[911]. Com efeito, este direito (que encon-

que não são adquiridas pelo conhecimento da coletividade, num determinado lugar, e num determinado período histórico; entra também no domínio da sua ciência privada aquele conhecimento que resulta da sua intervenção em anteriores processos (CARMINE PUNZI, *Il Processo Civile, Sistema e Problematiche*, vol. I, cit., págs. 387 e segs.).

909 Artigo 97º disp. att. («proibição de informação privada»). Alguns autores criticam a inserção sistemática desta norma, considerando que a mesma devia antes inserir-se nas disposições do Código de processo civil que regulam a matéria da relação entre o juiz e as partes.

910 FEDERICO CARPI, MICHELE TARUFFO, *Commentario breve al Codice di Procedura Civile*, cit., págs. 350 e segs.

911 Veja-se, entre outros, MICHELE TARUFFO, «Il diritto alla prova nel processo civile», cit., págs.74 e segs.; GIOVANNI VERDE, «Prova (dir. Proc. civ.)», cit., págs. 579-648; e EDOARDO F. RICCI, «Il principio dispositivo come problema di diritto vigente», *RDP* (1974), págs. 380-389. Contra: BRUNO CAVALLONE, «Crisi delle «maximen» e disciplina dell`istruzione probatoria», *RDP* (1976), págs. 678-707. Já COMOGLIO (LUIGI PAOLO COMOGLIO, *La garanzia costituzionale dell`azione ed il processo civile*, Padova: CEDAM, 1970, págs. 148 e segs.) salienta que, dado o facto de que, nos termos da regra enunciada no artigo 2697 CCit., aquele que pretende fazer valer um direito em juízo tem o ónus de provar os factos que constituem o seu fundamento, um dos aspetos essenciais do direito de ação corresponde ao poder de provar os factos constitutivos desse mesmo direito (de um ponto de vista constitucional, o impedimento a provar pode significar a impossibilidade de agir em juízo). Portanto, a posição processual do autor (numa perspetiva ativa ou dinâmica) revela-se constitucionalmente relevante no seu conjunto de «atividade e poder de iniciativa processual ou de aquisição probatória». Isto, contudo (salienta COMOGLIO), não significa considerar totalmente irrelevante do ponto de vista constitucional a distinção entre aquilo que diz respeito ao momento do pedido de tutela, e aquilo que constitui propriamente um problema de técnica interna do processo: «*Che la possibilità di agire in giudizio si specifichi, a livello costituzionale, nella possibilità di dedurre, di allegare, di provare, non implica ancora che il potere di domandare la tutala dei propri diritti debba necessariamente*

tra apoio direto no artigo 24 da constituição italiana) implica não apenas a faculdade de as partes fazerem prova dos seus direitos, mas também o dever de o tribunal ter em conta essas mesmas provas no momento do julgamento – sendo esse o significado daquele artigo: «o juiz deve decidir com base nas provas aportadas pelas partes ou pelo Ministério Público». A exceção prevista na sua parte inicial diria respeito portanto, não às hipóteses de exercício oficioso da prova, mas aos casos em que as provas produzidas pelas partes são julgadas irrelevantes ou inadmissíveis, por aplicação de uma determinada norma de direito da prova, ou excluídas pelo juiz no exercício dos poderes que a lei lhe confere (como no caso dos artigos 209 e 245 CPCit.)[912].

tradursi nel potere esclusivo «di determinare, passo per passo, anche il corso meramente interno e formale, ossia la tecnica strumentale del procedimento». Nulla, infatti, autorizza a scorgere nell`art. 24 1º comma Cost. l`affermazione indiretta di un principio assimilabile alla Verhandlungsmaxime, principio che, oltre a tutto, potrebbe in parte eludere quelle istanze di «pubblicizzacione» o di «socializzazione», con la tendenza verso un`eguaglianza effetiva delle parti in giudizio». «La norma, limitandosi ad assicurare a colui che agisce in giudizio l`esplicazione di un minimo di attività (di impulso processuale o di deduzione probatoria) idonee a far valere la sua pretesa, di per sé non esclude che lo svolgimento del processo e l`acquisizione delle prove possano costituire oggetto di poteri ex officio del giudice, salva l`inviolabilità del contraddittorio». Daqui decorre que a relação entre princípio dispositivo e princípio inquisitório pode ser constitucionalmente relevante ou irrelevante, para lá de qualquer diferenciação puramente técnica, conforme no processo civil ordinário as exceções ao princípio de responsabilidade probatória das partes, previsto no artigo 115 CPCit., sejam ou não de tal forma que precludam concretamente à parte a possibilidade de agir em juízo, de modo adequado, influenciando de um modo efetivo o resultado do processo. Trata-se, portanto, de determinar caso por caso até que ponto a atribuição ao juiz de determinados poderes de iniciativa probatória comprimem injustificadamente a possibilidade de fazer ativamente valer em juízo os próprios direitos e interesses legítimos.

[912] O autor nega assim que o princípio de responsabilidade probatória das partes possa ser configurado como um princípio de natureza técnica destinado a assegurar a imparcialidade judicial, ao negar, como vimos, que exista uma relação entre passividade e imparcialidade – falando mesmo de uma falsificação da função técnica do princípio dispositivo. (Sobre a falsificação de regras técnicas, que se verifica quando não existe a conexão entre a conduta prescrita na regra e a finalidade que se pretende prosseguir, pode ver-se GIANMARCO GOMETZ, *Le regole tecniche. Una guida refutabile*, Pisa: Edizioni ETS, 2008, págs. 148 e segs). O autor rejeita assim o argumento sistemático que normalmente é esgrimido em defesa do princípio da responsabilidade das partes, segundo o qual se trataria de um princípio técnico destinado a assegurar a imparcialidade e independência do juiz.

3. O artigo 115 e a salvaguarda do direito à prova: rejeição de um princípio de responsabilidade probatória das partes

Importa olhar mais atentamente para esta última posição. Assim – e rejeitando a existência de um princípio dispositivo em sentido técnico[913] – entendem estes autores que a prova não constitui um monopólio das partes, e que não existe nenhum princípio (ainda que relativo – ou não absoluto) que o advogue[914]. A finalidade do artigo 115, nº 1 diz respeito à salvaguarda do direito de ação e de defesa (artigo 24, nº 2 Constituição italiana), do qual emana o «direito à prova» (princípio do defender-se provando)[915].

É esta, por ex., a posição de TARUFFO[916]. Segundo o autor (que critica a interpretação do sistema baseada em princípios opostos – o da responsabilidade das partes e o da oficialidade), nenhum dos argumentos esgrimidos em defesa do princípio da responsabilidade probatória das partes (incompatibilidade psicológica entre as funções de decidir e de testemunhar, salvaguarda da posição de imparcialidade do juiz e, favorecimento da iniciativa das partes) merece acolhimento. Na verdade, a atribuição ao tribunal de um poder de iniciativa instrutória não conduz, em nenhuma medida, a uma diminuição dos poderes das partes, os poderes de ambos os sujeitos (tribunal e partes) podendo conviver, sem que um restrinja o outro.

Para além disso, está muito para além da demonstração empírica a existência de uma incompatibilidade psicológica entre a decisão de produzir uma determinada prova e a capacidade de proceder à sua valoração; seria o mesmo dizer que o historiador não se encontra em condições de valorar o significado de um «documento» que o mesmo descobriu, ou que um

[913] Entendido pela doutrina dominante, conforme vimos, como um princípio destinado a salvaguardar a posição de imparcialidade e equidistância do juiz, e a estimular a atividade das partes.

[914] NICOLA PICARDI, *Codice di Procedura Civile*, cit., págs. 859 e segs. Pode ver-se também, entre outros, CARMINE PUNZI, *Il Processo Civile, Sistema e Problematiche*, vol. II, cit., págs. 74 e segs.

[915] Uma posição mais moderada (GIUSEPPE TARZIA, «Problemi del contradditorio nell'istruzione probatoria civile», *RDP*, Ano XXXIX, 2ª serie, nº 4 (1984), págs. 634-658, págs. 686 e segs.) assume que à expressão «direito à prova» é preferível a expressão «garantia da prova», excluindo que se possa configurar na estrutura do processo um autêntico direito à admissão ou assunção da prova (por ex., GIOVANNI VERDE, «*Prova* (dir. Proc. civ.)», cit., pág. 592). PICARDI, por sua vez, atribui à locução «direito à prova» o valor de fórmula-síntese com a qual se pretendem indicar todas as posições subjetivas atribuídas à parte na instrução probatória (NICOLA PICARDI, *Codice di Procedura Civile*, cit., págs. 859 e segs.).

[916] MICHELE TARUFFO, «L'istruzione Probatoria», cit., págs. 90 e segs.

cientista não se encontra em posição de valorar o resultado de determinada experiência, que o próprio decidiu levar a cabo[917].

O autor sublinha ainda que o exercício dos poderes instrutórios deve ser feito no interesse da justiça (tendo em vista a descoberta da verdade), e não no interesse de uma das partes. A imparcialidade não implica assim a passividade. Pelo contrário, é justamente do dever de o juiz proceder a um acertamento autónomo da verdade dos factos que resulta a necessidade de o mesmo manter uma posição de equidistância face aos interesses das partes[918].

Encontrando apoio no pensamento de EDOARDO RICCI[919], afirma TARUFFO que devemos concentrar-nos, não na vontade do legislador histórico[920], mas na interpretação do direito vigente. Segundo RICCI, o artigo 115, nº 1 não consagra um princípio de responsabilidade probatória das partes, reportando-se apenas à proibição de recurso à «ciência privada» (ou seja, a um conhecimento sobre os factos litigiosos fundado em fontes não ritualmente introduzidas no processo)[921]. COMOGLIO[922] con-

[917] Ibidem. Existe (salienta o autor) o perigo da *confirmation bias*, *i.e.*, de uma tendência de sobrevalorização de uma solução em relação a outra, subvalorizando-se ou pondo-se de lado informações que poderiam conduzir a uma conclusão diversa. Não obstante, o remédio contra este risco não consiste na separação entre o sujeito que pesquisa e adquire a informação e o sujeito que a usa, mas no controlo crítico intersubjetivo em torno da validade das conclusões que dos mesmos se retiram: «*No contexto do processo, é o contraditório das partes e a atuação efetiva do seu direito à prova a constituir o antídoto contra o erro de valoração que o juiz pode cometer no acertamento dos factos*» (sobre o contraditório como instrumento epistémico de controlo, veja-se MICHELE TARUFFO, *La prova dei fatti giuridici*, págs. 401 e segs., e 408 e segs.; e MICHELE TARUFFO, *La semplice verità: il giudice e la costruzione dei fatti*, Bari: Laterza, 2009, pág. 176). O autor chama, aliás, a atenção para o facto de que o perigo de o juiz se deixar condicionar pela *early bias* também existe no caso de valoração das provas produzidas pelas partes, *i.e.*, ainda que o mesmo não tenha exercido qualquer poder de iniciativa instrutória.

[918] MICHELE TARUFFO, «L'istruzione Probatoria», cit., págs. 90 e segs.

[919] MICHELE TARUFFO, «L'istruzione Probatoria», cit., págs. 122 e segs.

[920] O autor entende que o brocardo «*iudex iudicare debet*» foi fruto de uma manipulação por parte da doutrina alemã do final do século XIX, já que a sua finalidade era apenas a de proibir o julgador de fazer uso da sua «ciência privada» (sobre este aspeto veja-se, supra, págs. 202 e segs.). Curiosamente (sublinha o autor) houve um *felix error* na transcrição que o legislador fez, na *Relazione* do código, do referido brocardo, ao omitir a referência a *partium*.

[921] A confirmação estaria no nº 2, da mesma norma, a qual não introduz qualquer derrogação ao princípio de disponibilidade da prova, mas antes uma exceção à proibição de o juiz fazer uso da sua «ciência privada».

[922] Apud, MICHELE TARUFFO, «L'istruzione Probatoria», págs. 122 e segs.

corda em parte com esta interpretação, mas admite que o nº 1, do artigo 115 exprime também um vínculo do juiz às provas produzidas pelas partes – de tal modo que o segmento da norma «salvo nos casos previstos na lei» se refere às hipóteses em que (por derrogação ao princípio geral) a lei atribui ao juiz poderes autónomos de iniciativa instrutória. Mas, se assim é – salienta TARUFFO –, deve notar-se que, na melhor das hipóteses, aquela norma encontra-se mal formulada, e resulta da tentativa (fracassada) de combinar duas coisas diferentes: por um lado, a proibição de o juiz fazer uso da sua ciência privada (com exceção dos casos previstos no nº 2); e, por outro, a obrigação de o mesmo fundar a sua decisão nas provas aportadas pelas partes e pelo Ministério Público (com exceção dos casos em que a lei lhe atribui poderes instrutórios oficiosos).

Ainda segundo aquele autor, se tivermos em conta o erro histórico que conduziu à afirmação do brocardo «*iudex secundum alligata et probata partium decidire debet*», e interpretarmos aquela norma à luz do direito vigente, podemos concluir que a mesma consagra um princípio de proibição de recurso à ciência privada, devendo o segmento da norma que se refere às provas produzidas pelas partes e pelo Ministério Público ser lida no sentido de que o juiz tem o dever, no momento do julgamento, de ter em conta o material probatório por eles aportado. A negação de um princípio de disponibilidade de prova conduz assim a que o juiz possa dispor oficiosamente de todos os meios de prova, exceto nos casos em que a lei preveja de um modo expresso (como acontece no caso da prova testemunhal) a necessidade de iniciativa das partes.

A conclusão seria esta: não existe no ordenamento italiano um princípio geral em matéria de repartição dos poderes de iniciativa probatória entre o juiz e as partes, nada mais restando do que lançar mão da disciplina jurídica prevista a propósito de cada um dos meios de prova. Olhando para elas, pode verificar-se que o legislador seguiu uma linha intermédia e equilibrada, atribuindo ao juiz poderes de iniciativa probatória não irrelevantes (COMOGLIO fala de uma «equivalência qualitativa e funcional» entre os poderes dos sujeitos processuais[923]), razão pela qual não existe nenhum fundamento para se afirmar a existência de um princípio de monopólio das partes sobre as provas[924].

[923] LUIGI PAOLO COMOGLIO, *Le Prove Civili*, cit., pág. 135.
[924] MICHELE TARUFFO, «L'istruzione Probatoria», cit., págs. 122 e segs.

4. Limites ao exercício de poderes instrutórios oficiosos

Conforme referem CARPI-TARUFFO[925], há autores que advogam a tese segundo a qual os poderes de iniciativa instrutória do tribunal assumem, no processo declarativo ordinário, um âmbito marginal ou residual (correspondente à relação regra/exceção resultante do nº 1, do artigo 115) – dando assim origem a um modelo de dispositivo atenuado ou temperado[926]; embora outros falem – como vimos – de uma equivalência quantitativa e funcional entre os instrumentos probatórios deixados à disponibilidade das partes, e os meios de que o juiz se pode servir *ex officio*[927].

Uma parte da doutrina põe em destaque a existência de um limite fundamental e inderrogável ao exercício de qualquer poder de iniciativa instrutória do tribunal, decorrente da necessidade de salvaguardar a posição de equidistância e de imparcialidade do julgador. Por conseguinte, é afirmado que o exercício daquele poder deve desempenhar uma função exclusivamente complementar das fontes de prova adquiridas no processo, com a finalidade (apenas) de colmatar as lacunas instrutórias não imputáveis a culpa subjetiva das partes, ou à falta de observância do seu ónus probatório[928].

A realização oficiosa de meios de prova não pode, pois, ser empregue de modo a suprir (direta ou indiretamente) a inércia da parte onerada, nos termos do artigo 2697 CCit. Neste sentido, se pronuncia, por ex., COMOGLIO[929],

[925] FEDERICO CARPI, MICHELE TARUFFO, *Commentario breve al Codice di Procedura Civile*, cit., págs. 350 e segs.

[926] Entre outros, CRISANTO MANDRIOLI, *Corso di Diritto Processuale Civile, I*, cit., pág. 73; e GIAN FRANCO RICCI, *Principi di diritto processuale generale*, 3ª ed., Turim: Giappichelli, 2001, pág. 332-333. Nas palavras deste último autor: «*Con queste premesse, fu facile affermare che, dal principio della disponibilità dei diritti, dovesse discendere anche quello della piena disponibilità delle prove. Se la parte è libera di iniziare o meno un processo, di portarlo avanti o di farlo estinguere a proprio piacimento, di effettuare conciliazione o transazione, essa non può non essere anche libera di articolare la tutela del diritto nell`âmbito del processo come meglio crede e quindi essere sola ad avere il monopolio della prova. La figura del giudice che ricerca per proprio conto il materiale probatorio, è stata sempre vista come una potenziale negazione del diritto soggettivo e quindi del tutto inidónea a convivere con il processo civile. Fin qui la tradizione. La qualse, peraltro, non è però mai giunta (...) a concepire un principio dispositivo allo stato puro (...) Si parla a questo proposito di principio dispositivo temperato (...)*».

[927] EDUARDO GRASSO, in *Commentario al codice di procedura civile*, diretto da E. ALLORIO, Torino, libro I, T. 2, pág. 1301.

[928] FEDERICO CARPI, MICHELE TARUFFO, *Commentario breve al Codice di Procedura Civile*, cit., págs. 350 e segs.

[929] LUIGI PAOLO COMOGLIO, *La prova civile*, 04, 94ss., 219ss (apud FEDERICO CARPI, MICHELE TARUFFO, *Commentario breve al Codice di Procedura Civile*, cit., pág. 351).

embora chamando a atenção para o facto de que a atuação prática deste limite apenas em concreto pode ser aferida, atendendo ao sentido de proporcionalidade e de imparcialidade do julgador. Já GRASSO[930] entende que, uma vez verificada uma situação de insuficiência probatória, o juiz não pode deixar de exercer oficiosamente os seus poderes instrutórios, na medida em que isso consubstanciaria uma agressão ao princípio da colaboração.

NICOLA PICARDI[931], por sua vez, salienta que alguns autores, alarmados com a possibilidade de a iniciativa probatória do tribunal ferir o princípio da imparcialidade, interpretam a norma constante do artigo 115, nº 1 no sentido de que a atividade oficiosa do tribunal se destina exclusivamente a uma «formalização» da prova sobre factos e circunstâncias alegadas pelas partes, e objeto (pelo menos) de um requerimento probatório genérico e indireto[932].

Segundo LUIGI MONTESANO e GIOVANNI ARIETA[933], existe a necessidade de traçar uma distinção entre as noções de «fonte material de prova», e «meio instrutório» dessa fonte – ou seja, o procedimento (tipificado na lei) que, seja sob o impulso do sujeito que adquiriu ou possui aquela fonte, seja sobre o impulso de um outro sujeito processual, é desencadeado para proceder à respetiva aquisição processual. Desta forma, e partindo da tese segundo a qual o fundamento do princípio da responsabilidade probatória das partes se encontra hoje na necessidade de salvaguarda da «imparcialidade psicológica» do juiz, advertem os autores para o facto de que o problema do exercício dos poderes oficiosos do tribunal apresenta contornos diversos, consoante se trate de uma atividade dirigida à fonte material da prova, ou apenas ao meio instrutório dessa fonte.

Na verdade, a tentação ou o risco de parcialidade existe em relação às fontes de conhecimento pessoal e autonomamente pesquisadas e adquiridas, e não em relação às fontes que, encontrando-se já no processo (por terem sido introduzidas pelas partes), se toma a iniciativa de examinar, em virtude do possível relevo que as mesmas possam ter para a tomada

930 EDUARDO GRASSO, «Dei poteri del giudice», in *Commentario al codice di procedura civile*, diretto da E. ALLORIO, Torino, libro I, T. 2, Torino, 1973, pág. 1302.

931 NICOLA PICARDI, *Codice di Procedura Civile*, cit., págs. 866 e segs.

932 LUIGI MONTESANO, «Le prove disponibili d'ufficio e l'imparzialità del giudice civile», *RTDPC*, 1978, págs. 189-206.

933 LUIGI MONTESANO e GIOVANNI ARIETA, *Diritto Processuale Civile, II*, cit., págs. 137 e segs.

de uma decisão sobre a matéria de facto. Ao contrário da pesquisa e recolha das fontes de prova, a mera iniciativa de ordenar a realização do meio instrutório adequado à sua aquisição não põe em risco a imparcialidade psicológica do julgador.

Esta imparcialidade encontra-se, assim, salvaguardada (bem como prevenido o perigo de «*inquisitoriedade*») ao se interpretar a norma do artigo 115, nº 1 no sentido de que a iniciativa oficiosa do tribunal se limita (nos casos «previstos na lei») à assunção oficiosa de uma fonte de prova de cuja existência o juiz tenha tomado conhecimento dentro do processo[934]. Donde, a relação de regra/exceção decorrente daquela norma não diga respeito, propriamente, à disponibilidade privada/oficiosa da prova, mas antes ao facto de se atribuir (ou não) às partes o ónus de uma «instância formal» para aquisição da mesma.

Ainda segundo Luigi Montesano e Giovanni Arieta, o limite ao exercício dos poderes oficiosos agora assinalado encontra consagração no plano do direito positivo. Com efeito, resulta do artigo 2697 CCit. a existência de um ónus da prova dos factos constitutivos do direito e das exceções – o qual prevê claramente um comportamento das partes. Ora, e uma vez que não tem sentido haver uma duplicação normativa em relação à imposição deste comportamento, deve entender-se que o artigo 115, n. º1 CPCit. se refere aos «meios de prova», ao passo que o artigo 2697 CCit. diz respeito à dedução, em juízo, das «fontes de prova».

5. Mera faculdade ou poder vinculado?

Não existe (mais uma vez) unanimidade doutrinal quanto à questão de saber se o poder que a lei atribui ao tribunal deve ser configurado como um poder-dever, ou como um poder discricionário. Já no que diz respeito ao plano jurisprudencial, verifica-se a existência de uma corrente constante no sentido de qualificar aquele poder como «discricionário»; a falta de exercício do mesmo não seria assim sindicável em sede de recurso, nem mesmo quando a decisão de mérito se baseie na aplicação das regras de distribuição do ónus da prova[935].

[934] Ora porque foram previamente alegadas pelas partes ou pelo M.P., ora porque a mesma resultou de outra atividade instrutória, afigurando-se útil a sua aquisição processual.

[935] Federico Carpi, Michele Taruffo, *Commentario breve al Codice di Procedura Civile*, cit., págs. 350 e segs. Nesse sentido, veja-se. Giovanni Verde, *Profili del processo civile, Parte Generale*, 6ª ed.,VI, Napoles: Jovene, 2005, pág., 113.

Segundo NICOLA PICARDI[936], a jurisprudência admite a possibilidade de censura da falta de admissão de meios de prova, sempre que o juiz de mérito não tenha feito um uso justificado dos seus poderes discricionários, mas deixa nas mãos deste (considerando tratar-se de uma matéria insindicável) o poder discricionário de decidir sobre a oportunidade de utilizar o seu poder oficioso[937].

Por sua vez, TARUFFO[938] dá conta da existência de uma corrente jurisprudencial que desde há muito qualifica como poder-dever o poder atribuído ao tribunal em matéria probatória[939]. A mesma terá encontrado um apoio importante (capaz de dirimir as divergências nesta matéria) na sentença da «Sezione Unite civili n. 11353 de 17 junho 2005», na qual o Tribunal da Cassação estabeleceu que os poderes instrutórios do tribunal não podem ser exercidos de um modo arbitrário, o exercício dos mesmos (ou a falta desse exercício) podendo ser sindicada em sede de recurso.

A divergência entre estas exposições pode encontrar-se no facto de a decisão a que TARUFFO se refere ter por objeto os poderes instrutórios do juiz de trabalho[940]. No entanto, entende este autor que a regra nela enunciada pode ser aplicada com caráter geral, sendo transponível para o caso dos poderes instrutórios de que o tribunal dispõe no processo declarativo comum. Assim, e para além do dever de o juiz motivar, de um modo expresso, as razões pelas quais não fez uso dos seus poderes (como já vinha sendo sublinhado pela jurisprudência), resulta daquela decisão a possibilidade de sindicância da decisão do juiz sob o ponto de vista de «violação ou má aplicação da lei». O autor fala mesmo numa verdadeira *revirement*

[936] NICOLA PICARDI, *Codice di Procedura Civile*, cit., págs. 859 e segs.

[937] Refere arestos como, CC 25 mar. 1987/2920; CC 10 mar. 1986/1616, CC 22 apr. 1981/2536. Diferente é a posição defendida pela doutrina (por ex., GIOVANNI FABBRINI, «Potere del giudice (diritto processuale civile)», pág. 737), de acordo com a qual será possível uma sindicância da atuação do juiz de mérito em matéria de admissão oficiosa de prova *«per la nullità derivata dall'atto dell''ammissione della prova che ricava la nozione della fonte da una tardiva deduzione di parte», oppure manchi la motivazione che indichi la «suficiente certeza sui fatti della causa» (art. 360º, nºs 4, 5), oppure ancora applichi l'art 2697 cc senza avere esperito d'ufficio quei mezzi di prova che il giudizio rendeva necessari (360, 3 e 4)* (o artigo é referido na versão anterior àquela que lhe foi dada pelo D.Lgs. n. 40/2006).

[938] MICHELE TARUFFO, «L'istruzione Probatoria», cit., págs 90 e segs.

[939] Pode ver-se referências em ERNESTO FABIANI, *I poteri istruttori del giudice civile: l. contributo al chiarimento del dibattito*, Napoles: Edizioni Scientifiche Italine, 2008, 1139, n. 9.

[940] Ora, no processo de trabalho existe um poder geral de o juiz produzir prova oficiosamente (artigo 421, nº 2 CPCit.), que é desconhecido do processo ordinário.

da jurisprudência do Tribunal da Cassação, através da qual se dá relevo à finalidade de descoberta da verdade (não apenas no processo de trabalho, mas em qualquer processo), com as consequências que daí advêm, no que concerne o exercício dos poderes instrutórios do tribunal (não mais – afirma o autor – pode falar-se de uma «discricionariedade arbitrária», mas de um «dever específico» do juiz de permanecer ativo, sempre que o acertamento da verdade dependa da sua própria iniciativa probatória).

No que diz respeito ao plano doutrinal, a corrente maioritária sublinha a natureza discricionária dos poderes instrutórios do juiz, atendendo ao modo como a lei configura esta atividade (*i.e.*, em termos de «poder» – ex. artigo 281-ter, 213, 421, nº 2 CPCit.); daqui resulta que o seu exercício (não vinculado) dependeria da valoração concretamente realizada pelo juiz, em função de razões de oportunidade e de utilidade[941].

Contrária é a posição de autores como SATTA-PUNZI ou FABBRINI[942]. Segundo eles, o juiz não deve subtrair-se ao exercício do poder instrutório que a lei lhe atribui, o qual representa para si um autêntico «poder-dever». Por conseguinte (salienta NICOLA PICARDI[943]), das duas, uma: ou a prova produzida pelas partes permite uma reconstrução satisfatória dos factos controvertidos (caso em que não há razão para que o juiz procure obter ulterior informação através da produção oficiosa de prova), ou, pelo contrário, aquela reconstrução afigura-se incerta (caso em que, não tendo o mesmo feito uso dos poderes instrutórios que a lei lhe atribui, se encontra vedada a possibilidade de tomar uma decisão com base nas regras de distribuição do ónus da prova – artigo 2697 CCit.).

É esta também a posição de CARPI-TARUFFO[944]. Segundo estes autores, na hipótese de a prova adquirida se revelar insuficiente para a tomada

[941] MICHELE TARUFFO, «L'istruzione Probatoria», págs 90 e segs. A falta de exercício destes poderes deriva assim de um juízo relativo à falta de utilidade e oportunidade da disposição oficiosa da respetiva prova. Daqui deriva que a decisão de dispor ou não dispor de tais provas não seria sindicável em sede de recurso, uma vez que em ambos os casos o juiz se limita a fazer uso (positivo ou negativo) do seu poder discricionário, o que não pode ter relevo do ponto de vista da validade do procedimento (pode ver-se referências bibliográficas: ibidem, pág. 130, nota 202).

[942] SALVATORE SATTA, CARMINE PUNZI, *Diritto processuale civile*, cit., págs. 319-321; GIOVANNI FABBRINI, «Potere del giudice (diritto processuale civile)», cit., pág. 736.

[943] NICOLA PICARDI, *Codice di Procedura Civile*, cit., págs. 859 e segs. Note-se que o pensamento do autor tem por base a opinião dos autores anteriormente citados.

[944] FEDERICO CARPI, MICHELE TARUFFO, *Commentario breve al Codice di Procedura Civile*, cit., págs. 350 e segs.

de uma decisão, a iniciativa instrutória do tribunal assume (dada a exigência de acertamento da verdade histórica) a natureza de um «poder-dever». Esta exigência não pode ceder passo perante o princípio dispositivo, mas antes compatibilizar-se com ele. E também GRASSO[945] entende (como vimos) que o juiz não pode, uma vez verificada uma situação de insuficiência probatória, abster-se de exercer oficiosamente o seu poder instrutório.

Ainda segundo TARUFFO[946], é muito discutível a posição daqueles autores que configuram o poder do juiz como discricionário. Basta observar os casos em que a oportunidade de exercício desses poderes poder ter lugar, *i.e.*: aqueles em que, devendo ser acertado um facto relevante para a decisão da causa, se verifique que as partes não produziram prova (ou a prova produzida não foi suficiente), embora resulte dos atos da causa a existência de uma «prova» que poderia permitir esse acertamento (como, por ex., uma testemunha com um conhecimento direto dos factos). O não exercício do seu poder instrutório conduz assim à aplicação das regras do ónus da prova, razão pela qual a decisão de não exercer o seu poder instrutório não pode ser qualificada como «neutra», do ponto de vista do resultado final do processo[947].

Não faltam critérios capazes de orientar a escolha do juiz entre as alternativas de exercer ou não exercer o seu poder (-dever). Com efeito, se partirmos da premissa de acordo com a qual o processo deve estar orientado para um acertamento verdadeiro dos factos da causa (sendo este uma condição de uma decisão justa), então resulta daqui que o juiz não é livre de escolher entre prosseguir ou não a descoberta da verdade. Por conseguinte – conclui o autor –, se o mesmo tem a possibilidade de dispor oficiosamente de uma prova, e existe uma «razoável probabilidade» de que ela permite proceder ao acertamento da verdade dos factos, então ele deve produzi-la oficiosamente, não sendo livre de não o fazer[948].

[945] EDUARDO GRASSO, in *Commentario al codice di procedura civile*, diretto da E. ALLORIO, Torino, libro I, T. 2, pág. 1302.

[946] MICHELE TARUFFO, «L'istruzione Probatoria», cit., págs 90 e segs.

[947] A escolha do juiz não é "neutra", determinando pelo contrário a modalidade em que será tomada a decisão final. A mesma incide, portanto, sobre o mérito da causa: «*A aquisição da prova disposta oficiosamente pode permitir o acertamento da verdade do facto, e pode portanto tornar possível a vitória da parte que alegou aquele facto, ao passo que a falta de disposição da mesma determinará a impossibilidade de acerta o respetivo facto, determinando a sucumbência da parte que o alegou*».

[948] Ibidem.

II.II. A atividade instrutória do tribunal no direito alemão

1. Introdução

Na Alemanha, o juiz encontra-se tradicionalmente dotado de um papel ativo na tarefa de individualização do *thema probandi* e de recolha das provas, papel este, cuja configuração remonta principalmente à reforma de 1924. Esta reforma inverteu a tendência que havia inspirado a codificação processual de 1877, colocando o juiz no centro do funcionamento do «processo», e atribuindo-lhe importantes poderes, não só de direção formal, mas também de direção material do processo, destinados a uma preparação precisa e completa da causa[949]. Ao juiz incumbe, assim, certificar-se de que não existem lacunas ou insuficiências nas alegações de facto apresentadas pelas partes, bem como nos seus requerimentos de prova, convidando-as, se for caso disso, a suprir essas mesmas lacunas ou insuficiências[950].

[949] MICHELE TARUFFO, «L`istruzione Probatoria», págs. 116 a 118.

[950] Por sua vez, recai sobre as partes o chamado *Warheitspflicht*, ou seja, o dever de fazer alegações completas e verdadeiras sobre os factos da causa (§ 138 ZPO, introduzido pela reforma de 1933). Encontra-se subjacente a esta solução uma ideia de moralização do processo. Pode ver-se, por ex., E. VOLKMAR, «La nuova legge tedesca sul processo civile del 27. ottobre 1933 e la sua importanza dal lato della politica legislativa», *RDPC*, 1934, I, pág. 277; id., «Das neue Zivilprozessgesetz vom 27. Oktober 1933», *Juristische Wochenschrift*, 1933, pág. 2248 (o autor sublinha o prfundo caráter ético e moral da obrigação de verdade); F. v. HIPPEL, *Wahrheitspflicht und Aufklärungspflicht der Parteien im Zivilprozess*, Frankfurt a. M.: Klostermann, 1939, págs. 94 e segs.: W. KISCH, «Wahrheitspflicht Verhandlungsmaxime Eventualmaxime», in *Deutsche Juristenzeitung*, 1936, págs. 913-919; ou NICOLÒ TROCKER, *Processo civile e costituzione: problemi di diritto tedesco e italiano*, Milano: Giuffrè, 1974, págs. 55 e segs. Conforme é referido por este último autor: «*Secondo il solenne preambolo che il governo prepone alla legge del 1933, l`obiettivo di fondo della riforma è costituito da una giustizia più aperta e più vicina alle esigenze del popolo, capace di assicurare una tutela rapida, sicura ed efficiente. (...) A tal fine si ricorda il dovere delle parti di operare nel senso di una conduzione corretta e responsabile delle liti che agevoli l`acertamento della verità, e si sottolinea l`importanza di una ferma ed enérgica direzione giudiziale del processo atta ad impedire ogni inutile rinvio dovuto alla pigrizia dei contendenti o alle loro manovre dilatorie. Le principal innovazioni che concretizzano questo «programma di azione» sono costituite dalla introduzione del «dovere di lealtà e probità» delle parti e dalla modificazione della disciplina del giuramento. Con la prima, sancita nel § 138, comma 1º, il quale ricorda la análoga disposizione contenuta nel § 178 della ZPO austriaca, si stabilisce che le parti devono fare le loro dichiarazioni relative alle circostanze di fatto in maniera completa e veritiera. L`opinione, alquanto diffusa in passato, secondo cui una parte doveva essere libera di prospettare allegazioni non vere in giudizio dal momento che stava all`avversario smascherare la falsità, riceve una decisa smentita. La norma rompe quindi con l`ideia del processo come «lotta» o «contesa», basata sull`abilità e sull`astuzia, senza per questo intaccare radicalmente la validità dell`onere dell`allegazione – ognuna delle parti continua in primo luogo a rispondere per i propri fatti e le proprie asserzioni – o del principio dispositivo*».

Quanto aos poderes de direção material, eles traduzem-se quer no dever de conselho às partes (*Hinweispflicht*) (parágrafo 139 ZPO)[951], quer na possibilidade de o tribunal realizar oficiosamente a produção de prova. Em relação a esta última possibilidade, e embora não se verifique a atribuição ao juiz de um poder instrutório geral, verifica-se uma tendência de incremento dos seus poderes instrutórios, confirmada pela reforma de 2001, através da qual se atribuiu ao tribunal o poder de ordenar oficiosamente a exibição de documentos (desde que alguma das partes tenha feita referência aos mesmos), e de proceder à inspeção de coisas (§142 e 144 ZPO). O juiz dispõe assim, no quadro do atual sistema, de um poder instrutório quase geral de ordenar oficiosamente a aquisição de meios de prova[952] (com exceção da prova testemunhal)[953].

Este reforço dos poderes oficiosos do tribunal conduz a uma alteração do pano de fundo do processo civil. Egbert Peters[954] salienta que a estrutura do processo se encontra hoje cunhada por uma repartição de iniciativa entre o tribunal e as partes (*Verhandlungsmaxime* modificada); ao passo que num sistema inspirado apenas pelo princípio dispositivo em

O autor chama ainda a atenção para o facto de que a disposição do § 138, I constitui expressão de uma tendência mais ampla de «moralização» do Direito, e que se encontra também fora do Direito processual. Conforme afirma Cappelletti, «*Si assiste ad una generale valorizzazione del momento etico. Il diritto viene permeato di doveri che «manifestano una accentuata impronta superindividuale, sociale o pubblica*» (Mauro Cappelletti, *Ideologie nel diritto processuale, in Processo e ideologia*, Bolonha: Molino, 1969, pág. 17). A proteção das situações jurídicas (afirma Nicolò Trocker) encontra-se assim subordinada à observância destes «deveres éticos e morais» «*No processo a "luta pelo direito", eleva-se a dever moral* (de lealdade)» (Gustav Radbruch, *Der Mensch im Recht, Ausgewählte Vorträge und Aufsätze über Grundfragen des Rechts*, Göttingen: Vandenhoeck & Ruprecht, 1957, pág. 12). Como se pode ler no preâmbulo da lei de reforma (salienta mais uma vez Nicolò Trocker), «*ao direito de cada um à tutela jurídica, corresponde o seu próprio dever*».

951 O juiz deve chamar a atenção das partes para as insuficiências dos seus articulados e das provas por elas requeridas, ou para lapsos manifestos nos seus articulados ou requerimentos. Em matéria probatória, pode inclusivamente aconselhar às partes a produção de outros meios de prova, que identifique.

952 Michele Taruffo, «L'istruzione Probatoria», págs 116 a 118.

953 Existe porém a possibilidade, no caso de a parte não ter requerido uma prova testemunhal que o juiz entenda necessária, de o mesmo perguntar à parte que dela não se aproveitou se a mesma considerou esta possibilidade (§§273 (2) e 373 da *Zivilprozessordnung*) – o que naturalmente representa um forte incentivo para que a respetiva prova seja requerida.

954 Egbert Peters, *Richterliche Hinweispflichten und Beweisinitiativen im Zivilprozeß*, Tübingen: Mohr, 1983, pág. 1.

sentido amplo a responsabilidade pela aportação dos factos e das provas recai exclusivamente sobre as partes, num sistema modificado acrescenta-se a esta a responsabilidade do juiz.

2. § 139 ZPO: direção material do processo

a) Introdução

Conforme refere DIETER LEIPOLD[955], o poder judicial de direção material do processo encontra-se regulado no parágrafo 139 ZPO[956]. Este preceito sofreu algumas alterações com a reforma de 2001[957], através da qual se enfatizou a responsabilidade do juiz pela existência de uma discussão completa (em termos de facto e de direito) do objeto do litígio. Segundo GUNNAR STICKEN[958], estas alterações devem ser vistas à luz dos objetivos gerais da reforma, ou seja, o fomento de uma justiça de proximidade, eficiente e transparente, que promova a compreensão e a aceitação da decisão judicial, e que torne a paz social duradoura.

VERENA VENTSCH[959] afirma, por sua vez, que a reforma do ZPO promoveu uma (ainda) mais forte participação do juiz na direção material do processo, recaindo sobre o mesmo um amplo dever de informação. Do parágrafo 139 ZPO resulta assim um dever de assistência e uma co-responsabilidade do juiz na promoção de um processo justo, e na obtenção da verdade, sem contudo se alterar o princípio da imparcialidade judicial, ou mesmo o princípio de responsabilidade das partes (já que se encontra

[955] DIETER LEIPOLD, in FRIEDRICH STEIN, MARTIN JONAS, *Kommentar zur Zivilprozessordnung*, 22. Auf., Tübingen: Mohr Siebeck, 2013, § 139, págs. 237 e segs.

[956] De destacar os nº's 1 e 2: (1) «*Das Gericht has das Sach- und Streitverhältnis, soweit erforderlich, mit den Parteien nach der tatsächlichen und rechtlichen Seite zu erörtern und Fragen zu stellen. Es hat dahin zu wirken, dass die Parteien sich rechtzeitig und vollständig über alle erheblichen Tatsachen erklären, insbesondere ungenügende Angaben zu den gemachten Tatsachen ergänzen, die Beweismittel bezeichnen und die sachdienlichen Anträge stellen*». (2) «*Auf einen Gesichtspunkt, den eine Partei erkennbar übersehen oder für unerheblich gehalten hat, darf das Gericht, soweit nicht nur eine Nebenforderung betroffen ist, seine Entscheidung nur stützen, wenn es darauf hingewiesen und Gelegenheit zur Äusserung dazu gegeben hat. Dasselbe gilt für einen Gesichtspunkt, den das Gericht anders beurteilt als beide Parteien*».

[957] Zivilprozessrechtsreformgesetz vom 27. Juli 2001, que entrou em vigor no dia 1 de janeiro de 2002.

[958] VON GUNNAR STICKEN, *Die »neue« materielle Prozessleitung (§ 139 ZPO) und die Unparteilichkeit des Richters*, Köhln: Carl Heymanns, 2005, págs. 5 e segs.

[959] VERENA VENTSCH, *Die materielle Prozessleitung nach der Reform der Zivilprozessordnung, § 139 ZPO*, cit.,págs. 77 e segs.

nas mãos destas aceitar ou não o conselho dado pelo juiz). Para além disso, procura-se reforçar a obtenção da paz social, se possível apenas numa só instância[960].

O parágrafo 139 ZPO impõe ao juiz um dever de *Frage und Hinweis* (dever de perguntar e aconselhar), com a finalidade de que o material do processo seja o mais completo e claro possível[961]. No que diz respeito àquele dever (*Fragepflicht*), salienta DIETER LEIPOLD[962] que o mesmo existe nos casos em que o juiz esteja em dúvida quanto à «relação» controvertida e/ou aos factos controvertidos (uma vez que as alegações das partes não foram suficientemente claras), ou quanto ao fundamento de direito por elas invocado. Pretende-se assim que o juiz esclareça o sentido daquelas alegações[963], não devendo confundir-se este instituto com o do «interrogatório de parte» (meio de prova). O dever de perguntar (como o próprio nome indica) representa um poder-dever do juiz, e não um mero poder--discricionário[964].

Paralelamente ao «dever de perguntar» resulta, como já vimos, daquela norma um dever de o juiz aconselhar as partes quanto à necessidade de

[960] O que, mais uma vez, pressupõe uma ampla discussão sobre o objeto do litígio: «*Mit der Neufassung soll das Gericht mehr als bislang angehalten werden, die Parteien und ihre Prozessbevollmächtigten durch eine offene und rechtzeitige Information zu einer stärkeren und gezielteren Aktivität im Verfahren zu veranlassen. § 139 ZPO übertägt dem Gericht damit eine gewisse Fürsorgepflicht und Mtiverantwortung für ein faires, auf Erlangung der Wahrheit gerichtetes Verfahren, ändert jedoch nichts na der Unparteilichkeit und dem Beibringungsgrundsatz. Das Gericht ersetzt den Parteivortrag nicht sondern steuert ihn nur*» (ibidem, pág. 78).

[961] Deste dever de colaboração do tribunal quanto à preparação da causa resulta assim a obrigação de o mesmo convidar as partes ao esclarecimento, aperfeiçoamento e completamento das suas alegações e requerimentos de prova. O juiz pode mesmo aconselhar uma alteração do pedido, assim como a junção de novos meios de prova.

[962] DIETER LEIPOLD, in FRIEDRICH STEIN, MARTIN JONAS, *Kommentar zur Zivilprozessordnung*, cit., págs. 237 e segs. (pág. 247).

[963] E não dos factos em si – já que esta é, pelo contrário, a finalidade da produção e da valoração da prova.

[964] «*Wie sich aus der Formulierung »hat dahin zu wirken« ergibt, ist es eine Amtspflicht des Gerichts, sich um die klärung des Sach- und Streitverhältnisses zu bemühen. Wenn also eine von der Partei ungewollte Unklarheit oder Unvollständigkeit besteht, so muss das Gericht die erforderlichen Hinweis geben bzw. Fragen stellen. Es besteht dann nicht etwa ein Ermessen im Sinne einer Wahlfreiheit des Gerichts, ob es tätig werden will oder nicht. Ob eine Unklarheit oder Unvollständigkeit im Parteivortrag gegeben ist bzw. ob sie ungewollt ist und die Partei daher überhaupt des Hinweises bedarf, muss das Gericht aufgrund der konkreten Prozesssituation und der erkennbaren Umstände des Einzelfalls beurteilen*» (ibidem, pág. 248).

estas alterarem ou completarem as suas aportações de facto ou de direito, ou os seus requerimentos de prova (*Hinweispflicht* ou *Aufklärungpflicht*). Ao contrário do *Fragepflicht* (que tem como finalidade a remoção de uma dúvida[965]), o escopo do «conselho ou recomendação judicial» é o de prestar às partes uma certa «informação», através da qual elas são convidadas a introduzir modificações nos seus articulados. Quando pensamos na colaboração em matéria probatória é, pois, neste dever de conselho que nos devemos (sobretudo) concentrar.

b) Da direção material do processo e da função social do mesmo – proteção da parte socialmente mais fraca?

Segundo Dieter Leipold[966], embora resulte do parágrafo 139 ZPO a consagração da figura do «juiz ativo»[967], não existe nenhuma contradição entre esta figura e o princípio de responsabilidade das partes, na medida em que aquela norma não corresponde à introdução de um princípio inquisitório. A finalidade do papel ativo do juiz é a de proceder a uma efetiva salvaguarda dos direitos processuais das partes, através de um dever de ajuda às mesmas, que se destina a obviar às situações de «*deficit* de aportação» em que elas possam encontrar-se. Ora, a atividade judicial imposta pelo parágrafo 139 ZPO depende das necessidades do concreto processo, não tendo por base uma distinção fundamental entre «parte socialmente mais fraca» e «parte socialmente mais forte».

As abordagens que pretendem situar esta norma no enlace do processo social (no sentido da salvaguarda da liberdade e igualdade das partes) encontram-se assim ultrapassadas: que o legislador tenha tido o propósito (com a reformulação desta norma) de contribuir para a promoção da aceitação da decisão nada tem a ver com o chamado modelo de processo social (no sentido mencionado), afigurando-se improfícuo o uso desta expressão[968].

[965] A finalidade é a de esclarecer o juiz sobre algum aspeto que se apresente incerto.

[966] Ibidem, pág. 242.

[967] O juiz deve preocupar-se não apenas com a direção formal do processo, mas também com que este atinja a sua finalidade. Ao juiz compete assim, não só receber as aportações das partes e tomar uma decisão, mas também contribuir para que o material processual seja construído de um modo completo e claro (tanto do ponto de vista do direito, como de facto), com vista a uma justa resolução do litígio.

[968] Ibidem.

No mesmo sentido se pronuncia EGBERT PETERS[969]. Segundo este autor, não existe nenhuma vantagem na tese segundo a qual se espera do juiz, nos quadros de um processo social, um auxílio forte às partes. Em si mesma esta tese é ambígua. Se a marca «social» se refere à existência de um processo «efetivo» e que «visa um resultado justo», então aquela expressão revela-se pouco esclarecedora. Se, pelo contrário, a mesma traduz uma ideia de proteção da parte socialmente mais fraca (no sentido de que a situação de vulnerabilidade da parte conduz a um aumento de dever de conselho que recai sobre o juiz), então incidiria sobre este a tarefa de nivelar a sua responsabilidade em função das necessidades de proteção social das partes. Ora, não há dúvida de que uma tal escala de responsabilidade não pode existir, atendendo ao princípio da igualdade, e ao princípio de paridade de armas[970].

[969] EGBERT PETERS, *Richterliche Hinweispflichten und Beweisinitiativen im Zivilprozeß*, cit., págs. 107-108.

[970] Por ex., a propósito da opinião de alguns autores segundo os quais o juiz deveria avisar uma parte sem qualquer conhecimento jurídico da «prescrição do direito» invocado pelo seu oponente, afirma o autor: «*Das Zerrbild vom Kampf des reichen Klägers gegen den armen Beklagten weckt die Emotionen. Die Gerichte wären vor die unlösbare Aufgabe gestellt, ihre Mitverantwortung nach der sozialen Schutzbedürftigkeit der Parteien abzustufen. Dass ein solcher Massstab vor dem Prinzip der Waffengleichheit, nicht bestehen kann, liegt auf der Hand*». (ibidem, pág. 108). No mesmo sentido pode ver-se, na doutrina italiana, ELIO FAZZALARI, «La imparzialità del giudice», *RDP*, 1972, págs. 193-203: «*Quanto, poi, alla debolezza sociale risultante dalla norma che regola, prima e fuori del processo, il rapport sostanziale dedotto in lite (...) tale «debolezza» trova reintegrazione nella stessa norma che la rivela, chè, anzi, essa è resa manifesta proprio attraverso il sostegno che la norma sostanziale assicura al soggetto più debole (favor per il lavoratore; favor per il minore; favor per l`invalido, e così via). Ma, allora, si è fuori dell`âmbito della ipotetica attribuzione al magistrato di poteri di sostegno del litigante più debole. Qui il giudice non mette nulla di suo; egli adempie il dovere – in sede di giudizio di diritto – di applicare la legge sostanziale, cioè i valori positivi che reggono la materia del contendere: primi fra tutti – in quanto imediatamente applicabili e nei casi in cui non si debba passare attraverso il vaglio della Corte costituzionale, a causa della incompatibilità fra norma costituzionale e norma ordinária – i valori della Costituzione. Egli tutela la parte più debole alla stessa stregua alla quale tutela qualsiasi litigante che, secondo il metro della legge sostanziale, risulti aver ragione*» (ibidem, pág. 198). «*Nei casi in cui è proprio la «debolezza sociale» di un citadino a far antivedere, e temere, la sua «debolezza processuale», il sostegno, che lo conduca alla soglia della parità com la controparte, gli va somministrato (...) prima e fuori del processo, assicurandogli adeguata assistenza ed ogni altro opportuno rimedio: mai dentro e nel corso del processo, introducendo regole del gioco non uguali per tutti i litiganti, cioè particolari lenienze per chi non può o non sa, cui corrisponderebbe necessariamente un tratamento più severo per gli altri*» (ibidem, pág. 200).

c) *Fundamento do dever de esclarecimento das partes (Aufklärungpflicht)*

Segundo EGBERT PETERS[971], o «dever de conselho» tem como finalidade apresentar às partes «o ponto de vista jurídico» do tribunal – aquele que é decisivo para a resolução do processo. A discussão dos factos e da relação litigiosa entre o juiz e as partes serve assim para tornar conhecido destas o ponto de vista do juiz, dando-lhes a possibilidade de conformarem com ele as suas alegações, e os seus pedidos. O juiz deve, portanto, fornecer às partes a informação necessária, dispondo estas, por seu turno, de iguais oportunidades de resposta – donde, as «palavras-chave» em matéria de direção material do processo devam ser «assistência às partes» e «igualdade de armas».

Num sentido semelhante se pronuncia GUNNAR STICKEN[972]. Segundo este autor, o conteúdo da direção processual deve ser aferido em função daquilo que constitui, e sobretudo daquilo que não constitui um fim do processo[973]. Ora (e partindo de uma leitura do processo «liberta de fins», «*Zweckfreie*»[974]) entende o autor que o processo constitui um instrumento para pôr fim a uma situação de incerteza quanto ao direito a aplicar entre as partes, tendo estas um papel ativo (através da *Verhandlungsführung*) na obtenção desse resultado. Com efeito, não é possível que uma decisão obtida sem o contributo das partes possa ser imposta contra a sua vontade, e executada coercitivamente[975].

[971] EGBERT PETERS, *Richterliche Hinweispflichten und Beweisinitiativen im Zivilprozeß*, cit., págs. 109 e segs.

[972] VON GUNNAR STICKEN, *Die »neue« materielle Prozessleitung (§ 139 ZPO) und die Unparteilichkeit des Richters*, cit., págs. 36 e segs.

[973] Já que «*was der Prozess nicht zu leisten hat, kann nicht Aufgabe des Richters sein*».

[974] O autor critica as abordagens tradicionais (*herkömmlichen Zwecktheorien*) segundo as quais o fim do processo consiste na proteção e aplicação do direito substantivo e na reposição da paz social, devendo os deveres de direção material do tribunal ser entendidos a essa luz. O processo (afirma o autor) é «Zweckfreie», ou seja, o juiz não prossegue através do processo nenhuma finalidade, devendo limitar-se a observar o conjunto de regras e princípios processuais, e sendo chamado, a final, a tomar uma decisão com base no resultado probatório obtido e no Direito aplicável, e pondo assim fim à situação de incerteza que se encontra na base do litígio. Só assim, através da não prossecução de outros interesses, se pode obter uma decisão imparcial.

[975] No processo (salienta VON GUNNAR STICKEN) são as partes, e não o Estado, a prosseguir os próprios fins, o que é especialmente exato num sistema de separação de poderes (o poder judicial deve limitar-se a resolver os conflitos, aplicando o Direito). O processo deve pois ser encarado como uma liberdade de atuação (*Prozess als Freiheitsbetätigung*). Ao libertar-se o processo da prossecução de um fim, imuniza-se o mesmo do perigo de arbitrariedade, e dá-se

O entendimento do processo como um instrumento para o conhecimento do direito aplicável entre as partes tem como consequência a existência de um dever de neutralidade do juiz. Com efeito, a «liberdade de fim» da decisão (ou seja, a não prossecução de quaisquer finalidades extra-processuais ou extra-judiciais[976]) não constitui condição suficiente para a imparcialidade do juiz: este deve manter a distância face às partes, e face ao seu litígio[977]. (Tal não quer dizer, porém, que o juiz deva ou possa ser indiferente face ao resultado do processo; segundo o autor, se o juiz fosse indiferente em relação ao sentido da sua decisão, não poderia chamar-se «jurisprudência» a essa decisão, nem a mesma podia ser qualificada como certa ou justa).

A partir daqui o caminho seguido pelo autor baseia-se no confronto entre o dever de neutralidade e o dever de direção processual. Com efeito, a caracterização do processo como instrumento para a determinação do direito controvertido (através de um juiz neutro e imparcial) não permite saber quando e em que medida o mesmo pode exercer o seu poder de direção material, sem violar o dever de neutralidade a que está vinculado. Sem se saber qual o significado do dever de direção, e qual o modo como o mesmo se insere no conjunto do processo, não poderá chegar-se a uma resposta sobre esta matéria, uma vez que o princípio da neutralidade, por si só, não permite distinguir entre «*Fragen*» e «*Hinweis*» admissíveis e inadmissíveis[978].

sentido à procura de uma decisão (*Entscheidungsfindung*) que não se enquadra num programa condicional, não visa atingir uma finalidade extra-processual ou extra-judicial, não tem um caráter prognóstico, mas apenas visa a resolução do litígio – tornando assim a decisão aceitável, mesmo para a parte que perdeu (ibidem, pág. 48).
Isto, contudo, não significa que o juiz não deva estar empenhado na reconstrução dos factos da causa. Com efeito, e atendendo à estrutura das normas, é necessário o conhecimento do material fático que serve de base ao litígio, para que aquele possa proceder à sua aplicação. O juiz tem assim o dever de proceder a uma reconstrução dos factos, sendo essa a razão pela qual recai sobre as partes o dever de esclarecer o juiz de um modo verdadeiro e completo, e sobre este o dever de se informar – com cujo exercício ele não perde a sua posição de neutralidade. O dever de neutralidade prende-se já (salienta ainda o autor) com a proibição de utilização do seu «conhecimento privado».

[976] A finalidade do processo é apenas a de pôr fim à situação de incerteza que existe entre as partes, através da aplicação do Direito objetivo.

[977] A neutralidade constitui asism uma característica estrutural do processo (§ 42, II ZPO).

[978] O juiz deve ser imparcial no exercício do seu poder-(dever) de direção processual. Todavia, a mera afirmação dessa obrigação de imparcialidade, sem se saber o significado daquele poder, não permite concluir se o juiz está ou não a fazer um uso imparcial do mesmo.

Ora – salienta ainda GUNNAR STICKEN –, o dever de neutralidade não constitui a única condição do processo como forma de conhecimento do direito aplicável entre as duas partes. Para além deste princípio, descreve-se também (normalmente) como característica essencial do processo civil o princípio de responsabilidade das partes[979]. Pode ver-se a importância deste princípio se tivermos em conta que este ramo de direito adjetivo se funda no método contraditório: há sempre duas partes que litigam perante um terceiro imparcial[980]. Por conseguinte, o dever de esclarecimento encontra o seu limite naquele princípio[981].

O fundamento do dever de direção processual encontra-o então o autor no «direito ao contraditório» (rechtliche Gehör) «Audiatur altera pars», e no princípio da igualdade. O direito ao contraditório resulta da própria estrutura do processo civil, já que incumbe às partes fornecer ao tribunal o material necessário para a tomada de uma decisão informada; só assim o juiz pode ser visto como um terceiro (neutro) que decide liberto da prossecução de finalidades extra-processuais. Imanente ao princípio do contraditório encontra-se, por sua vez, o princípio da proibição de decisões-surpresa.

Com efeito, as partes não devem tomar conhecimento, pela primeira vez através da decisão de mérito, de que o juiz fez uma apreciação jurídica diferente daquela que uma avaliação sensata e cuidadosa da situação permitia prever, ou de que existe alguma incompletude ou deficiência nas suas aportações, resultante de um evidente erro de apreciação[982]. Pelo

[979] A responsabilidade de parte expressa-se – para além do chamado princípio dispositivo – na aplicação do princípio da aportação (*Beibringungsgrundsatzes*), que constitui a verdadeira característica do processo civil (ibidem, págs. 55-56). No mesmo sentido, pode ver-se GÜNTHER ZETTEL, *Der Beibringungsgrundsaz – Seine Struktur und Geltung im deutschen Zivilprozeß*, Berlin: Duncker & Humblot, 1977, pág. 30.

[980] O princípio da responsabilidade das partes constituiria a consequência do dever de neutralidade do juiz (o juiz não pode ser testemunha em causa própria), assim como do facto de o mesmo não dispor de um aparelho de investigação oficiosa dos factos.

[981] Mais concretamente, entende o autor que o limite ao dever de direção processual se encontra no *Beibringungsgrundsatz*, que atribui às partes a responsabilidade pela aportação dos factos e das provas.

[982] Se a parte, ou o seu advogado, negligenciou algum aspeto e por isso apresentou os factos de um modo incompleto, ou se a sua alegação tem por base um evidente erro de apreciação, então a afirmação de um dever de esclarecimento afigura-se como uma forma de defesa contra uma decisão-surpresa: parte-se do pressuposto de que apenas aquele erro esteve na

contrário, o juiz deve dar oportunidade às partes de estas apresentarem as suas posições perante o tribunal de um modo completo e informado, o que pressupõe um nível mínimo de comunicação entre os sujeitos processuais. Pode assim entender-se o «direito ao contraditório» como o reverso da medalha do dever de verdade e de completude (parágrafo 138 ZPO)[983].

Por outro lado (refere GUNNAR STICKEN), o juiz tem a responsabilidade de garantir que o processo decorra entre duas partes iguais (princípio da igualdade formal) e com igualdade de armas (*Waffengleichheit*). O exercício do seu poder de direção processual deve ter em vista esta situação de igualdade. Ao enquadrar-se o dever de direção, de um ponto de vista estrutural, como garantia de igualdade jurídica, pode então admitir-se que a mesma (direção) constitui condição de uma decisão imparcial entre dois adversários iguais. Portanto: é irrelevante se o juiz tem em vista – através de um determinado conselho ou esclarecimento – conferir uma vantagem a uma parte, uma vez que a reposição de uma situação de igualdade pode impor essa mesma atribuição à parte mais fraca. Ora, ao se entender o dever de direção processual desta forma, não existe nenhum perigo para o princípio da neutralidade.

Pelo contrário, existem situações processuais nas quais apenas a atribuição de um «conselho» (*Ratschlag*) torna possível a tomada de uma decisão imparcial[984]. Em suma: o dever de imparcialidade (através do regime

base da deficiência na alegação. O juiz deve também ter o cuidado de que uma parte não se baseie negligentemente em hipóteses não relevantes, que impeçam uma alegação adequada. O dever de esclarecimento judicial, segundo o parág. 139 Abs. 1 ZPO, ajuda assim a parte a ter presente as consequências jurídicas das suas alegações de facto.

[983] Tal como se nega que as partes, através de uma manipulação unilateral da *Tatbestand*, façam do juiz um «instrumento inconsciente» ao serviço do fim por elas visado, encontra-se de igual modo vedado ao juiz, mediante a negação do direito das mesmas a serem ouvidas, tirar-lhes a possibilidade de prossecução desse mesmo fim. Ambos os aspetos (dever de verdade, e contraditório) garantem assim que o juiz, no processo entendido como procedimento dialógico, decida de uma forma neutra.

[984] Por conseguinte (conclui o autor), não existe nenhuma contradição entre o «dever de esclarecimento» e o «dever de imparcialidade». O ponto de vista contrário, *i.e.*, aquele segundo o qual existe um conflito relativo entre ambos os princípios (decorrendo daí que a compreensão do «dever de esclarecimento judicial» e da sua extensão se repercute na extensão do dever de imparcialidade – e vice-versa) obstrui segundo o autor a importância do dever de neutralidade – o qual não pode facilmente ser contrabalançado por outros princípios processuais (como vimos, o facto de uma decisão ser tomada por um terceiro imparcial constitui o pressuposto de um verdadeiro julgamento).

consagrado no parágrafo 42 Abs. 2 ZPO[985]) constitui a própria medida do dever de direção processual, sendo através dele que se define a admissibilidade da concessão de um «esclarecimento judicial». Pode assim dizer-se que, só não ferem o dever de neutralidade, os esclarecimentos ou conselhos que – eles próprios – tornem possível o proferimento de uma decisão imparcial[986].

d) Dever de esclarecimento como norma obrigatória?

Verifica-se a existência de uma opinião doutrinal consolidada no sentido de que a norma constante no parágrafo 139 ZPO atribui ao juiz um dever judicial, ou seja, deve ser configurada como uma norma obrigatória (*Muss-Vorschriften*), e não como uma norma discricionária (*Ermessensnormen*)[987]. Segundo GUNNAR STICKEN, nos casos em que a «igualdade de armas» não se encontre ameaçada, e as aportações realizadas pelas partes sejam suficientes para a tomada de uma decisão, o princípio da neutralidade não conduz à existência de um dever de esclarecimento para a procura de uma decisão independente. Donde – e por maioria de razão –, nos casos inversos (uma vez que está em causa o princípio fundamental da neutralidade judicial) o dever de esclarecimento ou de conselho deva ser visto como um dever do juiz, e não como uma mera faculdade discricionária.

[985] É através do regime previsto neste artigo que se limita a extensão do dever de direção processual, o mesmo não podendo ser dito em sentido inverso (a compreensão do «dever de esclarecimento judicial» não tem influência na extensão do dever de imparcialidade). Ou seja, não pode definir-se com base no significado e na extensão do dever de esclarecimento aquilo que é admitido à luz do § 42, II ZPO.

[986] Num sentido semelhante se pronuncia ROLF STÜRNER (ROLF STÜRNER, *Die richterliche Aufklärung im Zivilprozeß*, cit., págs. 28-30). Segundo este autor (o qual parte de uma rejeição do processo como «processo social»), a reposição da igualdade de armas entre os litigantes, relacionada com o princípio do contraditório (do qual resulta que as mesmas sejam ouvidas sobre todos os pontos relevantes – os quais podem ter sido por elas claramente negligenciados) pode justificar um dever de esclarecimento à parte mais fraca. Contudo, o que está em causa não é a proteção dessa parte, pelo facto de a mesma ser economicamente mais fraca, mas garantir a contradição e a igualdade de armas que, por sua vez, se relaciona com o princípio da proibição de decisões-surpresa. O dever de direção processual que recai sobre o juiz não tem, portanto, como finalidade a proteção da parte socialmente mais fraca, ou a garantia de uma igualdade material entre as mesmas.

[987] Entre outros, VON GUNNAR STICKEN, *Die »neue« materielle Prozessleitung (§ 139 ZPO) und die Unparteilichkeit des Richters*, cit., pág. 70; e EGBERT PETERS, *Richterliche Hinweispflichten und Beweisinitiativen im Zivilprozeß*, cit., págs. 106 e segs. (pág. 106).

Já EGBERT PETERS sublinha que o parágrafo 139 ZPO não confere ao juiz qualquer margem de discricionariedade[988]. É necessário determinar o conteúdo e os limites do «dever de aconselhar» (*Hinweispflicht*); todavia, o facto de esses limites serem objeto de discussão não significa que os mesmos sejam «*fließend*». Para além disso, o princípio de responsabilidade das partes não possui «valor de argumentação», no sentido de uma limitação do dever judicial de aconselhar (em termos gerais), nem se afigura determinante, em questões particulares, para uma delimitação negativa (como no caso do estímulo a modificações na ação).

Ao contrário da visão anterior – afirma o autor – (segundo a qual o *Hinweispflicht* deveria ceder passo face ao princípio de responsabilidade das partes), é hoje sublinhado pela jurisprudência e pela doutrina que a previsão de um dever obrigatório de conselho ou esclarecimento judicial revela a existência de uma responsabilidade (vinculada) do juiz pela realização do processo. Ao mesmo tempo, contudo, verifica-se que o princípio dispositivo (*Dispositionsmaxime*), e a *Verhandlungsmaxime* não são abalados pela existência daquele dever, uma vez que se deixa ao critério das partes a aceitação ou não das sugestões feitas pelo juiz. Deve assim falar-se (atendendo ao dever de participação do juiz) de um «princípio de responsabilidade das partes modificado». A delimitação do «dever de conselho» não deve pois ser feita tendo em conta os reflexos do mesmo em relação ao poder de decisão das partes, mas atendendo aos fins que podem ser atingidos através dessas sugestões.

ROLF STÜRNER[989], por sua vez, entende que a letra da lei afasta a ideia de que estejamos perante um poder discricionário do tribunal (nega a existência de qualquer *Ermessensspielraum*), embora seja compatível com uma «margem de decisão» (*Beurteilgunsspielraum*), tal como ensina RUDOLF POHLE[990]. O autor traça, porém, uma distinção entre os casos em que a atuação do juiz pode dar origem a novas aportações das partes (factos, provas, exceções) e aqueles em que o juiz se limita a dar a conhecer às partes uma posição provisória. Com efeito, e ao contrário do que se verifica neste último caso (no qual se admite a discricionariedade), verifica-se

[988] A ordem dada pela norma é inequívoca; não há nenhum espaço para que a «atividade» ou «inatividade» do juiz possam ser igualmente corretas.

[989] ROLF STÜRNER, *Die richterliche Aufklärung im Zivilprozeß*, cit., págs. 28-30.

[990] STEIN-JONAS-POHLE, 19. Aufl. 1972, § 139 Bem. I. 2 (apud ROLF STÜRNER).

naquele a existência de uma interferência direta no decurso do processo, em benefício de uma parte. Ora, admitir aqui a «discricionariedade» poria em perigo o princípio da neutralidade judicial, não sendo bom, também, do ponto de vista da política jurídica. O autor chama ainda a atenção para a necessidade de uma ideia de previsibilidade do processo, no sentido de que as partes e o próprio órgão jurisdicional devem poder saber de antemão quando deve ter lugar uma atuação do juiz.

e) Direção material e dever de imparcialidade

Segundo Dieter Leipold[991], o juiz deve, na direção material do processo, observar estritamente o dever de tratamento igualitário das partes, assim como o dever de neutralidade judicial. Quanto à extensão do dever de direção, a mesma só pode ser aferida em concreto, tendo em consideração o conteúdo da relação controvertida, e as aportações efetuadas pelas partes. Em princípio, a participação ativa do juiz não constitui ofensa ao princípio da imparcialidade, nem isso acontece se resultar da atuação do juiz uma vantagem para uma parte. Com efeito, o juiz estará apenas a cumprir um dever judicial, que é o de proceder a uma adequada gestão do processo, com vista à obtenção de uma decisão correta. O princípio da imparcialidade só será ferido, portanto, no caso de o juiz agir em favorecimento de uma parte por motivos externos ao processo[992].

No mesmo sentido se pronuncia Antonios Diakonis[993]. Como é frequentemente destacado pela doutrina, a participação do juiz no esclarecimento dos factos encontra o seu limite no dever de imparcialidade[994]; todavia, isso não quer dizer que o § 139 ZPO não possa, e deva, ser totalmente posto em prática. Deve, com efeito, rejeitar-se uma retração na aplicação deste dever judicial, por receio de ofensa ao dever de imparcialidade. A atividade judicial, em si mesma, nunca pode constituir uma agressão ao dever de imparcialidade, já que esta atividade não é mais do que a conse-

[991] Dieter Leipold, in Friedrich Stein, Martin Jonas, *Kommentar zur Zivilprozessordnung*, cit., págs. 242 e segs.

[992] Se o modo como tal poder é exercido suscitar a impressão de uma identificação do juiz com o pedido de uma das partes, isso pode dar origem a recurso com fundamento em suspeita de parcialidade.

[993] Antonios Diakonis, *Grundfragen der Beweiserhebung von Amts wegen im Zivilprozess*, cit., pág. 271.

[994] Pode ver-se referências bibliográficas, ibidem, pág. 271, nota 20.

quência do dever judicial de direção material do processo. Neste sentido, pode afirmar-se que os pressupostos de aplicação do parágrafo 139 representam os limites da imparcialidade judicial (estes limites apenas são excedidos quando o juiz não observe aqueles pressupostos[995]).

Já GUNNAR STICKEN[996] chama a atenção para a necessidade de determinar um critério delimitador que permita identificar as circunstâncias capazes de fundamentar uma suspeita de imparcialidade. O juiz deve, através da sua atividade, prosseguir uma finalidade que não desperte a impressão de que o mesmo faz seus os interesses das partes. Ora, tal impressão pode ser evitada quando o comportamento sobre o qual recai a suspeita de falta de imparcialidade seja processualmente necessário ou justificado, *i.e.*, quando o mesmo se baseia em razões objetivas. Ainda segundo este autor, o juiz deve fazer um uso muito cuidadoso do seu poder de direção material, sobretudo se tivermos em conta que um dos objetivos da reforma diz respeito ao reforço da aceitação da decisão judicial.

Uma posição mais conservadora é também defendida por ROLF STÜRNER[997]. O princípio segundo o qual ninguém pode servir dois senhores – salienta o autor – não tem aplicação no plano processual[998]. A solução de conflito entre o *Hinweispflicht* e a neutralidade judicial constitui o ponto crucial para a determinação do âmbito e dos limites da atividade

[995] A pedra de toque da neutralidade judicial é pois o tratamento igualitário das partes no âmbito do parágrafo 130 ZPO. No mesmo sentido, veja-se EGBERT PETERS, *Richterliche Hinweispflichten und Beweisinitiativen im Zivilprozeß*, cit., págs. 108-109. Segundo este autor, o juiz não deve deixar de exercer o seu dever de conselho (*Hinweispflicht*) por receio de parcialidade. Desde que exerça o seu poder dentro dos limites da lei, o juiz não violará o dever de neutralidade judicial: «*Wirkt sich im konkreten Falle sein Hinweis förderlich auf das Vorbringen oder die Anträge der einen Partei aus, so gerät seine Unparteilichkeit dadurch nicht in Gefahr. Das ist doch gerade typisch für den Hinweis, das er der einen Partei Fehler zu vermeiden hilft. Solange der Richter seine Aktivität in den Grenzen des § 139 ZPO entfaltet, liefert er keinen Ablehnungsgrund*» (ibidem, pág. 109).

[996] VON GUNNAR STICKEN, *Die »neue« materielle Prozessleitung (§ 139 ZPO) und die Unparteilichkeit des Richters*, cit., págs. 11-13.

[997] ROLF STÜRNER, *Die richterliche Aufklärung im Zivilprozeß*, cit., págs. 22-28.

[998] «*Niemand kann zwei Herren dienen – diese biblische Weisheit (Mateus 6, 24) scheint für den Richter nicht zu gelten, wenn ihm ein geradezu klassicher Rollenkonflikt gesetzlich aufoktroyiert wird*» (ibidem, pág. 22). A ZPO (salienta ainda o autor) espera que o juiz apoie as partes na realização da sua atividade processual. Este deve, assim, desempenhar a sua tarefa como um jogador de xadrez que joga contra si mesmo. Mas isto não é suficiente: ele deve, aos olhos de cada parte, dar-lhe as «ótimas instruções de jogo», se o mesmo não quer parecer pouco imparcial.

judicial, sendo proposta uma solução de meio-termo (a qual, ao contrário das soluções extremas, exige um esforço de delimitação)[999].

Assim, começa o autor por afirmar que a descoberta da verdade não constitui um fim do processo, mas um meio para a realização de outros fins. Para além disso, o apoio do juiz às partes é legalmente devido, sendo também legalmente devida a preocupação (ativa) do mesmo pela realização da Justiça material. Não obstante, verifica-se que a obrigação de neutralidade (§ 42f ZPO) – através da correta compreensão da «distância» – afasta a realização de uma atividade judicial demasiado extensa. A delimitação dos justos limites entre a atividade judicial admissível e inadmissível segue assim a distinção entre o conhecimento judicial da vontade das partes (*der richterliche Erkenntnis des Parteiwillens*), e a transformação/remodelação dessa mesma vontade (*der Umformung des Parteiwillens*).

Na verdade, o juiz deve interpretar as alegações das partes, mas não deve, em princípio, orientar novas atividades. Esta fronteira tem assim em conta que a identificação com o papel das partes aumenta quando se trata não apenas de esclarecer o que já foi manifestado, mas de estimular novos pontos de ataque: é esta a fronteira da devida equidistância judicial[1000].

[999] Segundo o autor, este conflito pode ser resolvido através de duas soluções extremas – que o mesmo rejeita. Uma delas (modelo inglês) consiste em esvaziar o juiz de quaisquer poderes de direção material. O conflito de papéis sociais é aqui resolvido através da não intromissão dos juízes no litígio entre privados (preferencialmente, o juiz não dará qualquer conselho às partes). Esta perspetiva parte da ideia de que o juiz que aconselha está mais facilmente envolvido na atmosfera de litígio e, com isso, corre o perigo de representar ou sentir como seu opositor a parte que não segue os seus conselhos. (Em contrapartida, salienta, no entanto, o autor, estamos perante um sistema em que os advogados têm uma enorme formação).
A solução oposta, por sua vez, é aquela que parte de um entendimento materializado da neutralidade (*materialisierten Verständnis der Neutralität*): neutral não é o juiz que não se intromete, mas aquele que, através da sua atividade, se ocupa da justiça material. O Supremo Tribunal expressou-o da seguinte forma: a imparcialidade judicial não constitui um princípio neutro, devendo antes ser orientado por valores constitucionais. «*Quando com* WASSERMANN *se compreende a compensação estatal segundo uma orientação para um fim, deve o juiz sempre defender a parte mais fraca*». Já segundo STÜRNER, se a neutralidade judicial significa apenas «ser justo materialmente» (no sentido de prosseguir a justiça material) então a mesma seria dispensável como categoria particular. A neutralidade judicial (sublinha o autor) abarca, pelo contrário, o «formalizado elemento de distância», que deve defender o juiz de uma «justiça feita a qualquer custo». Deve, assim, existir uma distância inseparavelmente ligada à atividade do juiz.

[1000] A identificação com papéis opostos (salienta STÜRNER) raramente é possível. Para além disso, a necessidade de equidistância pode modernamente ser explicada por razões sociológicas: «*Die richterliche Distanz ist so besehen eine Vorsichtsmassnahme aufgrund historischer*

f) *Parte defendida por advogado*

Segundo GUNNAR STICKEN[1001], a jurisprudência começou por ter um entendimento muito restritivo no que diz respeito ao «dever de conselho» (*Hinweispflicht*) a uma parte representada por advogado[1002]. Todavia, a mesma foi-se progressivamente afastando desta visão[1003], com base num argumento de igualdade de armas (*Waffengleichheit*). A paridade não é, contudo, total. Na verdade, as partes devem sofrer as consequências do seu comportamento processual, o que se aplica de um modo especialmente intenso no que diz respeito à parte que age através de mandatário judicial.

Por sua vez, e no que diz respeito ao plano doutrinal, verifica-se a existência de duas posições: por um lado, a dos autores que rejeitam qualquer distinção entre a parte representada e a parte não representada por advogado (atendendo a que a própria lei não estabelece, nesta matéria, qualquer distinção)[1004], e, por outro, a daqueles autores que advogam a necessidade

Erfahrung, die m.E. durch neuere psychologische Erkenntnisse schwerlich erschüttert ist» (ibidem, pág. 26).

[1001] VON GUNNAR STICKEN, *Die »neue« materielle Prozessleitung (§ 139 ZPO) und die Unparteilichkeit des Richters*, cit., págs. 28 e segs., e págs. 71-73.

[1002] Tendência esta (salienta o autor) que atingiu o seu ponto culminante na jurisprudência com o seguinte comentário: «*im Anwaltsprozess dürfe der richterliche Hinweis nicht dazu dienen, unschlüssige klagen schlüssig zu machen*» (BGH NJW 1984, 310). «*O Supremo Tribunal já rejeitou um dever de esclarecimento a uma parte representada por advogado por alegações incompletas, e pela mesma razão também proibiu que se sugerisse um outro fundamento para o pedido do autor. Também os erros de direito do advogado não desencadeiam qualquer dever de esclarecimento, segundo o Supremo Tribunal*».

[1003] Através da afirmação da existência de um dever de esclarecimento também para a parte representada por advogado.

[1004] Neste sentido veja-se, por ex., DIETER LEIPOLD, in FRIEDRICH STEIN, MARTIN JONAS, *Kommentar zur Zivilprozessordnung*, cit., págs. 242 e segs.; e EGBERT PETERS, *Richterliche Hinweispflichten und Beweisinitiativen im Zivilprozeß*, cit., págs. 141-144. Segundo este último autor, «*Richtiger Ansicht nach darf der Umstand, dass die Partei anwaltlich vertreten ist, prinzipiell keine Rolle spielen. Im Einzelfall kann ein Hinweis entbehrlich sein, weil der Anwalt den massgebenden Punkt erkennt. Falsch jedoch wäre es, den Hinweis zu unterlassen, weil der Anwalt den Mangel zum Vorbringen bemerken müsste*» (ob. cit., pág. 143). Já DIETER LEIPOLD sublinha que a determinação da parte à qual a «Frage» ou «Hinweis» deve dirigir-se depende da concreta situação processual, e prende-se com a falta de clareza, a incompletude ou a contradição da respetiva alegação ou pedido. O § 139 ZPO aplica-se, por isso, quer à parte representada por advogado, quer à parte que atua em causa própria. São as necessidades do concreto processo que determinam a medida das «perguntas» e «conselhos» judiciais, e não o facto de a parte estar ou não representada por advogado. Sem prejuízo deste aspeto, admite o autor que, no caso concreto, a decisão sobre a necessidade de dar um «conselho» ou fazer uma «recomendação» pode

de uma limitação do dever de «esclarecimento judicial» nos casos em que o mesmo pudesse conduzir a que um advogado negligente fosse dispensado da sua responsabilidade. O fundamento para a aplicação restritiva do esclarecimento judicial (*richterlicher Aufklärung*) no processo com advogado encontra-se na letra dos parágs. §§ 139, 278, III, versão antiga, assim como no primado da partilha de responsabilidades entre as partes e o juiz. Para além disso, o advogado não hábil deve poder perder o processo, sob pena de se pôr em causa a luta de concorrência pelos «mandatos».

Rolf Stürner[1005] começa, por sua vez, por se interrogar sobre se uma parte que já conta, na realização da sua tarefa, com a ajuda de um advogado, ainda precisa da ajuda do juiz. E a resposta a que chega (em virtude, por um lado, da impreparação muitas vezes revelada pelos advogados e da grande variedade de processos, e, por outro, da possibilidade de as partes economicamente mais fortes contratarem os melhores advogados) é afirmativa. Todavia, não se pode esperar uma assistência dos juízes aos advogados no sentido de uma realização ótima do seu trabalho, uma vez que isso, não apenas seria contrário a uma ideia de economia processual[1006], como comprometeria a luta de concorrência pelos «mandatos». A ajuda do juiz não pode pois servir para branquear a responsabilidade do advogado: sozinha ou defendida por advogado deve ser a parte a sofrer as consequências pelos erros que sejam cometidos.

g) *Hinweispflicht* em matéria probatória

Conforme refere Dieter Leipold[1007], o juiz deve cuidar de que exista uma indicação clara e completa da prova, existindo um *Hinweispflicht* no caso de isso não se verificar[1008], ou de, negligentemente (ou em virtude de

resultar ou ser afetado pelo facto de a parte não se encontrar representada por advogado, e não ter formação jurídica, uma vez que é de esperar, neste caso, que a sua alegação padeça de falta de clareza ou que a mesma seja incompleta.

1005 Rolf Stürner, *Die richterliche Aufklärung im Zivilprozeß*, cit., págs. 19-22.

1006 «*Der Richter wird nämlich letztendlich überfordert sein, wenn er bei fortlaufend nachlassender Qualität anwaltlicher Arbeit den Prozess alleine bewältigen muss; dies führt zu Fehlentscheidungen oder – worauf noch einzugehen sein wird – zu längerer Prozessdauer*» (ibidem, pág. 22).

1007 Dieter Leipold, in Friedrich Stein, Martin Jonas, *Kommentar zur Zivilprozessordnung*, cit., págs. 242 e segs. (págs. 252-254).

1008 O juiz deve avisar as partes nos casos em que o requerimento de prova se afigura insuficiente (permitindo-lhes completá-lo), ou em que não haja uma indicação suficientemente precisa dos temas de prova ou da pessoa das testemunhas, designadamente.

uma má avaliação das regras de distribuição do ónus da prova[1009]), a parte não ter apresentado um requerimento de prova, ou ter-se abstido de o fazer (depois de ter manifestado essa intenção) por entender que o processo estava pronto para ser decidido[1010]. Para além disso, refere-se ainda a doutrina (veja-se, por ex., Egbert Peters[1011]) à existência um «dever de conselho» no caso de a parte, presumivelmente por erro, não ter requerido a produção de um meio de prova, embora tenha apresentado a respetiva fonte de prova[1012]; e ainda nos casos em que um meio de prova que normalmente é requerido (pense-se, por ex., num teste de sangue), previsivelmente, apenas por negligência da parte (ou do seu advogado) não foi requerido[1013].

[1009] P. ex., se tiver havido uma inversão do ónus da prova e as partes não lhe prestaram a devida atenção, ou se a falta de apresentação de prova se tiver ficado a dever a um erro quanto à aplicação das regras sobre a «prova de primeira aparência».

[1010] *«Geht eine Partei ersichtlich davon aus, dass das vorgelegte Privatgutachten genüge, so kann ein gerichtlicher Hinweis auf das Fehlen eines Beweisangebots geboten sein, es sei denn, dass ohnehin schon vom Gegner hinreichend deutlich hierauf hingewiesen wurde. Dagegen muss die Beurteilung der Frage, ob besser dieser oder jener Zeuge zu benennen ist, mindestens bei der Vertretung durch Anwälte, den Parteien überlasen bleiben. Ob die Anregung des Vorsitzenden, die Vernehmung eines weiteren Zeugen zu beantragen, die Besorgnis der Befangenheit (...) begründet, hängt von den Umständen des Einzelfalls ab. Erklärt sich eine Partei mit der beweismässigen Verwertung von Strafakten einverstanden, so kann Anlass zu einer Rückfrage bestehen, ob damit ein Antrag auf Zeugenvernehmung fallen gelassen wurde»* (ibidem, pág. 252).

[1011] Egbert Peters, *Richterliche Hinweispflichten und Beweisinitiativen im Zivilprozeß*, cit.,pág.141.

[1012] Por ex., no caso de um documento constar dos autos, ou de resultar do articulado das partes que determinadas pessoas podiam ser arroladas como testemunhas, ou ainda de uma testemunha mencionar que dispõe de documentos sobre o caso mas não requerer a junção dos mesmos. Num sentido semelhante refere Rolf Stürner que há um dever de «Hinweis» quando os elementos do processo permitam ao juiz o conhecimento de determinadas fontes de prova (e não nos casos em que haja uma mera especulação quanto à sua existência). O autor salienta ainda que, como se encontra vedado ao juiz ordenar oficiosamente a produção de prova testemunhal, o mesmo também não pode emitir um «conselho» quanto à realização desta prova, nos casos em que o nome de potenciais testemunhas conste dos autos. No entanto, é de admitir que o juiz possa perguntar à parte porquê não requerer o depoimento dessa pessoa (trata-se de um «Hinweis» subtil, que pode ter o mesmo efeito – afirma o autor) (Rolf Stürner, *Die richterliche Aufklärung im Zivilprozeß*, cit., págs. 56-58)

[1013] Dieter Leipold, in Friedrich Stein, Martin Jonas, *Kommentar zur Zivilprozessordnung*, cit., págs. 252-254; Von Gunnar Sticken, *Die »neue« materielle Prozessleitung (§ 139 ZPO) und die Unparteilichkeit des Richters*, cit., págs. 24 e segs. Segundo este último autor, a omissão negligente da proposição de «habituais requerimentos de prova» pode nessa circunstância tornar necessário um dever de esclarecimento (richterliche Aufklärung).

Segundo ANTONIOS DIAKONIS[1014] este «dever de conselho» não traduz qualquer desrespeito pelo princípio de responsabilidade das partes, uma vez que estas permanecem responsáveis pela aportação da prova.

Por outro lado, entende, porém, a doutrina dominante[1015] que não existe um dever de o juiz sugerir à parte onerada a produção de novas provas no caso de a atividade probatória realizada não ter tido sucesso, ou seja, de o juiz permanecer numa situação de *non liquet* quanto à «verdade dos factos» (raciocínio este que, por maioria de razão, se aplica também em sentido inverso, *i.e.*, no que diz respeito à produção de contra-prova, no caso de a parte onerada ter logrado fazer prova dos factos). Neste sentido, salienta, por ex., EGBERT PETERS, que é sobre as partes que recai o ónus da prova (§ 282 ZPO), ónus este que subsiste durante todo o litígio. Com efeito, as partes devem contar com a possibilidade de as provas apresentadas (e cujo resultado se encontra em aberto[1016]) não permitirem obter o convencimento do juiz; donde, não exista um dever judicial de sugerir à parte onerada a produção de novas provas (*Beweisantritt*) no caso de insuficiência do resultado probatório obtido, nem de sugerir à contraparte o oferecimento de (novas) contra-provas (no caso inverso).

Este autor chama ainda a atenção para o facto de que a obrigação de voltar a discutir com as partes a relação de facto controvertida, na sequência da prova produzida (§ 278, II, 2 ZPO), não significa que o juiz deva dar a conhecer às partes, antecipadamente, o seu juízo sobre a valoração da prova[1017].

[1014] ANTONIOS DIAKONIS, *Grundfragen der Beweiserhebung von Amts wegen im Zivilprozess*, cit., págs. 277-282.

[1015] Veja-se, entre outros, EGBERT PETERS, *Richterliche Hinweispflichten und Beweisinitiativen im Zivilprozeß*, cit., págs. 140-144; DIETER LEIPOLD, in FRIEDRICH STEIN, MARTIN JONAS, *Kommentar zur Zivilprozessordnung*, cit., págs. 252-254; VON GUNNAR STICKEN, *Die »neue« materielle Prozessleitung (§ 139 ZPO) und die Unparteilichkeit des Richters*, cit., págs. 24 e segs; ANTONIOS DIAKONIS, *Grundfragen der Beweiserhebung von Amts wegen im Zivilprozess*, cit., págs. 277-282.

[1016] As partes devem contar com a possibilidade de um resultado negativo.

[1017] Neste sentido, pode ver-se, por ex., VON GUNNAR STICKEN, *Die »neue« materielle Prozessleitung (§ 139 ZPO) und die Unparteilichkeit des Richters*, cit., pág. 27: «*Das Schrifttum stimmt dem im wesentlich zu: Ausgehend von der Feststellung, dass es nach § 282 ZPO grundsätzlich Sache der Parteien ist, Beweis anzutreten, wird überwiegend gefolgert, das Gericht müsse nach § 139, I Abs. 1 ZPO a. F. regelmässig weder einen neuen Beweisantritt nahelegen noch seine wahrscheinliche Beweiswürdigung vorab offenbaren*».

De acordo com a opinião daqueles autores pode, contudo, excecionalmente afirmar-se a existência de um *Hinweispflicht* nos casos em que, tendo por base a atividade realizada até esse momento, a parte possa legitimamente esperar ter observado o respetivo ónus probatório (não tendo tido ocasião para duvidar que as provas apresentadas eram suficientes para lograr obter o convencimento do juiz[1018]). Por ex., porque o tribunal de recurso pretende divergir da valoração de prova realizada pelo tribunal de primeira instância, ou porque o mesmo procedeu à consulta de registos do processo criminal e pretender fazer um juízo probatório diferente daquele que foi realizado pelo tribunal penal[1019]. O caráter excecional deste dever é sublinhado por Antonios Diakonis[1020]. Esta excecionalidade não colide, porém, com o dever de o juiz discutir com as partes o resultado da prova (§ 279, III ZPO), o qual nem sempre dá lugar à existência de um *Hinweispflicht.*

3. Poderes de produção oficiosa de prova: §§ 142-144 (e 448) ZPO

a) Apreciação geral

Existe uma unanimidade doutrinal no sentido de que o parágrafo 139 ZPO não versa sobre a matéria da produção oficiosa de prova – ao abrigo desta norma o juiz pode aconselhar uma parte sobre a necessidade de requerer novos meios de prova, mas não pode proceder, ele próprio, à produção oficiosa desses meios de prova. Segundo Gunnar Sticken[1021], por ex., quando se fala num dever de «informação judicial», não se pensa num esclarecimento dos factos no sentido de uma sua investigação oficiosa[1022].

1018 Pode ver-se refs. bibliográficas em: Antonios Diakonis, *Grundfragen der Beweiserhebung von Amts wegen im Zivilprozess*, cit., pág. 280, nota 78.

1019 Von Gunnar Sticken, *Die »neue« materielle Prozessleitung (§ 139 ZPO) und die Unparteilichkeit des Richters*, cit., pág. 26: «*Habe die Beweisaufnahme die Behauptungen des Beweisführers bestätigt und könne dieser nach dem bisherigen Prozessverlauf davon ausgehen, dass dieses Ergebnis in seinem Sinne genüge, müsse das Gericht eine gegenteilige Annahme offenbaren*». Por ex., em BGH NJW 1989, 2756 (2657), o tribunal de recurso desviou-se da decisão a primeira instância quanto a factos essenciais, apesar da nova audição de testemunhas com o mesmo resultado, e de todo o decurso do processo até esse momento, não permitir supor que isso pudesse suceder.

1020 Antonios Diakonis, *Grundfragen der Beweiserhebung von Amts wegen im Zivilprozess*, cit., págs. 277-282.

1021 Von Gunnar Sticken, *Die »neue« materielle Prozessleitung (§ 139 ZPO) und die Unparteilichkeit des Richters*, cit., pág. 1.

1022 São estas as palavras do autor: «*Wenn in diesem Zusammenhang also von richterlichen »Aufklärungs«-Pflichten die Rede ist, so ist damit keine Sachverhaltsaufklärung im Sinne amtswegiger*

Diferentemente acontece, já, com os parágrafos 142-144 ZPO (e § 448 ZPO) nos quais se estabelece, segundo a opinião maioritária, um poder oficioso do juiz de realização de todos os meios de prova, com exceção da prova testemunhal[1023]. Segundo ANTONIOS DIAKONIS[1024], tem-se verificado na doutrina alemã uma progressiva aceitação da existência de um poder oficioso de produção de prova, embora não haja uma unanimidade quanto a esta matéria, nem a mesma esteja em conformidade com a visão do legislador histórico. A via seguida pelo autor (e pela maior parte da doutrina) é a de que aqueles parágrafos dizem respeito não apenas ao esclarecimento das alegações (lacunosas ou ininteligíveis) das partes, mas também ao esclarecimento dos factos[1025].

Outros autores, como GRUBER e KIESSLING[1026], sustentam, no entanto, na sequência da adoção do ZPRG 2001, que a finalidade daque-

Inquisition zur Sammlung des Prozessstoffs durch das Gericht gemeint». Por sua vez, afirma DIRK OLZEN: «*Beschleunigungsnovelle zu einer Verschärfung der Verspätungsvorschriften geführt, die ebenfalls der Wahrheitsfindung, selbst auf Initiative der Parteien, Grenzen setzen, wenngleich sie bisher nicht den gewünschten Erfolg gebracht haben. Immerhin lassen es diese Überlegungen berechtigt erscheinen, aus Gründen eines wirksamen Rechtsschutzes und auch der Verfahrensökonomie die Wahrheitsermittlung, nicht aber die Anforderungen an die Wahrheit, zu beschränken. Der Richter kann deshalb von sich aus das übereinstimmende Vorbringen der Parteien nicht auf seinen Wahrheitsgehalt überprüfen. Er ist allerdings berechtigt, durch intensive Ausübung des Fragerechts gem. § 139 ZPO die Wahrheitsfindung zu betreiben*» (DIRK OLZEN, «Die Wahrheitspflicht der Parteien im Zivilprozess», cit., pág. 418).

[1023] Segundo ANTONIOS DIAKONIS, resulta do confronto destas normas com aquelas constantes dos parágrafos 282, Abs. 1, 371, 373, 403, 420, 421, 424, 428, 436, 445, 447 ZPO uma partilha de responsabilidade entre o juiz e as partes em matéria probatória (ANTONIOS DIAKONIS, *Grundfragen der Beweiserhebung von Amts wegen im Zivilprozess*, cit., págs. 107-108).

[1024] Ibidem, págs. 85 e segs.

[1025] Entre outros, FRIEDRICH STEIN, MARTIN JONAS, *Kommentar zur Zivilprozessordnung*, cit., § 142, Rdnr. 1; BERNHARD WIECZOREK, ROLF. A. SCHÜTZE, *Zivilprozeßordnung und Nebengesetze: Großkommentar*, 3. Auf., Bd. 2, 1, Berlin, 2004, § 142, Rdnr. 1; HANNS PRÜTTING, MARKUS GEHRLEIN, ZPO Kommentar, 7. Auf., Köln: Luchterland, 2015, § 142, Rdnr. 2; GERHARD WAGNER, ««Urkundenedition durch Prozeßparteien – Auskunftspflicht und Weigerungsrechte», *JZ*, 14/2007, págs. 706-719 (págs. 706, e 709 e segs.); ARUN KAPOOR, *Die neuen Vorlagepflichten für Urkunden und Augenscheinsgegenstände* in der Zivilprozessordnung, Baden-Baden: Nomos, 2009, págs. 165 e segs.; e UWE HAMELMANN, *Urkundenvorlagepflichten nach § 142 Abs. 1 und 2 ZPO*, Leipzig: Leipziger Universitätsverlag, 2012, págs. 61, 247. EGBERT PETERS sublinha que, ao contrário do que se verifica quanto aos §§ 139, I e 149 ZPO, resulta dos §§ 142-144 ZPO a consagração de um conjunto de medidas judiciais que têm por finalidade a «verificação» das alegações controvertidas (EGBERT PETERS, *Richterliche Hinweispflichten und Beweisinitiativen im Zivilprozeß*, cit., págs. 145 e segs.).

[1026] URS PETER GRUBER, ERIK KLIESSLING, «Die Vorlagepflichten der §§ 142ff. ZPO nach der Reform 2002 – Elemente der "discovery" im neuen deutschen Gerichtsverfahren?», *ZZP*

les parágrafos se limita ao esclarecimento (ou ao completamento) das alegações lacunosas ou obscuras, constituindo uma concretização da norma contante do § 139. No sentido de uma interpretação restritiva destas normas falaria também a vontade do legislador histórico, o qual tem em vista (tal como acontece através do «dever de perguntar») que o juiz obtenha a informação necessária para a tomada de uma decisão. Para além disso (e relacionado com este último argumento), referem-se ainda os autores a um argumento de ordem sistemática (proximidade dos §§ 142-144 ZPO em relação ao § 139), e encontram apoio na exposição de motivos da lei – de acordo com a qual o juiz deve fornecer, o mais cedo possível, uma «visão geral» sobre os factos que se encontram na base do litígio.

Segundo ANTONIOS DIAKONIS, estes argumentos não procedem. Em primeiro lugar, não deve sobrevalorizar-se a importância do argumento sistemático (nem este deve prevalecer sobre o argumento teleológico). Mais do que isso, afirma o autor que o § 139 contempla um «dever de conselho» (*Hinweispflicht*) que não se limita a indicar às partes a necessidade de produção de prova adicional, mas que se estende à descrição, pelo juiz, dos meios de prova que o mesmo considera necessários. Por esse motivo, deve entender-se que esta norma (§ 139) diz diretamente respeito ao esclarecimento dos factos controvertidos, não existindo nenhuma razão para retirar da proximidade face à mesma a conclusão de que deve fazer-se uma interpretação diferente daqueles parágrafos, e da função por eles desempenhada.

Por outro lado, entende ANTONIOS DIAKONIS que a referência à exposição de motivos da lei não é convincente. Com efeito, este argumento[1027] é de pouco valor, atendendo a que o legislador, com a reforma de 2001, revelou a sua vontade de expandir as possibilidades de produção oficiosa de prova. O pensamento daqueles autores encontra-se assim em contradição com a vontade do legislador, ao restringir o âmbito de aplicação das respetivas normas. Na verdade, se o legislador (conhecedor das dúvidas da doutrina quanto à finalidade daquela norma) tivesse querido desviar-se da posição dominante, tê-lo-ia feito de um modo expresso e contundente, e não através de expressões (tão) ambivalentes. Para além disso, a nova reda-

Bd. 116 (Ano 2003), nº 3, págs. 305-334 (págs. 305, 315, 333); INGO SAENGER, «Grundfragen und aktuelle Probleme des Beweisrechts aus deutscher Sicht», *ZZP* Bd. 121 (Ano 2008), nº 2, págs. 139-163 (págs. 139, 149).

[1027] Que resulta de uma interpretação teleológica subjetiva da lei.

ção do § 448 (que regula a produção da prova documental) aponta também no sentido desta interpretação, ao prever expressamente a possibilidade de as partes apresentarem uma prova documental em requerimento de apresentação de documento, de acordo com o § 142[1028].

b) *Poder dever ou poder discricionário? (Muss-vorschrift ou kann-vorschrift?)*

ROLF STÜRNER[1029] entende que as normas que atribuem ao juiz poderes instrutórios *ex officio* revestem a natureza de «*Kann-Vorschrift*», tendo assim um caráter discricionário. Na verdade, o juiz tem a obrigação, perante uma situação em que a prova requerida pelas partes se afigure insuficiente, de avisá-las quanto a isso, estimulando a sua atividade. Em vez disso – e como forma, por assim dizer, de encurtamento de tempo – pode ele próprio ordenar a produção dessa prova (teoria da opção), desde que os concretos elementos de prova tenham sido carreados pelas partes[1030]. Apenas isto permite perceber a razão daquela discricionariedade: se não existisse a obrigação de o juiz «aconselhar» as partes sobre a necessidade de produzirem mais prova (*Hinweispflicht*), o «*Kann*» (pode) constituiria um arbítrio judicial, ou seria interpretado como «*Muss*» (deve) – caso em que a fronteira com o princípio inquisitório seria extramente ténue.

EGBERT PETERS, por sua vez[1031], afirma que tem ganhado força a posição inicialmente defendida pelos tribunais, no sentido de que a realização de tais medidas é deixada à discricionariedade do juiz, rejeitando-se a possibilidade de um controlo dessa atividade (ou da falta dela), por parte do tribunal de recurso[1032]. Na realidade, a doutrina começou por entender

[1028] A nova redação desta norma revela assim uma ligação entre o requerimento de prova documental e a ordem segundo o § 142, que sem dúvida indica uma intenção do legislador que não difere da ideia tradicional sobre o fim da mesma: «*Aus diesen Gründen ist die herkömmliche zweifache Funktion der §§ 142 ff. ZPO anzunehmen. Diese Vorschriften dienen ebenso der Aufklärung des bestrittenen Parteivorbringens wie der Klarstellung bzw. Ergänzung undeutlichen oder lückenhaften Parteivorbringens*» (ANTONIOS DIAKONIS, *Grundfragen der Beweiserhebung von Amts wegen im Zivilprozess*, cit., pág. 87).

[1029] ROLF STÜRNER, *Die richterliche Aufklärung im Zivilprozeß*, cit., pág. 1.

[1030] As quais, todavia, não requereram a realização do respetivo meio de prova.

[1031] EGBERT PETERS, *Richterliche Hinweispflichten und Beweisinitiativen im Zivilprozeß*, cit., págs. 145 e segs.

[1032] Apenas quando o tribunal desconsidera em absoluto a possibilidade de exercício dos seus poderes, se verifica uma violação dos §§ 142-144.

que o juiz se encontra obrigado a utilizar esta faculdade, quando o meio de prova possa contribuir para o seu «esclarecimento»[1033], mas rapidamente caiu em linha com a jurisprudência. A posição do autor é a de que não deve, por regra, afirmar-se a existência de um dever de o juiz desenvolver iniciativas probatórias ao abrigo dos §§ 142-144 ZPO, uma vez que as partes são livres de apresentar os correspondentes requerimentos de prova[1034]. «O que a parte onerada (porventura, apesar do conselho judicial nesse sentido – § 139, I) não entende necessário fazer, não tem o juiz que realizar[1035]».

Por conseguinte, o juiz pode, em princípio, deixar a iniciativa probatória ao cuidado das partes. A obrigação de uma atividade probatória oficiosa surge apenas quando, através dela, o juiz não se encontra em contradição com o comportamento das partes. Neste sentido, entendeu o BGH, num processo de patentes, que o tribunal tinha a obrigação de, por sua própria iniciativa, ordenar a realização de uma prova pericial, uma vez que não dispunha dos conhecimentos técnicos necessários para apreciar exaustivamente todos os argumentos apresentados pelas partes[1036]. Já no que diz

[1033] Dentro dos pressupostos da lei (afirma ROSENBERG), o juiz pode e deve aplicar as respetivas disposições (LEO ROSENBERG, *Lehrbuch des Deutschen Zivilprozeßrechts*, 3ª ed., Berlin: Otto Liebmann, 1931, § 63 II 3b), escrevendo, por sua vez, L. SEUFFERT e HANS WALSMANN que o juiz tem não apenas o direito mas também o dever de uma iniciativa segundo o § 144, quando desta forma se possa esperar a obtenção de melhores informações ou a determinação da verdade (L. SEUFFERT, HANS WALSMANN, *Kommentar zur ZPO*, Teil 1, 12. Auf., München: 1932, § 144, 1).

[1034] «*Einer Pflicht des Richters, Initiativen im Sinne der §§ 142-144 ZPO zu entfalten, braucht man schon deswegen nicht das Wort zu reden, weil es den Parteien freisteht, die entsprechenden Beweisanträge zu stellen*». (EGBERT PETERS, *Richterliche Hinweispflichten und Beweisinitiativen im Zivilprozeß*, cit., pág. 146).

[1035] Veja-se D. BRÜGGEMANN, *Judex statutor und judex investigator*, Bielefeld: Verlag Ernst und Werner Gieseking, 1968, págs. 448 e segs. Segundo EGBERT PETERS, «*Eben deshalb braucht das Gericht, wenn der Beweisführer den Kostenvorschuss für den auf seinen Antrag eingesetzten Sachverständigen nicht zahlt (§§ 379, 402 ZPO), nicht mit einer Beweisaufnahme von Amts wegen nach § 144 einzuspringen. Beruht die Passivität der beweisbelasteten Partei aber nicht auf Nachlässigkeit, sondern auf einem triftigen Grund, so nimmt die Partei in kauf, beweisfällig zu bleiben; auch hier liegt für den Richter kein Anlass vor, sich anstelle der Partei einzuschalten*» (EGBERT PETERS, *Richterliche Hinweispflichten und Beweisinitiativen im Zivilprozeß*, cit., pág. 146).

[1036] BGHZ 64, 86, 99 e segs. Do mesmo modo (salienta o autor), a intervenção de um «Obergutachters» depende da questão de saber se o Tribunal é capaz de formar um convencimento a partir da presente perícia, ou se, face à irregularidade do parecer ou dificuldade em questões de prova, é necessária uma avaliação mais profunda.

respeito aos §§ 448 e 452 ZPO (depoimento de parte), entende o autor que o juiz deve ordenar a realização deste meio de prova, sempre que se encontrem preenchidos os respetivos requisitos legais[1037].

Já Antonios Diakonis[1038] (em obra mais recente) dá conta de que a doutrina maioritária se pronuncia no sentido de que não resulta dos §§ 142-144 e 448 ZPO qualquer dever de o juiz produzir prova oficiosamente, a decisão sobre o seu exercício sendo deixada à sua discricionariedade (*Ermessen*)[1039]. Todavia, dentro destes autores a maior parte não se refere à existência de uma discricionariedade absoluta (*"freiem" Ermessen*), mas de uma discricionariedade devida (*"pflichtgemässem" Ermessen*) – da qual resulta não se encontrar a atuação do juiz liberta de considerações teleológicas (o adjetivo «devida» significa a rejeição da «arbitrariedade»), e poder afirmar-se a existência de um direito subjetivo das partes a um «exercício sem erros» do poder discricionário[1040]. Ou seja, o órgão que exerce um poder discricionário não deveria desconsiderar, nem alterar, o fim em

[1037] «*Im Interesse der Wahrheitsfindung sollte man das Gericht für verpflichtet ansehen, die zur Verfügung stehenden Beweismittel auszuschöpfen*» (ibidem, pág. 148).

[1038] Antonios Diakonis, *Grundfragen der Beweiserhebung von Amts wegen im Zivilprozess*, cit., págs. 87 e segs.

[1039] Pode ver-se referências bibliográficas: ibidem, pág. 88, nota 13; defendendo a posição contrária, veja-se referências pág. 90, nota 24. Estaria assim no âmbito do poder discricionário do juiz, por um lado, a decisão sobre o exercício (ou não) da respetiva atividade de produção oficiosa de prova, e, por outro, a escolha dos meios de prova de que o mesmo pretende dispor. Segundo o autor, a discricionariedade judicial representaria assim um requisito adicional para a produção oficiosa de prova, ou seja, o juiz, a par dos demais requisitos, deveria ponderar a oportunidade de ordenar a produção do respetivo meio de prova. A falta de exercício do seu poder oficioso não representaria assim, em princípio, qualquer vício de procedimento, a não ser que os requisitos para a tomada de uma decisão discricionária não existissem, que o poder discricionário não tenha sido de todo exercido, ou que o juiz não tenha tido em conta todos os factos e circunstâncias relevantes. Discutida é, entretanto, a questão de saber se o juiz tem o dever de fundamentar a omissão de exercício daqueles poderes (pode ver-se referências doutrinais pág. 89, nota 19). A consequência do reconhecimento de um «Ermessensspielreums» parece ser a inexistência de um dever geral de fundamentação, desde que o juiz atue no âmbito do seu poder discricionário. Todavia (afirma Antonios Diakonis), se tivermos em conta que, também no plano da discricionariedade judicial, não podem ser feridos o princípio da legalidade, a Constituição, e os princípios gerais de Direito, parece encontrar-se justificada a obrigação de o juiz dar a conhecer o seu ponto de vista, que provém do exercício do seu poder discricionário.

[1040] «*Das Ermessen ist (...) auch innerhalb der Grenzen des Gesetzes nicht völlig von teleologischen Erwägungen entbunden und in dieser Hinsicht spricht man auch von einem subjektiven Recht auf fehlerfreie Ermessensausübung*» (ibidem, págs. 93-94).

vista do qual esse mesmo poder lhe é outorgado[1041], razão pela qual a discricionariedade se encontra limitada por uma interpretação teleológica da lei.

Embora reconheça que a tese do poder discricionário (já maioritária antes da reforma de 2001) encontra hoje um apoio adicional no novo texto da lei – que manteve, apesar da discussão doutrinal, a palavra «*kann*» (pode) – aquele autor não concorda, no entanto, com a mesma, chamando a atenção para o facto de que o critério da interpretação literal não é decisivo, e pode ser preterido por uma interpretação teleológica da lei. Com efeito, a palavra «*kann*» pode ainda compaginar-se com uma leitura diferente dos respetivos preceitos, de acordo com a qual o juiz tem o «dever» de exercer os seus poderes – a opção de que o mesmo dispõe dizendo assim respeito, não à decisão sobre exercer ou não os seus poderes, mas ao modo (ao meio) como os mesmos são exercidos.

Na verdade (salienta o autor), existe uma contradição na posição dos autores que, pese embora admitam a existência de uma liberdade de escolha nas decisões discricionárias, sustentam, ao mesmo tempo, que o exercício das mesmas deve ter em conta a finalidade da lei[1042]: se o critério de tomada de uma decisão deve ser encontrado a partir de uma avaliação do ordenamento jurídico (interpretação teleológica), não sobra nenhum espaço para a discricionariedade judicial, e o conceito de «discricionariedade devida» não passa de uma contradição *in adjecto*. A base de uma interpretação teleológica encontra-se no fim intrínseco da lei, o qual serve de esclarecimento de cada norma[1043]; ora, pode verificar-se que a discriciona-

[1041] O órgão judicial é tanto mais livre quanto menos clara for a finalidade da lei. O facto de a aceitação da discricionariedade constituir uma infração a uma abordagem teleológica do processo não teria consequências se o legislador pudesse transmitir para o juiz a tarefa de determinar o fim do processo. Todavia, tal seria contrário ao princípio da separação de poderes, constitucionalmente consagrado. Uma discricionariedade judicial na interpretação dos §§ 142-144 e 448 ZPO apenas deve assim ser aceite (conclui ANTONIOS DIAKONIS), na medida em que a liberdade de escolha do juiz tenha em consideração o fim do processo civil, *i.e.*, na medida em que cada uma das decisões possíveis prossigam esse fim em igual medida.

[1042] Por ex., BARBARA VÖLZMANN-STICKELBROCK, «Anmerkung zum BGH, Urt. v. 26.6.2007», *ZZP* Bd. 120 (Ano 2007), nº 4, págs. 512-526 (págs. 518, 524).

[1043] Pressuposto de legitimação de uma interpretação teleológica é pois o conhecimento do próprio fim da lei – o que significa, em particular, que este fim tem um conteúdo concreto, que não deve mudar segunda as conceções de justiça do juiz.

riedade não se encontra justificada por nenhum dos fins do processo (seja ele a aplicação do direito material, seja a restauração da paz social)[1044].

A atividade (instrutória) do tribunal pode assim ser necessária ou supérflua – consoante os fins do processo a justifiquem ou não[1045] –, mas o seu exercício nunca constituirá uma opção do juiz. Se se quiser falar de discricionariedade a propósito das normas dos §§ 142-144 e 448 ZPO, a mesma diz respeito, portanto, não à finalidade de prossecução (ou não) da verdade[1046], mas ao meio a seguir para a realização dessa mesma finalidade[1047] – referindo-se então o significado da palavra «kann» ao "como" realizar a atividade de produção oficiosa de prova, e não ao "se" realizar essa mesma atividade[1048].

c) Discricionariedade judicial e princípio da responsabilidade probatória das partes

A discussão em torno da distribuição de poderes entre o tribunal e as partes (afirma ROLF STÜRNER[1049]) poderia facilmente originar a impressão de que a aplicação da ZPO pode prescindir de uma correta determinação da relação entre o exercício da atividade judicial e a *Verhandlungmaxime*. «Como se o processo civil fosse um *mixtum compositum* do princípio da ofi-

1044 Segundo o autor, os fins do processo são a realização do Direito material e a salvaguarda da paz social. Ora, nenhum deles depõe a favor de uma ideia de discricionariedade judicial. Na verdade, estes fins recomendam que seja feita a prova das alegações das partes, na medida em que a mesma é necessária para a realização do Direito material, e não põe em risco a garantia da paz social.

1045 *I.e.*, quando exista (ou não) a necessidade de realização da respetiva prova. O autor sublinha que este pensamento teria pouco significado prático se o juiz tivesse (como acontece no Direito penal) a obrigação de praticar todos os meios de prova disponíveis. Todavia, não é esse o caso no processo civil, onde o juiz deve abster-se de produzir meios adicionais de prova quando já se encontre convencido da verdade do *factum probandum*.

1046 À luz das circunstâncias do caso concreto, o exercício dos poderes instrutórios que a lei atribui ao tribunal pode ser necessário para atingir os fins do processo, ou pode não o ser, mas não existe propriamente, nesta matéria, uma opção. É claro que é ao juiz que cabe, em concreto, realizar essa valoração; todavia, a mesma não corresponde ao exercício de um verdadeiro poder discricionário.

1047 Quando porém, no caso concreto, não houver outra possibilidade para a realização dessa finalidade, então deve negar-se a existência de uma liberdade de escolha, ou de um poder discricionário do juiz.

1048 *I.e.*, à escolha do respetivo meio de prova.

1049 ROLF STÜRNER, *Die richterliche Aufklärung im Zivilprozeß*, cit., pág. 14 e segs.

cialidade e do princípio de responsabilidade das partes, que deixa muita margem à atividade do tribunal (*richterliche Praxis*)». O autor critica, no entanto, este entendimento. O processo comum encontra-se totalmente dominado pelo princípio dispositivo, e pelo princípio da responsabilidade das partes[1050], a atividade judicial devendo por isso restringir-se a um auxílio às partes na realização da sua tarefa processual[1051]. Como vimos acima, o autor entende que as normas que atribuem ao juiz poderes instrutórias não podem ser lidas como *Muss-Vorschriften*, uma vez que isso conduziria a um esbatimento das diferenças face ao um sistema inquisitório[1052].

Este entendimento é criticado por ANTONIOS DIAKONIS[1053]. Na verdade – salienta o autor –, o mesmo tem como consequência que a existência de um dever de produção oficiosa de prova constitui um elemento decisivo para se poder concluir se o princípio de responsabilidade das partes se aplica (ou não) em matéria probatória. Ora, este modo de conceber o problema parte de um erro de raciocínio, que consiste em aceitar que a interpretação das normas *Kann-Vorschriften* como *Muss-Vorschriften* conduziria a um esbatimento de todas as diferenças entre o princípio da oficialidade e o princípio de responsabilidade probatória das partes, o que não corresponde à verdade.

Na realidade, embora a existência de um dever de produção oficiosa de prova represente uma característica do princípio inquisitório, daqui não se segue que este elemento constitua a única diferença entre aqueles princípios. Um tal adensamento do significado do *Muss-Charakters* menos-

[1050] Neste sentido, pode ver-se, por ex., LEO ROSENBERG, MARTIN SCHWAB, Zivilprozessrecht, cit., 1981, § 78 I 4, págs. 425-426; OTHMAR JAUERNIG, *Zivilprozessrecht*, 30ª ed., München: Beck, 2011, págs. 95 e segs.; KARL AUGUST BETTERMANN, «Hundert Jahre Zivilprozessordnung – Das Schicksal einer liberalen Kodification», cit., pág. 391, nota 27; ou VON KARL G. DEUBNER, «Gedanken zur richterlichen Aufklärungs- und Hinweispflicht», cit., págs.79 e segs., 85 e segs.

[1051] O «dever de esclarecimento» que recai sobre o juiz não desobriga, portanto, as partes, no sentido de permitir que o juiz apresente pedidos no lugar delas, ou introduza *ex officio* factos ou provas; o juiz apenas «estimula», não é inquisidor; apenas aconselha as partes para que elas próprias sejam ativas. Daí que se fale de um dever de aconselhar, e não de esclarecimento no sentido de investigação.

[1052] ROLF STÜRNER, *Die richterliche Aufklärung im Zivilprozeß*, cit., pág. 1. No mesmo sentido, pod ever-se referências bibliográficas em: ANTONIOS DIAKONIS, *Grundfragen der Beweiserhebung von Amts wegen im Zivilprozess*, cit., pág. 97, nota 65.

[1053] ANTONIOS DIAKONIS, *Grundfragen der Beweiserhebung von Amts wegen im Zivilprozess*, cit., págs. 97 e segs.

preza, em aspetos essenciais, o conteúdo e a função do princípio de responsabilidade das partes, já que, sob a aplicação do mesmo (e sem prejuízo das diversas exceções previstas na lei), as partes permanecem «donas do processo»[1054]. Ou seja, a responsabilidade pela aportação, não só dos elementos de facto, mas também dos elementos de prova (*Beweisführungslast*), recai principalmente sobre elas; assim, e embora se deva hoje falar de um «ónus atenuado», resulta do mesmo a consequência de que a parte que não produziu qualquer prova deve perder o processo.

Significa isto, então, que a atividade oficiosa do tribunal não pode suprir a falta de observância do ónus (subjetivo) da prova, o seu exercício encontrando-se, portanto, dependente do comportamento das partes. Daqui, e também do facto de o juiz se encontrar vinculado à «confissão» das partes, retira o autor a conclusão de que não se pode falar de uma vigência (irrestrita) do princípio da investigação (o sistema é misto, ou de dispositivo moderado[1055]); na verdade, o sistema não é menos inquisitório pelo facto de existir um poder discricionário do tribunal (em vez de um poder-dever) – isto, claro, sem prejuízo de a existência de um tal poder constituir uma limitação ao princípio de responsabilidade probatória das partes[1056].

Antonios Diakonis perfilha, assim, o entendimento de acordo com o qual, embora o poder do juiz deva ser configurado como um «poder-dever», o exercício do mesmo encontra-se limitado pelo princípio de responsabilidade probatória das partes (ónus da prova em sentido subjetivo)[1057]. Ao contrário do ónus da prova em sentido objetivo[1058], o ónus subjetivo (*subjektive Beweislast* ou *Beweisführungslast*) apenas desempenha uma função nos quadros do princípio de responsabilidade probatória das partes, ao indicar ao juiz qual deve ser o sentido da sua decisão, no caso de a parte onerada não ter oferecido qualquer prova. Ou seja, as regras do ónus da prova (em sentido subjetivo) fornecem um critério de decisão, não apenas no caso de

[1054] «*Bleiben die Parteien Herren des Prozesses*».

[1055] Princípio da responsabilidade das partes modificado ("*modifizierten*" *Verhandlungsmaxime*). Esta expressão foi pela primeira vez utilizada por Bettermann (Karl August Bettermann, «Hundert Jahre Zivilprozessordnung – Das Schicksal einer liberalen Kodification», cit. págs. 365, 391).

[1056] Na medida em que a vigência de um puro princípio da responsabilidade probatória das partes conduz a que a aquisição das provas seja deixada à iniciativa exclusiva das partes.

[1057] Antonios Diakonis, *Grundfragen der Beweiserhebung von Amts wegen im Zivilprozess*, cit., págs. 125-130.

[1058] O qual se afigura compatível com um sistema baseado no princípio da oficialidade.

as alegações das partes permanecerem sem prova, mas também no caso de a parte onerada não ter feito qualquer «prova principal» (*Hauptbeweis*).

A falta de uma *Hauptbeweis* tem lugar, não só quando a parte onerada não ofereceu qualquer meio de prova, mas também quando os meios de prova oferecidos não tenham logrado obter qualquer resultado. A observância do ónus da prova subjetivo pressupõe assim que o juiz tenha obtido um princípio de prova (*Anfangswahrscheinlichkeit*), através da «prova principal» (*Hauptbeweis*)[1059]. Por conseguinte, a parte onerada deve, pelo menos, tomar a iniciativa de fazer prova das suas alegações, uma total falta de atividade, ou uma atividade totalmente improdutiva, não podendo (sob a aplicação do princípio de responsabilidade probatória das partes) ser completada ou suprida através da iniciativa do tribunal, ou da parte contrária[1060].

Sem prejuízo deste aspeto, entende o autor que a conclusão sobre a aplicação (ou não) do «ónus subjetivo» não se encontra dependente da existência de uma iniciativa exclusiva da parte onerada, podendo conviver com uma responsabilidade partilhada do juiz[1061]: aquilo que a este último deve estar vedado – sob pena, aí-sim, de se ferir aquele princípio – é a possibilidade de atuar oficiosamente na ausência de qualquer iniciativa (eficaz) da parte onerada. Por conseguinte, e uma vez que a atividade do tribunal se deve limitar aos casos em que a parte onerada fez um «princípio de prova»[1062], pode concluir-se que esta atividade se destina a evitar que o juiz se veja forçado a tomar uma decisão com base na aplicação das regras do ónus da prova (em sentido objetivo).

[1059] Desta forma (afirma o autor), assume-se hoje corretamente, no contexto da produção de prova a requerimento de parte, que o juiz não deve ordenar a realização de uma prova oferecida pela parte contrária àquela sobre a qual recai o ónus da prova, quando esta última não ofereceu qualquer prova do facto. Resulta do princípio da responsabilidade probatória das partes que o juiz deve procurar a verdade através do confronto entre as partes. Estas (salienta ANTONIOS DIAKONIS) não prosseguem os mesmos interesses, pelo que não formam uma unidade de trabalho (cada uma observa um ónus próprio). Daí que uma caraterística do princípio da responsabilidade probatória das partes seja o ónus subjetivo, cuja não observância conduz à derrota no processo. Quando, portanto, a parte onerada não oferece qualquer prova, a não observância do ónus da prova subjetivo representa o único motivo para a perda do processo, sem que seja relevante para o resultado do mesmo se os meios de prova aportados pela parte não onerada poderiam conduzir a um total convencimento do juiz sobre as alegações da parte contrária.

[1060] No mesmo sentido, D. BRÜGGEMANN, *Judex statutor und judex investigator*, cit., pág. 356.

[1061] Por isso é que se fala de um «ónus subjetivo atenuado».

[1062] Tendo, porém, o seu adversário realizado uma contra-prova.

4. Relação entre a produção oficiosa de prova e o «dever de esclarecimento judicial»

Conforme refere ANTONIOS DIAKONIS[1063], existem diferentes posições doutrinais quanto ao modo como o poder instrutório do tribunal se deve articular com o dever de esclarecimento judicial (*Hinweispflicht*). A posição do autor (que assenta numa interpretação teleológica do direito processual civil) parte da aceitação de que, a via que melhor permite prosseguir a finalidade (instrumental) de descoberta da verdade, consiste na «produção oficiosa da prova», na medida em que, no caso de «conselho judicial», essa produção se encontra ainda dependente da vontade e da colaboração da parte a quem o conselho é dirigido – a qual, na sua discricionariedade, pode ou não requerer ao tribunal a respetiva realização[1064].

Sem prejuízo dos limites ao exercício dos poderes oficiosos resultantes do princípio de responsabilidade probatória das partes, entende assim o autor que, prosseguindo ambos os institutos[1065] o mesmo resultado (a descoberta da verdade[1066]), este último é aquele que melhor, e de um modo mais célere, cumpre essa finalidade, devendo por isso ser preferido.

Teoria da escolha entre dever de esclarecimento e produção oficiosa de prova

Outros autores advogam que o juiz tem diante de si uma opção. Ou bem que exerce os seus poderes instrutórios, ou bem que, não pretendendo

[1063] ANTONIOS DIAKONIS, *Grundfragen der Beweiserhebung von Amts wegen im Zivilprozess*, cit., págs. 268 e segs.

[1064] «*Methodologisches Instrument für die Aufhebung dieser Antinomie ist richtiger Weise, nicht die restriktive Auslegung des § 139 ZPO, sondern seine teleologische Reduktion, wenn wir dieser methodologischen Differenzierung folgen. Unter diesem Gesichtspunkt erfährt die Hinweispflicht eine Einschränkung und ist nur in den Fällen anzuwenden, in denen eine Beweiserhebung von Amts wegen nicht geboten ist. Obwohl also bestimmte Fälle grundsätzlich vom Zweck der Hinweispflicht nach § 139 ZPO erfasst sind, muss diese Norm zurücktreten, wenn dieser Zweck durch eine Beweiserhebung von Amts wegen erfüllt werden kann*» (ibidem, pág. 298).

[1065] *Hinweispflicht*, e produção oficiosa de prova.

[1066] Daí que os mesmos, não coincidindo no seu conteúdo, não sejam também independentes um do outro. Há autores (afirma ANTONIOS DIAKONIS) de acordo com os quais o dever de esclarecimento não se destina ao «acertamento dos factos», mas ao efetivo uso dos direitos processuais das partes. O autor considera, no entanto, que este não é um fim em si mesmo, e que, no quadro de um conflito jurídico, a atividade probatória das partes (*i.e.*, o direito de as partes requererem prova até à conclusão da audiência oral) se destina principalmente à descoberta da verdade. O dever de esclarecimento, protegendo de um modo imediato o direito à prova, serve assim indiretamente a finalidade de descoberta da verdade.

fazê-lo, deve dirigir à parte onerada o respetivo «*Hinweis*»[1067]. O juiz pode assim optar por estimular a atividade das partes ou, em vez disso, realizar ele próprio a atividade probatória. A produção oficiosa de prova corresponderia assim a uma faculdade adicional de que o juiz pode fazer uso (dentro da sua discricionariedade) com vista ao encurtamento do processo[1068].

VERENA VENTSCH[1069] salienta que o juiz, perante uma produção eficaz de prova, tem o dever de voltar a discutir com as partes a relação de facto litigiosa (§ 279, III ZPO). No quadro desta discussão, o juiz é livre de informar as partes sobre a sua valoração provisória do resultado probatório[1070], não havendo, contudo, o dever de estimular novas atividades das partes, no caso de a prova ter fracassado. Um «*Hinweis*» é, porém, necessário nos casos em que o juiz, tendo a possibilidade de produzir prova oficiosamente, decida não o fazer. Por ex., se o juiz não pretende ordenar oficiosamente a realização de prova pericial (por entender que dispõe dos conhecimentos técnicos necessários para decidir o caso) a parte onerada não tem forma de saber que existe a necessidade de produção de prova, ou de que os meios por si apresentados não são suficientes. A fronteira deve assim ser traçada no ponto em que o juiz subtrai às partes a responsabilidade pela administração da prova.

ANTONIOS DIAKONIS critica esta posição. Segundo ele, a mesma contraria a «natureza vinculada» do «dever de aconselhar» segundo o § 139 ZPO, já que o juiz podia substituir este dever pela produção oficiosa de prova[1071]. Para além disso, entende o autor que esta teoria (ao afirmar a exis-

[1067] Neste sentido, veja-se, por ex., ROLF STÜRNER, *Die richterliche Aufklärung im Zivilprozeß*, cit., págs. 56-58. Segundo o autor, um «conselho judicial» relativo à apresentação de novos requerimentos de prova (*Beweisantritt*) é obrigatório, quando o juiz não pretenda fazer uso do seu poder de produzir prova *ex officio iudicis*.

[1068] Face ao receio de «arbítrio judicial», a doutrina procura assim limitar os efeitos da discricionariedade, através da afirmação de que a não utilização dos poderes oficiosos apenas é admissível quando o juiz cumpra o seu «dever de conselho». Esta posição parece também à primeira vista espelhar a vontade do legislador, atendendo ao facto de que o § 139 ZPO tem o caráter de «norma vinculativa» (Muss-Vorschriften), ao passo que os §§ 142-144 e 448 ZPO assumem a forma de uma «norma facultativa».

[1069] VERENA VENTSCH, *Die materielle Prozessleitung nach der Reform der Zivilprozessordnung, § 139 ZPO*, cit., págs. 143-148.

[1070] Informação, esta, que, por regra, será suficiente para que as partes saibam se necessitam de requerer a produção de prova adicional.

[1071] No fundo, a decisão sobre prestar ou não um «conselho» às partes estaria também no âmbito da respetiva discricionariedade.

tência de um «dever de conselho» nos casos em que o juiz opte por não exercer os seus poderes instrutórios) não afasta o perigo de arbitrariedade, já que existe a possibilidade de o juiz agir de um modo mais ou menos inquisitório, podendo assim utilizar a sua atividade oficiosa (segunda a sua discricionariedade) em benefício de uma parte[1072].

A necessidade de produção oficiosa de prova depois de um «conselho» não atendido
Segundo Antonios Diakonis, a doutrina dominante entende que o juiz pode optar por não fazer uso do seu poder oficioso – sendo chamado a tomar uma decisão sobre essa matéria com base no material existente nos autos – quando a parte onerada não tiver requerido a produção de prova, mesmo depois de aconselhada a fazê-lo[1073]. Tal, constituiria a natural consequência da aplicação do princípio de responsabilidade probatória das partes, e do dever de neutralidade judicial.

O autor critica esta posição, entendendo que é pelo menos duvidoso que este resultado possa ser deduzido daqueles princípios. Em primeiro lugar, o princípio da imparcialidade não é ferido pela atividade oficiosa do tribunal. Com efeito, esta atividade é independente das regras do ónus da prova, tendo lugar, não apenas em benefício da parte onerada, mas também da parte contrária[1074]. Em segundo lugar, não se justifica uma limitação deste género (de precedência necessária da produção oficiosa de prova por um «conselho judicial») em virtude do princípio de responsabilidade probatória das partes. Na verdade, a única coisa que decorre deste princípio é o ónus da prova em sentido subjetivo, de acordo com o qual a parte que não foi capaz de fazer uma «prova principal» (*Hauptbeweis*) deve perder o processo. A partir daqui, aquele princípio não exclui a atividade inquisi-

[1072] Segundo o autor, este entendimento fere o princípio da neutralidade judicial, assim como o direito a um «processo previsível». Uma escolha entre ambos só seria possível se os mesmos cumprissem de um modo igual a finalidade de descoberta da verdade, o que não se verifica, já que o «conselho judicial» apenas por intermédio da atividade das partes pode conduzir a esse fim (é um meio meramente potencial).

[1073] Pode ver-se referências bibliográficas: Antonios Diakonis, *Grundfragen der Beweiserhebung von Amts wegen im Zivilprozess*, cit., pág. 288, nota 112.

[1074] Resulta do princípio da livre apreciação da prova que o juiz pode, e deve, valorar a prova em benefício de ambas as partes. O juiz que esteja empenhado na descoberta da verdade (afirma o autor) não ajuda a parte a realizar os seus interesses, mas o processo (justo) a realizar os seus objetivos.

tória do tribunal[1075], donde não se justifique a necessidade de um prévio «*Hinweis*», sem sucesso. Não há, portanto, nenhuma relação entre aquele ónus (subjetivo), e a necessidade de «conselho» prévio às partes.

A posição de SCHÖPFLIN

Segundo SCHÖPFLIN[1076], o poder de produção oficiosa de prova não constitui um mero mecanismo de encurtamento do processo, uma vez que o mesmo cumpre de um modo mais intenso a finalidade de descoberta da verdade (não estando, como no caso do «conselho judicial», dependente da vontade das partes). Não obstante, o «*Hinweispflicht*» não se apresenta supérfluo, mesmo quando estejamos dentro dos limites da atividade instrutória do tribunal, porquanto o mesmo cumpre uma finalidade acrescida: com efeito, uma menor intervenção do tribunal (que não se estenda a uma atividade probatória *ex officio*) reforça o papel das partes, privilegiando dessa forma a aceitação da decisão judicial. Por uma questão de conveniência (celeridade processual) deve, nos processos escritos, recorrer-se de imediato à produção oficiosa de prova, ao contrário do que se verifica nos processos orais – nos quais se deve recorrer em primeiro lugar a um «conselho judicial»[1077].

ANTONIOS DIAKONIS contrapõe a este entendimento que uma argumentação por razões de conveniência pressupõe não apenas uma «realização ótima» dos fins do processo, mas também que ela seja feita através da via mais fácil, e menos onerosa. Ora, a tese de SCHÖPFLIN realiza a primeira finalidade[1078], desconsiderando, porém, a segunda, já que a via menos onerosa é sempre aquela que consiste no (imediato) exercício oficioso da prova. Resta assim o segundo argumento utilizado por SCHÖPFLIN, *i.e.*, o de que o recurso (em primeiro lugar) ao «conselho judicial» reforça a aceitação da decisão pelas partes, atendendo à maior participação das mesmas na realização do processo.

[1075] Exclui – isso sim – uma atividade puramente inquisitória do tribunal, a qual seria contrária a uma interpretação teleológica da lei.

[1076] MARTIN SCHÖPFLIN, *Die Beweiserhebung von Amts wegen im Zivilprozess*, Frankfurt a.M., Bern, New York, Paris: Peter Lang, 1992, págs. 162 e segs.

[1077] E apenas no caso de este não ser frutífero, *i.e.*, de a parte não requerer a produção do respetivo meio de prova, o juiz deve produzir a prova oficiosamente. O autor defende este entendimento porque considera que não se perde muito em termos de celeridade processual.

[1078] Ao sustentar que o juiz deve proceder a uma produção oficiosa da prova, mesmo nos casos em que o mesmo tenha dado um «conselho» às partes relativo à produção dessa mesma prova.

Quanto a este aspeto, refere ANTONIOS DIAKONIS que SCHÖPFLIN encontra inspiração em LUHMANN[1079], o qual sustenta a tese de que a participação ativa das partes contribui para a aceitação do juízo probatório. No entanto – salienta ANTONIOS DIAKONIS –, o pensamento de LUHMANN é, aqui, mal aplicado. Com efeito, LUHMANN sustenta que a aceitação e a força executória da decisão se encontram relacionadas com a audição e a participação consultiva das partes no processo de decisão. Esta participação dos litigantes (devida por razões constitucionais) relaciona-se, portanto, com a garantia do contraditório, e não tanto com a aplicação do princípio de responsabilidade probatória das partes ou do princípio da investigação. Para além disso, embora o princípio do contraditório (garantido pelo princípio do Estado de Direito) seja um princípio incontestável do processo (faz-nos lembrar o pensamento de SÉNECA: «*qui statui aliquid parte inaudita altera, aequum licet statuerit, haud aequus fuit*»[1080]), não decorre do mesmo qualquer preferência pelo princípio de responsabilidade das partes.

A participação das partes não é pois comprometida pela produção oficiosa de prova, desde que as mesmas sejam chamadas a participar nessa produção, e a discutir o seu resultado[1081].

II.III. A atividade instrutória do tribunal no direito francês

1. Introdução

A evolução do sistema jurídico-processual civil francês, durante o século XX, conduziu a um reforço dos poderes do órgão jurisdicional. M. PIERRE HÉBRAUD[1082] refere-se a um forte movimento legislativo, com sucessivas

[1079] NIKLAS LUHMANN, *Legitimation durch Verfahren*, Frankfurt am Main: Suhrkamp, 1983, págs. 82 e segs, e em especial, 88 e segs.

[1080] SÉNECA, *Medeia*, vv. 199-200: «*qui statui aliquid parte inaudita altera, aequum licet statuerit, haud aequus fuit*», apud ARISTÓTELES, *Tópicos*, cit., pág. 206, nota 354.

[1081] ANTONIOS DIAKONIS, *Grundfragen der Beweiserhebung von Amts wegen im Zivilprozess*, cit., págs. 295 e segs: «*Die amtswegige Beweiserhebung beeinträchtigt letzten Endes die Parteitätigkeit nicht, auch aus dem Grund, dass die Parteien immer frei sind, alle erheblich Beweismittel in den Prozess einzuführen, um ihre Behauptungen zu beweisen.* (...) *Er meint nämlich, dass die Akzeptanz einer Entscheidung erhöht wird, wenn das Gericht, das sowieso einen bestimmten Beweis erheben wird, zuerst den Parteien die Möglichkeit geben müsse, diesen Beweis anzutreten*».

[1082] Veja-se M. PIERRE HÉBRAUD, «La vérité dans le procès et les pouvoirs d`office du juge», *Annales de l`université des sciences sociales de Toulouse*, Tome XXVI, Université des Sciences Sociales, Toulouse, (1978), págs. 379-404, pág. 382.

fases, e que culminou com a aprovação do Código de 5 de dezembro de 1975, atualmente em vigor[1083]. As normas fundamentais em matéria de distribuição dos poderes probatórios entre o juiz e as partes encontram-se nos artigos 9[1084], 10[1085], 11[1086], 144[1087] e 146[1088] CPCfr..

Estas normas não favorecem uma conclusão inequívoca quanto ao problema da articulação entre a responsabilidade das partes (ónus de administração da prova) e os poderes do juiz. Assim, ao passo que o artigo 9 atribui às partes a incumbência de provar os factos necessários ao sucesso da sua pretensão, o artigo 10 atribui, por sua vez, ao juiz o poder de ordenar oficiosamente todas as medidas de instrução legalmente admissíveis. De realçar é ainda o disposto no artigo 146, de acordo com a qual apenas pode ser ordenada uma medida de instrução sobre um facto, se a parte que procedeu à sua alegação não dispuser de elementos suficientes para o provar. Em caso algum (continua o artigo) uma medida de instrução pode ser usada como forma de suprir a carência da parte na administração da prova.

Também na doutrina francesa não se encontra uma resposta unânime quanto àquele problema. Ainda assim, pode vislumbrar-se uma superação da posição tradicional, segundo a qual o exercício oficioso de quaisquer poderes instrutórios conduziria, automaticamente, a uma agressão à posição de distanciamento em que o juiz deve encontrar-se. Como arauto desta

[1083] «*Os primeiros sinais resultam do decreto de 30 de outubro de 1935. Um passo mais foi dado com a lei de 15 de julho de 1944. Com o decreto nº 58-1289 de 22 de dezembro de 1958, deu-se um passo decisivo e sinal de um verdadeiro arranque. E depois surgiram, sucessivamente, o decreto de 30 de setembro de 1965, o de 9 de setembro de 1971, e os decretos que os completaram em 1972 (20 de julho e 28 de agosto) e 1973 (17 de dezembro), todos replicados, sistematizados e até acentuados pelo novo código de 5 de dezembro de 1975*» (ibidem).

[1084] «*Il incombe à chaque partie de prouver conformément à la loi les faits nécessaires au succès de sa prétention*».

[1085] «*Le juge à le pouvoir d`ordonner d`office toutes les mesures d`instruction légalement admissibles*».

[1086] «*Les parties sont tenues d`apporter leur concours aux mesures d`instruction sauf au juge à tirer toute conséquences d`une abstention ou d`un refus. Si une partie détient un élément de prouve, le juge peut, à la requête de l`autre partie, lui enjoindre de le produire, au besoin à peine d`astreinte. Il peut, à la requête de l`autre des parties, demander ou ordonner, au besoin sous la même peine, la production de tous documents détenues par des tiers s`il n`existe pas d`empêchement légitime*».

[1087] «*Les mesures d`instruction peuvent être ordonnées en tout état de cause, dés lors que le juge ne dispose pas d`éléments suffisants pour statuer*».

[1088] «*Une mesure d`instruction ne peut être ordonnée sur un fait que si la partie qui l'allègue ne dispose pas d`éléments suffisants pour le prouver. En aucun cas une mesure d`instruction ne peut être ordonnée en vue de suppléer la carence de la partie dans l`administration de la preuve*».

posição (tradicional), veja-se, por ex., RAYMOND MARTIN[1089]. Entende este autor que o envolvimento do juiz na instrução da causa convoca, não apenas um problema de índole técnico-processual, mas também de índole política, e mesmo jus-filosófica (conteúdo da noção de justiça). A decisão do juiz pode ser vista como um fim em si mesma[1090], ou então pode encarar-se o julgamento como um instrumento para uma melhor realização dos ideais coletivos. O processo é visto como o resultado de um desequilíbrio social, e o juiz deve, através da sua decisão, restabelecer a harmonia rompida. Para além dos interesses imediatos das partes, existe assim o interesse superior do bem público[1091].

Todavia, a intervenção do juiz em matéria probatória pode ter uma dupla função: uma função mais modesta, que se identifica com a garantia da igualdade das partes perante a instrução do processo, ou uma finalidade mais robusta, que incumbe o juiz de prosseguir a verdade, para além da ação das partes e dos seus advogados. Ora, embora exista o hábito de chamar inquisitório a todo o processo que admite a intervenção do juiz, importa, nesta matéria, estabelecer uma distinção[1092]. Com efeito, ao contrário do que acontece no primeiro caso (garantia do princípio da igualdade), verifica-se no segundo, *i.e.*, naquele em que o juiz ordena *ex officio* a produção de uma prova[1093], que o mesmo sai da posição de neutralidade

[1089] RAYMOND MARTIN, «Réflexion sur l`instruction du procès civil», *Revue Trimestrielle de droit civile*, LXIX, année 1971, Sirey, Paris, (1971), págs. 279-319, págs. 280-281, e 308 e segs.

[1090] O julgamento, mesmo não realizando uma justiça perfeita, tem o mérito de pôr fim ao processo. Para que a decisão realize esta função, a lei liga-lhe uma presunção inilidível de verdade. A mesma só teria assim uma utilidade social por ricochete, ao assegurar a paz pública.

[1091] O juiz exerce uma magistratura em toda a aceção do termo, investido de «*imperium*» para promover o ideal da cidade. Este ideal pode assumir a forma de ideologias diversas, mas será sempre obrigatório.

[1092] «*Nous pensons que l`action du juge, quand elle contribue seulement à la police de la procédure, ne peut être qualifiée d`inquisitoire, parce que les parties restent maîtresses des éléments du litige, que seules elles apportent les matériaux qui seront utilisés pour le jugement. Cette action ne devient inquisitoire que, si elle tend à substituer le juge aux parties dans le choix des armes et si elle remplace la notion de combat privé par celle d`une recherche de la vérité, supérieure aux intérêts particuliers qui s`affrontent. Ainsi l`instance judiciaire peut rester de type accusatoire même si un juge de la procédure contrôle de bout la régularité formelle de l`instruction*» (ibidem, pág. 281).

[1093] O autor refere-se mais especificamente ao regime introduzido pelo decreto de 7 de dezembro de 1967. Note-se que, de acordo com o artigo 80, modificado por este diploma, o juiz («juge de la mise en état») pode ordenar às partes a produção de todos os documentos. CATHERINE MARRAUD salienta que o decreto nº 65-872 de 13 de outubro de 1965 previu

em que deve permanecer. Com isto, ele abandona o papel de «polícia» e de «administrador» da instrução, para se pôr ao lado de uma das partes, gerando assim a desconfiança das mesmas, e enfraquecendo a sua autoridade enquanto administrador do processo[1094].

RAYMOND MARTIN chama ainda a atenção para o facto de que a intervenção do juiz pode dificultar a composição amigável do litígio, através de acordos, favorecidos pelos contactos entre os seus advogados, no sentido de não proceder à revelação de determinados factos, ou de determinadas provas[1095].

Diferente é a posição de M. PIERRE HÉBRAUD[1096]. Segundo este autor, existe um domínio particular onde a preocupação de procura da verdade se afirma como fator predominante, ainda que combinado com considerações de outra natureza (como as de simplificação e aceleração processuais) – e que corresponde ao domínio da prova. O papel do juiz sempre foi nesta matéria de uma certa amplitude, verificando-se uma tendência

a possibilidade de o «juge de la mise en état» ordenar oficiosamente a produção de qualquer documento. (Segundo o artigo 770 do atual código, «*le juge de la mise en état exerce tous les pouvoirs necessaires à la communication, à l'obtention et à la production des pièces*»). Contudo, parece que tal só é possível a requerimento de parte, o que significa que existiu um retrocesso nesta matéria, difícil de entender já que a tendência do novo CPC é a de prosseguir o espírito de reforma, através do reforço dos poderes do tribunal (CATHERINE MARRAUD, « Le droit a la preuve, la production forcée des preuves en justice» (Décrets nº 71-740 du 9 septembre 1971, nº 72-684 du 20 juillet 1972 et nº 72-788 du 28 août 1972)», *La semaine juridique*, 1973, II, Doctrine, 2572, págs. 39-50).

1094 No mesmo sentido, veja-se CATHERINE MARRAUD, « Le droit a la preuve, la production forcée des preuves en justice», cit., págs. 39-50. Segundo a autora, quando a parte recusa a sua colaboração o juiz deve intervir de um modo ativo, saindo da posição de neutralidade em que normalmente se encontra em matéria de instrução do processo. Daqui não resulta, contudo, uma posição da mesma contrária à existência do instituto da exibição forçada, que constitui uma forma de garantia do direito à prova, e que está longe de ser a única manifestação de uma tendência de reforço dos poderes inquisitórios do tribunal.

1095 E, mais adiante, afirma: «*Le juge cumule ainsi, dans la phase finale, sa fonction propre avec celle d'une tierce-partie au procès, qui ne peut avoir les mêmes objectifs que les parties proprement dites. Celles-ci défendent leurs intérêts respectifs, et leur but légitime est de faire triompher leur cause, non de servir des idéaux comme la vérité et la justice. Le juge ne peut avoir d'autre préoccupation que des idéaux, ou plus exactement la conception qu'il s'en fait. Le débat risque d'en être gravement faussé, il risque de changer de nature et de fins. Il existe déjà, dans le procès civil, une partie qui a la charge de l'intérêt général: le ministère public*» (ibidem, pág. 311).

1096 M. PIERRE HÉBRAUD, «La vérité dans le procès et les pouvoirs d'office du juge», cit., pág. 388.

de reforço dos seus poderes. Mas, para se medir a extensão destes poderes deve distinguir-se dois aspetos: em primeiro lugar, aquele que diz respeito à decisão de recorrer a uma «prova», e, em segundo, aquele que concerne as modalidades de administração do procedimento probatório ordenado. Quanto a este último aspeto (modo como se desenrola o procedimento probatório), os poderes do juiz são muito amplos, devendo ser exercidos com respeito pelo princípio do contraditório. Ali, contudo, impõe-se uma delimitação.

2. Do problema da articulação entre os artigos 9 e 10 CPCfr.

Augustin Aynès e Xavier Vuitton[1097] sublinham que, de entre os sujeitos processuais, é antes do mais sobre as partes que recai o ónus de carrear para o processo os elementos necessários para a resolução do litígio. Sobre as partes recai o ónus de administração da prova (é ao autor de uma alegação, o «*demandeur à la preuve*», que cabe reunir as provas destinadas a estabelecê-la), o que constitui um corolário dos princípios diretores do processo (princípio acusatório, princípio dispositivo, etc.) (artigo 9 CPCfr.). Todavia, esta regra tem exceções, seja pela existência de presunções legais, seja pela previsão de estipulações contratuais, seja, ainda, pela intervenção do juiz em matéria de administração da prova[1098] – e aqui, quer através de um exercício oficioso de poderes instrutórios, quer através da criação jurisprudencial de presunções[1099].

Quanto à intervenção do juiz na administração da prova, resulta do artigo 10 CPCfr. que o mesmo tem o poder de ordenar todas as medidas

[1097] Augustin Aynès e Xavier Vuitton, *Droit de la Preuve, Principes et mise en oeuvre processuelle*, Paris: LexisNexis, 2013, págs. 39 e segs., em especial, págs. 66 e segs.

[1098] «*(...) en faisant usage de ce pouvoir le juge allège grandement la charge pesant sur le demandeur. La mesure d`instruction ordonnée d`office va permettre de réunir les éléments de preuve qui pouvaient lui manquer. Autrement dit, un autre – l`expert, l`enquêteur, etc. – va faire ce qui incombe en principe au demandeur. Il est vrai qu`à proprement parler, il n`y a pas ici d`inversion de la charge de la preuve. Celle-ci ne va pas être reportée d`un plaideur sur l`autre. Il en résulte néanmoins un réel allègement de la charge de la preuve et une atténuation sensible du risque qui en est le corollaire. Grâce aux mesures d`instruction ordonnées par le juge, le risque est faible que le demandeur n'arrive pas à prouver ce qu`il allègue. Encore faut-il relever qu`une mesure d`instruction peut aboutir à un resultat différent de celui qu`espérait le plaideur qui l`avait sollicitée*» (ibidem, págs. 54-55).

[1099] Os autores criticam esta segunda via, considerando que os juízes estão, aí, a substituir-se ao papel do legislador. Os juízes deveriam apenas efetuar presunções simples, com base nos factos conhecidos.

de instrução legalmente admissíveis, como é o caso da prova pericial ou por inspeção[1100], artigo este que representa (afirmam agora Loïc Cadiet e Emmanuel Jeuland[1101]) uma solução digna de realce[1102], ao erigir a princípio geral um poder que não era, até então, senão excecional[1103]. Ao juiz (continuam Augustin Aynès e Xavier Vuitton) não está, pois, destinado um papel de mera testemunha passiva da troca de provas entre as partes, sendo-lhe conferido um importante poder de intervenção oficiosa. O sentido desta intervenção não é, porém, o de substituir as partes na sua tarefa probatória (até porque o artigo 146, nº 2 CPCfr. proíbe que uma medida instrutória seja ordenada como forma de suprir a carência das partes na administração da prova). Trata-se, isso sim, de uma ideia de cooperação entre os sujeitos processuais em matéria de administração da prova. É a isso, a uma ideia de cooperação, que conduzem as modernas regras do processo civil.

1100 Deve sublinhar-se que o CPC francês não trata da mesma forma, de um ponto de vista sistemático, as «medidas de instrução», e a aportação de «*pièces*» (documentos), sendo defendido por uma parte da doutrina que o juiz não pode ordenar oficiosamente a junção de um documento. Segundo Loïc Cadiet e Emmanuel Jeuland (Loïc Cadiet e Emmanuel Jeuland, *Droit judiciare privé*, Paris: LexisNexis, 2013, pág. 463), ao contrário das *pièces* (que podem ter um papel probatório fora do âmbito do processo), a medida de instrução constitui exclusivamente um modo de administração judiciária da prova. Trata-se, portanto, de um procedimento que tem por objeto estabelecer a realidade ou as caraterísticas de facto necessárias para o sucesso de uma pretensão, desde que, por um lado, esses factos sejam alegados por uma parte e contestados pela outra, e, por outro, a parte que os alega não disponha de documentos suficientes para proceder à prova dos mesmos. Nesse sentido se deve entender a afirmação de Augustin Aynès e Xavier Vuitton (Augustin Aynès e Xavier Vuitton, *Droit de la Preuve*, cit., pág. 266), de acordo com a qual existem três «medidas de instrução» que permitem ao juiz, por si mesmo, informar-se melhor sobre a realidade dos factos litigiosos, antes de decidir a causa: o mesmo pode realizar inspeções, ordenar o comparecimento das partes, ou proceder a um interrogatório (*enquête*).

1101 Neste sentido, Loïc Cadiet e Emmanuel Jeuland, *Droit judiciare privé*, cit., pág. 429.

1102 Ainda que não se trate de uma solução revolucionária.

1103 Os autores interrogam-se sobre se a consagração de um poder com esta extensão não provoca o risco de o juiz poder conduzir o processo em benefício de uma parte, e em detrimento da outra. A resposta que dão é, porém, negativa. Na verdade, deve notar-se que a maleabilidade potencial dos factos litigiosos se encontra triplamente limitada: por um lado, o juiz apenas pode julgar com base naquilo que lhe é pedido; por outro, o princípio do contraditório impede a existência de abusos; e, por último, verifica-se que a ingerência judicial no plano dos factos se encontra de certa forma atenuada, se não mesmo afastada, quer em virtude da necessidade de respeito pelo princípio da proporcionalidade da prova, quer pelo reforço das prerrogativas reconhecidas às partes sobre os elementos jurídicos do litígio.

Desta forma, tem o juiz o poder, quando as provas adquiridas não sejam suficientes para desfazer o «*non liquet*», e a parte onerada não possa fornecer as provas de que carece (artigo 146 CPCfr.), de convidar as partes a fornecer as explicações de facto necessárias (artigo 8 CPCfr.), assim como de ordenar oficiosamente a realização de todas as medidas de instrução legalmente admissíveis[1104]. Com isto, o juiz intervém, por sua própria iniciativa, para completar a recolha de prova realizada pelas partes, a fim de assegurar uma «perfeita informação», e promover a descoberta da «verdade dos factos controvertidos».

Gérard Couchez e Xavier Lagarde[1105] estabelecem, por sua vez, uma distinção entre ónus da prova e ónus de administração da prova[1106]. O primeiro resulta de uma regra de fundo, e reconduz-se ao chamado «risco da prova»: ele indica contra qual parte o litígio deve ser decidido, no caso de subsistir uma situação de dúvida sobre a «verdade dos factos» (risco da incerteza)[1107]. Já o segundo, deriva de uma regra do procedimento (artigo 9 CPCfr.), consistindo num ónus processual de reunir e produzir as provas necessárias para o estabelecimento dos factos[1108]. É certo que a parte que não observe este ónus perde o processo (donde, risco e falta de administração da prova pareçam receber a mesma, e única, sanção). No entanto, a

1104 Devendo as partes oferecer a sua colaboração, sob pena de o juiz extrair todas as consequências de uma eventual recusa ou comportamento negativo, especialmente em matéria de valoração da prova.

1105 Gérard Couchez e Xavier Lagarde, *Procédure civile*, 17ª ed., Paris: Dalloz, 2014, pág. 260 e segs.

1106 Esta distinção corresponde à distinção entre o «ónus da prova em sentido subjetivo» e o «ónus da prova em sentido objetivo».

1107 Encontra-se presente nesta afirmação a distinção entre «ónus de administração da prova» e «risco da prova». Segundo Isabelle Després, citando F. Terré: «*En effet, s'il n'est plus solitaire dans sa recherche, (le demandeur à l'allégation) reste seul sanctionné en cas d'échec (...). Si la preuve nécessaire n'est pas obtenue, malgré l'éventuelle collaboration des autres parties et les éventuelles initiatives du juge, c'est bien (lui) qui perdra le procès et son adversaire qui triomphera*» (Isabelle Després, *Les mesures d'instruction in futurum*, cit., pág. 2, nota 7).

1108 Frédérique Ferrand salienta que incumbe a cada parte, à luz do disposto no artigo 9 CPCfr., o ónus de alegar os factos em que se baseiam o pedido e as exceções, e de proceder à prova desses factos. Para tal, ela deve produzir diferentes *pièces* (documentos), que vão, assim, sendo introduzidos no debate. «Peças» são os elementos de prova pré-existentes à intervenção judicial, ao passo que as medidas de instrução e o juramento supõem uma intervenção judicial (Frédérique Ferrand, «Preuve, débats et principe de loyauté dans le procès civil français», *ZZP-int*, 2012, págs. 13-42).

sucumbência da parte que falha na administração da prova apresenta uma particularidade, já que resulta de uma dupla sanção de natureza processual.

Por um lado, a inobservância do ónus de administração da prova torna inadmissíveis as alegações não sustentadas, solução esta que resulta de uma jurisprudência constante, de acordo com a qual os juízes não devem atender a alegações desprovidas de qualquer prova. Por outro, esta falha priva o responsável da possibilidade de obter a colaboração do juiz na administração da prova, uma vez que, nos termos da lei (artigo 146 CPCfr.), se encontra vedado o exercício de poderes oficiosos como forma de suprir a carência das partes nessa mesma administração[1109].

Também Isabelle Després[1110] se refere a um ónus de administração da prova (ou ónus positivo da prova). Na realidade, o ónus de reunir os elementos necessários para formar a convicção do juiz constitui tradicionalmente uma incumbência exclusiva das partes (*actori incumbit probatio, reus in excepiendo fit actori*). Concebido desta forma, o princípio da neutralidade já não existe[1111], tendo o direito positivo reconhecido ao juiz poderes no domínio probatório. Quanto à articulação entre os artigos 9, e 10 CPCfr., resulta dos mesmos uma repartição do «ónus de administração da prova» entre as partes e o juiz, revestindo-se os poderes do órgão jurisdicional de extrema importância[1112].

Já segundo Thierry le Bars[1113], a prova dos factos constitui ainda um ónus e uma prerrogativa das partes, mas que deixou de ser exclusiva (encontrando agora um poder concorrente do juiz). A norma do artigo 9

[1109] Os autores salientam ainda que o exercício dos poderes de produção oficiosa de prova deve ter lugar, sobretudo, nos casos em que o processo convoque problemas de natureza técnica (prova pericial).

[1110] Isabelle Després, *Les mesures d'instruction in futurum*, cit., págs. 148-150.

[1111] Se é que alguma vez existiu (salienta a autora).

[1112] «*Segundo M. Devèze o problema que é colocado pelo «ónus positivo da prova» é duplo: trata-se, desde logo, de saber quem deve administrar a prova (quais são os papeis respetivos do juiz e das partes e dos terceiros neste sentido, questão que se pode designar como «ónus de administração da prova». Trata-se igualmente de saber quem deve convencer o juiz e como, questão que se pode designar como «ónus da convicção». Enquanto o ónus de administração da prova se afigura como uma questão processual tendo com o fundo do direito aplicável apenas uma longínqua ligação, o ónus de convicção, especialmente porque podem intervir presunções legais, pode depender estreitamente deste último*» (Isabelle Després, *Les mesures d'instruction in futurum*, cit., pág. 149).

[1113] Jacques Héron, 2ª édition par Thierry le Bars, *Droit judiciaire privé*, Montchrestien, págs. 193 e segs.

CPCfr. compreende, segundo o autor, dois aspetos distintos: por um lado, recorda a existência de regras de direito civil sobre o ónus, e sobre os meios de prova (às quais as regras do processo se devem submeter), e, por outro, subordina as questões da prova ao domínio das partes. Não obstante, e sem prejuízo deste último aspeto, o monopólio das partes em matéria probatória foi comprometido pela atribuição ao órgão jurisdicional (artigo 10 CPCfr.) de um poder instrutório próprio.

Quanto a este último artigo, resulta do mesmo, em primeiro lugar, que apenas ao juiz compete ordenar as medidas de instrução, ou seja, que é necessária uma decisão sua para a respetiva realização – ou pela necessidade de interposição do seu *ius imperium*, ou porque se trata de medidas instrutórias que têm lugar perante o tribunal. Até aqui o preceito não representa, contudo, nenhum desvio face ao ónus de administração da prova. Mas a norma não se fica por aqui. Na verdade, ela atribui também ao juiz um poder de iniciativa instrutória, poder este que se articula mal com as disposições precedentes (sobretudo, com o artigo 9 CPCfr.). Os factos devem ser *affaire* das partes, inclusivamente no que concerne a sua demonstração[1114].

O autor refere-se assim à existência de um conjunto de normas não totalmente coerente[1115], ainda que, na prática, se verifique um parco uso daquele poder por parte do tribunal. Com efeito, a grande maioria das medidas de instrução são ordenadas a requerimento das partes, e as decisões tomadas oficiosamente são, na maior parte das vezes, precedidas de um «requerimento» das mesmas.

3. O limite resultante da aplicação do artigo 146 CPCfr.: concretização doutrinal

Como forma de preservar o princípio consagrado no artigo 9 CPCfr., resulta do artigo 146 a proibição de o juiz suprir a carência das partes na

[1114] Segundo os autores, a intervenção oficiosa do juiz nesta matéria resulta de um erro de perspetiva: confundem-se os dois aspetos da regra acabada de indicar (artigo 10 CPCfr.). É normal que o juiz seja chamado a ordenar certas medidas de instrução e, consequentemente, que ele deva apreciar se convém ou não ordená-las. Tal não implica, porém, que o seu poder vá para além de uma simples apreciação dos requerimentos das partes.

[1115] Com efeito, o ónus de administração da prova, que recai sobre as partes, harmoniza-se mal com o poder reconhecido ao juiz, de ordenar oficiosamente todos os meios de prova legalmente admissíveis.

administração da prova, independentemente de a intervenção do mesmo ter lugar oficiosamente, ou mediante requerimento ou sugestão de uma parte. Esta intervenção deve por isso ter lugar, apenas, quando a parte onerada não dispõe de elementos suficientes para «prova do facto», não podendo servir para remediar a falta (negligente) de observância do seu ónus positivo[1116][1117]. GÉRARD COUCHEZ e XAVIER LAGARDE[1118] entendem assim, como vimos, que a inobservância do «ónus de administração da prova» conduz a que as partes fiquem privadas da colaboração do juiz em matéria de administração da prova.

Segundo AUGUSTIN AYNÈS e XAVIER VUITTON[1119], isto não significa que a produção de um meio de prova por iniciativa do juiz pressuponha, em todos os casos, que a parte onerada tenha logrado fazer um princípio de prova, já que isso nem sempre é possível[1120]. Importante é que a mesma não disponha, no caso concreto, de meios para obter essa prova. Donde, o juiz deva, antes de rejeitar um pedido de produção de prova com base no artigo 146, nº 2, apreciar se a prova a realizar pode ser obtida, *motu proprio*, pela parte que a solicita. Por outro lado, entendem os autores que não merece censura o comportamento da parte que, solicitando a realização

[1116] No mesmo sentido, veja-se LOÏC CADIET E EMMANUEL JEULAND, *Droit judiciare privé*, cit., págs. 75-76.

[1117] Existe uma corrente doutrinal maioritária no sentido de que a norma constante deste artigo não se aplica aos casos do artigo 145 CPCfr. (medidas de instrução *in futurum*), sendo essa também a posição da jurisprudência. ISABELLE DESPRÉS considera, por sua vez, que a não aplicação diz respeito apenas à segunda alínea do artigo 145: não teria sentido que a recusa em ordenar uma medida de instrução *in futurum* pudesse fundar-se na carência da parte em matéria de administração da prova (esta sendo entendida como uma «negligência faltosa» – assim H. SOLUS e R. PERROT, *Droit judiciaire prive*, tome III, Sirey, 1991, nº 736, pág. 623), a partir do momento em que ela se mostrou diligente no cumprimento da tarefa que lhe incumbe, ao dirigir-se ao juiz, antes de qualquer processo, a fim de reunir os elementos de prova que lhe faltam. O mesmo não se pode dizer, contudo, da primeira alínea daquele artigo, ligada a razões de economia processual: não poderá assim uma parte requerer uma medida de instrução *in futurum*, se a mesma já dispõe dos elementos probatórios necessários, *i.e.*, se a situação probatória do requerente é suficientemente sólida para agir sobre o fundo da causa (ISABELLE DESPRÉS, *Les mesures d'instruction in futurum*, cit., págs. 135-136).

[1118] GÉRARD COUCHEZ e XAVIER LAGARDE, *Procédure civile*, cit., págs. 260-261.

[1119] AUGUSTIN AYNÈS E XAVIER VUITTON, *Droit de la Preuve*, cit., págs. 66 e segs.

[1120] Diferente parece ser a posição de PIERRE JULIEN e NATALIE FRICERO: «*la partie qui sollicite une mesure d'instruction pour prouver un fait doit disposer d'éléments suffisants pour commencer à la prouver*» (PIERRE JULIEN e NATALIE FRICERO, *Droit judiciaire privé*, 4ª ed., Paris: LGDJ, 2011, pág. 287).

de um meio de prova, não houver produzido outras provas que – em teoria – estaria em condições de produzir.

Ou seja: consideram os autores que a norma do artigo 146 constitui um obstáculo ao decretamento de uma medida de instrução (seja a requerimento, seja oficiosamente), especialmente quando as alegações da parte onerada não assentam em nenhum elemento suscetível de as tornar credíveis (ónus de fundamentação), ou quando essa parte tenha dado sinal de uma tal negligência que se bastou com solicitar a colaboração do juiz na administração da prova. Segundo a jurisprudência do Tribunal da Cassação, cabe aos juízes apreciar soberanamente a carência do requerente na administração da prova que lhe compete[1121].

Por sua vez, Loïc Cadiet e Emmanuel Jeuland[1122] colocam o acento tónico na ideia de que existe uma hierarquia entre os diferentes modos de administração da prova (subsidiariedade entre os meios de prova). Daqui resulta que um meio de prova apenas pode ser ordenado se a parte onerada não dispuser de *pièces* suficientes para fazer prova da respetiva alegação (prova pré-constituída)[1123]. As medidas de instrução[1124] cons-

[1121] *Code de Procédure Civile*, apresentado e anotado por Loïc Cadiet, 28ª ed., Paris: LexisNexis, 2015, anotação ao artigo 146º (pág. 181): «*ne viole pas l`article 146 l`arrêt qui refuse d`ordonner une expertise sollicitée par un débiteur aux fins d`obtenir un sursis aux poursuites de saisi immobilière, alors qu`il ne rapporte pas le moindre élément de preuve qui lui incombe, que la valeur des biens sur lesquels les poursuites seront continuées est suffisante pour désintéresser le créancier poursuivant et tous les créanciers inscrits.*
En revanche, viole ce texte la cour d`appel qui refuse d`ordonner une expertise demandée aux fins d`établir l`étendue du dommage résultant d`une atteinte aux marques du demandeur, au motif que ce dernier ne démontre pas avoir été dans l`impossibilité de se procurer des pièces comptables, douanières au autres justifiant ses affirmations, alors que la preuve de la contrefaçon alléguée était rapportée et que le demandeur ne pouvait prouver l`étendue de son préjudice que par des recherches de pièces, notamment dans la comptabilité de son adversaire, recherches auxquelles il ne pouvait procéder lui-même».

[1122] Loïc Cadiet e Emmanuel Jeuland, *Droit judiciare privé*, cit., pág. 453.

[1123] Esta pensamento vai ao encontro da posição de Frédérique Ferrand (Frédérique Ferrand, «Preuve, débats et principe de loyauté dans le procès civil français», cit., págs. 13-42), de acordo com o qual incumbe a cada parte, à luz do disposto no artigo 9º CPCfr, o ónus de alegar os factos em que se baseiam o pedido e as exceções, e de proceder à prova desses factos. Para tal, ela deve produzir diferentes *pièces* (documentos), que vão, assim, sendo introduzidos no debate.

[1124] As medidas de instrução são procedimentos de prova que não devem ser pura e simplesmente assimilados aos modos de prova declarados admissíveis pelo Direito substantivo, principalmente pelo CC. As medidas de instrução são instrumentos processuais que permitem a produção de determinados meios de prova: por ex., o comparecimento pessoal das partes

tituem assim uma técnica subsidiária em relação à prova pré-constituída, e o artigo 146, nº 2 exprime perfeitamente este princípio de hierarquia.

No mesmo sentido, referem GÉRARD COUCHEZ e XAVIER LAGARDE[1125] que as medidas de instrução têm um caráter subsidiário, uma vez que é às partes que normalmente cabe fazer a prova dos factos por si alegados. Por conseguinte, apenas no caso de as mesmas não disporem de elementos suficientes para realizar a respetiva tarefa probatória (meios de prova pré-constituídos), se torna possível o recurso a uma medida de instrução.

Já segundo M. PIERRE HÉBRAUD[1126], as iniciativas probatórias do juiz devem ser examinadas à luz das regras de distribuição do ónus da prova. Segundo o autor, quando o juiz ordena oficiosamente a realização de um meio de prova, o mesmo toma uma iniciativa que por via de regra caberia às partes. Ora, muito embora a iniciativa do juiz se destine a servir o fim da boa administração da justiça (e não o favorecimento de uma parte em prejuízo da outra), facto é que estamos perante um poder cujo exercício envolve sempre uma atenuação das regras de distribuição do ónus da prova (em sentido subjetivo), e o qual pode ser exercido com intensidades muito diferentes. O que se espera é que a intervenção do tribunal permaneça discreta e moderada, e que não tenha muito peso sobre o julgamento.

O novo texto da lei parece refletir esta ideia, ao traçar um limite inultrapassável da atividade judicial, que consiste na existência de uma situação de falta de administração da prova (artigo 146 CPCfr.). A ideia presente nesta norma é, pois, a de que incumbe a cada parte observar o respetivo ónus, não devendo a intervenção do juiz ter como resultado uma inversão desta repartição. Mas, embora possa ver-se nela uma barreira à atuação oficiosa do tribunal, existe uma grande dificuldade em discernir o ponto exato onde esse limite se situa. Quando é que pode dizer-se que estamos perante uma situação «carência» na administração da prova? Apenas se pode falar de uma situação de «carência» no caso de revelia absoluta ou relativa, ou a parte que contesta também pode encontrar-se nessa situa-

pode dar origem a uma prova por confissão, as declarações de terceiros são a forma de produzir testemunhos, etc. Pode assim distinguir-se entre «admissibilidade legal» e a «administração judiciária» dos meios de prova (LOÏC CADIET E EMMANUEL JEULAND, *Droit judiciare privé*, cit., pág. 463).

1125 GÉRARD COUCHEZ e XAVIER LAGARDE, *Procédure civile*, cit., pág. 360.

1126 M. PIERRE HÉBRAUD, «La vérité dans le procès et les pouvoirs d`office du juge», *Annales de l`université des sciences sociales de Toulouse*, Tome XXVI, Université des Sciences Sociales, Toulouse, 1978, págs. 379-404, págs. 393-394.

ção, em virtude de uma simples inércia parcial? E se assim for (*i.e.*, se a lei se bastar, como elemento-fronteira da intervenção do tribunal, com uma mera inércia parcial), não pode entender-se que traduz uma situação de «carência» o esquecimento, pela parte, de qualquer meio de prova no qual o juiz esteja a pensar?[1127]

Foi pensado – salienta PIERRE HÉBRAUD – fazer uso da distinção entre «alegação» e «prova», de tal modo que a insuficiência ou a inobservância do ónus de alegação constituiria uma situação de «carência»[1128]. Todavia, esta distinção não parece fornecer um critério seguro. Na verdade: ou bem que, numa perspetiva abstrata e teórica, entendemos aquela distinção como opondo dois momentos distintos do processo (a alegação e a prova) – e então não podemos referir-nos à alegação para resolver uma questão que diz respeito à prova; ou bem que, numa perspetiva mais realista, constatamos a existência de laços estreitos entre a alegação e a prova dos factos – caso em que, todavia, se torna difícil encontrar na distinção entre estes dois aspetos (alegação e prova) um limite preciso à iniciativa do juiz.

O autor não encontra assim resposta para o problema em apreço, abrindo espaço a uma conformação jurisprudencial do âmbito de aplicação das respetivas normas.

4. Mera faculdade ou poder vinculado?

Não existe uma posição doutrinal unânime em torno da questão de saber se o poder instrutório do juiz constitui um poder vinculado ou uma mera faculdade judicial (poder discricionário), embora haja uma inclinação para o configurar como uma mera faculdade – contra a posição maioritária dos tribunais[1129]. Segundo AUGUSTIN AYNÈS e XAVIER VUITTON[1130], as medidas de instrução podem ser ordenadas em qualquer estado da causa, sempre que o juiz entenda que não dispõe dos elementos necessários para a tomada de uma decisão, e desde que as mesmas sejam legalmente admissí-

[1127] Ibidem.

[1128] Assim, E. BLANC, *L'évolution de la preuve judiciaire*, Paris: LGDJ, 1974, págs. 17-18, sobre o artigo 5 do decreto de 17 de dezembro de 1973.

[1129] É curioso observar que a previsão dos poderes instrutórios do tribunal, que culminou com o atual código, corresponde à normativização de uma tendência que nasceu na prática judicial. Foram os juízes que sentiram a necessidade, em alguns casos, de ter ao seu dispor algum poder inquisitório e de fazer uso do mesmo.

[1130] AUGUSTIN AYNÈS E XAVIER VUITTON, *Droit de la Preuve*, cit., págs. 73 e segs.

veis, e úteis para a resolução da causa[1131]. Trata-se de uma faculdade do juiz, o qual deve apreciar soberanamente a oportunidade de ordenar a respetiva realização[1132]. Algumas decisões vieram criar uma certa confusão sobre esta matéria, ao tomar posição no sentido de que o juiz não pode recusar *statuer*, fundando-se na insuficiência das provas fornecidas pelas partes – o que, posto em termos tão genéricos, acaba por romper o equilíbrio instituído pelo código entre o papel do juiz, e o das partes, na aplicação judiciária das regras do ónus da prova. Esta solução foi por isso severamente criticada pela doutrina[1133]. Com efeito, é antes do mais sobre as partes que recai o ónus de alegação e da prova, as mesmas devendo poder decair nas respetivas pretensões no caso de não carrearem para o processo os elementos necessários para a sua demonstração. A intervenção do tribunal deve assim, a este título, ter uma natureza meramente subsidiária, ou de segunda linha.

No mesmo sentido, afirma, como vimos, THIERRY LE BARS[1134] que o ónus (subjetivo) das partes se harmoniza mal com o poder instrutório reconhecido ao juiz – o qual não constitui para si mais do que uma simples faculdade. O autor regozija-se por isso com o facto de os tribunais, na prática, fazerem um parco uso deste poder.

Diferente é a posição LOÏC CADIET e EMMANUEL JEULAND[1135]. Segundo estes autores, o juiz não é, como dantes, um espectador passivo do processo. O aumento dos poderes do tribunal levado a cabo pelo novo código[1136], e que pode ser visto em diferentes áreas, conduziu, em matéria instrutória, à atribuição de um poder de ordenar todos os meios de prova legalmente admissíveis, não apenas a requerimento de parte, mas também

[1131] Podendo dirigir-se tanto às partes como a terceiros, já que ambos devem, nos termos do artigo 10 CCfr, prestar a sua colaboração com vista à descoberta da verdade.

[1132] Segundo os autores, o juiz não tem que ouvir previamente as partes, antes de tomar uma decisão sobre a realização de um meio de prova, já que o fundo do litígio não é afetado pela sua decisão. Também GÉRARD COUCHEZ e XAVIER LAGARDE referem que os juízes (*les juges au fond*), salvo exceções, são soberanos para decidir sobre a realização de uma medida de instrução (GÉRARD COUCHEZ e XAVIER LAGARDE, *Procédure civile*, cit., pág. 262).

[1133] Entre outros, J. NORMAND; *JCI Procédure civile*, Fasc. 152, nº 15; ROGER PERROT, «Mesure d`instruction – obligation de concourir aux mesures d`instruction ordonnées», Procédures 2010, Lexisnexis Jurisclassen, commentaires, págs. 13-14.

[1134] JACQUES HÉRON, 2ª édition par THIERRY LE BARS, *Droit judiciaire privé*, cit., págs. 193 ss.

[1135] LOÏC CADIET e EMMANUEL JEULAND, *Droit judiciare privé*, cit., pág. 468-469.

[1136] Os autores referem-se ao Código de processo civil francês de 5 de dezembro de 1975, atualmente em vigor.

de um modo oficioso (artigos 10 e 143 CPCfr.). Ora, este poder não constitui uma mera faculdade, mas uma *imperiosa exigência* – tal como parece ser entendido pelo Tribunal da Cassação[1137].

II.IV. A atividade instrutória do tribunal no direito inglês

1. Introdução

Conforme refere Adrian Zuckerman[1138], aponta-se tradicionalmente ao sistema processual civil inglês uma caraterística de adversariedade (*english adversarial system*), assente num princípio de autonomia das partes, na responsabilidade limitada dos juízes pelas suas decisões, e no controlo que as partes detêm sobre o andamento do processo. Já J. A. Jolowicz[1139] sublinha que é na conceção do processo como «duelo ou combate[1140]» que se encontra a ideia subjacente ao modelo de «processo adversarial». Neste, o juiz é chamado a decidir a causa (apenas) com base nas provas e nas admissões das partes, sendo mesmo duvidoso que o juiz possa fundar a sua decisão num conhecimento pessoal da lei, distinto do argumento legal apresentado pelo advogado da parte.

Existem pois dois aspetos centrais do princípio adversarial[1141]: por um lado, é às partes que incumbe proceder à delimitação do objeto do litígio (através das suas alegações de facto), e por outro (sendo este o elemento verdadeiramente distintivo do «sistema adversarial»), o juiz deve procurar a verdade, somente, através das provas produzidas pelas partes: estas são assim adversárias, não apenas no sentido de que se encontram em oposição, mas também no de que a tarefa do juiz consiste em pronunciar, no fim de um duelo travado entre as partes com base nas armas por si escolhidas, qual delas venceu a contenda. Ou seja: estamos perante uma conceção da ação civil (nas palavras de Edouardo Couture) como *«civilisation`s substitute for vengeance»*[1142].

[1137] Ibidem. Pode ver-se refs. jurisprudenciais em ob. cit., pág. 469, nota 188.

[1138] Adrian Zuckerman, *Civil Procedure*, Lexis Nexis, 2003, pág. 352.

[1139] J. A. Jolowicz, *On civil procedure*, cit., págs. 1-8.

[1140] *«Isto sem prejuízo da necessidade de que o duelo seja justo. Daí que se tenha procedido à elaboração de regras judiciais às quais as partes se devem conformar quando se preparam para a batalha, e a própria contenda tem lugar perante um juiz imparcial que decide quando os litigantes é o vencedor»* (...) na famosa frase de Edouardo Couture, «*the civil action is civilisation`s substitute for vengeance* (ibidem).

[1141] J. A. Jolowicz, *On civil procedure*, cit. págs. 176-177.

[1142] O autor dá conta de que "adversarial procedure" é por vezes traduzido para francês como "principe du contradictoire". Esta associação está errada: o princípio do contraditório não

Ainda segundo J. A. Jolowicz[1143], a contínua adesão do processo civil inglês ao modelo adversarial (sem prejuízo das oscilações que o mesmo tem sofrido) corresponde, ou é consequência, da maior influência da «*common law*» no direito inglês, mesmo depois de o Judicature Acts of 1873-5[1144] ter conduzido à unificação dos tribunais da «*common law*» e da «*equity*»[1145]. Com efeito, embora se verifique a permanência de alguns processos especiais de *equity*, a verdade é que o modelo básico do processo civil moderno reflete sobretudo a sua herança de *common law* – o que explica, não apenas, a cisão vincada entre o momento do julgamento[1146] e tudo aquilo que precede esta fase do processo[1147], como também a ligação ao modelo adversarial (de acordo com o qual incumbe às partes determinar a matéria sobre a qual o tribunal é chamado a tomar uma decisão, assim como o material no qual essa mesma decisão se deverá fundar).

A prova (*evidence*) que serve de base ao julgamento da matéria de facto deve ser apenas aquela que as partes decidiram apresentar, estando vedado ao tribunal, por ex., exigir que uma concreta testemunha seja notificada para prestar depoimento, ou que um determinado documento seja apresentado. O juiz não deve nem mesmo (à luz desta perspetiva tradicional) interrogar a testemunha, exceto se a interpelação se destinar a esclarecer o significado de alguma coisa que a mesma tenha dito a instâncias do advogado[1148].

impede o juiz de introduzir elementos adicionais na discussão, apenas decorrendo do mesmo que o juiz não deve basear a sua decisão em qualquer elemento de facto ou de direito, tenha ele sido introduzido pelas partes ou pelo próprio juiz, sem que primeiro seja dada às partes a oportunidade de o discutir. Invertendo os termos do problema, afirma o autor que «*apenas a conservação do princípio adversarial pode preservar o direito das partes a saber e a debater todos os elementos da decisão do juiz; isso impede que possamos modificar o princípio adversarial sem infringir o princípio contraditório*». Não cremos que tenha que ser assim. Com efeito, e como o próprio autor afirma, o facto de os elementos serem introduzidos pelo juiz não impede que este os ponha à discussão das partes.

1143 J. A. Jolowicz, *On civil procedure*, cit., págs. 23 e segs.

1144 Este diploma criou o sistema que, com alterações, vigora até hoje. Até à sua promolgação, o processo inglês era um processo de «Law of Actions», muito formalista, onde o Direito processual precedia o Direito substantivo. A *common law* e a *equity* eram vistos como dois sistemas de lei autónomos, aplicados por tribunais diferentes.

1145 *Equity actis in personam*... (ibidem, pág. 26).

1146 A audiência única, pública e oral na qual as provas («the evidence») e os argumentos das partes são apresentados ao tribunal pela primeira e única vez.

1147 As fases interlocutórias ou pré-julgamento da ação.

1148 Se o juiz intervier demasiado no interrogatório do advogado pode sofrer a censura de um tribunal superior e, em último caso, o julgamento pode ter que ser repetido. O processo

2. Sistema adversarial e tribunal de júri

Um outro aspeto sublinhado por J. A. Jolowicz, e que nos parece crucial para se entender a moderna evolução do sistema processual civil inglês, diz respeito à influência que o «tribunal de júri» teve no que diz respeito à inexistência de um controlo inicial do processo por parte do juiz[1149]. Na verdade, a presença do tribunal de júri repercutiu-se no processo de descoberta dos factos (*fact-finding*), uma vez que o júri podia ser reunido apenas para uma sessão única[1150]. Por conseguinte, e atendendo a que este (júri) devia tomar uma decisão com base nos materiais que eram apresentados em tribunal (na esmagadora maioria dos casos, oralmente) as características essenciais do julgamento (*trial*) estavam traçadas: «*trial*» significa uma sessão ininterrupta do tribunal, na qual toda a prova fornecida pelas partes é apresentada de uma só vez[1151].

O pressuposto básico em que assenta o processo da *common law* é, pois (ou foi-o até recentemente), o de que a informação na qual o tribunal se baseia para tomar uma decisão deve ser-lhe fornecida apenas no momento do julgamento (*trial*). Na Europa continental tal pressuposto não existe

civil continua pois, essencialmente, a ser visto como «uma coisa das partes», que têm o direito de fazer uso de qualquer meio legal que esteja à sua disposição para obter ganho de causa.

[1149] J. A. Jolowicz, *On civil procedure*, cit., pág. 205: apesar de os sistemas ocidentais terem uma herança comum no processo romano-canónico de Bizâncio, a grande diferença entre os processos das duas famílias de Direito relaciona-se com a presença (no sistema anglo-saxónico) do tribunal de júri civil: «*(...) the fundamental division between the two principal families of procedural law of the Western world is that between those legal systems which do – or did in the past – make use of the civil jury and those to which the civil jyri has alaways been unknown*».

[1150] Um outro aspeto que merece ser sublinhado prende-se com o facto de que, ao contrário do que acontece entre nós, no sistema inglês as partes não têm o dever de apresentar nos seus articulados («pleadings») alegação de direito, nem a prova a apresentar como suporte das alegações de facto mencionadas no pedido ou na defesa. Os articulados destinam-se apenas à delimitação das questões de facto controvertidas, e das matérias sobre as quais pode ser produzida prova, e às quais o raciocínio jurídico pode ser dirigido. O autor dá conta, no entanto, de que foi proposto que se exigisse às partes apresentarem nos seus articulados uma indicação da prova "offer of proof" (Justice, Going Law, paras. 165-70. CPR, r. 16 Practice Direction, 11.3; Woolf Interim, p. 161) (ibidem, pág. 365).

[1151] «*On the continente of Europe the civil jury never emerged, and there is no compelling need for a single session trial where professional judges deal with all aspects of a case. Continental procedure has nothing that corresponds to the common law trial and the word "trial" itself is untranslatable. When continental lawyers write in English they tend to use the word "trial" to refere to the proceedings as a whole*» (ibidem, pág. 206).

(nem pode existir): pelo contrário – salienta J. A. Jolowicz[1152] – prevê-se que a informação que servirá de fundamento à decisão seja carreada para os autos de um modo progressivo.

Já no modelo inglês tradicional qualquer intervenção do juiz antes do julgamento (*trial*) – fosse na elaboração das peças (*pleadings*) ou na determinação das questões a serem respondidas pelo júri, fosse na recolha e produção de provas – era vista como uma infração à soberania deste último (o júri)[1153]. O que inevitavelmente conduz a uma posição de passividade do juiz, fazendo-se recair sobre as partes a tarefa de realizar toda a atividade processual[1154].

O autor afirma mesmo que (provavelmente) é à presença do tribunal de júri que se fica a dever o próprio facto de a *common law* ter assumido o modelo adversarial[1155]. Quer os sistemas da Europa continental, quer o sistema inglês, se inspiram no princípio dispositivo; embora a *common law* o afirme mais implícita do que explicitamente, o sistema adversarial pode ser entendido como uma aplicação exagerada deste princípio: uma vez que incumbe às partes, em primeira linha, decidir sobre o recurso à via jurisdicional (dando início à causa), entende-se que as mesmas devem também ser livres, não apenas de delimitar o seu objeto, mas também de a conduzir, e, em particular, de escolher com base em que provas a mesma deve ser decidida. Ora – salienta o autor –, não é muito provável que se tenha chegado a este modelo como resultado da aplicação deste ou de qualquer outro princípio – o mais certo (isso sim) é que tal tenha sido o resultado (inevitável) da adoção do júri civil[1156].

[1152] J. A. Jolowicz, *On civil procedure*, cit., pág. 382.

[1153] Ibidem, pág. 375.

[1154] «*It is for them (parties) to determine not only the subject matter of the action but the precise questions at issue between them. It is also for them to determine on what evidence the jury will come to its conclusion. In other words, because the role of the jury is necessarily a passive one, the procedure itself cannot fail to recognise that it is the parties who have the dominant role*» (ibidem).

[1155] «*The adversary system is the product of the use of the jury as judge of fact, and so too is the denial of the judge's power to act ex officio "to ascertain some independent truth"*» (ibidem, pág. 382).

[1156] Nos sistemas continentais, pelo contrário (salienta o autor), onde não existe um "trial" no sentido da *common law*, a prova pode ser introduzida em diversos momentos durante a fase preparatória, e o processo é normalmente atribuído a um juiz desde o início, que fica responsável pela instrução da causa. Por vezes, é esse o juiz que decidirá o caso, mas mesmo quando o julgamento deva ser feito através de um tribunal colegial esse juiz integrará a mesa. Um membro do tribunal encontra-se portanto em posição de conhecer a prova à medida que

Acentuando o facto de o júri civil nunca ter existido nos sistemas da Europa continental, assim como de não existir um verdadeiro equivalente para o conceito de *evidence*[1157], o autor inglês sintetiza a diferença entre os modelos através de uma formulação interessante: os «processos continentais concentram-se na preparação da decisão, ao passo que o processo inglês se concentra (pelo menos tradicionalmente) na preparação do julgamento».

A ideia do processo como uma luta entre os litigantes – sublinha ainda J. A. Jolowicz – não é incompatível com a estrutura dos processos continentais (concentrado na preparação da decisão). Com efeito, o corpo de informação construído durante a instrução da causa não necessitaria de conter mais do que aquilo que tenha sido aportado pelas partes. Todavia, e uma vez que o processo se desenrola no tempo (não num único julgamento concentrado) é possível (em termos práticos) que o tribunal veja a informação logo que ela se torna disponível, e que sugira a apresentação de informações adicionais, ou que (seja como for) tenha um papel ativo na condução do processo[1158]. No passado, as necessidades do tribunal de júri tornavam impossível, no que se refere ao sistema inglês, que o juiz pudesse desempenhar um tal papel. No entanto, a realidade alterou-se significativamente através do desaparecimento daquele tribunal.

3. *Overriding objective* e atribuição ao juiz de poderes de gestão do processo: *case management powers*

As mudanças introduzidas, nas últimas décadas, no processo civil inglês, tornadas possíveis graças ao desaparecimento do tribunal de júri, fizeram

ela vai sendo produzida, não existindo nenhum obstáculo, ao contrário do que se verifica tradicionalmente na *common law*, a que o mesmo tenha uma participação ativa na preparação do caso. Ele pode, por ex., apreciar através da leitura de um documento que outro documento é também relevante, caso em que não existe nenhuma razão prática pela qual ele não deva exigir a sua produção. Se existe um obstáculo legal a que isso aconteça, ele encontra-se no princípio dispositivo (por ex., em frança – salienta o autor – embora o juiz possa compelir uma parte a produzir um documento, ele apenas o deverá fazer a requerimento da parte contrária: artigo 11, al. 2 CPCfr.).

[1157] O que existe é uma fase – a da instrução da causa – destinada a construir o corpo de informação sobre a qual a decisão se deverá fundar.

[1158] O autor dá como exemplo o modelo francês, no qual o juiz tem um controlo sobre o processo, tendo o poder, não apenas de proibir certos métodos de reunião de informação, mas também de ordenar o uso de pelo menos alguns deles por sua própria iniciativa.

com que um importante volume de informação (sob a forma documental) passasse a estar disponível para o juiz antes do momento do julgamento (*trial*)[1159]. Ora (afirma JOLOWICZ), se o juiz fizer uso (como é encorajado a fazer) da oportunidade, que agora lhe é dada, de obter informação antes do momento do julgamento, então o mesmo coloca-se em posição de assumir um papel ativo na preparação do caso. Embora a importância deste aspeto nem sempre seja reconhecida, o mesmo envolve uma dramática alteração na marca do processo[1160].

Ainda assim[1161] (*i.e.*, sem prejuízo das mutações sofridas), é difícil dizer se o processo civil se está a afastar de uma conceção da relação processual enquanto luta ou competição entre as partes. Como prova desta incerteza encontra-se o facto de LORD WOOLF declarar, como finalidade da reforma, a atribuição ao tribunal de uma função de gestão processual (*management role*) mais intervencionista (forma de desencorajar a «cultura adversarial»), ao mesmo tempo que rejeita, de um modo expresso, a ideia de que a tradição adversarial e oral do processo devam ser abandonadas[1162].

A evolução do sistema processual (salienta ainda J. A. JOLOWICZ) revela-se de igual modo no plano jurisprudencial; no caso *Eli Lilly*, de 1987, perante a questão de saber qual o fundamento da obrigação de um litigante fornecer ao seu adversário os meios para este o derrotar, o *Master*[1163] da causa (Sir JOHN DONALDSON) afirmou que o processo não constitui

1159 J. A. JOLOWICZ, *On civil procedure*, cit., págs. 382 e segs.

1160 «*Era impossível que o júri soubesse o que quer que fosse sobre o caso antes do julgamento, mas o juiz moderno pode e deve saber muita coisa. O modelo inglês pode assim estar a caminho da ideia de que o caso deve ser preparado para a decisão, em vez de o ser para o julgamento*» (ibidem).

1161 J. A. JOLOWICZ, *On civil procedure*, cit., págs. 1-8.

1162 WOOLF Interim, págs. 7, 29.

1163 Sobre a figura do «Master» pode ver-se ibidem, págs. 30-31: «*The English Master of the Supreme Court, or district judge as he is known in the Family Division of the High Court, is a judicial officer of the court whose principal business is the conduct of the interlocutory stages of an action. In the period leading up to the Judicature Acts of 1873-5, the Master's duties became both more onerous and more responsible; since the Judicature Act's, their position in the Judicial hierarchy has been firmly established*». Um outro aspeto sublinhado pelo autor diz respeito ao facto de o sistema inglês, ao contrário do sistema americano, ter um corpo de funcionários judiciais especializado e experiente, para além dos próprios juízes, para lidar com as fases interlocutórias da ação: são reduzidas as apelações das decisões interlocutórias dos «Masters», as medidas são tomadas de um modo relativamente informal, e o tempo dos juízes pode assim ser dedicado ao julgamento dos processos. Por outro lado, e novamente em contraste com aquilo que sucede nos EUA, até à introdução dos poderes de gestão processual do juiz («case manegement») era pouco provável

uma luta ou um jogo; pelo contrário, o mesmo encontra-se construído para fazer justiça verdadeira entre as partes, e, se o tribunal não dispõe de toda a informação relevante, tal objetivo não pode ser atingido. J. A. JOLOWICZ sublinha que um dos aspetos mais importantes das palavras de JOHN DONALDSON é aquele que se refere à necessidade de o tribunal estar «informado». Embora se trate de um truísmo – já que um tribunal que não esteja informado não está em condições de decidir – a verdade é que, normalmente, este aspeto não é salientado – e dificilmente o poderia ter sido no tempo do tribunal de júri[1164].

ADRIAN ZUCKERMAN[1165], por sua vez, afirma que a evolução do sistema inglês tem sido marcada por um aumento do poder de controlo do tribunal sobre o andamento do processo (*case management powers*[1166]), assim como por um reforço dos instrumentos necessários para que o mesmo possa fazer cumprir as suas ordens (*compliance powers*). Pode mesmo afirmar-se que se encontra ultrapassada uma das características tradicionalmente apontadas ao modelo adversarial, relacionada com a existência de um domínio das partes sobre o andamento do processo[1167]. Para esta evolução contribui de um modo preponderante a entrada em vigor (a 26 de Abril de 1999) do *Civil Procedure Rules 1998* (CRP) (CPR 1998) – diploma que, segundo ZUCKERMAN, operou uma verdadeira transformação no direito processual civil inglês[1168].

que o juiz que decide o caso tivesse qualquer contacto com o mesmo durante a fase anterior ao julgamento.

1164 Sobre este aspeto veja-se ibidem, págs. 29-30.

1165 ADRIAN ZUCKERMAN, *Civil Procedure*, cit., pág. 352.

1166 Está aqui presente o mesmo fenómeno de publicização que analisamos no primeiro capítulo do presente trabalho. Na verdade, como refere ADRIAN ZUCKERMAN (ibidem, pág. 367): «*once it is accepted that adjudication of civil disputes is a public service maintained for the benefit of the community as a whole, it follows that its provision must be managed for the general good of the community*».

1167 Apenas à luz das demais caraterísticas – a autonomia das partes, e a responsabilidade limitada dos juízes pelas suas decisões – se podendo continuar a falar na existência de um *adversarial system*.

1168 ADRIAN ZUCKERMAN, *Civil Procedure*, cit., pág. 1. Conforme é referido pelo autor, estas regras são em grande parte fruto do trabalho de LORD WOOLF MR, através das recomendações dadas nos seus relatórios sobre Acesso à Justiça: *Access to Justice: Interim Report to the Lord Chancellor on the Civil Justice System in England and Wales (1195) ("Interim Report")* e *Access to Justice: Final Report to the the Lord Chancellor on the Civil Justice System in England and Wales (1996) (Final Report).*

A base desta transformação encontra-se, desde logo, na primeira regra deste diploma[1169], de acordo com o qual o mesmo institui «*a new procedural code with the overriding objective of enabling the court to deal with cases justly*». Consagra-se desta forma o chamado *overriding objective*, o qual (apoiado no aumento dos poderes do juiz em relação ao andamento do processo) procede à consagração de um princípio de eficiência[1170]. Segundo o autor inglês, pode mesmo falar-se num novo conceito (tridimensional) de justiça, fundando em critérios de *verdade*, *tempo* e *recursos disponíveis*.

Ora (afirma ADRIAN ZUCKERMAN[1171]), subjacente à afirmação daquele *overriding objective*, pode desvendar-se uma alteração de fundo do direito processual civil e da *litigation culture* inglesas, assentes no reforço dos poderes do órgão jurisdicional[1172] e na afirmação de um dever de cooperação entre as partes (*the duty of parties to co-operate*). Em relação a este último aspeto, o tribunal deverá ter presente uma ideia de *proporcionalidade*, impedindo que as partes se sirvam de um putativo dever de colaboração para protelarem o andamento do processo, ou para hostilizarem a parte contrária[1173].

Por último, refere NEIL ANDREWS[1174] que, sob o Código de 1998 (também chamado «*Woolf Reforms*»), foram concedidos ao juiz amplos poderes de gestão processual, especialmente no que diz respeito às ações de maior dimensão. Trata-se de uma alteração fundamental, uma vez que, antes daquela data, o processo inglês tinha – por regra – evitado a gestão anterior ao julgamento (*pre-trial management*).

Ainda segundo este autor, o Código de 1988 teve como finalidade operar uma mudança na cultura judicial inglesa, através de uma superação do estilo de antagonismo que a caracterizava, e da consagração de um modelo processual mais cooperativo. Não obstante, e embora os advogados

[1169] CPR 1.1 (1).

[1170] ADRIAN ZUCKERMAN, *Civil Procedure*, cit., págs. 2 e segs. «*The overriding objective adds two other vital procedural imperatives to the imperative of doing substantive justice: deciding cases within a reasonable time, and using no more than proportionate resources*».

[1171] Ibidem, pág. 1.

[1172] Poderes de direção formal da relação processual, e poderes discricionários.

[1173] «(...) *The use of procedural devices, such as disclosure or expert witnesses, demands a response from the opponent and thereby imposes a burden on him. An unreasonable use of such devices may impose an unjust burden. It is therefore one of the functions of the proportionality test to ensure that the civil process is not used as a means of oppressing poorer or otherwise vulnerable opponents. (...)*» (ibidem, pág. 8).

[1174] NEIL ANDREWS, *On civil processes, court proceedings*, Cambridge: Intersentia, 2013, págs. 8-9.

se tenham adaptado a este novo estilo, a natureza adversarial mantém-se na prática[1175]. LORD NEUBERGER MR[1176] sublinha que uma mera recomendação de que é necessária uma alteração na cultura judicial (tendo subjacente um enfoque mais económico e eficiente) não é suficiente. Ao mesmo tempo, porém, afirma que ocorreu uma verdadeira mudança desde 1998, tendo os atores judiciais sabido adaptar-se muito bem aos poderes de direção do juiz (*active case management*) – havendo já uma geração de juízes e advogados que nunca conheceram outra realidade.

4. Dos poderes de direção material do processo. Ainda um sistema adversarial?

ANGELO DONDI[1177] chama a atenção para o facto de que está hoje totalmente ultrapassada a ideia de que fase da «*pretrial*» e «*discovery*» no direito da *common law*[1178] se encontra exclusivamente ao dispor dos advogados (únicos detentores do poder de iniciativa), reservando-se ao juiz um papel (meramente) passivo[1179]. Com efeito (salienta, por sua vez,

[1175] «*Although lawyers have adapted to the judicial expectations that they should no longer pursue their clients` interest in a relentless and aggressive manner, practitioners report that the adversarial nature of the underlying contest remains a daily reality. In is true that correspondence between rival parties, which might be seen by the court in due course, is no longer couched in the aggressive terms which characterized pre-CPR dealings between adversaries. But the softer and sometimes more conciliatory tone of written exchanges under the CPR regime often masks an intensely fought battle*» (ibidem, pág. 8).

[1176] "Docketing: Completing Case Management`s Unfinished Revolution" (2012), at: www.judiciary.goc.uk/Resources/JCO/Documents/Speeches/mor-speech-solicitors-cost conference-lecture-feb2012.pdf., ref. em ibidem, pág. 8, nota 12.

[1177] ANGELO DONDI, «Questioni di efficienza della fase preparatória nel processo civile statunitense (e prospettive di riforma)», *RTDPC*, Anno LVII – N. 1, Marzo (2003), págs. 161-174.

[1178] Especialmente no Direito estado-unidense.

[1179] No que diz respeito ao modelo norte-americano, afirma TARUFFO – no contexto da sua crítica ao sistema adversarial e à inaptidão estrutural do mesmo para a busca da verdade – que a orientação seguida pelo legislador de 1975 foi totalmente diversa. Com efeito, a *Rule 102* das *Federal Rules of Evidence* (que enuncia o princípio geral de acordo com o qual deve ser interpretado o conjunto de normas federais sobre a prova) refere que o objetivo fundamental deve ser *"that the truth may be ascertained and proceedings justly determined"*. Em conformidade com esta perspetiva, foram atribuídos ao tribunal significativos poderes de iniciativa probatória (a acrescerem à iniciativa probatória das partes), evidentemente orientados pela finalidade de descoberta da verdade. Não obstante, a prevalência de uma ideologia adversial tem feito com que o estudo de tal norma seja marginal, e que (na prática) o uso da mesma seja escasso

ZUCKERMAN[1180]), não existe um direito automático à revelação de documentos: é ao tribunal – órgão que detém o controlo do *disclosure process* – que compete ordenar essa revelação, o seu poder em matéria de *disclosure* inserindo-se nos seus poderes de gestão processual, e devendo ser exercido em conformidade com o *overriding objective* (CPR 1.4, CPR 3.1, CPR 32.1.)[1181].

Já J. A. JOLOWICZ[1182] chama a atenção para a dificuldade que existe em conciliar o princípio adversarial (é às partes cabe proceder à alegação dos factos que sustentam as suas pretensões, e aportar as provas necessárias para a demonstração do seu direito) e a ideia de que o juiz deve prosseguir ativamente o objetivo de realização de uma efetiva justiça entre as partes. É verdade que a ideia (própria do sistema da *common law*) de um julgamento de audiência única (*single session trial*)[1183] deixa pouca margem de intervenção ao juiz – no sentido de exigir ou propor a produção de novos meios de prova[1184] – no entanto (salienta o autor), não existe razão para rejeitar um papel mais interventivo do juiz apenas em homenagem a uma ideia de preservação da «pureza» do «princípio adversarial».

Ora, o facto é que a abolição do tribunal de júri abriu novas perspetivas de intervenção do juiz, ao permitir que ele exerça um controlo sobre a

– conduzindo a um esvaziamento dos poderes do tribunal (MICHELE TARUFFO, *La semplice verità, Il giudice e la costruzione dei fatti*, cit., págs. 111 e 112).

1180 ADRIAN ZUCKERMAN, *Civil Procedure*, cit., págs. 466 e segs.

1181 Na falta de indicação em contrário por parte do tribunal (salienta o autor), uma ordem de revelação referir-se-á a uma *standard disclosure* (CPR 31.5(1)). Além da *standard disclosure,* existe ainda a possibilidade de o tribunal emitir uma *specific disclosure or inspection order* (CPR 31.12). O recurso a estas ordens ocorrerá, designadamente, nos casos em que haja dúvidas sobre se todas as buscas necessárias para identificar os documentos foram levadas a cabo, ou se todos os documentos reveláveis (*disclosable*) foram incluídos na lista de documentos. Assim, uma *specific disclosure order* pode ser utilizada pelo tribunal para assegurar que a parte cumpre os seus deveres de revelação e de inspeção.
Note-se, porém, que uma *specific disclosure or inspection order* não tem necessariamente que surgir na sequência de uma *standard disclosure.* Na verdade, o poder do tribunal vai mais longe do que isso, existindo a possibilidade de o mesmo, *ab initio*, ordenar uma revelação de prova mais limitada do que aquela que resulta de uma *standard disclosure* (CPR 31.5(2)) (ou de ordenar uma revelação mais extensa), se as circunstâncias do caso assim o impuserem. Para além disso, deve ainda notar-se que «*The parties too have considerable freedom to agree to dispense with disclosure or to limit it (CPR 31.5(3). Such agreement should be in writing*» (ibidem, pág. 467).

1182 J. A. JOLOWICZ, *On civil procedure*, cit., págs. 175 e segs., em especial, 178 e segs.

1183 Na qual o juiz que preside toma conhecimento do caso apenas durante o julgamento.

1184 Qualquer intervenção deste género leva a um adiamento, com todos os inconvenientes e despesas que nele se encontram envolvidos.

fase preliminar da causa. Por conseguinte, e ainda que a lei não preveja a obrigação de o juiz ler antecipadamente a documentação produzida pelas partes (nem imponha uma participação judicial ativa antes do momento do *trial*), a verdade é que também não contraria a letra ou o espírito da lei (que, aliás, abre essa possibilidade) a hipótese de o juiz, depois de ler os documentos, entender que existe a necessidade de a prova ser completada[1185].

Pode assim concluir-se que a reforma de *Lord Woolf* – ainda que o seu autor o não reconheça – teve como principal vítima o próprio processo adversarial (pelo menos na sua versão tradicional), ao deixar de existir um predomínio das partes sobre o desenvolvimento da fase *pre-trial*, e sobre as provas a produzir em julgamento[1186]. Com efeito, uma efetiva gestão do processo implica que o juiz esteja devidamente informado sobre a «substância do caso» que é chamado a gerir, verificando-se a existência, na nova lei, de numerosas normas que prosseguem esta finalidade (é o caso CPR, rr. 26.3 e Woolf final, pág. 61 (*Allocation questionnaire*); CPR, r. 28.5 e 29.6 (*Listing questionnaire*).

O próprio Lord Woolf considera que o tempo deve ser alocado de modo a que o juiz tenha a possibilidade de fazer uma pré-leitura dos documentos (Woolf final, pág. 29)[1187]. A definição do «*overriding objective*»

[1185] O autor chama a atenção para o facto de que no passado, fruto da impossibilidade de o juiz detetar a existência de uma situação de insuficiência probatória até ao momento em que o caso fosse apresentado em julgamento, a revogação da norma que proibia o mesmo de chamar (oficiosamente) a depor uma testemunha teve um impacto quase insignificante: para que uma nova testemunha fosse ouvida era necessário o adiamento da audiência, com os todos os custos que isso envolve. Atualmente, porém, uma tal revogação poderia ter consequências efetivas. A mesma não foi ainda sugerida, mas há sinais de insatisfação: em dois dos seus relatórios, a *Review Body on Civil Justice* observa que poderia ser útil que os juízes lessem os documentos que lhes são apresentados antes do julgamento, incluindo os depoimentos de testemunhas. Tal leitura, poderia permitir ao juiz identificar, numa fase inicial do processo, quais as questões a ser respondidas em julgamento, e qual a prova que aí deve ser produzida. Ainda que estes relatórios não teçam qualquer crítica ao sistema adversarial (salienta Jolowicz), não se vê que resultado pode ter este trabalho prévio do juiz, que não seja o de (pelo menos) fazer sugestões às partes sobre o modo como elas devem conduzir o julgamento.

[1186] Ibidem, págs. 389 e segs.

[1187] «*Is has been suggested elsewhere that, in France, the introduction of an effective form of judicial case management in 1965 resulted eventually in recognition that the judge has a part to play in seeking the best approximation to the truth that can be achieved; there is no reason to suppose that, as case management establishes itself and becomes routine, the same will not happen in this country* (ibidem, págs. 390-391). É no mínimo estranha (salienta ainda o autor) a ideia de que o juiz não tem nada a ver com a verdade.

(que «permite ao tribunal tratar os casos de forma justa») refere-se apenas a questões procedimentais, e nessa medida é conciliável com o sistema adversarial. Não obstante (nota o autor): «O Departamento explica que, após consideração, foi decidido não incluir na norma a referência à ideia de que lidar com os casos de um modo justo implica também procurar descobrir a «verdade dos factos», uma vez que (entre outras razões) procurar a verdade constitui, de um modo tão óbvio, um papel do tribunal que o mesmo não necessita de ser expressamente afirmado»[1188].

Para além disso, a superação da visão tradicional do modelo adversarial resulta ainda de um modo mais claro, e com um alcance mais profundo, da norma que atribui ao juiz um controlo sobre a prova – o qual pode ser exercido através de uma indicação às partes dos aspetos necessitados de prova, da natureza da prova necessária para a demonstração dos mesmos e, ainda, do modo como a mesma deve ser produzida perante o tribunal (CPR, r. 32.1). Estes poderes de gestão material do processo devem, no entanto, ajustar-se às necessidades do caso concreto, podendo haver casos em que não seja necessário (ou sequer possível) que o juiz faça mais (na fase *pre-trial*) do que aquilo que estava acostumado a fazer; é ao juiz que cabe decidir, caso a caso, se e como deve intervir – o que constitui mais um desvio face ao sistema adversarial[1189].

II.V. A atividade instrutória do tribunal no direito espanhol

1. Introdução

Segundo Joan Picó i Junoy[1190], a errada receção do brocardo *iudex secundum aligata et probata iudicare debet* materializou-se normativamente através da consagração, no artigo 216º LEC, do «*principio de justicia rogada*»[1191].

1188 «(...)*seeking the truth is so obviously part of the court's role that it does not need to be stated expressly in the Rules*" (CPR, r. 11 and footnote to the Third Revision (footnote omitted from later Revision)».

1189 Ibidem, pág. 397.

1190 Joan Picó i Junoy, *El juez y la prueba*, cit., págs. 96 e 97.

1191 Artigo 216º LEC: «*Los tribunales civiles decidirán los asuntos en virtud de las aportaciones de hechos, pruebas y pretensiones de las partes, excepto cundo la ley disponga otra cosa en casos especiales*». O artigo consagra assim dois princípios inspiradores do atual sistema processual civil: a plena vinculação do juiz aos factos alegados pelas partes (sem exceção alguma), e a impossibilidade de o juiz praticar provas oficiosamente (embora aqui com um regime de exceções). Segundo aquele autor apenas o primeiro tem uma clara justificação histórica. Quanto ao segundo (afirma Joan Picó i Junoy), deve notar-se que «*uma ideia ou princípio não adquire maior*

Neste preceito podem distinguir-se dois aspetos: por um lado, aquele que diz respeito à alegação dos factos (aqui, sim, podendo dizer-se que a norma recebe um verdadeiro princípio resultante da tradição histórica[1192]); e, por outro, aquele que se refere ao plano da prova. Quanto a este, verifica-se, no entanto, que a própria LEC estabelece múltiplas hipóteses nas quais se atribui ao juiz poderes em matéria probatória, o que permite questionar se estamos perante um verdadeiro princípio.

Ainda segundo o autor[1193], a LEC de 1881, inspirada nos postulados liberais próprios do século XIX, impediu o acolhimento de grande parte das orientações «socializadoras» do processo civil, o que se refletiu, em matéria instrutória, na ausência de quaisquer poderes de iniciativa oficiosa do tribunal (com exceção das denominadas «*diligencias para mejor proveer*»[1194]). Para tal, utilizaram-se argumentos de diversa índole, tais como a natureza privada do objeto litigioso e do interesse em presença no processo, a incompatibilidade da atividade oficiosa com o direito à prova e com o instituto do ónus da prova, a necessidade de salvaguarda do princípio da imparcialidade judicial, e, ainda, o caráter autoritário daquela atividade. Em grande medida, todos estes argumentos foram relevantes para que a LEC 1/2000 não atribuísse ao juiz um papel mais ativo em matéria instrutória, acabando por adotar uma «solução de compromisso». Esta solução pode, contudo – na prática –, conduzir aos mesmos resultados que a atribuição de uma iniciativa probatória *ex officio iudicis*.

Em matéria de iniciativa probatória, a LEC opta assim pelo princípio de responsabilidade das partes, embora se prevejam diversas exceções a este princípio (princípio de responsabilidade das partes atenuado) [1195]. A formulação geral do mesmo encontra-se no artigo 216º LEC, e no artigo 282º, *ab intio* LEC[1196]. Logo neste último pode antever-se aquela atenuação. Com efeito, resulta do mesmo (artigo 282º, nº 2) a possibilidade de

autoridade apenas por estar plasmado numa norma, maxime quando o mesmo carece da tradição histórica que se pretende atribuir-lhe, e se encontra contradito em diversos preceitos do mesmo texto normativo que o consagra».

1192 O juiz não pode alterar, *ex officio*, os factos alegados pelas partes.

1193 Ibidem, pág. 103.

1194 Cujo fundamento e alcance (salienta o autor) foram desvirtuados pela doutrina do Tribunal Supremo. Sobre esta matéria pode ver-se Joan Picó i Junoy, «Las diligencias para mejor proveer en el proceso civil: entre el ser y el deber ser», *Justici*a, 1998, 3-4, págs. 629 a 640.

1195 Joan Picó i Junoy, *El juez y la prueba*, cit., págs. 121-128.

1196 «*Las pruebas se practicarán a instancia de parte*».

o tribunal ordenar oficiosamente que se pratiquem determinadas provas, ou que se aportem documentos, pareceres ou outros meios e instrumentos probatórios, nos casos previstos na lei[1197].

Podem encontrar-se na LEC diversos casos de iniciativa probatória *ex officio iudicis*; JOAN PICÓ I JUNOY dá como exs., entre outros, as faculdades instrutórias do juiz em determinados processos (processos sobre capacidade, filiação, etc.), a possibilidade de ordenar certas atividades probatórias (como é o caso da acareação de testemunhas, e da acareação entre estas e as partes – artigo 373.1 e 2 LEC), e, ainda, os poderes do juiz no que concerne a realização de determinadas provas (por ex., o juiz pode solicitar esclarecimentos e acrescentos ao interrogatório das partes e das testemunhas – artigo 306.1.II e 372.2 LEC). Para além disso, e através das chamadas «*diligencias finales*», atribui-se ao juiz a possibilidade de, dentro do prazo para ditar sentença, ordenar a realização de determinadas atividades probatórias (dentro dos condicionamentos do artigo 435.2I LEC). Segundo o autor, as tradicionais «*diligencias para mejor proveer*» (para além de mudarem de nome) adquirem assim o alcance limitado que a jurisprudência do Tribunal Supremo tendia a atribuir-lhes[1198].

Por último, a nova LEC procede à consagração de uma nova norma (artigo 429.1 II e III LEC), segundo o qual o juiz indicará à parte afetada com a falta de prova «os factos» que considera estarem insuficientemente provados, podendo ainda assinalar (dentro das fontes de prova constantes dos autos) aquelas cuja aquisição considere necessária[1199]. Segundo o autor, a interpretação desta norma convoca o problema de saber se a mesma consagra (apenas) a possibilidade de o juiz advertir as partes quanto à necessidade de realização de uma atividade instrutória adicional, ou se confere ao mesmo um verdadeiro poder de iniciativa probatória.

[1197] Artigo 282º, nº 2 LEC: «*Sin embargo, el tribunal podrá acordar, de oficio, que se practiquen determinadas pruebas o que se aporten documentos, disctámenes u otros medios e instrumentos probatorios, cuando así lo estableza la ley*».

[1198] Este aspeto será melhor visto, infra.

[1199] Artigo 429.1.II e III LEC: «*Cuando el tribunal considere que las pruebas propuestas por las partes pudieran resultar insuficientes para el esclarecimiento de los hechos controvertidos lo pondrá de manifestó a las partes indicando el hecho que, a su juicio, podrían verse afectados por la insuficiencia probatoria. Al efectuar esta manifestación, el tribunal, ciñiéndose a los elementos probatorios, cuya existencia resulte de los autos, podrá señalar también la prueba o pruebas cuya práctica considere conveniente*». «*En el caso a que se refiere el párrafo anterior, las partes podrán completar o modificar sus proposiciones de prueba a la vista de lo manifestado por el tribunal*».

2. Das *diligencias para mejor proveer*

a) Introdução

As «*diligencias finales*» (artigo 435.2I LEC) correspondem, como se disse, às «*diligencias para mejor proveer*» da LEC 1881[1200]. Conforme refere

[1200] É a seguinte a redação dos artigos 340, 341 e 342 da LEC 1881: «*Después de la vista o de la citación para sentencia, y antes de pronunciar su fallo, podrán los jueces y tribunales acordar para mejor proveer: 1º Que se traiga a la vista cualquiera documento que crean conveniente para esclarecer el derecho de los litigantes. 2º Exigir confesión judicial a cualquiera de los litigantes sobre hechos que estimen de influencia en la cuestión y no resulten probados. 3º Que se practique cualquier reconocimiento o avalúo que reputen necesario, o que se amplíen los que ya se hubiesen hecho. 4º Traer a la vista cualesquiera autos tengan relación con el pleito. Contra esta clase de providencias no se admitirá recurso alguno, y las partes no tendrán en la ejecución de lo acordado más intervención que la que el Tribunal les conceda*» (artigo 340); «*En la misma providencia se fijará el plazo dentro del cual haya de ejecutarse lo acordado para mejor proveer, y si no fuera posible determinarlo, el juez o la Sala cuidará de que se ejecute sin demora, expidiendo de oficio los recuerdos y apremios que sean necesarios*» (artigo 341); «*En estos casos quedará en suspenso el término para dictar sentencia desde el día en que se acuerde la providencia para mejor proveer hasta que sea ejecutada; y luego que lo sea, en el plazo que reste, se pronunciará la sentencia o el auto que corresponda, sin nueva vista*») (artigo 342).
Sobre a origem histórica deste instituto, e sobre a respetiva evolução, pode ver-se Jose de los Santos Martin Ostos, *Las diligencias para mejor proveer en el proceso civil*, cit., págs. 37 e segs.; Pedro Gómez de la Serna, *Motivos de las variaciones principales que ha introducido en los procedimientos de la Ley de enjuiciamiento civil*, Madrid: Revista de Legislación, 1857, pág. 21; Santiago Sentís Melendo, *Estudios de derecho procesal*, Buenos Aires: Ediciones Jurídicas Europa-América, 1967, T. I, pág. 386; ou Mercedes F. de Paula Pombar, *Las diligencias para mejor proveer concepto, naturaleza, fundamento y contenido*, Santiago de Compostela, julho de 1988, págs. 12 e segs. O precendete histórico mais remoto encontra-se nas Partidas: «*Parte-se geralmente da Lei 2, título 4, Parte 3ª, sobre a importância da verdade no processo e o facto de os juízes a deverem procurar saber por todos os meios possíveis.* É o seguinte o conteúdo desta norma: «*Verdad es cosa que los Judgadores devem catar en los pleytos, sobre todas las otras cosas del mundo: é porende, quando las partes contienden sobre algund pleyto en juicio, deven los Judgadores ser acuciosos en puñar de saber la verdad del, por quantas maneras pudieren. E quando supieren la verdad, que entendieren que lo han de facer segund derecho*». E o mesmo confirma a Lei 3, tútulo 22 da mesma Partida: «*E catada, é escodriñada, é sabida la verdad del fecho, deve ser dado todo juicio, mayormente aquel que dicen sentencia definitiva*» (Jose de los Santos Martin Ostos, *Las diligencias para mejor proveer en el proceso civil*, cit., págs. 37-38).
Por sua vez, o artigo 65º da Instrução do Marquês de Gerona (Instrucción para arreglar el procedimiento en los negocios civiles con respeto a la Real Jurisdicción Ordinaria, de 30 de setembro de 1853) prevê que «*Los tribunales y jueces podrán decretar para mejor proveer, la práctica, con citación de las partes, de cuantas diligencias estimen convenientes*» (inclui-se a possibilidade de produção oficiosa da prova testemunhal), modelo não inteiramente copiado pelo artigo 48 da LEC 1855. Com efeito (salienta Jose de los Santos Martin Ostos), diante da extensa permissão da Instrução de 1853, a LEC de 1855 estabelece um sistema de lista, que será copiado pela LEC 1881, e que, pelo seu silêncio, deixa de fora a possibilidade de produção oficiosa da

Mercedes F. de Paula Pombar[1201], estas diligências podem ser definidas como uma atividade que o juiz pode ordenar oficiosamente quando – uma vez realizado o estudo do material do processo, e o mesmo tendo chegado à fase da decisão – surjam dúvidas na sua mente acerca de algum facto com influência na resolução do litígio, e as mesmas possam (potencialmente) ser dissipadas através daquela atividade. Esta atividade tem sempre origem na iniciativa do juiz: trata-se de atos de instrução, geralmente complementares dos desenvolvidos até esse momento, nos quais não é necessária a «instância das partes».

A figura das «*diligencias para mejor proveer*» deu origem a uma ampla discussão doutrinal, que conflui em diferentes leituras (umas mais harmonizadas do que outras com o princípio de responsabilidade probatória das partes). Conforme refere José Antonio Días Cabiale[1202], a doutrina tradicional procurou explicar a iniciativa probatória do juiz prevista no (então) artigo 340 LEC de um modo que não colidisse com aquele princípio. Para tal, sublinhou o caráter meramente complementar daquelas diligências, cuja utilização não poderia constituir uma forma de o juiz suprir a inatividade das partes (suprimento esse que constituiria uma derrogação do ónus da prova em sentido formal). O instituto das *diligencias para mejor*

prova testemunhal. A LEC de 1855 veio apenas regular aquilo que já se verificava na prática. Segundo Santiago Sentís Melendo, estas diligências nascem amparados pelas Partidas, as quais não regulavam a faculdade de o juiz ordenar provas no momento da sentença, mas antes lhe davam essa faculdade ao longo do processo. Todavia, a apatia do julgador fez com que durante todo o curso do processo não fizesse uso de tal faculdade, pelo que, a final, antes de ditar sentença, tinha que se socorrer sempre das ditas medidas com a finalidade de poder sentenciar com um certo conhecimento da causa. O que a princípio era uma iniciativa probatória genérica do juiz (salienta o autor) converteu-se assim numa faculdade concreta num momento determinado do processo.

A LEC 1881 (salienta Jose de los Santos Martin Ostos) inspirou-se na LEC 1855. Já acima transcrevemos os artigos 340, 341 e 342 da LEC 1881. Segundo o autor, dos três artigos, o primeiro (artigo 340) corresponde ao artigo 48 da LEC 1855, tendo-se adicionado o primeiro e último parágrafos para resolver dúvidas que se tinham colocado na prática, referentes ao momento da providência e da denegação absoluta de recursos, e a limitada e condicional intervenção das partes na sua execução. Os outros dois artigos (341 e 342) não têm precedente na legislação, e a sua finalidade é a de evitar que estas providências deem lugar à dilação do processo.

[1201] Mercedes F. de Paula Pombar, *Las diligencias para mejor proveer concepto, naturaleza, fundamento y contenido*, cit., pág. 39.

[1202] José Antonio Días Cabiale, *Principios de aportación de parte y acusatorio: la imparcialidad del juez*, cit., págs. 1 e segs.

proveer não representaria assim qualquer exceção ao princípio dispositivo, sendo antes o seu complemento ideal.

Joan Picó i Junoy[1203] – segundo o qual (como vimos), o brocardo *iudex secundum allegata et probata a partibus iudicare debet* não tem o fundamento histórico que normalmente lhe é assinalado – dá-nos conta da posição de alguns autores que lançam mão desse argumento (*i.e.*, desse putativo fundamento histórico) a propósito da interpretação das «diligências para melhor decidir». É o caso de Manresa[1204] (comentador da LEC de 1855), ou de Guasp e Gómez Orbaneja[1205].

Já segundo Jose de los Santos Martin Ostos[1206], apesar da posição privilegiada que o princípio dispositivo ocupa na LEC (de natureza liberal), a verdade é que existem também manifestações do inquisitório (como é demonstrado pelas «*providências para mejor proveer*»). Neste sentido se pronunciam, entre outros, José Alcántara Sampelayo[1207] (segundo o qual estas medidas abrem uma brecha no sistema dispositivo, constituindo a primeira manifestação legislativa do princípio inquisitório), Miguel Fenech e Jorge Carreras[1208] (os quais afirmam que a prática destas providências constitui uma atividade inquisitória do tribunal), ou de Emilio Gómez Orbaneja[1209] (autor de acordo com o qual aquela faculdade do juiz dificilmente se compatibiliza com os princípios

[1203] Joan Picó i Junoy, *El juez y la prueba*, cit., pág. 78.

[1204] Manresa e Navarro (Manresa e Navarro, J. Mª, *Ley de Enjuiciamento Civil, comentada y esplicada para su mejor inteligencia y fácil aplicación*, T.I, Madrid: imprenta de la Revista de Legislación, 1856, pág. 171), menciona o brocardo (*iudex iudicare debet...*) em dois momentos distintos: ao examinar as «diligencias para mejor proveer», e no seu estudo da sentença. No primeiro caso (e conforme é sublinhado por Joan Picó i Junoy), indica confusamente que «*la consignación esplícita de estos autos [para mejor proveer] en la nueva Ley deja en pié la antigua y fundamental teoría de que los Jueces deben juzgar según lo alegado y probado por las partes: secundum allegata et probata*».

[1205] Jaime Guasp, *Comentarios a la Ley de Enjuiciamiento Civil*, T.I., Madrid: M. Aguilar, 1948, págs. 876-889; E. Gomes Orbaneja, *Derecho procesal civil*, vol. I, 8ª edic., Madrid, 1976, pág. 372.

[1206] Jose de los Santos Martin Ostos, *Las diligencias para mejor proveer en el proceso civil*, cit., págs. 177, 178.

[1207] José Alcántara Sampelayo, «Intervención de oficio en el proceso civil», *Revista de Derecho judicial*, 1962, núm. 9, pág. 27.

[1208] Miguel Fenech, e Jorge Carreras, *Estudios de Derecho procesal*, cit., pág. 262.

[1209] Emilio Gómez Orbaneja, *Derecho procesal civil*, vol. 1, Parte General, El Proceso Declarativo Ordinario, 8ª ed., Madrid: Artes Gráficas y Ediciones, 1979, págs. 372-377.

fundamentais do processo civil espanhol – chegando a afirmar que a mesma representa uma «negação radical do princípio dispositivo e de responsabilidade das partes, nos quais o processo civil se inspira»).

Por sua vez, e no sentido de que as «*diligencias para mejor proveer*» constituem o abandono de uma conceção rígida do princípio dispositivo, se pronunciam, entre outros, JESÚS GONZÁLEZ-PÉREZ[1210], JAIME GUASP[1211], LEONARDO PRIETO-CASTRO[1212], e JOSE DE LOS SANTOS MARTIN OSTOS[1213].

b) Fundamento dogmático das diligencias para mejor proveer

As «medidas para melhor decidir» (afirma JOSE DE LOS SANTOS MARTIN OSTOS[1214]) tendem a uma mais eficaz administração da Justiça. O fundamento apontado para a consagração das mesmas identifica-se com a finalidade de procura da verdade, e com a necessidade de completar a «convicção do juiz», para melhor proferir uma sentença de mérito[1215]. Com efeito – afirma o autor –, ninguém pode discordar que o juiz aspira a conhecer a verdade, e que faça o necessário para a alcançar; mais do que as habilidades de uma parte, ou os descuidos da outra, importa o império da verdade e o triunfo da justiça.

Por sua vez – e contra a posição dos autores que defendem a inatividade do juiz, como forma de salvaguardar a posição de igualdade em que as partes se encontram[1216] – afirma DEVIS ECHANDÍA[1217] que este enten-

[1210] JESÚS GONZÁLEZ PÉREZ, *Derecho procesal administrativo*, T. II, 2ª ed. Madrid: Instituto de Estudios Políticos, 1966, pág. 719.

[1211] JAIME GUASP, *Comentarios a la Ley de Enjuiciamiento Civil*, T.I., Madrid: M. Aguilar, 1948, págs. 876-889.

[1212] LEONARDO PRIETO-CASTRO Y FERRÁNDIZ, *Cuestiones de derecho procesal*, Madrid: Reus, 1947, pág. 84.

[1213] JOSE DE LOS SANTOS MARTIN OSTOS, *Las diligencias para mejor proveer en el proceso civil*, cit., pág. 196. Segundo o autor: «*Aunque el principio dispositivo goza de una posición predominante en el proceso civil español, una de sus manifestaciones en éste – concretamente, el aforismo «secundum allegata et probata partium» – experimenta un grave quebranto debido a las medidas para mejor proveer*».

[1214] Ibidem, págs. 101 e segs.

[1215] «*La razón de ser de los autos para mejor proveer es, sin duda alguna, el mismo fin de los tribunales: procurar la buena y recta administración de la Justicia, esclareciendo la verdad,...*»: diccionario enciclopédico hispanoamericano, Montaner y Simón, editores, Barcelona, 1895, T. II, pág. 999, entrada: auto para mejor proveer (ref. ibidem, pág. 102, nota 131).

[1216] Já que uma delas seria prejudicada com o resultado da prova realizada por iniciativa do juiz.

[1217] HERNANDO DEVIS ECHANDÍA, *Teoría general de la prueba judicial*, T. I, Buenos Aires: Victor P. de Zavalia, 1970, pág. 81.

dimento se funda na tese (já superada) de que o processo civil constitui um negócio privado, e com um fim privado (correspondente à defesa de interesses particulares). Uma vez superado este entendimento, e afirmada a existência de um interesse público em que a sentença seja justa e leal, é evidente que o Estado, sendo o administrador da justiça, deve outorgar ao juiz os poderes necessários para que este possa investigar a «verdade dos factos» alegados pelas partes[1218]. A imparcialidade judicial consiste em aplicar a lei, no momento em que o juiz é chamado a ditar sentença.

Por sua vez, afirma GUASP[1219] que a atribuição de um poder de ordenar oficiosamente a produção de prova, nos casos em que o juiz se encontre em dúvida quanto à «verdade dos factos», vai ao encontro da tese que rejeita a dualidade de noções de verdade (formal e material), considerando que a verdade diz respeito (apenas) à «correspondência com a realidade». Aquelas medidas destinam-se assim a melhorar as possibilidades de o juiz obter informação sobre o caso que deve decidir, permitindo-lhe complementar as provas produzidas pelas partes. Permite-se (afirma PELLISE PRATS[1220]) que o juiz abandone, excecionalmente, a sua passividade para aumentar as possibilidades de realização da justiça (embora não se trate de averiguar, mas de verificar o alegado e semiprovado pelas partes).

REYES MONTERREAL[1221] tem um entendimento semelhante. Segundo este autor, as *diligencias para mejor proveer* representam um remédio contra os excessos do princípio dispositivo[1222], podendo encontrar-se o seu funda-

[1218] Não existindo nenhum direito das partes de ocultarem a verdade, ou de enganarem o juiz com provas aparentes, ou com omissões.

[1219] JAIME GUASP, *Comentarios a la Ley de Enjuiciamiento Civil*, T.I., Madrid: M. Aguilar, 1948, págs. 876-889.

[1220] D. BUENAVENTURA PELLISE PRATS, «Diligencias para mejor proveer», *Nueva Enciclopedia Jurídica*, 1955, T. VII, págs.466-475.

[1221] J.M. REYES MONTERREAL: «En torno a las diligencias para mejor proveer», cit., pág 86.

[1222] PRIETO-CASTRO fala de uma importantíssima faculdade outorgada ao juiz civil, a qual, embora não signifique a vigência do principio inquisitório ou da oficialidade, constitui, no entanto, um instrumento de extraordinário valor e cujo uso pode servir para obviar a muitos dos inconvenientes da leitura exagerado do principio oposto, caraterística da LEC (LEONARDO PRIETO-CASTRO Y FERRÁNDIZ, «Providencias para mejor proveer (Comentarios en torno a sentencias que resuelvan sobre cuestiones de providencias para mejor proveer)», Revista de Derecho procesal, 1956, págs. 525 e segs.; id. *Derecho procesal civil*, Madrid, 1975, vol. I., pág. 110; id.*Cuestiones de derecho procesal*, cit., pág. 84); W. KISCH, *Elementos de Derecho procesal*, comentado y traducido por PRIETO-CASTRO, con adiciones de Derecho español, Madrid, 1932, 1ª ed., pág. 123).

mento na necessidade de permitir que o juiz tome uma melhor decisão. Já SERRA DOMÍNGUEZ[1223] afirma que as *diligencias para mejor proveer* constituem a faculdade mais excecional que o direito concede ao juiz, no sentido de uma correta determinação dos factos da causa. E PRIETO-CASTRO[1224] salienta, por último, que estamos perante uma faculdade de direção processual destinada a que a jurisdição possa cumprir a sua função de aplicar o Direito, administrando retamente a justiça, o que pressupõe a existência da verdade no processo.

c) *Natureza probatória das* diligencias para mejor proveer

Segundo ALCALÁ-ZAMORA Y CASTILLO[1225], sob o nome de *diligencias para mejor proveer*, consente-se que o juiz ordene a prática «atrasada» de provas, o mesmo sendo afirmado por PELLISE PRATS[1226]. Já segundo EDUARDO COUTURE[1227], as *diligencias para mejor proveer* destinam-se a melhorar as condições de informação do juiz, requeridas pela necessidade de ditar sentença (de cuja génese lógica fazem parte). Tais diligências constituem assim uma exceção ao princípio segundo o qual a prova incumbe às partes. Os processos civis modernos (afirma DEVIS ECHANDÍA[1228]) têm uma natureza inquisitória, embora isso não signifique que as partes se encontrem privadas do seu direito de iniciativa probatória, ou (sequer) que isso corres-

1223 MANUEL SERRA DOMÍNGUEZ, «Liberalización y socialización del proceso civil», *Revista de Derecho procesal iberoamericana*, 1972, num. 2 e 3, págs. 511-543 (pág. 538). Após assinalar que as «diligencias para mejor proveer» constituem «*la facultad más excepcional concedida en nuestro Derecho al Juez para la correcta determinación de los hechos probados*», salienta o autor que o seu uso tem lugar «*cuando, una vez efectuado el estudio del material recogido en el proceso, surjan dudas en la mente del juzgador sobre algún hecho determinado*» (...) «*puede de oficio disponer la práctica de las pruebas que estime más conducentes para disiparlas, supliendo así cualesquiera posibles imperfecciones probatorias de las partes*».

1224 LEONARDO PRIETO-CASTRO Y FERRÁNDIZ, «Providencias para mejor proveer», in *Trabajos y orientaciones de derecho procesal*, Madrid: Revista de Derecho Privado, 1964, pág. 324.

1225 FRANCISCO CARNELUTTI, *Sistema de Derecho procesal civil*, adiciones de Derecho español por NICETO ALCALÁ-ZAMORA e CASTILLO, Buenos Aires, 1944, adicão ao número 162, T. II, pág. 109.

1226 D. BUENAVENTURA PELLISE PRATS, «Diligencias para mejor proveer», *Nueva Enciclopedia Jurídica*, T. VII, 1955,págs. 466-475. Segundo o autor, o juiz pode, num momento determinado, ordenar a prática «*ex officio*» de determinadas diligências probatórias, que são as que se denominam *diligencias para mejor proveer*.

1227 EDUARDO COUTURE, *Teoría de las diligencias para mejor proveer*, Montevideo: Casa A. Barreiro y Ramos, 1932, pág. 63.

1228 HERNANDO DEVIS ECHANDÍA, *Teoría general de la prueba judicial*, T. I, cit., pág. 81.

ponda a uma derrogação das regras do ónus da prova (já que é sobre as partes que recai o risco da prova). Os códigos consagram assim sistemas mistos.

Guasp[1229] sublinha, por sua vez, que das duas classes de atos de instrução que existem (alegações e provas) pode haver manifestações nas *diligencias para mejor proveer.* Quando se realiza a comprovação ou a demonstração da existência (ou inexistência) de um facto, encontramo-nos diante de uma prova – as «medidas para melhor decidir» correspondendo assim a verdadeiros atos de instrução. Poderia questionar-se se o conceito de ato de instrução (e mais precisamente de «prova») é compatível com a ideia de iniciativa do tribunal. Com efeito, parece ilógico (à primeira vista) que o ato que visa formar a convicção do juiz proceda desse mesmo juiz. Todavia – conclui o autor –, pode responder-se a essa objeção, tendo-se presente que «instar a prática de uma prova» não é sinónimo de fornecer a própria prova (enquanto resultado). Tal (fornecer a prova), é missão, não do sujeito ativo do ato instrutório, mas do meio de prova, propriamente dito. Por conseguinte, o conceito de «ato de prova» afigura-se perfeitamente compatível com a circunstância de a sua iniciativa pertencer ao tribunal.

Também Gutiérrez-Cañas[1230] entende que as «diligências para melhor decidir» têm por finalidade demonstrar a verdade, razão pela qual deve ser-lhes dado o nome de «meios de prova»[1231]. Não falta quem recuse qualificar como prova estas medidas, seja porque não constitui incumbência do juiz proceder à demonstração dos factos alegados pelas partes, seja porque o momento em que o mesmo pode recorrer a estas diligências é posterior ao fim do período probatório, ou seja, situa-se numa fase do processo em que a missão do juiz se encontra limitada ao proferimento de uma decisão. Não obstante, na sua essência estas medidas tendem para o mesmo fim que qualquer outra «prova», pelo que, na sua forma, não podem (pelo menos) deixar de ser análogas àquelas (a única diferença resultando do sujeito que toma a iniciativa de as propor, e do momento em que são praticadas). As «diligências para melhor decidir» têm pois (afirma Manresa[1232]) o mesmo valor que teriam se tivessem sido realizadas «a instância de uma das partes».

1229 Jaime Guasp, *Comentarios a la Ley de Enjuiciamiento Civil*, cit., págs. 876-889.

1230 Demetrio Gutiérrez-Cañas Gutiérrez, *Filosofía del procedimiento, técnica y moral del Foro*, Valladolid, 1900, T. I, pág. 214.

1231 Prova (afirma o autor) é «*la demostración de un hecho alegado, dudoso y controvertido en juicio*».

1232 José María Manresa y Navarro, *Comentarios a la ley de enjuiciamiento civil reformada conforme a las bases aprobadas por la Ley de 21 de junio de 1180*, T. II, 7ª ed., Madrid: Instituto

d) Momento da sua prática

Existe um setor importante da doutrina espanhola que advoga a atribuição de um poder de iniciativa probatória ao tribunal (ainda que de natureza meramente complementar) a ser exercido por este, conjuntamente com as partes, durante toda a fase instrutória[1233]. DE PINA Y CASTILLO LARRAÑAGA[1234], por ex., afirma que a possibilidade de o juiz ordenar a realização de prova não deve estar reservada para o momento em que as provas propostas pelas partes já tenham sido praticadas, devendo o juiz, pelo contrário, estar autorizado a aportá-las no momento que entenda oportuno, segundo o estado do processo. No mesmo sentido afirma GUASP[1235] que não é certamente elogiável o momento previsto para a iniciativa do tribunal, existindo razões de oportunidade, de comodidade e de eficácia processual a favor de que determinadas provas possam ser praticadas oficiosamente durante o período probatório. Em alguns casos uma prova pode ser decisiva para a resolução do pleito, sendo conveniente que a mesma possa ser praticada antes do momento assinalado na lei[1236].

Editorial Reus, 1953, pág. 80: «*Si no se tuvieran por probados los hechos a que se refieren, una vez practicadas, habría que concluir en lo absurdo de la Ley al autorizar al juzgador para acordar unas diligencias que sólo servirían para causar gastos y dilaciones*». Na mesma linha pode ver-se RAFAEL DE PINA, JOSÉ CASTILLO LARRAÑAGA, *Instituciones de derecho procesal civil*, 18ª ed. México: Porrúa, 1988, págs. 325-326: «*dado este concempto amplio de las diligencias para mejor proveer, su acuerdo no puede quedar reservado para el momento en que las pruebas propuestas por las partes se hayan practicado, sino que el juez debe estar autorizado para accordalas en aquel en que las estime convenientes, según el estado del proceso*»; e LEONARDO PRIETO-CASTRO e FERRÁNDIZ, «La jurisprudencia procesal civil de la Sala Primera del Tribunal Supremo en los últimos años», *Revista de Derecho Procesal*, 1ª época, 1964, núms. I-II, pág. 29.

1233 Por ex., ALCALÁ-ZAMORA e CASTILLO (FRANCISCO CARNELUTTI, *Sistema de Derecho procesal civil*, adiciones de Derecho español por NICETO ALCALÁ-ZAMORA e CASTILLO, Buenos Aires, 1944, adicão ao número 162, T. II, pág. 109. Pode ver-se refs. bibliográficas *in* JOSE DE LOS SANTOS MARTIN OSTOS, *Las diligencias para mejor proveer en el proceso civil*, cit., págs. 115 e segs.

1234 RAFAEL DE PINA, JOSÉ CASTILLO LARRAÑAGA, *Instituciones de derecho procesal civil*, cit., págs. 325-326.

1235 JAIME GUASP, *Comentarios a la Ley de Enjuiciamiento Civil*, cit., págs. 876-889.

1236 O mesmo autor (JAIME GUASP, *Juez y hechos en el proceso civil: una crítica del derecho de disposición de las partes sobre el material de hecho del proceso*, cit., pág. 168) propõe que se altere o regime das «diligências para melhor decidir», no sentido de se passar a permitir que o juiz lance mão destas diligências durante todo o período probatório.

Posição contrária é a defendida por MANRESA Y NAVARRO[1237]. Segundo este autor, se o recurso às «providências para melhor decidir» pressupõe a existência de dúvidas do juiz sobre os factos alegados e provados pelas partes, então é lógico que o mesmo só possa socorrer-se delas no momento em que se encontra precludida a possibilidade de as partes fazerem novas alegações e apresentarem novas provas, uma vez que, até esse momento, a iniciativa das partes pode permitir desfazer a dúvida do juiz.

Contra esta posição, pronuncia-se, por sua vez, MAYNAR[1238]. O entendimento de MANRESA (acolhida no então artigo 340 LEC) dá a entender que, até ao momento em que o juiz é chamado a proferir sentença, o mesmo não se encontra devidamente inteirado das necessidades do processo. Não é assim. Com efeito (afirmam agora PRIETRO-CASTRO e LEORNARDO FERRÁNDIZ[1239]), verifica-se a necessidade de, já na «fase instrutória», o juiz ter a possibilidade de ordenar a produção de provas, apenas em último caso (quando, sem culpa sua, faltarem elementos probatórios para desfazer a «dúvida sobre um facto») o mesmo podendo socorrer-se das «diligências para melhor decidir».

Já REYES MONTERREAL[1240] não considera legítimas as críticas anteriores. Segundo o autor, as *diligencias para mejor proveer* não constituem um meio de prova, mas um instituto que responde exclusivamente à necessidade de o juiz completar a atividade probatória realizada pelas partes (não se trata, pois, de suprir a falta desta atividade). Com efeito, caso se verifique, não a existência de uma prova insuficiente, mas uma situação de total ausência de prova, o juiz não poderá lançar mão daquelas diligências, sob pena de se colocar ao lado da parte negligente, com prejuízo para a parte contrária. Por conseguinte, o momento assinalado pela lei deve considerar-se adequado (na pendência da fase instrutória existe sempre a possibilidade – que mais não seja através de confissão – de se tornar desnecessário o recurso àquelas diligências).

1237 JOSÉ MARÍA MANRESA Y NAVARRO, *Comentarios a la ley de enjuiciamiento civil reformada conforme a las bases aprobadas por la Ley de 21 de junio de 1180*, T. II, 7ª ed., Madrid: Instituto Editorial Reus, 1953, pág. 67.

1238 Apud, J.M. REYES MONTERREAL: «En torno a las diligencias para mejor proveer», cit., pág. 93.

1239 LEONARDO PRIETO-CASTRO Y FERRÁNDIZ, «Oralidad y Escritura», in, *Trabajos y orientaciones de derecho procesal*, Madrid: Revista de Derecho Privado, 1964, p. 214

1240 J.M. REYES MONTERREAL: «En torno a las diligencias para mejor proveer», cit., pág. 93.

e) *Faculdade discricionária ou poder vinculado?*

Também quanto à questão de saber se as «diligências para melhor decidir» correspondem a uma atividade vinculada ou a um poder discricionário do tribunal, não se verifica a existência de unanimidade na doutrina espanhola, embora a grande maioria dos autores entenda tratar-se de um poder discricionário. Segundo Jose de los Santos Martin Ostos[1241], a primeira concetualização que se pode fazer sobre a natureza das medidas para *mejor proveer* diz respeito à natureza discricionária e optativa das mesmas. Esta caraterização encontra-se em conformidade com o fundamento deste instituto; com efeito, se a finalidade do mesmo consiste em permitir ao juiz «decidir melhor»[1242], então é evidente que a sua utilização deve ser deixada ao critério daquele a quem compete tomar uma decisão no final do processo, o juiz. Caso contrário, estaríamos perante a uma atividade oficiosa forçada, que conduziria a resultados indesejados, em virtude do risco de «desinteresse das partes» que poderia provocar[1243].

Já Guasp[1244] chama a atenção para o facto de a não utilização, pelo juiz, daqueles poderes não pode ser fundamento de «recurso» das partes. Na verdade, estes poderes estão configurados como faculdades (e não como deveres), razão pela qual o juiz não se encontra obrigado a exercê-los[1245].

1241 Jose de los Santos Martin Ostos, *Las diligencias para mejor proveer en el proceso civil*, cit., pág. 115.

1242 Ou seja, para administrar melhor a Justiça, tendendo para a verdade, nos casos em que o tribunal esteja em dúvida sobre os factos controvertidos.

1243 O autor sublinha ainda que, como refere Guasp (Jaime Guasp, *Juez y hechos en el proceso civil: una crítica del derecho de disposición de las partes sobre el material de hecho del proceso*, cit., pág. 121), não se trata de substituir a iniciativa privada pela do órgão decisor, mas simplesmente de admitir esta quando, se assim não fosse, pudessem ficar por esclarecer os enunciados de facto capazes de influir na resolução do litígio. Com efeito (sublinha Jose de los Santos Martin Ostos), a iniciativa judicial na procura da verdade não significa exclusividade, podendo perfeitamente coexistir com a iniciativa das partes, e atuar apenas quando esta não seja suficiente para a aclaração dos factos controvertidos. Estamos, pois, perante uma faculdade que implica liberdade (o juiz é livre de a ordenar ou não), espontaneidade (a mesma é ordenada oficiosamente, e não a requerimento de parte), de caráter legal, e cujo limite é traçado pelo facto de se encontrar vedado ao tribunal utilizar o poder que a lei lhe confere para investigar factos novos.

1244 Jaime Guasp, *Juez y hechos en el proceso civil: una crítica del derecho de disposición de las partes sobre el material de hecho del proceso*, cit., pág. 120.

1245 «*Problema distinto sería el caso en que el juzgador acordara para mejor proveer un medio probatorio no permitido por la Ley, tal es la prueba testifical no reconocida en el art. 340 de la LEC. En dicho caso la*

Para além disso, opõe-se à possibilidade de recurso, com aquele fundamento, a própria estrutura do processo civil que, no seu regime atual, não saberia conviver com uma «atividade judicial vinculada» na formação do material da decisão[1246].

Aqui (afirma MARTIN OSTOS[1247]), poderia opor-se que esta ampla margem de liberdade conferida ao juiz (quanto ao exercício, ou não, dos poderes que a lei lhe confere) gera o risco de uma atuação «parcial» do mesmo. Todavia, tal não é exato, por duas ordens de razão: em primeiro lugar, porque, em qualquer sistema de administração da Justiça, deve pressupor-se a imparcialidade do órgão jurisdicional; e, em segundo (tal como sublinha SENTÍS MELENDO[1248]), porque inapelabilidade não significa intangibilidade. Ou seja: da mesma margem de liberdade de que goza o órgão inferior quanto à realização, ou não, daquelas medidas, goza também o órgão superior (que conhece o caso em sede de recurso) – o qual pode (ou não) ter em conta as medidas decretadas pelo tribunal *a quo*, assim como ordenar a práticas de novas provas[1249].

Esta posição encontra, no entanto, o desacordo de outro setor da doutrina. Mesmo SENTÍS MELENDO[1250], embora assinale que estamos perante

providencia seguiría siendo irrecurrible, pero existiría la posibilidad de recurrir para invocar la nulidad del acuerdo cuando fuera recurrible la sentencia» (ibidem, pág. 123).

1246 Ibidem, pág. 120: «*Así como la inadmisión de la prueba procedente pedida por la parte da lugar a los oportunos recursos y constituye, en último término, un motivo de casación por quebrantamiento de forma, en cambio, el que el órgano jurisdiccional no utilice cualquiera de los medios que la Ley le concede para comprobación de la verdad, no puede originar reclamación alguna de la parte. Y ello no sólo por la naturaleza de tales poderes que están configurados como facultades y no deberes del Juez, sino por la misma estructura del proceso civil que, en su régimen actual, no sabría recoger la actividad forzosa judicial en la formación del material de decisión*».

1247 JOSE DE LOS SANTOS MARTIN OSTOS, *Las diligencias para mejor proveer en el proceso civil*, cit., pág. 122.

1248 SANTIAGO SENTÍS MELENDO, *Medidas para mejor proveer* (*El problema de su apelabilidad según nuestra jurisprudencia*), cit., págs. 126 e segs.

1249 «*Además, de permitirse la posibilidad de recurso contra ella, lo cual es contradictorio con el carácter de absoluta potestad judicial sobre las mismas, se daría lugar a una dilatación del proceso, dilatación que es precisamente una de las mayores críticas por parte de algunos autores a dichas medidas. Suponer, pues, que pueden favorecer la parcialidad del juez es no tener fe alguna en el órgano judicial ni en la administración de Justicia*» (JOSE DE LOS SANTOS MARTIN OSTOS, *Las diligencias para mejor proveer en el proceso civil*, cit., pág. 124).

1250 SANTIAGO SENTIS MELENDO, «Medidas para mejor proveer (el problema de su apelabilidad, según nuestra jurisprudencia)», cit., págs. 126 e segs.; id. *Estudios de Derecho Procesal*, Buenos Aires: Ediciones Jurídicas Europa-América, 1967, págs. 334 e 335.

uma atividade espontânea e livre do tribunal[1251], acaba por afirmar que as «medidas para melhor decidir» pressupõem a passividade do juiz até ao momento final (o momento de ditar sentença), aí se afigurando como um «dever» diante da justiça.

Por sua vez, salienta MERCEDES F. DE PAULA POMBAR que a discricionariedade de que o juiz goza nesta matéria diz respeito, não à decisão de recorrer às medidas para *mejor proveer,* mas à apreciação da sua conveniência[1252]. Ou seja: o juiz goza de uma «absoluta liberdade de critério» no que se refere ao juízo sobre a necessidade de completar o material probatório existente nos autos (adquirido através da iniciativa das partes). Todavia, uma vez que esse «juízo de valor» (soberanamente formado) indique a necessidade de uma atividade probatória complementar, o juiz já não gozará da mesma liberdade quando à decisão de ordenar ou não a realização daquelas medidas, uma vez que, sendo essa atividade necessária para que o mesmo tome uma melhor decisão (ou seja, uma decisão mais bem informada), prescindir da sua realização constituiria uma ofensa contra a mais elevada função do juiz – que é, justamente, a função de julgar.

Quanto ao termo «poderão» (utilizado na lei) entende a autora que o mesmo parece indicar que, perante a «dúvida sobre os factos», o tribunal conta com uma nova possibilidade, *i.e.*, a de sair (oficiosamente) em busca de mais provas, e carreá-las para os autos[1253].

Em suma: embora o tribunal deva realizar um juízo de valor quanto à necessidade de realização daquelas diligências, o mesmo deve, quando esse juízo seja positivo, ordenar essa realização[1254]. Verificada aquela necessidade, a instrução complementar constitui, assim, um verdadeiro «dever»

[1251] Assim como as diligências podem ser livremente ordenadas pelo tribunal, o mesmo pode livremente deixar de as ordenar.

[1252] MERCEDES F. DE PAULA POMBAR, *Las diligencias para mejor proveer concepto, naturaleza, fundamento y contenido*, cit., págs. 63 e segs.

[1253] «*(...) El hecho de que el legislador le diga a los Tribunales que "podrán" desplegar ex officio esa actividad de instrucción complementaria significa que, en esos casos, todavía les queda esa vía para la integración del material probatorio, y que cuentan con la posibilidad de hacerlo, sin tener que contentarse con lo que las partes les hubiesen ofrecido*» (ibidem, pág. 66).

[1254] «*La discrecionalidad del Juez podrá darse en la formación del juicio de valor del que resulten la "necesidad" o la "conveniencia". Sin embargo, una vez determinada su concurrencia, el Juez ya no es libre en la emisión de la resolución orientada a satisfacerla puesto que, si aprecia esa "necesidad" o esa "conveniencia", y no trata de satisfacerlas, sería inconsecuente*» (ibidem, págs. 69-70).

do juiz. Segundo PRIETO-CASTRO[1255], embora estejamos perante uma faculdade do tribunal, nem por isso a mesma deixa de constituir uma «obrigação» deste órgão. Não obstante (afirma aquela autora), tal dever deve ser subsumido à categoria das obrigações naturais, não sendo suscetível de ser sancionado[1256].

f) Caráter meramente complementar?

Como refere JOSÉ ANTONIO DÍAS CABIALE[1257], a doutrina tradicional procura harmonizar o instituto das «diligências para melhor decidir» com o princípio de responsabilidade probatória das partes através da atribuição àquelas medidas de uma característica de *complementariedade*. A realização destas diligências pressuporia assim a ocorrência de um duplo ato de disposição das partes sobre o respetivo facto: em primeiro lugar, as mesmas deviam alegá-lo («*secundum allegata*»), e, em segundo, admiti-lo por acordo, ou elegê-lo como objeto da atividade probatória[1258].

Segundo DE LA OLIVA[1259] as «diligências para melhor decidir» não implicam nenhuma alteração dos princípios de responsabilidade das partes

1255 LEONARDO PRIETO-CASTRO Y FERRÁNDIZ, *Tratado de derecho procesal*, Madrid: Aranzadi, 1982, págs. 530 e segs.

1256 MERCEDES F. DE PAULA POMBAR, *Las diligencias para mejor proveer concepto, naturaleza, fundamento y contenido*, cit., pág. 73: «*Si, con palabras de Sentis Melendo, la posibilidad de las medidas para mejor proveer "funcionan como un deber frente a la Justicia», y el Juez tiene a su cargo administrarla recta y cumplidamente o, como había dicho Mittermaier, "el legislador al pueblo plena y entera confianza en la justicia de sus fallos", parece claro que el Juez no sólo "podrá", sino que "deberá" disponer las medidas necesarias para establecer la verdad de los hechos controvertidos*».

1257 JOSÉ ANTONIO DÍAS CABIALE, *Principios de aportación de parte y acusatorio: la imparcialidad del juez*, cit., págs. 1 e segs.

1258 «*La cuestión es que la admissión de los hechos y en su caso la «ficta confessio», encuentran justificación en la propria naturaleza de los intereses en juego, al igual que las llamadas formas de terminación anormal del proceso, pero es más que dudoso que una vez que el hecho ha sido sometido a la consideración del órgano jurisdiccional en virtud de un acto de disposición, esa misma naturaleza privada de los intereses en juego vuelva a exigir otro acto de disposición de la parte para que el Juez pueda practicar actividad probatoria sobre el mismo y por tanto pueda incluirlo en la sentencia. Ya que es evidente que sin un acto de disposición como la admisión o la «ficta confessio» o bien la práctica de la prueba por la parte el Juez no puede incluir el hecho en cuestión en el fallo. Si no existe actividad probatoria de la parte, el hecho queda excluido del proceso*» (ibidem, págs. 82-83).

1259 ANDRÉS DE LA OLIVA SANTOS, IGNACIO DÍEZ-PICAZO GIMÉNEZ, *Derecho procesal civil. El proceso de declaración*, 3ª ed., Madrid: Centro de Estudios Ramón Areces, 2004, pág. 436. Esta é a posição que os autores defendem, embora reconheçam que nem a letra da lei a garante, nem a prática judicial a confirma: «*(...) las diligencias para mejor proveer únicamente debían*

e do dispositivo. Em virtude destes princípios, apenas às partes incumbe proceder à alegação dos factos, e à prova dos mesmos. Aquelas medidas devem, portanto, ser apenas utilizadas para adquirir a certeza sobre factos em relação aos quais subsista uma situação de incerteza, não obstante o comportamento diligente da parte alegante, e onerada com a prova. Quanto ao modo como deve entender-se o significado de «comportamento diligente da parte», entende o autor que o mesmo pressupõe que a parte tenha feito, embora sem êxito, prova do respetivo facto.

No mesmo sentido, afirma CORDÓN MORENO[1260] que não existe nada que se oponha à outorga de uma «faculdade judicial complementar», nos casos em que o *factum probandum* tenha sido introduzido no processo por iniciativa das partes, e o respetivo meio de prova se encontre implícito na dialética defensiva das partes, ou quando aquele facto permaneça insuficientemente provado, através dos meios de prova propostos pelas partes (tal como acontece, no ordenamento jurídico espanhol, com as «diligências para melhor decidir»).

Outros autores afirmam que se verifica um uso abusivo deste instituto nos casos em que o juiz o utiliza, não para procurar a verdade ou para completar a sua convicção, mas para se substituir às partes, atuando onde estas se mostraram passivas, igualando a sua posição processual. Produz-se assim um desvio ao fundamento-fim daquele instituto, não estando (já) em causa uma melhor administração da justiça, mas uma participação nos interesses da contenda privada. GUASP[1261] comenta que aquelas medidas

utilizarse para adquirir certeza (o intentarlo) acerca de hechos alegado que, pese a haberse comportado diligentemente la parte gravada con la carga de probarlos, permaneciesen dudosos. Pero ni la letra de la LECA aseguraba que las diligencias se llevasen a cabo en esas condiciones ni la práctica guardó, en general, relación alguna con principio o regla más o menos discutible. Las diligencias para mejor proveer lograron, en unos casos, servir de expediente para ampliar el plazo para dictar sentencia (de ahí que se conociesen, en el foro, como "diligencias para mejor dilatar") y, en otros, permitir la práctica de algunas pruebas, admitidas pelo no llevadas a cabo en el periodo legal. (...) No se trata de que, por un viejo prejuicio negativo hacia el juez o que, por el contrario, el juez deba estar atado para hacer más cómoda y menos esforzada su tarea. De lo que se trata es de que, por una parte y dicho expresivamente, los hechos son de las partes y no del Juez o, desde luego, cuando rige el principio dispositivo, son más de las partes que del Juez. Y, por otra parte, el juzgador no debe ayudar a las partes de suerte que favorezca a una en detrimento de la otra, como si al tribunal le correspondiese desempeñar también el oficio de abogado».

1260 FAUSTINO CORDÓN MORENO, «En torno a los poderes de dirección del juez civil», *Revista de Derecho Privado*, 1979, p. 807 e segs. (pág. 821).

1261 JAIME GUASP, *Comentarios a la Ley de Enjuiciamiento Civil*, cit., págs. 876-889.

não podem ser utilizadas para secundar a posição das partes, nem para remediar o descuido ou a imperícia das mesmas[1262].

Outros autores condenam que, mediante o uso daquela faculdade, o juiz não observe o princípio da imparcialidade – suprindo a negligência das partes[1263]. A atividade probatória do tribunal deve ter apenas lugar quando, embora as partes tenham observado o respetivo «*onus probandi*», o juiz não tenha ficado totalmente convencido sobre a «verdade dos factos»; neste caso, ele pode socorrer-se das *diligencias para mejor proveer*, não para tomar partido por um dos litigantes, mas para completar a atividade realizada pelas partes, de modo a obter os elementos necessários para proferir sentença com justiça.

José Antonio Días Cabiale[1264] não concorda com este modo de ver o problema. Segundo o mesmo, não existe nenhum argumento literal que justifique o caráter meramente complementar das «diligências para melhor

[1262] Se o juiz não tem nenhuma dúvida sobre os factos alegados pelas partes, não deve exercer aquele poder. Contudo, e por idêntico motivo, não deve deixar de o fazer, quando subsista uma dúvida autêntica sobre «a verdade dos factos», apenas por receio de ferir o princípio da igualdade. Este princípio tem, no ordenamento jurídico espanhol, um sentido instrumental (*i.e.*, existe em função do fim do processo). Se este fim se encontra em perigo por uma aplicação estrita do mesmo, a sua aplicação deve desaparecer.

[1263] Pode ver-se refs. bibliográficas em José Antonio Días Cabiale, *Principios de aportación de parte y acusatorio: la imparcialidad del juez*, cit., pág. 114, nota 175 (entre outros, são citados Loutayf Ranea, Miguel y Romero, Pellise Prats, Reyes Monterreal, Rodríguez Valcarce, Sentís Melendo). Pode ver-se também Leonardo Prieto-Castro e Ferrándiz, *La jurisprudencia procesal civil de la Sala Primera del Tribunal Supremo en los últimos años*, cit., pág. 29 (teme o autor que o órgão jurisdicional, ansioso por falar verdade, possa suprir a inatividade ou o descuido das partes); Alcalá-Zamora y Castillo (Francisco Carnelutti, *Sistema de Derecho procesal civil*, adiciones de Derecho español por Niceto Alcalá-Zamora e Castillo, Buenos Aires, 1944, T. II, adição ao número 297, pág. 447, e T. IV, número 701, pág. 391); e Manuel Alonso Olea, *Derecho procesal del trabajo*, 3ª ed., Madrid: Instituto de Estudios Politicos, 1976, pág. 73.

[1264] José Antonio Días Cabiale, *Principios de aportación de parte y acusatorio: la imparcialidad del juez*, cit., págs. 84 e segs.: «*(...) la cuestión de reconocer o no el carácter complementario de las diligencias para mejor proveer no es una cuestión teórica o doctrinal, ya que si se llega al convencimiento de lo primero se habrá producido la verdadera ratificación de la vigencia congénita del principio de aportación de parte en el proceso civil, mientras que por el contrario resultaría suficientemente significativo que por su propia esencia esas diligencias supusieren una contravención del principio de aportación de parte, con lo que este dejaría de formar parte de la esencia del principio dispositivo y pasaría a ser un accidente del mismo, y con ello se daría la razón a quien estima que no es más que el resultado de una opción de técnica procesal*» (pág. 84).

decidir». Na verdade – afirma o autor –, a lei não limita, nem o âmbito, nem o objeto destas medidas, a única indicação podendo ser encontrada na própria denominação das mesmas («*para mejor proveer*»). A exegese possível do texto da lei depõe assim no sentido de que podem ser praticadas (todas) as medidas necessárias para ditar uma «melhor sentença», sendo o seu fim, mais do que a obtenção da paz social, o de alcançar a verdade («*ad iustitiam per veritatem*»).

O autor reconhece a existência de outros elementos (refere-se a um argumento de ordem sistemática[1265]) que pesam no sentido da atribuição àquelas medidas de um caráter complementar[1266]. A resposta a esta objeção deve ser encontrada na intenção do legislador histórico (do século XIX), que quis o melhor de dois mundos, ou seja: regular a matéria da prova (totalmente) em conformidade com o princípio de responsabilidade probatória das partes, e, ao mesmo tempo, evitar que o tribunal se veja forçado a decidir contra a realidade, ou limitado à atuação probatória das partes[1267].

O acento tónico deve, assim, ser colocado na «função» deste instituto. Se as «diligências para melhor decidir» têm uma natureza meramente complementar, isso significa que existe alguma coisa para ser completada ou aperfeiçoada para que o juiz profira sentença. Ora, e uma vez que uma coisa só pode completar outra da mesma natureza, aquelas diligências (atendendo à natureza probatória das mesmas) só podem ser complemen-

[1265] A dissociação entre o momento da instrução e aquele em que estas medidas podem ser ordenadas (*i.e.*, aquele em que o juiz é chamado a ditar sentença) poderia constituir um argumento no sentido da limitação do poder do tribunal.

[1266] Se o juiz tem um poder de iniciativa probatória, porque é que o legislador não lho reconhece no momento adequado – *i.e.*, no momento da prática da prova?

[1267] Daí que o mesmo tenha pretendido (sem êxito, salienta o autor) distinguir ambos os aspetos, separando-os no tempo. Procurou-se assim obviar à contradição resultante da presença simultânea de ambos os princípios («*sólo lo que las partes prueben*»/«*que el Juez practique la actividad probatoria necesaria para adecuar la resolución a la realidad*») com o argumento de que o momento em que o juiz é chamado a ditar sentença é aquele em que o mesmo se encontra em melhores condições para aferir sobre a necessidade de completamento da atividade probatória realizada pelas partes. Segundo o autor, pela mesma razão se pode entender o porquê de se ter evitado a participação das partes na realização das *diligencias para mejor proveer*, situação à qual apenas se pôs cobro em 1984. Este constitui um dos aspetos mais criticados do anterior regime das *diligencias para mejor proveer*, consubstanciando – sem prejuízo do beneplácito da jurisprudência constitucional – uma situação de inconstitucionalidade, por violação do princípio do contraditório, e do direito de defesa.

tares das provas já adquiridas no processo[1268]. Esta construção (até certo ponto lógica, e compatível com o princípio de responsabilidade probatória das partes) encontra-se, contudo, viciada nos seus fundamentos teóricos. Na verdade, a natureza «complementar» daquelas diligências seria clara se o juiz, perante uma situação de dúvida sobre a «verdade dos factos», se visse perante a impossibilidade de proferir sentença (sendo forçado a um «*non liquet*»).

Todavia, não é essa a situação que se verifica, uma vez que, naqueles casos, o juiz é chamado a decidir a causa com base na aplicação das regras de distribuição do ónus da prova[1269]. O juiz não necessita, portanto, de completar a atividade das partes, não podendo ser essa a natureza das *diligencias para mejor proveer*[1270]. Este modo de ver o problema – salienta ainda José Antonio Días Cabiale – é, aliás, aquele que permite apreciar a verdadeira natureza das regras do ónus da prova – que não corresponde tanto à formulação de um critério que sirva de assistência ao juiz, no caso de este se encontrar em dúvida sobre a «verdade dos factos», mas ao complemento teórico imprescindível de um sistema em que o juiz não dispõe de um poder de iniciativa instrutória, *i.e.*, de um sistema assente no princípio de responsabilidade probatória das partes[1271].

[1268] Donde se afirme (tradicionalmente) que a atividade probatória do tribunal tem por finalidade suprir as insuficiências dos meios de prova produzidos pelas partes.

[1269] Ónus da prova em sentido material ou objetivo, ou enquanto regra de julgamento.

[1270] Não concordamos com o argumento do autor. Com efeito, o que está em causa não é o problema de saber se o juiz, perante uma situação de insuficiência probatória, pode tomar uma decisão, mas se o mesmo deve tomá-la sem que tenha a possibilidade de completar a informação que resultou da atividade das partes. O facto de o juiz poder tomar uma decisão com base na aplicação das regras de distribuição do risco da prova não afasta, portanto, a natureza meramente complementar daquelas diligências (bem podendo, antes pelo contrário, reforçar essa mesma natureza).

[1271] Existe (afirma o autor) uma interação entre o princípio de responsabilidade probatória das partes, e as regras do ónus da prova. Estas constituem o complemento necessário daquele princípio. Se, pelo contrário, for atribuído ao tribunal o poder de praticar provas *ex officio iudicis* (entendendo-se que o processo deve alcançar, em todos os casos, a verdade), então não teria muito sentido dotar o juiz de uma regra de decisão nos casos em que o mesmo permanecesse em dúvida quanto à «verdade dos factos». Ou, pelo menos, este mecanismo facaria muito reduzido quanto à sua possível utilidade, já que seriam tão excecionais os casos em que o juiz deveria recorrer a essas regras que não se encontraria justificado o amplo alcance da regra do ónus da prova, e a atenção doutrinal dada à aplicação da mesma. Pode assim (conclui o autor) dar-se razão a Verde (Giovanni Verde, «Considerazione sulla regola dell`onere della prova», *RDP*, 1972, vol. XXVII, II serie, págs. 438-463) quando este afirma que o conceito de

Por conseguinte, este princípio e o instituto do ónus da prova funcionam (de uma perspetiva ideológica e técnica) como um mecanismo sincronizado, a introdução de elementos inquisitórios dando origem a uma «contradição interna» do sistema. Com a introdução destes elementos (como acontece com a figura das «diligências para melhor decidir») o juiz passa a poder agir oficiosamente, tendo em vista a descoberta da verdade. Donde, não possa falar-se de uma natureza complementar entre ambos os mecanismos processuais, já que o binómio aportação de parte/ónus da prova constitui um circuito fechado e autossuficiente. Ou seja: o instituto está a mais num sistema que se baseie no princípio de responsabilidade probatória das partes e de corte liberal-individualística – a consagração do mesmo implicado, portanto (sempre segundo a opinião do autor), uma derrogação deste último princípio[1272].

3. *Diligencias finales* (lec 1/2000)

A LEC 1/2000 consagra a possibilidade de o juiz, dentro do prazo para ditar sentença, ordenar a realização de diligências probatórias (*«diligencias finales»*[1273]). Esta faculdade encontra-se todavia submetida à verificações de 4 requisitos (artigo 435.2I LEC): a atividade probatória em causa deve

ónus da prova deriva de uma ideologia liberal-individualística, que nega a possibilidade de alcançar a verdade através do procedimento judicial: «*Si puó avanzare l`ipotesi che la convinzione di non potere attingere alla verità assoluta abbia incoraggiato una strutturazione del processo, che ha trovato poi piena rispondenza nella concezione liberale-individualistica della realtà. Secondo questa prospettiva il processo ragguinge il suo scopo già qaundo realizza la pace giuridica fra le parti, non essendo necessaria la recerca della verità e della giustizia. Il giudice tende, cosi, a mettersi in un canto, a fare como da arbitro di un combattimento che ha per protagoniste le parti, ad affidarsi esclusivamente alla loro iniziativa nella ricerca del materiale isttrutorio*» (ibidem, pág. 450).

1272 É impossível (lógica e teoricamente) justificar a subsistência do princípio de responsabilidade probatória das partes, caso se reconheça a faculdade de o juiz produzir prova oficiosamente. Também neste ponto estamos em desacordo com a posição do autor. Na verdade, consideramos que a outorga de um poder de iniciativa instrutória ao órgão jurisdicional, embora seja contrária a uma vigência absoluta daquele princípio, não conduz a um afastamento do mesmo, mas apenas a uma sua atenuação. A vigência atenuada do princípio de responsabilidade probatória das partes pressupõe, no entanto, a aceitação da natureza meramente complementar do poder instrutório atribuído ao tribunal.

1273 Este instituto constitui o sucedâneo do instituto das *diligencias para mejor proveer*. Sobre esta matéria pode ver-se, entre outros, Joan Picó i Junoy, *El juez y la prueba*, cit., págs. 121-128; X. Abel Lluch, «Las diligencias finales de oficio del art. 435.2 LEC», *La Ley*, Ano 2003, nº 5, págs. 1735-1741; J. Martín Ostos, «Las diligencias finales», *Revista del Poder Judicial*, Ano 2002, nº 67, págs. 381-404; J.J. Pérez Benítez, «Las diligencias finales: su admisión en todo

versar sobre factos relevantes, oportunamente alegados pelas partes; deve verificar-se a existência de diligências probatórias anteriores, cuja realização não tenha dado origem a resultados concludentes; a falta de êxito das diligências praticadas deve resultar de circunstâncias já desaparecidas e independentes da vontade e da diligência das partes; e, por fim, devem existir motivos fundados parar crer que as novas diligências permitirão adquirir a certeza sobre os referidos factos.

JOAN PICÓ I JUNOY[1274] refere assim que as *«diligencias para mejor proveer»*, para além de terem mudado de nome, assumiram o alcance limitado que a jurisprudência do Tribunal Supremo lhes vinha atribuindo.

4. Da norma constante do artigo 429.1II e III LEC

Segundo aquele autor[1275], uma das grandes novidades introduzidas pela LEC 1/2000 diz respeito à norma do artigo 429.1 II e III LEC, cuja redação final resulta de uma solução de compromisso entre as tendências liberal e publicística. Esta norma consagra o «dever» de o juiz alertar as partes para a insuficiência das provas por elas produzidas[1276]. Não obstante, estamos diante de um dever judicial cujo exercício é de difícil sindicância, uma vez que o mesmo se encontra dependente da valoração subjetiva realizada pelo juiz no que diz respeito à própria *«insuficiência»* da prova. Donde, a determinação da infração deste dever não possa prescindir das particularidades do caso concreto.

Para além disso, aquela norma atribui ao juiz a faculdade de, uma vez estando obrigado a realizar a mencionada «advertência», assinalar qual o meio de prova que considera idóneo para colmatar a respetiva insuficiência probatória. O artigo abandona aqui os termos imperativos *«lo pondrá»* para colher formas verbais condicionais *«podrá»*, donde se pode retirar a ideia de que estamos diante de um poder discricionário do juiz, e não de um poder-dever[1277]. Sem prejuízo deste aspeto, entende o autor que o juiz,

tipo de procesos», *La Ley*, 2006, nº 4, págs. 1651-1663; e Mª LOURDES NOYA FERREIRO, *Las diligencias finales en el proceso civil*, Valenica: Tirant lo blanch, 2006.

1274 JOAN PICÓ I JUNOY, *El juez y la prueba*, cit., págs. 121-128.

1275 Ibidem.

1276 Segundo o autor, apodítico de que se trata de um verdadeiro dever do juiz, e não de uma mera faculdade ou poder-discricionário, é o facto de o artigo utilizar a forma imperativa *«lo pondrá» de manifesto a las partes»* (argumento literal), ao contrário do que se verifica no artigo 435.2 LEC, a propósito do instituto das *diligências finais*, em que se utiliza a palavra *«podrá»*.

1277 Ibidem.

de modo a oferecer a tutela judicial o mais justa possível, deverá procurar, em todos os casos[1278], lançar mão desta faculdade, especialmente naqueles em que não intervenham advogados.

5. Artigo 429.1II e III LEC: Possibilidade de iniciativa probatória do tribunal?

A maior parte dos autores e da jurisprudência (afirma JOAN PICÓ I JUNOY[1279]) entende que o artigo 429.1II LEC não contempla a possibilidade de iniciativa probatória do juiz, apenas lhe atribuindo a possibilidade de indicar, aconselhar ou advertir as partes, perante uma situação de insuficiência probatória, dos factos afetados por essa insuficiência e das provas que considere necessárias para o acertamento dos mesmos[1280].

[1278] Embora com os limites previstos na norma: por um lado, a impossibilidade de introduzir factos não alegados pelas partes, e, por outro, a de utilizar fontes de prova diferentes daquelas que existem no processo. Para além disto, verifica-se a necessidade de o juiz garantir o direito de defesa das partes, dando oportunidade às mesmas para que elas completem ou modifiquem os respetivos requerimentos probatórios.

[1279] Ibidem.

[1280] Entre outros, J. Mª ASENCIO MELLADO, *Derecho procesal civil. Primera parte*, 2ª edic., Tirant lo blanch Editora, Valencia 2000, pág. 264; CORTÉS DOMÍNGUEZ, in VALENTÍN CORTÉS DOMÍNGUEZ, VICENTE GIMENO SENDRA e VÍCTOR MORENO CATENA, *Derecho Procesal Civil, Parte General*, 3ª ed., Madrid: Colex, 2000, pág. 266; JUAN DAMIÁN MORENO, *Commentarios a La Nueva Ley de Enjuiciamento Civil*, Valladolid: Lex Nova, T. II, 2000 (comm. Arts. 429 e 430), pág 2160; id., «Estructura y principios del proceso ordinario en la nueva Ley de Enjuiciamiento Civil», *Revista General de Legislación y Jurisprudencia*, Ano 2000, nº 2, págs. 175-188, (págs. 185-186); ANDRÉS DE LA OLIVA SANTOS, IGNACIO DÍEZ-PICAZO GIMÉNEZ, *Derecho procesal civil. El proceso de declaración*, 3ª ed., Madrid: Centro de Estudios Ramón Areces, 2004, págs. 307 e segs.; GIMENO *Derecho procesal civil* SENDRA, em AAVV., *Derecho Procesal Civil*, 3ª ed., Madrid: Colex, 2000, pág. 27; MANUEL ORTELLS RAMOS, *Derecho procesal civil*, Elcano: Aranzadi, 2000, págs. 365-366; M. VILLAGÓMEZ CEBRIÁN, «El nuevo marco procesal civil. Los principios de la nueva LEC», *Tribunales de Justicia*, Ano 2000, nº 5, págs. 525-534 (págs. 525-526); JOSÉ FRANCISCO ETXERBERRÍA GURIDI, *Las Facultades Judiciales en Materia Probatoria en la LEC*, cit., pág. 276-277; e XAVIER ABEL LLUCH, *Iniciativa probatoria de oficio en el proceso civil*, Barcelona: Bosch, 2005, págs. 149-153, 182. Segundo ANDRÉS DE LA OLIVA SANTOS e IGNACIO DÍEZ-PICAZO GIMÉNEZ, por ex., «*(...) en ese momento procesal [audiencia prévia – el art. 429.I establece una posible iniciativa del tribunal, respecto de la proposición de prueba en el juicio ordinario y, en concreto, en la audiencia previa], los elementos probatorios – cuja "existencia" no resultará de los autos, sino que constará en ellos – no pueden ser otros que los elementos escritos (...) o instrumentos similares y, excepcionalmente, los resultados de la prueba antecipada, si se acordó en su momento. No parece razonable que el tribunal, en ese momento procesal, haya de realizar una valoración de esos elementos, ni siquiera provisional. Y pronunciarse, aunque sea provisionalmente, sobre insuficienencia*

Desta forma, sem atentar formalmente contra o princípio de responsabilidade probatória das partes (já que cabe às partes, sendo livres de aceitar a sugestão feita pelo juiz, requerer a realização da respetiva prova) permite-se ao juiz estimular a iniciativa daquelas, de modo a obter uma resolução mais justa do litígio.

Na opinião de JOAN PICÓ I JUNOY a norma abre-se, porém, na sua literalidade, a uma interpretação diversa, à luz da qual se permite ao juiz levar a cabo uma «certa iniciativa probatória». No atual Estado Social de Direito, em que a «Justiça» é afirmada como valor superior do ordenamento jurídico, o juiz deve estar comprometido com a justa composição dos litígios, não podendo ser visto como um sujeito passivo, inerte, sem qualquer tipo de iniciativa probatória. Com efeito, se o processo tem como fim a aplicação da lei a determinados factos (de cuja certeza deve estar convencido), coartar, de um modo absoluto, a possibilidade de o mesmo desenvolver uma atividade probatória *motu proprio* conduz a uma limitação da efetividade da tutela judicial, e da correspondente busca da justiça.

Por conseguinte, é possível efetuar uma leitura diferente da nova LEC, de acordo com a qual a mesma outorga ao juiz os poderes necessários para que este realize uma tutela mais justa dos direitos, e dos interesses, controvertidos: ora – afirma o autor –, ao partir-se deste critério valorativo, deve entender-se que o artigo 429.1II LEC não se limita a permitir ao juiz alertar as partes para a existência de uma situação de insuficiência probatória (aliás: a incumbi-lo dessa tarefa), estabelecendo antes a possibilidade de o mesmo «assinalar» (e não apenas advertir ou sugerir) a prova cuja realização considere necessária[1281].

O autor salienta ainda que, como é óbvio, a iniciativa probatória *ex officio iudicis* não pode ser ilimitada, e por essa razão são corretos os três limites

probatoria, exige un prejuicio, que no se entiende cómo puede formarse. Pero es que, además de la dificultad aplicativa que el precepto antraña, hay que considerar muy problemática su conveniencia, si el tribunal quiere respectar, como debe hacerlo, el principio de igualdad de las partes (...), mantener su neutralidad o imparcialidad y estar a los resultados del juicio en materia de "suficiencia probatoria", en vez de adelantar juicios, es decir (...) en lugar de formar prejuicios. Si el demandado es descuidado, por qué tiene el tribunal que cuidarse de remediar su descuido? (...)» (ob. cit., pág. 308).

[1281] Ao contrário do que se verifica em relação aos «factos» afetados pela situação de insuficiência probatória (prevendo a lei a mera a possibilidade de o juiz os indicar às partes), admite o legislador que o juiz determine ou designe a prova cuja prática considera necessária, razão pela qual (afirma o autor) é lógico concluir que o mesmo pode também ordenar oficiosamente a prática dessa mesma prova.

estabelecidos no artigo 429.1II LEC: a proibição de o juiz realizar prova sobre factos não alegados pelas partes; a impossibilidade de o mesmo utilizar fontes probatórias não constantes dos autos; e, ainda, a necessidade de garantir o direito de defesa das partes (dando-se a possibilidade de as mesmas completarem ou modificarem os seus requerimentos probatórios). Para além disso, reconhece o autor que estamos perante uma interpretação da norma, fundada numa argumentação constitucional, que limita a eficácia do princípio de responsabilidade probatória das partes, provavelmente, para além daquilo que foi pretendido pelo legislador.

Todavia, uma tal interpretação (que tende a garantir a plena eficácia da tutela judicial) afigura-se imune às críticas que podem fazer-se contra a iniciativa probatória do tribunal: em primeiro lugar, porque não conduz a uma limitação do princípio dispositivo (em sentido estrito)[1282] (as partes conservam o poder exclusivo de proceder à determinação do objeto do processo); em segundo lugar, porque secundariza o risco de perda de imparcialidade do juiz, ao vedar-se a possibilidade de o mesmo efetuar uma atividade (inquisitória) de investigação ou averiguação de factos não alegados pelos litigantes[1283]; e, por último, porque garante o direito de defesa das partes.

Em qualquer caso, e de um ponto de vista prático, é supérfluo discutir se a faculdade consagrada pelo artigo 429.1.II LEC se traduz numa mera sugestão, ou num verdadeiro poder de iniciativa probatória. Na verdade, ao haver uma exteriorização, por parte do tribunal, não só dos factos carecidos de prova, como também das provas adequadas à demonstração dos mesmos, é pouco provável que as partes não tomem a iniciativa de propor a realização dessas provas.

Por último, salienta o autor que os juízes têm feito pouco uso desta faculdade. Tal, ficar-se-á a dever a duas ordens de razão: por um lado, ao facto de o juiz, normalmente, desconhecer, no ato da audiência prévia, as questões debatidas no processo – o que o coloca numa posição de distanciamento em relação aos factos controvertidos, e à prova requerida para demonstração dos mesmos[1284]; por outro, ao receio de perda de imparcia-

1282 Nas palavras do autor: «*verdadeira alma mater do processo civil*».

1283 Admite-se, isso sim, uma atividade de verificação desses mesmos factos.

1284 O juiz (salienta o autor) devia ter um conhecimento exaustivo do caso no momento da audiência prévia – pelo menos através da leitura da petição inicial e da contestação, e de um estudo prévio das exceções invocadas – uma vez que isso permitiria que esta audiência

lidade. Como vimos, este receio é afastado pelo autor, sempre que esta faculdade seja utilizada dentro dos limites legalmente estabelecidos.

II.VI. Apreciação geral

Apesar das diferenças existentes entre os sistemas jurídicos estudados no que concerne a matéria de distribuição dos poderes de iniciativa probatória[1285], pode verificar-se uma tendência de aproximação entre os mesmos, através de um reforço dos poderes de produção oficiosa de prova. Mesmo em Inglaterra rompeu-se, na reforma de 1999, com o sistema adversarial puro, através da atribuição ao magistrado de um papel mais ativo na condução do processo[1286]; e também em Espanha, a LEC, de raiz marcadamente liberal, não reduz o juiz a um papel passivo, sendo-lhe atribuídas diversas possibilidades de intervenção em matéria instrutória. Neste último país, encontram-se vozes (ainda que mais ou menos isoladas) que sustentam mesmo a necessidade de se proceder a uma leitura dos preceitos processuais conformes à Constituição, retirando daí a conclusão de que existe um poder geral de iniciativa probatória do juiz (artigo 429.1 LEC).

No fundo, pode verificar-se em todos aqueles sistemas a preocupação de que o juiz não fique de «mãos atadas» em matéria de produção de prova, sendo-lhe permitido contribuir para a recolha dos elementos necessários

alcançasse os resultados desejados pelo legislador. Esta apatia dos juízes na audiência prévia fica a dever-se, em grande medida, ao excesso de trabalho dos juízes de primeira instância, e à «rotina de serviço».

[1285] Pode ver-se sobre esta matéria o esboço traçado por MICHELE TARUFFO: atribuição de um poder oficioso geral – sistema francês; atribuição de alguns poderes em matéria probatória – sistema italiano e alemão; não atribuição de nenhuns poderes instrutórios *ex officio iudicis* – sistema inglês e espanhol. Por sua vez, o primeiro modelo é dividido em dois: a atribuição de um dever geral em matéria probatória constitui a marca do sistema soviético. Contudo, nenhum dos sistemas referidos em texto pode ser considerado autoritário. Em França, ao lado do poder oficioso conferido ao tribunal, preveem-se amplas garantias de defesa das partes, tutelando-se fortemente os seus direitos (princípio dispositivo, contraditório, etc) (MICHELE TARUFFO, «Poteri Probatori delle Parti e del Giudice in Europa», cit., págs. 451-483).

[1286] Ibidem. Mesmo em relação à prova, o juiz tem poderes de direção e controlo, sendo colocado no centro do funcionamento do processo. Como vimos, as marcas distintivas deste sistema jurídico devem-se em grande medida, de um ponto de vista histórico, à existência de um «sistema de júri». O desaparecimento deste sistema veio abrir novas perspetivas de intervenção do juiz antes do momento do julgamento, com um incentivo a que o mesmo se inteire antecipadamente sobre os elementos do processo, e colabore com as partes, através de indicações concretas em matéria probatória, na preparação da causa.

à tomada de uma decisão bem informada sobre o mérito da causa, pondo cobro a uma situação de insuficiência probatória, e evitando assim ter que decidir a causa com base na aplicação das regras de distribuição do ónus da prova (ónus da prova em sentido objetivo).

Todavia, se em alguns países esta preocupação assume a forma de um dever geral de auxílio às partes[1287] (modelo que se harmoniza melhor com o princípio de responsabilidade probatória das partes[1288]), noutros, a mesma traduz-se na atribuição ao juiz de um verdadeiro poder instrutório *ex officio iudicis* (fruto de uma visão assumidamente publicística do processo)[1289]. Na Alemanha, país onde o poder de direção material do processo se traduz tradicionalmente no dever de auxílio às partes[1290], a doutrina debate-se, com resultados nem sempre semelhantes, sobre o modo de articulação deste dever com os poderes de iniciativa instrutória que a lei atribui ao julgador. Entre nós, um tal dever poderia encontrar cobertura no princípio da cooperação, erigido pelo código a princípio diretor do relacionamento entre os sujeitos processuais.

Por outro lado, e sem prejuízo destas diferenças, verifica-se em todos os sistemas estudados – mesmo naqueles em que são mais amplos os poderes instrutórios do juiz – a existência de correntes doutrinais que aludem à

[1287] Através da indicação da necessidade de produção de prova adicional, e dos concretos meios de prova a ser produzidos.

[1288] Na medida em que as partes são livres de requerer ou não a realização da respetiva diligência probatória.

[1289] *I.e.*, do poder de produzir prova por sua iniciativa, independentemente da vontade da parte onerada.

[1290] Existe um «dever de conselho» que se estende, como vimos, ao plano probatório. Conforme afirma, por ex., DIETER LEIPOLD, o juiz deve cuidar de que exista uma indicação clara e completa da prova, existindo um *Hinweispflicht* no caso de isso não se verificar, ou de, negligentemente (ou em virtude de uma má avaliação das regras de distribuição do ónus da prova), a parte não ter apresentado um requerimento de prova, ou ter-se abstido de o fazer (depois de ter manifestado essa intenção) por entender que o processo estava pronto para ser decidido. Para além disso, refere a doutrina a existência de um «dever de conselho» no caso de a parte, presumivelmente por erro, não ter requerido a produção de um meio de prova, embora tenha apresentado a respetiva fonte de probatória; e ainda nos casos em que um meio de prova que normalmente é requerido (pense-se, por ex., num teste de sangue), previsivelmente, apenas por negligência da parte (ou do seu advogado) não foi requerido (DIETER LEIPOLD, in FRIEDRICH STEIN, MARTIN JONAS, *Kommentar zur Zivilprozessordnung*, 22. Auf., Tübingen: Mohr Siebeck, 2013, págs. 242 e segs. (págs. 252-254)). Como vimos, verifica-se uma acentuação, por parte da doutrina, da ideia de que este «Hinweispflicht» não corresponde a um desvio, mas apenas a uma atenuação, do «Verhandlungsmaxime».

necessidade de articulação entre estes poderes e o princípio de responsabilidade probatória das partes. Para isso, reveste-se de grande importância o modo como é qualificado o poder do juiz (mera faculdade ou poder vinculado)[1291]:

Assim, ao passo que alguns autores (*maxime* aqueles que partem da configuração do poder do juiz como um poder-dever[1292]) anunciam uma derrogação do princípio de responsabilidade probatória das partes[1293], a maior parte da doutrina assinala, pelo contrário, que a atividade do juiz não pode constituir uma forma de suprir a negligência das partes em matéria de administração da prova, devendo estar vedado àquele (em virtude, justamente, da existência de um princípio de responsabilidade probatória das partes) substituir-se às partes na observância do respetivo ónus probatório[1294].

[1291] Com efeito, entende uma parte da doutrina que a qualificação como poder-dever daquele poder conduziria a uma desoneração das partes da respetiva tarefa probatória, conduzindo a um desaparecimento do ónus da prova subjetivo (o mesmo não se podendo dizer no caso de a realização da prova estar dependente da «livre apreciação» do juiz).

[1292] Do poder instrutório do juiz como poder-dever.

[1293] Mesmo no sistema espanhol (de raiz marcadamente liberal) vimos que um autor como José Antonio Días Cabiale considera que o princípio de responsabilidade probatória das partes se encontra derrogado. Não se pode falar de uma natureza complementar de ambos os mecanismos processuais (afirma o autor), já que o binómio aportação de parte/ónus da prova é um circuito fechado e autossuficiente. Ou seja, o instituto das «diligencias para mejor proveer» está a mais num sistema que se baseie no princípio de responsabilidade das partes e de corte liberal-individualística, a consagração do mesmo implicando uma derrogação deste último princípio (José Antonio Días Cabiale, *Principios de aportación de parte y acusatorio: la imparcialidad del juez*, cit., págs. 84 e segs.).

[1294] Nesse sentido veja-se, por ex., Giuseppe Tarzia, «Les pouvoirs d'office du juge en matière de preuves», in Nouveaux juges, nouveaux pouvoirs?, Mélanges en l'honneur de Roger Perrot, Paris: Dalloz, 1996, págs. 469-475. Segundo o autor, embora existam sistemas (como é o caso do sistema francês e do italiano) em que o juiz se encontra revestido do poder de ordenar oficiosamente as medidas instrutórias que lhe parecem oportunas, é ilusório ver nas disposições que consagram um tal princípio uma modificação da relação de poderes entre as partes e o tribunal, no que a este domínio diz respeito. Existe a necessidade de se considerar separadamente as diferentes fases nas quais o «procedimento probatório» tem lugar, através de uma leitura analítica do processo. O ponto de partida encontra-se no facto de que o papel ativo do juiz não pode conduzir este último a substituir-se às partes na observância dos ónus que lhes incumbem, especialmente no que diz respeito à alegação dos factos que constituem a base das suas pretensões (princípio dispositivo material). Mas não é tudo. Sem questionar que os sistemas atuais se caracterizam pela sua natureza mista, sublinha o autor que o juiz não pode procurar os elementos de prova, nem no seu conhecimento privado

Verificámos, aliás, que o sistema que – a par do nosso – contempla a existência de um genérico poder de produção oficiosa de prova, o sistema francês, contém uma norma (artigo 146 CPCfr.) que expressamente proíbe a atuação do tribunal quando esta se destine a suprir a negligência das partes em matéria de administração da prova. (Notámos, para além disso, que a expressão – utilizado pelo artigo 10 CPCfr. – «medidas de instrução legalmente admissíveis» possui um alcance menor do que aquele que intuitivamente lhe poderia ser atribuído, não abrangendo a realização de prova pré-constituída[1295]).

O sistema português assemelha-se ao sistema francês na medida em que prevê a existência de um genérico poder de produção oficiosa de prova (artigo 411º), mas ao contrário deste não se verifica a existência de uma norma (como a do artigo 146 CPCfr.), que expressamente atribua à «inércia das partes» (no que diz respeito à dedução formal da prova) a natureza de requisito negativo da atuação oficiosa do tribunal. Para além disso, a nossa doutrina não hesita, como veremos, em qualificar o poder instrutório do

dos factos, nem através de uma atividade de livre investigação (mesmo nesta perspetiva o juiz encontra-se ligado aos autos). Ora (afirma ainda Giuseppe Tarzia), não existe dificuldade em verificar que este limite deriva do princípio fundamental da responsabilidade das partes. Deve, contudo, colocar-se uma outra questão: o poder oficioso do juiz desonera as partes do respetivo ónus probatório? Quanto a este aspeto (salienta o autor) é curioso notar que, mesmo nos sistemas em que os poderes instrutórios do juiz são enunciados em termos muito amplos, a doutrina considera que o sistema de ónus da prova se mantém, e que o juiz não pode substituir-se às partes na observância do mesmo. Ele não pode assim fazer uso dos poderes inquisitórios que a lei lhe confere como forma de suprir a negligência das partes, quando estas não tenham carreado para o processo os elementos de prova que fundamentam as respetivas pretensões. «*O «ativismo judiciário» não pode transformar o juiz em conselheiro ou em substituto da parte ou do seu advogado*». O poder oficioso do juiz tempera, no entanto, o rigor da regra sobre o ónus da prova, ao permitir que o juiz intervenha por própria iniciativa quando o resultado das medidas de instrução requeridas pelas partes deixe dúvidas sobre os factos controvertidos. Esta iniciativa deve assim ter lugar (conclui o autor) – pelo menos no processo italiano – no fim da produção das medidas instrutórias propostas pelas partes.

1295 Donde, o juiz não possa, por ex. (pelo menos segundo a posição da doutrina dominante) ordenar, *ex officio*, a exibição de um documento. Aqui, *i.e.*, no facto de a ordem de exibição pressupor um requerimento de parte – artigo 138 CPCfr. – encontra Peter F. Schlosser uma diferença fundamental entre o sistema francês e o sistema alemão, onde aquela ordem pressupõe apenas que alguma das partes tenha feito «referência» ao documento (Peter F. Schlosser, «Französische Anregungen zur Urkundenvorlagepflicht nach § 142 ZPO», Privatrecht in Europa – Vielfalt, Kollision, Kooperation, Festschrift für Hans Jürgen Sonnenberger zum 70. Geburtstag, München: Beck, 2004, págs. 135-154 (pág. 135)).

juiz como poder funcional[1296], a mesma tendência sendo hoje maioritariamente seguida pela jurisprudência. Donde, a necessidade de dar resposta à questão que constitui o pano de fundo deste trabalho: existe no atual modelo processual um princípio de responsabilidade probatória das partes[1297], ou o mesmo encontra-se derrogado pelo princípio da oficialidade?

A análise de direito estrangeiro permitiu-nos observar que, maioritariamente, a doutrina aponta para a existência de um princípio de responsabilidade probatória das partes, embora o qualifique como um princípio não absoluto (que dispõe de um fundamento processual ou técnico), capaz de conviver com a existência de um poder complementar do juiz. Na falta de uma norma, no sistema jurídico português, que expressa e inequivocamente preveja a existência deste princípio (ónus da prova em sentido subjetivo), devemos levar mais adiante o esforço de compreensão do mesmo, tendo por base uma leitura integral do sistema jurídico-processual civil.

III. Continuação: Fundamento do princípio de responsabilidade probatória das partes

1. Introdução

Desde há muito a discussão em torno do princípio da responsabilidade probatória das partes foi reduzida pela doutrina processual civilista a uma dimensão técnica, ao ser-lhe recusado o fundamento material do princípio dispositivo: o poder de disposição das partes não se estende aos materiais (factos e provas) do processo. Contudo, nenhum dos argumentos aduzidos pela mesma como fundamento deste princípio (de entre aqueles analisados até este momento: necessidade de salvaguarda do princípio da imparcialidade, o facto de existir uma maior proximidade das partes em relação ao objeto do litígio, e a existência de dificuldades práticas de realização de uma atividade provatória *ex officio iudicis*) nos parece satisfatório.

Com efeito, e partindo da delimitação qualitativa do poder do juiz começada por traçar, podemos notar que o exercício *ex officio iudicis* de uma atividade de dedução formal da prova (circunscrita, como vimos, à aquisição processual das fontes de prova de que o juiz toma conhecimento através dos autos) não se afigura suscetível de ferir o princípio da

1296 A atuação do juiz podendo ser objeto de controlo por parte do tribunal *ad quem*.

1297 Quanto à responsabilidade pela delimitação do *thema probandum*, veja-se o disposto no artigo 574º.

imparcialidade[1298], nem levanta dificuldades de realização prática. Para além disso, vimos na primeira parte deste trabalho que, uma vez reduzido o problema a uma dimensão epistémica, não existem razões para limitar o princípio da oficialidade, uma vez que o mesmo, tanto ou mais que o princípio de responsabilidade probatória das partes, se afigura idóneo do ponto de vista da finalidade de apuramento da verdade (material).

Resta-nos, por conseguinte, seguir a pista de novos trilhos de fundamentação...

2. Princípio de responsabilidade probatória das partes e direito à prova

Alguns autores fundamentam a limitação ao poder instrutório do juiz na necessidade de salvaguarda do «direito à prova», em virtude de uma suposta incompatibilidade entre este direito e aquela iniciativa. Este argumento (afirma JOAN PICÓ I JUNOY[1299]) parte da conceção de que as partes são os únicos sujeitos a quem a lei atribui a faculdade de aportar provas para o processo, devendo o juiz abster-se de se interpor no exercício dessa faculdade[1300].

Segundo o autor espanhol, este argumento deve ser rejeitado. Na realidade, o direito à prova traduz o poder de as partes se servirem dos meios probatórios necessários para obter o convencimento do juiz sobre os factos litigiosos[1301], não se verificando qualquer restrição ao mesmo pelo facto de o juiz dispor de um paralelo poder de iniciativa instrutória. Ou seja (des-

[1298] Relembre-se que aceitamos uma conceção materializada deste princípio.

[1299] JOAN PICÓ I JUNOY, *El juez y la prueba*, cit., págs. 99 e segs.

[1300] Segundo JOSE ALMAGRO NOSETE, «*(...) con idependencia de la discusión técnica que mantengan algunos sobre si el principio dispositivo comporta o no una autorresponsabilidad probatoria de las partes, deseosos de descargar en el órgano jurisdiccional la función de intervenir para que ordene y practique las pruebas que considere pertinentes, lo interessante es que, com rango constitucional, se establezca este derecho en favor de las partes, precisamente, para preservar a ésta de lo contrario, es decir, de que una ilimitada confianza en el juez y en sus atribuiciones probatórias, pudiera dar el traste con la responsabilidad inherente a la libertad de cada parte de utilizar los médios de prueba conducentes a la verificación de los hechos, dejando en manos ajenas una actividad vinculada essencialmente a sus proprias afirmaciones. Com razón, los procesalistas que estudian este problema desde el punto de vista constitucional, consideran que el derecho de defensa jurídica, instrumentando, en definitiva, por el derecho a la jurisdicción conlleva una garantia de libre afirmación y una garantia de libre probanza*» (JOSE ALMAGRO NOSETE, *Constitución y proceso*, Barcelona: Bosch, 1984, pág. 258).

[1301] JUAN PICO Y JUNOY, *Derecho a la prueba en el processo civil*, Barcelona: Bosch, 1996, págs. 18 e segs.

taca, por sua vez, TARUFFO[1302]), o reconhecimento daquele direito não significa que se deva atribuir às partes o monopólio exclusivo da prova, o mesmo sendo compatível com a existência de um certo poder de iniciativa do juiz. Ambas as iniciativas são perfeitamente conciliáveis, só assim não se verificando no caso de a atuação oficiosa do juiz ser configurada, não como uma faculdade, mas como um monopólio exclusivo sobre as provas – um dever que impedisse a «iniciativa» probatória das partes[1303].

Não cremos que o problema deva ser analisado do ponto de vista da possibilidade de «iniciativa» probatória das partes. Na verdade, mesmo num sistema de "base inquisitória" esta possibilidade subsiste, embora assumindo a forma de uma mera «sugestão de prova». O direito de as partes «requererem» ao tribunal a realização de meios de prova, esse sim, pressupõe que o juiz não seja visto como o único ator da prova – o responsável exclusivo pela sua realização. Aqui – importa notá-lo – não se trata, contudo, do problema de saber se o poder do juiz deve ser configurado nos termos de um poder-dever ou de uma mera faculdade, já que a configuração nos termos de um poder-dever é compatível com a existência de um princípio de responsabilidade probatória das partes (não deve confundir-se o problema da «qualificação», com o da «delimitação» e «extensão» do poder do juiz)[1304].

Sem prejuízo deste aspeto, concordamos com TARUFFO quando o mesmo rejeita aquilo a que chama a «teoria da torta»: refere-se o autor italiano à contraposição entre modelos opostos (princípio dispositivo/princípio inquisitório[1305]), que considera descritivamente falsa e concetual-

[1302] MICHELE TARUFFO, «Il diritto alla prova nel processo civile», cit., pág. 90, mais citações pág. 107, nota 383.

[1303] Segundo o autor, esta situação não se encontra acolhida pelos artigos 429.1II e 435.2LEC (*podrá*), o mesmo se pondendo dizer quanto aos demais ordenamentos civis do nosso ambiente jurídico-cultural, nos quais se configura a mencionada iniciativa probatória dos juízes como uma faculdade e nunca como um dever.

[1304] *I.e.*: caso venhamos a concluir que o princípio de responsabilidade probatória das partes constitui um princípio fundamental do nosso ordenamento jurídico civil, decorre daí, sem prejuízo de uma configuração como poder-dever dos poderes instrutórios do juiz, a necessidade de se proceder a uma leitura (quantitativamente) restritiva dos mesmos, de acordo com a qual o exercício daqueles poderes não pode constituir uma forma de o juiz suprir a negligência das partes na observância dos respetivos ónus probatórios.

[1305] Ou «Dispositionsmaxime», «Verhandlungsmaxime», «Untersuchungsmaxime» e «Inquisitionsmaxime», ou ainda «adversarial system» e «inquisitorial system». Segundo o

mente errada[1306]; do ponto de vista concetual (aquele que nos interessa[1307]) afirma o autor que aquela contraposição se funda numa premissa implícita, e errada, que diz respeito à existência de uma relação de proporcionalidade inversa entre os poderes atribuídos às partes e aqueles que são reservados ao tribunal[1308].

A análise comparatística demonstra, pelo contrário, que é possível assegurar o mais amplo poder de disposição das partes sobre os meios de prova (tutelando-se integralmente o seu direito à prova) e, ao mesmo tempo, atribuir-se ao juiz o poder de dispor oficiosamente a aquisição de algum meio de prova que as partes não tenham deduzido. A tendência de aumento dos poderes inquisitórios do tribunal não tem, pois, como reverso da medalha uma redução das garantias das partes em matéria probatória[1309].

Pode assim concluir-se que: (1) o direito à prova não é inconciliável com a atribuição, ao juiz, de um poder de iniciativa probatória; (2) aquele direito

primeiro modelo, o poder de deduzir meios de prova caberia exclusivamente às partes, ao passo que, no segundo, o juiz dispõe de poderes de iniciativa probatória.

[1306] O autor critica a argumentação através de «Maxime», *i.e.*, de princípios gerais e vagos. Esta contraposição constitui, no entendimento do autor, um instrumento retórico, mais do que um instrumento analítico, que se serve da memória do processo da «Santa Inquisição» para suscitar reações e valorações negativas em relação àqueles sistemas processuais aos quais vem atribuído o estigma de "inquisitoriedade", pelo facto de, nos mesmos, o juiz estar dotado de poderes instrutórios.

[1307] De um ponto de vista descritivo (afirma o autor), a mesma é falsa, já que nunca existiu, na história do processo civil, um sistema inspirado pelo princípio inquisitório em sentido estrito. Ou seja, um sistema no qual não coubesse às partes o poder exclusivo de iniciar o processo, e de determinar o seu objeto. Na realidade (salienta TARUFFO), o conceito da *inquisitio* é típico do processo canónico, e, depois, do processo penal, o qual se distingue muito cedo do processo civil no âmbito do *ordo iudiciarius*, e assume a características peculiares não transponíveis para este último ramo de Direito – que permanece com uma base "acusatória". A partir da Idade Média, portanto, é de todo impróprio falar de sistema inquistório de um modo indiferenciado. O mesmo assume significados distintos quando referido ao processo civil, ou ao processo penal ou à Inquisição canónica.

[1308] No sentido de que o aumento dos primeiros corresponde a uma diminuição dos segundos – e vice-versa. A ser assim, a atribuição de poderes instrutórios ao juiz traduzir-se-ia numa proporcional redução dos poderes instrutórios das partes. E a atribuição de um poder geral de dispor prova *ex officio iudicis* comportaria a eliminação total dos poderes probatórios das mesmas.

[1309] Deve assim abandonar-se a a distinção entre modelo dispositivo e modelo inquisitório, falando-se antes de *modelo misto*, no qual os poderes das partes se combinam com os poderes instrutórios atribuídos ao juiz.

– com a configuração que acima lhe foi dada[1310] – pressupõe a existência de um princípio de responsabilidade probatória das partes. Partindo desta segunda conclusão, poderia colocar-se a questão de saber se a necessidade de salvaguarda de um «direito à prova» constitui um argumento a favor de um princípio de responsabilidade probatória das partes.

Não nos parece, contudo, que esta seja a forma correta de olhar para o problema. Na verdade, o direito à prova não apresenta a mesma configuração independentemente do modo como o processo se encontra estruturado, antes o acompanhando ou sendo dele uma consequência. Ou seja, não é correto dizer-se que, uma vez que as partes são titulares de um direito à prova, as mesmas devem ser responsáveis pela prova. O raciocínio é inverso: porque são responsáveis pela prova, as partes devem ter direito à prova, no sentido acima assinalado. Caso o princípio de responsabilidade probatória das partes cedesse pé (totalmente) ao princípio da oficialidade[1311], a consequência daí adveniente seria, não uma agressão ao direito à prova, mas uma alteração da feição do mesmo (passando a traduzir-se no direito a que o tribunal realizasse, oficiosamente, todas as diligências necessárias ao apuramento da verdade – independentemente de qualquer iniciativa das partes[1312]).

3. Princípio de responsabilidade probatória das partes e princípio da autonomia privada

Na falta de uma norma como a do artigo 146 CPCfr., onde expressamente se prevê que o exercício dos poderes instrutórios do tribunal não pode constituir uma forma de este se substituir às partes na realização da respetiva tarefa probatória, o fundamento do princípio da responsabilidade probatória das partes deve ser encontrado com recurso a uma visão de conjunto do sistema jurídico-processual civil e das suas regras e princípios fundamentais. Um desses princípios, constitucionalmente consagrado e fundamento do princípio dispositivo em sentido material, é o princípio da «autonomia da vontade».

[1310] *I.e.*, o direito de as partes «requererem» e não apenas «solicitarem» a realização de uma prova.

[1311] Deixaria assim de poder falar-se da faculdade de as partes dirigirem ao juiz «requerimentos de prova», embora as mesmas não perdessem o seu poder de iniciativa probatória (as mesmas poderiam fazer sugestões de prova, que o juiz, responsável pela instrução da causa, acolheria ou não).

[1312] Sem prejuízo – claro-está – dos demais pressupostos de que depende esta atividade.

Ora, pode notar-se que um sistema assente num princípio de autonomia privada (do qual decorre o poder de as partes disporem dos seus direitos, através da delimitação do objeto do processo e da possibilidade de sobre ele celebrarem transação) convive mal com a não existência de um princípio de responsabilidade das partes relativamente à defesa desses mesmos direitos. Ou seja: a uma ideia de autonomia e auto-disposição dos direitos deve necessariamente seguir-se uma noção de auto-responsabilidade que, de um ponto de vista processual, se estende não apenas ao plano da alegação dos factos (factos essenciais e factos instrumentais), mas também ao domínio da prova em sentido estrito (dedução formal da prova)[1313].

Não se trata aqui – importa notá-lo – de recuperar a tese segundo a qual o princípio de responsabilidade probatória das partes integra o núcleo duro do princípio dispositivo (como se de um e só princípio se tratasse). Na verdade, não existe nenhum poder de disposição das partes sobre o material (factual e probatório) que serve de base à tomada de uma decisão sobre o fundo da causa: embora o «objeto do processo» se encontre no domínio ou disposição das partes, o mesmo não se pode dizer do «processo» propriamente dito. Ou seja: deve saber traçar-se a fronteira entre aquilo que, constituindo o resultado da natureza privada da relação jurídica, corresponde ao domínio exclusivo das partes (princípio dispositivo em sentido estrito ou material) e aquilo que, sem lhe pertencer, pode ser comprimido, abrindo espaço à atribuição de certas faculdades de direção material do processo.

Do que se trata, isso sim, é de notar – sempre sem prejuízo deste aspeto – que um sistema baseado num princípio dispositivo material (decorrente, já o sabemos, de um princípio de autonomia privada) se articula mal com a existência de uma responsabilidade (exclusiva) do juiz relativamente à prova dos enunciados de facto nos quais se baseiam as pretensões das partes. Ora, e uma vez que a responsabilidade probatória das partes se traduz na existência de um ónus (subjetivo) da prova e que este ónus e o poder(-dever) do juiz se encontram numa relação de tensão (um – o ónus, não sobrevivendo perante o avanço irrestrito do outro) verifica-se que a salvaguarda de um princípio de responsabilidade probatória das partes pressupõe necessariamente uma leitura restritiva (de um ponto de

[1313] Nessa medida se podendo concluir que apenas num plano temporal o ónus de alegação e o ónus da prova devem estar separados, os mesmos constituindo, na verdade, um todo funcional.

vista quantitativo) dos poderes instrutórios do juiz; poderes estes, contudo, que podem existir, dada a não identificação entre o princípio de responsabilidade probatória das partes e o princípio dispositivo em sentido estrito.

Por conseguinte, e conquanto o princípio de responsabilidade probatória das partes não partilhe o fundamento material deste último princípio, pode verificar-se que resulta do mesmo (fundamento) a necessidade de as partes serem responsáveis pela prova dos direitos que se arrogam, responsabilidade esta que deixaria de existir se o alargamento do poder instrutório do juiz fosse ao ponto de suprimir qualquer lastro de subjetividade das regras do ónus da prova[1314]. Talvez possa encontrar-se um resquício desta ideia na afirmação de VITTORIO DENTI[1315] de que a regra do *Verhandlungsprinzip*, ao contrário do que é defendido pela doutrina, não tem uma função meramente «instrumental», a manipulação da mesma podendo resultar numa ofensa ao princípio dispositivo em sentido material: aquele princípio corresponde a uma determinada conceção do processo como técnica de relações sociais, que tem no contraditório entre as partes a sua marca essencial.

4. Princípio de responsabilidade probatória das partes e regra do artigo 8º, nº 1 CC

Mas não é tudo. Deve, na verdade, ter-se em consideração um outro aspeto, que diz respeito à norma do artigo 8º, nº 1, parte final CC – segundo a qual

[1314] Talvez se possa interpretar neste sentido o pensamento de PUNZI (CARMINE PUNZI, *Il Processo Civile, Sistema e Problematiche*, vol. I, cit., págs. 387 e segs.). A maior parte da doutrina (afirma o autor) procurou justificar o princípio de responsabilidade probatória das partes com razões de oportunidade, que se exprimem fundamentalmente na ideia de que ninguém, melhor do que as partes, conhece os factos da causa; sendo elas, portanto, o sujeito que se encontra em melhor posição para desenvolver a atividade necessária ao apuramento da verdade: atividade esta que deve manter-se separada da atividade de julgar. Todavia, esta constatação – que reconhece um dado da realidade – não é suficiente, uma vez que, como foi sublinhado por SATTA, a razão de ser do princípio dispositivo deve encontrar-se em razões intrínsecas ao processo. Se atentarmos na fonte do problema (conclui PUNZI), verificamos que o princípio dispositivo (na sua expressão de ónus de alegação e de prova) comporta a atribuição aos sujeitos que viveram o concreto acontecimento que deu lugar à *res* litigiosa do poder, e do ónus, de fornecer ao juiz os elementos necessários para este julgar e decidir essa mesma *res*, deduzida em juízo.

[1315] V. DENTI, «L'evoluzione del diritto delle prove nei processi civile contemporanei», *RDP*, 1965, págs. 31-70 (pág. 50).

o juiz não pode abster-se de julgar com fundamento em dúvida insanável sobre a verdade dos factos. Esta norma (proibição de decisões de *non liquet*) conduz à necessidade de o sistema jurídico se dotar de um conjunto de regras que auxiliem o juiz no caso de o mesmo não dispor, no momento de ditar sentença, de elementos de julgamento suficientes para a formação de um juízo probatório sobre os enunciados de facto controvertidos – regras essas que, funcionando como critérios normativos para a tomada de uma decisão sobre o fundo da causa, correspondem às do ónus da prova (em sentido objetivo)[1316].

Ora, parece-nos resultar da existência destas regras (de distribuição do «risco da prova») a necessidade de o sistema jurídico conservar o princípio de responsabilidade probatória das partes (ónus subjetivo da prova). E a razão é esta:

Uma vez que o processo civil corresponde a um processo de partes, as consequências negativas da «dúvida» do juiz far-se-ão inevitavelmente sentir na esfera jurídica de uma das partes (o autor ou o réu reconvinte, no caso de indeferimento do pedido; o réu ou autor reconvindo, no caso de decisão de mérito favorável): são as partes, e nunca o juiz, a sofrer as consequências (materiais) da falta de prova. Ora, como pode aceitar-se que, num sistema assente na responsabilidade (exclusiva) do juiz, se faça recair sobre as partes as consequências negativas da falta de prova?

Dito de outra forma: como pode um sujeito processual sofrer as consequências da falta de êxito de uma atividade pela qual o mesmo não é responsável?

A decisão baseada na aplicação das regras do ónus da prova (em sentido objetivo), ao implicar que o juiz faça recair sobre uma das partes as consequências negativas da falta de prova, implica assim, do nosso ponto de vista, que a mesma possa ser vista como a consequência do fracasso dessa

[1316] Não desconhecemos que em certos casos o legislador encontra outras soluções para os casos de *non liquet*, como acontece quando não está em causa a oposição entre normas e contra-normas, mas, antes, entre normas autónomas incompatíveis, caso em que a dúvida no preenchimento de qualquer uma das *fattispecies* em confronto conduziria à improcedência de qualquer uma das pretensões formuladas (ELIZABETH FERNANDES, «A prova difícil ou impossível (A tutela judicial efetiva no dilema entre a previsibilidade e a proporcionalidade)», in Estudos de Homenagem ao Prof. Doutor JOSÉ LEBRE DE FREITAS, Vol. I, Coimbra editora, págs. 824-825, pág. 827. Trata-se, no entanto, de situações excecionais, para as quais a "teoria das normas" não se afigura capaz de dar uma resposta adequada,

mesma parte, a qual, sendo responsável pela prova[1317], não fez o necessário para demonstrar a existência do seu direito: a parte perdeu, porque não fez aquilo que lhe competia[1318]. (E nem se lance mão do argumento segundo o qual a razão de ser desta perda se encontra no facto de ter sido esta parte, ao intentar a ação ou defender-se por exceção perentória, a perturbar a paz social. Na verdade, se este argumento pode servir para explicar o critério de distribuição daquelas regras[1319], o mesmo não se pode dizer quanto à questão de saber o porquê de, não estando a parte [subjetivamente] onerada com a prova, a mesma deve sofrer as consequências da falta de êxito de uma atividade pela qual não era responsável[1320]).

Xavier Lagarde refere-se a uma função sociológica das regras do ónus da prova, através das quais se faz recair sobre as partes as consequências da fragilidade da instituição judiciária[1321]. Este aspeto parece-nos

1317 Sem prejuízo do dever de colaboração probatória que recai sobre a parte contrária, e sobre o próprio juiz.

1318 Note-se que a ausência da prova (pensamos na prova pré-constituída) pode ser imputada à negligência da parte, que não soube precaver-se face à necessidade de reunir a prova necessária para a demonstração do seu direito num futuro processo. Para isso, contudo, é necessário que o sistema jurídico coloque à disposição das partes adequados meios de conservação da prova, e que o juiz possa extrair todas as ilações de uma eventual recusa de colaboração em matéria de conservação e de produção antecipada da prova. A legitimação da decisão judicial, do ponto de vista da ordem social, implica que a solução das situações de dúvida insanável possa ser vista como a consequência do fracasso das partes na demonstração do mérito das suas pretensões (seja porque não foram suficientemente ativas no processo, seja porque não foram capazes de se reunir dos elementos necessários para esse efeito) – o que pressupõe uma ideia (e um princípio) de «responsabilidade de parte».

1319 Das regras do ónus da prova em sentido subjetivo.

1320 Deve sublinhar-se que, quando nos referimos à falta de êxito da atividade probatória, não pretendemos, como é evidente, significar a circunstância de a atividade probatória realizada não ter permitido demonstrar a verdade dos enunciados de facto com cuja prova essa parte se encontra onerada. Do que se trata, isso sim, é de um fracasso da atividade probatória no sentido de que o juiz se encontra em dúvida insanável sobre a verdade dos factos. Ora, se o juiz pura e simplesmente não sabe se o facto é verdadeiro ou falso, e se não era da parte (mas sua) a responsabilidade de o provar (ou de provar o contrário do facto), o que justifica que o mesmo decida a causa contra aquela parte?

1321 Xavier Lagarde, *Réflexion critique sur le droit de la preuve*, Paris: Librairie Générale de Droit et de Jurisprudence, 1994, pág. 271-272: «*(...) La référence à la notion de charge de la preuve permet en effet de masquer la réalité de la présomption mise en œuvre, ce à quoi l`institution judiciaire a fortement intérêt. Et de fait, si le juge faisait expressément application de la présomption tirée de l`insuffisance des preuves, l`autorité de sa décision s´en trouverait affectée. Les destinataires de celle-ci, sans doute imprégnés par l`idée fort commune que la justice se rend aussi au nom de la vérité,*

digno de realce. Na verdade, a falta de prova, e a consequente tomada de uma decisão com base naquelas regras, deve poder ser sentida pela comunidade, e, antes do mais, pelos sujeitos em cuja esfera jurídica incidem os efeitos do respetivo caso julgado material como a consequência do fracasso da parte (subjetivamente) onerada com a prova.

5. Regras do ónus da prova e sistema inquisitório

Poderia objetar-se a esta conclusão que um sistema de base inquisitória pode prescindir da existência de regras do ónus da prova. Não nos parece, contudo, que assim seja. Na verdade, a consagração daquele princípio – mesmo no caso de se tratar de um inquisitório pleno – não só não conduz a uma anulação do risco de falibilidade da decisão (como, por vezes, parece ser sustentado pela doutrina), como não garante o apuramento da verdade (*rectius*, a obtenção de um grau de convicção prevalente quanto à verdade dos factos). Ou seja, o facto de o juiz ser livre de realizar uma investigação oficiosa dos factos da causa (independentemente de qualquer iniciativa das partes, e sem limitação quanto ao seu objeto) não afasta a possibilidade de o mesmo permanecer em dúvida insanável sobre a «verdade dos factos»[1322] (o mesmo se podendo dizer, por maioria de razão, de

verraient un juge déduire l`affirmation d`une proposition de preuve du fait de l`insuffisance des procédés de preuve destinés à l´établir. Or, c`est cette déduction, nécessairement choquante aux yeux de celui dont elle est censée éclairer la conscience, que la référence à la notion de charge de la preuve permet d`éviter. Au lieu d`appliquer une présomption dont la mise en œuvre engage trop explicitement une idée contestable de la vérité, le juge dira que l`une des parties n`a pas satisfait à la charge qui lui incombait. Pourtant, il tiendra en respect les vélléïtés contestataires de ceux auxquels il destine sa décision. (...) tout se passe comme si le rejet de la prétention trouvait sa cuase non pas dans la décision du juge mais dans l`attitude même de la partie qui succombe. (...) La notion de charge de la preuve constitue donc un moyen de faire peser sur les justiciables les faiblesses de l`institution judiciaire, et ce moyen est d`autant plus efficace qu`il autorise un reversement de perspective, les insuffisances étant finalement imputées aux parties elles-même».

[1322] Neste sentido, Leo Rosenberg, Karl Heinz Schwab, Peter Gottwald, *Zivilprozessrecht*, cit., pág. 670: «*Gegenstand der objektiven Beweislast ist die Frage, zu wessen Gunsten oder Ungunsten eine mißlungene Beweisaufnahme zu berücksichtigen ist. Ein solches non liquet in der Beweisaufnahme zu berücksichtigen ist. Ein solches non liquet in der Beweiswürdigung kann in jedem Verfahren auftreten, in dem tatsächliche Umstände vom Gericht festzustellen sind. Die objektive Beweislast (Feststellungslast, materielle Beweislast) ist deshalb unabhängig von der Art der Sachverhaltsermittlung; sie ist auch in Verfahren mit Untersuchungsmaxime relevant. Beweislastregeln sind primär keine Sanktion für unzureichende Prozeßtätigkeit, sondern dienen dazu, eine letzlich bestehende objektive non liquet-Situation zu überwinden*».

um sistema aberto [apenas] à existência de um princípio da oficialidade, e não a verdadeiro poder inquisitório do tribunal...).

Ora, assim sendo (possibilidade de existência de uma situação de *non liquet*), e a menos que a lei permitisse que o juiz se abstivesse de julgar com esse fundamento (o que não acontece – artigo 8º, nº 1 CC), não se vê como possa prescindir-se da existência daquelas regras. Portanto, pode concluir-se que, mesmo num sistema inquisitório, existe a necessidade de o legislador pôr à disposição do julgador um critério de decisão no caso de o mesmo se encontrar em dúvida insanável sobre os factos da causa[1323].

6. Princípio da auto-responsabilidade probatória e processo de partes

E o que dizer de um sistema em que o juiz estivesse autorizado a não tomar uma decisão sobre o fundo da causa, alegando a existência de dúvida insanável sobre a «verdade dos factos»? Em que medida o argumento anterior poderia ainda assim ser aqui esgrimido com sucesso? Vejamos:

Embora a dúvida insanável não tivesse agora como consequência o proferimento de uma decisão de mérito desfavorável à parte onerada com a prova (e em cuja esfera jurídica se fariam sentir os efeitos negativos do respetivo caso julgado material), facto é que essa parte não lograria obter a respetiva pretensão[1324]. Ou seja, o não proferimento de uma decisão de mérito seria (principalmente) desfavorável ao autor ou ao réu reconvinte: por não se produzir a desejada alteração na ordem jurídica (ações constitutivas), por não se verificar o reconhecimento judicial da existência ou inexistência de um direito ou de um facto (ações de simples apreciação), ou por o mesmo não obter um título executivo (ações de condenação).

E, portanto, o que acima foi dito pode ser aqui replicado: uma vez que o não proferimento de uma decisão de mérito é prejudicial para os interesses da parte que deu início à ação (ou pelo menos é prejudicial sobretudo a ela[1325]), não se vê como a mesma pode conformar-se com esta situação

[1323] A assimetria do sistema, ao contrário do que é proposto por alguns autores, não afasta por si só a possibilidade de existência de situações de *non liquet*, como pode observar-se pela experiência do Direito processual penal (fundado, como se sabe, no princípio *in dubio pro reo*).

[1324] Pensamos na dúvida insanável quanto à «verdade de factos constitutivos do direito».

[1325] Pensamos no facto de a não tomada de uma decisão de mérito não ser totalmente favorável aos interesses da parte contrária, na medida em que não fica materialmente resolvido o conflito que se encontra na base do litígio (veja-se o paralelismo com a questão de saber se o réu (ou o autor reconvindo) têm legitimidade, nos termos do artigo 631º, nº 1, para recorrer da decisão

– que acaba por ter um efeito semelhante ao da decisão de absolvição da instância (no sentido da não produção de um caso julgado material) –, no caso de a mesma não sentir que era sua a responsabilidade pela realização da prova. O que nos permite concluir o seguinte quanto ao fundamento do princípio de responsabilidade probatória das partes: num sistema de partes, e baseado num princípio de autonomia privada – em que os efeitos negativos da «falta de prova» (dúvida insanável do juiz) se fazem necessariamente sentir na esfera jurídica de um dos litigantes – existe a necessidade de o mesmo (litigante) poder sentir que tal constitui uma consequência do próprio fracasso, na medida em que era ele, dado o princípio de autonomia de vontade em que o sistema jurídico se alicerça, o (principal) responsável pela demonstração do bem fundado das respetivas pretensões.

7. Conclusão: de um significado (ainda) subjetivo das regras do ónus da prova

A expressão «ónus da prova» pode ser utilizada em sentido subjetivo (distribuição entre as partes da tarefa de carrear para o processo as provas necessárias para a decisão da causa[1326]), ou em sentido objetivo ou técnico (critério de decisão, indicando ao juiz o modo como o mesmo deve decidir a causa, no caso de estar em dúvida insanável quanto à «verdade dos factos»[1327])[1328]. Este último corresponde ao sentido com que a nossa doutrina se refere às regras do ónus da prova.

de absolvição da instância nos casos em que devesse ser aplicada a norma do artigo 278º, nº 3, com fundamento em que deveria ter sido outra – e mais vantajosa – a decisão do juiz, *i.e.*, uma decisão de absolvição do pedido).

[1326] A aportação da prova teria que resultar da iniciativa da parte onerada.

[1327] Nesta perspetiva, as regras do ónus da prova representam, portanto, uma resposta legal à proibição de uma «decisão de non liquet» (artigo 8º, nº 1 CC).

[1328] Sobre a distinção entre «ónus da prova em sentido objetivo» e «ónus da prova em sentido subjetivo» pode ver-se, por ex., Salvatore Patti, *Le Prove, Parte Generale* (*Trattato di diritto privato, a cura di* Giovanni Iudica *e* Paolo Zatti), Milano: Giffrè, 2010, págs. 50 e segs. «*(...) nessi esistenti tra l'onere della prova, inteso in una delle possibili accezioni, cioè come onere della parte di provare un fatto a lei favorevole per ottenere che esso venga preso in considerazione dal giudice (c.d. onere della prova in senso soggettivo), e il principio dispositivo. Nel modo descrito, la legge assegna infatti all'interessato il compito di fornire la prova dei fatti che costituiscono il fondamento della pretesa, e ciò costituisce espressione del potere di disposizione dei privati in ordine al rapporto sostanziale. Pertanto, l'eficácia dei singoli mezzi di prova dipende dalla «capacità di disporre del diritto» a cui i fatti, ad esempio, confessati o su cui verte il giuramento, si riferiscono (...). (...) In definitiva, pur non disconoscendo l'estensione dei poteri istruttori del giudice civile, che há fatto dubitare della attuale sussistenza di un*

Uma leitura radical do princípio dispositivo – de acordo com a qual a parte onerada se encontra sozinha na realização da respetiva tarefa probatória (não podendo contar com a colaboração da parte contrária, ou do tribunal) – conduz ao entendimento de que o tribunal apenas pode conhecer as provas aportadas pela parte sobre a qual recai o «ónus da prova do respetivo facto». Uma tal visão encontra-se atualmente ultrapassada. Com efeito, depõe contra ela, não apenas a existência de um poder instrutório do juiz (artigo 411º), como o dever de este tomar em consideração todas as provas, tenham ou não emanado da parte que devia produzi-las[1329] (artigo 413º).

Pode, pois, concluir-se que, no nosso sistema jurídico, a aquisição de uma prova não tem que resultar da iniciativa da parte onerada, cuja atividade pode ser completada pela intervenção do juiz, ou mesmo da parte contrária. Daí que a doutrina evite falar em «ónus subjetivo da prova» – e com razão, se nos estivermos a referir ao sentido (radical) antes referido[1330].

Não obstante, e pelas razões acima sustentadas, entendemos que o sistema jurídico-processual civil não pode prescindir da existência de um

principio dispositivo in tema di prove, ci sembra tuttavia che tale principio rappresenti pur sempre la proiezione nel campo processuale della autonomia privata, una «insopprimibile espressione del potere riconosciuto ai privati di disporre della própria sfera giuridica (cita VIRGILIO ANDRIOLI, «Prova in Genere (Diritto civile)» in *Novissimo Digesto Italiano*, XIV, 1967, págs. 260-300, págs. 276 e segs.). *Parimenti, ridurre la portata dei principi che da esso derivano (...) significherebbe non tanto modificarei l processo quanto riformare il diritto privato o comunque soprimere in sede processuale l`autonomia privata riconosciuta dal diritto sostanziale* (VIRGILIO ANDRIOLI, «Prova in Genere (Diritto civile)», cit., pág. 277).

Viceversa, non sussiste correlazione tra onere della prova inteso in senso oggettivo, cioè come regola di giudizio, e principio dispositivo. Infatti, sia puré in misura mínima il giudice può disporre prove d`ufficio e soprattutto, in base al principio dell`acquisizione processuale, può decidere a favore di una parte servendosi di prove fornite dall`altra o dei c.d. argomenti di prova (...)» (ob. cit., pags. 51-52).

1329 Sem prejuízo das disposições que declarem irrelevante a alegação de um facto, quando não seja feita por certo interessado.

1330 SERRA DOMÍNGUEZ salienta que, tendo o instituto do ónus da prova uma origem claramente subjetiva (razão pela qual a doutrina e a jurisprudência prestam uma atenção quase exclusiva ao aspeto subjetivo da instituição), e uma vez centrada a essência da mesma na impossibilidade sancionada pelas leis de um *non liquet*, carece de sentido falar de um ónus subjetivo da prova: «*(...) No debe extranãr que Carnelutti haya impugnado el concepto de Micheli sobre la carga de la prueba partiendo del proprio significado del término (Carnelutti, recensión de la obra de Micheli, en Rivista di Diritto Processuale, 1943, I, p. 76, aclara que el nombre de la institución no tiene nada que ver con la decisión del caso dudoso, lo que para él no sólo es una cuestión de terminología, sino algo que afecta a su fundamento y explica su ambigüedad)*» (SERRA DOMÍNGUEZ, in Comentarios al Código civil y compilaciones forales, cit., pág. 53).

ónus (subjetivo) da prova. Em termos não exatamente correspondentes aos que resultam do nosso pensamento, referem-se ANTUNES VARELA, J. MIGUEL BEZERRA e SAMPAIO E NORA à existência de um lastro de subjetividade das regras do ónus da prova[1331]. Ao contrário do que acontece nos sistemas assentes sobre o princípio dispositivo (afirmam os autores) – nos quais as regras do ónus da prova têm um sentido marcadamente subjetivo –, verifica-se, nos regimes temperados pelo inquisitório, a existência de uma feição acentuadamente objetiva daquelas regras, que só por via reflexa atinge a atividade (probatória) das partes. O que releva, no julgamento da prova, já não é tanto a atuação subjetiva da parte quanto a situação objetiva, o *non liquet* do facto, resultante da instrução da causa[1332]. No entanto, o facto de o ónus da prova adquirir um sentido marcadamente objetivo, não significa que o mesmo seja exclusivamente objetivo. Na verdade, a parte que, em virtude da repartição do ónus da prova, seja prejudicada pela falta de prova, sabendo qual é a consequência da incerteza dum facto, sentir-se-á naturalmente compelida a promover o esclarecimento do mesmo, *i.e.*, a fazer prova dele[1333]. Neste sentido, o ónus da prova continua a ser um verdadeiro ónus da produção da prova (um *Beweisführungslast*)[1334].

Já ROSENBERG[1335] sublinha que, embora a atividade processual da parte onerada com a prova não constitua a essência do instituto do ónus da

[1331] ANTUNES VARELA, J. MIGUEL BEZERRA e SAMPAIO E NORA, *Manual de Processo Civil*, 2ª ed., Coimbra Editora: Coimbra, 1985, pág. 450-451.

[1332] «*Ao passo que a ideia de ónus subjetivo, escreve A. dos Reis* (cita ALBERTO DOS REIS, *Código de Processo Civil anotado*, vol. III, 4ª ed., Coimbra: Coimbra Editora, pág. 272), *nos põe perante o problema de saber quem deve produzir a prova, qual das partes deve exercer a actividade probatória, sob pena de ficar sujeita ao risco de ver repelida a pretensão que deduziu em juízo, a ideia de ónus objectivo conduz-nos a averiguar que factos hão-de ser provados, para que a decisão apresente determinado conteúdo*» (ibidem, pág. 451, nota 1).

[1333] Ibidem. Segundo SERRA DOMÍNGUEZ, não existe uma verdadeira diversidade entre o ónus objetivo e subjetivo da prova (ónus material/ónus formal, ou ónus da certeza/ónus da prova). Não estamos perante duas instituições distintas, mas perante dois aspetos distintos de uma única instituição (SERRA DOMÍNGUEZ, in Comentarios al Código civil y compilaciones forales, cit., págs. 53-54).

[1334] «*A própria parte a quem não incumbe o ónus da prova do facto terá interesse, sabendo que o facto se não deu, em combater a prova adversa: além de ter que impugná-lo especificadamente, para que o facto se não considere como admitido por acordo, poderá sempre convir-lhe, através de meios de contraprova, impedir que o juiz se convença erroneamente da realidade do facto inexistente*» (ibidem, pág. 450, nota 1).

[1335] LEO ROSENBERG, *Die Beweislast*, cit., págs. 18 e segs.

prova[1336], seria ir demasiado longe se, pelas razões apontadas, se quisesse eliminar por completo o conceito de ónus subjetivo da prova. O reconhecimento deste conceito manifesta-se, de um modo geral, na imposição às partes de apresentarem as afirmações de facto necessárias para fundar as suas pretensões, e de iniciar os meios de prova correspondentes[1337].

A existência de um ónus subjetivo da prova reflete-se na delimitação do poder instrutório do juiz, na medida em que o exercício do mesmo não pode constituir uma forma de suprir a negligência das partes na observância dos respetivos ónus probatórios. A falta de realização de uma atividade, *stricto sensu*, probatória constitui assim um requisito negativo daquele poder: o juiz deve agir em colaboração com as partes, e não em substituição das mesmas (responsabilidade meramente complementar, ou acessória do juiz).

[1336] Na medida em que o juiz deve ter em conta também as afirmações e as aportações de prova resultantes da parte não onerada. Ou seja, não é tarefa exclusiva da parte onerada proporcionar os elementos de convicção do juiz. Apenas importam os factos que tenham sido demonstrados, sendo irrelevante quem os demonstrou.

[1337] A lei (acrescenta o autor) espera que cada parte alegue e prove, por sua própria iniciativa, os factos com cuja prova se encontram oneradas, sempre que esses factos sejam controvertidos, fazendo recair, por outro lado, sobre o tribunal o dever de lhes indicar a necessidade de o efetuar (ZPO, § 139). Ao observar-se a prática dos tribunais pode ver-se que os mesmos requerem à parte onerada a indicação de meios de prova em relação aos *factum probandum*, e quando isso não acontece, ou quando as provas oferecidas não logram demonstrar os respetivos factos, decidem contra essa parte, apenas porque a mesma não forneceu a prova que lhe incumbia.

Título IV
Natureza dos poderes instrutórios do tribunal e recorribilidade das decisões de não realização oficiosa da prova

I. Natureza dos poderes instrutórios do tribunal: poder–dever ou poder discricionário?

A existência de um princípio de responsabilidade probatória das partes conduz à necessidade de harmonização entre este princípio e o princípio da oficialidade: em que medida a atuação oficiosa do juiz em sede instrutória está dependente da realização, pelas partes, de uma atividade, *stricto sensu*, probatória? O problema não é simples. Comecemos por qualificar aquele poder do ponto de vista da sua natureza – vimos a hesitação da doutrina e jurisprudência dos sistemas jurídicos que estudámos relativamente a esta matéria.

A nossa doutrina maioritária (secundada atualmente pela jurisprudência) entende tratar-se de um poder-dever do juiz ou poder funcional[1338]

[1338] Nuno de Lemos Jorge, «Os poderes instrutórios do juiz: alguns problemas», cit., págs. 61-84, pág. 65: «*Característica essencial de um poder-dever, que o distingue de um direito subjectivo comum, é a sua funcionalização a um interesse (daí designar-se também, poder funcional). Os poderes probatórios do juiz são-lhe outorgados, pela lei processual, tendo em vista uma finalidade concreta, que o nº 3 do artigo 265º refere expressamente: o apuramento da verdade e a justa composição do litígio. Por outras palavras, o juiz deverá providenciar pela obtenção da prova necessária à formação da sua convicção quanto aos factos que lhe é lícito conhecer e que possam ter utilidade para a solução da controvérsia concreta suscitada no processo – a ideia de instrumentalidade deve servir de guia, no uso deste poder*». Utilizando aquela expressão («poder funcional»), pode ver-se, entre outros, Carlos Alberto da Mota Pinto, e outros, *Teoria geral do direito civil*, 4ª ed., Coimbra: Coimbra Editora, 2005, pág. 179; e Rabindranath Capelo de Sousa, *Teoria geral do direito civil*, Coimbra: Coimbra Editora, 2003, vol. I, pág. 185.

aquele previsto no artigo 411º (o argumento literal, *i.e.*, o uso da expressão «incumbe ao juiz», será para isso decisivo, muito embora se possa notar, a propósito de cada uma das medidas instrutórias, o uso de diferentes fórmulas verbais: «incumbe»[1339], «pode»[1340], «deve»[1341][1342]). Entre outros, pode ver-se: José Lebre de Freitas/António Montalvão Machado/Rui Pinto[1343], Carlos Lopes do Rego[1344], António Santos Abrantes Geraldes[1345], Paulo Faria e Ana Loureiro (trata-se do exercício de uma função jurisdicional, e não de um ato discricionário[1346]), Isabel

1339 Artigo 436º, relativo à prova documental.

1340 Artigos 452º, e 490º, relativos, respetivamente, à prova por depoimento de parte, e à prova por inspeção.

1341 Artigo 526º, referente à prova testemunhal.

1342 Isabel Alexandre, «A fase de instrução no processo declarativo comum», in *Aspectos do novo processo civil*, Lisboa: Lex, 1997, págs. 273-314, pág. 289 e segs. A autora faz depois uma análise a propósito de cada um dos meios de prova. Quanto à prova documental, salienta: «*também no âmbito da requisição de documentos, regulada no artigo 535º, se verifica uma nova forma de encarar os poderes instrutórios do juiz: onde dantes se previa um poder discricionário (hoje definido no art. 156º, nº 4 como o poder referido a matérias confiadas ao prudente arbítrio do julgador), prevê-se agora um poder-dever; onde dantes se aludia a uma mera «sugestão" das partes, fala-se agora em requerimento. Acentua-se, portanto, a ideia de que a procura da verdade material é dever do juiz, não sendo sempre os seus poderes instrutórios de exercício livre*». Por sua vez, também a propósito da prova testemunhal, «*onde antes se dizia que o juiz «pode ordenar» agora diz-se «deve o juiz ordenar»*».

1343 José Lebre de Freitas, António Montalvão Machado e Rui Pinto, *Código de Processo Civil anotado*, vol. II, 2ª ed., Coimbra: Coimbra Editora, 2008, págs. 631-632 (a propósito da inquirição por iniciativa do juiz), e José Lebre de Freitas, *Introdução ao processo civil – conceitos e princípios gerais*, 2ª ed., Coimbra: Coimbra Editora, 2006, págs. 153 e segs.

1344 Carlos Lopes do Rego, *Comentários ao Código de Processo Civil*, 2ª ed., Coimbra: Almedina, 2004, vol. I, pág. 260.

1345 António Santos Abrantes Geraldes, *Temas da reforma do processo civil, I – Princípios fundamentais*, Coimbra: Almedina,1997, págs. 58 e segs.

1346 Paulo Ramos de Faria e Ana Luísa Loureiro, *Primeiras Notas ao Código de Processo Civil*, vol. I, Coimbra: Almedina, 2013, cit., págs. 50 e segs. Segundos os autores, é equívoco o debate em torno da discricionariedade ou não dos despachos proferidos sobre a égide do poder de gestão processual, e sobre a sua recorribilidade. Na verdade, «*toda a atividade desenvolvida pelo juiz com significado externo constitui uma manifestação de poder – do poder judicial. Todavia, em momento algum este exercício de poder se encontra na disponibilidade do seu titular, para que este os exerça de acordo com a sua vontade. Todo o poder exercido pelo juiz (trate-se de despachos decisórios ou jurisdicionais, ou de despachos não decisórios ou de mero expediente) constitui um poder funcional, apenas sendo legítimo o seu exercício quando orientado para servir os fins que justificam a outorga do mesmo. A natureza de «poder-dever» não constitui, portanto, um sinal distintivo de um concreto poder (dever) exercido pelo juiz, antes constituindo uma caraterística comungada por toda a sua atividade*». Não tem, portanto, sentido «*apelar a uma ideia de «poder-dever de gestão processual» para dela se*

ALEXANDRE[1347] (a autora afirma que os poderes instrutórios do juiz deixam de ser encarados como poderes discricionários, consagrando-se expressamente a sua fisionomia de poderes-deveres, associados ao poder assistencial do juiz consagrado no artigo 266º, nº 4[1348]), ou NUNO DE LEMOS JORGE[1349]. Segundo este último autor, existem vários elementos de interpretação que depõem no sentido de uma leitura como poder-dever do poder a que se refere o artigo 265º, nº 3 (atual artigo 411º), tais como a letra da lei[1350], a existência de algumas ligações sistemáticas[1351], e a intenção legislativa subjacente à reforma do CPC de 1995/1996[1352]. Em sentido inverso, antes da reforma de 2013, pronuncia-se TEIXEIRA DE SOUSA[1353].

Já no que ao plano jurisprudencial diz respeito, embora os nossos tribunais se encontrassem divididos, antes da reforma de 1995/1996, quanto

extraírem consequências significativas, designadamente sobre a recorribilidade dos despachos proferidos no âmbito desta atividade. Esta classificação, aqui importada do direito substantivo, assuma escassa relevância operativa, pois não permite distinguir esta função do juiz de todas as demais – o que já não sucede com as classificações de «mero expediente», «jurisdicional» ou «discricionário»». O uso do poder instrutório que a lei atribui ao tribunal corresponde assim (sempre na opinião dos autores) ao exercício de uma função jurisdicional, e não a um ato discricionário. «(...) *um exemplo claro de «poder-dever não discricionário» – caso se admita que a gestão processual pode estar ligada ao mérito da causa e à descoberta da verdade, i.e., que o instituto abrange estas normas – é aquela cujo exercício é permitido pelas disposições que consagram a promoção oficiosa das diligências probatórias»* (ibidem).

1347 ISABEL ALEXANDRE, «A fase de instrução no processo declarativo comum», cit., pág. 289.

1348 Veja-se o atual artigo 7º, nº 4.

1349 NUNO DE LEMOS JORGE, «Os poderes instrutórios do juiz: alguns problemas», cit., págs. 62 e segs.

1350 A expressão «incumbe ao juiz» (afirma o autor), constante do preceito em análise, «*não parece sugerir que a intenção do legislador tenha sido disponibilizar ao juiz um instrumento probatório cujo uso ficasse entregue à sua vontade discricionária. Não se diz que o juiz pode determinar a produção de prova, antes se prescrevendo que o fará, quando necessário*».

1351 A utilização do vocábulo «incumbe» – embora isoladamente considerada possa indicar uma simples repartição de competências – aponta mais fortemente para uma vinculação; em outras normas do CPC, a propósito de incumbências do tribunal, o mesmo surge sempre ligado a um dever vinculado.

1352 Pode ler-se no preâmbulo do Decreto-Lei nº 329-A/95, de 12 de Dezembro: «*para além de se reforçarem os poderes de direção do processo pelo juiz, conferindo-se-lhe o poder-dever de adotar uma posição mais interventora no processo e funcionalmente dirigida à plena realização do fim deste, eliminam-se as restrições excecionais que certos preceitos do Código em vigor estabelecem, no que se refere à limitação do uso de meios probatórios, quer pelas partes quer pelo juiz, a quem, deste modo, incumbe realizar ou ordenar, mesmo oficiosamente e sem restrições, todas as diligências necessárias ao apuramento da verdade e à justa composição do litígio, quanto aos factos de que lhe é lícito conhecer*».

1353 TEIXEIRA DE SOUSA, *Estudos*, pág. 380.

à natureza dos poderes instrutórios do juiz, a mesma aceita agora, quase unanimemente, que eles não caiem no campo da discricionariedade, qualificando-os também como poderes-deveres[1354].

Embora entendam tratar-se de um poder funcional, não resulta da opinião daquelas doutrina e jurisprudência, pelo menos das que fazem carreira maioritária, ser o juiz responsável por ordenar a produção de todos os meios de prova necessários à boa resolução da causa, independentemente da atividade desenvolvida pelas partes, antes devendo a sua intervenção a este título ter uma natureza (meramente) subsidiária, ou de segunda linha. O poder instrutório do juiz (lê-se em alguns arestos[1355]), em sede de diligências necessárias ao apuramento da verdade e plasmado no artigo 411º, não pode servir para apagar a responsabilidade processual das partes na prossecução dos seus interesses ou tornar inúteis os fenómenos de preclusão processual, não se justificando que os poderes processuais sejam exercidos em substituição dos ónus probatórios[1356]. A consagração do prin-

[1354] Podem ver-se, entre outros, os seguintes Acórdãos do STJ de 12.06.2003, relator Quirino Soares, proferido no processo 03B1717 (CJ/STJ, Tomo III, 2003, pag. 101) («*Não diz coisa diferente do velho 264º, 3 (...) mas di-lo de uma forma que torna muito mais impressiva a ideia de que aquele poder, a que se refere o velho 264º, 3, é um poder – dever, um indeclinável compromisso do juiz com a verdade material*»); Ac. do TRP de 2.10.2006, relator Machado da Silva, proferido no Proc. nº 0613159; Ac. do TRP de 19.10.2006, relator Amaral Ferreira, proferido no processo nº 0633968; Ac. do TRP de 09.02.2015, relator João Nunes, proferido no processo nº 572/11.4TTPNF-A.C1.P1; Ac. do TRL de 22.01.2002, relator Quinta Gomes, proferido no processo nº 00100441.

[1355] Pode ver-se, entre outros: Ac. do STJ de 28.05.2002, relator Afonso de Melo, proferido no Proc. nº 02A1605; Ac. do TRG de 05.20.2013, relator António Santos, proferido no processo nº 7476/10.6TBBRG-E.G1; Ac. do TRP de 2.10.2006, relator Machado da Silva, proferido no Proc. nº 0613159; Ac. do TRP de 19.10.2006, relator Amaral Ferreira, proferido no processo nº 0633968; Ac. do TRP de 22.02.2011, relator José Carvalho, proferido no processo nº 476/09.0TBVFR-B.P1; Ac. do TRC de 26.10.1999, relator Cardoso de Albuquerque, proferido no processo nº 2419/99; Ac. do TRG de 28.01.2004, relator António Gonçalves, proferido no processo nº 2287/03-1.

[1356] Ac. do TRG de 05.20.2013, relator António Santos, proferido no processo nº 7476/10.6TBBRG-E.G1. «*Esta amplitude de poderes/deveres, no entanto, não significa que o juiz tenha a exclusiva responsabilidade pelo desfecho da causa. Associada a ela está a responsabilidade das partes, sobre as quais a lei faz recair ónus, inclusive no domínio probatório, que se repercutem em vantagens ou desvantagens para as mesmas e que, por isso mesmo, aquelas têm interesse direto em cumprir. Até porque, no limite, em sede probatória, a dúvida sobre a realidade de um facto resolve-se contra a parte a quem o mesmo aproveita (artº 516º). Daí que as partes tenham natural interesse em concorrer ativamente no processo de instrução da causa*» (Ac. do TRP de 09.02.2015, relator João Nunes, proferido no processo nº 572/11.4TTPNF-A.C1.P1). E mais adiante acrescenta-se: «*(...) reconhecendo embora a lei às partes um interesse legítimo na instrução da causa, não lhes permite o exercício desse direito de*

cípio da oficialidade não afasta, pois, a responsabilidade das partes quanto à indicação, nos momentos para tal processualmente previstos (cfr. arts. 552º, nº 2 e 598º), dos meios de prova, os seus comportamentos negligentes não podendo ser supridos através da atuação oficiosa do tribunal[1357].

É ao juiz de primeira instância (afirma, por sua vez, NUNO DE LEMOS JORGE[1358]) que compete avaliar a necessidade de realização da diligência para o seu esclarecimento, a parte não podendo substituir-se ao juiz e impor o seu próprio critério de necessidade de prova. Se o tribunal se der por esclarecido, a parte não conseguirá, por regra, demonstrar, em sede de recurso, que o não devia estar. Deve, pois, entender-se que a parte não poderá ter uma pretensão legítima de impugnação do despacho do juiz que negue a realização de uma determinada diligência probatória, se ela própria não cuidou minimamente de satisfazer o ónus probatório que sobre si incide. A sugestão efetuada pela parte, no sentido da realização dessa diligência, não pode constituir um meio de contornar os fenómenos de preclusão processual. Por conseguinte, apenas a clara demonstração de que essa diligência se impunha como necessária, independentemente da vontade da parte quanto à realização da mesma, poderá constituir uma base sólida de recurso. Há, no fundo, que demonstrar que, segundo qualquer critério razoável, o tribunal deveria ter providenciado pela realização da diligência, em face dos elementos disponíveis. Só assim a necessidade da prova se imporá desligada da mera vontade subjetiva da parte[1359]. São os

forma arbitrária. Bem pelo contrário. Condiciona esse exercício a determinados pressupostos, fora dos quais aquele direito pode ficar comprometido. E, neste contexto, não faz sentido que esses pressupostos possam ser contornados por recurso aos poderes/deveres que a lei comete ao juiz em sede instrutória».

1357 Pela razão apontada em texto, e porque nos parece procederem a uma leitura errada dos limites (quantitativos) ao exercício dos poderes instrutórios do juiz resultantes da vigência de um princípio de responsabilidade probatória das partes, não concordamos com as decisões tomadas em recurso nos seguintes processos: Ac. do TRP de 08-03-2004, relator Sousa Peixoto, proferido no processo nº 0316725; Ac. do TRP de 26.04.2001, relator Teles de Menezes, proferido no processo nº 0130495; Ac. do TRP de 26.02.2007, relator Pinto Ferreira, proferido no processo nº 0656602. Trata-se de situações em que, do nosso ponto de vista, as partes revelararam uma negligência grosseira na observância do ónus probatório que sobre si impendia, não estando, pois, preenchido o requisito positivo da atuação oficiosa do juiz.

1358 NUNO DE LEMOS JORGE Ibidem, págs. 77 e segs.

1359 Ibidem, pág. 77. Neste sentido pode ver-se o Ac. do TRP de 09.02.2015, relator João Nunes, proferido no processo nº 572/11.4TTPNF-A.C1.P1: «*o que é decisivo, pois, para que os citados poderes de investigação oficiosa sejam exercitados, não é que sejam sugeridos pelas partes ou por outros intervenientes acidentais, mas que tenham uma utilidade presumida, em si mesmos, devido, como*

casos, agora nas palavras de Lopes do Rego[1360], em que se verifica uma «ostensiva e injustificada omissão de diligência essencial e patentemente necessária ao apuramento da verdade dos factos».

Existe, portanto, uma margem de valoração do juiz quanto à oportunidade de exercício do seu poder instrutório. O juiz "deve" ter em consideração a possibilidade deste exercício[1361], mas, só à luz da ponderação por si feita no caso concreto, o deverá exercer efetivamente. E isto resume tudo quanto nos parece poder ser dito, com interesse, quanto à natureza (vinculada ou discricionária) do poder instrutório do juiz. Trata-se, assim, de uma norma, a do artigo 411º, que admite uma margem de valoração quanto à oportunidade de exercício do poder nela consagrado, mas que não exclui a possibilidade de sindicância da respetiva decisão – casos haverá em que se afigura evidente, em face dos elementos do processo, que o juiz devia ter procedido à prática do ato. Pode, então, considerar-se estarmos perante um poder vinculado, sim (para efeitos do artigo 630º, nº 1), mas sempre sem prejuízo daquela margem de valoração[1362].

dissemos, aos elementos em que se apoiam e aos fins que visam alcançar, que necessariamente devem estar ligados à descoberta da verdade material e à correta decisão da causa».

1360 Carlos Lopes do Rego, *Comentários ao Código de Processo Civil*, 2ª ed., Coimbra: Almedina, 2004, vol. I, pág. 260).

1361 O facto de se confiar sobretudo à iniciativa das partes a aquisição das provas necessárias para o apuramento da verdade, não significa, assim, que o juiz seja livre de fazer uso ou não do seu poder de produção oficiosa de prova. Com efeito, torna-se claro que viola a norma do artigo 411º quer, o juiz que desconsidere, em absoluto, a possibilidade de exercício daquele poder, quer aquele que, tendo concluído pela necessidade e oportunidade de exercício do mesmo, se abstém, no entanto, de o exercer.

1362 Outra hipótese seria considerar que estamos perante um poder discricionário, mas admitir, excecionalmente, o recurso da decisão do juiz, relativamente ao seu exercício (em hipóteses – usando linguagem administrativista – de "redução da discricionariedade a zero"). A discussão parece-nos infrutífera, já que se trataria de descrever a mesma realidade: cabe ao juiz de primeira instância ponderar a oportunidade de exercício do seu poder instrutório, embora não esteja excluída aquela possibilidade de recurso. É tudo quanto deve, por ora, ser concluído.

Note-se, aliás, que falece de razão o argumento segundo o qual se harmoniza mal com o princípio da verdade material a existência de um poder de produção oficiosa de prova de natureza discricionária. Na verdade, não decorre da natureza discricionária de um poder que o mesmo possa ser exercido de outro modo, ou tendo em vista a prossecução de outra finalidade, que não aquela para a qual o mesmo foi consagrado neste caso, o apuramento da verdade dos enunciados de facto controvertidos. (Neste sentido, pode ver-se, entre outros, Freitas do Amaral, *Curso de Direito Administrativo*, Volume II, 2011, 2ª Edição, Almedina,

Mais importante do que esta afigura-se, assim, a discussão acerca das condições do exercício daquele poder, a ponto de dever repensar-se a posição dos autores que entendem resultar da atribuição de uma natureza deveral ao poder de produção oficiosa de prova uma superação do princípio de responsabilidade probatória das partes[1363]. Na verdade, ainda que se aceite tratar-se, este, de um poder funcional, não está excluído o entendimento de que o exercício do mesmo não pode constituir uma forma de afastar o ónus da prova que recai sobre as partes (ónus de dedução formal da prova).

Em princípio, portanto, o juiz pode deixar às partes a iniciativa da prova, não sendo obrigado a realizar aquilo que elas entenderam não realizar. Num caso levado ao BGH, relativo a um processo de patentes, entendeu este Supremo Tribunal que o juiz de primeira instância tinha a obrigação de, por sua própria iniciativa, ordenar a realização de uma prova pericial, uma vez que não dispunha dos conhecimentos técnicos necessários para apreciar exaustivamente os argumentos apresentados pelas partes.[1364].

págs. 88-95, «(...) para aquele concreto órgão ou agente que tiver de decidir, só há, em cada momento, uma solução óptima (...)», «A discricionariedade não é uma liberdade, mas um poder-dever jurídico», Vieira de Andrade, O dever de fundamentação expressa de actos administrativos, Colecção Teses, Almedina, 1991, págs. 367 e segs.). A relevância daquele aspeto prende-se antes com a não suscetibilidade de as partes recorrerem da respectiva decisão (artigo 630º, nº 1) – o que, aliás, não constitui uma decorrência necessária dessa natureza, mas uma mera opção de política legislativa (nesse sentido, Teixeira de Sousa, Estudos, cit., págs. 380-381. O autor faz um paralelismo com a possibilidade de recorrer de decisões tomadas em processos de jurisdição voluntária. Vejamos pela sua pena: «*A irrecorribilidade dos despachos discricionários não é (...) uma imposição necessária do seu conteúdo, nem da discricionariedade que o determina. Nos processos de jurisdição voluntária, nos quais as decisões são tomadas com base em critérios de conveniência e oportunidade (1410º) e, portanto, de discricionariedade, só não é admissível a interposição de recurso para o Supremo (1411º, nº 2), havendo mesmo casos em que a admissibilidade do recurso para a Relação não depende dos valores da causa e da sucumbência da parte (1415º, nº 4). Portanto, não há qualquer impossibilidade intrínseca de recurso das decisões discricionárias, pelo que a exclusão imposta pelo artigo 679º é uma opção motivada essencialmente pelo carácter interlocutório dos despachos e pela sua indicidência sobre matérias processuais*». No mesmo sentido, seguindo a posição daquele autor, José Lebre de Freitas, *Código de Processo Civil Anotado*, vol 3, 2003, ponto 5 da anotação ao artigo 679º, págs. 17-18).

1363 Como reulta da análise de Direito estrangeiro realizada, a divergência entre os autores que atribuem ao poder do juiz uma natureza funcional e aqueles que configuram o mesmo como um poder discricionário acompanha, no fundo, a linha divisória entre aqueles que aceitam a existência de um princípio de responsabilidade probatória das partes, e aqueles que entendem que este princípio se encontra derrogado pelo princípio da oficialidade.

1364 Cfr. *supra*, nota 1037.

É um caso evidente de obrigação de produção oficiosa de prova, na medida em que não era responsabilidade das partes saber que aquela prova era necessária.

Em suma, a margem de apreciação de que o juiz goza, no que diz respeito à oportunidade de exercício do seu poder instrutório, abrange, para além dos demais requisitos gerais[1365], um juízo de harmonização com o

1365 Conforme refere Nuno de Lemos Jorge (Nuno de Lemos Jorge, «Os poderes instrutórios do juiz: alguns problemas», cit., págs. 68, e 74 e segs), a decisão do juiz de ordenar uma prova não é incontrolável. É controlável, na medida em que a lei faz depender o uso legítimo do seu poder da verificação de certos requisitos (a admissibilidade do meio de prova, a sua manifestação no momento processual adequado, a necessidade da diligência ao apuramento da verdade e à justa composição do litígio, e o facto de a prova a produzir incidir sobre factos que o juiz pode conhecer) cuja ocorrência pode ser discutida em sede de recurso. O autor reconhece, no entanto, que, sendo o meio de prova concretamente admissível, e entendendo o tribunal que a diligência é útil ao seu esclarecimento, e os factos visados pertencendo ao quadro factual que lhe é lícito conhecer, então a decisão não será, em princípio, atacável. Pode ainda notar-se que de entre aqueles requisitos apenas a violação do primeiro e do último (*i.e.*, a admissibilidade do meio de prova, e o facto de esta incidir sobre factos que o juiz pode conhecer) poderá, em princípio, constituir fundamento de recurso do despacho que ordene a realização oficiosa de uma prova (deixamos de lado o segundo requisito, aquele que diz respeito à utilização do poder em tempo oportuno, já que, como o próprio autor reconhece, apenas em hipótese académica o mesmo pode ser desrespeitado; seria o caso de o juiz (*a quo*) ordenar a realização de prova já depois de ter proferido sentença sobre a matéria de facto). O que não pode, em princípio, é recorrer-se da decisão com fundamento nela mesma, no seu juízo quanto à necessidade de realização da prova, já que só o tribunal sabe da sua necessidade de esclarecimento (pode, aliás, suceder que a providência pareça útil e venha a revelar-se inútil nos seus resultados, o que não significa que não estivesse preenchido o requisito da necessidade da diligência para o apuramento da verdade e a justa composição do litígio, uma vez que esta necessidade é potencial [não se afere pelo resultado], devendo a sua utilidade eventual resultar de outros elementos presentes nos autos) (*ibidem*). Por conseguinte, apenas em casos extremos a «desnecessidade da diligência para o apuramento da verdade e a justa composição do litígio» poderá, autonomamente, constituir um fundamento seguro para o recurso da decisão. E esses casos acabam por assumir uma feição puramente teórica (pense-se, por ex., na hipótese de o tribunal pretender inquirir uma testemunha sem que qualquer elemento permita, por forma alguma, supor que tal pessoa conhecesse factos relevantes para o processo, ou determinar a realização de uma perícia quanto a factos que, manifestamente, dela não carecessem) (*ibidem*).

Um exemplo em que o recurso seria admissível (não sendo de aplicar a norma do artigo 679º, já que não se trata de um acto praticado ao abrigo de poderes discricionários) seria este: o juiz pretender ouvir alguém, na qualidade de testemunha, sobre matéria contrária ao conteúdo de documento autêntico; esta decisão seria impugnável, com fundamento na violação do disposto no artigo 394º, nº 1 CC – regra imperativa de direito probatório material a que (também) o juiz se encontra vinculado (*ibidem*).

princípio de responsabilidade probatória das partes (é principalmente das partes a responsabilidade da prova). Por regra, portanto, não constituirá um fundamento válido de recurso a omissão do exercício daquele poder. Só em certos casos se poderá dizer que o juiz devia, e não apenas podia ter procedido à prática do ato[1366].

II. Poder instrutório do tribunal e direito à prova

Tendo por base o sobredito, deve colocar-se a questão de saber se as partes são titulares do direito a que o juiz exerça o poder de produção oficiosa de prova que lhe é atribuído por lei[1367]. A resposta a esta pergunta está em linha com o que antes dissemos: há diversos fatores presentes no juízo de necessidade e de oportunidade realizado pelo julgador (pense-se em aspetos como a existência de provas não realizadas, a relevância das mesmas para o apuramento da verdade, a adequação entre elas e a prova do facto, o facto de o juiz já dispor de elementos suficientes para a tomada de uma decisão bem informada, e ainda a observância, pelas partes, dos respetivos ónus[1368]).

[1366] O que diremos mais adiante, a propósito dos casos em que a parte tem um fundamento válido de recurso não constitui um afastamento desta ideia-chave, já que é a superveniência da fonte de prova (o conhecimento da mesma, ou, pelo menos, o da sua importância adveio do normal desenvolvimento da lide, através da prática de outros atos de instrução) que aí justifica, tratando-se de uma prova patentemente relevante para o apuramento da verdade, que o juiz deva, e, não apenas possa proceder à prática do ato.

[1367] Neste sentido, veja-se Antonios Diakonis, *Grundfragen der Beweiserhebung von Amts wegen im Zivilprozess*, cit., págs. 45 e segs.

[1368] Veja-se, por ex., o Ac.do TRE de 10.03.2005, relator Bernardo Domingos, proferido no processo nº 69/05-2: «*o indeferimento do requerimento pedindo a produção complementar de prova testemunhal, não constitui violação do princípio do inquisitório nem do dever do tribunal em ordem à descoberta da verdade, desde que o tribunal entenda fundadamente que tal prova não vai influir na decisão da causa. O facto de certas pessoas poderem saber de factos importantes relativos à causa não significa que o Tribunal deva sempre chamá-las a depor. Só quando se convença que o depoimento pode ainda ser importante para a decisão da causa é que deve ser admitido ou ordenado*». «*(...) é verdade que o tribunal pode e deve, mesmo oficiosamente proceder à inquirição de testemunhas, não indicadas oportunamente, mas que tenham conhecimento de factos importantes para a boa decisão da causa, mas isso está condicionado pelo juízo que fizer sobre a necessidade e utilidade dessa inquirição, para a boa e justa decisão da causa e descoberta da verdade (artº 645º nº1 e 265º nº 3 do CPC)*». E no Ac. do TRC de 24.10.2000, relator Monteiro Casimiro, proferido no processo nº 1915/2000: «*O disposto no artº 265º, nº3 deve ser interpretado no sentido de que o juiz só realiza ou ordena a diligência se entender que ela é necessária ao apuramento da verdade e à justa composição do litígio, sendo, portanto, o juiz a determinar quando se verifica essa necessidade*».

Segundo Alberto dos Reis[1369] (pronunciando-se sobre a norma do artigo 646º CPC 1939[1370]), muito embora estejamos na presença de um autêntico poder-dever do juiz[1371], a mesma não reconhece um direito às partes. Estas podem sugerir ao tribunal que faça uso da faculdade legal; não podem requerer que a faculdade seja exercida[1372]. O depoimento autorizado pelo artigo 646º (afirma o autor) não é posto pela lei à disposição das partes, é posto unicamente à disposição do tribunal. Ou seja, deve ver-se na iniciativa das partes, não um requerimento propriamente dito, mas uma sugestão ou uma aspiração a que o tribunal exerça o seu poder conferido pelo texto legal. Desde que o tribunal pode, espontaneamente ou por sua iniciativa, ordenar a notificação facultada pelo artigo, é claro que também a pode ordenar quando alguma das partes lhe chama a atenção para o caso e procura mostrar-lhe que seria oportuno e bem cabido o exercício do poder legal. Em tal circunstância o tribunal usa do poder, não por lhe ser requerido, mas porque reconhece haver motivo para pôr em movimento a prerrogativa de que goza[1373].

Daqui parece poder extrair-se a seguinte conclusão: as partes não têm o direito a que o juiz exerça o seu poder de produção oficiosa de prova, têm antes o direito a que o mesmo, tendo as mesmas lho solicitado, tenha (fundamentadamente) em conta e possibilidade desse exercício, e, caso conclua pela sua necessidade e oportunidade, o exerça efetivamente. Claro está que, nos casos em que o juiz devesse praticar o ato, a parte tinha um

[1369] Alberto dos Reis, *CPC anotado*, IV, págs. 485ss, e Rev. de Leg. 79º, págs. 105 e segs..

[1370] «*Reconhecendo-se, pela inquirição, que determinada pessoa, não oferecida como testemunha, tem conhecimento de factos importantes para a decisão da causa, pode o tribunal ordenar que seja notificada para depor*»; o atual artigo 526º, nº 1 dispõe que «*Quando, no decurso da acção, haja razões para presumir que determinada pessoa, não oferecida como testemunha, tem conhecimento de factos importantes para a boa decisão da causa, deve o juiz ordenar que seja notificada a depor*».

[1371] Ver, supra, nota 1368. São claras as palavras do autor conimbricense: «*Estamos (...) em presença dum poder limitado e condicionado, dum poder-dever, e não dum poder arbitrário e discricionário*» (Rev. de Leg. 79º, pág. 108). Em alguns Acórdãos (veja-se, por ex., o Ac. do TRP de 08-03-2004, relator Sousa Peixoto, proferido no processo nº 0316725) afirma-se – a propósito do poder de o juiz chamar a depor pessoas não arroladas pelas partes como testemunhas (veja-se o atual artigo 526º, nº 1) – que, com a reforma de 95, este poder deixou de ser uma faculdade, um poder (embora não discricionário, como diz Alberto dos Reis) concedido ao juiz e passou a ser um dever, um poder-dever que lhe é imposto. O autor de Coimbra já falava, no entanto, de um autêntico poder-dever.

[1372] Alberto dos Reis, *CPC anotado*, IV, págs. 485ss.

[1373] Alberto dos Reis, Rev. de Leg. 79º, págs. 105-106.

correspondente direito a que, nos termos da lei do processo, ele o praticasse (são os casos em que o recurso que a parte interponha merece provimento). Mas não é por ela o ter requerido que o dever de praticar o ato existe, mas porque o princípio da verdade material, na correta articulação com os princípios da responsabilidade probatória das partes e da oficialidade, assim o impõe (*rectius*, o impõe a norma do artigo 411º, interpretada à luz destes mesmos princípios).

III. Delimitação positiva e negativa do poder instrutório do juiz

Uma vez assente qual a natureza do poder instrutório do juiz, cabe agora proceder, na medida do possível, à densificação do critério de articulação do mesmo com o princípio de responsabilidade probatória das partes. Atendendo ao facto de que aquele poder tem um caráter meramente complementar ou acessório dos poderes das partes, cabe perguntar: a iniciativa instrutória do juiz pressupõe que a parte onerada tenha logrado fazer um «princípio de prova», ou uma prova completa dos enunciados de factos em que se baseiam as suas pretensões (atingida, no entanto, por uma contraprova)? O poder de iniciativa do juiz dirige-se (apenas) a suprir a existência de uma situação de *non liquet*, prevenindo a tomada de uma decisão com base na aplicação das regras do ónus da prova (em sentido objetivo)?

Vejamos:

1. Limite positivo à atividade do tribunal: atividade probatória da parte onerada

O juiz não deve agir em vez ou em substituição das partes[1374]. O limite positivo ao exercício do seu poder instrutório prende-se assim com a exis-

[1374] Pode assim dizer-se que estamos perante uma atividade eventual e complementar daquela que é realizada pelas partes, não provocando o desinteresse das mesmas pela demonstração do mérito das suas pretensões, uma vez que não se encontra afastada a possibilidade de o tribunal tomar uma decisão com base na aplicação das regras do ónus da prova (H. Devís Echandía, «El moderno proceso civil inquisitivo y com libertad para apreciar las pruebas», cit., pág. 18). Segundo Lopes do Rego (*Comentários ao Código de Processo Civil*, Almedina, 1999, pág. 425), «*o exercício dos poderes de investigação oficiosa do tribunal pressupõe que as partes cumpriram minimamente o ónus que sobre elas prioritariamente recai de indicarem tempestivamente as provas de que pretendem socorrer-se para demonstrarem os factos cujo ónus probatório lhes assiste – não podendo naturalmente configurar-se como uma forma de suprimento oficioso de comportamentos grosseira ou indesculpavelmente negligentes das partes. A inquirição por iniciativa do tribunal constitui um poder-dever complementar de investigação oficiosa dos factos, que pressupõe, no mínimo, que foram indicadas*

tência de um comportamento diligente das partes na observância dos respetivos ónus probatórios, donde decorre, para além dos casos em que as alegações da parte onerada não assentam em nenhum elemento suscetível de as tornar credíveis (ónus de fundamentação), não dever a atuação oficiosa do juiz ter lugar quando a parte deu sinal de uma negligência tal, que não requereu a realização de qualquer prova (limitando-se a solicitar a colaboração do juiz), ou requereu a produção de meios de prova sem nenhum resultado (ónus de dedução formal da prova).

Isto dito, não cremos, contudo, que deva situar-se no momento final do processo, em que já teve lugar a produção de toda a prova requerida pelas partes, a única possibilidade de o juiz ordenar a produção de novas provas, antes devendo admitir-se a possibilidade de o mesmo ordenar essa realização em qualquer estado do processo, sempre que possa prever essa necessidade, antecipando a existência de um *non liquet*. O exercício daquele poder não depende, portanto, de o juiz ser capaz de realizar um juízo probatório no sentido de ter a parte onerada feito o suficiente para o facto ser dado como provado (tendo, no entanto, a prova por si realizada sido atingida pelo efeito de uma contraprova)[1375].

Do mesmo modo, não está vedado ao juiz ordenar a produção de uma prova, sempre que a parte onerada a pudesse ter requerido. Na verdade, todas as provas podem, virtualmente, ser requeridas pelas partes[1376]. É à prudência do juiz, a quem compete realizar um juízo valorativo respeitante

provas cuja produção implica a realização de uma audiência (...)». A mesma posição é perfilhada por Nuno Lemos Jorge (*Os poderes Instrutórios do Juiz: Alguns Problemas*", "Julgar", nº 3, pág. 70): «*(...) O juiz não se encontra obrigado a proceder à inquirição de uma testemunha só porque a parte, que não apresentou oportunamente o rol, invoca a importância daquela inquirição para a descoberta da verdade. A não se entender assim, perdia sentido a obrigação de apresentação da prova em momentos processuais determinados (artigos 508º-A, nº 2, al. a), 512º, nº 1 e 512º-A), pois restaria sempre à parte a possibilidade de invocar o teor dos artigos 326º, nº 3 e 645º, nº 1*».

1375 O que não pode acontecer é que o juiz atue oficiosamente como forma de sanar a total inatividade das partes ou a grosseira negligência das mesmas na realização da tarefa probatória que lhes compete, já que, dessa forma, o mesmo comprometeria a natureza meramente complementar ou acessória do seu poder instrutório.

1376 Estamos de acordo, portanto, com a posição de Augustin Aynès e Xavier Vuitton, segundo os quais não deve exigir-se que as partes sejam capazes, em todos os casos, de realizar um princípio de prova, até porque isso nem sempre é possível. O que importa é que a parte onerada não disponha, no caso concreto, de meios para obter essa prova, já não merecendo censura o comportamento da parte que, solicitando a realização de um meio de prova, não houver produzido outras provas que – em teoria – estaria em condições de produzir. Antes

à oportunidade de realização do ato, que deve deixar-se, em concreto, esta apreciação. Claro está que à valoração do juiz não será indiferente o concreto meio de prova que esteja envolvido. Assim, se é normal que o juiz entenda ser, por ex., responsabilidade da parte onerada proceder à junção de um documento, ou arrolar uma testemunha, o mesmo poderá não acontecer, por ex., no caso da prova pericial, ou por inspeção. Com efeito, competindo ao juiz proceder à valoração da prova, só o mesmo poderá aquilatar da necessidade de produção de outras provas, para além daquelas requeridas pelas partes[1377].

Por último, pode questionar-se se o juiz deve ordenar a produção de prova, mesmo perante a inércia da parte onerada, no caso de a mesma ter introduzido no processo um determinado facto (*rectius*, uma alegação de facto) cuja demonstração, *nos termos da lei*, só possa ser feita através de uma prova tabelada, por se estabelecer a existência de uma *formalidade ad substantiam* ou *ad probationem*[1378]. Neste caso, e nos que lhe sejam análogos, quis a lei afastar a dúvida sobre a existência do acto, prevendo, por isso, a necessidade de observância da respetiva formalidade para a prova, ou para a validade do mesmo[1379]. Sendo o juiz chamado a pronunciar-se sobre um litígio que tenha por objeto este ato, e integrando a invalidade

de rejeitar um pedido de produção de prova com base no artigo 146, nº 2 CPCfr., o juiz deve assim apreciar se a prova a realizar pode ser obtida, *motu proprio*, pela parte que a solicita. (AUGUSTIN AYNÈS e XAVIER VUITTON, *Droit de la Preuve*, cit., págs. 39 e segs., em especial, págs. 66 e segs.).

[1377] Não nos surpreende, assim, que, num sistema como o francês, aparentemente mais próximo do nosso no sentido da atribuição ao juiz de um genérico poder de produção oficiosa de prova, se parta, na verdade, de um conceito restrito de meio de instrução (por ex. prova pericial e prova por inspeção), colocando alguns autores o acento tónico numa ideia de hierarquia entre os diferentes meios de administração da prova: um meio de instrução apenas pode ser ordenado, quando a parte onerada não disponha de *pièces* suficientes para fazer prova da respetiva alegação (prova pré-constituída), as medidas de instrução constituindo, assim, uma técnica subsidiária em relação à prova pré-constituída.

[1378] Segundo PAULO RAMOS DE FARIA e ANA LUÍSA LOUREIRO, *Primeiras Notas ao Código de Processo Civil*, cit., anotação ao artigo 596, pág. 551: «*Optando-se pela seleção de (alguns) factos essenciais, não é despropositado, organizando-se tais factos por uma ordem cronológica, incluir nessa seleção matéria que só pode ser provada por meios tabelados – v.g., por documento (ainda não junto) ou por meio de presunção legal -, preferencialmente com indicação do meio de prova legalmente admitido – recordando a necessidade da junção do documento e da pronúncia sobre o facto, bem como a sua essencialidade*».

[1379] Note-se que se trata de hipóteses de excepção ao efeito cominatório da admissão dos factos por acordo, artigo 574º, nº 2, e casos em que a revelia é inoperante (artigo 568º, alínea c)).

do mesmo, para além do mais, matéria de exceção de conhecimento oficioso, pode retirar-se dali um argumento no sentido de que o juiz deve, *ex officio iudicis*, ordenar a junção do documento, adquirindo por essa via a certeza (legal) sobre a existência do ato, ou a prova negativa do respetivo enunciado, no caso de a prova não ser feita?

Por uma questão de coerência com o que até aqui dissemos, e uma vez que constitui ónus da parte que pretende prevalecer-se daquele facto proceder à junção do documento, ou procurar obter outra prova (confissão) que, *in casu*, o possa substituir, entendemos não dever admitir-se, em princípio, sob pena de se ferir o princípio de responsabilidade probatória das partes, que essa parte possa recorrer da decisão do tribunal, com fundamento em que o mesmo omitiu o dever de ordenar oficiosamente a junção do documento. Não obstante, pode o juiz entender, segunda a concreta ponderação das circunstâncias do caso, ora, ordenar a realização da prova, ora aconselhar a parte a proceder à sua realização. Esta última solução, até por estar envolvida uma regra de direito (norma de direito probatório material), encontra apoio no princípio da cooperação processual[1380].

Noutros casos, pode resultar evidente dos elementos do processo que apenas por lapso a parte não requereu uma determinada diligência probatória (por ex., a mesma refere-se um documento que não junta), admitindo-se, nesse caso, que o juiz, mais uma vez numa óptica de colaboração entre os sujeitos processuais, chame a atenção da parte para a necessidade de realização da prova (artigo 7º, nº 1).

2. Limite tendencial negativo à atividade do tribunal: existência de um juízo probatório em termos de probabilidade prevalente

Atendendo mais uma vez à natureza meramente complementar ou acessória da responsabilidade do juiz, parece-nos dever entender-se que o

[1380] Fazendo-o, em vez de ordenar a produção da prova, e não sendo natural que as partes litiguem contra o próprio interesse (note-se que os casos de uso abusivo do processo merecem um tratamento particular), parece-nos, para além do mais, que esta solução, mais conforme com o princípio de responsabilidade probatória das partes, não fere as exigências do princípio da verdade material. Ideia esta, aliás, replicável em todos os casos em que, podendo o juiz ordenar a realização de uma prova, decida antes aconselhar uma parte que esta requeira essa realização. Em qualquer um destes casos entendemos estar, desde logo, totalmente descartada a possibilidade de essa parte vir a recorrer da decisão do juiz, com fundamento na omissão do exercício dos poderes de produção oficiosa de prova.

exercício do seu poder terá, tendencialmente, como limite a existência de elementos de julgamento suficientes para a formulação de um juízo probatório sobre o *factum probandum*.

Na verdade, estando essencialmente confiada à iniciativa das partes a aquisição dos elementos necessários para a tomada de uma decisão bem informada sobre o fundo da causa, deverá o juiz limitar-se a realizar uma atividade complementar, destinada a evitar que o mesmo se veja forçado a tomar uma decisão com base na aplicação das regras do ónus da prova (em sentido objetivo)[1381]. Deste modo, tendo a parte onerada logrado observar o ónus probatório que sobre si recaía, deve o juiz, em princípio, sob pena de ferir o equilíbrio resultante da distribuição das respetivas cargas probatórias, contentar-se com o grau de convicção assim alcançado[1382].

Segundo Giovanni Fabbrini[1383], não existe nenhum perigo na coexistência de poderes do tribunal e das partes em matéria instrutória, perigosa sendo apenas a coexistência de um poder ilimitado do juiz, e de poderes das partes fortemente restringidos por um sistema de rígidas preclusões, ou a existência de um poder exclusivo do juiz. O sistema jurídico deve saber respeitar o princípio de responsabilidade probatória das partes, conferindo-lhes as faculdades, em abstrato, suficientes para assegurar o melhor acertamento possível dos factos da causa[1384], e impondo ao juiz que se assegure de que aquela «suficiência abstrata» não é, em con-

[1381] Isto não significa, contudo, como já acima se disse, que o juiz deva esperar pelo fim do processo, quando já procedeu à valoração de toda a prova produzida pelas partes, para, estando ainda em dúvida sobre o enunciado de facto, poder exercer o seu poder instrutório. É à medida que a prova vai sendo produzida que o seu poder deve ser exercido, atendendo às necessidades do processo, e ao resultado, provisório, da prova produzida.

[1382] Referindo-se à posição do BGH sobre o grau de convencimento necessário para que o juiz civil possa tomar uma decisão sobre o fundo da causa (o requerido para efeitos da vida prática) pode ver-se Mark Schweizer, *Beweiswürdigung und Beweismaß, Rationalität und Intuition*, cit., pág. 34: «*Der Richter darf und muss sich in tatsächlich zweifelhaften Fällen mit einem für das praktische Leben brauchbaren Grad an Gewissheit begnügen, der den Zweifeln Schweigen gebietet, ohne sie völlig auszuschleßen (...). Der Bundesgerichtshof senkt also die Anforderungen an die »persönliche Gewissheit«, diese braucht keine unumstößliche zu sein, sondern es genügt »ein für das praktische Leben brauchbaren Grad der Gewissheit*».

[1383] Giovanni Fabbrini, «Potere del giudice (diritto processuale civile)», cit., págs. 734-737.

[1384] Engana-se (salienta o autor) quem pensar que o contraditório paritário entre sujeitos movidos por interesses materialmente opostos, inserido no quadro da legalidade da prova, não constitui o melhor instrumento que a história, a experiência, e a cultura souberam elaborar para o acertamento dos factos.

creto, lesada em virtude de um desenvolvimento incorreto do processo que impeça e limite o efetivo exercício dessas faculdades (a trave mestra para a obtenção deste fim consiste assim na tutela da «forma», na sua projeção funcional intersubjetiva).

Daqui pode retirar-se a «interpretação sistemática» para traçar os contornos do correto exercício do poder de iniciativa probatória do juiz[1385]. No que diz respeito ao momento deste exercício, duas hipóteses são possíveis: ele pode ter lugar em conjunto com a pronúncia sobre a admissibilidade dos requerimentos probatórios apresentados pelas partes, ou num momento em que os poderes das partes já se tenham esgotado, e toda a prova resultante da sua iniciativa tenha sido processualmente adquirida. Nesta segunda hipótese (aquela que o autor acaba por escolher) podem ainda distinguir-se duas possibilidades: (1) a atividade instrutória do juiz poder ter lugar mesmo no caso de se verificar a existência de um resultado probatório concludente (em termos de probabilidade prevalente); ou (2) a mesma ter (apenas) por finalidade evitar a tomada de decisões baseadas na aplicação das regras do ónus da prova, em virtude da natureza inconclusiva daquele resultado.

Uma coisa (afirma Giovanni Fabbrini) é agir quando tudo é incerto, e se utilizam os instrumentos (de resultado imprevisível) para conhecer o «modo de ser» dos factos; outra coisa é agir quando se tenha já logrado obter um resultado final concludente. Aqui, e ao contrário do que se verifica nas hipóteses de *non liquet*, a iniciativa do juiz significa abrir a possibilidade de modificar um resultado de outro modo não modificável, atento a vigência de um princípio da preclusão. Ou seja, significa abrir a possibilidade de «quebrar uma sucumbência» de outro modo inevitável. Ora, esta situação afigura-se inquietante.

As dúvidas do autor não nascem de uma oposição de princípio a que a intervenção do juiz possa conduzir à modificação de um resultado de outra forma inalterável: se o ordenamento jurídico confere ao juiz poderes de iniciativa instrutória (salienta Fabbrini), os mesmos não são certamente conferidos para não incidirem sobre o resultado final do processo. De um

[1385] O qual (sublinha o autor), não pode ser nenhuma de três coisas: uma forma de contornar a proibição de recurso à «ciência privada»; um instrumento de violação da disciplina substantiva da relação deduzida em juízo; ou um meio de alteração, em favor de uma parte, dos efeitos das preclusões probatórias.

ponto de vista interno, portanto, é inútil lamentar que a prova disposta *ex officio iudicis* possa fazer com que se torne vencedor quem de outro modo seria vencido (e vice-versa)[1386].

A partir do interior do sistema deve, contudo, poder estabelecer-se a razão pela qual o juiz, tendo diante de si, com base nos resultados probatórios obtidos através da iniciativa das partes, uma causa pronta para ser decidida, uma vez a decide no estado em que ela se encontra, e noutra, pelo contrário, dispõe oficiosamente de novas provas, antes de tomar uma decisão final de mérito. Na verdade, a inexistência de uma «medida» para o exercício daquele poder conduz a que o juiz possa fazer uso do mesmo, com incidência sobre o mérito da causa, sem que haja a possibilidade de sindicar a oportunidade desse mesmo exercício (ou da falta dele). Uma hipótese de construção dessa medida pode ser esta: o poder oficioso do tribunal, na razoável coordenação do mesmo com os poderes das partes, tende apenas a evitar, na medida em que isso seja possível, a tomada de decisões com base na aplicação das regras do ónus da prova[1387]. Sempre que a prova adquirida permita ao julgador fazer uma reconstrução «convincente» dos factos litigiosos, os poderes instrutórios (incluindo aqueles confiados à iniciativa do juiz) devem assim considerar-se extintos. Quando, pelo contrário, o facto controvertido permaneça incerto, o juiz, dispondo de poderes instrutórios de que possa legitimamente fazer uso, não deve tomar uma decisão com base na aplicação das regras do ónus da prova, sem que primeiro tenha feito uso desses mesmos poderes[1388].

[1386] Ibidem.

[1387] Por certo (adverte Giovanni Fabbrini), esta regra não se encontra enunciada em nenhuma norma, mas a mesma pode ser extraída de uma série de indícios sistemáticos, e, acima de tudo, do poder reconhecido ao juiz de negar a aquisição de ulteriores meios de prova (embora já admitidos) nos casos em que considere atingida, com base na prova já adquirida, a certeza (positiva ou negativa) «sobre o respetivo facto». «*Bem estranho seria o ordenamento que, instituindo o poder agora recordado, instituísse também o poder de inserir novas provas ex officio, nos casos em que as prova já adquiridas no processo consentissem uma reconstrução do facto*».

[1388] Esta «medida» (sublinha o autor) não pretende negar ao juiz poderes que lhe são conferidos pela lei, mas apenas controlá-los, de modo a que o seu exercício não ofenda o princípio da imparcialidade e a efetividade do contraditório: «*Nem se diga que o controlo sobre a relevância da iniciativa probatória do juiz pode representar de per se uma garantia suficiente do correto funcionamento do sistema: quem raciocinasse nestes termos ignoraria (ou fingiria ignorar) que um controlo em termos de relevância não chegaria sequer a tocar o problema mais delicado, que é o da escolha da parte do juiz entre o exercício e o não exercício dos poderes que lhe são conferidos*».

Embora seja sedutor o pensamento deste autor, não cremos, como já acima afirmámos, que deva limitar-se o exercício do poder de produção oficiosa de prova a uma fase adiantada do processo, em que já se produziu toda a prova requerida pelas partes, tendo o juiz ficado em dúvida sobre a verdade dos enunciados de facto controvertidos. Rejeitamos, portanto, a conclusão a que chega o autor italiano. Contudo, deve reconhecer-se uma virtude da mesma: a de demonstrar que, tendo o juiz alcançado um grau de convicção que lhe permita formular um juízo probatório autónomo sobre aqueles enunciados de facto, *i.e.*, um juízo segundo o qual se dê como provado esse enunciado, ou em que se dê como provado o contrário do mesmo, não deve, em princípio, ter lugar o exercício do seu poder de produção oficiosa de prova.

Não se trata, no entanto, como faz o autor, de traçar um limite (aquele que diz respeito à possibilidade de o juiz realizar uma reconstrução «convincente» dos factos litigiosos) a partir do qual se extingue o seu poder instrutório. Não nos parece poder levar-se tão longe o desejo de fornecer ao juiz um critério seguro para o exercício daquele poder. Casos podem existir, com efeito, em que o juiz dispõe de elementos de julgamento que lhe permitem, fundadamente, supor que uma determinada fonte de prova não adquirida no processo é suscetível, pelo seu potencial relevo para o apuramento da verdade, de alterar o sentido daquele juízo probatório. O que move, neste caso, a sua atuação oficiosa não é, portanto – deve notar-se –, a finalidade, em si mesma, de obter um grau de convicção mais elevado sobre a verdade dos enunciados de facto controvertidos (o processo civil permanece, no essencial, um processo de partes, não existindo uma obrigação do órgão judicial de procurar a verdade por todos os meios disponíveis[1389]), mas o excecional, e potencial, relevo da fonte de prova não adquirida.

Trata-se, contudo, de hipóteses limite, decorrendo da necessária articulação entre aquele poder e o princípio de responsabilidade probatória das

[1389] O princípio da verdade material encontra não só no princípio dispositivo e no princípio de proibição de recurso à ciência privada, mas também no princípio da responsabilidade probatória das partes, um limite fundamental. Por conseguinte, uma vez a atividade probatória realizada pelas partes tenha permitido ao juiz formular, em termos de probabilidade prevalente, um juízo probatório sobre os enunciados de facto controvertidos (factos constitutivos do direito, ou factos impeditivos, modificativos ou extintivos do direito invocado), o mesmo deve, em princípio, satisfazer-se com esse grau de convicção, decidindo a causa em conformidade.

partes que, tendo a parte onerada logrado observar o respetivo ónus, o juiz não deve, em princípio, ordenar a realização de qualquer outra diligência probatória. Com esta ressalva: o raciocínio anterior não deve ser aplicado no caso de o juiz ter uma fundada suspeita de que as partes pretendem fazer um «uso abusivo» do processo. Nesta hipótese, e uma vez que recai sobre o juiz o dever de obstar a que as partes se sirvam do processo para praticarem um ato simulado, ou para conseguirem um fim proibido por lei[1390], deve consentir-se que o mesmo faça uso dos seus poderes instrutórios, como forma de confirmar ou afastar aquela suspeita.

IV. Revisibilidade das decisões de mérito baseadas na aplicação das regras do ónus da prova

Não deve retirar-se do ponto anterior a conclusão de que se encontra vedado ao juiz tomar uma decisão de mérito, fundada na insuficiência das provas fornecidas pelas partes (ou seja, uma decisão baseada na aplicação das regras do ónus da prova), sempre que o mesmo não tenha previamente exercido o seu poder de produção oficiosa de prova. Posta nestes termos, esta ideia rompe o equilíbrio instituído pelo código entre o papel do juiz e das partes na aplicação judiciária das regras do ónus da prova. Com efeito, é antes do mais sobre as partes que recai o ónus de alegação e de prova, as mesmas devendo poder decair nas respetivas pretensões, no caso de não carrearem para o processo os elementos necessários para a demonstração do seu direito.

Apenas à luz do caso concreto – é certo –, e com recurso aos fundamentos da sentença se pode saber se a atuação do juiz merece censura. Segundo Taruffo[1391] (que afirma a existência de uma obrigação de o juiz exercer os seus poderes instrutórios, sempre que se verifique uma razoável probabilidade de, através dos mesmos, se proceder a um acertamento da verdade dos factos), existe um dever de o juiz motivar explicitamente a decisão de exercer ou não exercer esses poderes, indicando a razão pela qual não fez uso dos mesmos, como forma de permitir uma verdadeira e própria sindicância da sua decisão sob o ponto de vista de «violação ou má

[1390] Segundo o artigo 612º, «*Quando a conduta das partes ou quaisquer circunstâncias da causa produzam a convicção segura de que o autor e o réu se serviram do processo para praticar um ato simulado ou para conseguir um fim proibido por lei, a decisão deve obstar ao objetivo anormal prosseguido pelas partes*».

[1391] Michele Taruffo, «L'istruzione Probatoria», págs 90 e segs.

aplicação da lei». E GIOVANNI FABBRINI[1392] adverte que o controlo sobre a relevância da iniciativa probatória do juiz não representa *de per se* uma garantia suficiente do correto funcionamento do sistema: quem raciocinasse nestes termos ignoraria (ou fingiria ignorar) que um controlo em termos de relevância não chega a tocar o problema mais delicado, que corresponde à escolha, por parte do juiz, entre o exercício ou não dos poderes que lhe são conferidos pela lei.

A afirmação de TARUFFO de que o juiz está obrigado a motivar explicitamente a decisão, indicando a razão pela qual não exerceu o seu poder, parece-nos excessiva. Por um lado, e começando pelos casos em que o juiz toma uma decisão com base num juízo probatório autónomo sobre os enunciados de facto controvertidos, parece-nos decorrer dessa mesma decisão (de um modo implícito) a razão de ser do não uso daquele poder, e que diz respeito à existência de suficientes elementos de julgamento para a tomada de uma posição sobre os factos controvertidos. Por outro lado, e no que se refere aos casos agora tratados (aqueles em que se verifica a existência de uma situação de *non liquet*), parece-nos dever bastar que resulte dos fundamentos da sentença ter o juiz tomado em consideração a possibilidade de exercício do seu poder instrutório[1393]. Com exceção dos casos em que decorra daqueles fundamentos que, existindo outras provas potencialmente relevantes para o apuramento da verdade, o juiz desconsiderou, em absoluto, aquela possibilidade, não vemos que a parte possa recorrer da decisão, com fundamento na omissão do tribunal[1394].

[1392] GIOVANNI FABBRINI, «Potere del giudice (diritto processuale civile)», *Enciclopedia del Diritto*, XXXIV (1985), págs. 721-744 (734-737).

[1393] Conforme é referido por MORITZ BECKER, a propósito da aplicação do § 142, I ZPO: «*o BGH, através da sua decisão de 26.6.2007, veio estabelecer que existe uma nulidade apenas nos casos em que o tribunal não tenha tomado em consideração, de todo, a possibilidade de ordenar a exibição de documentos. Em princípio* (acrescenta o tribunal), *a decisão de aplicação daquela norma não se encontra submetida ao controlo do tribunal ad quem, uma vez que se trata de um poder discricionário do tribunal (Ermessensvorschrift). Contudo, pode verificar-se através da fundamentação da sentença se o juiz fez uso do poder discricionário que lhe é conferido por lei, ou se, de todo, o desconsiderou. Ora, nos casos em que, apesar de estarem verificados os requisitos para que o juiz ordene a apresentação de um documento, resultar da fundamentação da sentença que o juiz não tomou em conta essa possibilidade, estaremos perante um erro de procedimento*» (MORITZ BECKER, «Die Pflicht zur Urkundenvorlage nach § 142, I ZPO und das Weigerungsrecht der Parteien»», *Monatsschrift für Deutsches Recht*, 62. Jahrgang, Heft 23 (2008), págs 1309-1315).

[1394] Problema diferente, de que trataremos *infra*, é o de saber se o poder de ordenar a produção de prova, *ex officio iudicis*, se estende ao Tribunal da Relação.

Coisa diferente consiste em saber se, tendo a parte solicitado ao juiz a realização de uma prova, e tendo o mesmo decidido não a realizar, ou tendo omitido a sua realização (invocando-se tempestivamente a respetiva nulidade), o facto de a decisão final de mérito vir depois a ser tomada com base na aplicação das regras do ónus da prova constitui argumento no sentido de que se impunha a prática do ato. Não cremos que assim seja. Claro está que a tomada de uma decisão como esta revela, por si mesma, estar o juiz em dúvida sobre a verdade do enunciado de facto controvertido. Daqui não há como fugir. Mas, existindo outros requisitos da prática do ato, é segundo o critério que a seguir procuraremos densificar, e não pelo facto de o juiz tomar uma decisão como aquela (ou não sendo este, pelo menos, um argumento decisivo), que o problema de saber se o recurso interposto pela parte merece provimento deve resolver-se.

O que acima se disse encontra, no entanto, um limite na proibição de o tribunal tomar decisões surpresa. Casos haverá, com efeito, em que a parte pode legitimamente contar com a tomada de uma decisão favorável, por ter fundadas razões para acreditar ter feito o necessário para observar o respetivo ónus probatório (por ex., porque foi feita prova pericial, tendo o juiz se desviado do resultado da perícia, sem o discutir com as parte, ou lhes dar a possibilidade de requerem nova perícia, ou a produção de outras provas). De qualquer forma, o foco do problema altera-se neste caso, não dizendo já respeito à omissão ilícita da realização da prova, mas à violação daquele princípio. Trata-se esta, no entanto, de uma solução de *ultima ratio* de reação a uma decisão desfavorável, *maxime* quando a parte tenha solicitado ao juiz a realização de uma diligência probatória e o mesmo tenha omitido essa realização, por entender estar já suficientemente esclarecido sobre os factos da causa.

V. Conclusão quanto à delimitação do poder instrutório do tribunal

Com base no sobredito, pode concluir-se ser o seguinte, tendencialmente, o âmbito de intervenção oficiosa do juiz: não tendo a parte onerada (autor, réu reconviente ou réu nas ações de simples apreciação negativa, no que diz respeito à prova dos factos constitutivos do direito/réu, autor reconvindo ou autor nas ações de simples apreciação negativa, no que diz respeito à prova dos factos que integram exceções perentórias) revelado uma negligência tal, que a atuação do juiz constituísse uma forma de sanar essa negligência, o juiz entenda que é necessária a produção de outras provas para a tomada de uma decisão bem informada sobre o fundo da causa, quer porque antecipadamente deteta essa necessidade, quer porque, tendo a contraparte realizado contraprova – mas não tendo a mesma logrado demonstrar o contrário do facto –, o juiz se encontra em dúvida sobre a verdade dos enunciados de facto em que se baseiam aquele direito ou exceção[1395].

É, pois, para obviar a situações de *non liquet*, não obstante a situação de carência probatória poder ser antecipadamente configurada pelo juiz, que a lei coloca ao dispor deste último o poder de produção oficiosa da prova.

VI. Revisibilidade da decisão judicial por falta de exercício dos poderes de produção oficiosa de prova, no caso de uma parte solicitar a intervenção do juiz

Sendo estes os casos em que o juiz *pode* exercer o seu poder de produção oficiosa de prova (sem prejuízo, claro-está, dos demais requisitos de que a lei faz depender esse exercício[1396]), trata-se agora de saber, ou melhor, de densificar em que casos a decisão de não exercício deste poder, ou a pura omissão da prática do respetivo ato, pode ser objeto de censura pelo tribunal superior, no caso de uma parte solicitar a intervenção do juiz. Sendo responsabilidade principal das partes fazer prova do seu direito, e não podendo o exercício daquele poder, como vimos, constituir uma forma de contornar os fenómenos de preclusão probatória, impõe-se perguntar: em que casos terá a parte uma pretensão legítima de recurso da decisão de não realização oficiosa da prova, ou do despacho que não reconheça a invocação da nulidade decorrente da pura omissão desse ato?

Desde logo, deve chamar-se a atenção para o seguinte: o problema só se coloca verdadeiramente, nos casos em que se encontre extinto o direito

[1395] A lei prevê mesmo a possibilidade de o juiz, uma vez encerrada a audiência final, ordenar a reabertura da mesma, no caso de não se julgar suficientemente esclarecido, ouvindo as pessoas que entender e ordenando as demais diligências necessárias (artigo 607º, nº 1, segunda parte). É, como já tivemos oportunidade de dizer, um instituto próximo das «*diligencias para mejor proveer*» do processo civil espanhol, e que permite ao juiz ordenar a realização de diligências complementares, num momento em que o processo já se encontra concluso para sentença, no caso de a valoração da prova produzida até esse momento não lhe permitir ainda formar uma convicção segura sobre os factos litigiosos.

[1396] A admissibilidade do meio de prova, a sua manifestação no momento processual adequado, a necessidade da diligência ao apuramento da verdade e à justa composição do litígio, e o facto de a prova a produzir incidir sobre factos que o juiz pode conhecer.

de a parte requerer a produção do «meio de prova» (*i.e.*, naqueles em que o seu direito à prova se encontre precludido), e não naqueles em que a aquisição da prova possa resultar da iniciativa dessa parte. Com efeito, pouco sentido teria que, podendo a parte, por sua própria iniciativa, requerer a produção do meio de prova, a mesma solicitasse, em vez disso, ao juiz a sua realização oficiosa. Sendo esta uma hipótese mais académica do que prática[1397], o mesmo não se pode já dizer dos casos em que, podendo a parte obter, *motu proprio*, uma «fonte de prova», a mesma solicite a colaboração do juiz, com vista à obtenção dessa mesma fonte. Das duas, uma: ou bem que a parte alega, fundadamente, e existência de uma dificuldade séria na obtenção da prova, caso em que existe um dever de colaboração do juiz com a parte, no sentido da remoção do obstáculo (artigo 7º, nº 4) (não se trata aqui, contudo, de um caso de produção oficiosa de prova, mas de observância de um dever de colaboração com as partes), ou bem que a parte não alega a existência de uma tal dificuldade, caso em que a mesma não pode pretender que o juiz se subsitua a si na realização dessa tarefa probatória (em sentido amlo).

No que diz, por sua vez, respeito às hipóteses em que o direito da parte se encontra precludido, há que distinguir aquelas em que o juiz decide não providenciar pela realização da diligência, e aquelas em que o mesmo simplesmente a omite, não tomando sobre essa matéria qualquer decisão. No primeiro caso, trata-se de saber se as partes podem recorrer da decisão[1398];

[1397] Referindo-se ao facto de que são mais académicas do que efetivas as hipóteses de reclamação por nulidade por omissão da «gestão processual devida» (devendo notar-se que no entendimento destes autores a realização oficiosa de prova insere-se na prática de deveres de gestão processual), na medida em que, se a parte entende como necessária a prática de um ato, tenderá a requerê-lo, reagindo contra a sua não realização já não através da reclamação de uma nulidade, mas recorrendo do despacho que a indefira, veja-se Paulo Faria e Ana Loureiro, *Primeiras Notas ao Código de Processo Civil*, cit.. Os autores admitem, no entanto, a existência de hipóteses em que a parte, estando ainda a tempo de reclamar de uma omissão, constate que a mesma já produziu efeitos indesejados, só anuláveis por arrastamento do reconhecimento de uma nulidade pretérita [artigo 195º, nº 2] (o ex. dado é este: hipótese de o juiz relegar para final o conhecimento da causa por falta de um documento (artigo 595º, nº 4), admitindo que a parte ainda pode proceder à sua junção, em vez de a notificar para o apresentar prontamente – o que possibilitaria o julgamento imediato da causa (artigo 590º, nº 2, alínea c)). Deve admitir-se que o interessado reclame contra a omissão de uma gestão que permitia o seguro julgamento imediato da causa).

[1398] *«Não constitui uma nulidade processual, de acordo com o disposto no artº 201º, nº1, a decisão de não admissão do depoimento do administrador judicial, uma vez que a arguição de nulidade de processo só é*

no segundo, trata-se, por um lado, de questionar se a omissão constitui uma nulidade processual e, por outro lado, se é admissível recurso do despacho que recuse conhecê-la[1399]. O problema de fundo é o mesmo, e a diferença prende-se com o facto de não ser possível recorrer de uma pura omissão, por falta de objeto de recurso – daí a necessidade de se arguir a nulidade, recorrendo-se depois do despacho que a não reconheça[1400]. Neste último caso, deverá ser arguida a nulidade (artigo 195º, nº 1), no prazo legalmente previsto (artigo 199º, nº 1[1401]). Quanto ao recurso daquele despacho, coloca-se o problema de saber se o mesmo é possível, dada a norma do artigo 630º, nº 2 – segundo a qual não é admissível recurso das decisões proferidas sobre as nulidades previstas no nº 1 do artigo 195º, salvo se as mesmas contenderem com os princípios da igualdade ou do contraditório, com a aquisição processual de factos ou com a admissibilidade de meios probatórios. Dificilmente se poderá subsumir à parte final da norma a situação de recusa de realização, *ex officio iudicis*, de um meio de prova.

admissível quando a infracção processual não está ao abrigo de despacho judicial. Existindo um despacho, o meio para reagir contra a ilegalidade eventualmente cometida não é a arguição ou reclamação por nulidade, mas sim a interposição de recurso, visto que se está em presença de um despacho ilegal por ter ofendido a lei de processo» (Ac. do TRC de 24.10.2000, relator Monteiro Casimiro, proferido no processo nº 1915/2000).

1399 Como salientam Paulo Faria e Ana Loureiro, a pura inação do juiz não é recorrível, na medida em que não oferece objeto idóneo ao recurso; não há uma decisão de que se possa recorrer. Ora, o recurso carece de um objeto, o qual só pode ser constituído por uma decisão jurisdicional (despacho, sentença, acórdão) (Paulo Ramos de Faria e Ana Luísa Loureiro, *Primeiras Notas ao Código de Processo Civil*, cit., pág. 61).

1400 Pronunciando-se sobre um caso em que, do ponto de vista do tribunal *ad quem*, devia ter sido ordenada *ex officio iudicis* a inquirição de uma testemunha, o TRP afirma: «*Não o tendo sido, o despacho recorrido encerra uma nulidade secundária – art. 201º, nº 1 -, impugnável por via de recurso (A. dos Reis, Comentário, II, pág. 507), que tem como consequência a anulação dos termos subsequentes dos autos – nº 2 daquele artigo -, incluindo o julgamento, apenas na parte em que decidiu não inquirir a testemunha*» (Ac. do TRP de 19.10.2006, relator Amaral Ferreira, proferido no processo nº 0633968). E no Ac RC, de 14.10.2014: Proc. 507/10-1T2AVR-C.C1.dgsi.NET):_«*O juiz, ao não ordenar a diligência, viola o exercício de um autónomo poder-dever de indagação oficiosa, tem de ser arguida a nulidade de tal omissão*».

1401 Este artigo prevê o prazo de arguição das nulidades secundárias. Estando a parte presente por si ou por mandatário, no momento em que a nulidade foi cometida a mesma deve reclamar da sua prática enquanto o ato não terminar, sob pena de ela se considerar sanada (artigos 195º, nº 1 e 199º) (nesse sentido, pode ver-se o Ac. do STJ de 14.11.2006, relator Azevedo Ramos, proferido no processo 06A3427).

Segundo LEBRE DE FREITAS (pronunciando-se sobre o primeiro segmento da norma), compreende-se mal, no entanto, a solução do artigo 630º, nº 2, a qual, se interpretada literalmente, apenas admite o recurso das decisões de simplificação ou agilização processual e das decisões de adequação formal com fundamento em ofensa dos princípios da igualdade, do contraditório ou da controvérsia ("aquisição processual dos factos") ou do direito à admissão da prova ("admissibilidade dos meios probatórios"). Propõe o autor que a norma seja interpretada no sentido de se excluir o recurso autónomo de apelação das decisões de gestão processual, que não sejam de mero expediente, deixando aberta a possibilidade da sua impugnação com a sentença final (artigo 644º, nº 3), sendo, pelo contrário, suscetíveis de apelação autónoma (artigos 644º, nº 2, alíneas i) e d)) as decisões que contendam com os princípios do contraditório ou da igualdade ou com as normas que regulam a introdução dos factos no processo e a admissibilidade dos meios de prova[1402].

Esta mesma solução deve aplicar-se ao segmento da norma (do artigo 630º, nº 2) relativo às decisões proferidas sobre as nulidades previstas no nº 1 do artigo 195º. Não teria sentido que, admitindo-se o recurso da decisão de não produção oficiosa de uma prova, não fosse já admitido o recurso do despacho que se recuse a reconhecer a existência de nulidade, no caso de o juiz pura e simplesmente omitir a prática do ato (seria favorecer a não tomada de uma decisão). Este recurso, tal como o daquela decisão, ficará, no entanto, sujeito ao regime do artigo 644º, nº 3.

Resta assim retomar o problema de fundo: em que casos este recurso terá sucesso, conseguindo a parte demonstrar que o juiz tinha a obrigação de ordenar a prática do ato?[1403]

Perante as sugestões das partes, afirma NUNO DE LEMOS JORGE[1404], o juiz não deve ter nenhuma das seguintes tendências extremas: nem a de

[1402] LEBRE DE FREITAS, *Introdução ao Processo Declarativo*, 3ª ed., 2013, pág. 231.

[1403] Não se confunda este problema com o de saber se o juiz pode usar o seu poder instrutório num momento em que já se encontra precludido o direito das partes. Aqui a pergunta deve merecer uma resposta afirmativa. No mesmo sentido, veja-se, por ex., ISABEL ALEXANDRE, «A fase de instrução no processo declarativo comum», cit., pág. 286 (em concreto quanto à possibilidade de ordenar a inquirição de testemunhas), ou NUNO DE LEMOS JORGE, «Os poderes instrutórios do juiz: alguns problemas», cit., pág. 67. Pode ver-se também o Ac. do TRP de 26.02.2007, relator Pinto Ferreira, proferido no processo nº 0656602.

[1404] NUNO DE LEMOS JORGE, «Os poderes instrutórios do juiz: alguns problemas», cit., págs. 69 e segs.

atender sempre tal pretensão, já que isso conduziria à instrumentalização da sua atuação processual pelas partes, que facilmente poderiam, por esta via, evitar a preclusão dos seus direitos processuais à proposição da prova ou as limitações probatórias, como seja a relativa ao número máximo de testemunhas por parte; nem indeferir sistematicamente aquelas pretensões, pois a verdade é que o poder-dever de providenciar pela prova necessária existe e não é a sugestão do seu uso pela parte que o apaga. Pelo contrário, se assim fosse entendido, seria fácil à parte inviabilizar o recurso aos poderes instrutórios do juiz, sugerindo previamente a sua realização[1405].

Uma coisa, no entanto, é certa: a parte não terá uma pretensão legítima de recurso no caso de a mesma não ter, ela própria, cuidado minimamente de satisfazer o ónus probatório que sobre si incide. A sugestão efetuada pela parte, no sentido da realização de determinada diligência probatória, não pode constituir um meio de contornar os fenómenos de preclusão processual. Por conseguinte, apenas a clara demonstração de que essa diligência se impunha como necessária, independentemente da vontade da parte quanto à realização da mesma, poderá constituir uma base sólida de recurso. Há, no fundo, que demonstrar que, segundo qualquer critério razoável, o tribunal deveria ter providenciado pela realização da diligência, em face dos elementos disponíveis. Só assim a necessidade da prova se imporá desligada da mera vontade subjetiva da parte[1406].

[1405] «*Existe assim a necessidade de encontrar um equilíbrio entre os aspetos assinalados: por um lado, demasiadas concessões às sugestões probatórias das partes podem transformar o juiz num instrumento de uma (ilícita) fuga aos ónus probatórios das partes, e, por outro, demasiada insensibilidade às pretensões de uso, pelo juiz, dos seus poderes instrutórios podem implicar o incumprimento do poder-dever previsto no artigo 411º*» (*ibidem*). A solução proposta pelo autor é a seguinte: «*a pretensão da parte só pode ter sucesso se lograr convencer o tribunal de que a diligência a promover é absolutamente necessária ao esclarecimento dos factos e que esta necessidade se impõe por si, desligada da vontade que a parte manifesta na sua realização. Tal vontade é meramente acidental, não deve relevar autonomamente para a decisão do juiz, não sendo requisito ou critério legalmente previsto. O tribunal não deverá providenciar pela realização da diligência sugerida pela parte se entender que a prova já produzida ou requerida é suficientemente esclarecedora; ou não se convencer da especial utilidade da diligência que a parte pretenda que venha a ser promovida*» (*ibidem*).

[1406] Ob cit., pág. 77. Neste sentido pode ver-se o Ac. do TRP de 09.02.2015, relator João Nunes, proferido no processo nº 572/11.4TTPNF-A.C1.P1: «*o que é decisivo, pois, para que os citados poderes de investigação oficiosa sejam exercitados, não é que sejam sugeridos pelas partes ou por outros intervenientes acidentais, mas que tenham uma utilidade presumida, em si mesmos, devido, como dissemos, aos elementos em que se apoiam e aos fins que visam alcançar, que necessariamente devem estar ligados à descoberta da verdade material e à correta decisão da causa*».

Concretamente no que diz respeito à prova testemunhal, salienta aquele autor que a conjugação do artigo 265º, nº 3 (veja-se o atual artigo 411º), com o preceituado no artigo 645º (veja-se o atual artigo 526º) revela que a necessidade de promoção, pelo juiz, de diligências probatórias deve resultar do normal desenvolvimento da lide[1407]. Se foi a própria parte a negligenciar os seus deveres de proposição de prova, não seria razoável impor ao tribunal o suprimento dessa falta. Apenas na hipótese – raríssima – de

[1407] Nesse sentido, veja-se, por ex., o Ac. do TRG de 04.03.2013, relator Ana Cristina Duarte, proferido no processo nº 293/12.0TBVCT-J.G1. Trata-se de um caso em que foi solicitada a realização de prova testemunhal, podendo ler-se o seguinte neste aresto: «*(...) o juiz não se encontra obrigado a proceder à inquirição de uma testemunha só porque a parte, que não apresentou oportunamente o rol, invoca a importância daquela inquirição para a descoberta da verdade. A não se entender assim, perdia sentido a obrigação de apresentação da prova em momentos processuais determinados, pois restaria sempre à parte a possibilidade de invocar o teor dos artigos 265º, nº 3 e 645º, nº 1. (...) A apelante não podia deixar de conhecer o facto de a leiloeira ter como funcionários estas testemunhas, uma vez que foi ela que a nomeou para proceder ao leilão de liquidação do activo, que decorreu na presença do administrador da insolvência e, como tal, deveria tê-las arrolado na oposição ao incidente de arguição de nulidade daquele leilão. (...) Não o tendo feito, não pode depois vir invocar que só teve conhecimento da importância do depoimento destes funcionários da leiloeira aquando do julgamento realizado no procedimento cautelar (...). Como já se salientou, este poder de investigação oficiosa do tribunal pressupõe que as partes cumpriram o ónus que sobre elas prioritariamente recai de indicarem tempestivamente as provas de que pretendem socorrer-se para demonstrarem os factos cujo ónus probatório lhes assiste, não podendo naturalmente configurar-se como uma forma de suprimento oficioso de comportamentos negligentes das partes*». Pode ver-se também, entre outros, o Ac. do TRP de 16.12.2009, relator Rodrigues Pires, proferido no processo nº 577/08.2TBVNG-A.P1: «*Na presente fase processual há muito que terminou o prazo para apresentação de requerimentos probatórios, pelo que a inquirição de uma nova testemunha não arrolada pelas partes só se justificaria se, face à prova já produzida, houvesse razão para presumir que a mesma tinha conhecimento de factos importantes para a boa decisão da causa, nos termos previstos no art. 645º, nº 1 do CPCivil. Ora, da abundante prova já produzida não é possível retirar tal conclusão*». Mas concordamos com a decisão do mesmo tribunal quando, mais à frente, entende que devia ter sido ouvida uma outra testemunha, porque o relevo da diligência resulta da prova, entretanto, produzida. Por último, pode agora ler-se no Ac. do TRL de 25.09.2013, relator Paula Santos, proferido no processo nº 1389/09.1TTSLB.L1-4.: «*A expressão "no decurso da acção" a que alude o art. 645º nº 1 do C.P.C não quer dizer senão que o juiz deve valorar todos os elementos à sua disposição, entendidos estes como aqueles elementos probatórios que lhe é permitido conhecer e valorar e não outros elementos que porventura estejam no processo mas dos quais não pode fazer* uso (...) O juiz não se encontra obrigado a proceder à inquirição de uma testemunha só porque a parte, que não apresentou oportunamente o rol, invoca a importância daquela inquirição para a descoberta da verdade. A não se entender assim, perdia sentido a obrigação de apresentação da prova em momentos processuais determinados (artigos 508º-A, nº 2, al. a) 512º, nº 1 e 512º-A), pois restaria sempre à parte a possibilidade de invocar o teor dos artigos 365º, nº 3 e 645º, nº 1».

resultar do já processado, designadamente da produção de outras provas, objetiva e seguramente, a necessidade de tal diligência, revelando-se esta em termos que permitam concluir que se verificaria igualmente caso a parte houvesse sido diligente na satisfação do seu ónus probatório, é que o juiz deverá, excecionalmente, atender a tal "sugestão". Fá-lo-á, então, valorizando essa necessidade da prova, que se impõe por si, e não a pretensão subjetiva da parte[1408].

É aqui que nos parece estar o aspeto crucial da delimitação do ponto a partir do qual se torna visível a existência de um *dever* de o juiz praticar o ato[1409]: aquele em que, face aos elementos do processo, e independentemente de a parte ter sido ou houvesse ter sido diligente na satisfação do seu ónus, se torna patente a necessidade de realização da diligência, a realização da mesma não se reconduzindo assim à vontade da parte, que teve outros meios, processualmente adequados, para se manifestar[1410][1411]. Ponto

[1408] Nuno de Lemos Jorge, «Os poderes instrutórios do juiz: alguns problemas», cit.

[1409] O que, repita-se, não tem, necessariamente, que coincidir com aquele que delimita o âmbito de existência desse mesmo dever.

[1410] Ibidem, pág. 78: «*Do que se escreveu decorre que pode acontecer que o juiz omita uma diligência probatória que, em boa consciência, entende como necessária ao seu esclarecimento quanto aos factos que vai apreciar no processo e que, por não se tratar de uma necessidade patente, a parte não vai conseguir demonstrá-la no recurso da decisão que recusa ordenar tal diligência, na arguição da nulidade ou no recurso do indeferimento desta. Esta limitação prática da possibilidade de impugnação, em toda a escala, daquela omissão não deve surpreender nem implica que se considere o poder do juiz como discricionário. Ele não é discricionário porque a lei o impõe como um dever do tribunal. A limitação na possibilidade de impugnação depende, apenas, da circunstância inultrapassável de a lei fazer depender esse dever da necessidade de esclarecimento do tribunal, a qual, em última análise, só o próprio tribunal conhece e que, podendo ser demonstrada por vezes, outras vezes não o é, por decorrer da sensibilidade concreta do juiz à prova anteriormente produzida*».

[1411] Por não respeitar este critério, agredindo o princípio de responsabilidade probatória das partes, discordamos da decisão tomada pelo Ac. do TRP de 08-03-2004, relator Sousa Peixoto, proferido no processo nº 0316725. Trata-se de uma hipótese em que uma parte requer ao tribunal que chame a depor uma pessoa, apesar de a mesma não ter apresentado rol de testemunhas. Conquanto o disposto no artigo 645º (veja-se o atual artigo 526º) não se destine a surprir a falta das partes quanto à apresentação do rol de testemunhas (afirma o tribunal), o juiz de primeira instância devia ter ordenado a prestação do depoimento, tal como requerido pela parte. Com efeito, e embora o objetivo do requerimento possa ter sido aquele (*i.e.*, suprir a falta de apresentação do rol de testemunhas), tal facto não pode ser usado como argumento, muito menos decisivo, para o tribunal não cumprir o dever que lhe é imposto no nº 1 do artigo 645º. O juiz terá de alhear-se desse facto e limitar-se a averiguar se no caso ocorre ou não o circunstancialismo referido naquele normativo legal. Concordamos o tribunal no sentido de que não basta o facto de parte ter sido negligente na observância do seu ónus probatório para

esse não verificado quando o requerimento das partes se limita a suprir a sua própria negligência, como nos casos em que a mesma se esqueceu de apresentar rol de testemunhas, ou não juntou um documento até ao final da discussão em primeira instância, apesar de o mesmo se encontrar na sua disposição e de ela o ter podido juntar.

Como afirma o TRG[1412], o concurso de responsabilidades probatórias entre as partes e o juiz não se encontra desregulado. A lei assinala prazos e limites para as partes apresentarem e produzirem os respetivos meios de prova, conferindo àqueles prazos um caráter preclusivo (princípio da preclusão da prova)[1413]. Por estes condicionalismos se vê que, reconhecendo

o tribunal de primeira instância se poder demitir de apreciar se estão verificados os requisitos do artigo 411º. Acontece, porém, que, dada a necessidade de articulação com o princípio de responsabilidade probatória das partes, o tribunal só deve ordenar a diligência, independentemente de a mesma ser relevante para o apuramento da verdade, quando a mesma não constitua uma forma de sanar a negligência da parte na observância do seu ónus probatório, o que só acontece quando essa diligência se imponha de tal modo, que a mesma seria necessária ainda que a parte tenha sido ou houvesse sido diligente. O que não se verifica *in casu*, já que, se a parte tivesse sido diligente, a mesma teria apresentado rol de testemunhas, e não existira a necessidade de o tribunal usar o seu poder de ofício para chamar essas testemunhas a depor. A decisão do tribunal de ordenar a prova testemunhal consubstanciaria neste caso uma forma de contornar o princípio da preclusão probatória, constituindo, nessa medida e por esa via, uma violação do princípio da responsabilidade probatória das partes e partindo de uma leitura errada (porque não articulada com este princípio) da norma do artigo 411º: era um caso em que o dever do juiz de ordenar a diligência não existia. Conforme se decidiu no Ac. do STJ de 28.05.2002, relator Afonso de Melo, proferido no Proc. nº 02A1605, afirma o STJ que o exercício dos poderes de investigação oficiosa do tribunal não serve para suprir comportamentos negligentes das partes, pressupondo que estas cumpriram minimamente o ónus que sobre elas recai de indicarem as provas de que pretendem socorrer-se. «*Se as testemunhas tivessem a importância que a embargante sustenta, não se compreende porque não as incluiu no rol de fls. 62-63, considerando o que se perguntava nos quesitos 7º a 18º. Se, indesculpavelmente, o não fez, não pode pretender, como diz a Relação, que o tribunal supra oficiosamente a sua omissão*».

1412 Ac. do TRG de 20.03.2018, relator João Diogo Rodrigues, proferido no processo nº 14/15.6T8VRL-C.G1.

1413 «Na ação declarativa comum, as partes devem – note-se o caráter vinculativo – juntar os documentos, apresentar o rol de testemunhas e requerer quaisquer outras provas com os respetivos articulados – artigos 552º, nº 2 e 572º, al. d). A partir de então, só pode ser alterado o rol de testemunhas até 20 dias antes da data em que se realize a audiência final, a menos que antes tenha lugar a audiência prévia, caso em que as partes podem também requerer diligências probatórias e ser-lhes concedido prazo para o efeito (artigo 598º). Por outro lado, as partes não podem oferecer mais de 10 testemunhas para a prova dos fundamentos da ação e da defesa, critério que é igualmente aplicável à reconvenção (artigo 511º, nºs 1 a 3). E, em

embora a lei às partes um interesse legítimo na instrução da causa, não lhes permite o exercício desse direito de forma arbitrária. Bem pelo contrário, condiciona esse exercício a determinados pressupostos, fora dos quais aquele direito fica comprometido. E, neste contexto, não faz sentido que esses pressupostos possam ser contornados por recurso aos poderes/deveres que a lei comete ao juiz em sede instrutória[1414].

No essencial, e extraindo a consequência lógica do que antecede, serão estes os casos em que existe uma base legítima de recurso: aqueles em que, existindo uma fonte de prova cuja aquisição se afigura manifestamente relevante para o apuramento da verdade, o conhecimento, ou, pelo menos, a relevância da mesma resultou de circunstâncias advenientes da própria instrução da causa, através da realização de outras provas (tenham, ou não, as mesmas sido produzidas em audiência), não estando já as partes, dada a preclusão do seu direito de provar, em posição de requerer a realização do meio de prova destinado a adquiri-la[1415].

relação à prova documental, não vigoram critérios muito diversos (veja-se o disposto no artigo 423º). Já em relação às declarações de parte, veja-se o disposto no artigo 466º, nº 1.

1414 Como se pode ler no Ac. do TRL de 25.09.2013, relator Paula Santos, proferido no processo nº 1389/09.1TTSLB.L1-4, parefrasenado um outro Ac.: «*não é suposto, em atenção aos princípios do dispositivo, da prelcusão, da igualdade entre as partes e da responsabilidade das partes, que «se deixe entrar pela janela o que não pode entrar pela porta», pelo que, não tendo a parte apresentado rol de testemunhas no seu primeiro articulado – única oportunidade processual que é certa para o efeito…não pode a omissão ser suprida pelo juiz, dada a natureza complementar e instrumental dos seus poderes oficiosos*».

1415 Ac. do TRG de 28.01.2004, relator António Gonçalves, proferido no processo nº 2287/03-1; Ac. do TRP de 19.10.2006, relator Amaral Ferreira, proferido no processo nº 0633968; Ac. do TRG de 28.01.2004, relator António Gonçalves, proferido no processo nº 2287/03-1. Neste último Ac., começa por ser referido que o exercício dos poderes de investigação oficiosa do tribunal pressupõe que as partes cumpriram minimamente o ónus que sobre elas prioritariamente recai de indicarem, tempestivamente, as provas de que pretendem socorrer-se para demonstrarem os factos cujo ónus probatório lhes assiste, não podendo naturalmente configurar-se como uma forma de suprimento oficioso de comportamentos grosseira ou indesculpavelmente negligentes das partes. Acrescenta, porém, o tribunal que a agravante cumpriu esse ónus ao arrolar prova testemunhal e indicar prova documental. Assim, o «aparecimento» da testemunha constitui um dado novo que resulta quer da prova testemunhal, quer documental, e que surgiu no desenvolvimento da prova, recaindo por isso sobre o tribunal *a quo*, no caso concreto e porque se tratava de uma diligência importante para o apuramento da verdade, ordenar a inquirição da testemunha. É uma decisão com a qual concordamos, por partir de uma leitura correta do modo como o princípio da oficialidade se articula com o princípio de responsabilidade probatória das partes.
Noutro aresto, desta feita do TRP pode ler-se: «*(…) A inquirição por iniciativa do tribunal constitui um poder-dever complementar de investigação oficiosa dos factos, que pressupõe, no mínimo, que foram*

Os elementos do processo de que deve resultar a essencialidade da prova são, assim, em princípio, aqueles que resultem da instrução da causa, dificilmente se contando entre eles os articulados das partes. E a razão é esta: se a essencialidade da prova resulta destes articulados, com muita dificuldade se poderá dizer não ser responsabilidade das partes requerer a sua produção, até ao último momento previsto para esse efeito[1416]. Para além disso, se bastasse que o relevo da prova resultasse dos articulados, estaria prejudicado o argumento de que o exercício do poder instrutório do juiz não pode constituir uma forma de sanar a total inércia das partes, já que, em alguns casos, bastaria que as mesmas fizessem uma alegação fundamentada dos factos da causa, sem observarem, em nenhuma escala, o ónus de dedução formal da prova, para que o juiz devesse produzir, ou ordenar *ex officio iudicis* a produção da prova[1417].

Portanto: se o relevo da prova resulta patentemente dos articulados, a parte não pode, em princípio, invocar mais tarde que desconhecia a importância dessa prova; era responsabilidade sua produzi-la, não podendo, num momento em que o direito de requerer a sua produção se encontra precludido, solicitar ao juiz que a realize oficiosamente, já que isso constituiria uma forma de contornar aquele fenómeno preclusivo.

indicadas provas cuja produção implica a realização de uma audiência, assim, v.g., se o autor omitiu culposamente a apresentação, em tempo útil, do requerimento probatório (e se o réu adoptou idêntica estratégia), não havendo lugar a actos de instrução, nos termos do art. 621.°, não incumbe naturalmente ao juiz ouvir, ao abrigo deste preceito, as pessoas que o autor "sugere" que sejam inquiridas". Sufragando-se este entendimento, por não se divisarem razões para dele divergir, conclui-se que a inquirição por iniciativa do tribunal, no caso dos autos, não pode ser deferida, sob pena de traduzir um suprimento oficioso de um comportamento negligente da parte» (Ac. do TRP de 2.10.2006, relator Machado da Silva, proferido no Proc. nº 0613159). Mais uma vez, parece-nos que se parte aqui de uma leitura correta do significado do princípio de responsabilidade probatória das partes.

1416 Em sentido contrário, Ac. do TRP de 07.06.2011, relator M. Pinto dos Santos, proferido no processo nº 3056/10.4TBVCD-C.P1.

1417 Ora, como se pode ler, por ex., no Ac. do TRP de 16.12.2009, relator Rodrigues Pires, proferido no processo nº 577/08.2TBVNG-A.P1, mas sendo essa uma posição unanime dos nossos tribunais: «*É ainda de salientar que este poder de investigação oficiosa do tribunal pressupõe que as partes cumpriram o ónus que sobre elas prioritariamente recai de indicarem tempestivamente as provas de que pretendem socorrer-se para demonstrarem os factos cujo ónus probatório lhes assiste, não podendo naturalmente configurar-se como uma forma de suprimento oficioso de comportamentos negligentes das partes. Ou seja, a inquirição por iniciativa do tribunal constitui um poder-dever complementar de investigação oficiosa dos factos cujo ónus probatório lhes assiste, não podendo naturalmente configurar-se como uma forma de suprimento oficioso de comportamentos negligentes das partes*».

Em suma: cabendo às partes o ónus de dedução formal da prova, nos momentos processualmente previstos para esse efeito (e, portanto, sendo sempre delas o impulso inicial da prova), compete, por sua vez, ao juiz apreciar o resultado dessa prova, à medida em que a mesma vai sendo produzida. E, uma vez verificando a necessidade de produção de novos meios de prova, ordenar a sua realização, complementando a atividade probatória realizada pelas partes, e contribuindo para a tomada de uma decisão mais bem informada sobre o fundo da causa. Esta incumbência[1418] – pode, por fim, notar-se –, acaba, assim, em certa medida, por estar a par com aquela, prevista no artigo 5º, nº 2, alínea a), de o juiz conhecer oficiosamente os factos instrumentais que resultem da instrução da causa. Da mesma forma que, existindo um ónus de alegação fundamentada, o juiz deve considerar, oficiosamente, os factos instrumentais que resultem da instrução, compete-lhe também, sem prejuízo da existência de um ónus de dedução formal da prova, ordenar a realização das diligências probatórias cuja importância se torne clara através do normal desenvolvimento do processo.

Repare-se: situando-se o conhecimento daqueles factos (instrumentais), e a realização destas provas, fora do raio de ação do princípio dispositivo em sentido estrito, a atuação oficiosa do juiz não encontra nenhum invencível obstáculo principiológico. Ancorando-se, não obstante, o processo civil num princípio de responsabilidade das partes, será delas a responsabilidade (principal), não só de introduzir no processo os elementos que tornem credíveis as suas alegações (ónus de alegação fundamentada), como de requerer as provas necessárias para a demonstração dos factos essenciais por si alegados, ou para a demonstração de factos instrumentais desses mesmos factos. A responsabilidade do juiz é, por conseguinte, uma responsabilidade (meramente) complementar, resultante, quer do facto de o mesmo ter um conhecimento privilegiado das necessidades do processo (é ele quem valora a prova, e quem tem conhecimento das suas próprias capacidades técnicas[1419]), quer do facto de a atividade instrutória realizada sob o impulso das partes poder trazer ao processo o conhecimento de novos factos instrumentais[1420], e de novas fontes de prova[1421], existindo

[1418] Pensamos agora, concretamente, na possibilidade de o juiz ordenar oficiosamente a realização de meios de prova destinados a obter uma prova pré-constituida.

[1419] Aspeto, este último, relativo à prova pericial.

[1420] *i.e.* – importa relembrá-lo – de factos que servem à prova de outros factos.

[1421] Ou o conhecimento da necessidade de aquisição destas fontes.

interesse em adquirir estes novos elementos. Quanto a este último aspeto, deverá, então, o juiz desencadear o meio para a aquisição destas fontes, colhendo os frutos daquela atividade, *maxime* quando as partes, dado o efeito de uma preclusão probatória, não estão já em condições de os colher pelas próprias mãos.

VII. Da possibilidade de o Tribunal da Relação ordenar a realização de novos meios de prova

A relativa inapelabilidade da decisão de realização oficiosa de prova (salienta SENTÍS MELENDO[1422]) não significa uma intangibilidade dessa mesma decisão, já que a mesma margem de liberdade de que goza o órgão inferior corresponde também à do órgão superior que conhece do assunto em sede de apelação (o qual pode ou não ter em consideração as medidas decretadas pelo órgão inferior, assim como ordenar a prática de outras provas)[1423]. Ou seja: não deve confundir-se a revisibilidade das decisões de produção (ou não produção) *ex officio iudicis* de um meio de prova com o poder de o Tribunal da Relação ordenar ele próprio, oficiosamente, a produção de novos meios de prova.

Vimos, com efeito, que a decisão de não realização de uma prova com fundamento em que a mesma não se afigura necessária para o apuramento da verdade (já que o tribunal dispõe de elementos de julgamento suficientes para a «formação de um juízo probatório sobre os factos litigiosos») não deve, em princípio, merecer a censura do tribunal *ad quem*[1424]: é

[1422] SANTIAGO SENTÍS MELENDO, *Medidas para mejor proveer (El problema de su apelabilidad según nuestra jurisprudencia)*, «Revista Argentina de Derecho procesal», (1944), 2ª parte, págs. 126 e segs.

[1423] Refere-se o autor a uma pronúncia do tribunal *ad quem* em sede de apelação da decisão final.

[1424] Não nos parece correta, por essa razão, a decisão do TRP (Ac. do TRP de 19.10.2006, relator Amaral Ferreira, proferido no processo nº 0633968), num caso em que o tribunal de primeira instância rejeitou o requerimento de inquirição de uma testemunha com fundamento na desnecessidade de audição da mesma, pelo facto de terem sido já recolhidos inúmeros depoimentos sobre o respetivo *factum probandum*. Afirma o tribunal *ad quem*: «*(...) E esse alheamento também se deve verificar ainda que, como se afirma no despacho recorrido, tenham "sido inquiridas inúmeras testemunhas que já há longuíssimos anos conhecem o caminho a que se refere o artº 75º da base instrutória", e "não se afigurar essencial a inquirição de mais uma testemunha", porquanto quantidade pode não ser sinónimo de qualidade e, embora a apreciação da prova seja livre, não pode ser arbitrária, e o tribunal não pode previamente formular juízos de valor sobre os depoimentos*». Contra isto pode invocar-se a seguinte passagem do Ac. do TRE de 10.03.2005, relator Bernardo

o juiz que se encontra em posição, através da racional valoração da prova produzida, de saber se o resultado dessa prova é (ou não) suficiente para a tomada de uma posição sobre os enunciados de facto controvertidos, as partes não podendo substituir ao do juiz o seu próprio juízo probatório. (Com esta exceção: existirem elementos de julgamento que indiquem a absoluta relevância da prova para o apuramento da verdade, suscetível, por si só, de alterar aquele juízo probatório[1425]).

Isto não significa, contudo – importa agora notá-lo – que o Tribunal da Relação, chamado a pronunciar-se sobre o juízo probatório realizado pelo tribunal *a quo*, não possa divergir deste juízo, formando uma convicção diferente sobre aqueles enunciados, e ordenando oficiosamente (por entender que existem dúvidas fundadas sobre a prova realizada), a produção de novos meios de prova (artigo 662º, nº 2, alínea b)).

Ou seja, o Tribunal da Relação pode substituir à convicção daquele tribunal a sua própria convicção, já que a isso conduz a autonomia decisória que a lei adjetiva (com as reformas do processo civil desencadeadas a partir de 1995 [maxime com o DL nº 39/95, de 15/2]) lhe atribui em sede de reapreciação e modificabilidade da decisão da matéria de facto. Com efeito, estas reformas consagraram um efetivo segundo grau de jurisdição em sede de apreciação da matéria de facto, passando doravante a 2ª instância a dispor de efetivos e ampliados poderes no que ao julgamento daquela concerne, e que se traduzem não apenas na possibilidade de reapreciação dos meios de prova indicados pelas partes, mas também de se servir de todos aqueles que se mostrem acessíveis nos autos e abarcados pela previsão do artigo 662º[1426].

Domingos, proferido no processo nº 69/05-2: «*Ao concluir que eram desnecessários tais elementos de prova, fê-lo por certo por entender que as provas já produzidas e a sua convicção não seriam abaladas pelo depoimento dessas testemunhas. O facto de certas pessoas poderem saber de factos importantes relativos à causa não significa que o Tribunal deva sempre chamá-la a depor. Só quando se convença que o depoimento pode ainda ser importante para a decisão da causa é que deve ser admitido ou ordenado. Se não fosse assim os julgamentos eternizar-se-iam!!!*».

[1425] Isto (já se sabe) sempre sem prejuízo da necessidade de articulação com o princípio de responsabilidade probatória das partes: a atuação do juiz não pode constituir uma forma de suprir a negligência das partes na realização da respetiva tarefa probatória.

[1426] Ac. do TRG de 05.20.2013, relator António Santos, proferido no processo nº 7476/10.6TBBRG-E.G1. A mesma ideia é sublinhada noutras decisões. Veja-se, por ex., o Ac. do STJ de 14-07-2016, relator Ana Luísa Geraldes, proferido no processo nº 605/11.4TTLRA.C1.S1: «*É consensual a Doutrina e a Jurisprudência quando interpretam os poderes atribuídos ao Tribunal*

Claro está, não obstante, que tudo quanto acima dissemos quanto à delimitação do poder de produção oficiosa de prova aqui tem plena aplicação. Na verdade, e conforme adverte ABRANTES GERALDES[1427], a possibilidade conferida pelo legislador, de o Tribunal da Relação ordenar a produção de novos meios de prova, não modificou as regras de distribuição do ónus da prova que se colhem do direito material, nem aboliu os efeitos que emanam de um sistema em que ainda predomina o princípio dispositivo. O ónus de proposição de meios de prova deve materializar-se através da sua apresentação em momentos processualmente ajustados, com previsão de efeitos preclusivos que não podem ser ultrapassados só pela livre iniciativa da parte. Também aqui, portanto, as sugestões das partes devem servir como mero elemento impulsionador, guiando-se o Tribunal por um critério objetivo, assente na imprescindibilidade de uma *diligência complementar* para superar dúvidas fundadas sobre o alcance da prova já realizada[1428].

VIII. Conhecimento do não exercício dos poderes de produção oficiosa de prova pelo STJ

Problema delicado é o de saber se a decisão de realizar (ou não) um determinado meio de prova pode ser sindicada pelo STJ. Como se sabe, a este

da Relação com a reforma processual civil operada pela Lei nº 41/2013, de 26 de Junho, que aprovou o Novo CPC e regulou a modificabilidade da decisão de facto no seu art. 662º. Através deste normativo foi concedida ao Tribunal da Relação uma autonomia decisória, há muito reclamada, em sede de reapreciação e modificabilidade da decisão da matéria de facto. Para formar a sua própria convicção pode a Relação proceder não só à reapreciação dos meios de prova indicados pelas partes, mas também a todos aqueles que se mostrem acessíveis nos autos e abarcados pela previsão do art. 662º. (...) a Relação não pode limitar-se a verificar se algum erro ou procedimento probatório inquina a convicção do juiz da 1ª Instância, antes tem de formar uma nova convicção sobre as provas produzidas na 1ª instância o que implica que a Relação, em vez de se limitar a controlar a legalidade da produção da prova realizada na instância a quo, tem de formar uma convicção própria e controlar o mérito dessa mesma apreciação" (...)». No mesmo sentido, o Ac. STJ de 14.02.2012, relator Alves Velho, proferido no processo nº 6283/09.3TBBRG.G1.S1: «*No uso dos poderes relativos à alteração da matéria de facto, conferidos pelo art. 712º do CPC, a Relação deverá formar e fazer reflectir na decisão a sua própria convicção, na plena aplicação e uso do princípio da livre apreciação das provas, nos mesmos termos em que o deve fazer a 1ª Instância, sem que se lhe imponha qualquer limitação, relacionada com convicção que serviu de base à decisão impugnada, em função do princípio da imediação da prova (...).*

[1427] ANTÓNIO SANTOS ABRANTES GERALDES, *Recursos no Novo Código de Processo Civil*, 3ª ed., Almedina: 2016, págs. 253-255.

[1428] *Ibidem.*

tribunal está apenas cometida, em regra, a reapreciação de questões de direito (artigo 682º, nº 1), assim se distinguindo dos tribunais de instância, aos quais compete também a delimitação da matéria de facto e a modificabilidade da decisão sobre tal matéria. Esta restrição, contudo, não é absoluta, como decorre da remissão que o nº 2 do artigo 682º faz para o artigo 674º, nº 3, do mesmo Código – norma que atribui ao Supremo a competência para sindicar o desrespeito da lei no que concerne a violação de norma expressa que exija certa espécie de prova para a existência do facto, ou que fixe a força de determinado meio de prova[1429/1430].

Para além disso, compete ao STJ o controlo da aplicação da lei adjetiva em qualquer das tarefas destinadas à enunciação da matéria de facto provada e não provada – art. 674º, nº 1, al. b) – com a limitação que emerge do disposto no art. 662º, nº 4, que exclui a sindicabilidade do juízo de apreciação da prova efetuado pelo Tribunal da Relação e a aferição da formação da convicção desse Tribunal a partir de meios de prova sujeitos ao princípio da livre apreciação[1431].

[1429] Sobre este aspeto pode ver-se, por ex., ANTÓNIO SANTOS ABRANTES GERALDES, *Recursos no Novo Código de Processo Civil*, 3ª ed., Almedina: 2016, págs. 367 e segs.: «*No capítulo da apreciação das provas, a regra contida no nº 3* (do art. 674º), *conexa com as funções prioritárias atribuídas ao Supremo, é a de que este órgão não pode interferir na decisão da matéria de facto, da exclusiva competência das instâncias. Tal regra está em consonância com a tramitação processual do recurso de revista, por comparação com o recurso de apelação que integra, como um dos pilares fundamentais, a intervenção da Relação na reapreciação da decisão da matéria de facto, nos termos dos arts. 640 e 662º*». E acrescenta: «*Todavia, sem embargo de outras intervenções previstas nos arts. 682º e 683º, considerou-se que o Supremo não deveria ficar indiferente a erros de apreciação da prova resultantes da violação de direito probatório material, podendo constituir fundamento de revista a violação de disposição legal expressa que exija certa espécie de prova ou que fixe a respectiva força probatória. Afinal, em tais situações, defrontamo-nos com verdadeiros erros de direito que, nesta perspectiva, se integram também na esfera de competências do Supremo*»

[1430] Outra possibilidade de intervenção do STJ, neste domínio, é conferida pelo sistema que emerge do artigo 682º, nº 3, de controlo da matéria de facto provada e não provada, designadamente para os casos em que entenda que as instâncias omitiram pronúncia sobre matéria de facto pertinente para a integração jurídica do caso ou que ocorrem contradições na decisão sobre a matéria de facto que inviabilizam a decisão jurídica do pleito. Podem ver-se, entre outros, os seguintes acórdãos: Ac. do STJ de 14-07-2016, relator Ana Luísa Geraldes, proferido no processo nº 605/11.4TTLRA.C1.S1; Ac. STJ de 14.02.2012, relator Alves Velho, proferido no processo nº 6283/09.3TBBRG.G1.S1; e Ac. STJ de 19.01.2017, relator António Joaquim Piçarra, proferido no processo nº 841/12.6TBMGR.C1.S1.

[1431] Ac. do STJ de 14-07-2016, relator Ana Luísa Geraldes, proferido no processo nº 605/11.4TTLRA.C1.S1.

É por estes parâmetros que deve guiar-se a análise subsequente. Assim:

No que diz respeito ao juízo feito pelo Tribunal da Relação quanto à verificação dos pressupostos de que depende o exercício dos poderes instrutórios do juiz (em especial, aquele que diz respeito à relevância da diligência probatória para o apuramento da verdade, e o facto – de certo modo relacionado com este – de existirem elementos de julgamento que tornam desnecessária a realização daquela prova), o mesmo não pode ser sindicado pelo STJ, na medida em que ele envolve uma valoração probatória, sujeita ao domínio da livre convicção do julgador, cuja substância não pode ser censurada ou sindicada por este tribunal (artigo 662º, nº 4)[1432].

Já no que se refere, contudo, ao problema do uso propriamente dito daqueles poderes, *i.e.*, à questão de saber se o tribunal, uma vez verificados os requisitos de que depende o exercício dos seus poderes, é livre de os exercer ou não[1433], pode notar-se que o mesmo convoca um problema de direito, relacionado com a correta aplicação da lei, que pode ser conhecido pelo STJ. (O mesmo se podendo dizer dos casos em que, não estando verificados aqueles requisitos – pense-se, por ex., numa hipótese de violação do princípio de responsabilidade probatória das partes – o tribunal faz, ainda assim, uso desses mesmos poderes)[1434].

[1432] Neste sentido, pode ver-se o Ac.do STJ de 28.05.2002, relator Afonso de Melo, proferido no Proc. nº 02A1605, no qual foi decido que não compete ao STJ controlar a decisão da Relação sobre a importância ou não de um testemunho: «*Diz a Relação que a importância do testemunho das pessoas indicadas pela embargante não resulta de prova produzida. Trata-se de facto que este Supremo não pode controlar*» *(...) O Supremo, como Tribunal de revista, só conhece de questões de direito – artºs 26 da LOTJ, e 721, n. 2, e 729, n. 1, do C.P.C.. Assim, não pode ser objecto do recurso de revista o erro na apreciação das provas e na fixação dos factos materiais da causa, salvo havendo ofensa de uma disposição expressa de lei que exija certa espécie de prova para a existência do facto ou que fixe a força de determinado meio de prova – artº 722, n. 2, do C.P.C.. (...) Após o nº 6 do artº 712 do C.P.C., aditado pelo DL 375-A/99, de 20/09, deixou inequivocamente, quanto aos processos não pendentes, de haver recurso para o Supremo das decisões das Relações previstas nos números anteriores do mesmo artigo. Até aí, divergia a jurisprudência deste Tribunal quanto aos seus poderes de censura sobre o uso e o não uso pela Relação dos poderes conferidos naquele artº 712º, prevalecendo o entendimento de que não podia censurar o não uso desses poderes (...)*».

[1433] Problema este que, no fundo, se subsume ao da qualificação da natureza – como poder discricionário ou como poder-dever – dos poderes instrutórios do juiz.

[1434] No Ac. do STJ de 12.06.2003, relator Quirino Soares, proferido no processo 03B1717 (CJ/STJ, Tomo III, 2003, pag. 101) – em que estava em causa a questão de saber se o tribunal de primeira instância devia ter determinado oficiosamente novo exame pericial ao abrigo do disposto nos artºs. 265º, 3, e 579º, CPC – afirma o STJ que o nº 3 do artigo 265º (de que o artigo 579º constitui mero derivado no âmbito da prova pericial) deve ser visto e compreendido à luz

Conquanto não esteja aqui em causa a violação de nenhuma norma de direito probatório material (ou seja, a intervenção do STJ não se encontre a coberto da norma do artigo 674º, nº 3), estamos perante um problema de desaplicação ou errada aplicação da lei do processo (artigo 674º, nº 1, alínea b)) que pode constituir fundamento do recurso de revista. Trata-se, com efeito, de uma apreciação da atuação do Tribunal da Relação estritamente do ponto de vista da sua legalidade, aquém, portanto, do campo de apreciação das questões de facto que o artigo 662º, nº 4 veda àquele recurso.

O problema – deve reconhecer-se – tem, contudo, um alcance mais teórico do que prático.

IX. Conclusão

Embora exista uma mais ou menos unânime posição da nossa doutrina e jurisprudência quanto ao modo de configurar os poderes instrutórios do juiz (trata-se – afirmam – de poderes-deveres ou poderes funcionais), o mesmo não se pode dizer no que respeita à forma como o princípio da oficialidade se articula com o princípio de responsabilidade probatória das partes (ou, sequer, à existência deste último princípio). Com efeito, encontra-se presente no pensamento de alguns autores a ideia de que, resultado daquela qualificação (desde a reforma de 95[1435]), o eixo da responsabilidade probatória saiu da esfera do princípio dispositivo, a cargo

do princípio da verdade material, e constitui para o tribunal, por isso mesmo, um autêntico poder-dever: «*Quer isto dizer que, se alguma dúvida, reticência ou reparo merecer um exame de tamanha delicadeza e importância como é o destinado à avaliação da capacidade da pessoa para reger a sua pessoa e bens, previsto no artº. 951º, CPC, não deverá, não poderá o juiz hesitar em corrigir o defeito ou a falta, ou, se necessário, mandar realizar novo exame, na fase de instrução da causa (579º e 952º, 2, 2ª. parte, CPC). E o uso indevido ou o não uso desse poder-dever é matéria sindicável em via de recurso, mesmo pelo STJ (não obstante respeitar à questão de facto), porque, em todo o caso, trata-se de um problema de desaplicação ou errada aplicação da lei*».

[1435] Pode ler-se no preâmbulo do DL nº 329-A/95: «*Assim, no que se refere à exacta definição da regra do dispositivo, estabelece-se que a sua vigência não preclude ao juiz a possibilidade de fundar a decisão não apenas nos factos alegados pelas partes mas também nos factos instrumentais que, mesmo por indagação oficiosa, lhes sirvam de base.*» (...) *Par além de se reforçarem os poderes de direcção do processo pelo juiz, conferindo-se-lhe o poder-dever de adoptar uma posição mais interventora no processo e funcionalmente dirigida à plena realização do fim deste, eliminam-se as restrições excepcionais que certos preceitos do Código em vigor estabelecem, no que se refere à limitação do uso de meios probatórios, quer pelas partes, quer pelo juiz, a quem, deste modo, incumbe realizar ou ordenar, mesmo oficiosamente e sem restrições, todas as diligências necessárias ao apuramento da verdade e justa composição do litígio, quanto aos factos de que lhe é lícito conhecer*».

das partes, para a tutela do juiz, sendo esta tutela imposta pelo princípio inquisitório. Segundo Lebre de Freitas[1436], por ex., a norma do artigo 645º, nº 1 (veja-se o atual artigo 526º, nº 1) constitui uma das emanações do princípio inquisitório, o qual aponta para uma conceção do processo civil em que a investigação da verdade é da responsabilidade do juiz.

Este princípio, consagrado pelo artigo 411º, seria assim erigido em nova filosofia do Direito adjetivo, em que a descoberta da verdade material se sobrepõe à verdade intrínseca ou formal, e no centro da qual se confere ao juiz uma ampla margem de manobra, em ordem à descoberta da verdade[1437]. Por conseguinte, e embora a lei estabeleça limites temporais para os requerimentos probatórios das partes (ultrapassados os quais operam os princípios do dispositivo e da preclusão), não poderia esquecer-se que o princípio dispositivo já não encerra o significado que tinha para a conceção privatística, contratualista ou quase contratualista do processo, aparecendo, pelo contrário, temperado pelo poder de direção do processo e pelo princípio inquisitório[1438]: sobre a esfera do juiz passa a recair o ónus de produção de prova, já que a falta de exercício dos poderes que a lei lhe confere é sindicável pelo Tribunal da Relação, em recurso interposto da respetiva decisão, ou do despacho que se recuse a conhecer a correspondente nulidade processual.

Do nosso ponto de vista, o princípio da oficialidade deve articular-se com o princípio de responsabilidade probatória das partes, através da salvaguarda do ónus (subjetivo) da prova, que constitui deste a respetiva representação processual; decorrendo daqui, por sua vez (e necessariamente) a atribuição de uma natureza *meramente complementar ou acessória* à responsabilidade probatória do juiz, cuja atividade não pode ter lugar com prejuízo para o sistema de ónus e preclusões previstos no código. Embora concordemos com a ideia de que o processo civil se inspira num princípio de verdade material, sendo essa a razão de ser da atribuição de poderes de produção oficiosa de prova, entendemos que o exercício destes poderes não pode constituir uma forma de suprir a negligência das partes na realização da respetiva tarefa probatória[1439].

[1436] Lebre de Freitas, *Introdução ao Processo Civil*, Coimbra Editora: 1996, pág. 139.

[1437] Ac. do TRP de 26.04.2001, relator Teles de Menezes, proferido no processo nº 0130495. No Ac. refere-se o nº 3, do artigo 265º.

[1438] Ibidem.

[1439] Ou seja, o exercício dos poderes judiciais que a lei atribui ao juiz pressupõe que as partes cumpriram minimamente o ónus que sobre elas prioritariamente recai de indicarem,

A existência de um ónus (subjetivo) da prova encontra-se, por isso, aqui: é a prévia atividade *stricto sensu* probatória das partes que abre caminho à possibilidade de o juiz realizar uma atividade instrutória complementar, destinada a obter os elementos necessários à tomada de uma decisão mais bem informada sobre o fundo da causa. A partir do momento em que o autor, ou o réu reconvinte, apresentam a sua pretensão (ou o réu/autor reconvindo se defendem por exceção perentória) compete, portanto, a uns e a outros proceder à alegação e prova dos factos constitutivos do seu direito, ou dos factos impeditivos, modificativos ou extintivos do direito invocado pela parte contrária, e a inobservância deste duplo ónus (de alegação e prova) faz com que o tribunal possa, em princípio, decidir a causa contra a parte onerada.

Apenas nos casos em que, tendo as partes logrado fazer (alguma) prova daqueles factos[1440], resulte da atividade, entretanto, realizada a existência de novos elementos de prova, importantes para o apuramento da verdade, e cuja aquisição as partes não podiam ter requerido, *deve* o juiz ordenar, mesmo oficiosamente, a sua aquisição. Aqui, sim, as partes terão um fundamento legítimo de recurso no caso de, tendo solicitado ao juiz o exercício dos seus poderes instrutórios, o mesmo se tenha abstido de ordenar a realização da respectiva prova. Fora estas hipóteses, caberá ao juiz, prudentemente, de acordo com o seu juízo de necessidade probatória, fazer uso do poder instrutório que a lei lhe confere, devendo saber respeitar, no uso do mesmo, o princípio de que são as partes, primacialmente, os sujeitos processuais responsáveis pela prova.

tempestivamente, as provas de que pretendem socorrer-se para demonstrarem os factos cujo ónus provatório lhes assiste (Carlos Lopes do Rego, *Comentários ao Código de Processo Civil*, Almedina: 1999, pág. 425).

1440 Atingida, contudo, pela contra-prova realizada pela parte contrária.

Conclusão geral quanto ao método de apuramento da verdade

Os modelos processuais civis atuais são qualificados por alguns autores como modelos mistos ou de dispositivo moderado, em função da combinação que neles existe entre o princípio dispositivo e o princípio inquisitório. Deve, contudo, notar-se que esta combinação diz respeito não ao princípio dispositivo em sentido estrito ou material[1441] – cujo âmbito de aplicação se manteve intacto com o fenómeno de publicização do processo civil –, mas ao chamado princípio dispositivo em sentido amplo (ou princípio de responsabilidade das partes), o qual sofre a concorrência do princípio da oficialidade, através da atribuição ao juiz de um poder oficioso em matéria de conhecimento dos factos instrumentais e de aportação das provas.

A existência de um princípio de responsabilidade probatória das partes pressupõe, no entanto, uma leitura restritiva do poder instrutório do juiz (que não decorre diretamente do artigo 411º), na medida em que (1), por um lado, não tem sentido falar-se de um tal princípio se não existir um ónus (subjetivo) da prova, e, (2) por outro, a existência de um poder oficioso de produção de prova não limitado de um ponto de vista quantitativo conduz a uma (total) imperfeição deste ónus.

Ora, uma vez que o princípio de responsabilidade probatória das partes constitui um princípio fundamental do processo civil (sendo um corolário do princípio da autonomia privada, e constituindo uma peça fundamental

1441 Com efeito, ninguém duvida que o chamado processo publicístico-social deixou intocado o núcleo duro do princípio dispositivo (poder de disposição das partes sobre a relação que serve de base ao litígio), o que aliás constitui um imperativo constitucional.

do ordenamento jurídico processual-civil, na medida em que dele depende a aceitação, pela comunidade e sobretudo pela parte contra a qual a decisão é tomada, da decisão fundada na aplicação das regras de distribuição do risco da prova), decorre daqui a necessidade de se proceder àquela leitura (quantitativamente restritiva) dos poderes do juiz, donde decorre ser meramente acessória ou complementar a responsabilidade probatória que recai sobre o mesmo[1442].

O método de apuramento da verdade continua assim, no essencial, a ser contraditório-dialógico, embora deixe de assumir a feição (liberal--individualística) de um livre confronto entre as partes, em que o juiz assume a qualidade de mero árbitro de um encontro ocorrido exclusivamente entre aquelas: por um lado, a afirmação de um princípio de boa fé processual conduz à existência de deveres de colaboração probatória intersubjetiva, e por outro, atribui-se ao órgão jurisdicional o poder de desenvolver uma atividade probatória complementar, (sobretudo) nos casos em que as partes observaram de um modo incompleto os respetivos ónus probatórios, tendo deixado o juiz em dúvida sobre «a verdade dos factos controvertidos».

Atendendo à existência de uma responsabilidade partilhada do juiz e das partes quanto à aportação dos elementos da causa[1443], uma parte da doutrina lança mão da expressão «modelo cooperativo ou de colaboração» para caraterizar o modo como os poderes dos sujeitos processuais se articulam no quadro do atual sistema processual. Loïc Cadiet e Emmanuel Jeuland[1444], por ex., chamam a atenção para o facto de que a resposta tradicional ao problema de saber se o processo constitui uma coisa das partes ou do juiz deve ser redimensionada: com efeito, a oposição entre o modelo acusatório e o modelo inquisitório (o primeiro ciente da natureza privada dos interesses litigiosos, e o segundo mais atento à natureza pública do processo[1445]) não se harmoniza com a ideia de um processo que constitui, simultaneamente, uma coisa das partes e do juiz; é antes de um princípio

[1442] Isto, sem prejuízo (como vimos) de o poder do mesmo assumir os contornos de um autêntico poder-dever ou poder funcional.

[1443] Não quanto à aportação dos factos essenciais da causa, já que isso se encontra sob a alçada do princípio dispositivo em sentido estrito ou material.

[1444] Loïc Cadiet e Emmanuel Jeuland, *Droit judiciare privé*, cit., págs. 405 e segs.

[1445] Que conduziu a um aumento do ofício do juiz não apenas na condução do processo, como na própria determinação dos seus elementos.

de cooperação eficiente entre o juiz e as partes na construção do julgamento, para o qual naturalmente todo o processo tende, que deve falar-se.

No mesmo sentido, mas com dúvidas quanto ao alcance prático deste princípio, se pronuncia EMMANUEL JEULAND[1446]. Segundo o autor, o princípio da cooperação (ainda que um pouco vago[1447]) consegue espelhar a conceção do processo civil perfilhada pelos autores do código, sublinhando, por sua vez, MOTULSKY[1448] que o resultado desejado – uma solução, o mais justa possível, do conflito – só pode ser alcançado através de uma cooperação ativa entre todos os intervenientes no processo[1449]; razão pela qual (afirma agora LOÏC CADIET) o princípio da cooperação deve ser elevado a princípio diretor do atual processo civil[1450]. Por último, salientam GÉRARD CORNU e JEAN FOYER[1451] que a cooperação deve ser encarada de dois ângulos distintos: a cooperação relativa à instância (ao andamento do processo), e aquela que diz respeito à matéria litigiosa,

Quanto a este último (aquele que nos é mais caro), notam os autores que o juiz se encontra subordinado à delimitação da matéria de facto feita pelas partes, estando-lhe vedada a possibilidade de fazer uso de qualquer conhecimento privado dos factos. Em contrapartida, ele pode auxiliar as partes em matéria probatória, assim como convidá-las a fornecer as explicações necessárias, estando ao seu alcance, por outro lado, ter em conta factos não especialmente alegados pelas partes (factos instrumentais, e factos complementares). Por sua vez, é ao juiz que cabe aplicar o Direito (*iura novit curia*). Esta repartição de tarefas implica o respeito pelo contra-

1446 EMMANUEL JEULAND, «La Conception du procès civil dans le code de procédure civil de 1975», in *De la commémoration d`un code à l`autre: 200 ans de procédure civile en France*, sous la direction de LOÏC CADIET ET GUY CANIVET, Litec, Paris, 2006, págs 101-110.

1447 J. NORMAND, Vº Principes directeurs, in *Dictionnaire de la justice*, L. CADIET (dir.), PUF, 2004.

1448 Prolégomènes pour un futur Code de procédure civile: la consécration des principes directeurs du procès civil par le décret du 9 septembre 1971: D. 1972, chron. 17 (apud EMMANUEL JEULAND, «La Conception du procès civil dans le code de procédure civil de 1975», cit., pág. 102, nota 10).

1449 No original: «*le résultat souhaité – une "solution aussi juste que possible du conflito" – ne peut être obtenu que grâce à une coopération active de tous les rouages du mécanisme judiciaire*».

1450 LOÏC CADIET, *Droit judiciaire privé*, Litec, 1992, p. 457, nº 870 (apud, EMMANUEL JEULAND, «La Conception du procès civil dans le code de procédure civil de 1975», cit., pág. 103, nota 11).

1451 GÉRARD CORNU et JEAN FOYER, Procédure civile, 3ª ed., Paris : PUF, 1996, nº 82, pág. 355.

ditório – tanto pelas partes, como pelo juiz – podendo, desta forma falar-se de um «modelo de cooperação contraditória». Não se trata de uma cooperação pacífica, já que as partes se encontram numa posição de litigiosidade, mas de uma cooperação forçada, controlada pelo juiz, e feita no respeito pelo contraditório – e, como tal (também), pelas posições contraditórias das partes[1452]. O modelo vigente carateriza-se assim pela sua ambivalência (com traços acusatórios e inquisitórios)[1453], embora o legislador tenha evitado dizê-lo de um modo expresso[1454].

Outros exemplos podiam ser dados de autores que se referem à existência de um novo modelo (cooperativo ou de colaboração), que vem substituir a rigidez dos anteriores modelos pela ideia de que o processo não constitui uma coisa só das partes, ou só do juiz, mas de ambos os sujeitos – os quais, dentro de uma perspetiva relacional do processo, são chamados a colaborar com vista à prossecução das finalidades deste último[1455].

[1452] EMMANUEL JEULAND, «La Conception du procès civil dans le code de procédure civil de 1975», cit., págs 103-104: «*(...) Certes les inspirateurs et rédacteurs du nouveau Code de procédure civil n'étaient pas des personnes naïves. Une remarque de Motulsky au début de sa thèse soutenue en 1948 montre au contraire que son but était de garantir la justice pour éviter de nouvelles périodes de destruction. Mai ils étaient idéalistes certainement et pensaient que l'on pouvait aller vers plus de coopération. Pourtant derrière cette conception déclarée, un peu mythique et somme tout un peu vague du procès civil se tient une conception plus ambivalente et complexe. La conception puissante et cohérente de la procédure civile qu'en avait Motulsku n'a pas entièrement été consacré dans le nouveau Code de procédure civile*».

[1453] «*As ambivalências no que diz respeito à conceção do processo civil no novo CPC explicam talvez porque é que os juízes não utilizam todos os poderes de instrução de que beneficiam*» (ibidem, pág. 110). No mesmo sentido, mas à luz da legislação anterior, veja-se RAYMOND MARTIN, «Réflexion sur l'instruction du procès civil», cit., pág. 313 (embora o autor entenda que é sobretudo por uma questão de falta de tempo que os juízes fazem um uso escasso dos seus poderes instrutórios).

[1454] EMMANUEL JEULAND, «La Conception du procès civil dans le code de procédure civil de 1975», cit., pág. 107: «*(...) il ne faut sans doute pas s'enfermer dans des oppositions binaires anciens/modernes; accusatoire/inquisitoire; libéral/dirigiste. Il y a un équilibre procédural qui reste toujours à établir; la coopération est peut-être davantage un objectif ou une réalité à reconquérir en permanence qu'une situation acquise*».

[1455] Segundo MARIE-EMMA BOURSIER, a evolução do Direito revela a ideia de uma cooperação entre os sujeitos que participam no vínculo jurídico, ou jurídico-processual; o princípio da cooperação, fundador de toda a sociedade, destina-se a assegurar o seu funcionamento para benefício mútuo dos seus membros, definindo-se como a procura de um equilíbrio entre os direitos de cada um através de uma «composição» que constitui condição *sine qua non* da sua efetiva realização. O princípio da cooperação (salienta a autora), portador de novas conceções, reclama instrumentos para o servir, podendo caraterizar-se a lealdade como um desses instrumentos, induzindo, para além de obrigações íntimas ligadas à qualidade de ser humano, a sua transcendência a uma noção que se aproxima mais de um interesse comum

Não desconhecemos a sedução exercida por aquela fórmula (modelo cooperativo), a qual se demarca de uma visão do processo baseada em princípios antitéticos. Contudo, não cremos que a sua utilização seja ideal. Vejamos: que o processo civil se encontra inspirado por um princípio da cooperação (que, aliás, constitui uma decorrência do princípio da boa fé processual) é coisa que ninguém pode negar (artigo 7º) – os sujeitos processuais devem cooperar entre si na condução e intervenção no processo, podendo dar-se vários exemplos de manifestações típicas deste princípio (a mais importante das quais – para a finalidade do nosso estudo – sendo naturalmente aquela que diz respeito aos deveres de colaboração probatória das partes[1456]); que o modelo de relacionamento dos sujeitos processuais, no que à repartição dos seus poderes diz respeito, deva ser chamado de cooperativo ou de colaboração é coisa bem diferente. E a razão é esta:

É que não se trata de saber se o processo é uma coisa das partes ou do juiz (perspetiva que se encontra ultrapassada, atendendo à superação da tese do fundamento material da *Verhandlungsmaxime*), mas de saber de

(diferente da soma aritmética dos interesses individuais)» (MARIE-EMMA BOURSIER, *Le principe de loyauté en droit processuel*, cit., págs. 5-6).

Já EDUARDO GRASSO (EDUARDO GRASSO, «La collaborazione nel processo civile», cit., págs. 598 e segs., pág 605) chama a atenção para o facto de que a norma de ética processual que consagra, no ordenamento jurídico-processual civil italiano, o dever de lealdade e probidade processuais desempenha uma função integradora de todo o ordenamento processual (o autor refere-se ao especial relevo da norma do artigo 88 CPCit. [dever de lealdade e probidade processuais]), que tende para que as partes não alterem a verdade dos factos, nem os elementos relevantes para o processo, *i.e.*, não impeçam o seu adversário de exercer os seus direitos, nem o tribunal de usar os seus poderes (é de sublinhar que o autor não adere à tese dominante, de acordo com a qual não resulta do artigo 88 um dever de as partes dizerem a verdade). A máxima *nemo tenetur edere contra se* (salienta ainda o autor) não se justifica em processo civil, seja no plano moral, seja com base no Direito positivo, já que não há nenhuma norma que atenue a avaliação negativa do comportamento desleal, contida naquele artigo (ibidem, pág. 600). Dela pode retirar-se a existência de uma regra de colaboração, enquanto princípio caracterizador da relação jurídica processual. Segundo GRASSO pode mesmo dizer-se que esta norma, e a possibilidade de diálogo que da mesma resulta, constituem a principal alteração do novo código italiano em matéria instrutória (superando em importância o aumento dos poderes oficiosos do tribunal – para o exercício dos quais, aliás, contribui) (ibidem, pág. 602).

1456 Artigo 417º. Mas não deve desconhecer-se que também existem deveres de colaboração probatória do juiz com as partes: artigo 7º, nº 4: «*Sempre que alguma das partes alegue justificadamente dificuldade séria em obter um documento ou informação que condicione o eficaz exercício de faculdade ou o cumprimento de ónus ou dever processual, deve o juiz, sempre que possível, providenciar pela remoção do obstáculo*».

quem é a responsabilidade pela aportação dos elementos do processo, e mais concretamente – naquilo que concerne o objeto do nosso estudo – de quem é a responsabilidade pela aportação dos seus elementos probatórios. Ora, posto o problema nestes termos, e uma vez que (como ainda há pouco dissemos) a responsabilidade probatória das partes se relaciona com a existência de um ónus (subjetivo) da prova, não cremos que a expressão «modelo de colaboração» seja adequada para representar o modo como os poderes daqueles sujeitos se articulam, já que não resulta da mesma a ideia de que é meramente complementar ou acessória a responsabilidade do juiz.

Não existe, com efeito, ao contrário do que aquela expressão parece inculcar, uma (total) comunhão de esforços entre o método contraditório e o método oficioso de apuramento da verdade[1457]; é dizer: não pode afirmar-se ao mesmo tempo uma irrestrita responsabilidade do juiz, e das partes, pela aportação dos elementos do processo. Por conseguinte, e por ser incapaz de refletir esta ideia, deve evitar-se a utilização da expressão «método de colaboração», a qual, não estando errada em si mesma, pode, no entanto, conduzir à errada conclusão de que o processo se caracteriza por uma espécie de *mixtum compositum* de princípio de responsabilidade probatória das partes e de princípio da oficialidade, que nos parece incorreta; trata-se, nessa medida (e apenas nessa medida), de uma fórmula descaracterizadora do processo civil.

Este (processo civil) continua a basear-se na livre iniciativa e no confronto entre as partes, num ambiente de auto-responsabilidade e de respeito pelo contraditório. É, pois, de um modelo de dispositivo moderado (no sentido – deve repisar-se – de uma atenuação do princípio de responsabilidade probatória das partes pelo princípio da oficialidade[1458]) que deve continuar a falar-se. Não é, contudo, sem algum esforço interpretativo que se chega a esta conclusão, já que o artigo 411º não estabelece qualquer limitação (quantitativa) aos poderes instrutórios do juiz, nem a mesma resulta expressamente de nenhum preceito do código. Por conseguinte, faz falta uma norma como a do artigo 146 CPCfr., onde expressamente se prevê que a «inércia das partes» constitui um requisito negativo da atuação oficiosa

[1457] Já que, como acabámos de ver, o ónus subjetivo da prova e o poder-dever do juz se encontram numa relação de tensão – a afirmação de um (o poder-dever) conduzindo a uma atenuação do outro.

[1458] Ou modelo de responsabilidade das partes moderado.

do juiz, *i.e.*, que esta atuação não pode constituir uma forma de suprir a carência das partes em matéria de administração da prova.

Isto não significa, contudo, que a ciência processual civil deva abdicar de um discurso orientado em termos de verdade. Muito pelo contrário: que o processo civil se inspira num princípio de verdade material é para nós ponto assente. Do que se trata, isso sim, é de notar que o método adotado para satisfazer as exigências decorrentes da vigência deste princípio é essencialmente contraditório-dialógico, embora o mesmo conviva com a presença de um princípio de oficiosidade em matéria probatória. Resultando daqui a possibilidade/dever de o juiz realizar uma atividade instrutória complementar daquela desenvolvida pelas partes, com a finalidade de tomar uma decisão mais bem informada sobre o fundo da causa.

Uma última nota, quanto ao princípio da preclusão: o entrave ao exercício tardio da prova (por iniciativa das partes) não diz respeito, como bem pode notar-se, à existência de um sistema de ónus (subjetivo), mas à existência de um sistema de preclusões probatórias – sistema este que, ao contrário do que possa parecer, não constitui uma peça necessária de um modelo processual baseado num princípio de responsabilidade probatória das partes[1459]. Na verdade, resulta deste princípio que recai, sobretudo, sobre as partes a iniciativa da prova, o mesmo nada dizendo, ou implicando, sobre o momento até ao qual essa iniciativa pode ser exercida. É dizer: não é porque este princípio (de responsabilidade das partes) existe que deve existir um princípio de preclusão; é porque existe um princípio de preclusão que, dada a existência daquele princípio, o exercício do poder instrutório do juiz não pode constituir uma forma de suprir a falta de atividade probatória das partes, nos momentos processualmente previstos para esse efeito[1460].

Ora, e partindo desta ideia, podemos ainda notar o seguinte: num sistema sem princípio de preclusão a finalidade de obtenção de novos meios

[1459] Se o princípio da preclusão não existisse, as partes continuariam a não poder requerer ao juiz o exercício do seu poder oficioso, no caso de não terem feito o mínimo para observar o respetivo ónus probatório (sob pena de violação do princípio de auto-responsabilidade probatória), mas poderiam fazer uso, a todo o tempo (com o limite do trânsito em julgado da decisão, e salvo as hipóteses de recurso extraordinário de revisão) do seu direito à prova.

[1460] Na prática, deixaria de se colocar o problema do recurso das decisões de não realização oficiosa de uma prova, já que as partes poderiam exercer a todo o momento o seu poder de iniciativa probatória (em vez de solicitar ao juiz o exercício do seu próprio poder).

de prova, nas situações de *non liquet*, poderia ser obtida por uma via menos gravosa para o princípio de responsabilidade probatória das partes, através de um «conselho» às partes quanto à necessidade de produção dessa prova[1461].

O princípio da preclusão, esse, relaciona-se, no entanto, com uma determinada ordem do processo, enformadora do princípio da responsabilidade probatória das partes, da qual resulta a existência de momentos processuais para a apresentação das alegações de factos, e dos respetivos requerimentos probatórios. Depois destes momentos apenas a superveniência (objetiva ou mesmo subjetiva) permite às partes introduzir no processo novos elementos – como acontece, por ex., nas hipóteses em que a lei admite a apresentação de articulados supervenientes, ou a junção de documentos depois da fase dos articulados.

Não cremos que deva identificar-se um tal sistema com a ideia de realização de uma justiça meramente formal ou procedimental. O processo, tal como o conhecemos, constitui um caminho, feito de etapas – de «válvulas» que se abrem, e que se fecham – e através das quais, através de um sistema de ónus e preclusões, se vai delimitando mais e mais o conjunto de elementos que o integram, até se chegar, assim esteja verificado o conjunto dos pressupostos processuais, a uma decisão sobre o mérito da causa (a qual, idealmente, se baseia num acertamento verdadeiro dos factos da causa). Poderá este sistema processual, baseado num princípio da preclusão, vir a ser alterado. Mas enquanto ele existir – e deve saber reconhecer-se as suas vantagens – o exercício do poder de produção oficiosa de prova não pode constituir uma forma de o contornar. Ainda assim, e justamente nos casos de superveniência (aqueles em que o conhecimento da respetiva fonte de prova resulte do normal desenvolvimento do processo), a consagração daquele poder constitui uma forma de atenuar as desvantagens dele decorrente, atribuindo ao juiz o poder/dever de ordenar a realização das provas necessárias para o apuramento da verdade, quando a sua realização não possa resultar da iniciativa das partes, satisfazendo-se, assim, as exigências do princípio da verdade material. É esta, do nosso ponto de

[1461] Conquanto esta solução seja menos idónea do ponto de vista do princípio da verdade material (já que a realização da prova continua dependente da vontade das partes), parece-nos altamente improvável – exceto nos casos de uso abusivo do processo – que as mesmas não aceitem a «sugestão» do juiz (requerendo a realização do respetivo meio de prova), já que isso seria contrário aos seus interesses.

vista, num sistema de base dispositiva (em sentido amplo), a melhor forma de entender o modo como se articulam o princípio de responsabilidade probatória das partes e o princípio inquisitório (ou, como preferimos chamar-lhe, o princípio da oficiosidade em matéria instrutória).

Conclusões Finais

1. Pese embora o apuramento da verdade não constitua um fim em si mesmo do processo, pode bem afirmar-se que ele representa uma aspiração finalística do mesmo. É de apuramento, e não de descoberta da verdade que deve falar-se, na medida em que a realidade apenas releva, do ponto de vista do processo civil, no contexto de aplicação de uma concreta norma jurídica, através da subsunção à respetiva *fattiespecie* dos factos essenciais ou principais alegados pelas partes como fundamento do pedido ou das exceções por si invocadas (princípio dispositivo em sentido material). A existência de uma inter-relação entre norma e «facto» não se opõe, contudo, à objetividade do processo de determinação da realidade histórica que serve de base ao litígio, nem à função essencialmente demonstrativa da prova jurídico-civil: o processo civil baseia-se num princípio de verdade (material).

2. A conclusão anterior não carece de ser confirmada pela natureza inquisitória do respetivo sistema processual, na medida em que, mesmo num sistema de dispositivo radical, baseado na exclusiva responsabilidade probatória das partes, a mesma tem plena aplicação. Resulta, com efeito, de uma leitura errada do princípio dispositivo, de acordo com a qual a articulação entre o ónus de alegação e o ónus da prova conduz à existência de um poder de disposição das partes sobre o fundamento de facto da sentença, o entendimento de alguns autores, segundo os quais a *Verhandlungsmaxime* constitui um obstáculo a que se possa falar, em processo civil, de uma finalidade de apuramento da verdade (material). A doutrina maioritária, em concreto a alemã, afirma, pelo contrário, a existência de uma função epistémica do princípio de responsabilidade das partes. Com efeito,

3. O método contraditório-dialógico serve-se do livre confronto entre as partes, sujeitos da relação material controvertida, e, portanto, com um conhecimento privilegiado sobre os factos da causa, como forma de serem adquiridos no processo os elementos necessários à tomada de uma decisão bem informada sobre o fundo da causa, sem prejuízo de este confronto poder ser – como é – temperado pela existência de regras de colaboração entre as partes, ancoradas num princípio de boa fé processual, e destinadas a salvaguardar o princípio da tutela jurisdicional efetiva e o direito à prova de que cada uma delas é titular. Nada disto confere ao sistema processual uma marca inquisitória, a afirmação de tais deveres (de colaboração probatória) sendo perfeitamente compatível, como, aliás, os dados de Direito estrangeiro permitem confirmar, com um sistema de raiz acusatória: a atuação prática destes deveres implica o exercício do *ius imperium* do juiz, e não de quaisquer poderes de produção oficiosa de prova.

4. Nem mesmo de uma atenuação do ónus (subjetivo) da prova pode falar-se em virtude da existência de um genérico dever de colaboração intersubjetiva, na medida em que o nosso sistema jurídico, integrado na tradição dos sistemas de origem romano-germânica, desconhece a existência de um dever de revelação espontânea de documentos, recaindo sobre o requerente o ónus da concreta identificação do documento *ad exhibendum* (encontra-se vedada a possibilidade de as partes se servirem do instituto da exibição instrutória como forma de obterem uma prova-exploratória, ou *Ausforshungsbeweis*).

5. Sem prejuízo das conclusões anteriores, deve questionar-se a existência, no atual modelo processual, de um princípio de responsabilidade probatória das partes, seja em virtude da existência de um princípio de aquisição processual (artigo 413º) – embora não nos pareça resultar do mesmo, não obstante a atenuação do respetivo ónus probatório, uma descaraterização do método contraditório-dialógico –, seja, em particular, em virtude da existência de um princípio de oficialidade em matéria instrutória (artigo 411º). Quanto a este último aspeto, deve notar-se que aquele método se baseia na existência de um ónus (subjetivo) da prova, já que, sem ónus, não pode falar-se de responsabilidade das partes. Ora, existe uma relação de tensão entre o poder de produção oficiosa de prova, e o ónus da prova (repita-se, em sentido subjetivo), na medida em que, quanto maior

for a responsabilidade probatória do juiz, menor será o espaço ocupado por este ónus, ao ponto de o mesmo desaparecer, tornando-se totalmente incompleto e imperfeito.

6. O princípio de responsabilidade das partes constitui um princípio fundamental do sistema processual civil, mal se compreendendo um sistema que, ancorado, como é, num princípio de autonomia da vontade (princípio dispositivo em sentido material) não o fosse também por um princípio de responsabilidade das partes (ainda que suscetível, ao contrário daquele, de sofrer atenuações). Para além disso, o princípio de responsabilidade probatória das partes desempenha uma função de aceitação da decisão final de mérito, nos casos em que a mesma se funda na aplicação das regras de distribuição do risco da prova (situações de *non liquet*), na medida em que, num sistema de partes, será, por regra, sobre uma delas que se fazem sentir as consequências da falta de prova.

7. Os poderes de produção de prova *ex officio iudicis* encontram-se, assim, limitados, quer, de um ponto de vista qualitativo (princípio de dispositivo material, e princípio de proibição de recurso à ciência privada), quer de um ponto de vista quantitativo. Resulta da primeira a natureza dispositiva do método instrutório, estando vedado ao juiz proceder a uma investigação oficiosa dos factos da causa, e consistindo o seu poder instrutório, tão-somente, no poder de ordenar a realização dos meios de prova previstos na lei, para obter a aquisição processual das fontes de prova «alegadas» pelas partes, ou de outra forma por ele conhecidas através do processo. Já no que à delimitação quantitativa diz respeito, *i.e.*, à necessidade de articulação com o princípio de responsabilidade probatória das partes, resulta da mesma a natureza meramente complementar ou acessória da responsabilidade probatória do juiz, não destinada a suprir a negligência das partes na observância dos respetivos ónus probatórios, mas apenas a completar o trabalho probatório por elas realizado.

8. A omissão do exercício dos poderes de produção oficiosa de prova (ou o despacho de indeferimento do requerimento de arguição da respetiva nulidade), tal como a decisão de não exercício dos mesmos, pode, nos termos gerais, merecer a censura do tribunal de recurso, mas esta censura será errada, se não partir de uma leitura daqueles poderes inserida no con-

texto de um sistema baseado, no essencial, no princípio de responsabilidade probatória das partes. Por conseguinte, e sem prejuízo dos casos em que resulte claramente dos fundamentos da sentença ter o juiz desconsiderado, em absoluto, aquela possibilidade, apenas nos casos em que se trate de uma prova essencial para o apuramento da verdade, e o conhecimento da respetiva fonte tenha decorrido do normal desenvolvimento do processo, estando o direito de as partes requererem a sua produção abrangido pelos efeitos de uma preclusão probatória, poderão estas, conforme os casos, ter um fundamento válido de recurso.

9. O método de apuramento da verdade continua assim, no essencial, a caraterizar-se pela sua natureza contraditório-dialógica, fundando-se no princípio de responsabilidade probatória das partes, embora se trate de um princípio de responsabilidade atenuado. O ónus (subjetivo) da prova deve ser lido no contexto da vigência quer, de um princípio de aquisição processual, quer de um princípio de oficiosidade instrutória. Por conseguinte, não mais pode dizer-se, como no sistema liberal-individualístico, dever a prova resultar da iniciativa da parte que com ela se encontra onerada. Isso não. Mas, pode ainda desvendar-se uma margem de subjetividade daquele ónus, na medida em que é a prévia atividade das partes a abrir caminho à possibilidade de realização de uma atividade probatória *ex officio iudicis*, daquela complementar. Para além disso, trata-se de um método contraditório-dialógico com princípio de colaboração, destinado, como vimos, a garantir a possibilidade de a própria parte onerada observar o respetivo ónus (assim como a possibilidade de a parte contrária fazer contra-prova ou prova do contrário desses factos).

10. Contudo, e uma vez que o uso da expressão «modelo cooperativo ou de colaboração» pode traduzir a ideia de que o processo se baseia numa espécie de *mixtum compositum* de princípio da responsabilidade das partes e de princípio da oficialidade – ideia esta incapaz de traduzir a relação de tensão que existe entre o poder instrutório do juiz e o ónus das partes – deve evitar-se a utilização da mesma. O sistema é de dispositivo moderado, no sentido de uma atenuação do princípio dispositivo em sentido amplo (e nunca do princípio dispositivo em sentido estrito ou material) pelo princípio da oficialidade.

BIBLIOGRAFIA

ABEL LLUCH, Xavier, «Las diligencias finales de oficio del art. 435.2 LEC», *La Ley*, 2003-5, págs. 1735-1741.

_____ *Iniciativa probatoria de oficio en el proceso civil*, Barcelona: Bosch, 2005.

ABEL LLUCH, Xavier/PICÓ I JUNOY, Juan, *Los Poderes del Juez Civil en Materia Probatoria*, Barcelona: Bosch, 2003.

ALCÁNTARA SAMPELAYO, José, «Intervención de oficio en el proceso civil», *Revista de Derecho judicial*, 1962, núm. 9, pág. 27

ALEXANDRE, Isabel, «A fase de instrução no processo declarativo comum», *in Aspectos do novo processo civil*, Lisboa: Lex, 1997, págs. 273-314.

ALEXY, Robert, *Teoria da argumentação jurídica – a teoria do discurso racional como Teoria da Justificação Jurídica*, trad. Zilda Hutchinson Schild Silva, São Paulo: Landy Editora, 2001.

ALISTE SANTOS, Tomás-Javier, *La motivación de las resoluciones judiciales*, Madrid: Marcial Pons, 2011.

ALMAGRO NOSETE, Jose, *Constitución y proceso*, Barcelona: Bosch, 1984.

ALONSO OLEA, Manuel, *Derecho procesal del trabajo*, 3ª ed., Madrid: Instituto de Estudios Politicos, 1976.

ANDRÉ, Georges, *Du principe de la neutralité du juge dans l'instruction des affaires civiles*, Paris: Jouve & C., 1910.

ANDRIOLI, Virgilio, «Prova (in genere)», *Nuovo Digesto Italiano*, T.XVII, Torino: UTET, 1939, págs. 813-829.

_____ *Commento al codice di procedura civile*, 3ª ed., Napoli: Jovene, 1954-1964.

_____ *Lezioni di diritto processuale civile*, parte I, Napoli, 1959.

_____ «Prova in Genere (Diritto civile)», *Novissimo Digesto Italiano*, XIV, 1967, págs. 260-300.

ANDREWS, Neil, *On civil processes, court proceedings*, Cambridge: Intersentia, 2013.

ANSANELLI, Vincenzo, «Le prove a futura memoria», *Trattato di Diritti Civile e Commerciale, La prova nel processo civile*, a cura di MICHELE TARUFFO, Milana: Giuffrè Editore, 2012.

ANTONIO DÍAS CABIALE, José, *Principios de aportación de parte y acusatorio: la imparcialidad del juez*, Granada: Editorial Comares, 1996.

ARISTOTELES, *Organon III, Les Premiers Analytiques*, e Les *Secondes Analytiques*, trad. J. Tricot, Bibliothèque des Textes Philosophiques, Paris: Librairie Philosophique J. Vrin, 1947

_____ *Tópicos*, Obras Completas de ARISTÓTELES, coord. ANTÓNIO PEDRO MESQUITA, vol. I, T. V, trad. J. A. Segurado e Campos, Lisboa: ed. Imprensa Nacional-Casa da Moeda, Lisboa, 2007.

_____*Retórica*, Obras Completas, coord. António Pedro Mesquita, Volume VIII, T. I, trad. Manuel Alexandre Júnior, Paulo Farmhouse Alberto e Abel do Nascimento Pena, 4ª ed., Lisboa: Biblioteca de Autores Clássicos, 2010.

ASENCIO MELLADO, José María, *Derecho procesal civil. Primera parte*, 2ª edic., Valencia: Tirant lo blanch Editora, 2000.

AUBRY et RAU, MM., *Traité de droit civil français*, T. XII, Paris: Imprimerie et librairie générale de jurisprudence, 1922.

AUGENTI, Giacomo Primo, *L`onere della prova*, Roma: Foro Italiano, 1932.

AYNÈS, Augustin/ VUITTON, XAVIER, *Droit de la Preuve, Principes et mise en oeuvre processuelle*, Paris : LexisNexis, 2013.

BALENA, Giampiero, «Istruzione — II) Procedimento di istruzione preventiva », in *Enc. Giur.*, Treccani, vol. XVIII, Roma, 1990, págs. 1 e segs.

_____«La nuova pseudo-riforma della giustizia civile (Un primo comento della l. 18 giugno 2009, n.69)», in *Il Giusto Processo Civile*, 2009, págs. 749 e segs.

BARBOSA MOREIRA, José Carlos «Breves reflexiones sobre la iniciativa oficial en materia de prueba», *Libro de homenaje a Jaime Guasp*, Granada: Comares, 1984, págs. 155-160.

BARY, Marion, «Les nouveaux défis de la loyauté de la preuve», *Droit et procédures, la revue des huissiers de justice*, 2008, 61º année – nº 4 – juillet/août, págs. 195-202.

BASTOS, Jacinto Fernandes Rodrigues, *Notas ao Código de Processo Civil*, vol. II, 3ª ed., Lisboa, 2000.

BATUT, Anne-Marie, «Les mesures d`instruction in futurum», *Rapport de la Cour de cassation pour 1999*, págs. 99 e segs.

BAUMBACH, Adolf/ LAUTERBACH, Wolfgang/ HARTMANN, Peter, *Zivilprozessordnung*, 60ª ed., München: Beck, 2002.

BAUR, Fritz, «Potere giudiziale e formalismo del diritto del diritto processuale», *RTDPC*, Ano XIX, 1965, págs. 1683-1704.

BECKER, Moritz, «Die Pflicht zur Urkundenvorlage nach § 142 Abs. 1 ZPO und das Weigerungsrecht der Parteien»», *Monatsschrift für Deutsches Recht*, 62. Jahrgang, Heft 23/2008, págs 1309-1315.

BELLAMY, Marcel, «Le pouvoir de commandement du juge, ou le nouvel esprit du proces», *La semaine juridique*, 1973-1, Doctrine, 2522.

BELTRÁN, Jordi Ferrar, *Prova e verità nel diritto*, Bologna: Il Mulino, 2004.

BENTHAM, M. Jérémie, *Oeuvres de J. Bentham*, vol. 2, Traité des preuves judiciaires, Bruxelas: ed. Dumont, Louis Hauman et Compagnie, 1829.

BERGEAUD, Aurélie, *Le droit à la preuve, Bibl. de droit privé*, tome 525, Paris: L.G.D.J., 2010.

BERNHARDT, Wolfgang, «Die Aufklärung des Sachverhalts im Zivilprozess», in Beiträge zum Zivilprozessrecht (Festgabe zum siebzigsten Geburtstag von Leo Rosenberg), Munique e Berlim: Beck, 1949.

BETTERMANN, Karl August, «Hundert Jahre Zivilprozessordnung – Das Schicksal einer liberalen Kodification», *ZZP* Bd. 91 (1978), Heft. 4, págs. 365-397.

BETTI, Emilio, *Diritto processuale civile*, 1ª ed., Roma: Foro Italiano, 1932.

_____*Diritto processuale civile italiano*, 2ª ed., Roma: Foro Italiano, 1936.

BEUDANT, Robert/LEREBOUS-PIGEONNIÈRE, Paul, collab. GASTON LAGARDE et ROGER PERROT, *Cours de droit civile française*, T. IX, Paris : Arthur Rosseau, 1953.

BLANC, Emmanuelle, *L'évolution de la preuve judiciaire*, Paris: LGDJ, 1974.

BLOMEYER, Arwed, *Zivilprozeßrecht, Erkenntnisverfahren*, 2ª ed., Berlin: Duncker & Humblot, 1985.

BOMSDORF, Falk, *Prozessmaximen und rechtswirklichkeit*, Berlin: Duncker & Humblot, 1971.

BONNIER, Édouard., *Traité théorique et pratique des preuves en droit civil et en droit criminel*, 5ª ed., Paris: Librairie Plon, 1888.

BOURSIER, Marie-Emma, *Le principe de loyauté en droit processuel*, Nouvelle bibliothèque de thèses, Paris : Dalloz, 2003.

BRASIELLO, Ugo, «Instruzione del processo (diritto romano)», *Enciclopedia del Diritto*, T. XXIII, Giuffé, 1973, págs. 131-141.

BREHM, Wolfgang, *Die Bindung des Richters an den Parteivortrag und Grenzen freier Verhandlungswürdigung*, Tübingen: Mohr, 1982.

BRÜGGEMANN, Dieter, *Judex statutor und judex investigator*, Bielefeld: Verlag Ernst und Werner Gieseking, 1968.

BUENAVENTURA PELLISE PRATS, D., «Diligencias para mejor proveer», *Nueva Enciclopedia Jurídica*, Barcelona: Francisco Seix, 1955, T. VII, págs.466-475.

BÜLOW, Oskar Von, *Teoria das exceções e dos pressupostos processuais*, trad. Ricardo Rodrigues Gama, Campinas: LZN, 2003.

CADIET, Loïc/ JEULAND, Emmanuel, *Droit judiciare privé*, Paris: LexisNexis, 2013.

CALAMANDREI, Piero, «Il Processo come Situazione Giuridica», *RDPC*, Ano 1927, vol. IV, parte 1, págs. 219-226.

_____ «La genesi logica della sentenza civile», *Studi sul processo civile*, I, Padova: CEDAM, 1930.

_____«Conseguenze della mancata esibizione di documenti in giudizio», *RDP*, 1930, vol. VII, Parte II, págs. 289-301.

_____ «Il Giudice e lo Storico», *RDPC*, Ano 1939, vol. XVI, Parte 1, págs. 105-128.

_____ «Un caso típico di malafede processuale», *RDPC*, V. XVIII, 1941, P. II., págs. 148-155.

_____«Il processo come giuoco», *RDP*, A. V., 1950, P. I., págs. 23-51.

_____«Per la definizione del fatto notorio», in *Opere Giuridiche*, T.V., a cargo de MAURO CAPPELLETTI, Napoli: Morano, 1972.

CALOGERO, Giudo, «Probità, lealtà, veridicià nel processo civile», *RDPC*, vol. XVI, 1939, P.I., págs. 129-153.

CANSTEIN, Raban von, «Die Grundlagen des Beweisrechtes», *Zeitschrift für deutschen Civilprozess*, II, Berlin: C. Heymann, 1880, págs. 297-361.

CAPPELLETTI, Mauro, *La testimonianza della parte nel sistema dell'oralità*, Milano: Giuffrè, 1962.

_____«Iniziative probatorie del giudice e basi pregiuridiche della struttura del proceso», *RDP*, 1967, págs. 407-428.

_____*Ideologie nel diritto processuale*, in Processo e ideologia, Bolonha: Molino, 1969.

_____*El proceso civil en el Derecho comparado*, trad. de Santiago Sentís Melendo, Buenos Aires: EJEA, 1973.

CARLOS, Adelino da Palma, *Direito Processual Civil*, Lisboa: EAAFL, 1964.

CARNACINI, Tito «Tutela giurisdizionale e tecnica del processo», S*tudi in onere di Enrico Redenti*, Vol II, Milano: Giuffrè, 1951, págs. 695 e segs.

_____«Tutela jurisdiccional y técnica del proceso», *Revista de la Facultad de Derecho de Mexico*, Octubre-diciembre (1953), págs. 97-182.

CARNELUTTI, Francesco, *Studi sul diritto processuale*, vol. 1, Padova: Cedam, 1925.

_____ «Prove Civili e Prove Penali», *RDPC*, 1925, Parte I, págs. 3-26.

_____*Lezioni di diritto processuale civile*, vol. II, Padova: Litotipo, 1926.

_____«Contra il processo fraudolento, forma e prova del negozio che modifica la competenza per territorio», *RDPC*, V. III, 1926, P. II, págs. 14-25.

_____ *Sistema di Diritto processuale civile*, Padova, Cedam, 1936-1939.

_____«Carattere del nuovo processo civile italiano», *RDPC*, vol. XVIII, Parte I, 1941, págs. 35-52.

_____*Teoria geral do direito*, trad. A. Rodrigues Queiró, Artur Anselmo de Castro, Coimbra: Arménio Amado, 1942.

_____*Sistema de derecho procesal civil*, trad. Niceto Alcalá-Zamora y Castillo y Santiago Sentís Melendo, Buenos Aires: UTEHA, 1944.

_____*La prova civile*, 2ª ed., Roma: Edizioni dell`Ateneo, 1947.

_____*Istituzioni del processo civile italiano*, 5ª ed, Roma, «Foro Italiano», 1956.

_____*La prova civile: parte generale: il concetto giuridico della prova*, Milano: Giuffrè, 1992.

_____Lecciones sobre el proceso penal, trad. Santiago Sentís Melendo, vol. I, Buenos Aires: Librería El Foro, 1996.

Carpi, Federico/Taruffo, Michele, *Commentario breve al Codice di Procedura Civile*, 5ª ed., Milani: CEDAM, 2006.

Carsetti, Arturo, «Verità, decisione razionale e teoria della complessità», *Quaderni della revista trimestrale di diritto e procedura civile*, nº 8, decisione giudiziaria e verità scientifica, Milano: Giuffrè, 2005, págs. 25-41.

Castro, Artur Anselmo de, *Direito Processual Civil Declaratório*, vols. I-III, Coimbra: Almedina, 1981-1982.

Cavalone, Bruno, «Crisi delle «maximen» e disciplina dell`istruzione probatoria», *RDP*, Ano XXXI, II Série, nº4, Outobro-Dezembro, 1976, págs. 678-707.

_____*Il giudice e la prova nel processo civile*, Padova: CEDAM, 1991.

_____ «Esibizione delle prove nel dir. civ.», *Dig. Disc. Priv., sez. Civ.*, VII, 1991, págs. 655 e segs.

Chiarloni, Sergio, «Processo civile e verità», *Questione giustizia*, 3, 1987, págs. 505 e segs.

Chiovenda, Giuseppe, *Principii di diritto processuale civile*, Napoli: Jovene, 1965.

_____*Principios de derecho procesal civil*, T. I, Biblioteca jurídica de autores españoles y extranjeros, trad. 3ª ed. italiana y prólogo de Jose Casais y Santaló, Madrid: Reus, 2000.

_____*Istituzioni di diritto processuale civile*, Napoli: Jovene, 1933-1936.

_____«Identificazione delle azioni. Sulla regola ne eat iudex ultra petita partium», in *Saggi di diritto processuale civile* (1894-1937), vol. 1, Milano: Giuffrè, 1993, págs. 157-177.

Cohen, Dany, «Le droit a...», in *L`avenir du droit, Mélanges en hommage à François Terrè*, Dalloz, PUF, Juris-classeur, 1999, págs. 393-400.

Comoglio, Luigi Paolo, «Allegazione», in *Dig., Disc. priv.*, sez. civ., I, Torino 1987, págs. 272 – 281.

_____*La garanzia costituzionale dell`azione e il processo civile*, Padova: CEDAM, 1970.

_____*Etica e tecnica del "giusto processo"*, Torino: Giappichelli, 2004.

_____ «Ideologie consolidate e riforme contigenti del processo civile», *RDP*, 2010, págs. 521-543.

_____*Le Prove Civili*, 3ª ed., Torino: UTET, 2010.

Comoglio, Luigi Paolo/ Ferri, Corrado/ Taruffo, Michele, *Lezioni sul processo civile*, 2ª ed., Pavia: il Mulino, 1998.

Consolo, Claudio, *Spiegazioni di diritto processuale civile*, T. I., 7ª ed. aggiornata alle riforme della XIV legislatura, Padova: CEDAM, 2008.

Cordeiro, António Manuel da Rocha e Menezes, *Da Boa Fé no Direito Civil*, Colecção Teses, Coimbra: Almedina, 1984.

CORDÓN MORENO, Faustino, «En torno a los poderes de dirección del juez civil», *Revista de Derecho Privado*, 1979, págs. 807 e segs.

_____*Introducción al derecho procesal*, Pamplona: Eunsa, 1994.

CORNU, Gérard/FOYER, Jean, *Procédure civile*, 3ª ed., Paris: PUF, 3ª ed. 1996.

CORTÉS DOMÍNGUEZ, Valentín/GIMENO SENDRA, Vicente/MORENO CATENA, Víctor, *Derecho Procesal Civil, Parte General*, 3ª ed., Madrid: Colex, 2000.

CORTESE, Ennio, «Contumacia, Diritto Romano», *Enciclopedia del Diritto*, T. X, Giuffrè, 1963, págs. 447-452.

COUCHEZ, Gérard/LAGARDE, Xavier, *Procédure civile*, 17ª ed., Paris : Dalloz, 2014.

COUTURE, Eduardo J., *Teoría de las diligencias para mejor proveer*, Montevideo: Casa A. Barreiro y Ramos, 1932.

_____*Fundamentos del derecho procesal civil*, 3ª ed., Buenos Aires: Depalma, 1958.

CROZE, Hervé/LAPORTE, Christian, *Guide Pratique de procédure civile*, 4ª ed., Paris : LexisNexis, 2012.

CROZE, Hervé/ MOREL, Christian/ FRADIN, Olivier, *Procédure civile, Manuel pédagogique et pratique*, 2ª ed., Paris: Litec, 2003.

CUENCA, Humberto, *Proceso civil romano*, Buenos Aires: Ejea, 1957.

CUNHA, Paulo Arsénio Veríssimo, *Processo comum de declaração: da marcha do processo segundo as preleções do prof. Dr. Paulo Cunha ao curso de processo civil* (4º ano)/anot. Artur Costa, Jaime Lemos, 2º vol., Braga: ed. Augusto Costa, 1944, pág. 63.

DAIGRE, Jean-Jacques, *La production forcée de pieces dans le procés civil*, Publication de la Faculté de Droit et des Siences Sociales de Poitiers, Tome 8, Presses Universitaires de France, 1979.

_____«La doctrine et la reforme de la procedure civile, a propos du pouvoir discrétionnaire du juge en matière de production forcée de pièces», *La semaine juridique*, 1981-1, 86877, 3020 But, Paris : Éditions Techniques.

DAMIÁN MORENO, J., *Comentarios a la nueva Ley de Enjuiciamiento Civil*, dirigidos por A.Mª. LORCA NAVARRETE, Valladolid: Lex Nova, 2000.

_____«Estructura y principios del proceso ordinario en la nueva Ley de Enjuiciamiento Civil», *Revista General de Legislación y Jurisprudencia*, Ano 2000, nº 2, págs. 175-188.

DE BEAUMANOIR, Philippe, *Coutumes de Beauvaisies*, T. I, Paris: Alphonse Picard et Fils, 1899.

DE LA OLIVA SANTOS, Andrés/DÍEZ-PICAZO GIMÉNEZ, Ignacio, *Derecho procesal civil. El proceso de declaración*, 3ª ed., Madrid: Centro de Estudios Ramón Areces, 2004.

DE LOS SANTOS MARTÍN OSTOS, Jose, *Las diligencias para mejor proveer en el proceso civil*, Madrid: Editorial Montecorvo, 1981.

_____«Las diligencias finales», *Revista del Poder Judicial*, núm. 67, 2002 (III sem.), págs. 381-404.

DE PAULA POMBAR, Mercedes F., *Las diligencias para mejor proveer concepto, naturaleza, fundamento y contenido*, Santiago de Compostela, julho de 1988.

DECUGIS, M., «L`évolution des modes de preuve judiciaire en droit comparé», *Bulletin de la société de législation comparée*, tome soixante-huitième, 1938-1939, Paris, 1939, págs. 77-87.

DEMOGUE, René, *Les notions fondamentales du droit prive: essai critique*, Paris: Arthur Rousseau, 1911, p. 559.

DEMONTÈS, Émile, *L`action "ad exhibendum" en droit moderne, essai sur le droit a la* *preuve"*, Thèse pour le doctorat ès-sciences juridiques, Beaugency Imprimerie R. Barrillier, 1992.

DENTI, Vittorio, «L'evoluzione del diritto delle prove nei processi civile contemporanei», *RDP*, 1965, págs. 31-70.

_____«Il ruolo del giudice nel proceso civile tra vecchio e nuovo garantismo», *RTDPC*, 1984, págs. 726-740.

DESPRÉS, Isabelle, *Les mesures d'instruction in futurum*, Nouvelle Bibliothèque de Thèses, Paris : Dalloz, 2004.

DEUBNER, Von Karl G., «Gedanken zur richterlichen Aufklärungs- und Hinweispflicht», Festschrift für Gerhard Schiedermair zum 70. Geburtstag, Munique: Beck, 1976, págs. 79-92

DEVIȘ ECHANDÍA, Hernando, «El moderno proceso civil inquisitivo y con libertad para apreciar las pruebas», *Revista de Derecho procesal Iberoamericana*, 1965, núm. 1, págs 4-579.

_____*Teoría general de la prueba judicial*, Buenos Aires: Víctor P. de Zavalía, T. I., 1970.

DIAKONIS, Antonios, *Grundfragen der Beweiserhebung von Amts wegen im Zivilprozess*, Tübingen: Mohr Siebeck, 2014, págs. 37 e segs

DIETER LEIPOLD, «Wahreit und Beweis im Zivilprozeß», in *Festschrift für HIDEO NAKAMURA zum 70. Geburstag*, Tokyo: Mohr Siebeck, 1996.

DÖHRING, Erich, *La Prueba su practica y apreciacion, la investigacion del estado de los hechos en el proceso*, trad.Tomás A. Banzhaf, Buenos Aires: Librería "El Foro", 1996.

DOMAT, Jean, *Les loix civiles dans leur ordre naturel* (3. vols), publicado anonimante em Paris de 1689 a 1694.

DONDI, Angelo, «Questioni di efficienza della fase preparatória nel processo civile statunitense (e prospettive di riforma)», *RTDPC*, Anno LVII – N.1, Marzo (2003), págs. 161-174.

DONNEDIEU, Loraine, «La loyauté dans l'administration de la preuve», *Gazette du Palais*, Recueil Mai-Jun 2012, págs. 1859-1875.

D'ORS, Alvaro, *Derecho Privado Romano*, 9ª ed., Pamplona: Ediciones Universidad de Navarra, S.A., 1997.

EGBERT, Peters, *Ausforschungsbeweis im Zivilprozeß, Beiträge zum Zivilrecht und Zivilprozeß*, herausgegeben von Rudolf Bruns, 16. Heft., Köln e Berlim: Grote, 1966.

ENGISCH, Karl, *Die Idee der konkretisierung in recht und rechtswissenschaft unserer zeit*, Heidelberg: Carl Winter Universitätsverlag, 1953.

_____*Logische Studien zur Gesetzanwendung*, Zweite Auflage (erstmals vorgelegt am 14. November 1942), Heidelberg: Carl Winter Universitätsverlag, 1960, págs. 14 e segs.

_____ «Wahrheit und Richtigkeit im juristischen Denken», Vortrag, gehalten beim 491. Stiftungsfest der Ludwig--Maximilian-Universität München am 6. Juli 1963, München: Max Hueber Verlag.

ESMEIN, Adhémar, «L'origine et la logiqeu de la jurisprudence en matiere d'astreintes», *RTDC*, 1903, págs. 37 e segs.

ETXERBERRÍA GURIDI, José Francisco *Las Facultades Judiciales en Materia Probatoria en la LEC*, Valencia: Tirant lo Blanch, 2003.

FABBRINI, Giovanni, «Potere del giudice (diritto processuale civile)», *Enciclopedia del Diritto*, XXXIV, Milano, 1985, págs. 721-744.

FABIANI, Ernesto, *I poteri istruttori del giudice civile: contributo al chiarimento del dibattito*, Napoles: Edizioni Scientifiche Italine, 2008.

FAIRÉN GUILLÉN, Víctor, «Para la elaboración de una doctrina general de los principios del procedimiento», Anuario de derecho civil, vol. 1, nº 4, 1948, págs. 1345-1366.

FARIA, Paulo Ramos de/ LOUREIRO, Ana Luísa, *Primeiras Notas ao Código de Processo Civil*, vol. I, Coimbra: Almedina, 2013.

FAZZALARI, Elio, «La imparzialità del giudice», *RDP*, 1972, págs. 193-203.

_____«I poteri del giudice nem processo del lavoro», *RDP*, vol. 29, 1974, págs. 586-607.

FENECH NAVARRO, Miguel/CARRERAS LLANSANA, Jorge, *Estudios de Derecho procesal*, Barcelona: Bosch, 1962.

FENECH NAVARRO, Miguel, «La función del juez en la dirección del proceso civil», *Revista de Derecho procesal*, 1964, núms. I-II, págs. 33-43.

FERNANDES, ELIZABETH, «A prova difícil ou impossível (A tutela judicial efetiva no dilema entre a previsibilidade e a proporcionalidade)», Estudos de Homenagem ao Prof. Doutor JOSÉ LEBRE DE FREITAS, Vol. I, Coimbra editora, págs. 824-825.

FERRAJOLI, Luigi, *Diritto e ragione. Teoria del garantismo penale*, 5ª ed., Roma-Bari: Laterza, 1989.

FERRAND, Frédérique, «The respective role of the judge and the parties in the preparation of the case in france», in *Conference The Reforms of Civil Procedure in Comparative Perspective*, Florence, 2003, The reforms of civil procedure in comparative perspective: an international Conference dedicated to MAURO CAPPELLETTI, Torino: Giappichelli, 2005, págs. 7-32.

_____«Preuve, débats et principe de loyauté dans le procès civil français», *ZZP-int*, 2012, págs. 13-42

FERRARI, Ubaldo, *La Verità Penale e la sua Ricerca nel Diritto Processuale Italiano*, Milano, 1927.

FERREIRA, Manuel Gonçalves Cavaleiro de, *Curso de processo penal*, vol. III, Lisboa, 1958.

FLORENT DEMOLOMBE, Jean-Charles, Cours de Code Napoléon, T. XXXIX, Paris: A. Durand Hachette, 1854-[1879].

FORIERS, Paul, «Réflexions sur l'argumentation juridique», *Revue Int. de Philosophie*, 1961, págs. 402 e segs.

FRADA, Manuel António de Castro Portugal Carneiro da, *Teoria da Confiança e Responsabilidade Civil*, Almedina, 2004.

FREITAS, José Lebre de / MACHADO, António Montalvão / PINTO, Rui, *Código de Processo Civil anotado*, 2ª ed., Coimbra: Coimbra Editora, 2008.

FREITAS, José Lebre de/ ALEXANDRE, Isabel, *Código de Processo Civil Anotado*, 3ª ed., Coimbra: Coimbra Editora, 2014.

FREITAS, José Lebre de, *A confissão no direito probatório: um estudo de direito positivo*, Coimbra: Coimbra Editora, 1991.

_____*Estudos sobre direito civil e processo civil – Princípios processuaios e limites da jurisdição; declarações, factos e prova; caso julgado; execução*, Coimbra: Coimbra Editora, 2002.

_____*Introdução ao processo civil – conceito e princípios gerais à luz do novo código*, 3ª ed., Coimbra Editora, 2013.

_____*A ação declarativa comum – à luz do código revisto*, 3ª ed., Coimbra: Coimbra Editora, 2013.

_____*A falsidade no direito probatório: contribuições para o estudo da prova documental*, Coimbra: Almedina, 2013.

FRISON-ROCHE, Marie-Anne, «Les droits fondamentaux des justiciables au regard du temps dans la procédure», in Coulon, J-M. et Frison-Roche, M.-A. (dir.) *Le temps dans la procédure*, coll. « Thèmes et commentaires », Dalloz, 1996, págs. 11 e segs.

FURNO, Carlo, *Contributo alla teoria della prova legale*, Padova: CEDAM, 1940.

GADAMER, Hans-Georg, *Wahrheit und Methode – Grundzüge einer philosophischen Hermeneutik*, 4ª ed., Tübingen: Mohr, 1975.

GALL, Erwan le, *«Le devoir de collaboration des parties a la manifestation de la verite dans les litiges prives. Remarques sur l'adage nemo tenetur edere contra se»*, Thèse pour le Doctorat en Droit, présentée et soutenue le 20 mars 1967.

GARBERÍ LLOBREGAT, José/GUADALUPE BUITRÓN, Ramírez, *La prueba civil: doctrina, jurisprudencia y formularios sobre prueba, procedimento probatorio y medios de prueba en la nueva ley de enjuiciamiento civil*, Valencia: Tirant lo Blanch, 2004.

GENY, François, *Des droits sur les lettres missives: études principalment en vue du système postal français: essai d'application d'une méthode critique d'interprétation*, Paris : Recueil Sirey, 1911.

GERALDES, António Santos Abrantes, *Temas da reforma do processo civil*, vol. I, Coimbra: Almedina, 1997, e vol. IV, 2003.

______ Recursos no novo código de processo civil, 3ª edição, Almedina, 2016.

GIULIANI, Alessandro, *Il concetto di prova, contributo alla logica giuridica*, Milano: Giuffè, 1961.

_____«Prova, prova in generale – Filosofia del Diritto», *Encipledia del Diritto*, vol. XXXVII, 1988, págs. 519-579.

GLANZBERG, Michael, «Truth», in Stanford Encyclopedia of Philosophy, disponível em http://plato.stanford.edu/entries/truth/.

GOLDSCHMIDT, James, *Der Prozeß als Rechtslage. Eine Kritik des prozessualen Denkens*, Berlin: Springer, 1925.

_____*Derecho Procesal Civil*, trad. 2ª ed. alemã por Leonardo Prieto Castro, Barcelona, Madrid, Buenos Aires, Rio de Janeiro: Editorial Labor S.A.,1936.

GOMETZ, Gianmarco, *Le regole tecniche. Una guida refutabile*, Pisa: Edizioni ETS, 2008.

GÓMEZ DE LA SERNA, Pedro, *Motivos de las variaciones principales que ha introducido en los procedimientos de la Ley de enjuiciamiento civil*, Madrid: Revista de Legislación, 1857.

GÓMEZ ORBANEJA, Emilio/HERCE QUEMADA, Vicente, *Derecho procesal civil*, 7ª ed., Madrid: Artes Gráficas y Ediciones, 1976.

_____ *Derecho procesal civil*, vol. I, 8ª ed., Madrid: Artes Gráficas y Ediciones, 1979.

GÖNNER, Nikolaus Thaddäus von, *Handbuch des deutschen gemeinen Prozesses*, 2ª edic., I., Erlangen: J.J. Palm, 1804.

GONZÁLEZ-PÉREZ, Jesús, *Derecho procesal administrativo*, T. II, 2ª ed., Madrid: Instituto de Estudios Políticos, 1966-1967.

GOUBEAUX, Gilles, «Le droit à la preuve», in *La preuve en droit*, études publiées par CH. PERELMAN et P. FORIES, Bruxelles: Bruylant, 1981, págs. 277-303.

GOUVEIA, Mariana França, «Os poderes do juiz cível na acção declarativa – em defesa de um processo civil ao serviço do cidadão», Julgar – Nº 1 – 2007, págs. 47-65.

GRASSO, Eduardo, «La collaborazione nel processo civile», *RDP*, 1966, págs. 580-609.

_____«Dei poteri del giudice», in *Commentario al codice di procedura civile*, diretto da E. ALLORIO, Torino, libro I, T. 2, Torino, 1973, págs. 1272 e segs.

GREGER, Reinhard, *Beweis und Wahrscheinlichkeit*, köln, Berlim, Bonn, Munique: Carl Heymanns, 1978.

_____«Ein Beitrag des Prozessrechts zur Versachlichung der fiktiven Reparaturkostenabrechnung», *NJW* 2002, Heft 20, págs. 1477-1478.

_____«Zweifelsfragen und erste Entscheidungen zur nuen ZPO», *NJW*, 2002, Heft.42, págs. 3049-3053.

_____«Zwischen Mediation und Inquisition – Neue Wege der Informationsbeschaffung im Zivilprozess», *DStR* 2005, págs. 479-484.

GRUBER, Urs Peter/KLIESSLING, Erik, «Die Vorlagepflichten der §§ 142ff. ZPO nach der Reform 2002 – Elemente der "discovery" im neuen deutschen Gerichtsverfahren?», *ZZP* Bd. 116 (Ano 2003), nº 3, págs. 305-334.

GUASP DELGADO, Jaime, *Juez y hechos en el proceso civil: una crítica del derecho de disposición de las partes sobre el material de hecho del proceso*, Barcelona: Bosh, 1943.

_____*Comentarios a la Ley de Enjuiciaminento Civil*, T.I., 2ª ed., Madrid: edit. Aguilar, 1948.

GUINCHARD, Serge/FERRAND, Frédérique, *Procédure civile, Droit interne et droit communautaire*, 28º ed., Paris: Précis Dalloz, 2006.

GUTIÉRREZ-CAÑAS GUTIÉRREZ, Demetrio, *Filosofía del procedimiento, técnica y moral del Foro*, T. I, Valladolid, 1900.

GUITIÉRREZ DE CABIEDES, Eduardo, «La socialización del proceso», en *Constitución, Derecho y Proceso. Estudios en memoria de los Profs. Herce Quemada y Dunque Barragues*, Zaragoza, 1983, págs. 432-441.

HABERMAS, Jürgen, *Truth and Justification*, trad. Barbara Fultner, The MIT Press, 2005.

HABSCHEID, Walther J., «Das Recht auf Beweis», *ZZP* Bd. 96, Julho 1983, Heft. 3, (1983), págs. 306-334.

_____«Das Recht auf den Beweis und der Grundsatz der Effektivität des Rechtsschutzes, Juristische Entdeckungen unserer Zeit?», *SJZ*, Heft 24, 15. Dezember 1984, 80 Jahrgang, págs. 381-387.

HAHN, BERNHARD, *Kooperationsmaxime im Zivilprozeß?*, Köln, Berlin, Bonn, München: Carl Heymanns, 1983.

HAHN, Karl, *Die gesammten Materialien zur zur Civilprozeßordnung: und dem Einführungsgesetz zu derselben vom 30.1.1877*, I, Berlin: Decker, 1880.

HAMELMANN, Uwe, *Urkundenvorlagepflichten nach § 142 Abs. 1 und 2 ZPO*, Leipzig: Leipziger Universitätsverlag, 2012.

HÉBRARD, V. P, «La vérité dans le procès et les pouvoirs d`office du juge», *Ann. Univ. sc. Soc. Toulouse*, 1978, p. 379.

HÉBRAUD, M. Pierre, «La vérité dans le procès et les pouvoirs d`office du juge», *Annales de l`université des sciences sociales de Toulouse*, Tome XXVI, Université des Sciences Sociales, Toulouse, 1978, págs. 379-404.

HELLWIG, Konrad, *System des deutshen Zivilprozessrechts*, Leipzig: Aalen, 1912.

HÉRON, Jacques, 2ª ed. par THIERRY LE BARS, Paris : *Droit judiciaire privé*, Montchrestien.

HIPPEL, Fritz von, *Wahrheitspflicht und Aufklärungspflicht der Parteien im Zivilprozess*, Frankfurt a. M., Klostermann, 1939.

HRUSCHKA, Joachim, *Die Konstitution des Rechtsfalles – Studien zum Verhältnis von Tatsachenfestellung und Rechtsanwendung*, Berlin: Duncker & Humblot, 1965.

IBÁÑEZ, Andrés, «Carpintería de la sentencia penal (en material de hechos)», in *Poder Judicial*, Nº 49, primer trimestre, 1998 pág. 393-428.

IGUARTA, Juan, «La prueba de los hechos», in *Lecciones de teoria del derecho*, a cura di M.A. Barrère, A. Campos, F.J. Ezquiaga e J. Igartua, Valencia: Tirant lo Blanc, 1998.

JAUERNIG, Othmar, *Verhandlungsmaxime, Inquisitionsmaxime und Streitgegenstand*, Tübingen: Mohr, 1967.

_____*Zivilprozessrecht*, 30ª ed., München, Beck, 2011.

JEULAND, Emmanuel, «La Conception du procès civil dans le code de procédure civil de 1975», in *De la commémoration d`un code à l`autre: 200 ans de procédure civile en France*, sous la direction de LOÏC

CADIET ET GUY CANIVET, Paris : Litec, 2006, págs 101-110.

JOLOWICZ, John Anthony, «La production forcée des pièces, droits français et anglais», in *Nouveaux juges, nouveaux pouvoirs?, Mélanges en l'honneur de* ROGER *PERROT*, Paris : Dalloz, 1996, págs. 168-169.

_____*On civil procedure*, Cambridge: Cambridge University Press, 2000.

JORGE, Nuno de Lemos, «Os poderes instrutórios do juiz: alguns problemas», Julgar – Nº 3 – 2007, págs. 61-84.

JOSÉ FRANCISCO ETXERBERRÍA GURIDI, *Las Facultades Judiciales en Materia Probatoria en la LEC*, Tirant lo Blanch, Valencia, 2003.

JR., Fredie Didier, *Fundamentos do Princípio da Cooperação no Direito Processual Civil Português*, Coimbra: Coimbra Editora, 2010.

JULIEN, Pierre/ FRICERO, Natalie, *Droit judiciaire privé*, 4ª ed., Paris : LGDJ, 2011.

JUSTO, A. SANTOS, *Direito Privado Romano, I, Parte Geral*, 4ª ed., Coimbra: Coimbra Editora, 2008.

KAPPOR, Arun, *Die neuen Vorlagepflichten für Urkunden und Augenscheinsgegenstände in der Zivilprozessordnung*, Baden-Baden: Nomos, 2009.

KASER, Max, «Beweislast und Vermutung im römischen Formularprozess», *Zeitschrift der Savigny-Stifung für Rechtsgeschichte – R.A.*, 71, Weimar: Herman Böhlaus Nachfolger, 1954, págs. 221-241.

_____*Das römische zivilprozessrecht*, München: C.H.Beck, 1996.

_____*Derecho romano privado*, trad. J. S. Cruz Teijeiro, Madrid: Reus,1968.

KELSEN, Hans, *Qué es Justicia?* este ensaio constitui a sua conferência de despedida como professor da Universidade da Califórnia pronunciado em Berkeley em 27 de maio de 1952. Junto com outros ensaios do mesmo autor encontra-se na obra *Qué es Justicia?*, Barcelona: Ariel Editora, 1991.

_____*Reine Rechtslehre: Einleitung in die rechtswissenchaftliche Problematik*, 2ª reimp da 1ª ed., Aalen: Scientia Verlag, 1994.

KISCH, Wilhelm, *Elementos de derecho procesal civil*, trad. L. Prieto Castro, Madrid: Revista de derecho privado, 1932.

_____«Wahrheitspflicht Verhandlungsmaxime Eventualmaxime», *Deutsche Juristenzeitung*, 1936, págs. 913-919.

KLAMARIS, Nikolaos, «Das prozessuale Grundrecht auf Justizgewährung am Beispiel der griechischen Rechtsordnung», in *Festschrift für Karl Heinz Schwab zum 70. Geburtstag*, München, 1990, págs. 269 e segs.

KLEIN, Franz, *Die Schuldhafte Parteihandlung*, Wien: Toeplitz & Deuticke, 1885.

KRAAYVANGER, Jan/ HILGARD, Mark C., «Urkundenvorlegung im Zivilprozess, Annäherung an das amerikanische »discovery« – Verfahren?», *Neue Justiz*, 57, 2003, págs 572-575.

KRESS, Otto, *Wahrheitspflicht und ihre Sanktionen*, Tübingen, 1939.

KUHN, Sascha/ LÖHR, Marcel, «Die Urkundenvorlage nach § 142 ZPO im Spannungsfeld zwischen Sachverhaltsaufklärung und Beibringungsgrundsatz», *Juristische Rundschau*, 2011, págs. 369-375.

LAGARDE, Xavier, «Finalités et principes du droit de la preuve – Ce qui change», JCP G 2005, *La Semaine Juridique* Edition Générale nº 17, 27 avril 2005, I, 133, nº 9, págs. 771-777.

LARENZ, Karl, *Metodologia da ciência do direito*, trad. José Lamego, 3ª ed., 1997, Lisboa: Fundação Calouste Gulbenkian.

LEBORGNE, Anne, «L'impact de la loyauté sur la manifestation de la vérité ou le double visage d'un grand principe», Revue Trimestrielle de Droit Civile, 1996, págs. 535-550.

LEGER, Nicolas «Preuve» (en matière civile)», *La semaine juridique*, II 10025, 23 février 2005, págs. 396-399.

LEIPOLD, Dieter, «Die gerichtliche Anordnung der Urkundenvorlage im reformierten deutschen Zivilprozess», in *Festschrift für Walter Gerhardt zum 70. Geburtstag*, Köln: Beck, 2004.

LENT, Friedrich, *Diritto processuale civile tedesco*, trad. da 9ª ed., Edoardo F. Ricci, Napoli: Morano, 1962.

LÉVY-BRUHL, Henri, *Aspects Sociologiques du Droit*, Paris: Marcel Rivière, Rivière, 1955.

LEVY, Jean Phillipe, «La formation de la théorie romaine des preuves», *Studio in onore di Siro Solazzi*, Napoli: Jovene, 1948, págs. 431 e segs.

_____«Cicéron et la prueve judiciaire», in *Droits de l'antiquité et sociologie juridique: Mélanges Henri Lévy-Bruhl*, Publications de l'Institut de Droit Romain de l'Université de Paris (Sirey), XVII. Paris: Sirey, 1959, págs. 187-197.

LIEBMAN, Enrico Tullio, «Fondamento del principio dispositivo», *RDP*, 1960, págs. 551-565.

_____*Problemi del processo civile*, Napoli: Morano, 1962.

_____*Manuale di diritto processuale civile*, II, reimp. 4ª ed., Milano: Giuffrè, 1984.

_____*Manuale di Diritto Processuale Civile, Principi*, 5ª ed., Milano: Giuffrè, 1992.

LINHARES, José Manuel Aroso, «Regras de experiência e liberdade objectiva do juízo de prova», *Boletim da Faculdade de Direito da Universidade de Coimbra*, Suplemento Vol. XXXI, págs. 1-364, Coimbra, 1988.

_____*Entre a reescrita pós-moderna da modernidade e o tratamento narrativo da diferença ou a prova como um exercício de passagem nos limites da juridicidade:imagens e reflexos pré-metodológicos deste percurso*, Coimbra: Coimbra Editora, 2001.

LIPARI, Francesco Giuseppe, *Il dolo processuale*, Palermo, Florença: Società Editrice Libraria, 1926.

LIPP, Volker, *Das private Wissen des Richters, Zur Unparteilichkeit des Richters im Prozeß*, Heidelberg: C.F. Müller Verlag, 1995.

LOMBARDO, L.G., Ricerca della verità e nuovo processo penale, in «Cassazione penale», 1993, págs. 751 e segs.

LUHMANN, Niklas, *Legitimation durch Verfahren*, Frankfurt am Main: Suhrkamp, 1983.

MAGALHÃES, Barbosa de, «Aparência e Realidade no Novo Código de Processo Civil – o Poder Discricionário do Juiz e a Crise da Verdade, da Lei e da Justiça», in *Estudos sobre o Novo Código de Processo Civil*, I, Lisboa, 1940, págs. 305 e segs.

MANDRIOLI, Crisanto, *Corso di Diritto Processuale Civile, I, Nozioni Introduttive e Disposizioni Generali*, Editio minor, Torino: Giappichelli, 2000.

MANRESA Y NAVARRO, José María, Comentarios a la ley de enjuiciamiento civil reformada conforme a las bases aprobadas por la Ley de 21 de junio de 1880, 7ª ed., Madrid: Instituto Editorial Reus, 1952-1955.

_____*Ley de Enjuiciamento Civil, comentada y esplicada para su mejor inteligencia y fácil aplicación*, T.I, Madrid: imprenta de la Revista de Legislación, 1856.

MARISICO, Alfredo de, «Falsità in atti», *Enciclopedia del Diritto*, XVI, págs. 560-600.

MARRAUD, Catherine, « Le droit a la preuve, la production forcee des preuves en justice» (Décrets nº 71-740 du 9 septembre 1971, nº 72-684 du 20 juillet 1972 et nº 72-788 du 28 août 1972)», *La semaine juridique*, 1973, II, Doctrine, 2572.

MARTIN, Raymond, «Réflexion sur l`instruction du procès civil», *Revue Trimestrielle de droit civile*, LXIX, année 1971, Sirey, Paris, 1971, págs. 279-319.

MCGUIRE, Mary-Rose, «Beweismittelvorlage und Auskunftanspruch nach der Richtlinie 2004/48/EG zur Durchsetzung der Recht des Geistigen Eigentums», *GRUR Int.* 2005, págs. 15 e segs.

MENDES, João de Castro, *O direito de acção judicial: estudo de processo civil*, Lisboa: FDL, 1959.

_____*Do conceito de prova em processo civil*, Lisboa: Edições Ática, 1961.

_____*Direito Processual Civil*, IIº vol., Lisoba: ed. da AAFDL, 1987.

MICHELI, Gian Antonio, *L`onere della prova*, Padova: CEDAM, 1942.

MIGUEL Y ROMERO, Mauro, *Principios del moderno derecho procesal civil*, Valladolid: Libreria de Andrés Martín, 1931.

MILLAR, Robert Wyness, «The formative principles of civil procedure (I)», U. Ill. L. Rev., vol. XVIII, 1923, maio, n. 1.

MINIATO, Lionel, «L`introuvable principe de loyauté en procédure civile», *Recueil Dalloz*, nº 15, 12 avril 2007, págs. 1035-1037.

MONTELEONE, Girolamo, *Diritto processuale civile*, 3ª ed., Padova: CEDAM, 2004.

MONTERO AROCA, Juan/GÓMEZ COLOMER, Juan Luis/MONTÓN REDONDO, Alberto/BARONA VILAR, Silvia, *Derecho jurisdiccional I, Parte General*, 10ª ed., Valencia: Tirant lo Blanch, 2000.

MONTERO AROCA, Juan, «Juicio crítico de la LEC», in *Para un proceso civil eficaz*, Barcelona: Ediciones Universidad Autónoma de Barcelona, 1982.

_____«Nociones generales sobre la prueba. Entre el mito y la realidad», in *La prueba, Cuadernos de Derecho judicial*. núm VII, 2000, págs. 15-66.

_____*La prueba en el Proceso Civil*, 6ª ed., Madrid: Civitas, 2011.

MONTESANO, Luigi/ ARIETA, Giovanni, *Diritto Processuale Civile, II, Il Processo di Cognizione Ordinaria*, 3ª ed., Torino: Giappichelli, 1999.

MONTESANO, Luigi, «Le prove disponibili d'ufficio e l'imparzialità del giudice civile», *RTDPC*, 1978, págs. 189-206.

MORDASINI-ROHNER, Claudia M., *Gerichtliche Fragepflicht und Untersuchungsmaxime nach der Schweizerischen Zivilprozessordnung*, Basel : Helbing Lichtenhahn Verlag, 2013.

MORELLO, A.M., *La prueba. Tendencias modernas*, Buenos Aires: Librería Editora Platense, 1991.

MOTULSKY, Henri, *Principes d`une réalisation méthodique du droit privé*, Sirey, 1948.

_____«L`office du juge et la loi étrangère», in *Mélanges offerts à Jacques Maury*, T. I, Droit International Privé et Public, Paris: Dalloz & Sirey, 1960, págs. 336-375.

_____«Le droit naturel dans la pratique jurisprudentielle», in *Le respect des droits de la défense*, Mélanges P. Roubier, T., 2, 1961.

_____«Le droit subjectif et l`action en justice», *Archives de Philosophie du Droit*, Sirey, 1964, págs. 215-230.

_____«Prolégomènes pour un futur Code de Procédure Civile», *Recueil Dalloz Sirey*, 1972, 1, págs. 91-102.

_____*Ecrits – Etudes et notes de procédure civile*, T I, Paris: Dalloz, 1973.

MUÑOZ I SABATÉ, Lluis, *Tratado de probática Judicial*, Barcelona: Bosch, 1992.

NAGEL, Heinrich, *Die Grundzüge des Beweisrechts im europäischen Zivilprozeß, Eine rechtsvergleichende Studie*, Baden-Baden: Nomos Verlagsgesellschaft, 1967.

NASI, Antonio, *Disposizione del diritto e azione dispositiva: contributo allo studio del principio dispositivo nel processo civile di cognizione, contributo allo studio del principio dispositivo nel processo civile di cognizione*, Milano: Guiffrè, 1965.

NETO, Abílio, *CPC Anotado*, 17º ed., Liboa: Editora Fórum, 2003.

NEVES, António Castanheira, *Questão-de--facto-Questão-de-direito ou o problema metodológico da juridicidade (ensaio de uma reposição crítica)*, Coimbra: Livraria Almedina, 1967.

_____ *Metodologia Júridica, Problemas Fundamentais*, Boletim da Faculdade de Direito, Stvdia Ivridica, 1, Coimbra Editora, 1993.

_____ «Matéria de Facto-Matéria de Direito», *RLJ*, Coimbra, 1 de Setembro de 1996, Ano 129, Nº 3866, págs. 130-134.

NIEVA FENOLL, Jordi, *La valoración de la prueba*, Madrid: Marcial Pons, 2010.

NIKISCH, Arthur, *Zivilprozessrecht: ein Lehrbuch*, 2. ed, Tübingen: Mohr Siebeck, 1952.

NORMAND, J., Vº Principes directeurs, in *Dictionnaire de la justice*, L. CADIET (dir.), PUF, 2004.

NÖRR, K. W., *Zur Stellung des Richters im gelehrten Prozess der Frühzeit: Iudex secundum allegata non secundum conscientiam iudicat*, [Münchener Universitätsschriften, Reihe der Juristischen Fakultät, 2] München: Beck, 1967.

NOYA FERREIRO, Mª Lourdes, Las diligencias finales en el proceso civil, Valencia: Tirant lo blanch, 2006.

OLZEN, Dirk, «Die Wahrheitspflicht der Parteien im Zivilprozess», *ZZP* 98. Band. Heft 4. 1985, págs. 403-426.

OPOCHER, Enrico, «Giustizia (filosofia del diritto)», *Enciclopedia del Diritto*, XIX, 1970, págs. 557-588.

_____ *Lezioni di filosofia del diritto*, Padova: CEDAM, 1983.

OPPETIT, Bruno, *Philosophie du droit*, Paris: Dalloz, Col. Précis, 1999.

ORTELLS RAMOS, Manuel, *Derecho procesal civil*, Elcano: Aranzadi, 2000.

PADIS, Pierre, «L`instruction du procès civil en France et en Republique fédéral d`Allemagne», *Gazette du Palais*, 1966 (1er sem.), págs. 30-33.

PATTI, Salvatore, *Le prove: parte generale, Tratatto di diritto privato*, dir. GIOVANNI IUDICA, PAOLO ZATTI, Milano: Giuffrè, 2010.

PEREIRA, Fernando da Silva, «A admissão dos factos por acordo e a prova do contrário», *coletânea de estudos comemorativos dos 20 anos da Faculdade de Direito da Universidade do Porto* (em curso de publicação).

PEREIRA, Joel Timóteo Ramos, «Factos Instrumentais – o que são?», in *Revista «O Advogado»*, II Série, Abril de 2006.

PERELMAN, Chaïm, «La distinction du fait et du droit – Le point de vue du logician», *Le fait et le droit, Études de logique juridique*, 1961, págs. 269-278.

_____ «La specificité de la preuve juridique», *La preuve*, vol. XIX des Recueils de la Société Jean Bodin, XIX, 1963, págs. 5-17.

_____ *Lógica Jurídica*, trad. Verginia K. Pupi, São Paulo: Martins Fontes, 2000.

PÉREZ BENÍTEZ, J.J., «Las diligencias finales: su admisión en todo tipo de procesos», *La Ley*, 2006, nº 4, págs. 1651-1663.

PERROT, Roger, «Le droit à la preuve», *Effektiver Rechtsschutz und verfassungsmässige Ordnung, Generalberichte zum VII. Internationalen Kongress für Prozessrecht*, Bielefeld: Gieseking, 1983, págs. 91-115.

_____ «Rapport de synthèse», Le rôle du juge et des parties dans l`administration de la preuve», *XVII colloque des IEJ (Grenoble, 19-21 janvier 1989)*, Publication de la Faculté de droit de Grenoble, págs. 96 e segs.

PETERS, Egbert, *Richterliche Hinweispflichten und Beweisinitiativen im Zivilprozeß*, Tübingen: Mohr Siebeck, 1983.

PICARDI, Nicola *Codice di Procedura Civile*, Ts. I e II, 5ª ed., Milano: Giuffrè, 2010.

PICÓ I JUNOY, Joan, *Derecho a la prueba en el processo civil*, Barcelona: Bosch, 1996.

_____ *La imparcialidad judicial y sus garantias: la abstención y la recusación*, Barcelona: Bosch, 1998.

_____«Las diligencias para mejor proveer en el proceso civil: entre el ser y el deber ser», *Justicia*, 1998, 3-4, págs. 629 a 640.

_____ *El Principio de la Buena Fe Procesal*, Barcelona: Bosch, 2003.

_____ *El juez y la prueba, Estudio de la errónea recepción del brocardo iudex iudicare debet secundum allegata et probata, non secundum conscientiam y su repercusión actual*, Barcelona: Bosch, 2007.

_____ «El derecho procesal entre el garantismo y la eficacia: Un debate mal planteado», *Proceso Civil e Ideología*, 2ª ed, Valencia, Tirant Lo Blanch, 2011, págs. 117-135.

PINA, Rafael de/CASTILLO LARRAÑAGA, José, *Instituciones de derecho procesal civil*, 18ª ed. México: Porrúa, 1988.

PINTO, Carlos Alberto da Mota /MONTEIRO, Pinto/PINTO, Paulo Mota, *Teoria geral do direito civil*, 4ª ed., Coimbra: Coimbra Editora, 2005.

PISANI, Andrea Proto, «Il codice de procedura civile del 1940 fra pubblico e privato», *Il Foro Italiano*, nº 3 – Marzo 2000, págs. 73-87.

_____*Lezioni di diritto processuale civile*, 5ª ed., Napoli, 2006.

PRIETO-CASTRO Y FERRÁNDIZ, Leonardo, *Cuestiones de derecho procesal*, Madrid: Reus, 1947.

_____«Providencias para mejor proveer (Comentarios en torno a sentencias que resuelvan sobre cuestiones de providencias para mejor proveer)», *Revista de Derecho procesal*, 1956, num. 2, págs. 525-535.

_____«La instrucción del Marqués de Gerona para arreglar el procedimiento de los negocios civiles con respecto a la Real Jurisdicción Ordinaria», in *Trabajos y orientaciones de Derecho Procesal*, Madrid, 1964, págs. 869 e segs.

_____«La jurisprudencia procesal civil de la Sala Primera del Tribunal Supremo en los últimos años», *Revista de Derecho Procesal*, 1ª época, 1964, núms. I-II, pág. 17-32.

_____*Trabajos y orientaciones de derecho procesal*, Madrid: Revista de Derecho Privado, 1964.

_____*Tratado de derecho procesal*, Madrid: Aranzadi, 1982.

_____*Derecho procesal civil*, 4ª ed., Madrid: Tecnos, 1988.

PROTO PISANI, Andrea, *Lezioni di diritto processuale civile*, 2ª ed., Napoli: E. Jovene, 1996.

PRÜTTING, Hanns, «Wahrheit im Zivilprozess?», *Festschrift für Peter Gottwald zum 70. Geburtstag*, München: Beck, 2014, págs. 507-515.

PRÜTTING, Hanns/GEHRLEIN, Markus, *ZPO Kommentar*, 7. Auf., Köln: Luchterland, 2015

PUFENDORF, Samuel, *De iure naturae et gentium*, 1, Frankfurt a. M. : Minerva, 1967, inalterado desde a edição Frankfurt e Leipzig 1759.

PUGLIESE, Giovanni, «La preuve dans le procès romain de l`époque classique», *Scritti giuridici scelti*, I, Napoli: Jovene, 1985, págs. 275 a 348.

PUNZI, Carmine, *Il Processo Civile, Sistema e Problematiche*, vols. I-III, Torino: Giappichelli, 2010.

RADBRUCH, Gustav, *Der Mensch im Recht, Ausgewählte Vorträge und Aufsätze über Grundfragen des Rechts*, Göttingen: Vandenhoeck & Ruprecht, 1957.

RAGONE, A.5J. Perez, «Profili della giustizia processuale (procedural fairness): la giustificazione ética del processo civile», *RDPr*, 2008, págs. 1033-1051.

Rebufat, Laurence Raison, «Le principe de loyauté en droit de la preuve», *Gazette du Palais* – Recueil Juillet-Août 2002, págs. 1195-1200.

Redenti, Enrico, «L'umanità nel nuovo processo civil», *RDPC*, vol. XVIII, 1941, págs. 25-34.

_____ *Derecho procesal civil*, trad. Santiago Sentís Melendo e Marino Ayerra Redín, Buenos Aires: EJEA, 1957.

Rego, Carlos Lopes do, *Comentários ao Código de Processo Civil*, vol. I, 2ª ed., Coimbra: Almedina, 2004.

Reis, Alberto dos, *CPC anotado*, vols. I, II, 3ª ed. - reimp.,1981-1982, vol. III, 4ª ed. - reimp., 1985.

_____ Rev. de Leg. 79º, págs. 105-108.

Reyes Monterreal, J.M.: «En torno a las diligencias para mejor proveer», *Rev. General de Derecho*, nº 101, 1953, págs. 85-97.

Ricci, Edoardo F., «Il principio dispositivo come problema di diritto vigente», *RDP*, vol. 29, 1974, págs. 380-389.

Ricci, Francisco, *Tratado de las pruebas*, trad. Adolfo Buylla e Adolfo Posada, Madrid: La España Moderna, 1891.

Ricci, Gian Franco, *Principi di diritto processuale generale*, 3ª ed., Turim: Giappichelli, 2001.

Rimmelspacher, Bruno, *Zur Prüfung von Amts wegen im Zivilprozess*, Göttingen: Otto Schwartz & Co., 1966, colección Göttinger Rechtswissenchaftliche Studien (Otto Schwartz59.

Rosenberg, Leo, *Die Beweislast*, 3ª ed., Munique e Berlim: C.H. Beck, 1953.

_____*Lehrbuch des Deutschen Zivilprozessrechts*, 7ª ed., München e Berlin: Beck, 1956.

Rosenberg, Leo/Schwab, Karl Heinz/Gottwald, Peter, *Zivilprozessrecht*, 15ª ed., München: Beck, 1993.

Rubino-Sammartano, Mauro, «Decisione processuale e verità», *Quaderni della revista trimestrale di diritto e procedura civile*, nº 8, decisione giudiziaria e verità scientifica, Milano: Giuffrè, 2005, págs. 89-92

Saenger, Ingo: «Grundfragen und aktuelle Probleme des Beweisrechts aus deutscher Sicht», *ZZP* Bd. 121 (Ano 2008), nº 2, págs. 139-163.

Santa-Cruz Teijeiro, José, *Principios de derecho procesal romano*, Valencia: Horizontes, 1947.

Satta, Salvatore, *Commentario al Codice di Procedura Civile*, Milano: Casa Editrice Dottor Francesco Vallardi, 1959-1971.

Satta, Salvatore/Punzi, Carmine, *Diritto processuale civile*, 13ª ed., Padova: Cedam, 2000.

Satter, K., «Dovere di verità e diritto di disposizione delle parti nel nuovo processo civile italiano», *Annuario di Diritto comparato e di studi legislativi*, vol. XVII, 1943, págs. 1-16.

Sauer, Wilhelm, *Allgemeine Prozessrechtslehre: zugleich eine systematische Shulung der zivilistischen und der kriminalistischen Praxis*, Berlin: Carl Heymanns, 1951.

Schlosser, Peter «Die lange deutsche Reise in die prozessuale Moderne», *JZ*, 12/1991, págs. 599-608.

_____*Zivilprozessrecht I, Erkenntnisverfahren*, 2ª ed., Munique: Franz Vahlen, 1991.

_____«Französische Anregungen zur Urkundenvorlagepflicht nach § 142 ZPO», Privatrecht in Europa – Vielfalt, Kollision, Kooperation, Festschrift für Hans Jürgen Sonnenberger zum 70. Geburtstag, München: Verlag C. H. Beck, 2004, págs. 135-154.

_____ «Anmerkung BGH, Urteil v. 2.5.2002 – I ZR 45/01 (OLG Hamburg)», JZ 8/2003, 2003, págs. 427-428.

_____«Die Anordnung der Urkundenvorlage im reformierten Zivilprozessrecht», *Festschrift für Hans Jürgen Sonnenberger*, Hrsg: Coester, Michael, e outros, München, 2004, pág. 135 e segs.

SCHMIDT, Carl, «Wahrheitspflicht, Verhandlungsmaxime, Eventualmaxime», *Deutsche Juristen-Zeitung*, 1936, Heft 15, págs. 913-919.

SCHMIDT, Joachim P., *Teilbarkeit und Unteilbarkeit des Geständnisses im Zivilprozessrecht,* Berlin: Gruyter, 1972.

SCHMIDT, Richard *Lehrbuch des deutshen Civilprozesssrechts*, Leipzig: Von Duncker & Humblot, Leipzig, 1898.

_____ «Die Lüge im Prozeß», *Deutsche Juristen-Zeitung*, 1909, págs. 39-46.

SCHÖNKE, Adolf, *Zivilprozessrecht – Eine systematische Darstellung*, 6ª ed., Karlsruhe: C. F. Müller, 1949.

_____*Lehrbuch des Zivilprozessrechts*, 8. ed., Karlsruhe: C.F. Müller, 1956.

SCHÖPFLIN, Martin, *Die Beweiserhebung von Amts wegen im Zivilprozess*, Frankfurt a.M., Bern, New York, Paris: Peter Lang, 1992.

SCHWEIZER, Mark, *Beweiswürdigung und Beweismaß, Rationalität und Intuition*, Jus Privatum Beiträge zum Privatrecht, Band 189, Tübingen: Mohr Siebeck, 2015.

SCIALOJA, Vittorio, *Procedimiento civil romano*, trad. S. Sentís Melendo e M. Ayerra Redin, Buenos Aires: Ejea, 1970.

SENTÍS MELENDO, Santiago, «Medidas para mejor proveer (El problema de su apelabilidad según nuestra jurisprudencia)», *Revista Argentina de Derecho procesal*, (1944), 2ª parte, págs. 126 e segs.

_____*Estudios de derecho procesal*, Buenos Aires: EJEA, 1967.

_____ «Los poderes del juez (Lo que el juez puede o podrá)». *Revista Jurídica de Cataluña*, 1976, num. III., págs. 655-699.

_____*La prueba, los grandes temas de derecho probatorio*, Buenos Aires: Ejea, 1978.

SERRA, Adriano Paes da Silva Vaz, «Provas (Direito probatório material)», *BMJ*, Nº110 – Novembro – 1961, págs. 157 e segs.

SERRA DOMÍNGUEZ, Manuel, «Contribución al estudio de la prueba», *Revista jurídica de Cataluña*, 1962, págs. 317 e segs.

_____*Estudios de derecho procesal*, Barcelona: Ariel, 1969.

_____ «Liberalización y socialización del proceso civil», *Revista de Derecho procesal iberoamericana*, 1972, num. 2 e 3, págs. 511-543.

_____*Comentarios al Código civil y compilaciones forales*, dirigidos por MANUEL ALBALADEJO, T. XVI, Vol. 2, Madrid: Revista de Derecho Privado, 1980.

SILVA, Paula Costa e, *A litigância de má fé*, Coimbra: Coimbra Editora, 2008.

SILVA MELERO, Valentín, «El llamado deber de decir verdade en el proceso civil», *RGLJ*, vol. 85, nº 168, 1936, págs. 718-724.

_____*La prueba procesal*, Madrid: Editorial Revista de Derecho Privado, 1963.

SOLUS, H./R. PERROT, R., *Droit judiciaire prive*, T. III, Sirey, 1991.

SONJA LANG, *Die Urkundenvorlagepflichten der Gegenpartei gemäß § 142 Abs. 1 Satz 1 ZPO*, Europäische Hochschulschriften Rechtswissenschaft 4571, Peter Lang, Frankfurt am Main, 2007, págs. 100 e segs.

SOUSA, Miguel Teixeira de, *Sobre a Teoria do Processo Declarativo*, Coimbra: Coimbra Editora, 1980.

_____*As partes, o objecto e a prova na acção declarativa*, Lisboa: Lex., 1995.

_____*Estudos sobre o Novo Processo Civil*, 2ª ed., Lisboa: Lex, 1997.

_____«Apontamentos sobre o princípio da gestão processual no novo Código de Processo Civil», *Cadernos de Direito Privado*, 43, 2013, págs. 10-14.

SOUSA, Rabindranath Capelo de Teoria geral do direito civil, vol. I, Coimbra: Coimbra Editora, 2003.

STADLER, Astrid, «Inquisitionsmaxime und Sachverhaltsaufklärung: erweiterte Urkundenvorlagepflichten von Parteien und Dritten nach der Zivilprozessrechtsreform», in *Festschrift für Kostas Beys*, Bd. 2, Athen: Sakkulas, 2003, págs. 1625-1647.

STEIN, Friedrich, *Das Private Wissen des Richters, Untersuchungen zum Beweisrecht beider Prozesse*, Leipzig: Hirschfeld, 1893.

STEIN, Friedrich/ JONAS, Martin, *Kommentar zur Zivilprozessordnung*, 22. Auf., Tübingen: Mohr Siebeck, 2013.

STICKEN, Von Gunnar, *Die »neue« materielle Prozessleitung (§ 139 ZPO) und die Unparteilichkeit des Richters*, Köln: Carl Heymanns, 2005.

STÜRNER, Rolf, *JZ*, nº 40 (nº 10, 17 de Maio de 1985), págs. 453-461.

_____*Die Aufklärungspflicht der parteien des zivilprozesses*, Tübingen: Mohr, 1976.

_____*Die richterliche Aufklärung im Zivilprozeß*, Tübingen: Mohr Siebeck, 1982.

TARUFFO, Michele, *Studi sulla rilevanza della prova*, Padova: CEDAM, 1970.

_____*La motivazione della sentenza civile*, Padova: CEDAM, 1975.

_____«Il diritto alla prova nel processo civile», *RDP*, vol. XXXIX, 2ª série (1984), págs. 74-120.

_____*Trattato di diritto civile e commerciale, La prova dei fatti giuridici*, Milano: Giuffrè, 1992.

_____ «Prova (in generale)», *Digesto delle Discipline Privatistiche – Sezione Civile*, T. XVI, 4º edic., edit. UTET, Torino, 1997, págs. 3-35.

_____«Poteri probatori delle parti e del giudice in Europa», *RTDPC*, ano LX, nº 2, Junho de 2006, págs. 451-483.

_____*La semplice verità: il giudice e la costruzione dei fatti*, Bari: Laterza, 2009.

_____«L'istruzione Probatoria», *Trattato di Diritto Civile e Commerciale, La prova nel processo civile*, a cura di MICHELE TARUFFO, Milano: Giuffrè, 2012, págs. 79-166.

_____*A prova*, trad. João Gabriel Couto, São Paulo: Marcial Pons, 2014.

TARZIA, Giuseppe, «Problemi del contraddittorio nell'istruzione probatoria civile», *RDP*, Ano XXXIX, 2ª serie, nº 4 – outubro a Dezembro de 1984, págs. 634-658.

_____ «Les pouvoirs d'office du juge en matière de preuves», in Nouveaux juges, nouveaux pouvoirs?, *Mélanges en l'honneur de ROGER PERROT*, Paris: Dalloz, 1996, págs. 469-475.

TERRÉ, François, *Introduction générale au droit*, Paris : Dalloz, 7ª éd. 2006.

THOMAS, Heinz/ PUTZO, Hans, *Zivilprozessordnung mit Gerichtsverfassungsgesetz, den Einführungsgesetzen und europarechtlichen Vorschriften: Kommentar*, 30. Auf., Munique: Beck, 2009.

TROCKER, Nicolò, *Processo civile e costituzione: problemi di diritto tedesco e italiano*, Milano: Giuffrè, 1974.

UBERTIS, Giulio, *La prova penale. Profili giuridici ed epistemologici*, Torino: Utet, 1995.

UHLENBRUCK, Wihelm, «Gerichtliche Anordnung der Vorlage von Urkunden gegenüber dem Insolvenzverwalter», *NZI*, 2002, págs. 589-590.

VARELA, João de Matos Antunes/ BEZERRA, J. Miguel/NORA, Sampaio e, *Manual de Processo Civil*, 2ª ed., revista e actualizada, Coimbra Editora, Limitada, 1985.

VAZ, Alexandre Mário Pessoa, *Direito Processual Civil – Do Antigo Ao Novo Código*, Coimbra: Almedina, 1998.

VECCHIO, Giorgio del, *La justice – la vérité*, essais de philosophie juridique et morale, Paris : Dalloz, 1955.

VENTSCH, Verena, *Die materielle Prozessleitung nach der Reform der Zivilprozessordnung, § 139 ZPO*, Hamburg: Verlag Dr. Kovač, 2005.

VERDE, Giovanni, «Considerazione sulla regola dell`onere della prova», *RDP*, 1972, vol. XXVII, II serie, págs. 438-463.

_____*L`onere della prova nel processo civile*, Napoli: Jovene, 1974.

_____«Prova (dir. Proc. civ.)», *Enciclopedia del diritto*, T. XXXVII, 1988, págs. 579-648.

_____*Profili del processo civile*, Parte Geral, 6ª ed., Napoles: Jovene, 2005.

_____«Las ideologias del processo en un reciente ensayo», in *Processo civil e ideologia*, coord. JUAN MONTERO AROCA, 2ª ed., Valencia: Tirant lo Blanch, 2011, págs. 75-88.

VIATTE, Jean, «Communication et production des pièces en justice», *La Gazette du Palais*, 1973, 2, págs. 407-409.

VILLAGÓMEZ CEBRIÁN, M., «El nuevo marco procesal civil. Los principios de la nueva LEC», *Tribunales de Justicia*, Ano 2000, nº 5, págs. 525-534.

VILLEY, Michel, *Direito Romano*, trad. Fernando Couto, Porto: colecção Resjuridica, (1990-2001?).

VOLKMAR, Erich, «La nuova legge tedesca sul processo civile del 27. ottobre 1933 e la sua importanza dal lato della politica legislativa», *RDPC*, vol. XI, parte 1, Ano 1934 (XII), págs. 273-288.

VÖLZMANN-STICKELBROCK, Barbara, «Anmerkung zum BGH, Urt. v. 26.6.2007», *ZZP* Bd. 120 (Ano 2007), nº 4, págs. 512-526.

WACH, Adolf, *Vorträge über die Reichs-Civilprocessordnung*, 2ª ed., Bonn: Adolph Marcus, 1896.

_____*Grundfragen und Reform des Zivilprozesses*, Berlin: Verlag Otto Liebmann, 1914.

WAGNER, Gerhard, «Urkundenedition durch Prozeßparteien – Auskunftspflicht und Weigerungsrechte», *JZ*, 62. 14/2007, (2007), págs. 706-719.

WEILLER, Laura, note Cass. Soc., 23 mai 2007, *La Semaine Juridique*, Édition générale, 25 juillet 2007, nº 30, 1140, págs. 41-44.

WELZEL, Hans, *Die Wahrheitspflicht im Zivilprozess: Ein Vortrag*, Berlin: Walter de Gruyter, 1935.

WENGER, Leopold, *Istituzioni di procedura civile romana*, trad. R. Orestano, Milano: Giuffrè, 1938.

WETZELL, G. W., *System des ordentlichen Zivilprocesses*, Leipzig: Bernhard Zauchnitz, 1878.

WIECZOREK, Bernhard/SCHÜTZE, Rolf, *Zivilprozessordgnung und Nebengesetze*, 3ª ed., Berlin, New York: Walter de Gruyter, 2010.

XAVIER LAGARDE, *Réflexion critique sur le droit de la preuve*, Librairie Générale de Droit et de Jurisprudence, 1994, Paris, págs. 205-206.

ZANI, Gino, *La mala fede nel processo civile*, Roma, Foro Italiano, 1931.

ZEKOLL, Joachim/ BOLT, Jan, «Die Pflicht zur Vorlage von Urkunden im Zivilprozess – Amerikanische Verhältnisse in Deutschland?», *NJW*, 2002, págs. 3129-3134.

ZETTEL, Günther, *Der Beibringungsgrundsaz – Seine Struktur und Geltung im deutschen Zivilprozeß*, Berlin: Duncker & Humblot, 1977.

ZOLLER, Richard, *Zivilprozessordnung mit gerichtsverfassungsgesetz und den einführungsgesetzen mit internationalen zivilprozessrecht, kostenanmerkung*, 21ª ed., Konl: Otto Schmidt, 1999.

ZUCKERMAN, Adrian, *Civil Procedure*, London: Lexis Nexis, 2003.

ÍNDICE DE JURISPRUDÊNCIA

STJ

Ac .do STJ de 28.05.2002, relator Afonso de Melo, proferido no proc. nº 02A1605.

Ac. do STJ de 12.06.2003, relator Quirino Soares, proferido no processo nº 03B1717 (CJ/STJ, Tomo III, 2003, pag. 101).

Ac. do STJ, relator Noronha do Nascimento, proferido no processo 03B3417.

Ac. do STJ de 14.11.2006, relator Azevedo Ramos, proferido no processo nº 06A3427.

Ac. do STJ de 14.02.2012, relator Alves Velho, proferido no processo nº 6283/09.3TBBRG.G1.S1.

Ac. do STJ de 14-07-2016, relator Ana Luísa Geraldes, proferido no processo nº 605/11.4TTLRA.C1.S1.

Ac. do STJ de 19.01.2017, relator António Joaquim Piçarra, proferido no processo nº 841/12.6TBMGR.C1.S1.

Relação Porto

Ac. do TRP de 26.04.2001, relator Teles de Menezes, proferido no processo nº 0130495.

Ac. do TRP de 08-03-2004, relator Sousa Peixoto, proferido no processo nº 0316725.

Ac. do TRP de 2.10.2006, relator Machado da Silva, proferido no Proc. nº 0613159.

Ac. do TRP de 19.10.2006, relator Amaral Ferreira, proferido no processo nº 0633968.

Ac. do TRP de 29.05.2006, proferido no processo nº 0652171, Relator Abílio Costa.

Ac. do TRP de 26.02.2007, relator Pinto Ferreira, proferido no processo nº 0656602.

Ac. do TRP de 16.12.2009, relator Rodrigues Pires, proferido no processo nº 577/08.2TBVNG-A.P1.

Ac. do TRP de 22.02.2011, relator José Carvalho, proferido no processo nº 476/09.0TBVFR-B.P1.

Ac. do TRP de 07.06.2011, relator M. Pinto dos Santos, proferido no processo nº 3056/10.4TBVCD-C.P1.

Ac. do TRP de 10.02.2014, relator Manuel Domingos Fernandes, proferido no processo nº 231/12.0TBCHV.P1.

Ac. do TRP de 09.02.2015, relator João Nunes, proferido no processo nº 572/11.4TTPNF-A.C1.P1).

Relação Lisboa

Ac. do TRL de 22.01.2002, relator Quinta Gomes, proferido no processo nº 00100441.

Ac. do TRL de 25.09.2013, relator Paula Santos, proferido no processo nº 1389/09.1TTSLB.L1-4.

Relação Coimbra

Ac. do TRC de 26.10.1999, relator Cardoso de Albuquerque, proferido no processo nº 2419/99.

Ac. do TRC de 24.10.2000, relator Monteiro Casimiro, proferido no processo nº 1915/2000.

Relação de Évora

Ac.do TRC de 10.03.2005, relator Bernardo Domingos, proferido no processo nº 69/05-2.

Ac. do TRC de 30.06.2016, relator Albertina Pedroso, proferido no processo nº 1715/12.6TBEVR.E1.

Ac. do TRC de 22.03.2018, relator Manuel Bargado, proferido no processo nº 306/13-9TBGLG.E2.

Relação de Guimarães

Ac. do TRG de 28.01.2004, relator António Gonçalves, proferido no processo nº 2287/03-1.

Ac. do TRG de 05.20.2013, relator António Santos, proferido no processo nº 7476/10.6TBBRG-E.G1.

Ac. do TRG de 04.03.2013, relator Ana Cristina Duarte, proferido no processo nº 293/12.0TBVCT-J.G1.

Ac, do TRG de 12.10.2017, relator João Diogo Rodrigues, proferido no processo nº 6450/15.0T8GMR.G1.

Ac. do TRG de 20.03.2018, relator João Diogo Rodrigues, proferido no processo nº 14/15.6T8VRL-C.G1.

ÍNDICE GERAL

PARTE III
PODERES INSTRUTÓRIOS DO TRIBUNAL